담화 · 텍스트 · 언어시학

김태옥

담화 · 텍스트 · 언어시학

초판발행 2010년 3월 31일

지은이 김태옥
발행인 이종욱
편집인 우찬제
발행처 서강대학교 출판부

서울시 마포구 신수동 1번지
등록 : 1978년 9월 28일 제313-2002-170호
전화 : (02)705-8212 팩스 : (02)705-8612
홈페이지 : www.sogang.ac.kr/~sgpress

인쇄 : 효일문화사

정가 25,000원

ISBN 978-89-7273-158-0 93840

담화 · 텍스트 · 언어시학

김태옥

서강대학교 출판부

서문

지금 언어의 연구는 언어체계보다는 언어적 커뮤니케이션 연구로, 텍스트 자체만의 연구에서 텍스트와 컨텍스트의 상관성의 연구로, 그리고 좁은 의미의 언어 능력이 아닌 인간의 총체적 능력을 의미하는 텍스트 사용 능력을 규명하는 학제적 방향으로 옮겨가고 있다.

담화·텍스트 연구는 궁극적으로 담화/통화 능력에 대해 모든 것을 밝히고자 한다. 이는 본질적으로 모든 인간적 능력의 종합을 바탕으로 하는데, 인간적 능력이란, Beaugrande(1997)에 의하면, 풍부하고 복잡한 다중 제약 속에서 다양한 지식 소스들을 동시에 활용해, 무한히 많은 작업을 온라인으로 빠르고 쉽게 수행 해 낼 수 있는 능력을 말한다. 인간적 능력의 종합을 바탕으로 하는 담화/통화 능력이란 실로 하나의 구체적이며 변화 무쌍한 담화전략의 네트워크로서, 교육과 사회화를 통해서 얼마든지 향상 가능한 열려있는 능력이라는 관점이 우리에게 중요하다. 담화 능력의 다각적인 탐색을 통해서 우리는 궁극적으로 언어적 평등사회를 추구하는 eco-linguistics를 지향할 수 있지 않은가?

담화는 다채롭고 풍부한 행위양식이며, 지식의 전달 뿐 아니라 매우 강력한 지식 전환/창출 기능knowledge-transforming function을 갖는다. 인간의 담화능력은 담화기능과 목적에 맞추어 형식을 활용할 수 있을 뿐 아니라, 삶의 여러 이벤트와 현상에 대한 우리 지식의 디자인 변수들design parameters, 가령 변동성, 복잡성, 참신성, 확정성 등을 적절히 활용해 언제나 긍정적으로 일반통화는 물론 특히 문학통화 행위를 지원할 수 있는 절묘한 차원의 능력이다.

이 책에서는 새롭게 전개되는 다양한 이론들을 소개하고 해설, 비교, 요약 등을 통해 통합적으로 새로운 논점들issues의 제기를 시도하며, 인간에게 특유한 삶의 행위양식으로서의 언어현상들을 더욱 새롭고 포괄적인 차원에서, 그리고 그 체계와 체계 활용의 상호 작용에서 벌어지는 새로운 국면들을 모색해 보고자 한다. 특히 텍스트 또는 담화라는 커뮤니케이션 단위에 초점을 맞추어 비교적 다양한 시각에서 즉, 인지적, 문학적, 화용론적 접근을 시도한다. 원래 지식이란 우리가 아는 바를 연관시키고 변화시키는 행위로서, 그 자체가 언제나 변화와 개선을 꾀할 수 있는 잠정적 성격을 갖는 역동적, 상호적 개념임을 상기할 때 언어과학, 특히 텍스트·담화 과학이 당면하고 있는 다 학문적, 학제적 도전은 엄청난 것이며, 더욱 인접학문과의 유기적, 상호적 관련성이나 접근성이 뭇 경계를 넘어서 심각히 다루어져야 한다는 시대적 요청을 받고 있다. 그러한 의미에서 늘 미약하나마 새로운 시도를 거듭할 수 밖에 없었던 필자의 변辯이 조금은 쉽게 받아들여질 수 있기 바란다.

본서의 기조는 1980, 90년대의 Robert de Beaugrande의 텍스트 과학 이론과 Dan Sperber와 Deirdre Wilson의 Relevance 이론에 힘입은 바 크고, 세월을 거슬러 올라가면 그 학문적 스펙트럼과 깊이에 있어 1960년 당대에 타의 추종을 불허했던 Roman Jakobson의 언어관과 시학이 큰 배경을 이룬다고 말할 수 있을 것이다.

본 「담화 · 텍스트 · 언어시학」의 구성은 다음과 같다. 1장 담화연구 서설, 2장 언어이론과 문학연구, 3장 언어시학, 4장 담화 화용론의 제 국면, 그리고 5장에 번역논문 [언어학과 시학]을 실었다.

여러 어려운 사정에도 불구하고 본서 출간을 쾌히 맡아주신 서강대학교 출판부장 우찬제 교수께 깊이 감사 드린다. 또한 오래 이 책의 출간을 기다려온 여기 실린 5장의 9, 12 두 편의 공저자 이현호, 왕성순 두 제자 교수께 고마움과 미안함을 아울러 표하고자 한다. 그리고 처음부터 끝까지 편집 일로 수고해주신 세계사 조대현 실장께 특히 감사한 마음을 전한다.

2010년 2월

怡和 김태옥

차례

서문 5

1장 | 담화연구서설 9

1. 담화연구서설 11

2장 | 언어이론과 문학연구 29

2. 언어이론과 문학연구 31

3장 | 언어시학 61

3. 언어의 시적 기능 63
4. 시의 언어학적 접근 68
5. 문학적 커뮤니케이션 : 언어 · 기호학적 시론 94
6. 文學媒材로서의 언어 148
7. 시의 형상화 과정과 담화 분석 181
8. 텍스트 언어학과 현대문학 : 문학적 커뮤니케이션의 대체성 원리를 중심으로 209

4장 | 담화화용론의 제국면 251

9. 담화 연구의 텍스트성 이론과 적합성 이론(김태옥 · 이현호) 253
10. 담화의 생산과 그 실현 절차 337
11. 담화 화용론과 법칙면 375
12. 텍스트/담화유형 및 담화영역 : 언어와 담화 체계 사이의 중간 제어체계 (김태옥 · 왕성순) 399
13. 우리에게 텍스트란 무엇인가 : 인지화용론적 접근 437

5장 | 번역논문 463

14. 言語學과 詩學(Roman Jakobson) 465

부록 517

참고문헌 519
찾아보기 539

제1장

담화연구서설

1 담화연구서설*

1. 들어가기: 삶, 언어, 대화, 담화, 의사소통

인간이 늘 추구하는 것은 성공적인 의사소통과 그러한 의사소통을 통해 대상과의 황홀한 일치를 이루는 것이다. 대화나 담화는 이러한 유토피아를 지향하는 끊임없는 인간적 상호행위로서, M. Bakhtin은 우리의 삶 자체가 어떤 형태이든 대화에의 참여임을 역설한다: "산다는 것은 대화에 참여한다는 것이다. 물음을 던지고, 주의를 기우려 듣고, 응답하고, 동의하는 등 대화를 통해서 우리는 삶 전체에 관여하는 것이다, 눈과 입과 손과 영혼과 온 몸과 행위로" (1981:293).

우리의 머리 속에는 수 많은 생각이 시시각각으로 생겨나고 스쳐간다. 그러나 우리 언어에는 이들 개념들을 다 담아낼 수 있는 수의 낱말이 있는 것은 아니다. 우리 머리 속 개념의 수에 비해 낱말의 수가 지극히 부족하며, 그래서 낱말들이 할 수 있는 것은 문맥 속에서 지속적으로 우러나오는 의미기미機微들을 다만 대략적으로 가리킬point 수 있을 뿐, 우리의 언술행위도 실은 화자의 의도를 증거해줄 수 있는 단서나 큐cue에 불과하다고 Sperber & Wilson(1995)은 말한다. 그러므로 말해진 바(what is said)와 그것이 상대방에게 전달하는 바(what is conveyed)는 일치하지 않으며, 실제 말해진 바 보다 훨씬 더 많은 뜻을 청자는 추론을 통해서 짐작으로 얻어낼 수 있을 뿐이다.

그래서 흔히들 생각하는 것처럼 언어가 우리의 사고 내용이나 세상사를 있는 그대로 반영reflect해주는 것이 아니라 오히려 이들을 굴절refract 한다고 Foucault는 갈파한다(1972). 그것은 담화란 역사의 흐름 속에서 구축되며, 사회 속에서 문화 기호론적 형성에 의존해 기능하기 때문이다. 각자가 사물을 보는 방식은 일정하거나 동일하지 않으며, 엄격한 의미에서 전혀 보편적이지 못하다. 그래서 담화를 통해 지식이나 신념을 얻고 사용하는 것은 어디까지나 추론적discursive 방법에 의해서다. 발화에는 언제나 화자나 저자의 의도와 몽따쥬가 묻어있게 마련이고, 청자나 독자는 텍스트에 드러나 있지 않은 이러한 부분들을 스스로 메우고 보완해서 수용/이해해야 한다는 사실이 중요하다. 텍스트는 그러므로 수용자가 이를 컨텍스트 속에서 적절히 처리해주기까지는 하나의 미완성체, 하나의 악보(樂譜)에 지나지 않을 뿐이다.

담화란 하나의 (실천)행위다. 〈언어를 통해서, 언어의 힘으로〉 우리 사회의 질서가 창출되며, 담화 참여자들이 해야 할 의무가 말로써 부과되고, 그들이 누릴 수 있는 특전도 언어를 통해서 주어진다. 더욱이 담화야말로 우리 내면의 세계와 외부 세계를 중계해주는 기능을 지니며, 세상에서 우리가 얻은 경험/지식과 우리가 세상으로 되돌려주는 그 무엇을 중간에서 점검/조절할 수 있는 절호의 기회를 제공한다고

Beaugrande(1997)는 거듭 지적한다. 대화나 담화를 통해서 우리는 수 없이 많은 문제와 마주치고 또한 담화를 통해서 이들을 풀어나가는 것이 곧 우리의 삶이 아닌가.

언어는 두 방향에서, 즉 화자와 청자, 또는 저자와 독자 사이에서 작용하는 의사소통 도구로서의 인간행위다. 한 개인이 스스로를 상대에게 이해시키려는 노력과 또 다른 개인이 그의 심중을 이해하려는 두 방향의 상호적 행위이며, 당연히 그들간에는 "협동"과 이를 위한 전략으로서 "공손함"이 뒷받침해, 비로소 우리 사회생활의 공적인 의사소통이 가능해진다.

2. 담화의 세계: 텍스트, 맥락, 담화와 상황맥락

담화란 그림 1. 에서와 같이 상황맥락과 텍스트로 이루어진다. 텍스트는 맥락 속에서 흔히 여러 문장으로 이루어지는 담화의 수단이며, 텍스트 없이 담화는 언어행위가 될 수 없다. 담화는 널리 사회적 맥락상황 속에서 일어나며, 텍스트와 컨텍스트, 담화와 사회적 상황들이 모두 활발히 상호작용한다. 즉, 담화와 텍스트는 여러 상황과 맥락 속에서 살아 숨쉬며 적합한 의미들을 발산하게 되는 것이다.

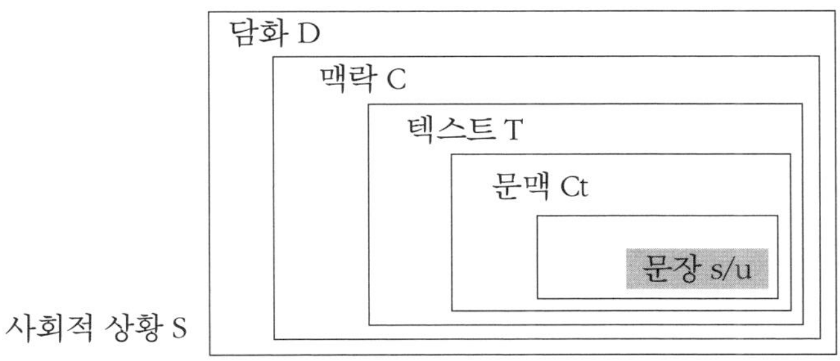

S: social situation D: discourse C: context
T: text Ct: cotext s/u: sentences/utterances

〈그림 1〉 담화의 세계 : S [D [C [T [Ct [s/u]]]]

그렇다면 의사소통 단위인 담화/텍스트와 문법적 단위인 문장은 과연 서로 어떠한 관계에 있으며 어떠한 차이를 보이는가? 요컨대 이 둘은 다음과 같이 전혀 다른 체계에 속하는 다른 차원의 언어요인들이다:

담화/텍스트 (역동적 실현체계Actual System)	**문장** (정태적 잠재체계Virtual System)
1) 실현체계적 범주(구체적인 말/글)	잠재체계적 범주(앞으로 사용되고 실현될바)
2) 문법성은 기준치일 뿐 담화의 필수 요건이 아님	문법성에 전적으로 의존하는 문법단위
3) 용인성acceptability이 오히려 필수 요건임	용인성은 논외의 문제
4) 맥락상황에 적합한 발화형식과 내용을 갖춰야 함	맥락상황에 무관한 이론적 단위
5) 지식, 감정, 사회적 상태의 변화를 도모하는 과정과 절차적 요인이 중요함	언어체계적 요소로서 靜的 공시성을 지님
6) 여타 텍스트를 전제로 해서 의미 전개 (상호 텍스트성)	여타 문장을 논리적 전제로 할 수 있음
7) 의도와 목표를 지닌 참여자 간의 통화 행위	행위가 아닌, 가장 상위의 추상적 문법단위. 화청자 구별 무; 시간, 장소, 동기 배제
8) 문법지식과 경험지식에 다 의존함	문법지식에 만 의존
9) 학제적, 다-가치적, 통합적 성격을 지님: 언어적, 사회적, 인지적	언어체계에 국한된 개념
10) 구체적 담화/텍스트 유형을 띠고 이에 상응하는 기능을 실현	화행 및 문장유형은 있으나, 텍스트/ 담화 유형과는 무관

다시 말해서 "**문장**"은 문법적 개념으로서, 동적 언어행위가 아닌 정

적 언어체계를 이루는 추상적 이론의 단위일 뿐, 장차 담화에 동원되어야 할 가능체계에 속하며, 구체적 상황에서 화자가 목적과 의도를 가지고 수행하는 의사소통 행위의 매재medium로서의 언어는 아니다. 문장에서는 모든 인간사적 요소인 구체적 시간, 장소, 동기가 도외시 되고, 화청자의 구별마저 없는 중립적, 비자연적, 추상적 언어단위이다.

이에 반하여 "**담화/텍스트**"는 구체적으로 발화된 자연언어로서의 의사소통 매재이며 문법성 보다는 적합성relevance과 청자 측의 태도인 용인성 등이 더 문제된다. 담화/텍스트란 발화시의 상황과 매락에서 태어난, 그 맥락에 가장 알맞는 언어행위이면서 동시에 담화/텍스트로 인해 발화의 상황과 상태가 바뀌거나 다른 단계로 옮겨가는 역동성을 보인다. 본질적으로 담화는 하나의 행위이되 신비스러울 만큼 수많은 가닥(언어, 사회, 인지적 가닥)으로 엮어진 대상objects과 사상events의 복잡한 연결망으로 이루어진 하나의 구성체다.

담화/텍스트란 그러므로 이 세상의 단순한 반영이나 그 직접적인 표상이 아니며, 더욱 개인적 상념을 전달하는 매개체vehicle만도 아닌, 삶의 여러 상황과 국면의 조정/관리 수단이라는 점을 새로이 인식하게 된다. 담화/텍스트를 통해서 우리의 실제 경험을 이야기하고 조직화할 뿐 아니라 우리가 아직은 직접 경험한 바 없는 삶의 여러 국면들을 언어적으로 조정/관리할 수도 있게 된다. 즉, 새로운 현실 또는 실재를 언어를 통해 구축할 수 있고 이것이야말로 소위 문학성의 현주소가 되는 것이다.

3. 담화, 제약, 제어

Beaugrande(1997)에 의하면 담화는 역사적으로 일반 세계모델과, 사회적 모델, 그리고 우리의 인지모델의 제약 속에서 탄생된다. 이는 언어체계 자체가 주는 음운, 형태, 통사 층의 연구적 제약standing constraints 뿐 아니라 담화의 생산, 수용과정에서 받는 맥락적, 일시적, 즉 창발적 제약emergent constraints을 받으며, 궁극적으로 세계, 사회, 인지, 언어라는 각 모델에서 4중적 제약을 받으며 태어나고 처리된다. 즉, 언어체계의 영구적 제약과 사회모델의 제약, 인지, 세계 모델의 제약, 그리고 무엇보다도 현행 담화 실현 차원에서의 실현적 창발적 제약을 받는다:

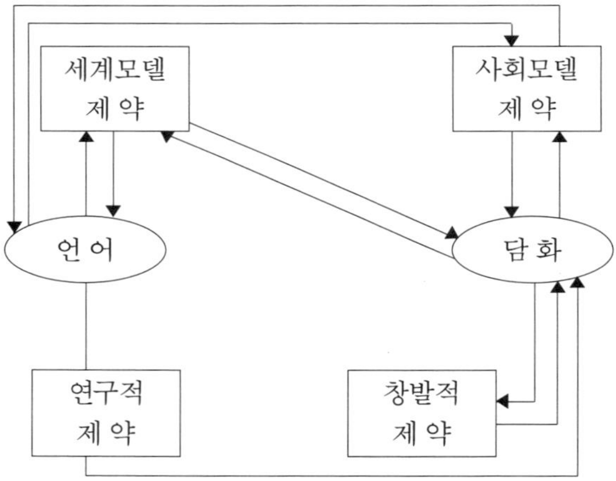

〈그림 2〉 **담화와 여러 모델들의 상호 제약** (Beaugrande 1997:128 참조)

무엇보다도 담화를 이루는 과정에는 언어체계와 그 실현체계의 각 제약들을 특정화하고 현시하는 제어control 관계가 개재하는데, 언어가 잠재체계로서 부과하는 특정 제약들과, 담화가 실현체계로서 현시하는 제약들은 다음과 같은 변증법적 제어관계로 상호 맞물려있다:

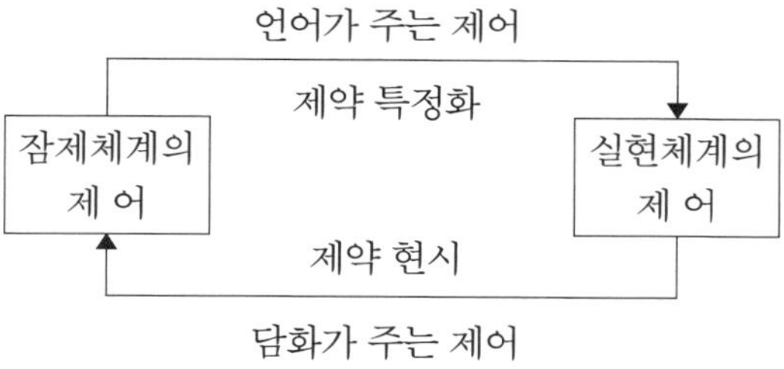

〈그림 3〉 제약과 제어: 언어의 잠재체계와 담화의 실현체계 간의 변증법적 제어관계 (Beaugrande 1997:127 참조)

요컨대 텍스트와 담화의 성격을 규명하기 위해서는 협의의 언어학 차원에서만 머물 수 없으며, 다음과 같이 인지, 커뮤니케이션의 일반이론 쪽으로 발상을 확대, 전환해야 한다:

협의의 언어학에서 ··············►	**텍스트/담화론, 인지/커뮤니케이션의 일반이론으로**
1) 통사론	정보의 선형처리linear processing
2) 의미론	개념 처리: 지식의 창출, 저장, 회수, 사용
3) 화용론	목표와 기획 설정: 목표하는 상태 설정과 그 성취를 위한 실현계획 이행
4) 이론과 방법론: 논리적, 형식적	조작, 절차, 실행 중심으로
5) 언어요소들의 모습: 정태적, 단일적	여러 기능과 가치가 교차되며, 맥락에 의존해서 선택되고 좌우되는 매개변수적parametric 모습
6) 어순: 구절구조phrase structure의 문제	인간의 의도와 행위에 관한 문제: 정보의 흐름, 기능적 문장투시법functional sentence perspective이 관여하는 차원으로
7) 능력: 언어(학)적 능력	모든 인간적 능력의 총화가 개입되는 텍스트/담화적 능력

8) 〈언어란 무엇인가〉라는 정태적 측면에 대한 관심	언어사용 과정에서 〈언어요소들이 어떻게 선택되고 그 기능이 결정되는가〉 하는 역동적 면에 관심

협의의 언어학이 언어의 잠재체계virtual system에 관한 연구라면 우리가 지향하는 텍스트/담화론은 언어의 실현체계에 관한 그 역동적 절차와 기능에 관한 연구로서, 언어라는 잠재체계와의 변증법적 상호관계를 바탕으로 규명되어지는 Beaugrande(1997)가 역설하는 바 통학문적 과학transdisciplinary science에 속한다.

4. 담화론의 제분야

텍스트/담화의 기본문제는 언어 형식과 기능 및 상황의 상호작용이다. 가령 다음 예들을 생각해보자.

예 1) 대화

	형식	기능	상황
문 : 문 좀 열어주시겠습니까?	물음	요청	문이 닫혀 있는
답 : 난, 추운데요…(문을 열지 않음)	대답	거절	추운 날씨

예 2) 담화 속, 절의 위치와 그 기능

i. 이 작품은 [탐구와 모험을 계속한] 한 젊은 화가의 폭발적인 에너지의 발산이었다.	관계절	"화가"를 수식, 설명; 주제 작품에 대한 진술
ii 이 작품은 한 젊은 화가의 폭발적인 에너지의 발산이었다 [그는 고독한 탐구와 모험을 계속했다.]	독립문장	앞 문장에 시간적으로 후속되는 화가의 지속적 활동. 주제인 화가에 대한 진술

예 3) 대화

	형식	기능	상황
문 : 담배 피우시죠?	질문	i. 의학적 정보 교환	의사 · 환자 간의 대화
답 : 예, 담배가 있을 때는 피우죠.	답	ii. 친교적 기능	점원 · 고객 간의 대화

담화론의 궁극적 목적은 이와 같이 텍스트에 내재화된 의미, 심적 상태, 가치, 태도, 이념을 탐색하고 진단하는 데 있다. 이는 종래의 〈내용분석〉 보다 구조에 대한 더욱 면밀한 관찰을 허용함으로써 미세한 언어현상에 대한 통찰력을 갖게 한다. 즉, 내용분석연구에 맥락과 형식을 제공하며, 그러므로서 주어진 한 사회, 문화, 역사적 시기에서 담화의 기본단위가 어떻게 생산, 재생산되며, 더욱 어떤 기능으로 효과를 거두는가에 대한 물음들을 제기한다. 그리하여 담화론은 담화구조와, 사회문화적 맥락과 개인의 인지적 맥락구조와의 기능적 연관관계를 체계적으로 설명하고자 한다.

요컨대 우리가 추구하는 텍스트/담화론연구는 종래의 연구와 다르게 다음 특성들을 대체로 지니며 궁극적으로 담화 · 텍스트의 역동성을 포괄적으로 다루고자 한다: 즉,

1) 이는 언어, 인지, 통화, 사회적 교류행위에 대한 통합적 연구가 되며

2) 다 학문적, 다 문화적, 통 학문적인transdisciplinary 가장 광범한 접근을 시도하고

3) 입말과 글말의 세부사항에 공히 관심을 기울이며

4) 언어연구를 통해 사회, 문화, 정치, 경제, 병리적 문제들을 통합적으로 다룰 수 있게 한다.

5) 그리하여 인간이 언어를 사용하고, 생각하고, 상호 교류함으로써 어떻게 자신이 속한 집단과 사회와 문화를 연출하고 재창출해가는가를 체계적으로 보여주며,

6) 폭넓은 설명의 틀 안에서 형식상의 정밀한 문제들을 종합해 다루는 기회를 갖고자 한다.

이제 담화론은 언어연구의 한 방법론일 뿐만 아니라, 인문과학과 사회과학 속에서 확고한 하나의 독립된 학문분야를 이루게 되었고, 우리의 사회적 지식생산을 탐색할 수 있게 하는 하나의 개념모형conceptual matrix으로서 그 유용성이 더해지고 있다. 앞으로 우리의 관심은 미시적 차원에서 뿐만 아니라 사회적 패턴과 같은 더욱 거시적 맥락 문제들에 적극 기울여져야 하며, 인류가 당면하고 있는 여러 문제와 위기를 조정, 관리하는 담화의 형식과 기능, 그리고 그들 상호간의 관계에 심각한 관심을 두는 것이 시급한 문제라고 생각한다.

담화론의 하위분야들은 실로 방대하고 다채로우며, 다음과 같이 연구주제 별 하위분야와 담화영역/유형 별 하위분야로 나눌 수 있다:

4. 1. 연구주제 별 하위분야

1) 담화 화용론 : 의미의 결속성, 거시의미구조macrostructures, 거시명제macroproposition, 시각/관점, 감정이입, 국부적 의미관계(어휘, 구절, 문장 등), 함축, 전제, 말차례, 인접쌍, 담화 화제, 주제진행, 스키마, 개념, 개념관계, 추론, 맥락, 정보구조, 수사구조이론 rhetorical structure theory, 적합성이론relevance theory, 등
2) 텍스트 언어학: 텍스트성textuality과 그 기준들standards of textuality
3) 담화영역domain 및 유형과 상위구조superstructure
4) 언어영역 이론register theory
5) 담화 수사법, 모습과 바탕 figure & ground
6) 담화 생산과 처리 (수용/이해)
7) 담화 전략: 공손법 전략, 목적달성/상황관리를 위한 담화 행위적 전략

8) 담화 조절/수용 이론accommodation theory

9) 담화분석 원리

10) 담화 연구사

11) 담화와 성gender

12) 담화와 민족주의

4. 2. 담화영역discourse domain과 유형 및 분석방법 별 하위분야

1) 정치담론

2) 정책담론

3) 제도/기관 담론

4) 신문/미디어 담론

5) 광고담론

6) 법률담론

7) 문학담론

8) 교육담론

9) 공공담론

10) 영화담론

11) 치료담론

12) 응용 담화분석: 담화영역 별

ㄱ. 사회비평적 담화분석
ㄴ. 사회학적 담화분석
ㄷ. 인류학적 담화분석
ㄹ. 인공지능적 담화분석
ㅁ. 철학적 담화분석
ㅂ. 민족지학적 담화분석
ㅅ. 민족사회학적 담화분석

13) 담화/ 텍스트 유형 별 담화분석

ㄱ. 기술체
ㄴ. 이야기체

ㄷ. 설명체　　　　　　　　ㄹ. 논증체

ㅁ. 지시체　　　　　　　　ㅂ. 대화체

5. 국지적, 전역적 담화구조

담화는 우리가 처해있는 사회구조와 개인 및 집단의 인지구조, 그리고 언어구조들을 반영하는 다양한 구조로 이루어진다. 이들은 크게 두 차원으로 구별될 수 있는데, 국지적 구조와 전역적 구조다. 국지적 구조local structure는 미시적 차원의 구조로서 문장구조와 그 연쇄구조로 이루어지며, 전역적 구조global structure는 담화 전체를 조망하는 거시적 의미구조macrostructure와 상위형식구조superstructure로 이루어진다:

1) 국지적 구조Local Structure(미시구조)

ㄱ. 문장구조 (문법): 형태
어휘
통사
의미

ㄴ. 연쇄구조(텍스트 문법)
표층적 결속구조
의미의 결속성, 일관성

} 문체적 적합성 추구

2) 전역적 구조Global Structure

ㄱ. 거시적 의미구조Macrostructure (화제, 주제)
ㄴ. 담화영역 별 상위 형식구조Superstructure (스키마)

} 수사구조 관여

} 적합성이 지배하는 구조 / 수사적 조작 관여

(van Dijk 1988:18 참조)

〈그림 4〉 담화의 제구조

미시적 국지적 구조와 거시적 전역적 구조는 각기 두 층의 하위구조를 갖는다. **국지적 구조**는 문장구조 및 순차적 연쇄구조로 이루어지고, 문체적 적합성relevance이 요구된다. 문장구조는 음운, 형태, 어휘, 통사, 의미 층의 협의 언어학적 기본구조이며, 그 국지적 연쇄구조는 언술과 언술의 연결관계를 담당하는 표층적 결속구조cohesion와 절 의미들의 결속성coherence을 담당한다.

전역적 구조로는 전달내용의 요약이라고 할 수 있는 거시적 의미구조macrostructure와 이를 담아낼 수 있는 스키마타인 담화영역 별 상위형식구조로 이루어진다. 이들은 수사구조 이론Rhetorical Structure Theory(Man, Matthiessen & Thompson 1992)에서 개진하는 구조의 수사적 조작이 관여할 수 있는 다이나믹한 차원이다.

전체적으로 담화구조란 모든 차원에서 적합성relevance을 추구하며, 인간의 의사소통은 언어의 수사학적 조작을 부단히 시도하고 활용해서 의사소통의 효과와 효율성을 극대화하려는 노력이 작용하게 마련이다.

6. 담화/텍스트 과학과 인접학문

우리 삶의 절대적인 한 수단이며 의사소통 매체인 텍스트/담화의 연구는 여타 학문분야와 여러모로 연계되어 있다. 가령 협의의 언어학과 담화론, 화용론, 그리고 기호론은 분야별 자질과 그 관련 층위에서 다음과 같은 상보적 분포를 보인다:

	협의 언어학	담화론	화용론	기호론
언어층	+	+	+	+/-
담화층	-	+	+/-	+/-

〈그림 5〉 담화론과 인접분야

담화론은 의사소통 행위로서의 담화의 다양한 형식과 그 기능들을 상황맥락 속에서 밝히려 하고, 이들 관계를 탐색하고 체계적으로 기술, 설명하고자한다. 종래의 언어학과 달리 이는 여러 학문분야와 연계되있을 뿐 아니라 그들 모두의 공통분모를 이루게되니, 담화론은 하나의 방법론이라기 보다는 엄연히 하나의 독립적 학문분야로서 다루어져야 한다.

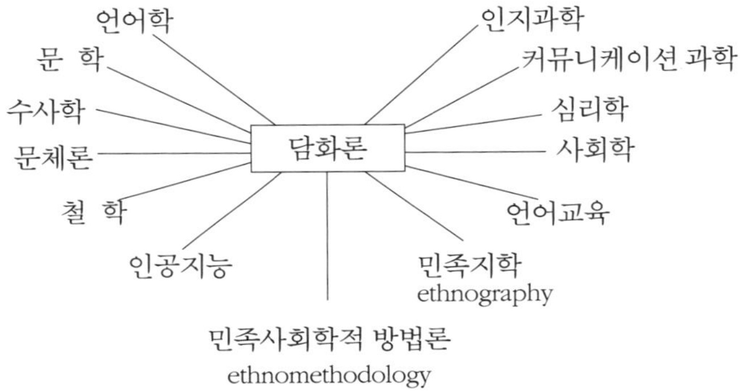

〈그림 6〉 담화론: 관련분야들의 공통분모

협의의 언어학 이외의 제 언어학 관련 분야들을 **응용언어학**이라 칭할 때 다음과 같은 부채꼴 모델이 다시 그려질 수 있다. 그리고 이들 대부분이 정도의 차이는 있으나 모두 텍스트/담화와 그 연구에 심각히 관여한다.

다시 말해서 응용언어학의 제 분야들은 기본적으로 담화론을 공통분모로 하여 일반언어학, 철학, 인지과학, 그리고 커뮤니케이션 과학 등과 긴밀히 상호 연계된다.

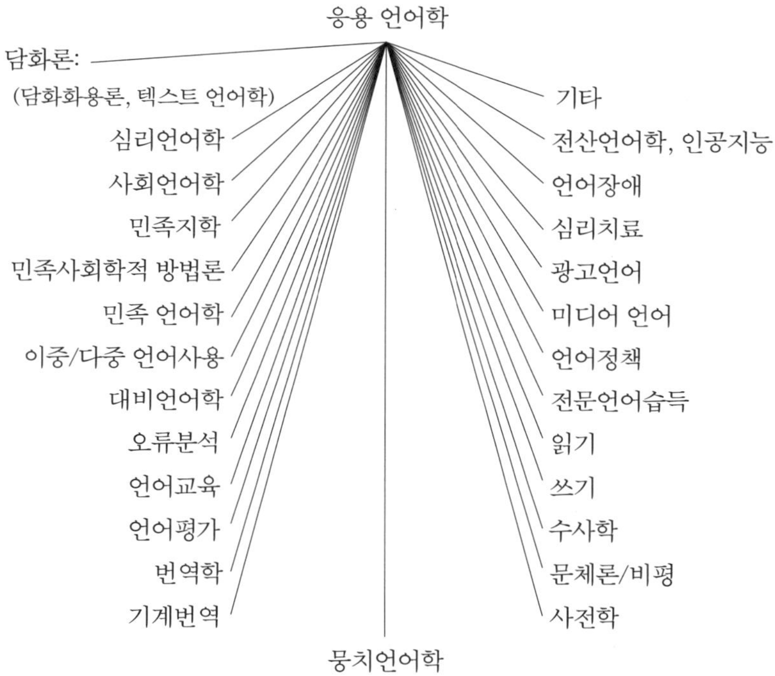

〈그림 7〉 응용언어학의 제 분야

7. 결어: 담화/통화 능력의 새로운 지평

담화 연구는 궁극적으로 담화/통화 능력에 대해 모든 것을 밝히고자 한다.

담화/통화 능력은 본질적으로 모든 인간적 능력의 종합을 바탕으로 한다. 인간적 능력이란, Beaugrande(1997)에 의하면, 풍부하고 복잡한 다중제약 속에서 다양한 지식 소스들을 동시에 활용해, 무한히 많은 작업을 온라인으로 빠르고 쉽게 수행 해 낼 수 있는 능력을 말한다. 인간적 능력의 종합을 바탕으로 하는 담화/통화 능력이란 실로 하나의 구체적이며 변화 무쌍한 담화전략의 네트워크로서, 교육과 사회화를 통해서 얼마든지 향상 가능한 열려있는 능력이라는 관점이 중요하다. 담화능력의 다각적인 탐색을 통해서 우리는 궁극적으로 언어적 평등사회를 추구하는 eco-linguistics를 지향할 수 있다고 Beaugrande는 역설한다.

담화는 다채롭고 풍부한 행위양식이며, 지식의 전달 뿐 아니라 매우 강력한 지식 전환/창출 기능knowledge-transforming function을 갖는다는 사실이 또한 매우 중요하다. 인간의 담화능력은 담화기능과 목적에 맞추어 형식을 활용할 수 있을 뿐 아니라, 삶의 여러 이벤트와 현상에 대한 우리 지식의 디자인 변수들design parameters — 변동성, 복잡성, 참신성, 확정성 등 — 을 적절히 활용해 언제나 긍정적으로 통화 행위를 지원하는 절묘한 차원의 능력이다.

요즘 제기되는 여러 언어/담화/소통이론들을 바탕으로 인간의 담화/소통 능력의 제 국면들을 열거해보면 다시 다음과 같은 분야로 요약될 수 있다:

담화/소통 능력의 제 국면:

1) 텍스트성textuality의 구성 원리들과 결속구조, 의미의 결속성, 상호텍스트성, 의도성, 수용성, 상황성, 정보성 그 상호작용

2) 담화 생산의 제 영역(소리·문자 배정, 문법화, 어휘화, 개념 정교화, 화제화, 목적 설정)과 그 병렬적 동시 처리

3) 실시간 속에서의 복잡하고 풍부한 정보의 선형처리linear processing

4) 언어/사회/인지적, 국지적/전역적, 영구적/창발적 다중 제약 현상과 그 제어

5) 언어 사용의 두 가지 표상 방식(해석interpretive rep.과 기술descriptive

rep.)과 명시적/암묵적 의미의 제시/도출

6) 인지적 노력과 그 효과 간의 타협인 적합성 원리와 긍정적 인지 효과, 그리고 사회적 공손 책략

7) 담화/텍스트 유형(설화 대 비 설화적 유형 등) 및 담화영역 별 상위 형식구조superstructures와 거시 의미 구조macrostructure

8) 텍스트 실현화와 맥락화

9) 담화의 연결 관계와 수사구조rhetorical structure

10) 기타

생명체계의 발달은 개체들의 정보처리 능력의 증폭과 발전을 아울러 가져 온다고 한다(cf. *Beaugrande* 1997). 지금 인간의 자연언어는 가장 포괄적이며, 맥락적응에 능한 의미 양식으로서, 명확하게 화자 지향에 맞추어 제어 처리되는 놀라운 기제다. 이는 우리 삶을 이루는 여러 대상, 행위, 상황, 상태에 관하여 그 정의를 내리고, 그들을 점검monitoring하고 관리management할 수 있는 기능을 발휘한다. 담화를 통해서 모든 엔티티의 현실성이 기해지고, 담화 속에서 우리 지식의 여러 공준公準들이 비로소 제 값을 얻어, 담화의 여러 하위 체계에 편재해 있던 의미들이 역동적으로 수렴되어 하나의 확정적 의미 네트워크를 이룩하게 된다.

담화 능력의 세부사항들은 곧 담화연구의 여러 주제들을 이루게 된다. 아래 그림은 우리 생각의 부분 표상에 지나지 않는 실현된 담화/텍스트를 중심으로 해서 벌어지는 인간의 담화/소통 능력의 총상總相, 즉 모든 담화연구 주제들을 관련분야별로 정리해 한 공간에 담아본 것으로, Renkema(1992: 197)의 모형을 대폭 수정 보완한 것이라 하겠다.

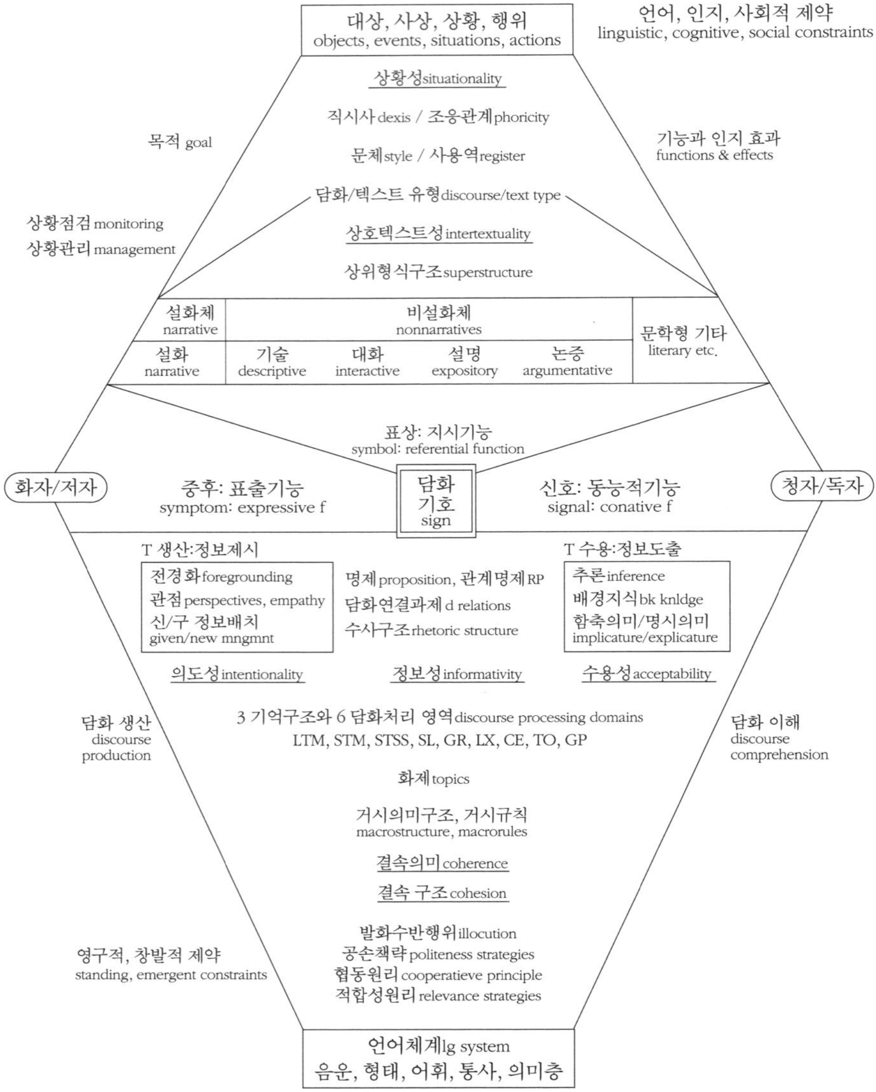

〈그림 8〉 담화능력의 세부항목(담화연구 주제들)

담화 : 생각의 부분 표상

3 기억구조: STM: short-term memory; LTM: long-term memory; STSS: short-term sensory storage

6 담화처리 영역: SL: sound/letter layout; GR: grammaticalizing; LX: lexicalizing; CE: concept elaborating; TO: topiclizing; GP: goal-planning

제2장

언어이론과 문학연구

2 언어이론과 문학연구*

—인지적 통화이론을 중심으로

1. 들어가기

언어이론과 문학 연구를 이야기할 때는 다음 두 가지 측면이 있다. 즉 (1) 언어학의 data로서 문학작품을 다루는 문제와 (2) 문학연구에 있어 언어학의 도구적 기능을 다루는 경우라 하겠다. 오랫동안 이 두 분야의 관련성에 대해 타협을 원치 않는 견해가 있어 왔고, 이는 마치 우리 머리속을 좌반구와 우반구와 같이 양분된 기능으로 보려는 견해와 같으나, 실제로 인간학은 그러한 차원에서 양분될 수 없다. 다만 우리가 지적할 수 있는 것은, 문학연구에 필요한 언어학이란 아직 그 완벽한 모습이 드러나지 않은 차원의 언어학이며, 단적으로 말해서 언어학은 문학연구에 상관성이 없는 것이 아니라, 기존의 언어학이 그 자격을 아직 다 갖추지 못했다는 것뿐이다.

지금까지 언어학자들은 좀더 특수하고 구체적인 언어현상보다는 언어구조 및 내재적, 추상적 일반 언어체계 문제에 더 관여함으로서, 문학작품에서 벌어지는 미묘한 의미 기미機微의 변질현상이나 새로운 의미 구축과 그 해석문제를 다룰 수 있는 언어학적 기구를 마련하지 못했다. 또한 문학 연구가들은 작품을 논하기 위해 최소한도 필요한 언어학적 개념, 용어, 체계에 대한 지식을 익히는데 인색해왔다. 마치 무정부주의자가 군대훈련에 대해 갖는 기피증 같은 것을 보여왔다고나 할까, 또한 언어학과 (비평 혹은) 문학 연구를, 단절된 평면에서 영구히 만나지 못하는 거리를 사이에 두고 각기 등을 돌리고 작업하는 형상이라고 신념있게 그리는 언어학, 문학 양측의 관련학자들이 있는 것도 사실이다. 예를 들어 시의 문법적 분석은 시의 문법이상의 것을 내놓을 수 없다는 견해 등이다. 그러나 우리의 관심은 작품의 문법적 분석만은 아니다. 문학작품이란 〈언어를 통한 삶의 진실에 대한 변증법적, 정신적 탐색이며, 새로운 형태의 삶, 혹은 삶의 가상假像들을 제시하려는 것〉이다. 따라서 이를 관찰, 기술, 설명함에 있어 언어학적 개념, 언어학적 체계의 층위와 용어를 활용하고, 일정한 시각과 관점에서 문제를 제기해 가며 자료를 거르고 일관된 설명의 노선을 찾자는 것이다.

텍스트 중심의 연구에서는 본문 텍스트 자체를 다양하고 복잡한 정보의 전달체이자 보전체, 또한 무한한 정보의 창출체, 의미의 생성체로 보고 있으나, 실은 언어사용자, 즉 작가와 독자가 문학적 통화체계 속에서 이 모든 기능을 가능케 한다고 보아야 마땅하다. 즉, 컨텍스트와 텍스트의 교향交響 속에서 새로이 창출되는 의미 기미는 작/독자가 발휘하는 텍스트 구사 능력과 직결되며 그들의 인지적 환경cognitive environment의 산물인 것이다.

따라서, 어떤 한정된 형식이론이나 기술방법만으로는 부족한, 의미의 복합성, 음악성, 주체의 몽타쥐가 언어매제에서 발휘되며, 이 때 개입되는 두 단계의 인식은 (1) 기존의 고정적, 습관적, 비특정적, 중립적이던 어사들의 개념의 경계가 무너지고 (2) 하나의 새로운 이미지, 또는 실재가 조립된다는 것이다. 즉 언어의 상식적 체계가 수정되고 탄력성, 개방성, 긴장성이 도입되어, 새로운 형상성을 감지케 함으로써 우리 경험의 확충을 가져온다. 즉, 문학의 기능은 사물이나 사상事象을 정의하는 통념적 경계선에 대해 면밀히 탐색하고 이를 수정하는 일이며, 이 때 독자의 기능은 텍스트가 촉구하는 바 그 수정된 경계선의 함축을 탐색하고, 통념에서 떠난 어사들의 새로운 함축을 다시 연결해서 주제를 이해(처리)하는 일이다.

작품을 하나의 통화수단으로서, 더욱 창의적으로 만들어낸 복잡한 발명체나 기구로 본다면 우리에게는 그 발명체의 체계, 구조, 조건, 기능을 살피는 〈문학 텍스트 자체의 연구〉와, 통화자들의 기억, 지식, 신념, 의도, 목적, 상황, 여타 텍스트와의 의존관계 속에서, 즉 화용론적 틀이 총동원된 통화체계 속에서, 언어요소들이 어떻게 상호작용하는가를 관찰하는 〈문학적 커뮤니케이션 연구〉라는 두 측면이 있다.

문학작품이 가지는 다원성, 다양성, 통일성은 그 연구방법의 다원성, 다양성과 그 모두의 통합성을 의미한다. 협의의 언어학적 방법으로는 이를 감당할 수 없으며, 성기디 성긴 어망으로 어떤 보물의 영롱한 빛을 다 건져 올리려는 노력과 같으므로, 이를 딱하게 보아온 역사는 길고 또 앞으로도 계속될 것이다. 그러나 다행히도 언어의 형식적 모델과 언어의 예술적 사용간의 〈간격〉은 그렇게 완벽한 것도 절대적인 것도 아니다. 언어학은 인문과학 가운데에서 가장 자연과학적이요, 또한 과학 중에서는 가장 인문적인 학문으로, 이러한 언어학의 양면적 가능성은 가장 신비스러운 인간학적 문제들을 관찰하고 규명하는데 가능성을 점차 더 보이고 있다.

이 글은 이러한 의미에서 지금 더욱 중요성을 더해가는 문학연구에 대한 인지적 방법을 논하고자 한다. 70년대 후반부터 연구되어온 바, 우리 머리 속에 저장된 기억/지식체계를 기계를 통해서 들여다 보고 표시할 수 있는 방법은, 어느새 예술의 언어사용에 대한 해명에도 가능성을 보이며 인공지능의 한 분야로서 영글어가고 있다. 우리의 관심은 지금 새로운 시각에서 종래의 언어학적 개념을 재조명하는데 있으며, 텍스트를 시간속에서 실현되는 하나의 과정으로 보고(time bound process) 거기에서 보이는 대조성, 변별성이 우리의 지각면에서 어떤 기억, 어떤 frame, 어떤 script(cf. Schank & Abelson 1977) 등의 상식체계를 활성화하느냐, 어떤 기대의 확대를 가져오느냐, 이에 따라 진행하는 텍스트 내용에 대하여 어떤 결론을 내릴 수 있는가를 관찰해야 한다.

2. 문학적 커뮤니케이션과 텍스트

의사전달의 단위는 텍스트다. 우리가 흔히 말의 단위라고 생각하는 〈문장〉은 실은 아직 실현되지 않고 앞으로 활용되어야 할 음재적陰在的 체계에 속하며 주로 〈문법성〉에 의존한다. 반면에 〈텍스트〉란, 통화속에 실현된 언술의 단위로서 중요한 것은 문법성이 아니라(문법성은 다만 바람직한 default 요소이다) 장면성/상황성이요, 발화자의 의도이며, 문장과는 달리 이는 곧바로 하나의 〈행위〉로서, 어느 한 상태에서 다른 상태로 진행하는 동적, 과정적 개념이며, 우리의 지식, 감정, 사회적 상태의 변화를 촉구하는 행위이되, 앞선 여타 텍스트들을 언제나 전제로 하는, 즉 여타 텍스트에 의존하는 본질적인 면을 갖는다.

문학 통화이론은 고로 언어수행이론에 해당하며 담화분석, 텍스트과학 이론에 입각해서 문학 텍스트의 동적, 과정적 측면을 다루어야 한다.

인지과학자들은 〈텍스트〉란 하나의 자동제어 전달체계cybernetic system로서, 텍스트와 그것을 낳게 한 컨텍스트와의 운동학으로 본다. 이는 언어 요소의 발생과 기능을 통어 조정하는 하나의 과정이며, 만일 텍스트의 어사들이 독자의 지식체계나 예측 밖에서 일어나면 조정적 통합작용을 통해, 즉 수용자의 추론을 통해서, 지속적 이해에 있어 잠시 균형을 잃은 텍스트 체계가 안정성을 회복한다는 개념이다. 텍스트는 따라서 통화상 하나의 미완성체이며, 텍스트 자체만으로는 의사전달이 성립되지 않는다. 수용자(독자)의 머리속에 비축되어 있는 경험/지식과의 상호작용 속에서 텍스트의 이해가 성립되고, 이 때 관찰되고 이해된 현실을 모델화한 하나의 이미지가 독자에게 실현된다고 보는 것이다.

2.1. 텍스트성

위와같은 텍스트적 성격을 자아내는 일곱 가지 자질을 추려보면 (Beaugrande and Dressler 1981) :

1) 문법적 의존 관계인 **결속구조cohesion**,
2) 의미의 일관성, 즉 개념적 의존관계인 **결속성coherence**,
3) 청/화자의 의도와 기획, 그리고 이를 위해 조정되는 태도인 **의도성 intentionality**,
4) 컨텍스트와 해당 장면의 적절성에 대한 수용자의 태도인 **수용성 acceptanbility, relevance**,
5) 신 · 구 정보의 흐름으로 엮어지며 기대의 흐름과 관련되는 텍스트의 **정보성informativity**,
6) 텍스트가 일어나는 상황의 점검 및 관리와 연관된 **장면성**

situationality, 그리고

7) 기존의 여타 텍스트들을 전제로 하거나 이에 의존하는 **상호 텍스트성**intertextuality이다.

그 밖의 다음 두 가지를 추가하는 학자도 있다.

8) **관례성**(genre에서 오는 관례적 형식conventionality)

9) 텍스트 외의 매체媒體가 추가로 사용 되기(그림, 손짓 등)

이 가운데 문학 텍스트에서 주도적 기능을 갖는 것은 의도성, 결속구조, 의미의 결속성, 정보성, 그리고 상호 텍스트성 등이다. 왜냐하면 문학 텍스트란 작가의 의도가(의도성) 통합적 구조를 통해(결속구조) 하나의 기호작용을 수행하며(결속성) 최대의 의미용량을 누리면서(정보성) 전통과의 유대 속에서(상호 텍스트성) 새롭게 태어나는 것이기 때문이다.

문학적 담화는 작가의 의도나 목적과 기획을 실현하는 하나의 〈행위〉이며, 이 때 언술의 형상configuration은 결속구조나 의미의 결속성을 갖추도록 의도되어 있다. 그러므로 결속구조, 결속성, 의도성은 상호 의존적이며 각 자질의 배합 여하가 곧 텍스트의 질과 성격을 다음과 같이 좌우할 수 있다:

담화행위는 기획된 순차에 따라 단계적으로 수용자의 지식, 정서 상

〈표 1〉 텍스트의 질과 텍스트성 자질 배합

구 분	결속 구조	결속성	의도성
완벽한 텍스트	+	+	+
혼란/까다로운 텍스트	+	-	+
무의미한 텍스트	+	-	-
부적절한 표현의 텍스트	-	+	+
텍스트 불성립	-	+	-

태에 변화를 가져오게 하는 의도적 행위이며, 수용자와의 상호적 기획, 점검, 관리plan, monitoring, management를 거쳐 그 의도가 실현된다.

담화의 **결속구조**는 a) 국부적(근접적) 단위의 결속구조와, b) 텍스트 전역에 걸친 결속구조의 두 차원에서 이루어진다. 전자는 단시간에 정보처리가 가능한 구, 절, 문장 "안"에서의 문법적, 필수적 결속구조이며, 후자인 전역적 결속구조는 구, 절, 문장 "간"의 수의적隨意的 결속구조로서, (b-1) 텍스트의 안정성을 지켜주는 회기성廻起性 구문, 병행구문, 바꾸어 말하기paraphrase와 (b-2) 텍스트의 간결성을 기해주는 대용사代用詞와 생략작용 등이다.

특히, 문학 텍스트에서의 회기작용 또는 부분적 회기작용은 음성, 형태, 문법의 제 층위에서 다 가능하며, 더욱 다양한 문법 범주의 회기 및 개념을 이루는 구성소와 어휘의 회기는 의미의 결속성을 더해준다.

텍스트에서 발휘되는 **정보성**이란 제시된 텍스트자료에 수용자가 이미 알고 예상가능한 자료들 속에 새롭고 예상불가능한 자료를 포함시키는 비율의 문제로서, 정보성의 요인이 되는 것은 관심의 초점과 비예측성이다. 인지경험의 지속성과 관련해서 정보성은 다음 3차원의 구별을 할 수 있다:

1차 정보성 (새 정보나 흥미성의 거의 결여된 통화성)
2차 정보성 (흥미 유발이 가능한 통화성)
3차 정보성 (시나 문학 텍스트등에서처럼 정보의 연결이나 경로를 찾기 힘들고, 정보처리에 시간을 요하는 통화성)

3차적 정보성은 〈기대의 흐름〉이 동기 탐색의 실마리를 제공하는 경우로서, 이때 그 흐름을 가져오는 〈기대의 근거〉를 이루는 제요소는 (1) 일반적 지식, 기억구조(global cognitive patterns), (2) 언술의 기능적 구성을 이루는 신, 구 정보의 조직(theme, rheme, empathy), 억양 등 소위 functional sentence perspective의 제 요소들, (3) 텍스트 유형(이야기체, 시, 소설, 광고, 희곡, 산문, 설화 등), 그리고 (4) 사회문화적 맥락을 이루는 직접적 관련상황들이다.

의미의 결속성은 주제나 화제話題를 중심으로 하는 내용의 일관성으로서, 의미의 연결과 지속성, 즉 의미의 통합을 말하며, 텍스트 이해를 위한 음재적陰在的 또는 계열적 선택관계paradigmatic relations, 현재적顯在的 또는 통합적 배열관계syntagmatic relations의 입력과 추정inference을 전제로 한다. 즉 의미의 지속성은 텍스트 요소들의 연결이나 인접contiguity에서 찾아지며, 추론을 통해 이룰 수 있는데, 이때 추론에 의해서 수식, 부가된 내용이나 변경은 텍스트 자체가 주는 지식과 식별 불가능해짐으로써 의미의 결속성을 이룬다.

텍스트 이해 과정은 메시지 파악, 일반 사회 문화적 지시내용 파악, 그리고 추론작용을 포함하는데, 이 때 추론의 유형은 텍스트에서 빠져 있는 (1) 간단한 연결사들missing links, (2) 명제간의 다리를 놓는 교량적 정보bridging assumptions(cf. 본문 4.1), 그리고 (3) 상호관련성의 확대를 가져오는 맥락적 함의 등(cf. 본문 4.2.2) 의미의 확대활성화작용spreading activation이다.

텍스트의 의미세계는 텍스트에 내재하는 〈개념〉들과 그들 〈개념관계〉가 이루는 형상configuration으로서, 주요 화제를 중심으로 한 개념들control centers과, 그들의 관계를 결속하는 개념망conceptual network을 통해 결속성을 논할 수 있다. 그러나 문학 텍스트의 결속성은 궁극적으로 작가의 비젼을 하나의 통일된 예술적 기호로서 표출시키는 그 전면성globality에 있다는 사실이 중요하다.

문학작품에서 **장면성**, **상황성**, **맥락성**은 이미 주어진 것이라기보다는,

특히 말로써 이들을 선택하고 이끌어가고 확대·구축하는 것으로 파악해야 한다. 화자의 의도에 따라 말 자체로서만 상황점검monitoring과 상황관리management를 할 수 있으며, 특히 연극에서의 〈상황점검〉은 외조응外照應exophora이나 직시어deixis 등을 활용해 지시공간 체계를 확보함으로써 무대공간이 주는 제약을 극복할 수 있다. 또한 타인과의 목표교섭goal negotiation, 그리고 설득에서 협박에 이르기까지의 계획plan 단계의 이행移行 관계 등 복잡한 심리적 국면도 뒤따른다.

텍스트의 타당성은 실세계와의 완벽한 일치에 있는 것이 아니라, 해당 상황, 장면에 대한 화자의 견해가 얼마나 신빙성을 갖느냐에서 찾아지는데, 즉 텍스트의 **수용성**acceptability은 독자가 언술에서 이해의 지침들clues을 얼마나 추출하는가에 달려 있으니, 독자마다 그 판단을 달리 하는데, 이는 언술의 적절한 맥락을 독자가 얼마나 쉽게 떠올릴 수 있는가의 문제다. 적합한 심상을 쉽게 떠올릴 수 있다면 그 상황에서 텍스트의 수용성이 높은 것으로 판단된다.

수용성은 **의도성**과 긴밀한 관계가 있으며, 적극적으로 저자의 의도와 동일한 관점을 가지려는 독자측의 자세가 수용성을 더해준다. 또한 의도적으로 상황의 변이變異나 새로운 맥락을 주어 독자 스스로 새로운 의미의 결속성(새로운 이미저리)을 구축케함으로써 텍스트의 수용을 기하려는 역설적 기법도 있다.

이미 우리 안에 저장된 지식의 활용을 의미하는 **상호 텍스트성**은 통화행위 전반에 걸쳐 정보처리를 제어하는 구성원리의 하나로 작용한다. 즉, 모두에게 잘 알려진, 화석화化石化된 기존 텍스트가 개입하여 텍스트 이해를 위한 공동의 바탕을 이룰 뿐 아니라, 이로 인해 자연스럽게 정보의 증대를 가져오기도 한다.

정보처리의 용이성은 독자가 이미 알고 있는 기존 텍스트와의 관계에 따라 좌우되는데, 즉 머리 속에 비축된 독자의 경험이나, 지식내용과 새로운 언술내용이 일치하면 처리가 쉽고 시간이 단축된다. 또한 독자의 frame, script, plan, schemata[1] 등 상식적, 전형적 인지형태global patterns와 일치하면 더욱 처리가 용이해진다.

한편 텍스트 내용 자체가 독자의 기억 속에 비축된 경험, 지식내용과 일치하기 위해 변용될 수 있으니, 그들 양자간의 상관성이 긴밀할 때는 이들을 혼동, 융합시키는 현상이 벌어질 수 있다. 또한 아무리 해당 텍스트의 특유한 자질이라 할지라도 그것이 일반적인 세계지식 안에서 우연적, 주변적 성격을 지닐 때, 독자에게는 회수 불가능한 것이 될 수도 있다.

더욱 문학 텍스트에서는 추론에 의해 수식, 부가된 정보들이 유난히 텍스트 자체의 내용과 식별 불가능해지는 특징을 보인다.

2.2. 텍스트상 언어 요소들의 새로운 개념과 그들의 상호관계

위와 같은 관점에서 텍스트 해석에 필요한 언어학의 도구적 기능을 생각할 때, 그리고 언어학 자체의 확충과 세련을 위해서도, 텍스트상에서 벌어지는 언어적 요소들의 새로운 개념과 그들의 상호관계가 우선 규명되어야 할 것이다.

인지적 통화이론에서 볼 때 '종래의 통사론'은 선형적linear 처리과정의 일부에 불과하며, '종래의 의미론'은 지식의 창조, 저장, 회수, 활용을 담당하는 개념처리과정의 일부에 불과하다. 화용론은 목적 설정과

---

1 인간의 상식적 전형적 인지형태들(cf. schank & Abelson 1977):
프레임frame : 전형적 개념 묘사
스크립script : 일련의 전형적 행위 묘사
스키마schema : 기대/예측 구조(텍스트 유형에 따라 다르다.)
플랜plan : 목적을 위한 일련의 사건/상태가 시간/원인 관계로 순서 지워짐
시나리오scenario : 심리적, 상식적 관련 상황의 묘사

그 단계적 실현방법을 뜻하는 기획plan에 해당한다. 협의의 언어학이 음운, 형태, 통사, 의미체계의 정적靜的인 *IS*의 세계를 다룬다면, 인지적 통화이론은 언어요소들이 어떻게 선택되어, 통화과정 속에서 어떻게 규정되는가, 즉 사용자의 정보처리과정 속에서 그들의 기능을 밝히는 언어사용의 이론이다. 즉, 이 모두는 동적인 *DOES*의 세계에서 재조명되어야 하며, 이는 텍스트 중심이 아닌 언어 사용자 중심의 탐색이 되며, 추상적 개념의 언어능력이 아닌 실제의 텍스트적 능력, 즉 텍스트 구사능력과 텍스트적 통화능력이 문제된다.

"언어능력"은 종래의 형식문법에 있어서 인간사적人間事的 요소인 시간, 장소, 동기가 모두 배제되고, 화/청자의 구별이 없는 추상적 능력이었으나, "텍스트적 능력"은 가장 이상적인 인간적 요소와 능력이 총동원되어 발휘된다. 즉, 문제해결 능력, 기획 작성능력, 가설 설정, 검증, 수정 능력, 우리 기억 속의 전형적 인지형태global patterns와의 패턴 일치화mapping 능력, 예측가능사항의 용이한 처리능력, 비예측적 사항의 심층 처리능력, 복잡성 완화능력, 인지경험의 지속성 유지능력, 주의 집중대상 선택능력, 그리고 위의 여러 성향들을 투사하고 추정하는 능력들의 총화다(Beaugrande & Dressler 1981: 210).

따라서 낱말의 개념은 그속에 의미가 갇혀있는 단순한 기호가 아니라, 언어 처리 과정에서 스스로 필요한 국면으로 적응해 들어갈 수 있는 여러 자질들의 한 윤곽형태configuration다(Filmore 1985: 11). 예를 들어 '내리다'는 타동사, 자동사, 형용사로서의 각 의미와, 여타 동사와의 결합으로(내려-서다, -쓰다, -오다, -놓다 등) 부사 기능도 발휘할 수 있으니, 문맥co-text에 의해서 선택되고 영향을 받는 일련의 매개변수parameters로서 그 기능과 가치가 교차한다. 따라서 담화층에서는, 통사적 구절구조phrase structure가 아닌 사용자의 의도와 사용행위가 어휘의 기능 및

내용을 결정한다고 하겠다.[2]

특히 해석과정에서 우리가 인식하고 있거나 인식해야 할 여러 〈관계〉들은 사용자의 언어지식 차원에서 (1) 기억된 여타 텍스트와의 관계(intertextual) (2) 해당 텍스트 내에서의 관계(intra-textual) (3) 텍스트 외적 세계와의 관계(extra-textual) 등으로 구분된다. 언어요소들간의 상호관계는 위 3차원에서 다음 7가지 범주로 정리할 수 있고(cf. Filmore 1985), 이들은 사용자가 지니는 언어자질별, 언어계층별 지식과 능력을 뜻한다고 보아야 할 것이다. 특히, 정밀분석을 요하는 문학 텍스트 해석과정에서 다음과 같은 세밀한 관계들의 인식이야말로 문학성의 현주소가 될 것이다.

A. 여타 텍스트와의 계열적paradigmatic 선택관계에 대한 지식(상호텍스트적 관계)
  1) 구조적으로 대치 가능한 단위간의 대치성 인식
    a. 음운의 변별성
    b. 굴절 체계 범주에 대한 지식
    c. 형태적으로, 음성상징적으로 관련된 어휘에 대한 민감성
    d. 어휘간의 의미 미분에 관한 지식
    e. 한 frame 안에서의 대비 인식(예시의 *'syllable'* 과 *'sound'* 의 대비 등)
    f. 다른 frame과의 대비 인식(예시의 *'wide'*-*'deeper'*-*'weight'* 의 대비 등)
  2) 연상적 관계 인식
    a. 어휘의 문법적 요건에 대한 지식(선택 제약조건)
    b. 구절적 어휘 사용 지식
    c. 어휘나 구절을 동일한 의미분야(schemata)로 묶을 수 있는 능력(거시적 상관속 등)

2 본문 4.1. 예시에서 *beside*(4), *blue to blue*(6), *do*(8)도 이런 맥락에서 관찰되어야 할 것이다.

d. 각 화행의 만족조건felicity condition에 대한 지식

B. 텍스트 내적인 통합적syntagmatic 관계에 대한 지식(종래의 구조시학적 지식)

3) 부분/전체와 상/하위 구조 관계의 인식

a. 텍스트 내에서 일정 음운 현상이나 유형의 기능

b. 조어법의 형식과 그 기능

c. 텍스트 문장들의 문법구조

d. 텍스트 유형(장르)의 구성소에 대한 지식

e. 각 화행이 일어난 상황, 장면의 인식

4) 공共 구성소 관계co-constituents의 인식(결속구조)

a. 음절 핵음과 두자음onset, 결미자음coda 관계

b. 접두사, 접미사와 어간의 조합관계

c. 문법적 지배, 일치 관계

d. 서술, 수식, 양화量化, 부정관계와 의미구조

5) 공共 해석 관계의 인식

a. 통사상 원거리에 있는 의미 의존관계

b. 불연속 구성성분 관계

c. 후조응anaphor, 전조응cataphor의 의미관계

d. 이야기 구조의 도입부에서 해결부에 이르는 각 단계

C. 텍스트 외적 관계에 대한 지식

6) 텍스트 외적 공 해석관계, 즉 텍스트 생산을 가져오게 한 세계와의 관계 인식(텍스트 외적 지시성 파악능력)

a. 직시사deixis: '이, 저, 그' 등 사용자, 시간, 장소, 신분관계의 파악

b. 언어사용역reister: 어사 선택과 화행, 주제, 인물간의 적합성 파악

c. 화용론: 주어진 맥락에서 수행자의 화행과 언술형식 간의 관계 파악

7) 텍스트 표상 구축과 해석 능력(전체와 부분의 연속이라는 관계속에서 언어요소들을 파악)

이상과 같은 인식 속에서 해독자가 처하게 되는 인지상태는 위의 각 항과 관련하여 대체로 다음과 같을 것이다:

텍스트 유형에 따라

(1) 본문 자체에 대하여 우선 일련의 가설을 세우고,

(2) 각별한 사항을 기대하거나 주의 집중대상을 찾는다.

(3) 지각면에서는 frame을 작동시키면서 동시에,

(4) 음운적, 통사적, 어휘적인 언어규칙에 대한 기대구조를 발동시킨다.

(5) 이 때 정보처리상의 각 문제성을 발견하고 이들을 해결해 나가면서,

(6) 앞서 이룬 결정을 수정, 보완해 종합적이며 타당한 해석을 기한다.

이상과 같은 언어학적 방법은 특정한 여과기능을 통해 대상 작품을 관찰할 수 있게 한다. 즉, 언어학적으로 익숙한 방법으로 질문을 제기하고 특정한 노선에서 설명을 구할 수 있게 할 뿐 아니라, 언어의 각 층위(음운, 문법, 형태, 어휘, 의미, 담화, 화용의 각층)에서 일련의 물음을 마감하고 다음 층위에서 새로운 물음을 제기, 새로운 기대를 열어가는 절차도 가능해진다.

3. 텍스트 이해와 기억구조

텍스트의 이해는 수용자/독자의 인지적, 감정적 개입 정도에 따라 처리의 심도와 시간차가 있으며, 사람마다 경우에 따라, 처리의 종결점도 각기 다르다.

이해과정에는 (1) 각 기호의 확인과정과 (2) 전체적 의미 파악이라는 두 단계가 있는데, 전자는 언어차원에서의 기호 확인과정으로 통사적 적정성, 축어적 의미, 지시대상의 확인에 해당되며, 후자는 인지적 차

원에서의 정보의 흐름에 대한 이해로서 추론의 여러 단계가 개입되는 바, 텍스트 전체의 의미파악에는 다시 다음과 같은 a, b, c의 의미회수 단계가 개입된다: a) 관습적, 내포적 의미의 추정인 개념의 회수단계, b) 표현의 동기나 비습관적 의미 추정으로 idea의 회수단계, 그리고 c) 무엇이 왜 말해지는가 하는 화자의 의도와 기획의 회수다.

텍스트의 이해, 즉 자연언어의 처리과정은 근본적으로 비언어적이며 비특정적이니, 이는 이해과정이 각 사람의 기억에 그 기반을 두고 있기 때문이다. 개인의 기억 체계 속에 비축된바 일반지식이나 기억들이 데이터 베이스를 이루어 모든 필요한 추론을 가능케 하는데, 이 때 작동되는 frame, script, senario, plan, schemata 등 상식적 인지패턴들은 물

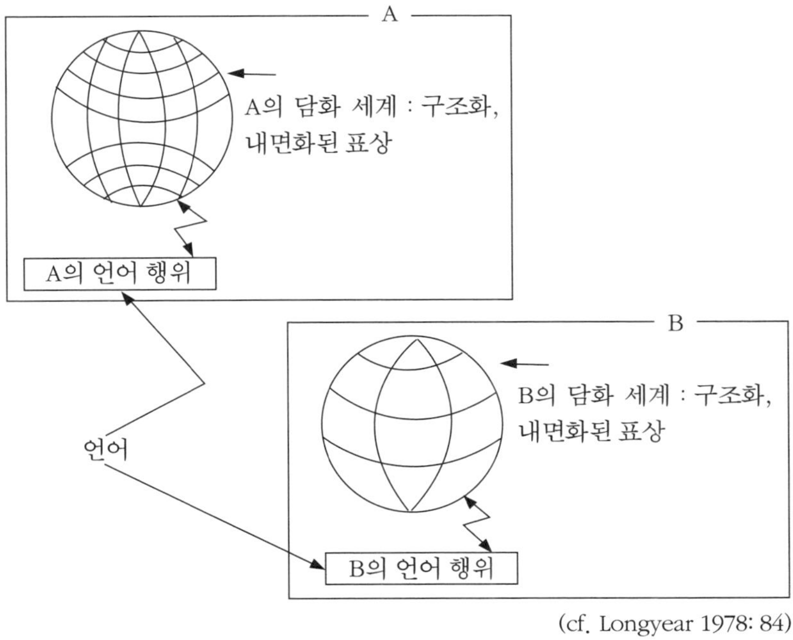

(cf. Longyear 1978: 84)

〈그림 1〉 A, B의 통화 모형 : 언어, 통화행위, 기억 및 담화세계의 상호관계

론, 에피소드적 기억들episodic memories도 담화나 텍스트 이해에 절대적으로 필요한 요소들이다.

인간의 텍스트 이해와 수용은 좁은 의미의 언어적(통사, 어휘, 의미론적) 과정이 아니고, 기억속에 저장된 우리 경험의 질과 양과 형태를 이루는 상식적 개념구조에 크게 의존한다. 위 〈그림 1〉에서 A, B의 통화모형은 언어, 통화행위, 기억 및 담화세계의 상호관계를 잘 보여주고 있다.

4. 관련 명제relational propositions와 맥락적 함축

텍스트의 이해와 해석은 또한 텍스트의 기호들이 이루는 명시적 명제들propositions뿐 아니라 이들을 지침으로 해서 수용자 스스로가, 이어지는 두 명제 사이에서 추정해내는 내재적, 합성적 관련명제relational proposition를 파악하는 것이 필수적이다. 더욱 적합한 맥락을 선택해서 그 속에서 텍스트의 각 기호들이 창출하는 맥락적 함축contextual implicature을 가려내고 그 의미기미들을 파악하는 것은 문학적 통화에서 각별한 기능을 갖는다.

4.1 내재적 관련명제

관련명제(cf. Mann & Thompson 1986)는 텍스트 이해에 불가결한 본질적 요소로서, 추론의 한 단계인 교량적 정보bridging assumption에 해당한다. 이는 하나의 목적을 지닌 일련의 표현으로 구성된 통화체 전체에서 우러나오는 내재적 명제들로서, 비교적 명시적이며, 담화의 의미구조를 포괄적으로 제시할 수 있는 구체적 골격을 이룬다.

여러 추론 가운데 가장 기본이 되고 핵심적인 관련명제는 언제나 한

쌍의 명시된 명제들을 종합한 가운데서 발휘되는데, 명시적으로 표현된 명제와 다름없이 화행에 관여하여 사회문화적 책임도 촉구할 수 있는 힘을 갖는다. 이들은 텍스트 저변의 의미의 흐름을 제시하며 표층의 기호들이 다만 그 간헐적 표출에 불과함을 보여준다. 관련명제는 다음과 같은 schema로 핵심명제Nucleus와 위성명제Satellite 사이에서 발휘된다.

〈그림 2〉 관련명제 스키마Schema

Mann과 Thompson이 명확하게 정의하고 있는 schema는 30여종에 이르고(1987: 90)[3] 이들이 개진한 수사구조이론Rhetorical Structure Theory(RST 1987, 1992)은 그 중요성이 날로 더해가고 있다.

예시인 Emily Dickinson의 "The Brain is Wider than the Sky"에서 보이는 관련명제들과 텍스트 전체에 걸친 그 계층구조는 각 연聯에서 가장 심저에 있는 세 절(3-4, 7-8, 11-12)에서 출발해 핵심명제 N과 위성명제 S의 연결체로 〈그림 3〉과 같은 수사구조rhetorical structure를 이룬다.

The Brain is Wider than the Sky

I 1. The Brain - is wider than the Sky -
2. For - put them side by side -
3. The one the other will contain

3 관련명제들: 상황, 해결, 세분화, 배경, 가능화, 동기, 증거, 정당화, 의지적 원인/결과, 비의지적 원인/결과, 반대 명제, 양보, 조건, 해석, 평가, 재천명, 요약, 순차, 대조, 비교 등.

4. With ease - and You - beside -

II 5. The Brain is deeper than the Sea -
6. For - hold them - Blue to Blue -
7. The one the other will absorb -
8. As sponges - Buckets - do -

III 9. The Brain is just the weight of God -
10. For - Heft them - Pound for Pound -
11. And they will differ - if they do -
12. As syllable from sound -

(Emily Dickinson, *Johnson ed.* 1982: 632)

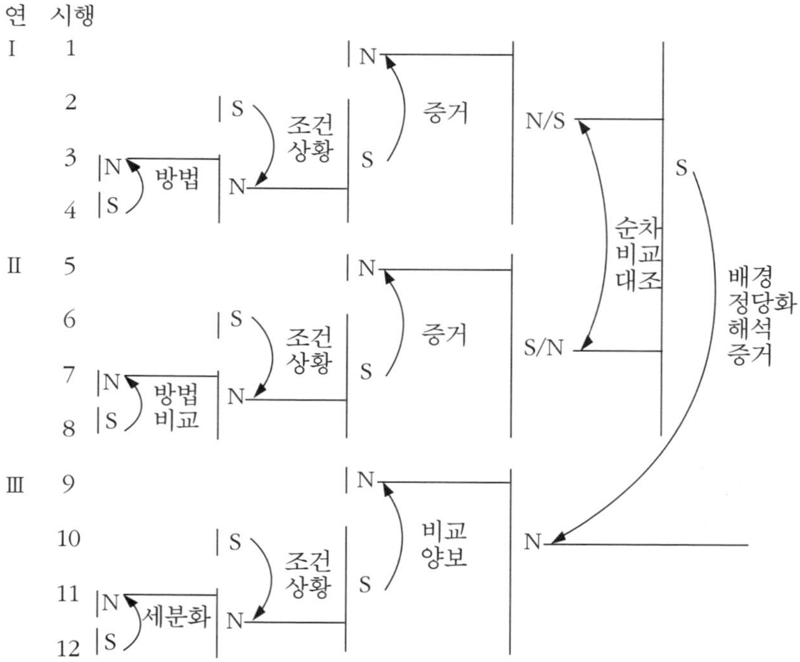

〈그림 3〉 *The Brain is Wider than the Sky*의 관련명제들과 수사구조

문학 텍스트에서 관련명제들은 표현의 간결성을 기하는 본질적 요소로서, 특히 위 시의 수사구조에서 보이는 관련명제들의 명시성, 복합성, 다중성多重性, 대비성은 의미의 포화飽和를 기하려는 문학 텍스트의 특성을 잘 드러낸다.

내재적 관련명제가 표현된 두 명시적 명제 사이에서 필연적으로 내보이는 합성적, 추론적 명제라면, 그와 같은 추론 단계에서 얻어지는 맥락적 함축은 특히 문학적 통화에서 더욱 큰 의미를 갖는다.

한편 현재 적극적으로 수용되고 있는 추론적 화용론Inferential Pragmatics (Richard 1985, Sperber & Wilson 1986/1993)을 통해 우리는 텍스트 이해와 해석에 심각히 관여하는 맥락과 맥락적 함축의 성격을 살펴볼 수 있다.

4.2 추론적 화용론

인간의 텍스트 이해과정에서 언어자체가 차지하는 자리는 정보의 중심처리과정에 속하지 않는다. 언어란 입력 데이터의 일부일 뿐이며, 따라서 기호 해득은 이해의 전 과정 속에서 그 일부일 뿐이다. 우리의 관심은 고로 '언어'에서 '통화'로 그 초점이 바뀌어야 하고, 화자의 의도와 목적이 있는 통화행위는 기호 해득만이 아닌 추론적, 인지적 통화행위로써 규명되어야 한다.

언어와 통화의 관계는 다음과 같이 나타낼 수 있다(cf. Sperber & Wilson 1986: 63).

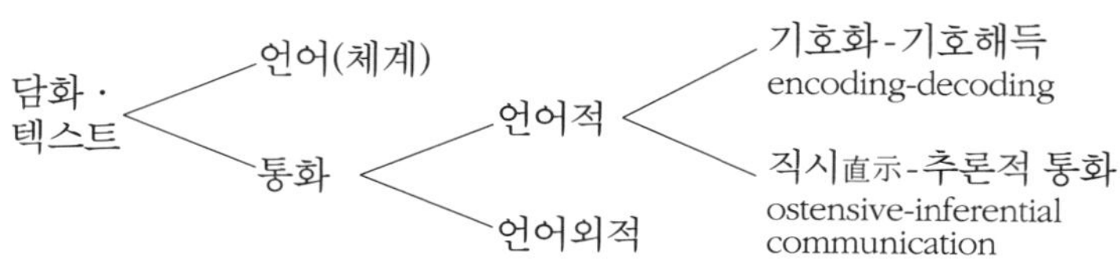

위의 언어적 기호체계 모델code model은 암암리에 화/청자가 같은 기호체계 및 같은 맥락을 사용하고 있음을 전제로 한다는 데 약점이 있다.

직시-추론적 통화ostensive-inferential communication란 화자의 의도가 적절히 현저하게 드러난 일련의 자극stimuli(말)을 통해, 화자의 의도를 추정하고 이해하는 통화 행위다.

문학적 통화는 더욱 심각히 추론에 의존한다. 문학텍스트는 지시성이 불명확하고, 흔히 3차적 정보차원에 속함으로써 언어형태만으로는 정보처리가 어려우며, 많은 추정이 요구되기 때문이다. 그러나 작가는 다양한 어사 선택을 통해 직시적ostensive인 단서와 자극을 마련하고, 독자는 이들을 통해 여러 단계의 추정을 거쳐 작가가 의도하고 요청하는 바 관점에서 문학적 가상假像의 실재를 구축하게 된다.

문학은, 일상적 통념적 사상事象의 영역이나 체계의 경계를 계속 탐색, 수정해 나가면서 우리 경험의 확충을 기하고, 일상어로는 표현될 수 없는 새로운, 또는 가리워진 실재를 발견, 구축, 제시하는 기능을 가지며, 독자는 텍스트 속에서 저렇게 변이된 사상事象과, 사물의 새로운 경계가 함축하는 의미를 탐색해서, 기존의 개념과 그 함축을 다시 연결해서 새로이 그 의미기미를 모색하고 새로운 시적 실재를 구축해야 한다. 이 때 필요한 것은 텍스트 이론뿐만 아니라 텍스트와 맥락context을 이어주고 그 상관성을 다루는 추론적 화용론이다.

4.2.1 맥락이란 무엇인가

여기서 맥락은 새로운 정보를 처리하기 위해 동원되는 일련의 구정보old information들이다. 맥락은 엄격히 말해서 주어지는 것이 아니라 이해과정에서 언제나 선택가능한, 열려있는 체계라고 말할 수 있다. 구체적 표현들을 낳게 한 그 컨텍스트의 적합성relevance을 탐색함으로써, 컨텍스트의 성격이 결정되고 그 컨텍스트의 어느 측면이 활성화되어 선택되며, 더욱 선택된 맥락은 추정을 통해 확대될 수 있다. 즉, 하나의 새로운 정보나 의미가(적합성은 확연하게 이미 주어진 것으로 간주됨) 최적의 맥락을 선택해 나간다. 최적의 맥락을 선택하면 또한 최소의 노력으로 최적의 이해가 예시 "The Brain is Wider than the Sky" 의 다음 3, 4행에서도 가능해진다.

The one the other will contain
With ease - and You - beside -

하나의 이미지가 구축되면 컨텍스트가 바로 찾아진 것이다. 12행의 'syllable' 과 'sound' 두 어휘의 동질성과 상위성도 추정을 통해 다음과 같은 의미자질적 맥락에서 Syllable-Man(Brain)과 Sound-God이라는 두 의미적 상관속相關束의 대비가 성립된다:

Syllable	*Sound*
+ 음성	+ 음성
+ 분절적分節的	- 분절적
+ 개별단위	- 개별단위(총칭)
- 뜻	+ 뜻
+ 자모(C/V)구성	- 자모 구성
+ 인간의 발화	± 인간의 발화
양적 개념	질적 개념
Man	God

즉, 현실적 인간*Brain*과 초월적 신의 대비는 *syllable*과 *sound*의 차이 정도로 그 동질성과 상이성이 가려질 수 있다는 것이다.

4.2.2 맥락적 함축 : 새로운 정보

텍스트상의 명시적 명제 및 내재적 관련명제들과, 독자가 제공하는 바 맥락에서 우러나오는 보충적 정보의 합성에서 일련의 새로운 정보, 즉 맥락적 함축이 창출된다(Sperber & Wilson 1986: 107; 1993: 151). 인간의 연역적 추론 행위는 자연발생적, 자동적, 무의식적으로 진행될 수 있으며, 그 결과로 확대되는 함축, 즉 새로운 정보는 개인적 의식의 경계를 수정해가며 우리 경험의 확충을 가져올 수 있다는 매우 중요한 기능을 갖는다.

우리의 통화 내용은 외재적 명시의미explicature와 내재적 또는 음재적 함축의미implicature로 대별되며, 전자가 텍스트 자체와 직접적 문맥에서 추정되는 개념이라면 후자는 맥락적 정보를 기반으로 추정과정에서 생겨나는 부수적 산물이라 하겠다(cf. Richards 1985).

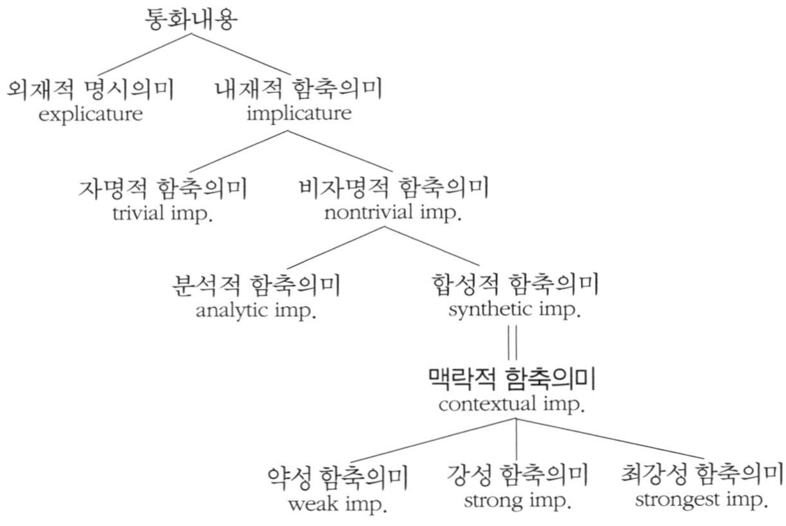

〈그림 4〉 명시의미explicature와 함축의미implicature

위에서 자명적自明的 함축의미란 무한반복이 가능한 자명한 함축의미인데 비해(cf. Sperber & Wilson 1993: 137), 비자명적 함축의미에는 제한적 성격이 있으며, 이는 한 명제안에서 회수가 가능한 분석적 함축의미와 구정보와 신정보가 함께 이루는 합성적 함축의미, 즉 맥락적 함축의미로 이루어진다. 함축의미에도 함축적 전제와 그 결론이 구별가능하며, 맥락적 함축의미에서 보이는 강도의 차이를 다음 예문에서처럼 찾아볼 수 있다.

(합성적) 맥락 함축의미와 그 강도

A : 자네 콘코드를 몰아보지 그래! B : 난 고급차는 싫어.

가령 위 대화에서 회수 가능한 함축의미와 그 강도는 다음과 같을 것이다:

최강성 함축 1) 전제 : 콘코드는 고급차다
결론 : 고로 B는 콘코드를 몰지 않을 것이다.
강성 함축 2) 전제 : 고급차를 몰지 않으려는 사람은 富의 과시를 싫어한다.
결론 : 고로 B는 부의 과시를 싫어한다.
⋮ ⋮
약성 함축 3) 전제 : 고급차를 몰지 않으려는 사람은 유람여행 따위를 싫어한다
결론 : 고로 B는 유람여행을 싫어한다.
⋮ ⋮

맥락적 함축의미는 위 예에서와 같이 하나의 지속대持續帶라고 할 수 있으나 다음 세 가지로 구분할 수 있다:

1) 화자가 의도적으로 전하고자 하는 *최강성 함축의미*와

2) 그저 잘 나타나도록 의도된 *강성 함축의미*가 있고, 또한

3) 명확한 인지효과를 기하려는 의도는 없으되 타당성은 없지 않은 *약성 함축의미* 등이 있다. 1)이나 2)와 같은 강성 함축의미는 종래 익히 다루어져 온 바이며 3)의 약성 함축의미등도 언어적 통화행위의 실질적 국면으로서 반드시 다루어져야 하고, 특히 문학적 통화에서 매우 중요한 기능을 갖는다.

4.3.2 약성적 맥락 함축과 상상력

문학 텍스트에서 특히 중요성을 갖는 것은 상상력과 관련성이 깊은 약성 함축의미다. 약성적 맥락 함축의미는 화자나 작가의 아무런 보장이나 후원없이, 청자나 독자 스스로가 그 전제와 결론을 이끌어내는 비확정적 함축의미로서, 이는 독자를 상상의 세계로 끌어들임으로써 약성적 맥락함축의미의 공간을 통해 적합성을 구축케 하는 특수효과를 낼 수 있다(cf. Sperber & Wilson 1986: 199; 1993: 275).

독자는 이와같이 맥락을 자유로히 확대하며 자유연상을 누릴 수 있고, 이때 합성적으로 발휘되는 새로운 정보는 공동의 지식이기보다는 공동의 인상印象이며 은유적 표현에서 그 다양한 예를 찾아볼 수 있다.

창조적 은유는 우선 약성함축에 힘입어 여러 다양한 맥락에서 해득이 가능하고, 직접 주어진 문맥이나 개념표제를 훨씬 넘어서 광범한 지식공간을 거쳐 스스로 새로운 해석영역으로 들어갈 뿐 아니라, 지속적으로 약성함축의미를 만들어 갈 수 있으니, 이것은 어디까지나 독자 스스로의 책임하에 스스로 제공하는 맥락과 그 함축의미다. 이러한 광범한 약성함축의미를 끌어낼 수 있는 간결한 한두마디 표현의 압축성이야말로 놀라움, 아름다움, 참신함의 근거가 될 수 있다.

이와 같이 맥락적 함축의미는 청자가 한쌍의 전제(예: '난 고급차는 싫어' / '콘도드는 고급차다')에서 새정보를 창출함으로서 발화 내용과 맥락의 종합을 꾀할 수 있으며, 이미 우리가 가지고 있는 세계표상에 무엇이든 새로이 보태든가, 아니면 이들과 상호개입함으로써 또 다시 새로운 정보를 구축한다.

상상력은 곧 이렇게 서로 무관한 개념표제들을 가져다 비전형적이며 의외로운 함축의미를 구축하는 능력이라 하겠다. 무한수의 컨텍스트가 가능한 언어의 부정확성 속에서 독자가 필요로 하는 것은 어떻게 체계적이고 원리적인 방법으로 타당한 문맥적 함축의미를 선택하는가 하는 일이다. 이에 해답을 줄 수 있는 것이 〈적합성의 근거〉와 〈적합성의 원리〉라 하겠다.

Sperber & Wilson의 **적합성 이론**(1986: 117; 1993: 152)에 의하면, 어느 한 정보가 한 맥락 속에서 적합성을 가지려면, 즉 적합타당한 명제를 이루려면 맥락적 인지효과contextual effects를 거두어야 한다. 맥락적 인지효과란 다음 3가지로 구별된다 : (1) 신구정보의 합성으로 맥락적 함축의미가 새로 나와 수용자의 인지환경에 영향을 주든지, (2) 이미 수용자가 지니고 있는 구정보를 강화strengthening하든지, 아니면 (3) 잘못된 구정보를 제거함으로서 수용자의 세계표상을 개선하는 3차원이 있다.

여기서 적합성relevance이란 최소의 정보처리 노력과 최대의 맥락적 효과를 기하려는 노력의 함수로, 이는 우리 정신작용에서 비표상적이며 오직 분류적 비교기능만을 갖는 매우 유용한 개념이라 하겠다(cf. Sperber & Wilson 1986: 132; 1993: 183). 분명한 통화목적이 있을 때 화자는 대상이 받아들일 수 있는 직시적ostensive 자극/지침을 만들어 줄 수 있고, 오로지 그러한 자극을 통해서 수신자들은 일련의 가설을 구축한다. 그 방법은 적합성 원리에 의존하는데, 즉 〈모든 직시-추론적 ostensive-inferential 통화행위는 자동적으로, 그리고 반드시 적합성의 추정근거를 소통할 수 있다〉는 것이다. 이때 〈적합성의 근거〉가 되는 것은 (1) 수용자의 자극(말) 처리과정에서 화자의 의도는 반드시 충분하게 드러난다는 사실, 그리고 (2) 자극(말)은 화자가 자기 의도를 전달하는 데 언제나 최대로 적합한 것을 선택한다는 확연한 두 가지 사실이다 (1986: 164; 1993: 227).

우리의 모든 언어적 통화행위는 이와같이 직시-추론적 통화로서, 언어는 이때 하나의 지침이나 자극에 불과하다. 자극/지침이 주어지면 지각작용이 일어나고, 우리의 지각기능은 최대의 인지적 효과를 거두기 위한 구조와 기능이 갖추어져 있으므로, 이에 따라 최대의 적합성을 지니게 되어 있다. 자극/지침, 즉 우리의 말은 눈에 띄게 현시적이며 표상적이며 정보전달 목적이 분명히 드러나게 되어있다. 그러한 직시적 자극이란 청·독자의 주의집중을 촉구하고, 화자의 의도에 초점이 맞추어져, 그 의도가 또렷이 나타나는 특성을 갖는다.

문학 커뮤니케이션은 더더욱 직시-추론적인 통화행위로서 일탈, 전경화前景化 등 그 직시성이 두드러지고, 독자의 능동적 참여없이는 소위 〈문학성〉의 실현이 불가능하다. 그것은 독자가 추론의 주체가 되며, 문맥의 확대를 기해서 맥락적 함축의미를 능동적으로 구축해야 하기 때문이다. 독자가 작가의 의도를 탐색하고 하나의 텍스트 세계를 구축하는 것은 어디까지나 텍스트에 나타난 자극과 지침에 의해서다. 이 때 여러 맥락에서의 함축적 정보 가운데 어느 것이 더 합당한 것인가는 적합성 원리에 의해서 가려진다. 문학성 또는 시적효과란 적합성의 원리와 관련해서 독자를 상상의 세계로 이끌어들여 광범한 약성함축의 공간을 통해 적합성, 관련성이 있는 정보와 인상들을 창출하게 하고, 그럼으로써 통념을 깨고 의식의 새로운 수정을 시도케 하는 데 있다.

요컨대 문학 텍스트 연구의 본령은 텍스트의 외재적, 내재적 명제들 및 작가가 제시하는 모든 직시적ostensive 자극과 지침들을 가려내고, 이들이 우리를 이끌어들이는 모든 강성, 약성적 함축의미들의 체계와,

적합성 원리에 부합하는 맥락 및 그 함축의미 선택을 관찰하는 일이다.

5. 텍스트 유형과 기대의 흐름 및 시적 효과

텍스트의 가장 우선적이며 뚜렷한 직시적 자극이나 지침이 되는 것은 전형화된 체계로서의 텍스트 유형이다.

텍스트 유형은 하나의 기대 프로그램으로서 텍스트의 정보처리 내용과 과정을 제어, 한정하는 기능을 갖는다. 이는 담화행위와 장면성의 연계체로서 그 분류기준은 지배적으로 활용되는 바 (1) 중심개념 (2) 개념 관계, (3) 표층적 구성, 그리고 (4) 상식적, 전형적 기억구조global patterns 등이다(cf. Beaugrande & Dressler 1981: 184).

텍스트 유형의 기능은 문학적 효과, 효율, 적합성을 결정해주고 이에 관한 지침을 제시하는데 있다. M. Bahtin(1985: 129)은 이를 정의해 "세계에 대한 모상이요 전형화된 체계로서, 담화에 안정적 형태를 부여하는 총체적 구성"이라 했고, "사회의 역사와 언어의 역사 사이의 전달 통로"로써, 모든 담화행위의 근본적 개념 중의 하나임을 지적했다. 따라서 우리는 언제나 장르의 시선으로 텍스트를 보아야 하고, 이는 곧 화제話題와 더불어 기대의 흐름을 자아내며, 지각된 요소들이 어떻게 처리될 것인지, 어떤 내용인지를 예측케 한다.

유형별로 기대의 틀에 들어맞는 어떤 자질들이 텍스트에서 일단 발견되면 우선 대규모 예측이 가동되는데, 즉 텍스트 frame이 발동되어 언어 내용에 개입된다. 또한 텍스트 유형에 맞지 않는 모든 비유형적 자질은 간과되거나 무의식적으로 무시되는 일종의 유형별 방어작용이 일어날 수 있다.

인지적 측면에서는, 따라서 다음 3단계를 거쳐 확실한 주제가 구축된

다고 하겠다 : (1) 우선 일반적 국면에서 주도적 자극이나 주요입력을 선택해 지각하고 (2) 다음은 언어재료(음성, 문법, 어휘)에 주의를 집중시키며, (3) 마지막으로 텍스트 유형과 결부해서 지각된 요소들을 어떻게 처리할 것인지 예측한다.

유형과 관련된 Text Frames들이 가동되면서 식별할 만한 모든 시적 자질들(소리, 형태, 통사, 어휘 자질)이 텍스트가 주는 고도의 지침으로서 작동하게 된다. 인지적 측면에서 시적효과는 이들 언어자질들이 우리 머리속에 저장된 기대구조에 맞추어져서 실세계 지식과 경험에서 나온 연상들을 활성화할 때, 그리고 텍스트의 어사들이 여러 층위에서 의미를 가질 수 있는 동기가 발견됐을 때, 즉, 복합적이고 다원적 의미기능이 발견됐을 때 분명하게 거두어 질 수 있다. 일견 비예측적 요소로 보이는 것들이 여러 층위에서 적합성과 동기를 가졌을 때, 다시 말해서 이들이 동시에 여러 차원에서 체계적 요소들임이 드러났을 때 훌륭한 문학적 표현으로 성립된다. 흔히 지각의 동일성은 미적 항유를 의미하고, 지각의 상위성은 지적 향유를 맛보게 하나, 지나친 상위성은 우리의 기대구조frame assignment와 맞추기 어려움으로서 난해해진다. 따라서 소위 전경화foregrounding 또는 표현의 부각작용만으로 시적효과를 논의하기는 매우 불충분할 수밖에 없을 것이다.

6. 맺는 말

언어학과 문학연구는 같은 인간정신의 산물인 언어행위(텍스트)의 구조와 과정을 기술하고 설명하는 등, 같은 목적을 가진 일을 오직 다른 차원의 추상적 영역에서 수행할 뿐이다. 넓은 의미의 언어학적 모델은 시학을 그 안에 품고 고민할 수밖에 없고, 이는 R. Jakobson의 언명처럼 언어학과 시학의 구별을 불필요하게 한다. 언어시학은 이제 학제적 성격을 띠며 상호적 조명속에서 의미있는 실마리를 찾아가고 있다.

지식은 고정된 체계가 아니라 하나의 과정이며, 그 과정이 지향하는 바는 진리를 터득하는 개연성을 넓혀가는 데 있다(cf. Hirsh 1976). 지식의 발전과 그 정립은 증거와 논리에 견주어서 가설을 비판적으로 실험하는 것에 달려 있으며, 인문과학의 한 분야인 문학 연구도 과학적 탐구 없이는 공허할 것이다.

이제 문학연구에 기여할 수 있는 도구적 기능의 언어학은 변모하고 있다 : (1) 언어연구로부터 통화 또는 추론적 통화의 연구로, (2) 텍스트연구로부터 텍스트와 컨텍스트의 상호관계의 연구로 (3) 명시의미 explicature만 아니라 명시의미와 함축의미implicature의 연관적 연구로, (4) 의미론적 내용과 그 논리적 결과를 구별해서 함축의미의 전제와 결론의 추구로, (5) 직관적 해석에서 떠나 적합성 원리에 입각한 맥락적 함축의미 그리고 약성함축의미와 그 인지적 효과를 다루고, (6) 명제적 유사성 뿐아니라 논리적 성격의 유사성을 근거로 추론하는 방향으로 변모하고 있다.

문학연구에 필요한 언어학은 이상적으로 말해 텍스트과학과 추론의 이론을 종합한 언어학이 될 것이며, 언젠가 이 새로 태어날 학문은 또한 분명히 언어학일 수밖에 없다고 믿어진다.

제3장

언어시학

3 언어의 시적 기능*

모든 시詩는 언어로 쓰였지만 모든 언어는 시가 될 수 없다. 이것은 다른 모든 예술형식과 마찬가지로 작품과 재료 사이에 필연적으로 존재하는 관계이며, 조각가가 돌을 다루어 그의 예술세계를 계시啓示하듯이 시는 언어에 의한 시적 사고詩的 思考의 계시인 까닭에 일상어와 같지 않는 성격과 조직을 함유한다. 시가 가지는 특성은 무엇보다도 구조상의 통일성unity에 있다. 시의 내용 및 형태가 고도의 조화를 이루어 하나로 융합하고 그 형태는 추상성과 장식성을 벗어나 심오하고 본질적인 의미를 담을 수 있는 적확的確한 그릇이 되며 새로이 구축되는 실재세계實在世界를 모델화하는 심미적 형식이 된다.

우리는 시가 우리 마음에 오랫동안 지속되는 현상을 경험한다. 보통 말은 그것이 전달하는 메시지를 듣고나면 곧 우리 기억에서 떠나가버리나, 시는 오랫동안 각 개인의 기억 속에 머물며 자체를 재창조하는 힘을 갖는다.

시가 일상어와 달리 이러한 지속성·영속성을 누릴 수 있다는 데에 그 특성이 있으며 '시는 스스로 타버린 재(灰)로부터 항시 그 생명을 되살아나게 하고 재현할 수 있는 가능성을 지닌다. 즉, 각 사람의 심혼心魂을 자극하여 그 안에 스스로의 모습을 재구再構한다'고 폴 발레리는 갈파한다.

그러나 우리는 왕왕 주위에서 다음과 같은 시에 대한 그릇된 생각을 갖는 사람을 대하게 된다. 즉 1) 시는 자연스럽지 못한 언어의 기교다. 2) 시란 산문으로 더욱 명료히 표현할 수 있는 내용을 고답적으로 표현하는 형식일 뿐이다. 3) 시는 인간의 감상感傷을 항상 과장해서 표현하는 것뿐이라고.

우선 시가 자연적이냐 그렇지 못하냐의 문제는 시어詩語와 산문이 동일할 수 있느냐의 문제와는 다르다. 시가 산문보다 훨씬 더 앞서부터 인간의 표현수단이었음을 우리는 쉽게 상기할 수 있으니, 원시인들이 가졌던 표현에 대한 강한 욕구는 어떤 사실에 대한 것보다는 그들의 '감정感情'과 관련돼 있었을 것이고 그들의 감정은 그들의 지성보다 훨씬 풍부하고 강렬했을 것이다.

정확하고 객관적인 표현방법은 비교적 늦게 과학의 발달과 더불어 이루어진 것이 사실이며, 인간의 역사를 통해 어느 시기, 어느 종족을 막론하고 그 문화수준과 관계없이 시는 늘 존재해 왔다는 사실을 우리는 잘 알고 있다. 그러므로 시는 산문보다 더욱 오래된 형식이며 더욱 원초적이며 자연스런 표현방식이라고 말할 수 있는 것이다.

둘째, 시가 표출하려는 바 내용도 산문과는 판이하다. 우리의 경험의 총체를 표현하기 위해 사용되는 언어는 매체로서의 한계를 갖는다는 점 외에, 시를 통해서 우리가 표현코자 갈망하는 제재題材가 산문으로서 표현할 수 있는 범위를 훨씬 초월한 거의 '표현불능'의 세계를 표현하고자 하는 노력에서 비롯된다는 사실을 깨달아야 한다. 언어의 숨은 자질들을 활성화해서 그 일반적 기능 이상의 자질들을 끌어내고자 하는 노력이 작용함으로 시작詩作은 하나의 기적을 이룩하는 과정이며, 따라서 그 결과로 이루어진 시는 난해성과 복잡성을 띠게 마련이다.

셋째로 그릇된 인식은 시가 감상感傷과 감정感情의 잉여물이라는 생각이다. 시는 시인의 선택에 따라서 다양한 스타일과 제재를 다룰 수 있으나 시가 단순한 감상의 배설기관일 수는 없다. 시는 늘 정서로 비롯해서 지혜로 맺어지는 게 그 체질이요, 시적 사고의 빈곤이나 표현의 진부함이 최대의 적임은 말 할 나위도 없다.

시는 항시 참신함과 경이로움을 가져올 수 있으며 독자의 어떠한 예측도 불허하는 상상력의 개발이어야 한다. 이는 일종의 탐험과 같으니, 마치 탐험의 세계가 지표地表에 나타나 있는 모든 상황에 대한 우리의 지적 한계를 초월할 수 있듯이 시는 이미 가지고 있는 우리 표현력의 한계를 넘어갈 수 있어야 한다. 새로운 세계의 발견을 위해서는 이미 타인이 다져놓은 기존의 길道을 갈 수는 없으며 탐험가를 닮은 자세로 남의 발길이 가지 않은 영역을 향해 새로운 발견을 꾀해야 한다.

그러므로 그를 이해하고자 하는 독자가 걸어야 하는 길 또한 새로우며 순탄할 수만은 없다는 사실에 이해가 갈 것이다.

시인은 이러한 새로운 발견으로서의 시적 사고를 여하히 표현할 수 있으며, 어떻게 언어가 가지는 한계를 극복하고 내용과 형식이 혼화混和될 수 있는 시 특유의 구조를 창조할 수 있는가? 그것은 전통적인 모든 시 작법의 적절한 활용과 아울러 시를 구성하는 각 부분과 부분 사이, 그리고 부분과 전체 사이에 긴밀하고 유기적인 연결성을 부여함으로써 달성할 수 있을 것이다.

S.R. 레빈(1971)은 그의 『시의 언어학적 구조』에서 시적연결을 두 형型으로 나누어 분석하고 있다. 그 제1형은 구문상構文上으로 본 대등어對等語의 연결이요 제2형은 의미 및 음운상音韻上으로 본 대등어의 연결이다. 제1형은 구문상 동일한 자리를 차지하는, 다시 말해서 동일한 언어적 환경을 가지는 형태어로서, 내용은 동일하지 않으나 오로지 그 문법적 환경을 근거로 연결이 성립되며, 제2형은 음절 혹은 자·모음의 유사성을 갖는 형태와 의미상으로 대등한 연관을 보이는, 말하자면 자연적인 대등어의 연결로서 의미와 음운상의 연관 이외는 아무런 문법적인 연결성을 갖지 않는다.

시적연결詩的連結은 말하자면 이 두형의 (문법적·자연적) 대등어의 연결을 동시에 활용하는 것이어야 한다. 구문상 대등한 자리를 차지할뿐 아니라 음운 및 의미상의 연관을 동시에 가질 수 있는 형태들이 신중히 선택되어 연결의 성립을 보일 때 비로서 내용과 형태의 혼화를 가져오는 시적구조詩的構造를 창조할 수 있는 것이다.

다음 예문에서 그 좋은 예를 찾아볼 수 있을 것이다.:

> Blessed *are* the poor in spirit, *for* theirs is the kingdom of heaven.
> Blessed *are* they that mourn, *for* they shall be comforted.
> Blessed *are* the meek, *for* they shall inherit the earth…
>
> (마태 5: 3, 4, 5)

R.야곱슨도 문체에 관한 한 학술회의 결론인 발표문 '언어학과 사학'에서 '시적 기능은 등가의 원리를 선택의 축axis of selection으로부터 결합의 축axis of combination으로 투영하는 데 있다'고 선언한다. 그러므로 시적연결을 이루기 위해 시인이 사용할 수 있는 언어는 각별한 의미에서 여러 층위의 제약을 두루 받으며, 표면적으로 독립된 낱말인듯 존

재하는 모든 시어들이 그 내면에서 문법상 · 의미상 그리고 음운상의 긴밀한 연결관계를 이루고 있음은 재언을 요하지 않는다.

일상어의 통일성은 그 메시지 자체에 있으나 시에 특유한 통일성은 언어의 시적연결에서 찾아지며, 시의 영원성은 이러한 특수한 구조를 가져올 수 있는 언어의 시적 기능에서 비롯된다.

4 시의 언어학적 접근*

1. 서론

문체언어학Stylo-linguistics 혹은 언어학적 문체론Linguistic Stylistics이란 N. E. Enkivist의 정의에 의하면(1973: 35), 언어학의 개념을 사용해서 문체의 활력을 이루는 요소들을 정리 분석하고 기술하는 학문이다. 그러므로 시의 문체를 논하는데 있어서는 시의 모든 언어요소들이 주제theme를 구현하기 위해서 어떻게 정연한 질서를 이루며 상호작용하고 기능을 발휘하는가를 언어학적 지식을 동원해서 분석 정리하는 작업이라 하겠다. 즉 주제실현을 위해 언어 요소들이 어떻게 일관된 부각작용foregrounding을 보이고 있는가를 발견하는 작업이다.

시적 자질poetic features이란 언어학적 견지에서는 시의 '의미'를 이루는 구성 성분이다. 시적 자질은 결국 언어 요소들의 선택에서 비롯되는 것이고, 그렇다면 언어학적 범주를 통해서 기술될 수 있을 것이다. 문체언어학적 기술 방법은 누가 분석을 해도 같은 작품을 놓고 다루는 이상 궁극적으로 같은 결과를 가져올 수 있다는 객관성에서 성립되며, 바로 그러한 객관성을 바탕으로 시의 언어학적 측면을 탐색해 보려는 것이 나의 의도다.

시의 언어학적 범주를 기술하는 데는 두 가지 방법을 찾아볼 수 있다. 즉 (1) 한 문법 모델을 택하여 그 모델이 얼마만큼 가능한 문체적 요소들style markers을 효율적으로 기술할 수 있는가를 탐구하는 작업이 있겠고, (2) 다른 한 가지는 문체적 요소들을 미리 설정해 놓고 여러 문법 모델을 활용하여 어떻게 이들의 기술이 가능한가를 찾아 보는 입장을 택할 수 있다. 문체적 요소들은 언어의 스펙트럼 전반에서 다 발견될 수 있으니 음성, 음운적 자질로부터 형태, 어휘, 문장, 어순, 문장의 장단, 복잡성, 서술단위에 이르기까지 다 논의될 수 있고, 이러한 연구는 곧 현대 언어학의 지식을 가장 폭넓게 가장 포괄적으로 활용함으로써만 가능해진다.

비록 Nicolas Ruwet(1970: 297)은 시학에 대한 언어학의 역할이 언어학 전반에 대해 음성학이 차지하는 정도밖에 되지 않으며 독자적으로 시적 자질을 규명할 수 없다고 단언하지만, 의미론적 모색이 좀 더 확충되었을 때 언어학이 지금 스스로 설정하고 있는 한계성을 넘어 시학의 제문제를 맡아 다룰 수 있다고 믿는 것은 필자만의 생각이 아닐 것이다 (cf. Halliday 1971: 337).

시의 언어학적 연구는 어떤 언어 사실의 발굴이나 집계로 그칠 수 없으며, 결국 그러한 사실들이 하나의 시 텍스트에서 얼마나 큰 의의를 지니는가에 관심을 쏟아야 할 것이다. 나의 관심은 바로 이러한 것이며 한편의 시에 있어 그 상징하는 바 주제를 위해 언어가 얼마나 유효 적절한 표현일 수 있는가를 문덕수 씨의 시 「숲속의 호수」(시집 『새벽마다』, 1975)를 예로 들어 언어학적 이론을 배경으로 분석 정리해보려 한다.

2. 시의 형상화

Susanne Langer에 의하면(1953: 212), 시는 우리 경험의 가상假像으로서 생각이나 느낌들을 창작하고 그들을 유기적으로 조직하여 순수하고 완벽한 또 하나의 현실, 즉 삶의 새로운 형태를 구축 제시한다는 것이다. 작품을 쓴다는 것은 그와 같이 인간의 본질과 인간 여건에 대한 경험적 지식을 확충하고 명백히 하며 조직하고 심화하는 것을 목적으로 한다.

2.1. 그러나 시의 독자성은 경험의 독자성에서 비롯되지 않는다. 오히려 경험은 동일한 경우가 많다. 언어예술의 독자성은 어떤 새로운 의미가 부여되는 언어라는 매개로 이루어진 구성, 즉 텍스트 안에 깃들여 있다고 하겠다. 시에 있어서 언어의 구성과 가상의 현실, 이 두 가지는 불가분의 관계를 가지며 시인의 일념은 이들을 통합하고 질서지우는 데 기우려진다.

그러므로 시적과정poetic process은 시인의 언어 구사, 즉 구체적인 시 텍스트 안에서 이루어지며 상념想念만의 수준에서 이루어지는 것이 아니다. W. H. Auden이 제시하는 재미 있는 예가 있다(1957). 어떤 시인 지망의 청년에게 왜 시를 쓰려 하는가를 물었을 때 그가 만일 "중대한 말을 하기 위해서다"라고 답한다면 그는 시인이 아니다. "말을 가지고 장난하길을 좋아하고 그때마다 말들이 어떻게 귀에 들려 오는가에 관심이 있다"고 답한다면 그는 훌륭한 시인이 될 수 있을 것이라는 이야기다. 시적 경험이란 '지시내용referent' 보다는 '의미' 를 개의介意하는 것이니 아무리 지시내용이 같을지라도 어사선택에 따라 얼마든지 시적 가치에 있어 차이를 발견할 수 있다. 그러므로 하나의 사와 그 시의 해설은 한 가지의 지시내용을 가지나 그 어사선택이 각기 다르므로 그 의미 구성도 다르다 하겠다(cf. Isenberg 1949: 13).

그러므로 시는 화법의 전적인 개혁이며 모든 언어 요소에 대한 고도의 민감성이 요청된다. 그리고 W. O. Hendricks가 지적한 대로(1967: 17) '시어'라는 개념에서 '시 텍스트'라는 개념으로 관심을 돌려야 하는데, '시어'가 따로이 있는 것이 아니라 다만 '시'가 있을 뿐이기 때문이다.

시는 말을 그 근저에 깔려 있는 감응적感應的 가치로 환원시킨다. Max Rieser도(cf. 1969: 27) 시의 언어는 언어를 비언어화하고 개념을 비개념화해서 이들로 하여금 일상적 용어 수준에서 벗어나 원래 가지고 있던 심리적 감성의 바탕을 다시 포착케 한다고 말한다. 오랫동안 쓰이는 가운데 언어에 입혀진 경화硬化되고 오손되고 조잡해진 습관적 기능들로부터 이들을 해방시키면서 시인의 의지가 비로소 매재인 언어에 부각될 수 있는 것이다.

그러므로 시적 언어란 "결코 수사학적 장식으로 보충된 화법이 아니라 하나의 완전한 개혁이며 모든 구성요소들의 전적인 재현이다"라고 R. Jakobson은 말한다(1960: 377). 언어는 우리 정신의 표현 수단이면서 항시 그 표현 양식이 지니는 도구적 한계성을 극복할 수 있다. 시인이 목적하는 바는 어떤 새로운 현실의 구축, 구현에 있고 그 설명이나 기술에 있지 아니하므로, 시는 말하자면 언어를 통한 '정신적 탐색' 작업이며 언어가 지니는 의미, 음성, 심상, 이 모든 속성을 총동원하여 새로운 하나의 현실을 구축하려는 노력이라 하겠다. 시는 따라서 생각으로 쓰여진다기 보다 구체적인 〈말〉로 이루어지며, 이때 말은 하나의 낱말로서 보다는 한 낱말이 지니는 속성과 기능이 일제히 발휘된 상태에서 쓰여진다는 사실이 중요하다.

2.2. 시가 화법話法과 그 구성요소들의 전적인 재현이라고 한다면 시인이 언어를 다루는 데 있어 가질 수 있는 자유는 어느 정도이며 그러한 목적을 위해서 어떤 기법이 가능한 것인가?

R. Jakobson에 의하면(1957: 158), 언어의 하위 범주에서 상위로 올라갈수록 시인이 누리는 자유는 커질 수 있다는 것이다. 언어체계의 최하위 음성의 변별적 자질들이 하나의 음운으로 성립되는 과정에서 한 개인이 끼칠 수 있는 영향이란 전무한 것으로, 이미 한 개별 언어의 체계가 이를 확정해 놓았기 때문이다. 다음, 음운을 하나의 형태소나 낱말로 엮는데 있어서도 자유는 별로 많지 않은 것이니 조어造語란 극히 주변적 상황에서만 이루어지기 때문이다. 낱말을 가지고 문장을 구성할 때 시인의 자유는 좀 더 커지고 문장들을 하나의 발화utterance로 만들 때 통사규칙의 강요가 거두어지면 새로운 문맥을 창조할 수 있는 자유가 얼마든지 개인에게 주어질 수 있다.

문체를 위해서는 그러므로 음성적(음률적 자질을 제외한), 형태적 단계에서의 자유나 기법보다는 자연히 어휘 내지 구문상의 기법이 중요성을 띠게 마련이다. 결국 시인의 의지가 매재에 부각되는 것은 대체로 어휘 수준부터이며, 낱말을 이루고 있는 의미, 음성, 이미저리와 이들이 인간의 기억, 전통, 인습 또는 은유에 담겨진 시인의 의도 등과 이루는 여러 연상들, 이러한 모든 것이 포괄적으로 발휘되어 시인이 작업하는 소재stuff가 된다고 하겠다.

시인의 정신이나 심리상태를 언어로서 그림을 그리는 것이 시라면 그 과정에서 언어의 감각성은 더욱 두드러지게 나타나며 매재성도 강조되나 동시에 그 원초성도 커다란 인상을 남기게 된다. 말하자면 시적 화법은 시인의 정신적 동태를 언어로 모사模寫한 것이니, 이는 기술記述이 아니라 기략記略a transcript이며(Rieser 1969: 27), 의미의 동작이나 '무용'(Valéry 1961: 70)이라 하겠다.

오랜 사용으로 훼손되어 원래 지녔던 감흥을 상실한 낡은 낱말들은 새로이 감지된 내용을 표현하기에 부적절해진다. 그래서 새로운 표현에 대한 욕구를 충족시키기 위해 상징적 표현수단이 강구되는 것이다. 더욱 인간의 진화과정에서 감정이나 사고의 폭도 넓어지기 마련이니 기존의 낱말들은 저러한 새로운 지적 혹은 감성적 기미를 다 감당해 표현할 수 없게 된다. 바로 이러한 이유와 또한 원초적인 표현에 대한 욕구에서 상상력을 기반으로 하는 상징으로서의 말의 질서가 태어나고 이로써 내적 세계가 표출된다. 이러한 말의 재구성 속에서 원래 낱말이 지니는 바 원초적인 감성의 표현기능이 되찾아지며 시예술 형식을 갖추게 되는 것이다.

이와 같이 시적 사고과정에서 낱말은 기호로서의 기능보다는 하나의 새로운 실재를 구축하는 형상적形相的 재료이며 일상적인 용법에서 볼 수 없는 새로운 가치를 누린다.

2.3. 그러므로 시 텍스트와 일반 텍스트와의 차이는 전자의 의미가 그 절이나 문장의 뜻을 그대로 연결한 결과가 결코 아니라는 점에 있다. 일반 텍스트에서는 화제話題와 사상事象들이 일치하게 마련이나 시에 있어서는 일견 무관해 보이는 상황들이 나열될 수 있으니, 시 텍스트는 전체의 뜻이나 절이나 문장의 이어짐 속에 있는 것이 아니라 전체의 의미 방향을 설정하고 통어하고 규제하는 주제에 있기 때문에 독자는

저러한 시인의 의도에 대응해서 스스로 의미를 재구성해야 하며, 그대로 절이나 문장의 직접적인 뜻을 이어가서는 그 뜻을 포착할 수 없다. 시인은 어사선택 과정에서 주제를 실현시키기 위한 절대적이고 유일무이한 목적 하에 모든 언어적 요소들을 선택하게 되며, 시 전체에서 우러나오는 메시지가 하나의 유기적인 구조를 가진 통합체로서 독자에게 전달될 수 있게 하는 것이 그 의무이다. 문체연구는 주제와 텍스트를 이루고 있는 부분요소들 및 그들의 조직구성 사이에 이루어진 바로 이러한 내적인 대응관계를 찾아보는 작업이라 하겠다.

J. Mukraŏvský의 말을 빌리면, 주제는 "dynamic unity in variety" (1932 : 21)를 창조한다. 모든 다양한 구성요소들이 주제가 제시하는 방향으로 서로 연관성을 띠며 하나의 통합체를 이룬다는 뜻이다. 다시 말하면 텍스트의 여러 구성요소들이 하나로 통합을 이루지 않으면 주제는 성공적으로 실현되지 않는다고 말할 수 있다. 이와 같이 주제의 통어력에 따라 구성요소 간의 일반적인 관계가 새로운 내적 관계로 전환하고 여기서 텍스트의 통일성이 탄생된다. 즉 외견상 다양하고 서로 무관한 듯한 여러 경험들이 새로운 차원에서 하나의 현실로 탄생된다.

결국 시의 형성은 앞서 말한 바 전체의 뜻의 방향을 제시하고 통어해 나가는 힘인 1) 주제와 2) 직접적으로 언급되는 바 일련의 사상들, 그리고 3) 어사선택의 총체, 이 3요소로 이룩된다고 하겠다.

3. 표현의 적정성

한 작품의 언어가 주제를 구현하는데 있어 얼마나 적절한 표현들인가를 탐구하는 것이 문체에 대한 연구라면, 다음 세 가지 개념을 기준으로 텍스트상의 표현의 적부適否를 논할 수 있을 것이다. 즉 1) 한 표현이 작품 안에서만 가지는 즉시적卽時的 상징성, 2) 한 표현이 일반언어로서 가지는 상징성, 그리고 3) 그 표현이 시적 관용어로서 가지는 상징성이다(Hasan 1971: 306).

3.1. 첫 번째의 즉시적 상징성과 두 번째의 일반어로서 가지는 상징성에 대해서 A. McIntosh도 *criteria of adequacy*와 *criteria of appropriacy*를 각각 설정한 바 있는데(1966: 86), 즉시적 상징성은 어떤 표현의 카테고리가 텍스트 전체를 이루는 카테고리들과 적절히 조합하여 주제를 구현하는 데 참여하고 있는가의 문제로서 한 텍스트 안에서만의 적부適否를 논하는 것이니, 곧 즉시적 기능이라 하겠다. 둘째 기준은 어떤 시적 사상事象이 진眞이라 가정될 때 그 표현의 문법적 적부의 문제이며, 세 번째 기준은 문학적 전통 안에서 그 표현이 가지는 기능이 어떤 것인가, 즉 S. R. Levin이 말하는 conventional feature이다(1971: 177). 이것은 시인이 시를 쓰면서 보통 지켜야 하는 관용적 규칙들의 기능을 뜻한다.

시에서 진위眞僞의 개념은 문제가 되지 않으며, 그보다는 창조를 위한 가설, 즉 주제를 구현하기 위해서 어떤 사상事象, 어떤 명제, 어떤 인물이나 사상思想이 적절한 것으로 선택되었으냐 하는 것이 더욱 중요하다.

한 메시지가 첫째 기준, 즉, 즉시적 상징기능을 최대로 발휘했을 때 언어의 일반적 지시 기능은 약해지며 내용 전달보다는 표현 자체가 독자의 주의를 끌게 된다. 결국 주제 구현을 위해 동원된 독창적 언어 구사, 일관성 있는 언어의 부각浮刻으로 이루어진 표현 그 자체가 독자성을 띠게 된다.

3.2. 이러한 텍스트에 수반되는 시적 자질은 곧 참신성novelty이라 하

겠다. J. de Menase(1957: 325)는 시의 아름다움, 작품의 정채精彩는 어디에서 오는가라는 물음을 던지며 스스로 다음과 같이 답하고 있다. 즉 "모든 아름다움이 그렇듯이 언어 예술의 아름다움도 반드시 이를 뒷받침하는 본체 또는 실체가 있을 것이다. 그런데 시의 재료는 낱말들이며 이들 낱말들은 각기 독자적인 뜻과 전달력을 지닌다. 산문의 경우와는 달리 시에 있어서는 이들 어휘의 구사가 단지 의미가 담뿍 실린 어휘나 구문의 선택 문제로 그치는 것이 아니라 바로 그러한 언어 구사가 이들 어휘와 구문에 새로운 의미, 새로운 지시성, 새로운 연관성을 가져온다는 사실이 중요하다"고 말함으로써 시에 있어시의 소위 참신성의 근거를 제시해 준다. 『언어에 있어서 미美란 무엇인가』의 저자 요시모토 타카아키(吉本隆明, 1965: 244)도 언어의 예술성은 심적 태도 안의 정서성이나 언어의 지시성에 있지 아니하고 표현된 언어의 구조에 있다고 잘라 말했고, B. Croce(1938: 31)도 역시 "예술은 선험적 개념 자체로서 존재하지 않는다. 그것이 생성되는 바 작품 하나 하나 안에 깃들여 있을 뿐이다"라고 지적한 바 있으니, 바로 저러한 텍스트 안에서 새로이 생성된 언어 기능이 시의 참신성과 아울러 새로운 시적 실재를 이루는 것이라 하겠다.

3.3. 시에서 가장 중요하고 강력한 표현력을 갖는 것은 은유이며, 이는 앞서 말한 언어의 즉시적 상징 기능의 원동력이며 시의 핵심적 메카니즘이다.

3.3.1. 은유는 어떤 사상事象이나 사건을 시인의 의도에 따라(Hester 1967: 149) 시인의 관점에서 보아 달라는 일종의 요청이라 하겠으니(Loewenberg 1975: 336) 시인은 어떤 어문의 진위를 주장하는 것이 아니라 사상이나 사물을 시인이 의도하는 바 관점에서 보아주기를 바라므

로, 은유적 표현은 시인이나 화자의 입장에서 독자가 그 의미를 재구성해야 하며, 따라서 보통 낱말의 관계에서 얻어지는 지식이 아닌, 시인이 제공하는 특수한 지식이나 정보가 고려되었을 때 비로소 그 의미가 포착되므로 은유적 표현에 있어 함부로 자유로운 연상은 있을 수 없는 것이다.

Geoffrey Leech가 제시하는 세 가지 어휘변환법칙lexical rules은 (1974: 214) 은유적 표현에 작용되는 언어학적 메카니즘을 어느 정도 간결하게 설명하고 있으나 이러한 은유에 반드시 개입되는 두 가지 사상事象의 상호작용에 대하여서는 충분히 밝히지 못하고 있다. 즉 은유는 언제나 두 가지 사상事象의 동시적 제시를 통해 이중으로 된 복합적 이미지를 이루고, 이 두 사상을 구별짓는 결정적인 의미자질의 차이를 용해시켜 버림으로써 성립하는 것이다. Max Black이 열거한 바 다음 7개 조건은 은유가 성립될 수 있는 근거를 상세히 제시해 준다(1962: 44):

(1) 은유에는 주성어(主成語principal subject)와 객성어(客成語subsidiary subject)가 이중적으로 개입된다.

(2) 이 때 성어는 각기 하나의 독자적인 낱말로서보다는 몇 가지 자질로 성립된 하나의 조직체로 본다.

(3) 은유는 주성어에다 객성어가 가지는 특징적인 일련의 연상을 적용함으로써 이루어진다.

(4) 객성어가 지니는 연상은 흔히 상식적인 것들이다.

(5) 은유는 보통으로 객성어에 합당한 진술을 의미함으로써 주성어가 가지는 어떤 자질을 선택하고 강조하고 억제하고 조직한다.

(6) 따라서 은유적 표현에 개입되는 낱말의 뜻은 변화되며 반드시 모든 경우는 아니더라도 은유적 의미 전환을 가져온다.

(7) 이 경우 일어나는 의미 변환의 근거를 간결히 제시하기는 곤란하

다. 어떤 은유는 성립하고 어떤 은유는 성공하지 못하는데 대한 이유를 보편적으로 해명할 수는 없다.

이상 은유에 개입되는 바 주성어와 객성어의 개념을 도입하여 Leech (1974)가 제시하는 어의변환법칙으로 은유의 언어학적 메카니즘을 설명해 보면 다음과 같다.

(1) **어의변환법칙**a rule of semantic transfer: 낱말의 형태와 구문상의 기능에는 변화가 없으나 의미자질의 표기에만 변화가 오는 경우로서 가령 〈*반지가 숲속에 박혀 자랐다*〉라는 한 시귀에서 일어나는 제현상은 다음과 같다: 예. 〈반지〉

p_1 ⇨ p_1 (형태변화) 반지⇒반지
q_1 ⇨ q_1 (구문변화) 명사⇒명사
r_1 ⇨ r_2 (의미변화) [〈−nature〉 〈−increasable〉] ⇨ [〈+nature〉 〈+increasable〉]

주성어 반 지	객성어 호 수
〈+N〉	〈+N〉
〈+concrete〉	〈+concrete〉
〈+round〉	〈+round〉
〈±ferminine〉	〈+feminine〉
〈-nature〉	〈+nature〉
〈-increasable〉	〈+increasable〉

위에 있어서 〈+feminine〉자질은 어디까지나 관용적 용법에 의한 판단이며 {〈−nature〉}⇨{〈+nature〉}의 과정은 시의 주제를 내포함으로써 지금 예로 든 위 문장의 범위를 넘어 있으니 뒤로 설명을 미루고, 이 문맥에서 자명하게 드러나는 변환은 다만 {〈−increasable〉}⇨

{⟨+increasable⟩}이다.

(2) **기능전환법칙** a rule of conversion: 낱말의 형태적 변화는 없으나 구문상의 용법과 의미가 변환한다: 예. ⟨*a grief ago*⟩

<table>
<tr><td>$p_1 ⇨ p_1$</td><td>grief ⇨ grief</td><td></td><td></td><td></td></tr>
<tr><td>$q_1 ⇨ q_2$</td><td>⟨+N⟩
⟨-article⟩</td><td>⇨</td><td>⟨+N⟩
⟨+article⟩</td><td></td></tr>
<tr><td>$r_1 ⇨ r_2$</td><td>⟨-concrete⟩
⟨-count⟩
⟨-temporal⟩</td><td>⇨</td><td>⟨+concrete⟩
⟨+count⟩
⟨+temporal⟩</td><td>/a____ago</td></tr>
</table>

<table>
<tr><td>주성어</td><td></td><td>객성어</td></tr>
<tr><td>grief</td><td></td><td>year, hour, etc.(시간적 단위)</td></tr>
<tr><td>⟨+N⟩
⟨-concrete⟩
⟨-count⟩
⟨-temporal⟩</td><td>⇨</td><td>⟨+N⟩
⟨+concrete⟩
⟨+count⟩
⟨+temporal⟩</td></tr>
</table>

"*a grief ago*"라는 구문 안에서 슬픔은 시간이나 마찬가지로 인생을 구체적으로 잴 수 있는 척도로서 표현되고 있다.

(3) **파생법칙** a rule of morphological derivation: 복합어의 형성이나 접사의 첨부와 같이 의미와 형태 또는 구문상의 기능이 변할 수 있다: 예. ⟨*the heart print of man*⟩ (Tindall 1962: 241)

<table>
<tr><td>$p_1 ⇨ p_1 + p_2$</td><td>heart</td><td>⇨</td><td>heart print</td></tr>
<tr><td>$q_1 ⇨ q_2$</td><td>명사</td><td>⇨</td><td>복합명사</td></tr>
<tr><td>$r_1 ⇨ r_2$</td><td>⟨-concrete⟩
⟨-lines⟩
⟨-whorles⟩</td><td>⇨</td><td>⟨+concete⟩
⟨+lines⟩
⟨+whorles⟩</td></tr>
</table>

주성어	객성어
heart(print)	finger-print
〈+N〉	〈+N〉
〈+individual specific〉	〈+individual specific〉
〈-concrete〉	〈+concrete〉
〈-lines〉	〈+lines〉
〈-whorles〉	〈+whorles〉

복합어 지문*finger print*을 바탕으로 아무 무늬 없는*heart print* 라는 추상적 복합어가 성립된다.

이상 세 가지 법칙과 예에서 볼 수 있는 바와 같이 은유적 표현에 있어 r_1 ⇨ r_2의 의미자질변화는 반드시 개입되며, 그것은 늘 주성어에다가 객성어의 속성(주성어와 다른)을 첨가하는 작용으로 나타나 있다.

3.3.2. 은유가 성립될 수 있는 문맥은 다양하며 이의 발견과 해석은 그 표현이 사용된 특수 상황에 대한 면밀한 주의를 필요로 한다. 은유는 때로 어떤 충격을 주기 위한 말재주일 수도 있고, 또는 하나의 사상思想을 가장 명쾌하고 선명하게 표현하고자 진지한 노력을 기울여 고안된 결과일 수도 있다. 이와 같은 경우에는 은유가 우주에 대한 시인의 인식, 인지의 핵심이 되고 그의 독자에 대한 요청으로서 중요한 자리를 차지하게 된다. 시를 음미하는 데는 객관적으로 논의될 수 없으나 은유가 차지하는 비중 문제는 가장 중요한 것임에 틀림없고, 이들의 의미 자질들은 앞서 말한 대로 주제의 통어를 받아 부각되고 포착될 수 있다.

4. 문체언어학적 분석

문체언어학적 분석을 위해 현역 시인 문덕수 씨의 〈숲속의 호수〉를 택했다. 알기 쉽고 짧고 아름다운 시라는 점 외에 여러 모로 편리한 재료를 제공할 수 있어 선택했으며 별다른 기준은 없었다.

숲속의 호수

S_1 (연)	떨어진 천사의 비취반지가	L_1 (행)
	숲속에 박혀	L_2
	자랐다.	L_3
S_2	산토끼 한 마리	L_4
	깊어가는 물가를 돌면서	L_5
	자랐다.	L_6
S_3	바람으로	L_7
	몇겹의 허울을 벗고	L_8
	구름으로	L_9
	속살을 닦았다.	L_{10}
S_4	여신의 비취빛	L_{11}
	눈이다.	L_{12}

(문덕수 1975 : 82)

이 시는 단순한 서경叙景이기도 하고, 시인이 상상하는 한 호수의 생성 역사와 그 전설적 상징도 되며, 나아가서 어떤 시의 발상으로부터 그 완성의 과정을 그린 것이라고 비약적인 해석을 내릴 수도 있을 것이다. 또한 숲속을 배경으로 바람과 구름(시간의 유구성도 내포되었다고 볼 수도 있음), 토끼 등의 범신론적 협동으로 생성되는 만물현상의 오묘를 그린 작품이라고도 해석될 수 있으니, 시인은 한 가지의 뜻이 아닌 의미의 〈묶음〉들을 동시에 제시한다고 말할 수 있다.

이 분석은 (1) 시가 완전한 화법의 개혁임과, (2) 시의 3요소, 즉 시 전체의 의미 방향을 설정하는 주제와 직접으로 언급되는 바 사상事象들,

그리고 어사선택의 총체가 하나의 새로운 차원의 현실을 구축하고 구현하기 위해 긴밀한 상관관계로 짜여 하나의 텍스트를 이룬다는 사실을 규명하고, (3) 특히 제3의 요소인 어사선택은 전적으로 주제 실현을 위해 유도되고 동원된다는 사실을 제시하기 위해서다.

4.1. 시의 독자는 시인의 관점에서 통사적 내지 의미적 표현의 적격성textual well-formedness을 새로이 구축하지 않으면 안 된다. 일견 서로 논리적으로 관련성이 없는 사상事象들이 나열된 듯 하나 시인의 관점에서 재구성해 보면 전체가 압축된 하나의 새 현실을 우리에게 경험케 한다. 기승전결로 볼 수 있는 4개의 문장이 12시행을 이루고 있는데, 이 문장들이 모두 하나의 이미지 즉 '호수'를 주어로 지니며 의미가 전개된다.

S_1	반지(호수)가 ……………자랐다
S_2	(〈반지⇒호수〉가) ………자랐다.
S_3	(〈반지⇒호수〉가) ………허울을 벗고
	(〈반지⇒호수〉의) ………속살을 닦았다.
S_4	"숲속의 호수"(는) ………여신의 눈이다.

S_1은 '반지'라는 주어가 표현되어 있고 S_2, S_3은 생략되어 있으나 그 내용은 반지가 변해 물로 변한 호수이며, S_4의 경우는 시의 제목 자체가 주어를 이루고 있음을 알 수 있다. 결국 각 문장 사이에 강한 연관과 대응관계가 존재하나 S_1, S_2, S_3, S_4는 의미상으로 각각 외면, 내면, 외면형성과 내면형성 그리고 내외면 완성을 상징한다고 볼 수 있다.

전체 텍스트는 크게 양분될 수 있는데 이는 문법적으로 시제時制가, 그리고 의미상으로 동사의 유형이 이를 시사한다.

시제	동사형		
S_1	자랐다		
S_2	자랐다	Past	Process V
S_3	닮았다		
S_4	－이다	Present	Identification V

위에서 첫 번째 영역은 변화과정을 의미하고, 둘째 영역은 시인의 주장, 관점, 인지를 간결하게 제시하고 있다. 여기서 단순과거, 단순현재의 시제는 발언시發言時의 시간을 초월해서 무한세계에 대한 언급으로 간주될 수 있으며, 이들도 시의 주제에 함축된 유구성을 뒷받침하는 여운을 지닌다.

절은 내포형식embedding에 관계없이 9개 절로 이루어졌고 절마다 지니고 있는 술어동사 역시 마지막 것만 제외하고는 다 과정동사process verbs들이다. 과정동사들은 엄격히 구별하면 피동과 능동의 두 유형으로 다시 구별해 볼 수 있다.

과정동사1	L_1	떨어진	
	L_2	박 혀	passive,
	$L_{3,6}$	자랐다	accidental
	L_5	깊어가는	
과정동사2	L_5	돌면서	
	L_8	벗 고	active,
	L_{10}	닮았다	volitional

첫 번째 과정동사들은 우연한 피동적 과정을 표현하고 두 번째 유형은 능동적이요 적극적인 참여의지의 과정동사들로서 주제가 시사하는 바를 잘 표현하고 있으니, 우연한 사건이(S_1) 피동적으로 전개되는 단

계와(S_2), 적극적인 참여의 정화작용 혹은 영신화靈神化 과정을 거쳐(S_3) 성취된, 승화된 모습을 볼 수 있다(S_4).

구격조사具格助詞 '-으로' (바람으로, 구름으로(S_3))는 어떤 본질간의 새로운 관계를 발견케 하며 좀더 적극적인 참여와 노력을 상징한다. Fracis Berry가 말하는 *prepostional energy*(1958: 175), 즉 본질간의 새로운 관계를 발견케 하는 전치사의 힘(한국어의 경우는 후치사가 되겠지만)이란 바로 이러한 예를 두고 말할 수 있을 것이다.

4.2. 시는 동일한 이미지의 연속체로 볼 수 있으며 시의 의미체계는 어떤 개별언어 전반에 걸쳐 언제나 성립되는 것이 아니라 주어진 하나의 시 텍스트 안에서만 성립되는 것이므로, 그 의미는 언제나 귀납적으로 발견되어야 한다. 동일 낱말의 반복이나 일시적인 등가어들이 한데 묶여 거시적 상관속macrosets을 형성할 수 있을 때 텍스트에는 어의의 결속력이 생성된다.

원래가 주제나 화제에 부응하여 어휘의 선택이 이루어졌으므로 이는 당연한 결과라 하겠다. 수식, 비교, 등식, 동일성 등의 의미자질을 모두 수용 전달할 수 있는 구문형식 자체도 즉시적 등가를 이루는 요소가 될 수 있고 환유, 직유, 은유와 모든 비유적 표현도 이러한 어의 및 구문법에 근거를 두고 있다고 하겠다.

어의적 결속력을 가져오는 요인으로 어휘의 변양變樣작용과 반복작용을 들 수 있는데, 변양적 용법이 더욱 많이 활용되지만 그렇다고 무제한 변양은 용납되지 않으니 어디까지나 이들이 한 text 안에서 거시적 상관성을 지녀야 하기 때문이다. 동의성, 반복성, 함의성 그리고 형태적 연관성 등이 제나름대로 어휘의 macrosets을 형성할 수 있다:

거시적 상관속

동의성synonymy	숲속의 호수	(L_0)	
	비취 반지	(L_1)	
	깊어가는 물	(L_5)	
	비취빛 눈	(L_{11-12})	
	숲속	(L_0)	
	몇겹의	(L_8)	
	속(살)	(L_{10})	
	천사	(L_1)	
	여신	(L_{11})	
반의성antonymy	돌면서(수평성)	(L_5)	
	깊어가는(수직성)	(L_5)	
	허울(외적)	(L_8)	
	속살(내적)	(L_{10})	
함의성hyponymy	자랐다	($L_{3, 6}$)	정화과정
	벗고	(L_8)	
	닦았다	(L_{10})	
	떨어진	(L_1)	내포과정embedding
	박혀	(L_2)	
	바람	(L_7)	도구道具
	구름	(L_9)	
	산토끼	(L_4)	

형태적 연관성morphological relationship

－가 : 반지**가**(L_1) 한 마리(**가**) (L_4)

－ㄴ/는 : 떨어**진**(L_1) 깊어 가**는**(L_5)

－으로 : 바람**으로**(L_7) 구름**으로**(L_9)

-를/을 : 물가**를**(L_5) 허울**을**(L_8) 속살**을**(L_{10})
-의 : 숲속**의**(L_0) 천사**의**(L_1) 몇겹**의**(L_8) 여신**의**(L_{11})
-았 : 자**랐**다($L_{3,6}$) 닦**았**다(L_{10})
-다 : 자랐**다**($L_{3,6}$) 닦았**다**(L_{10}) 이**다**(L_{12})

언어의 진정한 기능은 이미지를 불러일으키는 일이다. 시인이 사용하는 매재인 언어에는 회화적 기능, 즉 심상心象을 자극하는 기능이 잠재해 있으며(Aldrich 1958, Cassirer 1957-61), 이러한 시각적 의미는 참신한 은유형식에 담겨졌을 때 비로소 전달될 수 있는데, 언어를 자유자재로 구사하며 참신한 은유를 창조하는 시인들이야말로 이러한 회화적이며 심상을 자극하는 말의 힘을 최대한 발휘시킬 수 있는 전문가라고 하겠다.

〈숲속의 호수〉에서 볼 수 있는 언어의 회화적 측면 가운데 특히 색채적인 이미지로 텍스트를 엮고 있는 거시적 등가어들을 뽑아 보면 다음과 같이 백, 녹색의 정연한 대조를 볼 수 있고, 아울러 이 시의 이미지들이 지니는 청각적 측면의 특징인 고요함을 담은 어휘를 가려보면 다음과 같다.

이미지의 시각적 등가어		**청각적 등가어**	
백색	녹색	고요함	
천사(L_1)	숲(L_0)	숲속에 박혀	(L_2)
산토끼(L_4)	호수(L_0)	한 마리	(L_4)
구름(L_9)	비취(L_1)	깊어가는	(L_5)
속살(L_{10})	숲(L_2)	바람	(L_7)
여신(L_{11})	물(깊어가는)(L_5)	허울	(L_8)
	비취빛(L_{11})	구름	(L_9)
		속살	(L_{10})
		눈	(L_{12})

4.3. 언어의 소리는 그저 소리일 뿐 아니라 처음부터 뜻과 연결되어 있고, 개별 언어마다 소리는 각기 다른 음성법칙에 의해서 다른 뜻을 지니게 되며, 뜻의 대립에서 곧 소리의 대립이 비롯된다.

시에 있어서도 동일한 원칙이 성립되니, 시인이 어떤 새롭게 조화된 소리나 음율을 선택한다는 것은(혹은 의식적인 불협화음도 선택할 수 있음), 말하자면 낱말, 리듬, 구문 등 모든 차원에다 새로운 자질 즉 시적 의미를 부여하기 위한 것이며 그 소리만의 문제로 그치는 것은 아니다. T. S. Eliot도 '시의 음악이 의미 밖에 존재하지 않음' 을 지적한 바 있다(1961: 21).

그러므로 시에 있어서 음성표시phonological representation는 두 가지 기능을 가지니, (1) 심층구조(의미)의 발견기능과 (2) 심미의식을 자극하는 음악적 기능이라 하겠고 후자야말로 시적 자질과 더욱 밀착된 기능이다. 흔히 시작품에 있어 어순을 바꾼다거나 다른 언어로 번역을 한다는 것은 시의 파괴를 의미한다는 비관론이 나오는 것은 바로 이(시적) 의미-음성 사이의 필연적 연관 관계가 파괴되기 때문이다.

〈숲속의 호수〉에 쓰인 23개 낱말 가운데 3음절 낱말이 17개, 2음절 낱말이 3개, 4음절 낱말이 4개로 가장 안정성 있는 3음절 낱말이 지배적으로 쓰임으로써 시의 주제가 제시하려는 일관된 변화과정과 그 유구성, 은밀성, 평화로움 등이 아울러 표현되었다고 하겠다.

낱말 음절					
	S_1	3 3 2 3	/ 3 2	/ 3	
	S_2	3 3	/ 4 3 3	/ 3	
	S_3	4	/ 3 3 2	/ 4	/ 3 3
	S_4	3 3	/ 3		

음악성을 지닌 비음과 유음의 수를 살펴보면 S_2, S_3는 S_1, S_4보다 각기

비음과 유음의 수로서 차이를 보이고 있는데

	비음	유음
S_1	3	2
S_2	8	6
S_3	3	8
S_4	3	0

S_2는 많은 수의 비음으로 심화되어 가는 변화과정을 표현해 주고, S_3은 8개의 유음과 2, 3, 4음절 낱말이 두루 등장할 뿐 아니라 다른 문장의 시행이 모두 3행인데 비해 S_3는 4행을 가짐으로써 여러 모의 변이상을 보이고 있어 적극적인 변화과정, 정화과정을 상징하고 있다 하겠다.

4개의 연/문장이 모두 '-다'로 끝남으로서 시인의 단정斷定을 표현하고 이에 대하여 독자에게 관점의 일치를 요청하고 있는 것 역시 의미상의 문제라 하겠으나 음성적으로 '-다'의 반복은 또한 텍스트의 통일성을 강조하고 있다.

문장 종결어미	S_1 자랐**다**
	S_2 자랐**다**
	S_3 닦았**다**
	S_4 눈이**다**

시의 제목이 그리는 한 정경의 평화로움, 은밀함, 고유함은 시제 자체가 가지는 음성상징에서도 찾아볼 수 있다:

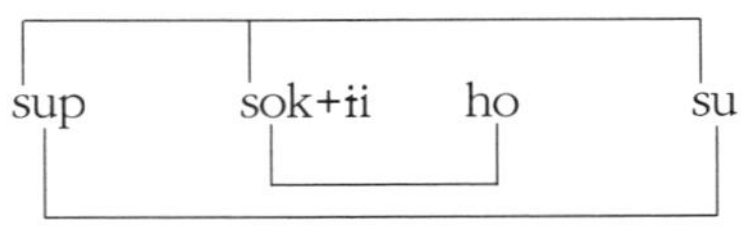

낱말의 초성들이 모두 마찰음으로 시작되어 있고, 특히 /s/는 세 번 반복됐을 뿐 아니라 동일한 후설모음들이 위와 같이 거울 상像으로 균형 있게 앞뒤로 쓰임으로써 어떤 비밀의 속삭임인 듯 시제의 분위기를 음성적으로 잘 뒷받침하고 있다.

시에서 그 언어는 의미와 음성이 다같이 심상으로 작용하는 특징을 지니며, 뜻과 소리와 이미지의 결합을 가져옴으로써 시가 목적하는 바 질質의 선명을 기할 수 있게 된다.

4.4. 현대시의 특징은 의미제약을 어기거나 구문법칙을 어김으로써 일부러 시에 양(다)의성ambiguity을 도입하는 수가 빈번하다. 언어의 다의성을 활용함으로써 한 가지 의미가 아닌 의미들의 〈묶음〉을 독자에게 제시하여 시적 경험의 상호성, 즉 시인과 독자가 다같이 시적 과정 poetic process에 참여하는 기능을 갖게 한다. 언어의 다의성은 통사적인 것과 어휘적인 것으로 구분해 말할 수 있는데 〈숲속의 호수〉에서 보이는 통사적 다의성은

통사적 다의성 : 산토끼 한 마리
깊어가는 물가를 돌면서
자랐다. (S_2)

S_2에서 '자랐다'의 주어가 '산토끼'일 수도 있겠고, 또는 S_1의 '비취반지'가 변해서 이루어져 가는 호수일 수도 있으며, 또는 이 두 가지를 다 겸해서 암시하고 있는지 모른다. 이런 경우 독자 스스로가 컨텍스트를 주어 해석을 가능케 해야 하며 시어가 발휘하는 다의성의 등위를 결정하게 한다.

시적 과정에 있어서 이렇듯 가능한 다의성은 무한정한 것은 아니고 어디까지나 언어라는 테두리 안에서 작용되니, 직접적인 문맥에서는 '산토끼' 가 '자라다' 의 주어일 수 있겠으나 시 전체의 뜻으로 미루어 보아 〈반지⇒호수〉야말로 반복되는 이미지로서 '자라다' 의 주어 자격을 가지며, 결국 이 두 가지가 다 함축된 것으로 보는 것이 타당하다. 시의 다의성을 해석하는 힘은 주제가 가지고 있으며 주제가 해결의 실마리를 제공해 줄 뿐이다.

다음 어휘적 다의성은 특히 은유적 표현으로서 그 기능을 발휘하고 있다:

어휘적 다의성 :

천사 (L_1) : [〈±여신〉]

산토끼(L_4) : [〈±myth〉], 크기, 색깔의 여러 가지 가능성

돌면서(L_5) : [〈±love〉]을 가지고

허울 (L_8) : { 허울 (겉모양) / 허물 (껍질) / 허물 (흉) }

자랐다($L_{3,6}$) : { 형태적 / 양적 / 질적 } 변화

바람으로(L_7) 구름으로(L_9) : [〈±temporal〉]

눈(L_{12})

{ { [〈+reflective〉] / [〈+spiritual〉] } 'or' / [〈+reflective〉 / 〈+spiritual〉] 'and' } 'or'

'천사'와 '여신'은 같은 존재인가 아닌가, '산토끼'는 한국 고유의 전설이 암시하듯 천상적인 것인가, 그래서 반지를 지키려 내려온 것인가, 산에 사는 우연한 동물인가. '산토끼'가 물가를 '돌면서' 호수에 대한 애정이 있어 그 자라는 모습을 지켜보는 것인가. 아니면 그저 그 주위에서 노니는 것 뿐인가. 허울은 위의 세 가지 뜻이 겹쳐진 복합적 이미지라고 보는 것이 타당할 것이며 '자랐다'도 양과 질과 형태의 변화를 다 아울러 말해주는 것이리라. '바람으로', '구름으로'는 어쩌면 시간의 유구성을 내포하는 표현일 것이고, 여신의 눈은 모든 것을 비추어 보는 거울 같은 것인가, 아니면 승화된 영혼의 상징인가, 더욱 그 두 가지 뜻을 함께 지니는가. 아니, 여신의 눈은 그 모든 가능성의 총화인가.

이러한 어휘의 다의성으로 인해 시의 부피와 빛이 한결 더해지며, 낱말들이 지니는 이미지의 분위기야말로 시인이 구체적으로 다루는 재료로서 시적 표현의 원심성遠心性이 이로써 성취된다. 반은 보이고 반을 가리우는 이러한 은유적 모호성이야말로 시인의 강력한 수단이며 독자는 끊임없이 물음을 던지고 스스로 그 답을 탐색하게 된다. 시인은 이렇게 해서 독자로 하여금 여러 가지 가능성으로 눈을 뜨게 하니 시에 있어서 다의성 혹은 양의성이란 단지 허용되는 자질이 아니라 오히려 전적으로 요청되는 자질이라 하겠다.

4.5. 시인은 한 개별 언어의 어법을 통해서 일련의 상황, 사상事象, 사건, 과정, 사물의 본질 등을 표현하는 동시에 그 일련의 상황, 사상, 사건, 과정이나 사물의 본질을 가지고 다시금 하나의 상념想念이나 복합적 상념을 표현, 상징하는데 사용한다. 즉 시에 있어서는 이와 같이 이중적 상징작용이 일어날 수 있다. 시의 주제와 시에서 직접 언급되는 사상事象이나 명제들은 문학의 이중적 의미를 이루는 요소로서 서로가

서로를 상징하는 입장을 취한다. 이 이중의 상징작용이야말로 문학작품의 핵심을 이루며 이와 관련된 모든 영역이 문체연구의 대상이 될 수 있는 것이다.

J. Mukraővský가 말하는(1932: 29) "semantic jumps"(의미의 비약) "sudden breaks"(의미의 돌연분리) 등은 일반적 의미와 은유적 의미가 교차되는 경지를 두고 말한다. 즉 낱말이 어떤 차원에서는 은유적 의미를 보이고 다른 한 차원에서는 일반적인 뜻을 동시에 성립시키게 된다.

이중적 상징작용 :

허울 ↔ 수면	속살 ↔ 수심 水深
S_3 "바람으로 몇겹의 허울을 벗고"	"구름으로 속살을 닦았다"
1. 바람이 몇겹의 물살을 수면에 일게 했다가 잠잠해 지다.	구름이 투명하게 맑은 수심에 비치며 지나간다.
2. 일종의 정화작용	일종의 정화작용.

이 시가 지니는 주제와 사상事象들을 재정리해 보면 시인은 다음과 같이 새로운 시적 현실을 구축해 가고 있음을 알 수 있다.

반지(S_1)	⇒	물, 호수(S_2, S_3)	⇒	(여신의) 눈(S_4)
⟨+silent⟩		⟨+silent⟩		⟨+silent⟩
⟨+round⟩		⟨+round⟩		⟨+round⟩
⟨+embedded⟩		⟨+embedded⟩		⟨+embedded⟩
solid		liquid		both
artifact		nature		supernatural
vision		reality		vision
Poetic Reality (시적 현실)		Vision (환幻)		Reality (실재 세계)

세월의 흐름을 따라 우주에는 갖가지 변양작용이 계속되며 우리의 가시적인 자연계는 그 변화의 중간단계인 현상세계이며 소위 불교에서 말하는 가탁假託이나 幻에 불과하다. 변양작용은 또한 영신화靈神化작용일지도 모르며 비취반지가 호수로 변하고 여신의 눈으로 화하는 과정이다.

5. 결어

이상 구체적인 어사선택과 주제 및 사상事象들이 얼마나 긴밀한 연관관계를 가지고 있는가를 하나의 예시를 들어 그 문법, 어휘, 음성적 측면과 이들 3요소 상호간의 이중적 상징작용을 논함으로써 관찰해 보았다. 각 언어 요소들의 부각foregrounding의 방향을 지시하고 결정짓는 힘은 주제에 있으며, 직접으로 언급되는 바 사상事象들은 표층에서의 비교적 산만한 관계와는 달리 가장 깊은 심층에서 그 주제 실현을 위해 강한 내적 조직을 이루고 있다. 면밀한 어사선택, 일관성 있는 부각 작용을 통해서 이루어진 시의 text는 거시적 상관속들로 엮어진 하나의 통합체로서 일반 화법과는 판이한, 또 하나의 현실을 표출하는 시적 화법poetic discourse을 성립시키고 있음도 보았다. 시적 자질이란 바로 위의 3요소들이 효율적 상징 관계를 가진 말의 질서를 통해서 얼마만큼 하나의 새로운 현실을 표출시키는 데 참여할 수 있는가의 문제이며, 문체의 연구는 바로 이렇게 해서 엮어진 text를 놓고 이들 삼자간의 상징관계를 탐색하고 독자들의 지적, 심미적 안식眼識을 자극하고 확충하는 언어 요소들을 규정하는 작업이라 하겠다.

5 문학적 커뮤니케이션: 언어 · 기호학적 시론*

1. 들어가기

우리가 사용하는 말의 구조적 특징은 우리의 경험적 요인들에 의해서 크게 좌우된다. 인간 경험을 반영하는 언어는 우리의 지각, 이성, 감정, 기억, 사회구조, 신체적 조건, 인지발달의 정도 등 모든 경험적 요인들이 복합적으로 작용해서 그 구조적 특징을 이룬다. 그 까닭에 Lakoff(1977)는 인간의 사고, 지각, 감정, 인식과정, 언어 등 모든 작용들이 동일유형의 구조를 이룬다고 주장하고 그 공통된 성격을 관찰해 열거한 바 있다.[1]

---

1 George Lakoff(1977). 'Linguistic Gestalts' *CLS* 13, 246-247: "……thought, perception, the emotions, cognitive processing, motor activity, and language are all organized in terms of the same kinds of structures, which I am calling *gestalts*."

이러한 주장에서 얻을 수 있는 결론은 문학텍스트에서 발휘되는 바 에너지의 동태적動態的, 복합적, 극적劇的, 과정적 제국면을 바로 인식해야 한다는 것이다. 이러한 에너지는 문학텍스트가 다음과 같은 몇 개의 추상적 단계를 거치는 창작 행위이기 때문에 발휘될 수가 있다.

1. 언어표현층(음운, 형태, 어휘, 통사, 의미의 제구조)
2. 텍스트 구성층
3. 표현층(문화 · 사회적 요소들)
4. 가치층價值層

(cf. Makkai 1976: 35)

이들 4단계의 상호개입은 Whitehall이 이미 수정을 가한 Auerbach의 도식(Whitehall 1959)에 Jakobson의 통신通信 모델을 중첩시켜서(지나치게 단순화된 감이 있으나) 다음 도식에서와 같은 문학텍스트의 종합적 통신 모델, 즉, 문학 커뮤니케이션 모델을 시도할 수 있을 것이다.

예술언어는 일상어의 특수한 용법이 아니라 독립된 차원의 언어로서 심미적으로 연구되어야 할 기호와 이들의 규칙으로 이루어진 하나의 체계다. 예술 텍스트가 우리에게 주는 지식은 단순한 외적 사회학적 자료로 대치되거나 요약될 수 없는, 언어의 모델 형성체계성, 기호 모델로서의 체계성과 불가분의 관계를 지닌다. 예술적 기호는 기호 본래의 '매체적 기능'에서 심미적 정보를 제공하는 '목적적 기능'으로 전환하는 특성을 갖는다.

Lotman은 자연언어와 예술 언어의 차이를 1차와 2차 모델 형성체계로서 구별하고 있다(1978: 2). 〈모델〉이란 구조와 기능의 차원에서 대상을 유추하는 것이며, 일반적 수단으로는 인식될 수 없는 극히 복잡한 대상이나 관계를 우리는 모델화modeling 한다. 모델화란 대상 전체의

문학 커뮤니케이션 모델 :

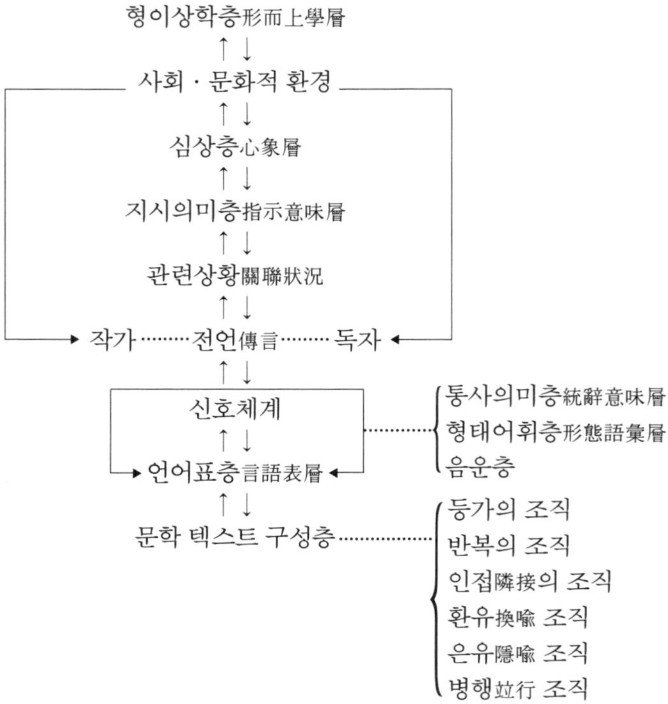

재현이 물론 아니고 그 일정 측면, 기능, 상태의 재현을 말한다.

자연언어에서 각 기호는 어떤 공간적, 가시적 지시내용을 갖는다는 사실에서 제1차적 모델형성체계를 이루고, 이를 구사해서 이룩한 문학작품도 조형적 원리가 작용하는 제2차적 모델형성체계를 이룬다.[2] 하

2 "모델형성체계" modeling system은 러시아 기호학의 중심개념으로서 구조언어학의 언어모델에서 비롯된 것으로 Lotman의 정의에 의하면 (Lucid ed. 1977: 7) "model형성체계란 우리의 지식, 내관, 규율의 대상이 되는 그 전체 영역과 일정한 유추관계에 놓여 있는 각요소들의 조직, 그리고 그들을 배합하는 제규칙들의 조직을 두고 말한다. 그러므로 이는 하나의 언어로 간주될 수 있다. 자연언어(제 일차 모델형성체계)를 바탕으로 하고 그 위에 보조적 상위구조를 마련하여 제이차적 언어를 창조하는 체계를 2차 model형성체계라고 부를 수 있다."

나의 작품은 공간적으로 한정된 것이나 무한한 세계를 모델화한 것이며 대상의 전체적 실재를 또 하나의 다른 실재로 대체하여 한정된 공간 속에 담는 것이 된다. 이때 텍스트는 주어진 제재의 구성을 완결시키면서 동시에 세계 전체의 구성도 그 안에 반영하는 이중적 본질을 지닌다. 작품은 작가 자신의 인격, 의식구조, 그리고 현실의 한 현상을 동시에 모델화하며 이것이 독자의 의식속에 전달, 감응되어 독자 자신의 의식구조로 바뀐다. 따라서 예술 텍스트는 정보와 인식형태를 동시에 제공하는 기호적, 커뮤니케이션적 본질을 지니게 된다.

문학 커뮤니케이션에는 문학 고유의 기호와 그들의 결합규칙의 체계가 있고 이로써 특별한 메시지를 위해 봉사하는데, 이때 기호의 개념과 그 경계가 자연언어와는 다른 퍼지성fuzziness, 비확정성을 갖는다. 또한 문학기호들은 대체로 조형성을 지니며 조형적 기호가 가지는 표현과 내용 사이의 구속적 관련성 때문에 기호는 내용을 모델화 할 수 있으니 이는 문학 텍스트의 모든 요소들이 의미론적 요소로 전환한다는 뜻이며, 따라서 통사 · 의미 체계의 구별이 없어지고 기호의 경계가 소멸됨을 뜻한다. 이렇게 해서 작품 전체가 *하나의 기호*로 화하고 그 안의 일반 언어 기호들은 그 구성 요소가 될 뿐이다. 또한 자연언어 체계에 속하는 음소, 형태소등 제요소가 어느 정리된 반복성 계열에 속하게 될 때 그 자체에 의미가 주어져 기호화된다. 예술 작품은 따라서 연쇄적 통사체계가 아니라 계층적 통사체계가 되며 기호의 경계와 텍스트의 경계가 하나가 되면서 하나의 본질속에 여러 계층 구조를 이룬다(cf. Lotman 1978: 212).

이러한 텍스트는 그 자체가 텍스트 외적 구조 안에 자리하고 그 외적 구조와의 관계 속에서 모든 것을 의미하게 되는데, 이는 사회 문화적 요소라는 작품의 복합적인 지시대상을 말한다. 사회문화현상은 같은 경험 내용을 지니는 몇 개의 경쟁적이며 대조적 코드로 이루어져 있고, 그 경험내용 자체도 서로 상이한 가치 체계가 여러 가지 배열로서 기능을 발휘하는 상호 모순된 요소들을 내포하고 있다. 텍스트의 의미는 이러한 복합적 신호체계code 때문에, 그리고 확연하고 일정한 지시대상이 아닌 문학적 지시성을 띰으로써 텍스트 외적 구조와의 관계가 매우 긴밀하고 복합적인 것이 된다.

문학의 본령은 체험된 대상세계를 설명하자는 것이 아니라 모델로서 제시하려는 노력이며 이는 언어로 추상화, 의미화함으로써만 가능한데, 체험의 대상은 의미도 아니요 더욱 언어도 아니므로 우리는 언어를 통해 언어 이전의, 즉 추상화 이전의 대상을 구명, 제시해야 한다. 즉 분석을 통해 작가가 무의식으로 느낀 바 대상을 의식해야 하는 것이다.

시적 진술이 감응력과 융화적 태도를 가지고 구체적 실재에 대한 개성적 관점을 진술하는 작업이라면, **시론**, 특히 언어 · 기호학적 시론은 그 진술에 대한 과학적 인식으로서의 작업이다. 이는 기술, 분석, 종합적 해석을 통해서 가능하니, 시의 기술은 텍스트의 재료가 되어 있는 미학 외적 의미체계와 문학적 부호, 시적절차와 원리를 언어 · 기호학적으로 기술하며 텍스트를 제1의적 여러체계로 환원하는 작업이다. 또한 분석은 모든 분리된 절차의 기능을 조사하고 상위체계에 비추어 이들 기능의 연관성을 연구하는 것이다. **문학 텍스트의 분석**은 표층에 나타나 있는 외형적 관계와 나타나 있지 않은 의미와 상징 관계를 밝혀야 하고 이를 문체적, 표현적 국면에서 보다는 통사의미론적, 시학적 심층의미의 국면에서 다루어야 하며, 문법 · 어휘적 자질인 텍스트상의 결속구조cohesion도 밝혀야 한다. 이는 텍스트를 구성하는 각 개별층의 기술에서 분산적으로 나타난 범주와 사상事象들을 종합적으로 다루는 것을 뜻한다. 종합의 단계는 텍스트의 전 구조가 하나의 융합된 기호체계로 제시되는 단계라 하겠다.

그러므로 문학텍스트에서 정밀 분석의 대상이 되지 않는 것이 거의 없으며 여러 구조적 교차에서 생성되는 한 작품의 특질, 개성, 그리고 어느 한 요소가 동시에 여러 구조층에 소속됨으로써 열리는 다양한 의미의 개화등을 충분히 포착해야 한다.

본 글은 제2차 모델형성체계로서 구조와 기능의 복합체인 시 텍스트에 언어학을 기초로 한 기호학적 접근을 시도하여 텍스트 해독에 있어서의 각 기호의 능동적, 복합적 의미작용을 제시하고자 한다.

2. 커뮤니케이션 체계와 작품구조

2.1 텍스트의 구조와 정보

건축가의 사상이 건물의 구조로 표현되듯이 문학 작품의 사상적 내용도 작품의 구조를 통해서 나타난다. 작품의 아이디어는 어떤 한 현실의 구조적 재현, 즉 〈모델〉로서 표출되며 작품의 텍스트는 복합적 의미 요소로 이루어진 하나의 구성체다.

구조란 여러 대립항의 개념으로서 통합과 연합의 양축으로 이루어지며, 구조 자체가 기능을 발휘한다기보다 어느 한 체계 안에서 그 기능을 발휘한다고 하겠다(Wiener 1978, 4: 322). 구조는 결코 형태나 형식의 차원에서 그치는 것이 아니라 보편적 우주의 모델을 구축함으로써 한 체계의 의미내용으로 변환하며, 따라서 구조는 커뮤니케이션의 행위가 아니라 그 조건이 된다. 그러므로 작품이라는 한 구조물은 삶의 인식수단인 하나의 모델이요, 하나의 정보 전달수단인 기호체계로서 결국 하나의 구조적 의미체계인 것이다.

일정한 정보는 일정한 구조에서만 존재할 수 있고 달리는 전달될 수가 없으며, 시를 일반 언어로 바꾸어 말하면 그 구조가 바뀌고, 따라서 정보량도 다르게 지각된다. 〈선택의 축〉과 〈배합의 축〉[3]의 교차로 이루어지는 구조는 다이나믹한 생명적 메카니즘이며, 작품 구조에서 동떨어진 아이디어의 파악을 시도한다는 것은 생물학적 기능인 생명을 생명체와 분리해서 생각하는 것과 같다고 Lotman은 갈파한다(1978: 70).

텍스트 구조의 복합성은 내용의 복합성에 정비례해서, 정보의 성격이 복잡하면 할수록 그 전달에 사용되는 기호체계도 복잡화한다. 일반 자연언어 체계적 수단으로는 전달될 수 없는 복잡한 정보가 예술적 구조를 통해서는 전달될 수가 있다. 그러므로 한 작품을 생산하거나 지각한다는 것은 각별한 예술적 정보를 전달하고 받아들이고, 보존하기 위해서 창조된 텍스트의 구조적 특질과 떨어져 생각할 수가 없는 것이다.

2.2 등가의 원리

문학 텍스트의 구조가 자연 언어인 일차 언어체계와 다른 것은 배합의 축에서 지니는 특성 때문이다. 시적 텍스트의 통합적 조직 syntagmatics은 거시적으로는 등가적 요소들의 배합이면서 구조적으로는 이질적 요소들의 연쇄다. 이들은 어느 한 층에서만 동일성을 보이면서 상호 교차하는 비예측성, 비문법성을 띠게 마련이고 이러한 구조성의 증대는 비예측성의 증대, 그리고 정보의 증대를 수반한다(Lotman 1978: 317). 즉 이질적 요소들을 병치시킬 때 텍스트 안에서 타구조로의 전환이란 문제가 대두되는데, 우리는 텍스트 안에서 언제나 두 가지 가

---

3 〈배합의 축the axis of combination〉은 모든 언어적 단위가 그 자체보다 단순한 단위에 대하여 맥락을 이루며 더욱 복잡한 언어단위 속에서 자체의 맥락을 발견하는 현재顯在의 계열이요, 〈선택의 축the axis of selection〉은 대립항 간의 선택이 어떤 점에서는 이와 등가하고 다른 점에서는 상이한 기타의 것들과 대치될 수 있는 가능성을 의미하는 기억, 즉, 음재陰在의 계열이다(Jakobson 1977 참조).

능성을 가지고 다음 분절로 이행하게 되니, 즉 이미 알고 있는 구조적 조직의 연속이든, 아니면 전혀 새로운 조직의 출현을 맞는다. 후자의 경우 비문법성, 비예측성을 경험하게 됨은 물론이다.

그런데 시는 하나의 성구成句이며 의미론적으로 불가분의 전체이며, 이는 *선택의 축에서 배합의 축으로 투영된 등가적 단위*들에 의해서 가능하다(Jakobson 1977: 155). 즉 배합의 축에서 의당 가해지는 여러 제약들이 이처럼 시적으로 해제되고 문법, 의미, 억양 등이 배열상의 여러 금지법을 초월해서 모든 구조적 기능을 활성화하기 때문이다.

이와 같이 문학작품 구조의 기본원리는 등가성에 있다. 그런데 언어학적 등가성은 공통의 지시내용을 가지고, 상호 대치될 수 있는 일정 레벨에서의 등가성을 의미하나, *문학 텍스트에서의 등가성*은 리듬에서 구문조직에 이르기까지 여러 차원에서의 다양한 거시적 등가성을 의미한다. 가령 대상의 동작에 대한 화자의 태도를 말하는 메시지에서는 "말씀하다/잡수시다"나 "지꺼리다/먹다"를 각기 등가치로 볼 수 있으니, 문학 텍스트에서는 비등가적 요소들이 등가성을 띠게 됨으로써 의미론적으로 코드의 변환을 가져온다. 즉 일차 언어층에서 상이한 지시내용을 가진 기호가 이차 체계층에서 공통의 지시내용을 갖는 것으로 예상될 수 있다. 이때 "말씀하시다/잡수시다"의 등가성은 환경의 여건을 존중하는 동일한 태도를 암시하는 등가성이라 하겠다.

시 텍스트의 등가성은 비유사성을 암시할 수 있는 의미작용이며, 유사성을 지니는 것 가운데 상위성을 또한 가려내기도 한다. 가령 표층적 유사성을 지니는 병행구문parallelism은 서로 지시 내용이 다른 두 의미로 구성될 수 있고 이들은 거시적 상관속相關束macrosets을 이루어 텍스트의 결집력을 형성하나 부분적 상위성은 그 구문에서 필수적이다(cf. 본문 4.2).

이렇게 해서 자연언어 층에서 찾아볼 수 없는 새로운 의미내용을 생성하는 새로운 질서가 나타난다. 요컨대 의미론적으로 이질적인 단위에 음운, 문법적 요소가 동일성을 부여함으로써 등가적 부류로 처리되거나, 아니면 자연언어 층에서는 동질적 단위인데 형식적 범주가 의미분화를 가져와 그 상위성을 활성화함으로써 불일치를 부각시키기도 한다.

등가적 요소의 구체적 회기작용回起作用은 시에 있어 병행구문, 율격, 두운, 자운, 모운 등으로 나타난다. 시행은 따라서 문장으로 이루어졌다기보다는 등가성의 반복이 가져오는 매우 제한적 성격으로 이루어졌고 이는 무한수의 문장개념에 대립되는 것으로, 커뮤니케이션 수행상의 편이 조건이 아닌, 시행의 본질적 성격으로서 시적 능력의 차원에서의 제한성을 의미한다.

시행은 이와같이 문장의 무한성이나 문장을 구성하는 일반 언어 계층을 모두 거부함으로써 이중으로 일반 언어구조를 거부한다. 그러나 문학텍스트의 표층작용인 텍스트적 음운 및 통사작용과 심층적 의미작용을 분석적으로 검토하고 다루기 위해서는 언어학적 계층을 모델로 편의상 문학음운론, 문학통사론, 문학의미론으로 나누고 종합적으로 문학 커뮤니케이션론에서 기호론적 검토를 시도하는 것이 타당하리라 생각된다.

3. 문학음운론

시에는 이중적 계층 구조가 있다. 하나는 시인이 마음대로 지배할 수 없는 개별언어 자체의 음운, 형태, 통사, 의미구조들이며, 다른 하나는 시인이 자유로이 이에 부가할 수 있는 병행성 음운, 음절, 음률패턴, 시행, 연聯 등이다. 시의 구성원리인 등가성은 표층 구조인 음운, 철자층에서 가장 두드러지게 나타나는 것이므로 〈소리〉는 시적 텍스트에서 불가불 매우 중요한 국면일 수밖에 없다. 모든 등가적 요소의 반복은 어휘·구문의 반복이라기보다는 실제 청각적 효과를 가져오는 〈소리〉의 반복이기 때문에 심층적 특질인 의미는 오히려 불규칙성을 보일 수가 있다. 이로서 〈소리의 같음〉과 〈뜻의 다름〉이라는 미적 요인을 형성하고 한편 소리가 의미를 지원함으로써 시적 통일성을 기한다.

문학음운론에서는 다음 세가지 문제가 제기될 수 있다. 즉 1) 소리의 중요한 문학적 배열은 어떤 것인가, 2) 이들 소리의 의미론적 기능은 무엇인가 3) 이들은 어떻게 기술되는가?

작품이란 표현된 사상보다도 작품을 구성하는 제구성요소들 사이의 상호 관련성이 중요하며, 소리의 중요성은 배열의 축을 이루는 구성 요소인 등가적 소리가 구조적으로 불가피하게 의미의 등가성을 지니게 된다는 사실에 있다. 그러한 배열은 어느 언어 계층에서도 두 가지 연관된 경험, 즉 〈유사성을 위한 비교〉와 〈상위성을 위한 비교〉를 경험하게 한다(cf. Jakobson 1977: 170).

등가음의 회기작용은, 다음 예문에서와 같이 마치 답답한 언어의 장벽을 햄머로 두드리듯, 무엇을 전달하기 위해 규칙적으로 거듭되는 시도로 볼 수 있고 이러한 효과로 시는 하나의 연속체, 하나의 기호로 화한다:

> 밀어 올려라. 밀어 올려라./나만혼자 이 꼭지에 앉아 있게 하고/언제였을까/바다는 저리 멀리 저리 멀리/달아나 버려/손 흔들어 손 흔들어/……
>
> (박두진: 돌의 노래)
>
> *Farewell* the tranquil mind! *farewell* content!/*Farewell* the plumed troop and the big wars/That make ambition virtue! O, *farewell!*/ *Farewell* the neighing steed and the shrill trump,/……
>
> (Shakespeare W. : 오셀로*Othello*, III, iii)

3.1 소리의 문학적 배열과 의미

소리의 문학적 배열은 그 자체가 음악성을 지니므로써 하나의 현실을 구축하며 마치 〈소리의 그림〉과 같은 통일성을 지니기도 한다. 음악의 세계에서 멜로디가 그러하듯, 시도 다른 말의 배열로 요약이나 설명을 할 수 없는 특질을 갖는다. 어휘 및 구문의 반복은, 소리의 반복으로서 교향을 이루고 이때 어휘들의 의미가 부각되며(cf. Witherill 1974: 11) 시는 이렇게 해서 하나의 연속체, 하나의 기호로 화한다.

소리의 문학적 배열은 공명도sonortiy와 근육의 쾌적한 움직임, 그리고 개별 언어의 음절구조에 따르는 자 · 모음의 회기성에 의존한다. 음절 내에서 보이는 병행구조를 살펴 보면 음의 부분적 일치를 의미하는 다음과 같은 배열이 시적 구조의 일부를 담당한다 :

두운 → [+초성, +동일성, +자음]	$\underline{C}VC$ 불/빛	ㅂ
자운 → [±초성, +동일성, +자음]	$CV\underline{C}$ 병/망	ㅇ
모운 → [±초성, -종성, +동일성, +모음]	$C\underline{V}C$ 달/밤	ㅏ
압운 → [+종성, +동일성, 모+자음]	$C\underline{VC}$ 사랑/배낭	ㅏㅇ
역압운 → [+초성, +동일성, 자+모음]	$\underline{CV}C$ 나무/나라	나
의사압운 → [-중성, +동일성, +자음]	$\underline{C}V\underline{C}$ 벌/불	ㅂㄹ

V=모음 또는 이중모음 C=자음 또는 자음군

그러나 우리 한국시에다 이들 규칙을 그대로 적용하기는 어렵다. 영시의 경우는 한 음절, 한 어휘를 단위로 여러 음의 반복 형태를 논하게 되는데 비해, 우리말의 경우에는 하나의 의사단락 안에서 언제나 음절구조의 재조정 변형이 일어나게 마련이고 그 결과로, 될 수록 cv · cv · cv…cv(c)의 구조를 유지하는 경향을 보이기 때문이다. 즉 대부분이 개방음절화〈cv〉한다.

다음은 박두진의 〈돌의 노래〉를 예시로 그 음운론적 구조를 검토해 보려한다.

돌의 노래

박두진

I 1 돌이어라. 나는,
2 여기 절정絶頂.
3 바다가 바라뵈는 꼭대기에
4 앉아,
5 종일終日을 잠잠하는
6 돌이어라.

II 7 밀어 올려라 밀어 올려라
8 나만 혼자 이 꼭대기에 앉아 있게 하고
9 언제였을까
10 바다는,
11 저리 멀리 저리 멀리,
12 달아나 버려,

III 13 손 흔들어, 손 흔들어,
14 불러도 다시 안 올 푸른 물이기,
15 다만 나는, 귀 쭝겨 파도 소릴
16 아쉬워 할 뿐.
17 눈으로만 먼 파돌
18 어루만진다.

IV 19 오, 돌.
20 어느 때나 푸른 새로

날아 오르랴.
먼 위로 아득히 짙은 푸르름
온 몸 속속들이
하늘이 와 스미면,
어느 때나 다시 뿜는 입김을 받아
푸른 새로 파닥어려
날아 오르랴.

V 밤이면 달과 별
낮이면 햇볕.
바람 비 부딪히고 흰 눈
펄 펄 내려,
철 따라 이는 것에 피가 감기고
스며드는 빛깔 들,
아롱지는 빛깔들에
혼이 곱는다.

VI 어느 땐들 맑은 날만
있었으랴만, 오,
여기 절정
바다가 바라뵈는 꼭대기에 앉아
하늘 먹고, 햇볕 먹고,
먼, 그, 언제,
푸른 새로 날고 지고
기다려산다.

(박두진 1982: 26~29)

이 시에서 완전한 반복음(구문)을 이루는 구절을 뽑아 보면: 잠잠하는

(3), 밀어 올려라, 밀어 올려라(7), 저리 멀리, 저리 멀리(11), 손 흔들어, 손 흔들어(13), 속속들이(23), 펄펄내려(31) 등이며 전체 시를 이루는 43행 가운데 18행이 각기 다음과 같이풍부한 동일모음의 반복을 보이고 있다 :

[o: tor ɨi noræ] (시제詩題), [a: pa*t*a*k*a pa*r*a poi nɨn] (시행 3, 39), [a: n*a*m*a*n honc*a* ik'okcie *a*nc*a* itkeh*a*ko](8), [a: t*a*m*a*n n*a*mɨn](15), [o: *o*, toll](19), [a: n*a*r*a* orɨry*a*](21, 27), [i/i: mən w*i*r*o* atɨkʰ*i* c*i*tʰ ɨn pʰurɨrɨ m](22), [o: *o*n m*o*me s*o*k sok tɨri](23), [aii: h*a*nɨr*i* w*a* sɨmimyən](27), [a: ənɨt' æn*a* t*a*si p' um nɨn ipkimɨl p*a*t*a*](25), [a: p*a*mimyən t*a*lkw*a* pyəl](28), [i: param p*i* put*i* cʰ*i*ko hɨ*i*n nun](30), [ə: pʰ*ə*l pʰ*ə*l nærya](31), [aai: cʰəl t'*a*r*a* *i*nɨn kəse pʰik*a* k*a*m k*i*ko](32), [ɨ: sɨmyətɨnɨn pitkal tɨ l](33), [əo: hanɨl məkk*o* hætpyət m*ə*kk*o*](40), [o: pʰurɨn sær*o* nalk*o* cik*o*](42), [a: kit*a*ryə s*a*nt*a*](43)

두운 현상을 보이는 14행 가운데에는 역압운의 성격을 보이는 시행(36)도 포함시켰다 :

[cə: c*ə*l c*ə*ŋ](2, 38), [pa: *pa*taka *pa*ra *p*œnɨn](3, 39), [c: *c*oŋ irɨl *c*am *c*am hanɨn](5), [m_n: nunɨro*man* *mən*](17), [pʰ: *p*ʰurɨn særo *p*ʰatakəryəl](26), [p:*p*amimyən talkwa *p*yəl](28), [p:*p*aram *p*i *p*uticʰiko](30), [ma: *ma*lkɨn nal*man*](36), [h: *h*anɨl mək'o *h*ætpyət mək' o](40)

전체 시행의 반수 이상인 23행이 동일자음의 반복을 보이는 중, 유음(L)의 반복이 8행, 비음(N)의 반복이 9행이다.

[r: to*r*ɨi no*r*æ](시제), [r: to*r*iə*r*a](1, 6), [비음 N: *n*a*m*a*n* ho*n*ca ik'okcie a*n*ca](8), [r: ta*r*anapə*r*yə](12), [L: pu*ll*əto tasi an o*l* p^{h}urɨn muliki](14), [N: ta*man na n*ɨn](15), [w: as*wiu*ə halp'un](16), [N: əru*man* ci*n* ta](18), [r: mən wi*r*o atɨk^{h}i cit^{h}ɨn p^{h}u*r*ɨrɨm](22), [n, r: ənɨ t'æ*n*a p^{h}urɨn sæ*r*o](20), [r: na*r*a o*r*ɨ*r*ya](21, 27), [N: ha*n*ɨri wa sɨ*mimy*ə*n*](24), [N: ənɨ t'æ*n*a tasi p'u*mn*ɨ*n* ipki*m*ɨl pata](25), [r: p^{h}u*r*ɨn sæ*r*o p^{h}atakə*r*yə](26), [yə: pamim*y*ən talkwa p*y*əl/nacim*y*ən hætp*y*ət](28, 29), [k: p^{h}i*k*a *k*am*k*i*k*o] (32). [N: ho*n*i ko*mn*ɨ*n*ta](35), [N, L: ənɨ t'æ*n*ti*l* *mal*kɨ*n* *nalman*](36), [s' : is'əs'ɨryaman](37), [ən: m*ə*n kɨ *ə*nce](41), [ko: nal*ko* ci*ko*](42)

박두진의 여타시에서처럼 각 음운의 회기작용이 매우 풍부하며 그 중 7행은 특히 완전 반복 구문을 이루어 청각적 효과를 거두고 있다.

한국시의 두드러진 현상은 각 시행 말음이 거의 모음으로서 개방음절이거나 주로 공명성에 있어 모음 다음가는 유음(측음)과 비음으로 끝난다는 사실이다. 〈돌의 노래〉에서 총 44행 가운데 28행이 모음으로 끝나며 비음 11행, 측음 6행으로 끝날 뿐, 다른 자음이 전혀 보이지 않으며, 모음으로 끝나는 시행 가운데 [a]의 활용이 11행으로서 강한 울림을 보인다.

다른 모든 한국시의 경우도 마찬가지로 모음, 측음, 비음으로 끝나는 시행이 대부분이며 혹 예외가 있다면 이는 배열의 축에서 오는 등가성의 구조적 압력 때문이다. 가령 서정주의 〈초청장〉 1연 2행 및 종연 3행의 '쫓겨나는 마당귀 마닥' 의 말음 [k], 오상순의 〈방랑의 마음〉 5연의 '보이는 듯 마는듯' 의 말음 [t], 김영랑의 〈불지암〉 2연의 '그 빛은 청초한 수미산 나리꽃' 의 말음 [c^{h}] (철자 빛/꽃의 시각적 동일성이 작용하고 있음) 등의 각 시에 있어 유일한 예외적 자음행말음들인데, 이는 각 배열의 축에서의 등가음의 반복을 위한 것이다: mataŋ *k*wimata*k*; poinɨ*nt*ɨ*t* manɨ*nt*ɨ*t*; *c*^{h}əŋ*c*^{h}ohan sumisan narik'o*c*^{h}. 소월의 〈산유화〉도 2

연 3행의 '**피**는 꽃**은**' 의 [n]을 제외하면 모든 시행이 모음으로 끝나며, 이상의 〈거울〉은 2행의 '보지 못하는 구료마는' 의 [n]이외는 모든 행이 〈—오〉로 끝나는 통일성을 보인다.

소리의 반향은 의미의 반향, 문법적 반향으로 확산하여 시적 중의성重義性을 도입할 수 있다. 가령 영어의 "learning" 이란 낱말이 불러 일으키는 몇가지 반향을 살펴보면 시적 텍스트가 아니더라도 그 종류는 다양하고 광범하다:

어휘 learning [lə́rnĭŋ]이 가져오는 반향反響들:

의미론적 반향: studying, teaching, education, knowledge, school student, ignorance, teacher, discerning, understanding, hearing 등

문법적 반향: learn, learned (learnt), learns; am, is, was, were learing, learning(gerund), learned[-id]

형태적 반향: going, looking, drinking 등

음성적 반향: [l-] learning, blowing, listening, leaning
[-ərnɪŋ] burning, earning
[-ɪŋ] bring, ring, spring
2음절성: learning, earning
동일 강세형[´ ˇ]: leárnǐng, eárnǐng

관용구적, 은유적 반향: learn by heart, learn to one' s cost, a man of learning

환유적 반향: learning(of dancing, of language, how to cook, how to drive, etc.), learning(fast, slow)

그러나 모든 소리는 그 자체만으로는 암시성이 있을 뿐, 일정한 의미를 부담할 능력이 있다고는 말할 수 없다. 문맥이나 낱말의 의미가 소리를 뒷받침하지 않는 한 아무러한 연상이나 감응적 가치가 발효될 수 없다는 것은 다음 예에서도 자명하다:

a. 음성상징이 성립되는 경우: the *murmuring* of innumerable bees
b. 음성상징이 안되는 경우: the *murdering* of innumerable bees

〈돌의 노래〉에서 보이는 등가음의 규칙적 반복은 시행의 음절수와도 관련된다. 전체적으로 파도의 율동을 닮아 완만한 규칙적 반복을 보이나 특히 첫 연을 제외한 모든 연의 마지막 2행은 음절의 병행적 구조를 다음과 같이 4, 4, 5조로 이룬다 :

(I. 종일을 잠잠하는/돌이어라.)
II. 저리멀리 저리 멀리/달아나버려.
III. 눈으로만 먼 파돌/어루만진다.
IV. 푸른새로 파닥어려/날아 오른다.
V. 아롱지는 빛깔들에/혼이 곱는다.
VI. 푸른새로 날고지고/기다려 산다.

리듬/음률과 의미의 관계는 모호하고 다양하나 긴밀한 관계가 있음은 분명하다. 리듬은 시의 배경을 이루는 정신적 동작, 분위기, 감정을 포착하게 한다. 모든 경험은 주관적이나 그 경험의 의미론적 성격을 지각할 수 있는 것이 리듬/음률이며 그 효과는 시마다 다 달리 나타난다고 하겠다. 음률은 텍스트 전체와 관련이 있으므로 van Dijk은 이를 〈텍스트 qualifier〉라는 심층적 범주로 다루고, 음운구조 뿐 아니라 의미구조에도 영향을 줄 수 있음을 밝히고, 텍스트 유형에 따라 시의 명제유도에 대한 텍스트의 제약으로 나타난다고 말한다(1972: 221).

3.2 텍스트의 음성적 기술

텍스트의 음운구조를 논하기 위해서는 어떤 방법으로든지 철자를 소리로 옮겨야 할 필요가 있으니, 소리의 규칙성, 병행적 효과를 찾아내고 궁극적으로 시의 통합성을 발견하기 위해서다.

시의 음성적 기술은 비록 그 소리가 주요한 문체적 혹은 심층적 기능을 갖지 못하는 텍스트에 있어서도 인상주의를 피하고 올바른 해석을 위해 긴요하다. 우리가 시에서 경험하는 것은 시가 창조하는 감흥으로서 이는 음절, 어휘, 음률, 강세 등과 관련하여 등가의 자리에서 맺어지는 소리의 기능에서 비롯된다. 이를 포착하기 쉬운 방법은 바로 객관적인 소리의 기술이며, 특히 우리말과 같이 음운변이가 심히 일어나는 언어에 있어서는 각 시행의 음성적 기술이 불가결하다.

시는 한 개별언어가 지니는 소리의 화음적 가치를 될 수록 총동원해 쓰여지며 이때 언어는 사고의 도구일뿐 아니라 소리의 기관이 되어 교향을 이룬다. 이에 대한 우리의 주관적 경험을 객관적으로 기술할 수 있는 보편적 수단이 필요한 것은 말할 것도 없다. 그러나 시에 담긴 모든 음운 패턴을 발견한다는 것이 모든 시행의 심미성을 다 언급하는 것이 되지는 못한다. 다만 숨어 있는 음악성을 무의식적이건 유의식적인 것이든 간에 이를 제시하기 위한 노력이라 하겠다.

4. 문학 통사론

하위단위를 선택해서 보다 복잡한 상위단위로 배열하는 것이 언어행위라면 시는 언어학적 단위의 선택과 배열에 있어 자연언어와 다른 비문법성, 반복성, 중의성의 특질을 더욱 누린다. 어휘 · 구문의 반복뿐 아니라 시제時制와, 각 형태소의 반복, 율격구조, 수사법의 일탈현상, 인칭 및 시점視點의 변이와 교차도 다양하다. 중의성은 어휘 · 통사 · 의미층에서 다 찾아 지는데 이는 어떤 실재의 문학적 표현인 모사층mimesis과 그러한 표현이 가져오는 궁극적 형식/의미의 통합체인 심의층significance을 이루는(Riffaterre 1978) 여러 겹의 진술이 하나의 통합된 텍스트로 짜여지기 때문이며, 병행구문을 비롯한 문학적 변형규칙들이 심의significance의 장인 텍스트에서 각 기호의 확대expansion 및 변환conversion 작용[4]에 활용되기 때문이다.

Riffaterre(1978: 6)에 의하면 심의층의 의미단위는 텍스트 자체이며 모사층의 의미단위는 1차언어적 어휘, 어귀, 문장들인데 이들의 복잡한 비문법적, 중의적 배열이야말로 문학성의 현주소이고 그러한 중의성, 비문법성이 하나 하나 처리되고 극복됨으로써 서서히 하나의 통합된 심의가 열려간다는 것이다.

4.1 문학적 변형규칙

모사층mimesis의 통사적 비문법성은 문학적 변형규칙으로 규명될 수 있다. 시인이 비문법성을 감행할 때는 시의 핵심적 의미와 관련해서 각별한 구실이 있어야 하므로 이들의 규명은 시의 발견적 해독에서 필수

---

4 Riffaterre, M.(1978: 47)는 기호의 확대 및 변환작용에 대하여 다음과 같이 설명한다. Expansion: 하나의 기호를 여러 기호로 전환하여 이루는 등가성; matrix sentence의 구성요소들을 더욱 복잡화하거나 반복한다. 추상적 기호가 문채적 기호로, 즉 환유로 전개되는 다항적 진술이다.
Conversion: 여러 다른 기호들을 하나의 집약적 기호로 바꾸어 성립시키는 등가성; matrix sentence의 구성요소를 동일한 요인으로 수식함으로써 변환시킴. 이상 두 과정은 한 어휘와 여러 어휘의 연속체간의 등가성을 성립시킨다.

적일 것이다.

환치, 삭제, 첨가, 대치변형등의 활용과 병행구문을 위한 어휘 · 구문의 회기작용, 일관성을 위한 한정사의 기능, 대명사화, 동사의 시제, 서법, 상相, 태의 분포, 문장부사, 연결사, 전치사의 활용 등이 다 거론될 수 있다.

a. 어순의 뒤바뀜인 *환치변형*은 우리말에서는 별로 비문법성을 발휘하지 못하는데, 그것은 우리말 어순의 기능이 문법적으로 별로 중요하지 않기 때문이다:

바다를 연모하는 나머지/눈을 감고 마음 속에/바다를 그려보라/가만히 앉아서 때를 잃고 —

(오상순: 방랑의 노래)

그러나 다음 영시에서의 [명사+형용사] 어구는 시적 텍스트에서만 허용될 수 있는 어순이다:

Childe. Harold was he hight: - but whence his name
And lineage long, it suits not to say;

(Byron: *Childe Harold's Pilgrimage, I*)

b. 문학적 *삭제 변형*은 동일성 조건하에 있는 명사구, 동사구의 생략, 부정동작주의 생략, 주어생략이 있고 의도적 중의성을 위한 삭제 및 기교적 삭제변형등도 있다. 시에서 특히 주어는 주제와 문맥에서 쉽게 되찾을 수 있으므로 표현의 압축을 위해 생략된다 :

(바다야 나를) 밀어 올려라(7), 하늘(빛)이 와 스미면(24), (바다가) 손 흔들어 손 흔들어(13), 물이기(때문에)(14), (나는) 하늘 먹고, 햇볕 먹고(40), 먼(훗날), 그, 언제(41)

(박두진: 돌의 노래)

영시에서 특히 조동사, 한정사, 접속사의 삭제가 빈번하다. 다음 시행에서 볼 수 있는 여러 주어와 관사의 삭제는 시적 자아의 망명생활에서 오는 상실감과 조각난 삶의 모습을 보여주기 위한 비문법성이다(Leech 1969: 46) :

There head falls forward, fatigued at evening,/And dreams of home,/Waving from windonw, spread of welcome,/Kissing of wife under single sheet;/But waking sees/Bird-blocks nameless to him, through doorway voices/Of new men making another love.

(Auden: *The Wanderer*)

c. 삭제의 반대현상으로 텍스트의 잉여성剩餘性을 더 해주는 *첨가변형*은 대명사 대신 번번히 명사가 등장하거나 당연한 삭제 또는 대치변형이 도리어 일어나지 않는 경우를 말하며 이는 병행구문을 목적으로 할 때가 많다 :

나의 입은 자신이 없고/나의 입은 노래를 모른다./나의 언어는 고백을 모르고/나의 언어는 기원을 모른다.

(박재윤: 메마른 언어)

나의 지식이 독한 회의를 구하지 못하고/내 또한 삶의 애증을 다 짐지지 못하여 병든 나무처럼 생명이 부대낄 때 /저 머나먼 아자비아亞剌比亞의 사막으로 나는 가자.

(유치환: 생명의 서)

d. *대치변형*은 은유작용을 일으키는 메카니즘으로서 어휘의 대치작용은 문법적인 기능변환이 개입된다 :

동사화: 종일을 잠잠하는(←잠잠하다), 혼이 곱는다(←곱다), 귀쭝거(←쭝긋)

(박두진: 돌의 노래)

명사화: He danced his did. (←조동사)

하위범주자질의 대치: 첫 키스의 추억은 …… 뒷걸음쳐서 사라졌습니다
(추상명사의 구상화)

(한용운: 님의 침묵)

e. 시에서, 즉 mimesis층에서 *대명사화*된 나/너는 실재의 인간인 시인이나 독자가 아니라 특이한 경험의 부각이나 확대를 목적으로 경험적 환상을 마련하는 주체로 등장하는 수가 많다. 또한 선행사 없이 사용된 대명사는 (Yeats의 *Leda and the Swan*에서의 *he*, *she*처럼) 시제나 문맥에서 그 명사를 되찾아야 한다.

4.2 병행구문

비문법성이 전혀 없이 텍스트의 규칙성을 더하거나 부각시키는 통사층 병행성은 어휘의 반복이기보다는 동일구문의 반복이다. 이는 표현의 두 방향에서의 부각작용, 즉 선택범위/제약의 〈초월〉과 〈좁힘〉 가운데 후자에 속하며, 어휘 · 문법 기타 여러 층에서의 선택이 병행적 관련을 가질 때 가장 강력하다. 병행구문과 기계적 반복의 차이는 전자가 반드시 변이소와 항소를 지닌다는 점이며 완전한 동일형태 반복은 병행구문이 될 수 없다. 다음은 주어 · 동사라는 동일범주의 반복으로 이루어진 병행구문이며, 동일형태반복은 아니다.

When *wealth accumulates* and *men decay* ……
주어 동사 주어 동사

Kiparsky(1973: 237)는 하위층 구성요소의 동일성 여부를 기준으로 엄격성 및 이완성 병행구문을 구별했는데, 전자는 은유적 성격을 지니는

데 비해 후자는 환유적 성격을 가지며, 특히 엄격성 병행구문에 있어 환치변형이 허용될 수 있다고 밝힌다:

The force that through the green fuse (a) drives the flower (b)/Drives my green age/…

The force that drives water (b) through the rock (a)/Drives my red blood./…

(D. Thomas: *The Force that Drives through the Green Fuse Drives*)

가령 구상의 〈수치羞恥〉는 첫 연과 마지막 4연이, 그리고 중간의 2 · 3연이 연간의 이완성 병행구조를 보이는 한편, 2 · 3연내에서는 또한 행간의 엄격성 병행구문을 이룸으로써 긴장감을 자아낸다. 1 · 4연이 시인의 독백이라면 2 · 3연은 원정園丁에 대한 환문換問형식으로 화법이 구분되며 이중적 병행구조로 짜여 코드의 전환이 두드러진다: (다음은 병행성을 보이고자 3 · 4연의 배열이 도치되었음)

1 창경원
철책과 철망속을 기웃거리며
부끄러움을 아는
동물을 찾고 있다.

4 이 도성시민에게선
이미 퇴화된
부끄러움을
동물원에서 찾고 있다.

2 여보, 원정園丁!
행여나 원숭이의
그 빨간 엉덩짝에
무슨 조짐이라도 없소?

3 혹시는 곰의 연신 핥는 발바닥에나
물개의 수염에나
아니면 잉꼬암놈 부리에나
무슨 증후는 없소?

(구상: 수치)

또한 한용운의 〈님의 침묵〉에서 보이는 문법적 병행성은 다양하다 :

〈N_1의 N_2〉: 님의 침묵(시제), 황금의 꽃, 한숨의 미풍(3), 첫 키스의 추억, 운명의 지침(4), 님의 말소리, 님의 얼굴(5), 사람의 일, 뜻밖의 일(6), 눈물의 원천, 슬픔의 힘, 새희망의 정수박이(7), 사랑의 노래, 님의 침묵(10)

〈…에 …읍니다〉: 미풍에 날아갔읍니다(3), 말소리에 귀먹고/얼굴에 눈멀었습니다(5), 슬픔에 터집니다(6)

〈…로운 N_1의 N_2〉: 날카로운 첫 키스의 추억(4), 향기로운 님의 말소리(5), 꽃다운 님의 얼굴(5)

〈Adj+N을+V〉: 푸른 산빛을 깨치고 단풍나무숲을 향하여 난 적은 길을 걸어서(2)

〈V_1ㄹ 때에 V_2ㄹ 것을+V_3〉: 만날 때에 미리 떠날 것을 염려하고(6), 만날 때에 떠날 것을 염려하는(8), 떠날 때에 다시 만날 것을 믿습니다(8)

병행구문은 〈님의 침묵〉에서처럼 주문적 성격을 불러 일으키거나 다음 시에서와 같이 긴박감을 몰고 온다 :

If you prick, us, do we not bleed?/If you tickle us, do we not laugh?/If you poisn us, do we not die?/And if you wrong us, shall we not revenge?

(Shakespeare: *The Merchant of Venice* III, i)

병행구문은 이와같이 그 음악성, 수사학적 강조성, 기억을 돕는 점등에 더하여 등가의 원리로 병치된 두 표현의 유사성과 대조성을 감상케 하는데 의미가 있다고 볼 수 있다.

4.3 어휘의 통사화와 환유적換喩的 방법

언어예술에서는 특히 표현의 은유적 방법과 환유적 방법이 활용되는 바, 은유가 유사성에 근거를 두는 의미세계의 문제라면 환유는 인접성과 문맥의 문제로서 통사범주적syncategoramatic 특질을 지니며 (Bloomfield 1967), 주로 문법세계와 관련된다. 환유는 문장이나 명제의 구조 문제로서 은유와는 달리 예기성이 작용하는 문맥적 기능을 발휘한다. 은유가 문장 밖의 의미세계에 속하는 것과는 대조적으로 환유는 문장 안에서 문법적 부담을 지님으로서 통사화된다. 이는 Riffterre가 말하는 텍스트 생성의 확대작용expansion에 속하며 하나의 추상적 기호를 여러 문채적 기호로 전환해 나가는 방법이다. 즉 mimesis층에서 기호의 등가적, 반복적 복잡화를 꾀하는 방법이다. 구상은 〈수치〉의 2 · 3연에서 일련의 동물성 환유를 유도, 부정 의문문화 함으로써 수치감이 도성 시민에게서 *완전히* 퇴화했음을 밝힌다.

또한 모든 어휘는 시 텍스트에서 두 가지 방향, 즉 개념의 세계와 표현의 세계로 작용하는데 시적 기법이란 어휘의 의미적 요소를 될수록 줄이고 통사 범주적 요소를 늘리는 일, 즉 낱말의 통사 기능을 고답화 내지 재구문화 함으로써 어휘가 개념으로 빠지는 율을 감소시키고 될수록 비전이성intransivity을 꾀한다. 그러한 노력은 어휘의 개념이 아닌 *어휘성*을 더 의식케 함으로써 내용의 전달과 아울러 표현성 자체의 전달도 기하고자 한다. 즉, 시인의 임무는 개념으로 빠지려는 어휘를 통사화해서 그 통사적 긴장을 더하게 하고 사회 · 문화적 메시지보다는 언어적 메시지를 더 부각시키는 데 있다. (예. '돌의 노래' 에서 "종일을 잠잠하는 혼이 곱는다." 등)

5. 문학의미론

언어는 투명하고 중성적 매재가 아니라 그 자체 기표로 활동하면서 새로운 의미를 생성시킬 수 있는 기능이 있다. 시에서 특히 매재 자체가 의미를 창조하고 결정하는 기능이 발휘되며 복합적 성격을 띠어 한 마디, 한 음절이 저마다 의미를 행사하고 변환하고 갱신한다.

언어기호는 종래 생각되어온 바보다 훨씬 더 다양한 국면과 기능을 가졌음이 기호학에서 밝혀지고 있으며 기호가 지니는 개인 경험의 축적, 음악성, 의미의 중첩현상(Coward & Ellis 1977: 6) 등이 이를 뒷받침한다. 의미는 기표와 기의의 자의적, 고정적 관계가 아니라 기표 자체가 어떻게 연속, 배합되고 고정되느냐 하는 지극히 복잡하고 역동적인 담화 · 텍스트론적 언어사용 전반의 문제다.

5.1 문학언어와 텍스트

작품은 말이 아니라 문자로 쓰여진 〈글〉이며, 글은 두 계열의 기호가 결합된 특이한 구조적 성격을 지닌다. 즉 청각적 언어가 시각적으로 쓰여진 것으로, 청각적 기호는 시간성 안에 구조화되는 반면 시각적 기호는 공간에 개입된다(Hawkes 1977: 136). 문학어인 글은 선형성線型性과 순차성을 언어에 부과하고 또한 공간 속에 물리적으로 존재할 것을 강요한다. 청각적-시간적 기호는 상징성을, 그리고 시각적-공간적 기호는 형상적形相的 성격을 띠는데, 글에서는 이 두가지 기호성이 항상 같이 존재하고 의미작용에 함께 참여하게 된다.

〈글〉의 기호체계는 기존하는 어떤 현실을 내다 보기 위한 투명한 창도 아니요, 그 넘어 존재하는 어떤 현실의 대용품도 아니니, 그 자체가 독자적 영역을 갖는 독립된 체계다. 현실의 재생이 아닌, 그 자체가 새로운 현실을 생성하는 〈글〉은 언어현상에 대한 한 모델이며 현실과는 별개인 기호, 즉 그 자체 하나의 독립적 존재라는 관점을 낳는다. 그리하여 글은 하나의 텍스트와 그 의미 사이에 영원한 간격을 마련하고, 우리로 하여금 한 텍스트에 관해 하나의 최종적 궁극적 의미를 포착하기 어렵게 한다.

글로 쓰인 텍스트는 의미의 선택 행위인 동시에 하나의 의미단위라는 두 측면을 갖는데(Halliday 1975: 123), 텍스트는 계열적系列的paradigmatic 의미환경에서 의미를 선택하는 언어행위이며, 심의층significance에서는 하나의 의미단위를 이룬다. 그러므로 하나의 텍스트는 a) 여러 가능한 의미내용의 배경을 전제로 하는, 그러나 아직 언어화되지 않은 여러 텍스트들 가운데서 선택되어 언어화된 것이며 b) 상호 관련된 무수한 의미선택 가운데서 계속적인 선택행위로 이루어진 의미구조이니, 가능한 여러 의미의 한 실현일 뿐이다.

따라서 하나의 작품이란 이에 대한 모든 비평의 집합이라고도 말할 수 있으며(Hawkes 1977: 157), 다양한 여러 의미를 제시하는 영원성을 향한 열려있는 의미체계로서, 결코 미리 마련된 내용을 독자에게 전달하는 글만은 아니다. 작품은 다만 독자에게 해독을 〈요청〉할 따름이며 독자는 자기 배경지식을 가지고 이를 〈처리〉 (해독)하는 것이다.

시학의 관심은 〈글〉에 대한 탐색이요, 작품내용이 구축되어간 그 과정에 있으며, 텍스트의 의미가 무엇이냐가 아니라 어떤 형성조건과 과정을 거쳐서 어떻게 의미를 갖게 되느냐가 시학에서 문제된다. 예술적 진리는 학술의 경우와 달리 유일한 의미장意味場에 있는 것이 아니고 여러 의미장에서, 그들의 상호 관련성 속에서 찾아지는 것이다. 시는 여러 목소리를 그 안에 지니는 의미구조이며 예술성은 그토록 상이한 의미구조의 병립, 대립의 관계에서 성립되고 예술적 논쟁은 바로 이들의 갈등, 대립의 시점에서 비롯된다고 Lotman(1978: 268)은 역설한다.

5.2 텍스트의 의미와 문화체계

의미는 환경의 산물로서 텍스트의 의미는 두가지 환경에서 생성되니,

하나는 텍스트가 직접 처해있는 맥락상황이며 또하나는 사회 · 문화적 구조라는 체계적 환경이다. 후자는 하나의 기호체계이며 전자인 상황은 그러한 기호체계에서 유도된 하나의 기호구조이다(Halliday 1975: 75). 언어란 사회문화적 체계를 기호화한 것이며, 하나의 텍스트는 이러한 두 환경 속에서 살아서 숨쉬며 의미를 발하는 것이다.

> 푸르른 상열喪列, 아득한 과거와/아슬한 미래가/실리어간다./
> 저승길 보다도 멀고 깊어서/오열嗚咽도 바래진 하늘./
> 백포白布에 사연도 안쓰인/수심의 만장輓章
>
> (구상: 강 26)

위 시에서 〈백포〉의 의미는, 자연의 서경을 윤회輪廻의 과정으로 형상화한 이 시의 주제와, 텍스트 전체에서, 그리고 한국 문화적 맥락에서 추출될 수 있다. 즉, 하늘의 흰 구름들이 수심에 비치어 떠내려 가는 모습이 마치 성명姓名도 사연도 쓰이지 않은 장례의 만장輓章들과 같음을 알 수 있다.

그러므로 a) 텍스트 하위층의 비텍스트적 메시지, b) 텍스트적 메시지, 그리고 c) 한 사회 · 문화체계안에서의 텍스트의 기능 등 3단계로 구별해 생각할 수 있고, 비텍스트적 배경을 이루는 1차적 메시지를 바탕으로 텍스트적 의미가 부각되고 한 문화체계 안에서 종합적으로 그 의미가 결정된다고 하겠다.

따라서 한 작품의 지시대상은 궁극적으로 사회 · 문화적 요소들이다. 작품속 낱말들의 의미는 각기 문화적 요소로서의 단위로 보아야 하고, 이들은 개별문화 자체에 의해서 감각적, 경험적 내용이 주어진다. 한 개별문화는 항상 같은 경험내용을 가지는 몇 개의 경쟁적 형태의 조직으로 이루어져 있고, 그 경험 내용 자체는 하나의 연속체이나 상이한 형태의 체계로 분할할 수 있는 내용물로서, 여러 가지 배합으로 다른 기능을 발휘하는 서로 모순된 요소들을 내포하고 있다. 의미세계라는 개념은 T. Lewis에 의하면 한 문화권 안에서 a) 서로 대립되는 의미만이 존재할 수 있음을 시사하고 b) 같은 문화적 요소가 상보적 의미밭semantic field의 구성성분이 될 수 있으며, c) 하나의 의미밭은 지극히 신속한 속도로 분해되어 또 하나의 새로운 의미밭으로 재구성될 수 있다(1979: 461). 의미화란 텍스트를 생성하고 소비하는 문화의 존재와 기능을 전제로 하기 때문에 텍스트의 진정한 의미는 그 안에 적절히 수용될 수 없었던 여러 문화적 단위와의 관련성 속에서만 비로소 가능하다.

그러므로 하나의 텍스트는 수많은 부분 내용의 체계적 연속이며 텍스트의 신호체계는 복잡한 하위체계의 연결망으로 이루어져 있고, 그 중 어느 특정한 코드가 좀 더 지배적이고 지속성을 지닐 수 있을 뿐이다. 따라서 텍스트의 해석은 이미 존재하고 있는 한 사회 · 문화적 의미세계에 이를 투입시킴으로써만 그나마 어느 정도의 정확성을 띠게 된다.

"문학작품의 지시대상은 문화적요소"라는 개념이 이로써 성립되며 텍스트는 문화의 복합적이며 상호 모순되는 부분내용체의 존재와 상통하는 여러 복합적 지시대상을 갖게되니, 텍스트 자체에 국한된 해석만으로는 불충분함이 자명하다. 요컨대 텍스트는 텍스트외적 구조 안에 박혀있고 그 외적 구조를 이루는 추상적인 여러 유형의 세계관, 문화적 모델, 여러 시점視點의 동시적 가능성 때문에, 텍스트 자체가 의미하는 것 이상의 것을 의미하게 되고, 이 새로운 의미는 본래의 의미와 다시 상관 관계를 가짐으로써 예술 모델에 있어 임의의 유한적 해석은 금물임을 보여준다.

문화적 현실에 대한 언급은, 작품과 작품 외에 존재하는 여러 문화적 요소간의 관계를 이루게 되는데, 빈 칸(여백)이 많이 개재하는 화법을 통해서 가능하다. 이때 문학 텍스트는 사상의 표출 자체보다는 사상을 창조하는 기능을 발휘하게 됨으로써 텍스트의 재료와 텍스트가 생산해낸 것과는 동일하지 않은 결과를 가져온다. 즉 문학적 원료와 텍스트성性에 의한 문학적 의미화가 구별되어야 하고, 문학적 지시물이란 결국 원료로서의 문화사상적 요소와 텍스트에서 새로이 생성된 문화사상적 요소와의 관계에서 얻어진 변증법적 구조물인 것이다(cf. Lewis 1979: 466).

5.3 은유적 방법과 환유적 방법

텍스트 의미의 전개는 Jakobson(1973)이 펴낸대로 두가지 의미론적 방법을 따르게 되는데, 의미의 계열적系列的paradigmatic 유사성에 의한 은유적 방법이거나, 통사적 또는 통합적syntagmatic 인접성에 의한 환유적 방법이다. 이 두가지 방법은 각기 은유와 환유로서 가장 응축된 형태를 이루며, 어떤 언어행위에 있어서도 이 두 과정이 부단히 작동하나, 문화의 유형과 작가의 개성, 문체등에 따라 그 중 한 방법이 더 지배적일 수가 있다.

은유의 축軸: 계열적 선택, 연상, 공시성, 유사성
↳ 환유의 축軸: 통합적 배합, 통시성, 인접성

(cf. Hawkes 1977: 78)

시에 있어 위 두 방법의 선택은 여러 가지 동기에 의존하며, 낭만주의, 상징주의의 근저에는 은유과정이 우세하게 작용하고 사실주의는 환유적 방법을 더 많이 활용한다고 Jakobson은 지적한다. 사실주의 작가는 인접의 관계에 따라 줄거리에서 분위기로, 인물에서 공간적 시간적 배경으로 제유적提喩的 구체성을 띠고 의미를 환유적metonymic으로 부각시킨다. 구상의 산문시 〈초토焦土의 시詩 2〉(1975: 118)는 매우 간단한 줄

거리에서 분위기를 자아내며 검둥아이와 엄마, 그리고 밤차의 동승자인 〈나〉라는 인물에서 공간적, 시간적, 역사적 배경으로, 그리고 궁극적으로 인간적, 인류적 운명으로까지 그 틀이 확대되어 나갈 수 있음을 본다.

5.3.1 환유적 방법

환유는 인접성을 통한 의미전개로서 지시어의 통사화를 의미한다. 다음 예문에서

All the people in the village (A) rejoiced. → *The whole village* (B) rejoiced.

The people in our road (A) are very friendly. → *Our road* (B) is very friendly.

I've been reading *the works of Dickens*. (A) → I've been reading *Dickens*. (B)

환유 B에다 몇마디의 말을 더 집어 넣음으로써 환유가 들어 있는 문구 A를 해석할 수 있으니 환유적 방법은 일종의 삭제변형이라고 말할 수 있다. 시의 간결성을 더하고 중첩되는 이미지의 긴박감, 대담한 통찰력 등을 제시한다.

은유의 주성어와 객성어는(김태옥 1976: 224) 의미론적으로 본래적 자질들의 상호관련 속에서 선택되나, 환유는 경험적, 지시적 관계로 이어지며, 표층에서 삭제된 경험적 지식은 일련의 전제나 의미가능치로서 텍스트 속에 이미 담겨져 있어야 한다. 즉 환유 B는 그 심층구조 A에 포함되어 있거나, A의 요소, 원인, 결과 또는 그 범위 안에 있게 된다. 환유적 생략법은 결국 관례적인 것이거나 텍스트가 생략된 부분을 재구성할 수 있는 심층구조를 지녔을 때만 성립된다(cf. Dijk 1972: 266).

어휘적 비유 대신 어휘의 통사화를 꾀하는 환유적 구성은 형태적, 통사적 구조 안에 숨겨진 시적 자질이 활용되는 소위 〈문법의 시〉를 이룬

다. 얼핏 살피기에 어휘적 비유가 전혀 없고 병행구조도 명백히 드러나 있지 않으며, 음성적 문채도 보이지 않는 소위 무운문적無韻文的 산문체 시가 이에 속한다고 할 수 있겠다. 구상의 〈초토의 시 2〉[5](1975: 118)는 15연으로 이어진 산문시로서 어휘층의 은유가 배제되고 음성적, 문법적 병행구문를 찾아볼 수 없는 무운 구문으로서 거의 '투명한 옷' 으로서의 언어이지만 의미의 전개는 통사화된 어구에서 인접성을 바탕으로 줄거리에서 분위기로, 인물에서 공간적, 시간적, 역사적 배경으로 이어진다.

6.25동란의 민족적 상혼으로 이땅에 태어난 검둥아이의 〈모자 상母子 像〉을 밤열차에 실려가는 승객〈손들〉을 배경으로 부각시키고, 시인 〈나〉의 깨어 있는 의식 속에서 변모해 가는 이 죄없는 어린 생명의 처지가 사실적 묘사를 통해 그 의미를 전개해 나간다. 시 전체가 하나의 확대은유extended metaphor(cf. Leech 1969: 159)를 이루되, 한국의 6.25동란이라는 커다란 역사적 맥락 속에 담겨진 이 텍스트에서 의미를 길어 올릴 두레박은 은유도 아니요, 음성상징이나 유음법은 더욱 아닌 〈문법의 시〉의 환유적 자질들이다.

〈초토의 시 2〉의 환유적 전개:

(2)연의 〈그러나〉는 (1)연의 비유와는 대조되는 시적 현실을 도입한다. 〈웃음보를 터칠〉 일이 오히려 〈표정이 굳어〉지는 심각한 현실감을 안겨주는 〈광경〉은 원래 민족적 비극으로서, 인류의 운명으로서의 광경이다. (3) 〈정식이라고 이름붙은〉 아이러니컬한 경멸적 처지의 검둥아이는 그 흔한 한국적 이름 때문에 더욱 낯설고, 밤차 속의 아낙네인 엄마의 모습도 그 아이와는 어울리지 않는 현실일 뿐이다. (5) 〈희미한

5 구상의 〈초토의 시 2〉: 본 논문 부록 시텍스트 (1) 참조

등불아래 피곤한 시선〉이 매우 불유쾌한 상황에서 그러한 운명의 아이러니는 더욱 짜증스러운데 〈칭얼만 대는〉 검둥애, 그의 빛나는 〈대구리〉와 울상이 된 엄마의 흰 이마, 그 위에 빛을 발하는 땀방울이, 역경을 헤매는 조국의 모습을 하나의 정경으로 그려내고, 그러한 정경은 차내의 움직이는 영상으로서 시적 분위기를 자아낸다. 달리는 열차 안, 좁은 의자 위에서 (6) 〈뒤틀어 대는〉 〈흑백의 모자 상〉은 6.25의 결과요 그 단면이며 이는 시인에게 어떤 행위를 강요한다. (9) 〈안논다는 재주 없어〉 필연적인 상황에서 〈녀석〉을 아주 받아 안게 된 (10) 〈어처구니 없는 풍경〉은 당사자의 의사와 관계 없이 빚어진 동란의 결과로, 〈꼼짝없이 검둥이 애비꼴이 되어〉 일시 갈등이 사라진 안온과 평화, 화해와 휴식을 얻는다. 그러나 〈헤아릴 수 없는 심정〉으로 주어진 상황의 원인과 책임을 머리 속에서 다시 떠올린다. (12) 〈이녀석의 출생의 비밀이 되었을 지폐 몇장〉은 또 하나의 굴욕적, 심층적 현실의 환유다. (14) 아낙네의 〈지쳐 내던져진 얼굴〉에서 초토화된 조국의 〈오늘의 우리〉 현실을 감득케 한다. (16) 〈밤〉의 시간 속을 〈쏜살같이 뚫어 달리고〉 있는 시간의 기차 속, 모든 〈손들〉의 의식이 혼미한 이때 검둥이와 나와 인류가 〈덧없는 운명〉을 산다는 자각으로 홀로 깨어 진저리치며 그 긴박한 상황에서 〈그만 흑백의 부자 상이 되어 이마에 땀방울을 지으며〉 조국의 운명의 동참자가 된다.

이 산문시는 그 상황의 선택에서 이미 독특한 2차 모델 형성체계를 이루며 지시어들의 환유적 통사화를 꾀하는 가운데 아무러한 장식성도 없는 문법의 시를 이룬다. 시인의 인도주의(5), 그의 방관이 아닌 현실참여정신(8), 〈있는 재주를 다 피우는〉 사랑의 적극적 실천(9), 상황의 원인과 책임에 대한 분석적, 논리적 추구, 전체에 깔린 경멸적 톤tone(12),

고뇌에 찬 비극적 실존의식(13, 14), 그리고 언제나 홀로 깨어 있는 시인의 운명이 압축되어 제시된 작품이며 환유적 인접의 조직이 〈나〉, 조국, 인류의 운명으로 계층적 구조를 이루고 있음을 볼 수 있다.

5.4 은유적 방법

다각적인 면에서 사물의 동시적 개념을 포착하고, 사물이 지니는 다양한 유대관계의 기능을 포착해서 기술하는데 있어 하나의 행위로써 이를 이룩할 수 있는 것이 은유작용이다. 문법구조를 통해서 직접 나타나지 않는 언어학적 기제들이 시뿐 아니라 일반 언어 텍스트에서 제시된다는 사실이 곧 은유의 언어학적 고찰을 필요로 하게 한다.

은유란 한 가지 경험을 다른 또 하나의 경험을 통해서 이해하는 방법이며, 우리의 일상어는 실상 체계적인 은유개념으로 형성되어 있다. Lakoff & Johnson(1979)에 의하면 우리 언어생활은 일반 은유literal metaphor와 도관導管은유conduit metaphor의 두 종류를 활용하니, 전자는 〈to use (spend, waste, cost, lost, invest, put aside) time〉과 같은 일반적인 것이며 후자는 〈to *get* the idea *across*; to *give* you the idea〉와 같이 여러 표현의 내용을 실어 나르는 도관적 기능을 담당한다. 이들은 체계적으로 일상어 속에서 활용될 뿐 아니라 물론 시적, 문채적 표현으로 확대된다.

의미란 낱말과 현실의 연결이 아니고, 물리적, 문화적, 지적 환경에서 인간 경험을 의미화한 것이며, 은유적 개념구조는 바로 이들 물리적, 문화적, 지적 환경의 3단계에서 상호작용하니 가령 공간개념인 '위/아래, 안/밖, 앞/뒤' 는 문화적, 지적 경험을 강조하거나 표현하고, 그 연관관계를 나타내기 위해 〈 '뒤떨어지다' ⇒ 후진적〉, 〈 '앞서가다' ⇒ 선진적〉과 같이 은유적으로 사용한다.

어떤 한 현실을 규명할 수 있는 하나의 절대적 방법이란 있을 수 없고 현실에 대한 언급은 필연적으로 은유적 개념을 내포한다. 즉, 어느 한 개념으로써는 우리의 경험을 완벽히 언급할 수 없으니 현실의 다양한 국면을 코드화하는데는 참으로 무한히 많은 방법이 필요하고 그것은 우리의 개념구조를 통해서 가능한데, 개념구조란 우리 자신의 환경에 대한 지속적 개입으로 이루어지는 것이며, 개인의 배경지식과 내적 지각조직, 인지조직에 따라 다르다. 그러므로 현실에 대한 언급은 객관적, 주관적, 또는 경험적, 이성적 접근 중 어느 한 가지 만으로는 불충분한 것이다. 이로서 은유의 원리가 체계적으로 우리 언어 조직에 작용하게 마련이다. 또한 인간은 이미 서로 알고 있는 개념을 활용해서 새롭고 불확실한 개념의 어떤 국면을 은유적으로 '체계화' 한다. 그렇게 해서 인간에 대한 이해가 좀 더 확충되며, 새로운 은유를 통해서 새로운 현실안現實眼을 가지게 되는 것이다.

은유의 언어학적 메카니즘을 다룬 van Dijk의 심층적 접근방법(1972)에서 보면, 비문법적 문장(반半문장)이 어떤 조건하에 적정한 심층적 의미해석을 받을 수 있는 경우라면 이는 곧 은유 작용이 개입됨을 시사한다. 은유는 어휘의 문제가 아니라 의미표상semantic representation의 문제로서, 의미자질의 전환성에 근거를 두는 언어작용이다. 그래서 어휘전 구조pre-lexical structure에서 유사성을 근거로, 한 어휘가 다른 어휘 대신으로 선택되어 다음 세 가지 변환 작용이 일어날 수 있다. 즉, 은유는 a) 〈선택제약 조건〉의 이완 또는 확대, b) 정보의 증대, 그리고 c) 새로운 선택제약 조건과 새로운 본래적 의미자질의 도입이 이루어지는 창조적 언어 작용이다. 텍스트는 이들 모두를 의미적 일관성, 결속성으로 통합시키며, 이때 새로운 어휘, 곧 은유의 선택이 국부적으로, 그리고 텍스트 전체에서 타당성과 활력을 얻게 된다.

은유현상은 이와 같이 언어사용자의 의미자질 활용능력feature abstracting ability에 의존한다. 이는 어휘간의 (또는 현실 간의) 기본적인 유사성을 감지하는 능력과 이들로부터 적절한 의미표상을 추정해내는 능력이다. 은유는 표층적 현상만이 아니라 텍스트 작성 과정에서 각별한 의미표상을 만들어내기 위한 기법으로, 현실을 언급함에 있어 적절한 표현이 찾아지지 않을 때 새로운 은유로써 이를 정의한다. 이때 텍스트 구조와 또 하나의 새로운 관계가 맺어짐으로써 병치倂置된 표현간에 새로운 의미의 가미加味 현상이 파급된다.

한 텍스트의 의미표상 전체가 하나의 확대은유로 간주될 수 있다. 가령 Francis Thompson의 *The Hound of Heaven*은 정신적 내면생활의 공간화를 꾀한 것이며(Leech 1969: 159), 구상의 〈초토의 시 2〉는 6.25 동란의 상흔傷痕을 비유한 소위 확대은유extended metaphor의 예들이라 하겠다.

은유의 의미는 곧 심상心象이다. 새로운 은유는 구체적으로 *시각적* 의미를 담을 수 있는데, 아직 코드화되지 않은 새로운 내용이나 새롭고 익숙치 않은 언급 행위의 결과로서 일정한 내용을 담은(언표가 아닌) 표상表象이 자연적으로 우리 머리에 떠오른다(cf. Lewis 1979: 463). 우리가 감지한 이 새로운 현실을 담기 위해 새로운 은유가 필요한 것은 그 때문이며, 이렇게 생성된 은유는 그 나름대로 보전과 소멸의 과정을 거치고, 많은 경우에 일회적 사용에 그치기도 한다.

6. 분석의 실제

작품은 하나의 의미이기보다는 그 의미를 생산하는 하나의 구조다. 작품은 경험의 유기체로서 제 나름대로의 독특한 구조를 지니니 이러한 독자성을 인정한다면 모든 텍스트적 방법은 일체 규정된 것이 아니라 각기 자체의 법칙을 지니는 창조적 구조라 하겠다. 작품 내용은 작품의 모델 형성 체계 전체에 의해서 전달되므로 저마다 작품은 〈하나의 새로운 기호〉라 할 수 있으며 그러한 기호 창조 및 수용은 인간행위의 핵심적 면모에 속한다.

텍스트의 해독은 텍스트에 내재하는 여러 신호체계를 분해해서 텍스트에서 발휘되는 에너지, 모든 문장의 드라마를 포착하는 일이다. 텍스트 내적 의미분석을 위한 Lotman의 절차를 따르면 모든 레벨에서 다음과 같이 분할해 검토해 볼 수 있다(1978: 191):

a) 통합체계론적 분야의 여러 계층에 따라 음소, 형태소, 어휘, 시행, 연, 장章으로 나눈다.

b) 텍스트를 의미론적 레벨에서 여러 분절 그룹으로 분할한다(산문의 경우 특히 중요하다).

c) 반복의 조직(등가성)을 모두 추출한다.

d) 인접의 조직을 모두 추출한다.

e) 가장 강력한 등가성을 가진 반복패턴을 추출한다.

f) 텍스트 내부에서 작용하는 시차적示差的 짝들pairs과 주요한 의미론적 대립을 주요 계층별로 추출한다. 이는 문법구조의 의미화를 검토하기 위해서다.

g) 통합조직에 과해진 구조의 평가와 인접조직에서 유도되는 의미의 평가(통사론적 구성의 의미화 검토)를 추출한다.

이러한 분석은 완벽성을 기하기가 매우 어려울 뿐 아니라 텍스트 외적 관계에 대해서도 면밀한 분석이 요청된다. 더욱 어떤 지배적 요소가 의식적으로 선택되었는가, 어떤 선택이 직관에 의한 것인가 등이 검토되어야 하며, 텍스트의 모든 요소들을 이미지의 관점에서 다룰 수 있어야 한다. 요컨대 한 문장의 언어적 형태를 한 작품의 구조적 형태로 확대시켜서 고찰해야 하며 전체적 기능으로서의 부분적 요소라는 관점을 유지해야 한다.

분석의 대상으로 구상의 〈수치〉와 한용운의 〈님의 침묵〉을 택했다. 전자는 짤막한 시이나 극적 상황의 도입과 논리적 심상, 마이너스적 수법에 의해 더욱 복합적 구조와 의식행위를 제시할 수 있는 작품으로서 환유적 의미의 확대작용을 볼 수 있고, 후자는 널리 알려져 여러 분석이 시도된 작품이니 좀더 익숙한 안목에 새로운 시각을 더해본다는 의미에서 선택했다.

6.1 〈수치羞恥〉[6]

진술적인 1 · 4연과 대화체인 2 · 3연의 화법이 바뀜으로써 코드의 변환이 명확히 제시되고, 2 · 3연은 원정園丁에게 던지는 환문법喚問法으로 일관한다. 음절적으로 2음절어가 가장 많으나(15회) 3 · 4 · 5음절의 불규칙한 분포를 보임으로써 초조함, 상실감, 놀라움 등을 맛보게 한다. 2 · 3연의 의식적인 비속어, 비존대, 갑자기 불러 세우는 듯한 돈호법의 사용과 더불어 약간은 신경질적, 조소적 톤tone이 역력하다.

우선 음성조직을 살펴보면 1연에서 [c^{h}]의 두운을 보일 뿐이나 모든 연에서는 풍부한 비음과 모음[a,ə,ɨ,i]의 회기작용을 볼 수 있다 :

두운: [c^{h}aŋkyəŋ wən/c^{h}əlc^{h}æk kwa c^{h}əlmaŋ sokesə](4 c^{h})(1, 2).

비음 회기: [c^{h}aŋkyəŋ wən(3N)(1), puk'ɨrəumɨl anɨn(3N)(3), hæŋyəna wənsuŋi ɨi(4N)(6), kɨ p' alkan əŋtəŋc'ake(3N)(7), hoksinɨn komɨi yənsin halnɨn(7N)(9), mulke ɨi suyəmena(3N)(11), animyən iŋk'o amnom puriena(8N)(12).]

6 구상의 〈수치〉: 본 논문 부록 시 텍스트 (2) 참조

모음회기: [c^həl c^hækkwa c^həlmaŋsokesə(3ə)(2), yəpo wəncəŋ(3ə)(5), kɨ p'alkan əŋtəŋc'ake(3a)(7), mus ɨn *cocimirato isso*(3i, 3o)(8), palpatakena(4a)(10), animyən iŋk'o amnom puriena(3a)(10), (12), *i* tosəŋ *simin* ekesə(3 i)(14), toŋmulwəne wasə c^hatko itta(3a)(17)].

가장 교향성을 많이 보이는 것이 12행이며 1 · 2행의 두운[c^h]의 반복은 무겁게 내려진 철책의 압박감과 답답함을 잘 뒷받침하고 있다.

인접의 조직에서 비문법성은 거의 발견될 수 없으나 어휘의 통사화를 통해 모든 의미를 환유적으로 엮어가고 있다: 〈창경원〉이라는 명칭은 도성 한복판에 갇혀진 자연, 인공적 환경의 동물원이요(1), 〈철책과 철망 속을 기웃거리며〉 마치 소크라테스가 대낮에 등불을 켜들고 '사람'을 찾아헤매듯 "인간 생명의 최초의 것이요, 본연의 것이요, 인간 구제의 가능성이요 모든 규범의 시원"(구상 1975: 388)인 〈부끄러움〉을 탈 줄 〈아는〉, 아니 〈부끄러움〉의 가치를 〈아는〉 (2) 〈동물을 찾고 있다〉(4).

이 시의 형태적, 문법적 병행구조와 그 의미는 다음과 같다: 〈행여나(6), 발바닥에나(10), 수염에나(11), 부리에나(12)〉는 허탈속에서 없어진 것을 찾아헤맴을 보이며, 〈무슨 조짐이라도 없소?(8) 무슨 징후라도 없소?(13)〉는 부정의문문을 사용해서 부정의 답을 예상시키는 안타까움의 발로로 보여진다. 〈부끄러움을 아는 동물을 찾고 있다(3, 4)〉와 〈부끄러움을/동물원에 와서 찾고 있다(16, 17)〉는 인간성의 원초적 자질의 하나인 수치심의 회복이 시급함을 암시하며 어느 곳, 무엇에서나 이를 추구하지 않을 수 없는 짙은 아이러니와 절박성을 표출한다.

이들 문장의 주어는 시인 자신으로, 심층에 자리하며, 가장 높은 차원의 정신적 인간 자질을 동물의 육체적 감각 부위에서 찾아보는 행위야

말로 수치심의 "완전한" 퇴화와 이에 따르는 비애, 경각심을 맛보게 한다. 각 연의 결구는 〈찾고 있다(I), 없소?(II), 없소?(III) 찾고 있다(IV)〉의 패턴을 이루어, 필요 불가결한 것을 마치 구급약을 찾는 듯 절실히 추구하고 있음을 보여준다.

거시적 상관속相關束macro set을 이루는 〈원숭이의 빨간 **엉덩짝**, 곰의 **발바닥**, 물개 **수염**, 잉꼬암놈 **부리**〉는 각 동물의 가장 예민한, 각기 특징적으로 진화된 부위인데 인간의 정신적 특질인 수치라는 개념을 동물의 신체적 변화와 징후로서 찾고 있어 아이로니의 논리적 심상과 개념적 비유법이 드러난다. 흔히 언어 사용역使用域register의 차용이나 혼용에서 의도적인 정보의 증대를 꾀할 수 있는데, 이 시에서 서슴치 않고 사용된 〈엉덩짝, 발바닥, 연신, 암놈, 여보, 없소〉 등의 용어는 강한 동물성, 비속성과 하대下待를 강조함으로써 수치심의 퇴화와 상실이 가져오는 살벌하고 야비한 분위기도 아울러 전달한다. 시에서 흔히 기대되는 바 언어의 시적 자질들이 결여되면 오히려 기대의 좌절defeated expectancy에서 오는 생경함, 낯설음defamiliarization을 맛보이며, 이 시에서는 〈수치〉를 상실한 후 우리가 치루어야 할 짐승으로의 전락, 즉 그 대가를 겪는 느낌마저 주고 있다.

〈수치〉는 인간에 대한 준엄한 경고이자 인간애의 토로이며 인간실재에 대한 높은 차원의 관조로서 〈부끄러움〉의 치유와 회복을 끝까지 갈구하는 이 시인이 제시하는 존재론적 명제이기도 하다. 경험의 핍진성逼進性에 입각해서 강력한 논리적 심상과 관념적 비유법을 구사할 수 있는 구상은 희곡〈수치〉(구상 1994: 105~159)에서 이미 한 빨치산 여성을 통해 그 본질을 규명한 바 있고 그 희곡이 이 시와 나란히 검토되어야 할 것은 물론이다.

6.2 〈님의 침묵〉[7]

우선 음성적 반복의 조직을 살피면 두드러지게 다양한 패턴을 드러낸다:

시제 [nimɨi c^{h}immuk](3*m*, 2*ɨm*); 1. [nimɨn kas' ɨmnita a a! saraŋ hanɨn naɨi nimɨn kas' ɨmnita] (9*a*, 12*N*, 4*ni*, 5*ɨn*(*m*); 2. [p^{h}urɨn sanpic^{h}ɨl k'æc^{h}iko tanp^{h}uŋnamu sup^{h}ɨl hyaŋhayə nan cəkɨn kirɨl kərəsə, c^{h}ama t'əlc^{h}iko kas' ɨmnita](10*a*, 5*i*, 13*N*, 1*aN*, 3*p^b*, 3*c^b*, 7*L*, 3*ɨl*); 3. [hwaŋkɨmɨi k'otk'ac^{h}i kutk'o pinnatən yet mæŋsenɨn c^{h}atic^{h}an t'ik' ɨri tweyasə, hansumɨi mip^{h}uŋe narakas' ɨmnita] (10*a*, 8*i*, 16N, 4*k'*, 3*c^b* 4*ɨN*); 4. [nalk^{h}aroun c^{h}ət k^{h}isɨɨi c^{h}uəkɨn naɨi unmyəŋɨi cic^{h}imɨl tollyə nok^{h}o, twitk'ərɨm c^{h}əsə saracyəs'ɨmnita] (6*a*, 6*i*, 16*N*, 8*L*, 4*c^h*, 3*k^h*, 3*ɨi*, 3*ɨN*, 3*yə*); 5. [nanɨn hyaŋ kiroun nimɨi mals'orie kwimək'ko k'ott'aun nimɨi əlkore nun mərəs s' ɨmnita] (5*a*, 5*i*, 16N, 7*L*, 3*ni*, 3*un*, 3*ɨm*); 6. [saraŋ to saramɨi irira mannalt' æe miri t' ənalk'əsɨl yəmnyəhako kyəŋkye haci anihankəsɨn aniciman, ipyərɨn t'ɨtp'ak'ɨi iri tweko nollan kasɨmɨn særoun sɨlp^{h}ɨme t^{h}əcimnita](18*a*, 13i, 24N, 13L, 3*ha*, 3*ci*, 3*iri*, 2*sara*, 2*ani*, 2yə, 2*sɨl*); 7. [kɨrəna, ipyərɨn s'ɨlteəmnɨn nun murɨi wənc^{h}ənɨl mantɨlko manɨn kəsɨn, sɨsɨro saraŋɨl k'æc^{h}inɨn kəsin cul anɨn k'atalke kətc'apɨl su əm nɨn sɨlp^{h}umɨi himɨl omkyəsə sæ himaŋɨi cəŋsupakie tɨrəpuəs' ɨmnita](11*a*, 4*i*, 33*N*, 15*L*, 3*si*, 7*ɨl*, 6*ɨn*, 2*hi*, 2yə); 8. [urinɨn mannalt'æe t'ənal kəsɨl yəmnyəhanɨn kətk'wa kac^{h}i t'ənal t'æe tasi mannal kəsɨl mitsɨmnita](11*a*, 5*i*, 17*N*, 7*L*, 4*nal*, 3*si*, 2*ɨn*, 2yə, 2ɨl); 9. [a a! nimɨn nimɨl ponæci ani hayas'ɨmnita](7*a*, 6*i*, 14*N*, 4*ni*, 2*in*); 10. [ce kokc'orɨl monikinɨn saraŋɨi noræhɨn nimɨi c^{h}immukɨl hwips'ako tomnita](4*a*, 6*i* 14*N*, 5*L*, 2*nɨn*, 2*im*, 2*ko*)

---

7 한용운의 〈님의 침묵〉: 본 논문 부록 시 텍스트 (3) 참조

전체에 걸쳐 [-ɨmnita]는 각 행 말에서 10번의 규칙적 반복을 보여 시의 통합성을 이루는데 기여하고, 기타 문법적 병행구조가 가져오는 반복음의 밀도가 매우 크다. 특히 6행은 반영상palindromes의 모습을 다음과 같이 보인다 :

h*a* *ci* *ani* ha*n* kəs*ɨn* *ani* *ci* m*an*

음절의 패턴은 산문조이나 3 · 4음절이 지배적으로 (대체로 3음절 33회, 4음절 26회), 물 흐르듯 안정감 있는 분위기를 이루고 이별, 슬픔, 희망, 귀의의 정서를 표출하고 있다.

어휘의 회기작용으로 〈나〉의 반복은 나의 님(1), 나의 운명(4), 나는 귀먹고(5), 나는 님을 보내지 아니 하얐읍니다(9)와 같이 사적, 개인적 정서를 강조하고, 보통으로 표층에서 생략되는 대명사 〈나〉가 강조되어 번번히 사용됨으로써 오히려 '낯설음'을 가져오나 〈나〉와 〈님〉의 강렬한 상관성을 투영하는 문맥을 이룬다. 반면 6, 7, 8행은 보편적 원리와 주제를 제시함으로써 이 시가 지니는 개인적, 보편적 문맥의 일치를 살펴볼 수 있고 더욱 마지막 10행은 그러한 일치가 언어적으로 실현된 시행이라고 볼 수 있다. 어휘 〈님〉은 6회, 〈침묵〉은 시제와 마지막 10행에서, 즉 시작과 끝에서, 단 2회 사용되고 있으나 이는 시적 기호로서 이 시의 상황을 제시하고 있다.

거의 모든 동사가 다이나믹한 동작동사와 과정동사로서 (정태동사는 〈믿습니다〉(8) 하나뿐임) 시의 *동적 상황*을 제시하고, 각문장의 주어는 거의가 동작주〈님, 나, 우리〉이고 그밖의 〈추억〉(4), 〈사랑의 노래〉(10)도 심층적으로는 〈님〉과 〈나〉라는 동작주를 주어로 볼 수 있다. 우리의 지각작용을 구축하고 기술하는 틀이라고 할 수 있는 상황은 정적(동질적, 지속적, 불변적)인 것과 동적(사건, 과정, 동작)인 것이 있는데, 이 시가 기술하는 바는 전체의 문맥과 상황과 상태, 사상, 과정이 모두 동적임을 강력히 시사하면서, 궁극적으로 지속과 불변과 영원을 내적 축으로 삼고 있는 또 하나의 통합성을 보인다.

인접의 조직은 통사론적 구성의 의미화를 검토하기 위해 조명되어야 하는데, 시인은 지시어의 통사화를 꾀함으로써 개념으로 빠지기 쉬운 어휘를 건져 견고히 남게하고, 환유적으로 그 기능을 고답화한다. 즉 의미보다는 언어의 통사 · 형태적 요소를 부각시켜 어휘의 전이성轉移性 transitivity을 이겨내고 비전이성intransitivity을 증대케 한다. 즉 어휘의 의미가 아닌 표현자체를 부각시킨다.

각 시행의 인접조직에서 일어나고 있는 통사범주적 요소들의 문법적, 환유적 기능을 살피고 환유적으로 삭제된 부분을 괄호 밖에서 재구reconstruct해 보면 다음과 같다 :

(1) 〈나〉에게만 절실한 〈님은〉가고 없습니다. (2) 〈차마〉 갈 수 없는 것을, 모든 미련을 〈떨치고 갔습니다〉 (3) 단 〈한숨의〉 〈미풍에〉 덧없이 〈날아갔습니다〉 (4) 〈키스의 추억〉을 남긴 님은 〈사라졌습니다〉 (5) 〈님의〉 목소리가 아닌 〈말소리〉 때문에 여타의 소리에 〈귀먹고〉 (6) 이별을 〈경계 하지 아니한 것은 아니지만〉(이중부정의 긍정으로, 사고思考의 반영상反映像을 표출한다) 가변적인 〈사람의 일〉이어서 (7) 〈슬픔의 힘〉(슬픔이 가져다주는 긍정적 능력과 슬픔을 견디는 힘)을 능동적으로 〈들어부었습니다〉 (8) 〈우리〉는 보편적으로 〈떠날때〉와 〈만날 때〉, 행과 불행, 생과 사가 거시적으로 일여一如하다고 믿습니다. (9) 〈아아! ……아니 하얐읍니다〉(의지, 신념, 주관 단정, 고백의 복합

체)님은 지금 〈가고〉 없지만, 나는 〈님을 보내지 아니 하얐읍니다.〉 그래서 전과 다를 것이 없습니다. (10) 그리움, 슬픔, 집념, 한恨, 희망의 〈제 곡조를 못이기는 사랑의 노래〉 가락은 떠나지 않고 계속 〈님의 침묵을 휩싸고 돕니다〉. 현존하는 사랑이 떠나고 없을 때 오히려 그 사랑은 완성된다는 승화의 논리다.

텍스트 내에서 작용하는 모든 시차적示差的, 의미론적 특징과 은유작용을 살펴보면, 2행은 청정한 자연으로의 회귀이나 〈적은 길〉은 단순한 시각적 이미지인 '좁은 길'일 수도 있고, '어려운 길'일 수도 있는 중의성을 지닌다. 3행의 〈황금의 꽃〉과 〈띠끌〉의 대조는 여러 의미자질의 대조와 아울러 존재가 무無로 변하는 무상성을 표출하고, 〈한숨의 미풍〉은 '한줌'(양), '한숨'(회수)의 중첩현상으로 볼 수 있으리라. 〈차디찬 띠끌〉은 뜨거운 정열을 전제로 하나 4행의 〈날카로운 첫 키스〉는 사랑의 인식의 날카로움과 감미로움을 다 내포한다. 5행에서 〈향기로운〉 꽃과 같은 〈님의 말소리〉는 목소리 보다 그 말의 내용이 더 중요해진다. 6행의 〈새로운 슬픔〉은 무상한 〈사람의 일〉이라는 체념이 있은 후에도 새삼 겪는 슬픔일 수도 있고 〈놀란 가슴〉이 '또 한번' 겪는 슬픔의 중의성을 누린다. 7행의 〈정수박이〉는 '정수리'와 '이마 박이'의 혼성어 blending이며, 8행의 〈만날 때〉와 〈떠날 때〉는 순경 속에서 오히려 염려함과 역경 속에서 가져야 할 '신념'을 대조시킨다. 9행은 본질관의 승리요 현존하는 것이 파괴되었을 때 또 하나의 새로운 세계가 가능함을 시사한다. 10행의 〈제 곡조를 못이기는〉은 '끝없이 노래 부르는'의 뜻과 '사랑의 속성' 즉 그리움, 한, 집념, 희망에 못이긴다는 중의성이 있고 〈휩싸고 돕니다〉는 사랑이 침묵해 있는 님의 주위를 떠나지 않고 실재한다는 뜻이다.

텍스트는 전체적으로 다음의 여러 차원에서 *중의성*을 누리며 의미를 확대해간다. 즉 〈님〉은 인간적 애인, 종교적 실재, 진리가 될 수 있으며; 〈이별〉은 실연, 별리, 사별; 〈만남〉은 사랑의 영원성, 종교적 귀의로 볼 수 있다. 또한 텍스트에서 보이는 여러 대립적 요소의 일치는 우선 시제에서 뚜렷하다. 〈님〉은 강렬한 감정이 되살아나는 영원성을 지니는 개념이나 〈침묵〉은 그 격렬한 감정의 의식적 제어이며 일시적 무언의 상태이니, 〈님의 침묵〉으로써 영원한 갈등의 제어를 표출한다. 1) 〈님은 갔습니다〉에 대해 〈나의 님은 갔습니다〉는 강조일 수도 있으나 넓은 의미의 님과 좁은 의미의 님의 일치요 2) '넓은' 숲과 산을 배경으로 좁고 〈적은 길〉의 대조가 하나의 풍경을 이룬다. 3) 사랑의 맹서가 지니는 감미로움, 찬란함과 띠끌이 되어 버린 고뇌, 허무감; 단단한 〈황금〉의 꽃과 가벼운, 덧없는 〈한숨의 미풍〉, 6) 사랑과 사람의 관계, 이별과 만남, 〈미리〉 예측한 바와 〈뜻밖의 일〉, 놀라움과 슬픔이 하나가 된다. 7) 절망과 희망의 함수; 의지의 힘으로 걷잡을 수 없는 슬픔을 희망으로 채우고, 8) 〈우리〉는 너와 나의 합일이며, 만날 때와 떠날 때, 슬픔과 희망은 보편적으로 오직 하나의 개념이다. 9) 실은 일시적 님의 침묵일 뿐, 변함없는 사랑의 현존이다. 10) 사랑의 노래는 님을 휩싸고 도는 율동, 와동인데 부동의 축을 이루는 님의 침묵이 그 복판에 자리한다.

종합적으로 주어, 문장결구, 동사의 유형, 시제, 의미론적 단서에 의해서 다음 표와 같은 *기승전결*의 경계를 이루기도 한다.

시인이 구사한 평이한 언어와 높은 차원의 정신적 배경, 불교적 실재관이 일치하여 다른 모든 대립항의 일치를 뒷받침하고 있으며, 인격적 사랑과, 불교적 인간관의 일치는 시인의 현실에 대한 모델을 형성한다. '침묵' 은 '부재' 나 '무능' 의 개념이 아니며, 〈님〉은 동작주로서 의지를 가지고 침묵할 뿐이고, 〈나〉도 지혜와 정열과 의지로써 희망의 내적

〈님의 침묵〉의 기승전결

행		주어	문장결구	동사	시 제	의미론적 단서	
1	기	님	갔습니다.	동태적 동작동사	과 거	님이 떠남.	〈아아!〉
2		님	갔습니다.	동태적 동작동사	과 거		
3		님	날아갔습니다.	동태적 동작동사	과 거		
4		님(의 추억)	사라졌습니다.	동태적 동작동사	과 거		
5	승	나	귀먹고 눈 멀었습니다.	동태적 과정동사	과 거/현 재	혼란, 절망, 비통한 현실	(과정동사)
6		나(의 가슴)	슬픔에 터집니다.	동태적 과정동사	현 재		
7	전	나	들어 부었습니다.	동태적 동작동사	과 거	믿음과 소생으로의 전환	〈그러나〉
8		우리(나)	믿습니다.	정태적 지각동사	현 재		
9	결	님과 나	님은 갔지만 나는 보내지 아니하얐읍니다.	동태적 동작동사	과 거/현 재	사랑과 인생의 모델, 전체의 유기적 조화를 이룬 현장	〈아아!〉
10		님의 노래	휩싸고 돕니다.	동태적 동작동사	현 재	내적 진실의 승리	

작업을 지속한다. 님의 침묵은 영원한 것이 아니며 나(우리)의 절실한 소원과 사랑의 노래에 감싸여 본연의 〈향기로운〉 님의 말씀, 〈꽃다운〉 님의 모습이 드러날 것이다. 지금 님의 행방은 푸른산 단풍나무 숲 저쪽으로 침묵해 들어갔으나, 님은 사랑이요 향기로움, 꽃다움, 걷잡을 수 없는 슬픔인 동시에 또한 희망의 대상이기에 내 사랑의 노래는 그의 침묵하는 영혼을 휩싸고 맴돈다.

시제〈님의 침묵〉은 가버린 님, 날아가버린 맹세, 뒷걸음쳐 가버린 추억의 항소恒素이자 시적기호이며, 휩싸고 맴도는 사랑의 노래와 님의 침묵의 갈등은 인생의 모델이며, 가버리고 없어지고 변화하는 모든 것에 대한 그리움, 한, 집념, 희망, 환상 속에서 삶의 본질적 모습이 드러난다.

7. 맺는 말: 문학적 커뮤니케이션

Saussure 이후, 언어의 역사성과 구별되는 공시성共時性의 발견과, 커뮤니케이션 모델에서의 2인칭의 발견으로 언어 · 기호학의 발전이 크게 이루어져 가고 있다. 아직도 2인칭의 중요성이 덜 확연한 면이 없지 않으나 기호해득자decoder는 기호화자encoder와 같이 필수불가결하며 모든 인간 현상은 항시 양측의 상호 긴장 관계로서 수행되고 연관되므로, 커뮤니케이션 채널의 수신자—해득자—2인칭의 여러 국면이야말로 좀 더 언어학 · 기호학 · 문학 · 심리학적 고찰의 대상이 되어야 할 것이다. 독자는 작가와 마찬가지로 문학의 핵심체이니 그는 작품을 받아들이거나 거부할 때, 또는 작품의 의미에다 결정적 형태를 부여할 때 작가와 더불어 공동으로 작품을 창조하고 있는 것이다.

텍스트의 제 단위와 우리의 심리적 지각단위가 일치하지 않을 수 있고 이들 사이에 어떤 대응 관계가 있다 해도 이는 매우 경험적인 문제일 뿐이다. 수신자는 자기나름의 내재적 어휘목록lexicon을 가졌고 그것이 각 단어의 의미와 품사에 대한 정보를 제공할 뿐 아니라 이들이 어떤 구문에 등장할 수 있는가까지도 말해준다. 즉 수신자는 후속되는 구조에 대하여 여러 가설을 세우고 정보가 더 주어질 때까지 구의 분절을 연기했다가 심층구조의 의미통사 관계를 재구하는데, 이 때문에 일반 언어문법이 아닌 지각적 효용perceptual strategy에 관한 문법이 별도로 필요하다고 주장하는 학자도 있다.

또한 송신자와 수신자 사이에서 메시지는 수신자의 수용태도에 따라 달리 이해된다: a) 송신자가 사용한 체계의 유형과 자기 것을 일치시키려는 수신자의 노력, b) 송신자 체계를 따른 텍스트 성격에 수신자가 무관심하거나, 수신자 자신의 체계안에 동화시키려는 경향, c) 수신자 자신의 유형으로 텍스트를 만족히 해독하지 못하여, 송신자의 체계를 배우려는 수신자의 노력 등 몇가지 수신자의 태도에 따라 달리 이해된다.

그런데 송신자인 작가는 여러 수신자들, 즉 독자의 관점을 의식해서 텍스트를 창조하게 되고 따라서 〈텍스트의 의미〉는 송신자와 수신자가 사용하는 체계유형의 교차점에 있으며, 문학작품의 평가가 시대 또는 시간과 더불어 변화할 수 있는 동태성을 띠는 것도 바로 이러한 이유에서다.

요컨대 문학 텍스트의 지각은 작가와 독자간의 끊임 없는 교섭, 교류와 갈등에 있고 문학커뮤니케기션의 복잡성은 Lotman이 다음과 같이 제시하는 〈커뮤니케이션의 두 모델〉로 더욱 잘 밝혀질 수 있다. 즉, 대외적인 I-HE 커뮤니케이션 체계와 대내적인 I-I 커뮤니케이션 체계라는 두 모델은 서로 독립된 것이 아니라, 최소한의 기호성을 갖는 구조라면 언제나 이 두 모델이 다 작용하는데, 전자가 하나의 신호체계와 하나의 메시지로 구성된 것이라면, 후자는 하나의 신호체계와 그 메시지의 변환이 일어나는 모델이다.

a) I-HE(나-남) 외적 커뮤니케이션 모델: (Jakobson 모델과 같음)

Context
Message
Addresser ·· →Addressee
Contact
Code

b) I-I(나-나) 내적 커뮤니케이션 모델 :

Context　　Contextual Displacement
I·········→Message 1·············→　　············ Message 2········→I
Code 1　　Message 1(Code 2)

(Lotman 1977: 99)

외적 커뮤니케이션 체계 a)에서와 같이 하나의 신호체계 code가 사용되어 기호화/기호해득되는 텍스트는 그 정보가 전달과정에서 경감하게 마련이다. 그러나 내적 커뮤니케이션 체계 b)는 위 도식에서와 같이 하나의 신호체계 Code 1로 텍스트가 기호화 된 연후에, 또 하나의 신호체계 Code 2가 도입된다. 즉, a)의 Message 자체가 Code2가 되어 제2차 모델형성 체계를 이루어(Code 2 = Message 1) 텍스트의 변형을 가져오고 그 새로운 신호체계의 개입 때문에 텍스트의 정보가 크게 증대된다(Message 2). 나-남 외적 커뮤니케이션 모델은 메시지 전달을 위한 모델이지만 나-나 내적 커뮤니케이션 모델은 또 하나의 신호체계(Code 2)를 도입하기 위한 모델이다.

이 두 모델은 각기 상이한 언어구조를 가지니, 외적 커뮤니케이션 체계가 다양한 이질적 기호의 연쇄라면 내적 커뮤니케이션 체계는 흔히 등가적 요소의 반복적 연쇄다. 내적 모델에는 〈정보의 유지〉를 위한 단순 기억형과 〈정보의 증대〉를 위한 창조형이 있으며, 등의소等義素적 요소들이 인접하여 통합체계를 이루는 이들 내적 모델에서는 어휘나 심상들의 기능이 오히려 등의소적 배열의 구성원으로서 더 중요해진다. 더구나 내적 통화체계는 무한한 연쇄성을 지니는 리듬이 그 주요 구성원리로 작용한다(cf. Lotman 1977: 101).

제2차모델 형성체계인 작품에 있어 모든 기호는 모델인 동시에 대상의 유추類推이므로 작품의 내용과 표현은 별개로서 다루어질 수 없다. 또한 일반 기호체계에서 기호와 배경(기의)의 관계가 일의적이고 기호간에 분명한 경계가 보장되는데 비해, 문학적 기호는 동시에 여러 배경에 투영되어 서로 다른 의미내용을 담당할 수 있게 되므로 시 텍스트에서 기호의 개념은 기능적이며 기표와 기의의 자의적 대응 관계가 도외시된다. 그러므로 텍스트는 총상적總相的으로 〈새로운 하나의 기호〉를 이룰 뿐 아니라 역동적으로 새로운 기호구성과 기호발견의 장이 되는 것이다.

문학적 커뮤니케이션에서 가장 강조되어야 할 이같은 *코드의 복잡성*은 어디에서 오는가?

a) 우선 작품의 이해와 몰이해 사이에 커다란 중간지대가 있을 수 있으며,

b) 여러 코드로 체계화된 문학 텍스트를 어느 코드로 해독할 것인가의 선택 문제, 그리고

c) 문학텍스트안의 우연적 요소와 체계적 요소의 관계가 작가와 독자에게 달리 포착될 수 있고, 그래서 각기 다른 의미를 갖게 할 수 있다는 사실에서 올 것이다.

작가와 독자의 코드는 동일할 수가 없으니, 독자의 경우는 텍스트의 모든 우연적 자질도 다 의미있는 구조적 요소로 수용하게 마련이다. 개인의 사회 · 문화적 경험, 심리적 구조가 다르며, 또한 텍스트의 예술적 지각을 방해하거나 상이한 의미로 해득케 하는 사회 · 역사적 배경 때문이기도 하다. 즉 텍스트 외적 구조의 문제가 개입되기 때문이다.

또한 작품은 하나의 구조체요, 어떤 현실의 복잡한 형상을 반영하도록 구축된 하나의 모델이다. 현실에 대해서는 일상적 소박한 눈에 비추어진 것과 여러 관점의 상호 교차로서 이루어진, 각 관점의 한계를 초월한 현실안現實眼이 필요하며, 작품의 의미는 이러한 여러 대조되는 관점의 교차를 초월해 있는 객관적 의미층이 제공하게 된다. 그러므로 작가는 여러 대조적 관점의 교차를 꾀하기 위해 코드 변환의 수법을 써야 하고 시각을 다양하게 바꾸지 않을 수 없다. 말하자면 여러 코드의 체계를 놓고 이들 모두가 동시에 기능을 발휘하도록 꾀한다.

그러나 독자는 최소한의 노력으로 정보를 얻으려 하기 때문에 코드를 단순화시키는 경향이 있다. 또한 작가는 텍스트를 창조할 때 가능한 여

러 텍스트 중에서 취사 선택하여 하나의 텍스트로 실현하게 되지만 독자는 이를 처음부터 오직 유일한 것으로 받아들이려 하기 때문에 오히려 작품의 의미 용량이 독자에게서 단순하게 확대되는 가능성도 있다.

여러 개의 코드가 동시에 활성화된 작품에서는 복잡한 〈코드의 변환체계〉가 이루어지게 마련이고 이러한 체계는 외면적으로 상이한 여러 시점視點의 근사성, 그리고 외면적으로 근사한 여러 시점의 상위성을 제시할 수 있게 한다. 그러므로 문학적 현상은 다각적인 코드의 변환체계에 공통되는 의미론적 핵을 추출하고 그 핵이 제 기호구조의 범위 내에서 어떻게 객체세계로 각기 진출하고 있는가를 파악해야 하며, 이때 텍스트 구조내의 의미와 구조외적 의미의 상관성이 중요해짐은 말할 것도 없다.

이상 언어학과 기호학적 개념으로 문학음운론, 문학통사론, 문학의미론과 그 적용을 시도했고 결론으로 문학커뮤니케이션의 제반문제를 검토해 보았다. 그러나 인간의 가장 핵심적이며 창조적인 언어행위, 상징행위야말로 생명적 메카니즘의 신비를 지니기 때문에 궁극적으로 규명되기 어려운 복합성이 개재함을 재확인할 뿐이다.

시 텍스트 (1)

초토의 시 2 (구상)

1 제 먹탕으로 깜장칠한 문어 한 마리를 무릎에 싸안고서 얼르고 있는 광경이라면 모두 웃음보를 터치리라.

2 그러나 앞자리에 마주 자리잡은 나의 표정은 굳어만 갔다.

3「정식아 ! 복지 마아, 빠빠에게 가면 까까 많이 사줄게」

4 이건 또 너무나도 창백한 아낙네가 정식이라고 이름 붙은 검둥애에게

거의 애소에 가까운 달램이었다.

5 자정도 넘은 밤차, 희미한 등불 아래 손들의 피곤한 시선은 결코 유쾌한 눈짓이 아니었고 칭얼만 대는 검둥애의 대구리와 울상이 된 그 엄마의 하이얀 이마 위 땀방울이 유난히 빛나고 있었다.

6 나는 이 뒤틀어대는 흑백의 모상을 보다 못해 호주머니를 뒤져 전송 나왔던 친구가 춰기 반으로 사주던 해태 캬라멜을 꺼내 까서 녀석에서 넌지시 권해 본다.

7 아니나다를까, 적중이었다. 녀석은 흑요석보다도 더 짙은 눈을 껌벅이며 깜장 속으로 냉큼 잡아채어 입에 넣더니 제법 의젓해지지 않는가.

8 두 개, 세 개, 네 개, 이제는 아주 나의 무릎으로 슬슬 기어오르며 이것만은 차돌같이 흰 이빨을 드러내어 웃어 반기는 것이다.

9 여기에 이르르면 안 논다는 재주 없다. 눈물이 글썽하여 연신 미안스러워하는 아낙네에게서 녀석을 아주 받아 안고 창경원에 가서 원숭이 놀리는 그 꼬락서니가 되어 캬라멜과, 애새끼와 있는 재주를 다 피워 얼러댄다.

10 이러는 사이에 어처구니 없는 풍경이 되어 버렸다. 뜻하지 않은 나의 구조를 넋없이 바라보던 아낙네가 신명의 고달픔이 차고 말았던지 사르르 잠들어 버리고 그렇게 날치던 애새끼 역시도 이제는 어지간히 흡족했던지 내 품에서 쌕쌕 코를 고는 것이 아닌가.

11 꼼짝없이 검둥이 애비 꼴이 된 나는 헤아릴 수 없는 심정 속에서 그채로 눈을 감고 있다.

12 나의 머리에는 이 녀석의 출생의 비밀이 되었을 지폐 몇 장이 떠오른다.

13 이 검둥이의 애비가 쓰러져 숨졌을 우리의 어느 산비탈과 어쩌면 그가 살아 자랑스레 차고 갔을 훈장을 생각해 본다.

14 저 아낙네의 지쳐 내던져진 얼굴에서 오늘의 우리를 느낀다.

15 숨결마저 고와진 이 무죄하고 어린 생명을 안고서 그와 인류의 덧없는 운명에 진저리친다.

16 차는 그대로 밤을 쏜살같이 뚫어 달리고 손들은 모두 지쳐 곤드라졌는데 이제는 그만 내가 흑백의 부자상이 되어 이마에 땀방울을 짓는다.

시 텍스트 (2)

수치 (구상)

I

창경원
철책과 철망속을 기웃거리며
부끄러움을 아는
동물을 찾고 있다.

II

여보, 원정!
행여나 원숭이의
그 빨간 엉덩짝에
무슨 조짐이라도 없소?

III

혹시는 곰의 연신 핥는
발바닥에나
물개의 수염에나
아니면 잉꼬 암놈 부리에나
무슨 징후라도 없소?

V

이 도성시민에게선
이미 퇴화된
부끄러움을
동물원에서 와서 찾고 있다.

시 텍스트 (3)

님의 침묵 (한용운)

1 님은 갔습니다.

아아 사랑하는 나의 님은 갔습니다.

2 푸른 산빛을 깨치고 단풍나무 숲을 향하여 난 적은 길을 걸어서 차마 떨치고 갔습니다.

3 황금의 꽃같이 굳고 빛나던 옛 맹세는 차디찬 띠끌이 되어서 한숨의 미풍에 날아갔습니다.

4 날카로운 첫 키스의 추억은 나의 운명의 지침을 돌려 놓고 뒷걸음쳐서 사라졌습니다.

5 나는 향기로운 님의 말소리에 귀먹고 꽃다운 님의 얼굴에 눈멀었습니다.

6 사랑도 사람의 일이라 만날 때에 미리 떠날 것을 염려하고 경계하지 아니한 것은 아니지만, 이별은 뜻밖의 일이 되고 놀란 가슴은 새로운 슬픔에 터집니다.

7 그러나 이별을 쓸데없는 눈물의 원천을 만들고 마는 것은, 스스로 사랑을 깨치는 것인 줄 아는 까닭에 걷잡을 수 없는 슬픔의 힘을 옮겨서 새 희망의 정수바기에 들어부었습니다.

8 우리는 만날 때에 떠날 것을 염려하는 것과 같이 떠날 때에 다시 만날 것을 믿습니다.

9 아아, 님은 갔지만은 나는 님을 보내지 아니하얐읍니다.

10 제 곡조를 못이기는 사랑의 노래는 님의 침묵을 휩싸고 돕니다.

6 文學媒材로서의 언어*

1. 들어가기

언어예술은 여타예술과 달리 고도의 사회성과 인지력을 지닌 자연언어를 매재로한 구조체다. 언어는 예술작품에 동원되기 이전에 이미 매우 심각한 의미에서 인간정신을 잘 반영하는 거울이며, 인간지능의 산물로서, '사람의 의지나 의식의 영역을 훨씬 넘어 운용됨으로써 각 개인 안에서 번번히 새롭게 창조되는 국면을 지닌다' (cf. Chomsky 1974: 4).

현대 언어학은 자연언어의 여러 특질들을 연구함으써 궁극적으로 인간정신 특유의 자질이 무엇인가를 파악코저 한다. 만일 인간의 인지능력이 인간이라는 종種에게 가장 핵심적 특질이라면, 인지능력 가운데서도 언어능력과 그 사용[1]을 연구한다는 것은 곧 인간정신과 그 본질을 밝히는 첩경이 될 것이다.

종래 문학연구에 있어서는 두 갈래의 전통적 방법이 서로 필연적 연관을 맺지 못한채 추구되어 왔다. 즉 1) 작품의 사회 · 사상적 연구와 2) 문학적 형식에 대한 연구로서, 전자에서는 연구되는 작품의 언어예술적 가치가 흔히 무시되어 왔으며, 후자의 경우는 다만 형식에 대한 관찰로 그쳤을 뿐, 그 형식의 의미를 해명하지 못하는 문제점을 지님으로써 연구의 과학성이 결여되어 왔다고 하겠다.

그러나 현대의 언어이론들은 기호학, 심리언어학, 사회언어학, 인공지능 등 인접과학과의 연계속에서 문학연구의 새로운 차원에 크게 기여할 수 있는 가능성을 보이고 있다. 언어학에서는 분석과 기술의 장치를 제공했고, 특히 텍스트에 개재하는 체계적 규칙성을 파악케 함으로써 분석의 기반을 제공할 수 있었으며, 우리가 텍스트를 이해하고 "경험" 할 수 있는 연유를 명백히 하는데 기여하게 되었다.

시학은 모든 문학적 진술을 다루는 하나의 과학이다. 시학이 언어를 매재로 한 언어예술 작품에 개재하는 일체의 언어현상을 다루기 위해서는 언어에 관한 일체의 지식이 동원되지 않을 수 없을 것이다.

또한 자연언어는 하나의 탁월한 기호체계이며 언어기호학의 대상이 되는데, 특히 문장의 길이를 넘어 담화나 텍스트를 논할 때는 모든 언어문제가 기본적으로 기호론적 성격을 띠게 된다(cf. Saussure 1916). 이와 같이 언어학과 기호학의 관계는 상호 불가분이며, 언어학은 기호학의 한 분야이며 기호학에 대해서 필수적 모델이니, 언어이외의 모든 기호체계가 엄격히 말해서 언어 사용을 통해서만 전달기능이 발휘된다는

1 N. Chomsky는 언어사용문제를 가르켜 과학적 해명이 불가능한 'mystery' 로 정의하고, 언어능력의 해명만이 과학적인 연구 대상으로 해명 가능한 'problem' 이라고 정의한다(1975, 1986).

사실이 이를 뒷받침한다. 이러한 관점에서 기호학이야 말로 언어학의 한 분야라고 주장하는 이도 있다.

더욱 언어의 진정한 본질은 동계열의 여타 체계들과 공동으로 지니는 자질들을 중심으로 구명됐을 때 더욱 효과적으로 파악될 수 있을 것이다. 그러므로 텍스트 이론을 다루게 될 시학은 기호체계로서의 텍스트/담화를 다루게 되며 이러한 점에서 광의의 기호론에 속한다 하겠다.

문학 텍스트의 의미는 그 표현자체를 지각 또는 자각케 하는 '구성' 속에서 발견된다. 예술가는 자유로이 어떤 대립의 관계와 가치를 스스로 규정하고 이에 대해 최대의 권위를 누리며, 의식적 무의식적 기준에 의해서 하나의 비전을 표출해야 하는데, 그 비전에 대해서는 구성 전체가 이를 증거해야 하고 발현시켜야 한다. 즉 작가에 의해서 그 구성에 각별한 의미가 부여된 바 체계들을 가려볼 수 있어야 하고 그러한 체계가 어떠한 외적 구성속에서 어떻게 내적으로 대응되는 실재(사유 · 감홍 · 지식 등)를 구축하고 전달해 가는 가를 살펴야 한다.

일상언어 기호는 흔히 공간적 또는 가시적 지시내용을 가지는 일반적 제1차 모델형성체계modeling system를 차지하나, 예술매재로서의 언어는 공간적으로 한정된 것이 아닌, 무한세계를 모델화할 수 있는 제2차적 모델형성체계다. 모델형성체계란 구조와 기능 차원에서 대상을 유추하며, 이때 대상전체가 아닌 그 일정 측면, 기능, 상태를 재현한다.

이렇게 해서 예술언어는 기호 본래의 매체적 기능보다는 시적 정보를 제공하는 목적적 기능으로 전환하고, 독립된 차원의 언어체계를 이루며, 텍스트 전체가 말하자면 작가가 제시하려는 비전에 대한 하나의 기호가 되는 것이다. 즉 2차 모델형성체계인 텍스트는 기호성이 더욱 심화 · 구체화된 형식으로 세계를 반영하는 하나의 기호가 된다. 텍스트는 그 총상總相으로서 하나의 기호일뿐 아니라 텍스트 내적으로는 각 요소들의 상호작용을 통해 활발한 의미생성의 장場이 된다. 이렇게 해서 텍스트는 주어진 제재提材와 사상事象을 완결시키면서 동시에 세계 전체의 구성도 아울러 그 안에 유추하는 이중적 본질을 가지니, 문학 텍스트는 작가 자신의 인격, 의식구조 및 현실의 한 현상을 동시에 모델화하고, 아울러 시적 정보와 그 인식형태를 위한 지침들을 독자에게 제공할 수 있다.

이러한 텍스트는 실로 복잡한 하나의 자동조절 체계modular system가 되며, 그 안에서 발휘되는 바 생명적 idea는 기능적 분석을 통해서 포착 가능할 것이다. 그러기 위해서는 텍스트를 이루는 여러 다양한 체계를 가려내고 그들의 상호적 관여를 심층적으로 관찰해야 한다.

본고의 목적은 모든 핵심적 문학 텍스트 문제들을 밀도있게 제시할 수 있는 하나의 시 텍스트를 택하여 그 안에서 벌어지는 모든 언어적 과정과 절차를 관찰 · 기술 · 해명하는데 있다. 문학연구의 3국면이 기술 · 설명 · 평가라 한다면 언어시학적 연구는 그 가운데 기술과 설명의 단계가 핵심을 이룰 것이다. 평가는 어디까지나 사회적 규범에 의한 것이기 때문이다. 더욱 현대비평이 대답을 서둘러 하기보다 제대로의 물음을 던지는 데 더 깊은 관심이 있다면 언어예술 작품의 기호 · 언어학적 연구는 (문학 비평이 아닌) 문학연구의 본령을 이룰 수밖에 없다.

이 방면의 연구는 그러나 그 모든 기구가 아직 형성단계에 있어, 통일성을 기하지 못한 가운데, 각기 절충주의적 시도를 꾀하고 있을 뿐이다. 20세기 중반에 일어난 과학혁명이라는 환경속에서 싹터온 이러한 연구는 구조언어학, 기호학, 정보이론, 인공두뇌학 등 실로 여러 사상과 방법이 서로 관련을 지으면서, 아직은 확연한 결실을 얻기보다 그 결실을 얻을 수 있는 가능한 방향을 가리키고 있을 뿐이다.

2. 통화모델과 시적 통화체계

문학의 본령은 체험된 대상세계를 설명하자는 것이 아니라 모델로 제시하려는 노력이다. 이는 대상세계의 기술記述이 아니고 기략記略 transcription이요, 언어를 통해서 언어 이전의 대상을 구명, 제시하고저 한다. 인간의 의미 행위는 그림에서와 같이 3국면으로 이루어지며 주체는 반드시 언어를 통해서만 대상 객체를 포착하게 되고 주체↔객체의 직접적 관계성립은 불가능하다(cf. Chomsky 75: 49; Wheelwright 62: 27).

여기서 체험되는 대상객체는 언어도 의미도 아닌 언어 이전의 실재

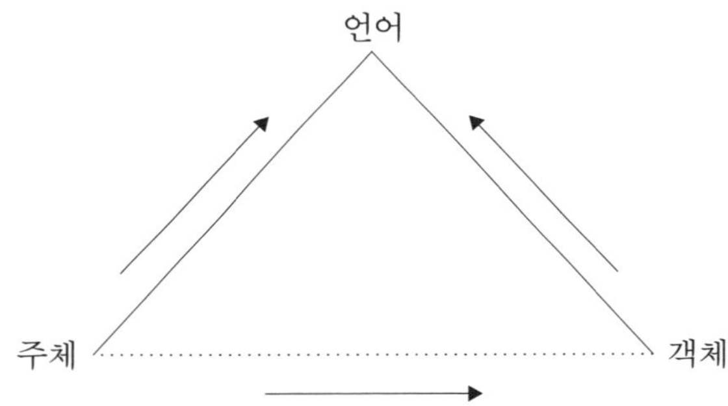

(가상이든 실상이든)이며 문제는 이를 언어로 제시해야 한다는데 있다. 이러한 현상에 대해서는 Johnson-Laird P.N.의 심리모델 이론이 좀더 설명력을 갖춘 듯하다.

2.1. 심리모델 의미론과 커뮤니케이션

종래의 의미론적 입장에서 벗어나 의미sense와 지시reference의 상호작용을 허용하는 심리모델이론은 Anderson 외(1976)가 실험을 통해 주장하는 예시가설instantiation hypothesis을 받아들인다. 즉 한 단어는 소수의 확정적 의미를 지니는 것이 아니라 무한한 잠세성 가능 의미군

a whole family of potential meanings을 지니며, 문맥상황에 따라 일반 지식체계를 동원해서 한 단어의 구체적 의미가 추정될 수 있다는 것이다. 즉 하나의 의미sense가 한 예로서 제시된다. 특히 이와 관련된 Johnson-Laird의 주장은 우리의 의미행위가 문장에 담긴 지시내용과 기타 여러 관련성에 대하여 명제적 의미가 아닌 하나의 심리모델 a mental model[2]을 구축한다는 것이다(1983: 123).

한 단어에 의해서 회수된 정보는 문맥상황과 언표내적言表內的 힘 illountionary force에 따라 그 단어가 지니는 잠세적 의미 총체에서 적절히 선택되어 특수화 또는 구체화된다. 실제로 우리의 정신활동은 언어적 지침이나 단서cues보다 훨씬 앞서가면서(Bransford & McCanele 1975; Anderson 외 1976) 더욱 많은 정보를 동원할 수 있다는 사실, 그리고 이에 대해 심리모델을 구축한다는 언어 심리학적 관찰은 문학적 진술이 기술記述이 아닌 기략記略이라는 사실에 대해 시사하는 바 크다고 생각된다. 이는 낱말들이 심리모델의 형상적 재료가 되고 있음을 명쾌히 해명하는 의미론이라 하겠다.

2.2. 나-남I-HE 및 나-나I-I 통화 체계

한편 Jakobson이 제시한 바 기본 커뮤니케이션 모델(1960: 53)에 대하여 문화적 메카니즘에 개재하는 또 하나의 통화모델을 가려볼 수 있다. Lotman(1977)은 Jakobson의 기본모델과 동일한 나-남I-HE(you, they를 포함) 통화 모델과 이를 기본으로 하는 나-나I-I 모델, 즉 자기 자신과의

2 심리모델: 여기서 심리모델은 이미지와 달리 이 세계의 구조적 유사체로서의 model이다. "Mental models are not meant to be image, which are the perceptual correlates of models from a particular point of view. Rather they are structural analogue of the world or internal tableaus containing elements that stand for the members of sets." (Johnson-Laird 1983: 97)

내적 대화 모델을 설정하고, 문화 전반에서 적지 않은 기능을 가지는 이 역설적 자아와의 통화모델의 중요성을 강조한 바 있다.

1) 나—남I-HE 통화모델: (Jakobson의 모델과 동일함.)

관련상황
전언
나 ……………………▸ 남
접촉
약호체계

2) 나—나I-I 통화모델 :

관련상황 관련상황의 전이轉移
나$_1$ ………… 전언$_1$ …………▸……………………… 전언$_2$ ………▸ 나$_2$
약호체계$_1$ 전언$_1$
(=약호체계$_2$)

(cf. Lotman 1977: 99)

타인과의 정상적 통화인 나-남 모델과 자아와의 내면적 대화인 나-나 모델을 비교하면 각기 다음과 같은 특질을 갖는다.

1) 나-남 모델은 발신자의 메시지가 공간을 이행해서 정보 수용 대상에게 주어지는 일반 통화모델이나 2) 나-나 모델은 발신자의 메시지가 시간속을 이행해서 이미 그 메시지를 지니고 있는 자신에게 다시금 주어지는 모델로서, 이때 메시지의 질의 향상이나 정보의 증대가 기해지고(재차 자신에게 주어짐으로), 이로 인해서 자아의 내면적 변질(나$_2$)을 가져오는 것이 나-남 모델과 다르다.

자아와의 내적 대화모델인 나-나 통화는 문학, 심리학 또는 문화사적 측면에서 중요하다. 통화과정에서 메시지의 재편성이 일어나고(약호체계$_2$의 도입) 필연적으로 새로운 부가적 정보가 개입된다. 즉, 추가적 약호체계(코드2)의 도입이란, 전언$_1$의 구조의 제단위가 통합체계syntagmatic plane에서 등가적 정열성(리듬 등)을 이룬다는 것이며 그렇게 되면 약호체계, 즉 코드변환을 일으키고, 이때 새로운 전언$_2$의 특징을 띠게 된다.

정보의 질적 변화는 나$_1$의 내면적 변질인 나$_2$을 가져오게 되는데 이때의 필수조건은 물론 추가적 코드의 도입, 즉 시각적 또는 청각적 리듬과 같은 외적 충격이다. 추가적 코드의 침입이 되는 바 여러 리듬체계는, 통합의 축에서 명백히 하나의 표현임에는 틀림없으나 그 자체가 고유의 의미론적 내용을 지니지는 못한다. 그러나 이러한 리듬은 코드$_2$로서 전언$_1$에 작용하여 문맥상황의 전이轉移와 아울러 새로운 전언$_2$, 즉 정보의 증대와 그 질적 향상을 가져온다.

이때 생성되는 새로운 의미는 점차로 서서히 발전되는 것이 특징이며, 이러한 자아중심적 발화는 구조적 기능적 관점에서 고립화, 자립화하는 기미를 띠게 된다(Lotman 1977). 즉 언어는 자기 암시적 메모memo적 성격을 띠며 간략화되고 지표성指標性을 발휘하기에 이른다.

더욱 텍스트 제요소들의 등等리듬적isochronic 경향이 무한한 반복의 연쇄를 지향하는 통사체계를 이루게 되고 그럼으로서 자연히 문장의 형태가 완결되지 못하는 수가 많다. 우리말 시 텍스트에서 흔히 종결어미(~*다*. 등)가 생략되는 것은 그 좋은 예라 하겠다.

위와 같은 내적 자기통화I-I의 무의식적이며 내재적 법칙은 바로 시 텍스트의 구조적 특징과 일치됨을 우리는 알 수 있다. 즉 1) 자연언어 메시지$_1$에다가 순수한 형식상의 등가적 조직을 이루는 추가적 코드$_2$를 도입하여 상식적인 의미론적 관계에서 해방되고 2) 위 두 코드 사이에서 긴장이 생기면 그 영향으로 텍스트의 의미론적 제요소가 추가적 통합적 구성속에 들어가 그 상호관계 속에서 새로운 관련된 의미를 자아낸다. 이때 물론 주어진 전언$_1$의 일반적 의미내용은 하나의 배경으로써 존속하고 그 위에 제2차적 부가적 의미내용이 중첩된다.[3]

그러나 텍스트적 의미현상은 더 광범하게 변질될 수 있다. 텍스트내의 통합적 관계syntagm가 강조되면 될 수록 일차 의미론적 관계들이 억압되고 그 결과 텍스트는 지각의 어느 한 층위에서 복잡하게 조직화된 비의미론적 메시지로 작용할 수 있다.[4]

통합의 축에서 고도로 조직화된 이러한 비의미론적 텍스트(문양이나 리듬체계 등 구조 자체가 비의미론적 일수록)는 우리 머릿속의 연상을 활발히 조직화 하는 경향이 있다(Lotman 1977). 즉 연상적 의미가 텍스트에 개입한다. 통합적 관계가 강조될수록 의미론적 관계는 자유로운 연상을 활발히 꾀할 수 있고 그래서 나-나 통화모델의 텍스트 일수록 사적私的 연상의미를 띠며, 개인의 의식 속에 축적된 여러 연상의 조각들을 조직화 한다.[5]

나-나 통화에 개입되는 텍스트의 의미는 따라서 3중적이다: 1) 일반 언어적 의미(나-남 통화층), 2) 통합적 관계에서 재조직화된, 코드 변환에서 오는 2차적 텍스트 의미(나-나 통화층), 그리고 3) 극도로 개인적인 연상이 조직화해서 발휘되는, 즉 텍스트 외적 연상들이 메시지에 주어져 생성되는 새로운 의미이다.

2.3. 시적 통화체계

나-나I-I 통화 모델은 위와 같이 시적 원리를 이루나, 그 자체로만 문학성의 기준이 되기에는 불충분하다. 시 텍스트에서 실재로 벌어지는

---

3 Petöfi는 음악적 기호부와 언어기호부의 중첩을 언급하고 있으나 이에 앞서 각 기호부 내에서 2차적 구성조직의 중첩을 논하고 있으므로 그는 이러한 현상을 다중적 중첩 현상으로 다루고 있다 하겠다(cf. Petöfi 1972: 413).

4 예로서 Yeats의 *Lapis Lazuli*의 19행은 압축된 명사절의 반복인데, 지시적 의미는 없어지고 마치 생각의 고동만을 들려주는 듯하다(cf. 김 1985: 690).

5 예시 〈鶴〉에서 '보라 옥빛 꽉두서니/보라 옥빛 꽉두서니' (11, 12)의 반복은 자유로운 연상과 상상으로, 質의 선명보다는 의미의 부피를 더 맛보이게 한다.

현상은 나-남과 나-나 체계의 동시적 교류와 갈등이다. 예술적 커뮤니케이션은 구조적 긴장을 자아내는 장에서 이들 두 체계사이의 갈등으로 비롯됨으로, 시적 효과는 코드가 메시지로, 또는 메시지가 코드로 전용되는 순간, 텍스트가 한 커뮤니케이션 체계에서 다른 체계로 전환하여 수용자의 의식속에서 상호관련성을 유지하는 순간에 기해진다. Valéry(1961: 70)가 시를 가리켜 의미의 무용이라고 갈파한 것은 바로 이러한 두 체계 사이에서의 내왕을 의미했을 것이며, Wheelwright가 긴장성, 복합기호화작용plurisignation, 또는 독자적 투시성perspectival individuality이라 일컬은 것도 바로 이러한 순간의 포착을 의미할 것이다:

> It consists in the very contrast between the perspective, made suddenly real by the magic of the words, and the ordinary channels of thought and perception from which the mind has been summoned and to which it will return.
>
> (Wheelwright 1962: 53)

구체적으로 시 텍스트에서 일어나는 심미적 효과는 이와 같이 자연언어와의 갈등 속에서 기할 수 있다. 텍스트가 리듬의 단편을 띠고 분절하면 언어는 대상객체에 대한 지표가 되며 한편 일반의미론적 상관성은 약화되면서 텍스트 전체가 약호화略號化된다. 즉 텍스트 전체가 드디어 하나의 기호로 화해서 새로운 실재를 제시하기에 이른다. 이때 전제되어야 할 것은 물론 자연언어로서의 메시지가 동시에 의식되는 일이다. 이러한 두 의미(나-나 통화의 메시지1과 메시지2)의 부피와 갈등은 시적 효과를 자아내며 끊임없이 또다른 새로운 의미의 가능성을 의식시키는 가운데 그 효과는 극대화 된다.

문학 커뮤니케이션은 이상과 같은 맥락에서 다음의 특징들을 갖는다:

1) 자연언어와 상이한 기호개념을 갖는데, 낱말들은 개념을 전달하는 기호가 아닌, 새로운 실재를 모델로 구축하는 형상적 재료로 쓰인다(조형적 기호성).

2) 텍스트의 모든 요소들이 의미론적 요소로 화한다. 음운 · 형태 · 통사체계 모두가 의미론적 성격을 띠며 기표記標와 기의記意의 자의적 관계가 도외시되고 자연언어적 기호의 경계가 불분명해진다.

3) 작품전체가 하나의 기호로 화한다. 작품전체에서 우러나오는 메시지가 하나의 유기적 총상總相으로서 독자에게 전달된다. 그러나 텍스트 내적으로는 기호구성과 기호발견의 장이 되어 새로운 의미의 가능성이 지속적으로 발견된다.

4) 복잡한 여러 코드 전환을 일으키는 문학텍스트는 그 이해와 몰이해沒理解 사이에 커다란 중간지대가 놓일 수 있다. 즉 독자의 인식의 깊이, 인격 · 사고의 폭, 그리고 읽기 과정에 따라 이해의 정도와 폭이 크게 달라진다.

5) 또한 여러 코드로 짜여진 텍스트이므로 텍스트를 앞에 놓고 어느 코드로 해독할 것인가의 문제가 개재한다.

2.4. 문학텍스트 구조와 그 기호성

하나의 유기적 총상으로서의 작품은 앞서 말한 바와 같이 〈하나의 기호성〉을 자아낸다. 즉 모든 언어예술 작품은 각기 독특한 구조를 지니는 단일 기호체계가 될 수 있다. Petöfi는 작품의 단일적 기호성에 관하여 다음 그림과 같은 모형을 제시한 바 있다(1972: 405).

작품은 자연언어를 가지고 일정한 제재題材와 사상事象을 완결해 표출하되 이에 등가의 원리 등 제2차적 구성이 개입됨으로서 전체가 하나의 예술적 메시지를 자아내는 기호기능을 발휘하게 된다. 작품의 기호

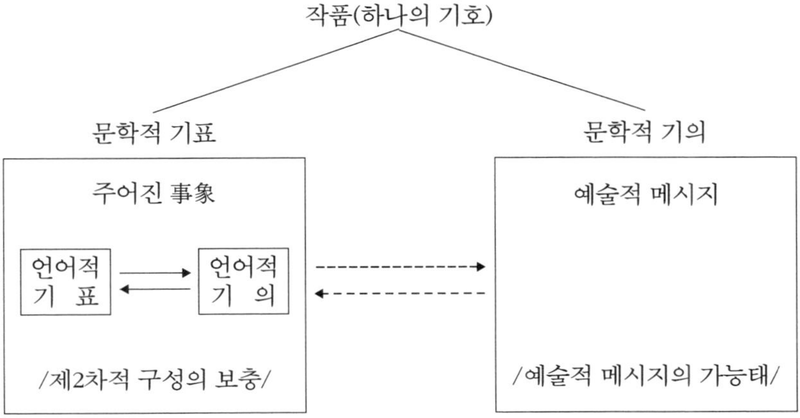

(cf. Petöfi 1972: 405)

성 모델에서 주목해야 할 것은 실선으로 표시된 언어적 기표와 기의 간의 관계와 달리 점선으로 표시된 문학적 기표와 기의는 1대 1의 관계나 일치성이 불가능하다는 것이다. 언어예술적 기호는 사전에 수록될 수 없는 성격으로서, 그 의미의 탐색은 수용자의 지식과 인격, 사회 · 역사적 배경과 떨어져 생각할 수 없다. 또한 수용과정에 개입되는 사적, 환경적 여건의 영향을 입는다. 이러한 의미에서 언어예술적 기호는 고정적이 아닌 개방된 성격의 탄력성彈力性을 지닐 수 밖에 없다.

Petöfi가 제시하는 바 시작품의 내적 구조를 수정 · 보완 · 요약하면 다음 그림과 같이 도식화 할 수 있겠다. 아래 그림에서 볼 수 있듯이 작품에는 계층적 구조와 선형적 두 구조가 상호 개입된다. 일반 통화층과 텍스트 구성층(병행구조 등)이라는 두 내적 계층구조에 속하는 언어기호 및 음악기호적 요소들이 한 차원의 선형구조를 이루면서 갈등과 긴장을 자아내는 한편 시 텍스트에서는 또 한 차원의 외적 계층구조, 즉 시행과 연聯이 이에 중첩된다. 시 텍스트는 이러한 말의 독특한 질서를 통해 하나의 정렬된 지식을 실현하기에 이른다.

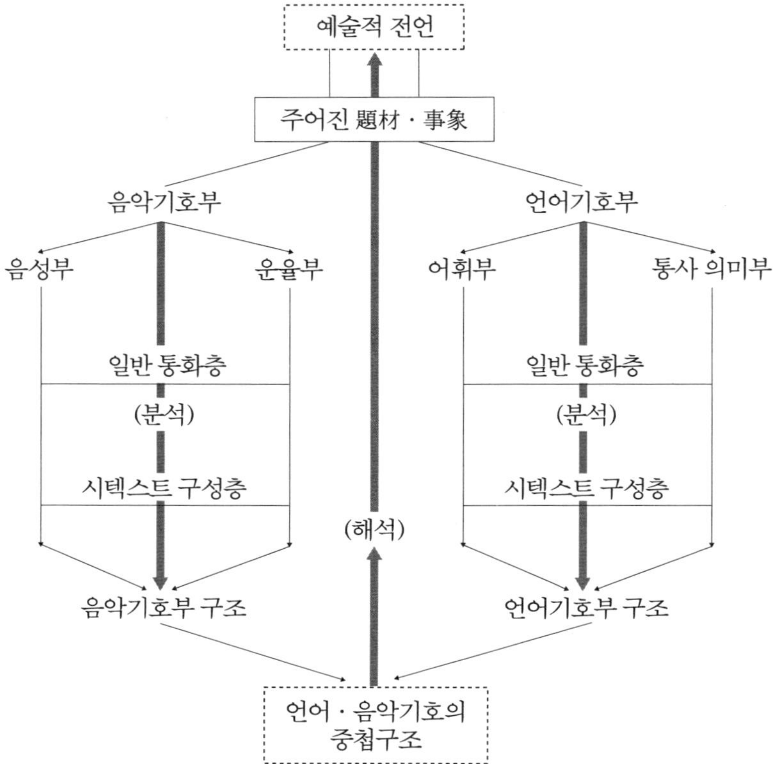

(cf. Petöfi 1972: 413)

텍스트의 정렬성 저변에 깔린 작품의 생명적 메카니즘은 등가의 원리로 작용하는 계열의 축과, 인접의 원리로 작용하는 통합의 축 사이에서 벌어진다. 원래 계열의 축을 이루는 연합 관념들associative sets은 서로 비교와 대비를 허용하는 등가적 요소들이며, 통합의 축은 이질적 요소들의 연쇄이다. 이야기체 텍스트에서는 배열관계가 중요시 되는 구조 기능을 가지나, 시텍스트에서는 계열의 등가적 연합 관념들이 통합적 배열에 반복적으로 실현되는 특성을 보인다(cf. Jakobson 1960).

Lotman에 의하면 시 텍스트에는 자연언어에서 찾아볼 수 없는 말의 질서가 있어, 그 질서는 우리로 하여금 텍스트내의 제요소들 간에 어떤 연관성을 부여케하고 더욱 이들 연관된 요소들을 하나 또는 몇 개의 패러다임으로 살피게 한다는 것이다:

> …essence of poetic structure as presence of certain orderings not implied by the structure of the natural language which permit us to identify in certain relationships the intra-textual segments and to examine the set of these segments as one or several paradigms. Within these segments not only similarity but also difference must be present.
>
> (Lotman 1976: 39)

시 텍스트에서 이들 각 구성요소들 간의 연관성은 하나의 체계를 이룩케 하고 그 체계 속에서는 어떠한 우연적 요소도 불허할 뿐 아니라 예측된 자리에서 예측된 기능을 갖는 자동화 경향을 보인다. 그러나 완전 자동화 경향은 아무러한 새로운 정보를 전달할 수 없게 됨으로, 새로운 정보전달을 위해서는 어느 정도의 반자동화 작용이 개입되어야 한다. 즉 표현과 내용 양 측면에서 이와 같이 자동화 대 반자동화의 갈등적 관계가 동시에 이루어지게 된다.

이같은 원리는 시 텍스트안에서 두 가지 양상을 보이며 의미의 증대를 꾀한다. 즉, 규칙(또는 기법)의 준수와 그 어김이라는 구조적 긴장속에서 시적 실재가 형상화 되는 것이다. 한 국면에서 긴장된 고도의 정렬성을 보이면서 또다른 국면에서 정렬성이 결해 미진감未盡感과 기대의 좌절을 맛보인다. 이러한 시적 구조는 어휘들의 새로운 의미 기미機微를 낳게 하고, 이로서 일반언어의 한계를 극복해, 갈등하는 인생의 제국면과 현상, 그리고 제관념들의 변증법적 측면을 드러내보일 수 있게 한다.

3. 문학매재媒材로서의 언어의 특질과 표출력

3.1. 언어 매재의 특질

언어예술은 언어를 매재로 사용함으로써 여러 예술 가운데 특이한 자리를 차지한다. 즉 언어적 특질에서 언어예술의 특수성이 자아내지는데, 여타 예술의 매재들은 흔히 자연물로서 예술가의 손에 닿기 까지는 아무러한 사회성을 지니지 못한다. 회화에서의 물감, 조각에서의 돌과 금속, 음악의 소리 등은 현실에 대한 인지능력이 없으며, 사회화나 개념화 과정이 개입되지 않은 자연물들이다. 이에 반하여 언어매재는 예술가가 사용하기 이전부터 이미 고도의 사회성을 지니는, 인간지능이 이미 이루어 놓은 인공물artifact로서 작품이기 이전에 그 언어 매재 자체가 이미 현실을 모델화한 하나의 체계다. 이는 또한 뚜렷한 계층구조로 이루어진 체계(음운, 형태, 어휘, 통사, 담화층)이며, 그 의미 단위는 문장이 아닌 텍스트나 담화로서, 텍스트/담화란 일련의 문장 집합 만이 아닌, 그 의미자료가 활발히 재편성 되는 하나의 장이다.

언어는 그 구조와 기능에 있어 동시에 탁월한 기호성을 보이는 유일한 체계 모델이다. 언어로 무엇을 말한다는 것은 곧 무엇에 관해서 언급하는 것이고, 그 형식은 각기 기호가 될 수 있는 뚜렷한 단위로 이루어진다. 또한 모든 사회 구성원 사이에서 대개 동일한 가치로 통용되며, 인간 주체사이의 통화를 실현시키는 유일한 수단이다(Benveniste 1981: 18).

여타 기호체계와 달리 언어가 탁월하고 각별한 기호성을 누리는 것은 무엇 때문일까? 이는 언제나 중첩되는 두 양식의 의미작용을 지니기 때문이다. 즉, 언어는 뚜렷이 구별될 수 있는 기호적 양식과 의미론적 양식의 두 의미작용을 통합하는 각별한 체계로서, 기호적 양식은 기호자체의 의미를, 그리고 의미론적 양식은 발화전체의 의미를 다룬다. 기호적 양식은 기호단위를 가려내어 그 자체를 확인하는 작업으로 끝이지만, 의미론적 양식은 담화전체에서 생성되는 의미를, 일련의 기호의 집합으로서가 아니라, 각 표현의 지시 대상과 의미 내용을 아울러 떠맡아 전면적으로 포착한다. 기호는 앞선 것과의 (비)동일성을 확인해 줄 뿐이나, 담화는 발화세계와 담화영역에 따라 전체발화의 의미가 새로이 이해되어야 한다.

언어는 위 두 차원의 의미가 통합되는 유일한 기호체계다. 여타 체계들은 순수히 기호적이거나 아니면 순수한 의미론적 작용만의(회화, 조각 등) 단일 차원이다. 그러나 언어는 기호의 의미와 발화의 의미가 동시에 작동됨으로서 발화의 2차적 구성층을 창조해 낼 수 있는 힘을 가진다. 이러한 언어적 특질은 곧 의미 자체에 대한 또 한번의 2차적 언급이 가능한 메타언어적metalinguistic 기능에서 온다. 이 기능이야말로 언어로 하여금 여타 기호체계를 포섭하고 또 그들을 해설해 줄 수 있는 원동력을 갖게 하며, 현실을 모델화 하는 기능을 이에 부여한다.

이와 같은 기호적/의미론적 두 의미작용에서 언어의 표상성과 다이네믹한 표출력이 발휘될 수 있다.

3.2. 맥락상황[5]의 변이와 언어의 표출력

텍스트의 다이네믹한 창조적 표출력은 이를 에워쌓고 있는 맥락상황의 변이와 또한 관련이 깊다. 어휘, 구절, 문장 등은 이를 감싸고 있는 맥락 상황을 변화시키는 힘을 가지고 있으며 텍스트에서 벌어지는 맥

5 맥락상황context: 구체적으로 문맥 차원에서의 정보 · 관여 · 언어적 상황이 있고, 또 한편 시간 · 장소 · 담화자라는 변항들과 상태의 순차성 및 frame으로 요약될 수 있는 각 사물 · 개념의 지식 · 의미 구조를 포함한다(cf. Hymes(1975)의 features of contexts, Lewis(1972)의 coordinate of index 등)).

락적 변이 현상을 Ballmer는 다음과 같이 풀이하고 있다:

> ...the perpetual introduction of new contextual parameters and parameter values to other places of textual interpretation, and the use of these parameters and parameter values at the actual place of interpretation. (1981: 173)

이는 또한 Parret(1980: 79)가 주장하는 바 '맥락이란 이해를 위한, 그리고 이해에 의한 맥락화contextualization를 뜻한다'는 말과 일치한다.

그렇다면 *맥락 상황의 변화*는 과연 어느 차원에서 이루어지는가? 이는 정보상황, 관여상황, 그리고 언어적 상황의 변이로 각기 요약될 수 있다. 정보상황의 변화는 새로운 정보의 도입과 이에 따르는 전제前提의 변화에서 온다. 다음은 약속 · 명령 등 여러 화행話行의 영향으로 관여상황에 변화가 오고, 정의 · 설명 등에 의해서 언어적 상황이 변화한다. 하나의 텍스트 안에서 결국 어느 낱말도 실제적으로 같은 의미를 유지하지 못하고 정보 · 관여 · 언어적 상황의 변이에 따라 의미가 바뀐다. 모든 표현의 진정한 의미는 따라서 맥락 상황에 의존하게 마련이다.

이러한 맥락 관련 상황과 텍스트와의 상관성은 다음 세 가지 측면으로 요약될 수 있겠다. 즉 텍스트는 1) 언어외적 관련 상황에 감싸여 있고, 2) 결국 그 context의 어느 일부를 텍스트는 표상represent하게 되며, 또한 3) 텍스트는 그 context에 작용해서 이를 변화시킨다. 이러한 상호관련성은 어휘 · 통사 · 화용 · 상황층에 모두 해당되는 것이다.

따라서 모든 표현은 context에 의존하는 측면과 이를 변화시키는 두 측면이 있다고 하겠다. 각 표현은 맥락 상황에 의존해서 이해되어야 하는 반면, 시간 · 장소 · 환경 등 새로운 세계를 상황에 도입 · 저장 · 활용할 수 있게 한다. 즉 언어는 적절한 방법으로 컨텍스트에 영향을 주어 변화시킬 수 있고 텍스트 안에서 컨텍스트의 이행을 가능케 하며, 더욱 적절한 곳에서 해석에 다시 동원할 수 있도록 한다. 이는 표현의 의미를 재편성하고 재발견시킬 수 있는 자연언어의 힘으로서, 어느 낱말도 엄밀한 의미에서 같은 의미를 유지할 수 없게 하는 반면, 언어에 방대한 표출력을 부여하고, 즉시적 현실을 훨씬 넘어서 표현할 수 있는 방편을 언어에 제공한다.

텍스트의 기능과 구조는 본래적으로 그 대화성에 있다(Carlson 1985). 한 텍스트의 발생능력은 근원적으로 어떤 물음에 대한 답이 되거나 어떤 목적을 위한 수용자와의 대화에 있으므로, 문제해결을 위해 텍스트는 대체로 상황묘사, 상황의 결함묘사, 해결 방안의 준비, 그리고 해결 등의 단계를 다룬다. 이러한 관점에서 볼 때 통화를 위한 텍스트 언어의 구조란 상황구조와의 구조적 평형이라는 측면에서 또한 논의될 수 있겠다.

어떤 일정한 상황이 주어지면 텍스트 구조는 통화차원에서 스스로 가장 타당한 문제 해결 방안으로 임하게 됨으로써 맥락 상황과의 구조적 평형을 이루어야 한다. 그것은 어떤 방법으로든지 필요한 것은 모두 텍스트 안에 들어 있어야 하며, 반면에 일단 텍스트안에 들어 있는 것은 또한 모두 필요 불가결한 것으로 보아 타당할 것이다(Ballmer 1981: 179). 이는 텍스트와 컨텍스간의 일종의 운동학이 될 것이며, 둘의 상호작용에서 언어의 방대한 표출력이 자아내지는 한편 언어표현에 의해서 맥락 상황의 자료들이 (재)조직화될 수 있다는 데에 바로 언어의 다이네믹스가 있다고 결론지을 수 있겠다.

4. 〈학鶴〉[6]의 기호 · 언어학적 분석

모든 작품의 내적 구조는 각 작품마다 독립된 차원에서 탐색되고 기술되어야 한다. 그것은 작품층에서 이를 생성시키는 일반규측이란 있을 수 없기 때문이며, 분석의 길이와 부피도 작품마다 다를 수밖에 없다.

가장 기본적인 작업은 마땅히 일차언어적 분석이며, 다음 이에 중첩된 바 텍스트 구성층의 기호체계의 분석과, 중첩된 메시지에 대한 의미 탐색이다. 우리가 관찰해야 할 것은 실재 세계 자체가 언어적 형태에 어떻게 담겨지는가 하는 그 메카니즘이며, 시적효과는 실재와 그 표현인 텍스트의 비교에 있지 아니하고 이에 사용된 모든 표현이 얼마만큼 생동성과 탄력성을 가졌는가, 즉 자연언어에서 보다 얼마나 효과적으로 각 표현들의 초과적 기능이 발휘될 수 있는가에서 찾아진다. 즉 실재세계의 진위의 문제나 근사성이 중요한 것이 아니라 표현의 초과적 기능의 발휘라는 관점이 중요해진다(cf. Riffaterre 1983: 200). 이들은 언어기호체계, 주제구조, 그리고 전제presupposition구조라는 복합적 요인에서 그 초과적 부담기능이 확정될 수 있다. 이때 전제구조란, 문학텍스트의 정렬성을 위해 각 요소의 분포와 기능이 제약되고 통제됨으로써 텍스트에 실현될 수 없었던 구성소들을 연상 · 상상시키는 체계이며, 이는 미리 짜여져 들어간 통합적 체계라 하겠다.

텍스트의 생산과 수용의 과정적 절차에 앞서 작품 속의 여러 구조적 상관성을 살펴보면 다음과 같이 다원적이다 :

- 작품의 기호부
  - 언어적 기호
    - 통사 · 의미부
    - 어휘부
  - 음악적 기호
    - 운율부
    - 음성부

---

6 〈학〉: 서정주의 예시. 텍스트는 본 논문 부록에 수록됨.

각 기호부는 또한 일반통화층과 문학적 구성층으로 이루어지며(cf. 2.4.) 이와 같은 다차원의 통합체계 속에서 1) 언어 · 음악 기호적 의미작용과 2) 하나의 전체 기호로서 관련되는 의미작용의 이중적 속성을 누리게 된다.

문학작품의 구조 탐색과 기술 · 설명은 결국 두 기호부의 계층적, 선형적 구조관계에서 어떤 언어 · 음악적 의미망이 자아내지는가를 지적해야 한다. 이러한 의미망이야말로 제2차 모델구조의 형상적 재료가 되기 때문이다.

앞서 지적한 대로 우리의 관심은 시적내용과 그 표상representation의 직접적 관계가 아니라 어떻게 그 표상이 표상대상을 창조해 내는가, 그래서 그 표상으로 하여금 핍진성逼眞性을 갖게 하는가에 있음으로 출발점은 어디까지나 언어적 텍스트가 될 수밖에 없다.

실재實在는 말로서 어떻게 표상되고 있는가? 텍스트를 읽는다고 그 제시하는 바를 곧 발견할 수는 없다. 시적 미메시스 전체는 각 낱말의 지시대상이나 기의와 관련해서 감지되는 것이 아니라 오히려 기표적 언어형태 즉 텍스트 속에 실현된 구체적 어휘와 그 배열과 관련되어 감지된다. 고로 낱말들이 어떻게 상호 연계성을 가지고 서로를 환기하는가를 살펴서 확신할 만큼의 미메시스를 구축하는 일이 중요하다.

4.1. 〈鶴〉의 기호구조

서정주의 〈鶴〉은 총 8연 26행 가운데 구조적으로 강한 병행성을 보이면서 음악 · 언어기호적 효과를 동시에 거두고 있음이 특징이다. 이 시는 제1연을 제외하고는 거의 통사구조 자체가 운을 이루는(cf. Davie 1955) 현상을 보이는데, 제1연은 음과 음절수의 두 차원에서 반복성이 강한 등시성等時性을 보이며, 종연은 각 행마다 독자적인 반복성을 질게 보인다. 그 밖의 2~7연은 거의 행간에 강한 병행관계를 가짐으로서 **통사적 운**을 이루어 소리의 교향을 아울러 누린다.

연	반복표현	시행
2연	천년을 ~ 던 ~ 이	(5)
	천년을 ~ 던 ~ 가	(6)
3연	~ 노나 (7) ~ 구나	(10)
	~ 같아야 할 ~ 가	(8)
	~ 울려야 할 ~ 이	(9)
4연	보라, 옥빛, 꼭두서니	(11)
	보라, 옥빛, 꼭두서니	(12)
5연	누이의 수틀을 보듯	(13)
	세상은 보자	(14)
	누이의	(15)
	누이의 수틀을 ~ 보듯	(16)
	세상을 보자	(17)
6연	ø	
7연	춤이야 어느 땐들 골라 못추랴	(20)
	~ 바에야	(21)
	춤이야 어느 ~ 땐들 골라 못추랴	(22)
8연	긴 머리 잦은머리	(23)
	울음으로도 춤으로도 참음으로도	(24)
	어루만지듯, 어루만지듯	(25)

8연은 각 행마다 자체안에 **병행구조**를 가지며 특히 23행은 4음절 어휘 4개가 어우러져('긴머리' 는 예외이나 '긴' 은 두 음절 시간에 해당될 수 있다), '일렁이는' 의 뜻과 함께 학이 춤추며 나는 율동을 청각 및 시각적으로 형상화 하고 있다.

그밖에 '춤—참음,' '꼭두서니—꽃,' '흩으다—날으다' 등은 소리와 뜻의 일치 · 대비가 두드러진다.

이 시 텍스트를 이루는 각 연의 문장주어와 술어동사를 가려 보면, 가리워진 (주어)들이 특히 시사하는 바 크다.

연	주어	술어동사
1	학	날은다
2	(학의) 눈, 날개	맞부딪노나
3	(나, 학의) 분노, 설움	흐르는구나
4	너	보라
	나	보자
5	(너와 나)	보자
6	ø	
7	(너와 나(학))	못추랴
8	(학(나)(영혼))	날은다

즉 학은 시인 자신이거나 시인이 이상으로 하는 대상(영혼)의 상징으로 나타난다.

4연의 '보라, 옥빛, 꼭두서니' 의 완전한 2회 반복은 간결한 도치법과 명령법, 접속조사의 생략과 아울러 강력한 깨우침, 경이로움, 설득의 융합을 꾀하고 있다: '옥빛(과) 꼭두서니(빛이 어우러져 있는 저 모습을)보라.' 같은 연에서 '~보듯/세상은 보자' 는 분명히 '세상은 ~보듯 보(도록하)자' 이며, 5연의 '~너머 세상은 보자' 도 '세상은 ~ 넘어 ~을 보듯 보(도록하)자' 다. 이는 '세상을' 이 아니라 '세상은' 임으로 목적어가 아닌 화제임이 분명하다.

7연의 중의성은 '골라' 의 목적어가 〈춤〉일 수도 있고 〈때〉 혹은 그 모두일 수도 있다는 점에 있다: {춤 / 때 / 춤과 때}을/를 골라 못추랴.

8연의 '다하지 못한 것이' 에서 '-이' 는 목적격과 주격의 중첩현상이다. 즉 '어루만지다' 의 목적어가 될 수도 있고, 그 주어도 될 수 있는 중의성을 지닌다. '어루만지듯' 의 목적어는 춤으로 풀지 못한 분노, 설움, 상처가 될 수도 있으나 또한 '저승결' 도 될 수 있지 않은가.

24행의 '저' 는 전제된 여러 정보를 표상화하니 다음과 같은 부피로 분석될 수 있을 것이다 :

저(만큼) :	양量
저(만치, 높이) :	거리, 공간
저(학이) :	주어의 지시
저(시름을)	목적어의 지시

'다 하지 못한' 역시 〈다 풀지 못한〉과 〈다 아물지 못한〉의 중첩이다.

이 시가 뼈대로 하는 것은 시 전체에 분포되어 있는 〈~히, ~듯, ~같이〉 등이 달린 **양태부사**들이다:

1연	고은 강물이 흐르듯
3	조용히 (청각적)
4, 5	수틀 속(꽃밭)을 보듯(시각적)
6	제사祭祀와 같이
8	어루만지듯(촉각적)

표면의 강한 병행구조를 이룬 음악적 요소로서 심층에 단단히 자리하고 있는 이들 다양한 양태부사들을 이 시의 실마리 어귀로 보아 무방할 듯하다. 즉 삶의 태도나 삶에의 접근방법을 시각, 청각 혹은 촉각에 호

소하는 양태 부사들을 통해 논하고 있다 하겠다.

각 연의 **동사와 종결어미**를 기준으로 다음과 같은 구분도 가능하다.

연	동사·종결어미	구분
1연	날은다	나는 모습의 묘사
2	맞부딪노나	한탄과 영탄의 대비
3	흐르는구나	
4	보라, ~보자	시각의 변화와 새로운 초점을 촉구하는 명령과 권고의 수행동사
5	~보자	
6	ø	감정, 의지, 가능성, 태도의 복합적 표출
7	골라 못추랴	
8	날은다	묘사와 표명의 중첩

어휘적 결속구조lexical cohesion는 '동일성 속의 상위성' 대 '상위성 속에서의 동일성' 을 감지케 하는 기호성이 있으며, 이는 동일어의 반복작용, 동의·반의어적 변양작용, 그리고 어결합collocation 등으로 이루어진다.

千年(1, 5), 또한번(7)	(영원과 순간)
千年(1, 5), 천애天涯	(극대의 시간과 공간의 대비)
시름(1), 울음(9, 18, 24), 설움(9), 분노(8), 분노海溢(18)	(부정적 감정의 패러다임)
고은(1) 물살없이(21)	(정태성)
흐르듯(3) 흐르는구나(10) 날은다(4, 26)	(유체성과 비상의 대비)
강물이 흐르듯(3) 울음은 海溢(18)	(외적 양태와 내적 감정의 대비)
출렁이는 물살(2) 일렁이는 구름(23)	(세파의 동의어)
눈(3) 날개(6)	(생명의 도구들)
파닥거리던(6) 맞부딪노나(7)	(격동적 반응, 반항)
千年, 天涯, 산덩어리, 초목	(불가항력적 대상: 자연)

조용히(10) 물살없이(2) 멍멍히(21) 잦은목(21) 묻을(21) 춤(20, 22, 24)	(침묵 속에서)
출렁이는(2) 파닥거리던(6) 일렁이는(23)	(거역, 반항의 리듬)
어루만지듯, 어루만지듯(25)	(제어의 리듬)
옥빛, 꼭두서니(11, 12)	(〈누님〉과 대비해서 더욱 애띄고 가까운 거리의 누나)
누이의 수틀(13, 16) 누이의 어깨 너머(15)	(에띄고 순수한 누이의 꿈을 (통해) 보듯)
보라(11, 12) 보자(14, 17)	(시인의 요정, 시인의 시각)
울음은 海溢(18) 아니면 크나큰 祭祀와 같이(19)	(크기의 강조와 자연의 격동 대최대의 자기통어를 갖춘 의식)
춤(20, 22, 24) 祭祀(19) 참음(24)	(고도의 제어 · 긴장 · 인내)
~땐들 ~하랴(20, 22), ~이야(20, 22) 바에야(121) 어느땐들(20), 어느 술참 땐들(22)	(추정 · 양보 · 용인의 태도)
춤, 일렁이는, 어루만지듯, 날은다	(춤의 형식: 반복성)
祭祀같이(19) 울음, 참음	(춤의 내용)
저승곁(26) 일렁이는 구름속을(23)	(날음의 공간: 이승과 저승사이, 이 세상에서 떨어진 영혼의 영역)
긴머리 잦은머리 일렁이는(23) 어루만지듯, 어루만지듯(25)	(장단, 시간, 박자의 율격, 날개짓의 표상화)
강물이 흐르듯(3) 구름속을(23) 저승곁을 날은다(26)	(땅과 하늘의 대비)

텍스트의 어결합 관계collocation에서 추출되는 거시적 상관속들은 결론적으로 다음과 같이 정리될 수 있을 것이다:

삶의 통한 : 맺힌 시름, 파닥거리다, 맞부딪노라, 분노, 설움, 울음, 海溢
참음 · 제어: 물살 없이, 고은 강물, 조용히, 祭祀같이, 춤, 골라, 멍멍히,

잦은 목, 죽지에 묻어, 참음
율동 · 가락: 출렁이는 골라추는 춤, 긴머리 잦은머리, 일렁이는, 어루만지듯 어루만지듯
정신적 비상: 날개, 날은다, 흐르다, ~듯보자, 구름속, 저승곁

또한 다음과 같은 두 현실 세계의 대비를 가려볼 수도 있다:

지상의 현실	승화된(초월적) 현실
강(3)	학(시제, 4)
출렁이는 물살(2)	일렁이는 구름속(23)
세상(14, 18)	수틀속 꽃밭(16)
산덩어리, 초목(8, 9)	天涯(8)
또한번	千年(1, 5, 6)
설움(9), 분노(8), 울음(18, 24)	祭祀(19)
海溢(18)	춤(20, 22, 24)
파닥거리던(6)	조용히(8)
맞부딪노나(7)	어루만지듯, 어루만지듯(25)
흐르는구나(3, 10)	흐르듯, 날은다(3, 4)
(비 시적)	누이의 어깨 너머(15)
(마 구)	골라(20, 22)
(이승)	저승곁(26)
(인간의) 춤(20)	(학의) 춤(21, 22)

4.2. 〈鶴〉의 총상적 의미구조

1, 2연	千年 맺힌 설움 千年을 (내다)보던 눈 千年을 파닥거리던 날개	유구한 세월과 장수의 학으로 표상화된 영원성
	또 한번 天涯에 맞부딪노나	반복되는 순간적 현실과 좌절의 싸이클

3, 4연　세상은(순수하고 애띤) 누이의 수틀 속의 꽃밭처럼(경이로운) 옥빛, 꼭두서니(의 선명한 대조를 보듯 아름답게, 신선하게, 거리를 두고, 객관화 해서) 누이(의 시각을 빌려)보자.

6연　울음은 海溢(과 같이 파도쳐 밀려오는 것) 아니면(내면의 주관적, 제어할 수 없는 힘으로 오나) 크나큰 祭祀와 같이(엄숙히 제어된 형태로, 즉 설움을 춤의 형태에 담아 아름답게 변용할 수 있는 것)

7연　크나큰 祭祀(에서 같이) 춤이야 어느땐들(때와 종류를) 골라 못추랴. (울음을 참아서 귀) 멍멍히(목메어) 잦은 목(청)을 (날개) 죽지에(파) 묻(고 춤을 추)을 바에야 얼마든지 춰 낼 수 있다.

8연　긴머리 잦은 머리(장단 · 박자소리의 청각적 표현) 일렁이는 구름 속(형태, 양태를 나타내는 시각적 표현)을 (一元化된, 승화된 공간에서) 저(만큼, 저만치, 저높이, 저 학이, 저 시름을) 다하지 못한(다 풀지 못한 혹은 다 아물지 못한 삶을) 어루만지듯(다칠세라 애정을 가지고, 약손으로 어루만지듯, 단순한 '흐르듯' 이 아닌 의지를 가지고, 이승에서 떨어져), 저승곁을 날은다.

총상적 심리모델mental model을 이루기 위해 담화의 화제topic를 실현시키는 지침들을 각 층위에서 정리해 보면 다음과 같다:

화제명제: 통한을 극복 · 승화시키는 것은 예술적 · 영적 삶의 양태에 있다.

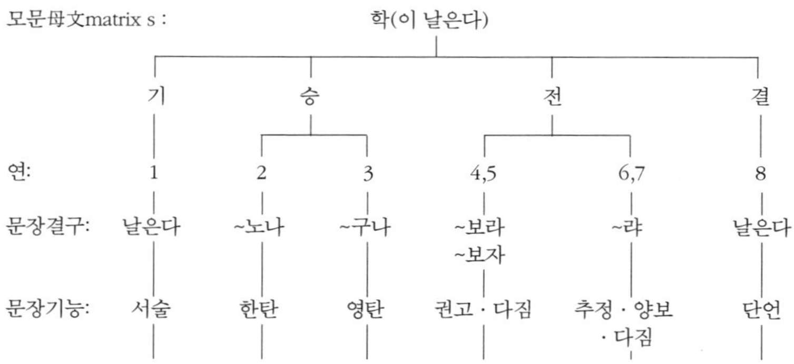

양태부사:	강물이 흐르듯(2)	ø	조용히 (16)	수틀속의 꽃밭을 보듯(13, 16)	크나큰 祭祀와 같이(19)	어루만지듯 (25)
형상화된: 주제	날으는 모습	삶의 통한	내적 극복	삶에 대한 예술적 시각	삶의 양식 : 예술가와 예술의 일치	영혼의 날개짓

삶의 통한과, 그 삶에 대한 소망어린 시각, 그리고 시인의 영혼의 날개짓이 시각적 청각적 이미지로 짜여 리듬을 타고 학으로 날은다. 땅 위, 물살없는 강물이 흘으듯, 하늘 속 일렁이는 구름속을 보일 듯 말 듯 학이 날은다. 땅과 하늘사이 수틀속 옥빛과 꼭두서니 꽃밭을 보듯, 세상은 작품으로, 누이처럼 애뜻이 아름답게 보자. 삶의 양식은, 밀려오는 울음을 잦게 하고 큰 祭祀의식의 춤을 추듯, 갈등이 제어된 예술적 모습으로 골라 살 수 있으리라. 춤은 춤추는 이와 하나가 된다. 참음과 가락으로 단단히 통어된 의식적儀式的 삶을 통해 시인과 시인의 삶의 일치를 보고자 한다. 이승에서 저멀리 떨어진 저승 곁을 고이 소리없이 수평으로 나는 학의 어진 모습이 시인의 영혼의 현주소일 것이다.

5. 맺는 말

문학텍스트는 이 세계에 대한 대체적 현실을 구축하는 모델이며, 삶에 대한 동의어다. 더욱 시 텍스트는 예시 〈鶴〉에서와 같이 한 마디나 한 모문母文matrix sentence으로 비롯돼, 이를 맴도는 메아리 형식으로 모든 요소들이 짜여져 들어간다. 이때 각 표현들은 새로운 또 다른 의미의 가능성을 항상 우리에게 의식시킬 수 있고, 따라서 여러 해석의 가능성을 배제할 수 없으니 〈鶴〉에 대한 위의 풀이는 엄밀한 의미에서 그 하나에 불과하다.

대체성의 원리는 결속구조 형식cohesion의 원리로 텍스트 구조에 담겨지는데, 즉 자연언어인 제1차 모델형성체계와 이에 중첩되는 문학 구성층인 제2차 모델형성체계라는 이중적 구조에서 발휘되는 바 메타언어적, 내적 커뮤니케이션 기능이 그 대체적 세계가 필요로 하는 바 내용 · 형식의 일치 및 그 상응관계를 표출시킨다.

문학 텍스트의 문제는 생성 시학에서처럼 어떻게 심층구조에서 표층구조로 유도하느냐가 아니라, 표층구조가 왜 그러한 모습을 띠었느냐가 문제된다. 시 텍스트에서 보이는 표현의 파격적 이탈현상은 흔히 생각되어 오듯이 문학 텍스트의 전제가 아닌 오히려 문학성의 증후로서, 이는 함부로 일어날 수 있는 변이현상이 아니라 여러 시각에서의 실재안實在眼이 하나의 기호체계로 스스로 재편성해 들어가야 하는 데서 비롯되는 필연적인 현상이다. 즉 여러 상이한 규칙 체계가 하나의 본문으로 실현되는 데서 오는, 여러 내적 체계와 하나의 본문이 갖는 갈등관계다. 따라서 작품에서의 체계와 본문의 관계는 자연언어에서와 같이 진위성이 개입되는 1대 1의 관계가 아니며, 여러 체계가 하나의 본문으로 실현됨으로서 진위성은 문제밖이 된다. 자연언어 차원에서는 하나의 오류가 되는 것이, 여러 체계가 중첩되어 하나의 텍스트로 실현되는 작품에서는 그 오류가 오히려 중요성을 지니는데, 이들이 보이는 갈등관계에서 각 체계의 실마리가 찾아지기 때문이다. 즉 A체계에서 중요한 것이 B체계에서는 체계외적이며, 또한 B체계에서 불가결한 요소가 A에 대해서는 체계외적이거나 이를 범하는 것으로 나타날 수 있다. 이와 같이 서로 갈등하는 여러 체계들이 하나의 텍스트로 실현됨으로써, 전체적으로 하나의 비젼을 표시 또는 제시하기에 이른다. 즉 하나의 새로운 실재를 탄생시킨다.

그런데, 텍스트 표층의 각 변이소들은 또한 직접적으로 상호관계가 있는 패턴으로 엮어져 들어간다. 그러므로 작품 텍스트는 외적 상황과의 관련 속에서, 하나의 독립된 의미체계이기 보다는 언제나 그 뜻이 열려 있는, 그래서 주어진 자연언어 자체의 의미체계보다는 항상 더 하거나 덜하게 되지 결코 같아질 수 없는 속성을 지닌다. 이러한 변증법적 의미과정은 텍스트과학의 주제이며, 이는 기호와 대상사이의 직접적 대결에 연유하는 것이 아니라 낡은 것과 새 것의 대결이요, 새로운 경험 텍스트와 주어진 기존 기호체계간의 대결이며, 둘 또는 그 이상의 기호 배열에서 오는 기호체계 내적 갈등이다.

이러한 의미에서 작품의 재독再讀이 갖는 기능은 매우 크다. 텍스트에 의해서 처음 구축되는 이미지 또는 일련의 이미지들은 읽기가 진행됨에 따라 후속되는 부분들이 그 방향을 설정해 주어 첫 이미지들이 더욱 풍부해지든지, 아니면 수정이 가해진다. 이와 같이 이미지의 구축과 수정작용이 이루어지는 한편 커뮤니케이션 상황의 성격도 서서히 확연해진다. 즉 이미지의 구축은 불확정적 단계에서 확정적 또는 안정적 단계로 옮겨가는데, 이때 두 가지 방향에서 상보적 노력이 전개된다. 즉 1) 국부적 오리엔테이션에서 전체의 파악으로, 그리고 2) 임시로 얻어진 전체 파악에서 세부적 이해가 재차 기해진다.

구체적으로 이는 어휘의 대비와 연결을 따라가는 제 기호의 확인 과정semiotic mode과 총상적 상관성의 패턴을 동시에 발견해가는 의미의 이해과정semantic mode의 전개다(cf. Benveniste 1983). 기호의 확인 과정은 제요소의 발견과 확인일 뿐이며 실제로 이는 모든 지시대상에서 단절된 세계다. 제단위요소들의 기호성의 단순한 확인을 넘어서는 전면적 메시지에 대한 이해는 기호가 아닌 담화층에서의 의미론적 과정에 속한다. 위 두 과정을 통해서 결국 우리는 재독할 때마다 새로운 인식,

새로운 통화 그리고 견고한 이미지 구축을 재가동시키게 된다(cf. de Beaugrande 1983: 95).

문학 텍스트는 그러므로 그 자체 하나의 변증법적 실재다. 이러한 변증법적, 변성적變成的 실재를 이루는 표현들이 어떻게 각 낱말의 의미론적, 형식적 연상관계에 종속되어 있는가를 관찰하는 것이 시학이다. 그러한 각 낱말의 연상관계들은 텍스트 각 부분에서 제어적 기능을 스스로 발휘하기도 하며 또는 그 제어를 받기도 하니, 텍스트안에 모든 요소들이 필연적으로 그 텍스트가 이루는 실재reality의 구성성분이 될 수 밖에 없다.

우리 의식속에 자리했던 사적私的, 개별적 경험의 의미들이 이렇게 해서 사회적 공통성을 지닌 보편적 의의로 언어를 통해 표출된다. 즉 언어 매재를 통해 우리의 사념들은 비로서 객관화 되고 대상화 되는 것이다. 이는 인간 특유의 표출과정이며 인간의 감정, 태도, 요청은 물론 그 모호성, 변성성, 정보, 그리고 우리의 실재의식마저 전달할 수 있다. 이때 언어는 뜻을 전달하는 단순한 독립된 매체가 아니라, 이세상의 복잡한 여러 정보망속에서 수신자를 재적응再適應시키는 기능을 가지며, 언어 기호의 다양한 병치와 합성으로 새로이 출현하는 의미와 그 새로운 평가로써 삶의 촉감을 새로이 해주는 다채로운 기능을 갖는다.

〈예시〉

鶴

서정주

1. 千年 맺힌 시름을 (1)
출렁이는 물살도 없이 (2)
고은 강물이 흐르듯 (3)
鶴이 날은다 (4)

2. 千年을 보던 눈이 (5)
千年을 파다거리던 날개가 (6)
또한번 天涯에 맞부딪노나 (7)

3. 山덩어리 같아야 할 忿怒가 (8)
草木도 울려야할 서름이 (9)
저리도 조용히 흐르는구나 (10)

4. 보라, 옥빛, 꼭두선이, (11)
보라, 옥빛, 꼭두선이, (12)
누이의 수틀을 보듯 (13)
세상은 보자 (14)

5. 누이의 어깨 넘어 (15)
누이의 繡틀속의 꽃밭을 보듯 (16)
세상은 보자 (17)

6. 울음은 海溢 (18)
아니면 크나큰 祭祀와 같이 (19)

7. 춤이야 어느땐들 골라 못추랴 (20)
   멍멍히 잦은 목을 제쪽지에 묻을바에야 (21)
   춤이야 어느 술참땐들 골라 못추랴 (22)

8. 긴 머리 자진머리 일렁이는 구름속을 (23)
   저, 울음으로도 춤으로도 참음으로도 다하지 못한 것이 (24)
   어루만지듯 어루만지듯 (25)
   저승곁을 날은다. (26)

(서정주 1983: 91)

7 시의 형상화 과정과 담화 분석*

1. 들어가기

시나 문학 텍스트를 다룸에 있어 언어학적 모델의 한계성은 누누히 지적되어 왔다. 그러나 언어학 자체의 범위와 체계가 확충되어 가면서 그 적용의 한계와 가능성이 변질되어 가고 있는 것이 사실이라면 더욱 확충돼 가고 있는 언어사용이론 또는 방법론으로서의 담화분석법을 적용하여 시에 내재하는 여러 현상들을 그 과정적 측면에서 포착 · 규명해 볼 수 있을 것이다.

우리가 담화나 텍스트를 생성하고 지각하는 것은 어떤 각별한 통일된 정보를 전달하고, 받아 들이고, 더욱 보존하기 위해서다. 그 특별한 통일된 정보라는 것은 우리의 사고가 뇌腦의 물질적, 생리적 구조와 불가분의 관계에 있듯이 텍스트(이하 담화를 포함함)의 구조적 기능적 특징과 떨어져 생각할 수 없다.

마치 생물학적 구조와 기능인 생명과 같은 텍스트의 정보는 관련상황 속에서 텍스트의 일정한 구조와 기능이 이를 전달할 수 있다는 사실이 중요하다.

어떤 하나의 시적 진술에서 낱말이 대치되거나 어순이 바뀌면 구조가 바뀌고, 각 요소간의 기능이 변화해서 정보의 양과 질이 달리 지각된다. 그러므로 한 텍스트의 내용을 이해하려면 이에 사용된 언어의 실질적 운용operation을 따져야 할 것이다.

커뮤니케이션의 운용단위인 '텍스트' 란, 시작과 끝이 있고 한정된 길이를 가지며 더욱 하나의 전체로서 이루는 '과정' 이며, 보다 넓은 틀의 맥락contextual framework에서 살아 숨쉬며 기능을 발휘한다.

또한 텍스트의 기능은 의사를 전달하는 데 있고 이는 하나의 화제나 화제명제를 중심으로 하는 구조체topical structure로서 문법적 범주 만으로는 결코 기술될 수 없는 논리적 연계성이 중요한 구조를 갖는다.

더욱 텍스트적 요소들의 선택 및 정렬整列은 텍스트가 하나의 전체로서 발휘코저 하는 커뮤니케이션 기능의 종류에 따라 다르므로 텍스트적 요소란 통사적 요소 이상의 것임은 말할 것도 없다. 하나의 문장이 발화를 위한 기획단위production planning unit라면 하나의 텍스트는 인지적 구성단위cognitive organization unit로서 여러 문장의 형식구조와 텍스트적 형식구조가 활발히 상호작용하는 장場일 뿐 아니라, 텍스트 구조와 여러 지식 · 신념 · 기대 체계가 상호작용하는 다이나믹한 의미 생성 현장이다.

본고는 이상과 같은 맥락에서 Yeats의 후기시 *Lapis Lazuli*에 내재하는 여러 텍스트적 요소들의 운용과 그 시적기능을 담화분석의 개념들을 가지고 분석 정리해 보고자 한다.

오랜 학문적, 문화예술적 전통을 이어오는 언어예술 텍스트를 다룸에 있어서, 그리고 시적 텍스트 안에서 벌어지는 언어적 현상들을 다룸에 있어서 우선 몇 가지 관련된 언어시학적 개념들을 밝혀둔다:

a. 일상어와 판이한 시어가 따로 있는 것이 아니라 다만 시가 있을 뿐이다(Jakobson 1960).

b. 언어학과 관련된 주변과학의 가장 큰 관심분야는 '언어의 창조적 사용' 문제로서, 그러한 창조적 사용에 있어 언어학적 창조와 문학적 창조는 상호중첩되는 매카니즘이다.

c. 개별언어의 구조는 그 사용자의 사고 뿐 아니라 상상력 형성과정에 심각히 작용한다(cf. Friedrick 1979).

d. 궁극적으로 언어는 동적動的, 과정적 흐름이다(Chafe 1979, Levy 1979).

e. 더욱 시는 언제나 형성과정에 있는 동적 과정적 구조체structure in progress로서 여러 체계들이 상호 작용하는 '체계의 유희' 다.

f. 시적 텍스트 안의 모든 말의 운용은 특정한 시적 실재를 구축하기 위한 일련의 지침들cues이며(cf. Johnson-Laird 1981),

g. 그러므로써 우리가 구별해야 할 것은 언어재료로 만들어진 바 what is made with language, 즉 텍스트와, 이들 언어재료가 스스로 성취한 바 what makes itself with language, 즉 시적 실재다.

아울러 밝혀야 할 것은 종래의 텍스트문법과 담화문법의 개념 혼동이다. 본고는 담화문법의 테두리 안에서 시적 언어사용을 다루려는 시도임으로 같은 운용단위인 텍스트를 다루고 있는 텍스트문법과의 관련성을 밝히는 것이 필요하다고 생각된다. 두 문법이 다같이 문장이 아닌 텍스트 · 담화를 단위로 한다는 점에서 근본적으로 동일하나 다음과 같은 몇 가지 점에서 차이를 보인다:

텍스트문법	담화문법
a. 모델 중심적	자료 중심적
b. 추상적 marco 텍스트 추출	시간속에서 일어난 구체적 담화 구조기술
c. 경험과학적으로 타당한 텍스트 문법 형성이 목적	담화구조에 대한 관찰 및 기술이 목적
d. 텍스트 언어학의 설정postulation을 위한 작업	담화내용의 제시를 위한 작업
e. 글〈−spoken〉	말과 글〈±spoken〉
f. 심층에서 표층으로의 유도	의미해석이 본령
g. 텍스트 구성 능력의 문제	언어사용의 문제
h. 문장문법에 대한 개혁	문장문법에 대한 보완이며 간섭이 없다.

(cf. Sandulescu 1978)

2. 시적 담화의 언어학적 특질

하나의 발화를 위해서는 실로 여러 체계가 동원된다. 일반 텍스트에서 상호작용하는 체계(상념의 체계, 화자의 사고과정의 체계, 화자가 사용하는 언어체계, 관련상황의 체계(Levy 1979))에 더하여 문학 텍스트에서는 문학전통적 기법의 체계가 개입되며 더욱 시적 텍스트에서는 위의 여러 체계에 대하여 의도적인 수정을 가하는 것이 필수적이다. 즉 각 체계의 상호작용 속에 비체계적 통로를 마련해서 하나의 새로운 대체적 실재세계代替的 實在世界를 구축하려 함으로 이는 표현의 수정이 아닌 체계의 수정으로 이루어지는 세계다.

작품의 효과는 각 체계수정에 기울여진 노력과 그렇게 해서 얻어진 풍부한 통찰력 사이에 잡혀지는 균형에 달렸다고 하겠다: 아이디어의 체계는 상상력의 작용으로 확충되고(예시 *Lapis Lazuli* 제2연의 경우), 화자의 사고과정의 체계는 비논리적, 창조적 탄력성을 보일 수 있으며(예시 제5연), 언어체계의 수정은 일반규칙을 어김으로서, 혹은 규칙에서 해방됨으로써 문법적, 의미적 일탈逸脫이나 부각작용浮刻作用을 기할 수 있고, 관련상황의 체계는 공간적, 시간적, 사회적 맥락을 종횡으로 변화 · 수정해 나갈 수 있는 것이 시의 특질이다. 문학의 전통적 기법의 체계 역시 그 변이變異로서 더욱 단단한 긴장을 도입할 수 있으며, 이렇게 해서 공 들여 해득해야 할 체계가 여럿인 텍스트일수록 그 표출되는 의미가 특징적이라 하겠다. 그런데 이들 여러 체계들이 하나의 텍스트로 올이 짜여져 들어갈 때는 결코 자동적이 아닌 갈등과 긴장과 싸움의 관계로서 텍스트성을 이룩한다. 즉 좌절, 기대감, 놀라움을 경험케 하면서 새로운 시적 실재가 구축되는 것이다.

언어체계적 변이 또는 수정과 관련된 여러 현상들을 살펴보자.

2.1 협동의 원리와 구축의 원리

일반적인 의사전달이 담화의 목적일 때는 화용론적 개념인 Grice(1975)의 협동원리cooperative principle의 개입이 타당하다. 그러나 시적 텍스트의 목적은 의사전달이 아닌 새로운 시적 현실의 구축 또는 제시에 있으므로 정상적 통화에서 필요한 협동원리를 오히려 어겨야 할 뿐 아니라 새로운 구축의 원리constructional principles가 작동하게 된다.

협동의 원리를 이루는 격률maxims 중에서 질quality의 문제는 시 텍스트에서 그 진위성이 무관해지고, 적정량quantity의 문제는 필수적으로 적정 이상의 정보가 증대되어야 하며(시는 기존의 표현들로 이룰 수 없는 새로운 실재의 구축이나 제시가 목적이므로), 유관성relation의 문제 역시 원래 무관한 것들 사이에 의미심장한 유관성을 새로이 보여야 하고, 애매성 · 모호성을 배제하려는 방법manner의 문제에 있어서도 오히려 모호성이 의도적으로 도입된다.

여러 체계들이 각기 자체의 구조적 법칙 또는 수정법칙에 따라 텍스트를 실현케 되는데, 이때 체계들이 서로 밀도의 차이를 보이면서 새로운 기호체계의 패러다임을 생성시키고 이로써 새로운 시적 실재의 실현을 촉구한다.

각 체계의 구조적 원칙에 수정이 가해지면 규칙적 패턴에 대한 일상적 기대가 좌절되고, 이러한 예측을 불허하는 상황에서 정보가 증대된다. 텍스트의 각 부분사이에 갈등과 문제성이 야기될 때는 지식 · 신념의 변이작용이 허용되고, 상대적으로 '발생 가능성'의 문제와 관련하여 정보의 증대가 기해진다. 한편, 자동적이며 확연한 일상적 연상작용이 방해를 받음으로써 사고의 변이성 · 탄력성이 도입되고 그렇게 함으로써 고정적이던 지식과 관념의 경계들이 서서히 확장된다고 하겠다.

그러므로 시적표현의 구성요소간에는 상호 타협이 가능한 차원이 마련되고 이러한 차원에 대한 통찰력을 줄 수 있는 것이 바로 언어의 시적 기능이다. 즉, 등가等價의 원리가 텍스트를 이루는 두 축, 즉 선택의 축에서 결합의 축으로 투사될 때(Jakobson 1960) 동일한 패러다임의 성원成員들이 인접하는 요소로서 배열을 이루는 것이며, 즉 이때 시적표현들 간에 상호타협이 가능해진다. 한편 이를 수용적 측면에서 보면(Posner 1982: 176) 반대로 인접의 원리가 결합의 축에서 선택의 축으로 투사되면서 새로운 의미의 패러다임이 서서히 구축되고 따라서 새로운 시적 현실이 구축/이해된다고 볼 수 있다(본고 제3장 참조).

De Beaugrande(1980: 107)는 시적 텍스트의 정보성을 3차적 정보성 단계라 규정하고 있다. 새로운 정보가 전혀 없는 1차 정보성 단계의 텍스트는 실제 커뮤니케이션의 대상이 아니며, 일반적 텍스트가 2차 정보성 단계에서 이해의 지속을 꾀하고 있다면, 문학텍스트, 특히 시텍스트는 각 요소간의 연계성이 희박하고 전형성이 배제되며, 흔히 텍스트의 잉여성이 감소됨으로써 많은 문제성이 야기되고, 그럼으로써 3차 단계의 정보성 증대 또는 격상을 가져온다. 정보성의 증대는 이때 오히려 norm을 이루고, 이를 조금씩 완화하려는 노력이 간간히 보임으로써 비예측적인 문학텍스트의 해득을 돕게 된다.

가령 예시 W. B. Yeats의 *Lapis Lazuli*(부록 참조) 제1연은 시의 도입부로서, 그리고 제4연은 상상세계로 들어가는 전환 및 준비과정이기 때문에 두 연이 다같이 평범한 어순, 자연스런 낱말들로 이루어져 비예측성이 거의 없는 데 비해, 제2, 3연은 다음과 같은 구조적 문제성 · 복합성을 띰으로써 높은 차원의 정보성을 도입한다:

제2연 어순의 도치(13, 14, 18)
독립분사 구문(17, 19, 20)
조건문: 주어 · 동사 간의 격리와 긴 삽입구(12~15)

제3연 주어 · 동사 간의 격리(29~32)
다중내포문multiple embedding(29~32):

29. $[_1$ No handiwork of Callimachus,

30. $[_2$ Who $[_3$ handled marble $[_4$ as it were bronze, $]_4]_3$

31. Made draperies $[_{3'}$ that seemed to rise

32. $[_{4'}$ when sea-wind swept the corner $]_{4'}]_{3'}]_2$ stands; $]_1$

2.2 화제구조와 화제의 심화작용

시는 화제가 심화되는 구조체다. 시에서 각 연은 다음 표에서와 같이 의미적 정점을 이루는 P(eak)와 이에 의미적으로 종속된 N(on) P(eak)로 이루어지며 이들은 각 연 안에서 다양하게 장을 바꿔가며 화제명사나 화제명제 또는 화제의 틀(Brown & Yule 1983: 75)을 여러 시각에서 심화시킨다(cf. Hinds 1975). *Lapis Lazuli*에서 보이는 화제의 심화과정은 다음 표와 같다:

a) 화제명제 : 비극적 환희의 발견 (비극의 극복과 환희로의 전이)

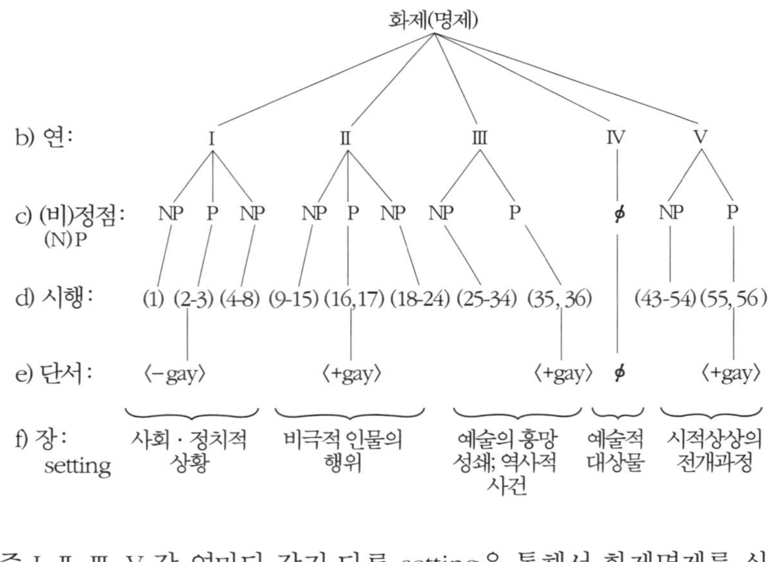

즉 I, II, III, V 각 연마다 각기 다른 setting을 통해서 화제명제를 심화시켜 가는 것을 볼 수 있다. 단 제 IV연은 예술품(사물)을 통해서 상상의 세계로의 전환을 기하기 위한 lapis lazuli 천람석天藍石 제작품의 단순한 관찰기록이다.

화제와 시제詩題, 그리고 텍스트 의미와 표현 사이에 다양한 유추관계가 성립되면서 새로운 실재세계 즉, 비극적 환희tragic joy를 구축해 간다.

2.3 시행과 주제구조

인지작용의 시발점을 이루는 주제theme는 각 문장의 첫머리에 해당되며 이는 이미 주어진 구정보given information로써 정보성이 가장 적은 부분에 해당된다. 그러나 시행에 있어 주제화 작용이 일반문장에서 일어나는 것과는 다른 차원에서 매우 중요하다. 시에 있어서 시행이 바뀔 때마다 흔히 대문자로 시작되는 첫 요소가 주제화 됨으로써 시행마다 인지작용의 새로운 시발이 모색된다. 한 문장에서 하나의 주제가 시발점이 되는 것이 아니라 시에서는 시행이 바뀔 때마다 시발점이 새로와지면서 새로운 주제theme, 새로운 촛점focus이 늘어나고 따라서 새롭게 정보성이 증대될 수밖에 없다. 제I연에서 새롭게 태어난 주제들은 다음과 같다.

I　1 *I* have heard that hysterical women say
　2 *They* are sick of the palette and fiddle-bow,
　3 *Of* poets that are always gay,
　4 *For* everybody knows or else should know,
　5 *That* if nothing drastic is done,
　6 *Aeroplane and Zepplin* will come out
　7 *Pitch* like King Billy bomb-balls in
　8 *Until* the town lie beaten flat.

가령 일반적으로 문장 주제는 제1연에서 I 하나일 뿐이다(I 1.). 그러나 시행마다 주제화된 시발점이 늘어, 한 문장일 뿐인 제1연에서 8개의 시발점 주제들을 누릴 수 있다. 이와 같이 새로운 주제가 늘어나면서 강세가 있는 촛점도 또한 많아진다. 다양한 촛점이 다양한 각도에서 힘과 빛을 발하는데, 특히 제V연에서는 동사의 주제화가 두드러지며, 상상속의 Lapis Lazuli 문양의 생동화 과정animation이 언어로 형상화된다:

	주제화된 동사	**촛점을 이루는 동사**
V	##Seems(45)	…snows(46)
	##Sweetens(48)	…climb(49)
	##Delight(50)	…imagine, seated(50)
		…stare(52)
		…play(54)
		…are gay(56)
	(내적 생동화 과정)	(외적 생동화 과정)

즉, 위 seems, sweetens, delight 등의 동사가 새로운 시발점으로 주제화 되어 시행의 첫머리를 차지하고, 다른 여러 동사들이 촛점으로 등장하면서 점차로 상상이 전개되어 정적靜的인 한 조각품의 세계가 생동화하는 과정을 언어적으로 표출하고 있다.

그밖에 *Lapis Lazuli*에서 찾아볼 수 있는 주제화된 부사절은 There(10), On their own feet(25), Over them(39), There(51), On all the tragic scene(52) 등이 있어 뒤따라오는 주제를 의미적으로 부각시켜 소위 전달 추진력Communicative Dynamism(Daneš 1974)을 기하는 데 쓰이고 있다.

2.4 삽화어의 기능

시적 담화의 강력한 구성소로서 이미 화석화化石化된 불변의 체계를 시에 도입하는 삽화어들episodic words이 있다. 이들은 텍스트의 정보를 크게 증대시킬 뿐 아니라 상호텍스트성의 제문제를 들여 온다. 어떤 역사적 사실이 언급되든 또는 어떤 사건·장소·인물의 언급이든, 이미 하나의 체계로서 존재해 온 이들 에피소드어들은 각기 또 하나의 텍스트 혹은 공동의 경험세계를 본문에 도입함으로써 본문 텍스트 안에서 이들 에피소드 텍스트들이 살아 숨쉬게 하며, 텍스트 상호간의 연결망이라는 새로운 자질을 자아내면서 더욱 복잡하고 정교한 텍스트적 의미를 생성하기에 이른다.

가령 예시에서 histerical women(Yeats의 애인 Maude Conne 외)이나 King Billy(King William에 관한 에피소드), Shakespeare 작품(*King Lear, Hamlet*), weeping women(Yeats가 본 작품을 쓸 무렵 있었던 사건과 관련된), Callimachus(5BC 희랍조각가), Chinamen carved(동양화법과 그 구도에 의한), 그리고 한편 Keats의 *The Ode to a Grecian Urn*에 대한 연상 등, 기존의 공동경험 텍스트들이 본문에 끌어들이는 새로운 의미와 시각은 은유, 환유 등 문학텍스트 구성층에서 활발한 구성소가 되며, 긴장과 의미의 부피를 더해준다.

2.5 텍스트성과 결속구조Cohesion

모든 텍스트의 구성원리로 작용하는 7가지 기준들이 있고, 이들이 곧 한 텍스트의 텍스트성textuality을 가늠하게 된다: 결속구조, 결속성, 의도성, 수용성, 상황성, 정보성, 상호텍스트성(Beaugrande & Dressler 1981). 이 가운데 특히 텍스트의 표층구조적 특질을 성취케 하는 다음 몇 가지 원칙들을 지적할 수 있겠다:

a. 표층적 요소간의 접속을 가짐으로써(결속구조) 내용의 통일성과 지속성을(결속성) 꾀하게 되는데
b. 이미 활용된 내용을 재차 사용하는 경제적 원칙(대명사화, 대동사화), 그리고

c. 정보성을 고려하기 위해 표층의 반복작용과 변양작용의 균형을 잡고,
d. 어떤 요소가 이미 주어진 정보체인가, 특출하게 부각된 것인가, 아니면 동일한 것인가를 알리고 가려내는 신호인 기능적 문장구성법 Functional Sentence Perspective, 그리고
e. 간결성을 기하기 위해 관련상황context과 문맥cotext에서 복원 가능한 것을 생략하는 원칙 등이다.

위는 텍스트의 결속구조cohesion로 요약될 수 있고 곧 텍스트요소들의 반복작용, 지시작용, 대치 · 생략작용, 연접작용 등으로 실현된다. 예시 *Lapis Lazuli*에서 위의 여러 작용들을 살펴보자.

2.5.1 반복작용

예시에서는 특히 화제 내용의 정점을 이루는 'gay' 가 IV연을 제외한 각 연마다 반복되고 있음이 특기할 만하다(3, 16, 36, 56).

시제 *Lapis Lazuli* [lapis lazuli]에서는 첫음절 [la-]의 반복에 더하여 모음 [a-i]와 그 변양적 반복인 [a-u-i]가 반복성을 보인다.

통사적 반복은 다음과 같이 시 전체를 통해 현저한 패턴을 보인다:

a. There *struts* Hamlet (완전동사)
There *is* Lear (BE동사)
That'*s* Ophelia (BE의 축약)
That Cordelia (동사생략) (10~11)
이는 표현의 간략화와 의미의 일반화가 엿보이는 반복작용이다.

b. 생략의 반복:
aimed at ϕ, found ϕ and lost ϕ; (18)

c. 압축된 명사절 속에 강한 동사성을 성취시키는 명사절의 반복:
Black out; (NP_1) Heaven blazing into the head; (NP_2) Tragedy wrought to its uttermost. (NP_3) (19~20)

d. 동일한 구문의 변이형태의 반복:

No……stands (29-32)

……stood but a day (34)

e. 동격구문의 반복

…… a long-legged *A symbol of longevity* (40)

The third, *doubtless a serving man* (41)

f. 이접 접속사 'or' 의 반복 (44, 45, 46, 47)

2.5.2 지시작용

한정성definiteness을 위한 표현을 살펴보면 다음과 같이 부정성不定性indefiniteness이 뚜렷이 강조되고 있음을 알 수 있다.

- 관사의 생략: 시제詩題를 위시해 10회
  Lapis Lazuli, aeroplane, zeppline, marble, bronge, seawind, lofty slope, plum, cherry branch, 기타 복수 명사 등
- 부정관사 'a/an' 사용 10여회
- 부정한정사 everybody, every, all 등 사용 15회

이는 상상적, 가상적 세계를 표출하기 위해서이며 the third, the sky, the mountain 등 불가피하게 사용된 정관사가 9회 거듭됐을 뿐이다.

또한 여러 가지 명칭으로 불리우되 결국 동일한 대상을 지시하는 주제화된 지시대상들thematic referents을 다음과 같이 가려볼 수 있다. 그들이 때로 대명사화 되거나 여러 각도에서 상이한 명칭으로 언급되는 것은 마침내 그들이 하나의 패러다임에 속하는 지시대상으로서 텍스트의 중요한 맥락을 이루기 때문이다.

	표현	주제화 된 지시대상
I	histerical women everybody	대중(비예술적)
	aeroplane, zeppline King Billy, Bomb-balls	가공스러운 무기, 폭력
	pallete, fiddle bow, poets	다양한 예술형태
II	Hamlet, Lear, Ophelia, Cordelia, all Their, they	비극의 주인공들 (인생과 무대에서)
	tragedy it	비극
III	on feet, on shipboard camel back, old civilization They, their wisdom	인류 역사, 문명
	handiwork, marble, bronze chimney, stem, draperies all things those who	예술과 예술가들
IV	ϕ	
V	seems, sweetens, snows, climb, delight to imagine, asks, begin to play, are gay	다양한 동사의 순차적 등장으로 완성되어 가는 상상속의 생동화 과정

2.5.3 대치 및 생략작용

주로 제II연에서 생략현상이 두드러지는데(13, 14, 17, 19행 동사들과 18행의 목적어들), 특히 목적어의 생략은 a. 각기 상이한 것의 생략일 수도 있고 b. 동일한 목적어의 생략으로 볼 수 있는 모호성을 누린다.

a. aimed at ϕ_1, found ϕ_2 and lost ϕ_3 (18)

b. $\left.\begin{array}{l}\text{aimed at}\\ \text{found}\\ \text{lost}\end{array}\right\}\phi$ (18′)

생략작용에서 각 결항 ϕ은 결합의 축에서 추출되어 선택의 축으로 새로이 구축되는 어떤 패러다임이 될 수도 있고 아니면 모두의 공동 경험세계나 지식에서 추정될 수 있는 것으로 수용자가 각기 이를 메꾸어야 할 요소다.

2.5.4 연접작용

특히 시텍스트에서 연접작용은 음재적陰在的covert이며, 수용과정에서 의미를 일관성 있게 이어나가는 노력이 각별이 요구된다. 그러나 예시에서 보이는 두드러진 현상은 **이접접속사** 'or'의 **반복**으로(44, 45, 46, 47행) 자유로운 상상의 유희를 보는 듯 사유의 거리낌 없는 무애無碍의 경지가 표출되고 있다.

V
Every discoloration of the stone,
Every accidental crack *or* dent,
Seems a water-course *or* an avalanche,
Or, lofty slope when it still snows
Though doubtless plum *or* cherry-branch

종속적 연접작용으로는 예시의 II, III연에서 주어와 동사가 멀리 격리된 그 사이에 길게 중첩된 종속절이 삽입됨을 볼 수 있는데, 12~15행의 경우는 "아무리 해도"와 같은 부정적 의미가 강조되며, 29~32행은 마치 예술품에 영원성이 존재하는 듯하나 종국에서 파멸을 면치 못함을 통사적(다중내포문)으로 형상화한다고 볼 수 있다.

2.5.5 병행구문

시텍스트의 주문적呪文的 성격과 긴장감, 긴박감을 몰고 오기 위해 또는 음악성, 강조성, 기억을 돕기 위해, 또는 등가의 원리로 병치된 두 표현의 유사성과 대조성을 감상케 하기 위해 병행구문parallelism이 활용된다. 이는 동일한 어휘들의 기계적 반복이 아니라 반드시 항소恒素와 변이소가 갖추어져야 하는 음운, 어휘, 문법, 의미 모든 층에서의 병행적 선택을 의미한다. 예시에서 (on)NP의 병행구문들을 살펴보면 다음과 같다:

On…feet…on shipboard,
(On) Camel back, (on) horse-back, (on) ass-back, (on) mule-back
(25~26)

위와 같이 (on)NP구문이 병행적으로 반복됨으로써 시간적, 공간적, 지역적, 시대적, 또는 종교적 범주를 달리하는 여러 문명상文明像들이 언급되고 각양 각색의 종류와 방법으로 이룩된 문명의 대열이 마치 시간속을 지나가는듯한 이미지를 표출해 낸다.

2.5.6 표현의 변양작용變樣作用과 상관속

텍스트성을 효과적으로 자아내는 또 하나의 척도는 표현의 변양작용이다. 이들은 등가성보다는 오히려 비교와 대비성의 저울질로서 상위성 · 이질성 속에서 등가성 · 동질성 · 동일성을 제시하거나, 아니면 등가성 · 동질성 · 동일성 속에서 상위성 · 이질성을 엿보인다.

이들 포현들은 거시적 상관속들macro-sets을 이루면서 더욱 효과적으로 텍스트성에 관여한다.

tragedy(20), tragic(9, 52), gay(3, 15, 36, 56), gaiety(17)

pallete and fiddle bow(2) poets(3)

know, should know(4)

aeroplane, Zeppline(2), King Billy(7), bomb-balls(7)

Hamlet, Lear(6) Ophelia, Cordelia(11)

aimd at, found, lost(18)

rambles, rages(21)

an inch(거리), an ounce(무개) (24)

on feet, on shipboard(25) ~back(26)

Camel, horse, ass, mule(26)

marble, bronze(30)

Chimney, the stem(33)

fall, build(35)

Chinamen(37), a serving man(41)

two, third(37)

long-legged(39), longevity(40)

discoloration(43), crack, dent(44)

seems(45), doubless(41, 47)

plum, cherry(47)

delight, imagine(50)

mountain, sky(51)

eyes, wrinkles(56)

climb(49), seated(50), stare(52), asks(53), play(54) (동작동사)

everybody, every(4, 43, 44), all(9, 17, 18, 22, 35, 52) one(53), they' s their' s (부정한정사)

위와 관련해서 인접의 축에서 가려낼 수 있는 상징의 패러다임들은 다음과 같다:

a. 1) 비예술적 { 인물 histerical women, King Billy
사물 aeroplane, zeppline, bomb-balls }

2)예술적 { 인물 I, poets, accomplished fingers, Hamlet, Lear, Ophelia, Cordelia, Callimachus
작품 Lapis Lazuli, handiwork, the pallete, fiddle bow, play, music, melodies, lamp-chimney, draperies

b. 1) 비극적 요소들 tragic play, to weep, lost, tragedy, rambles, rages, It(24), tragic scens, mournful, many wrinkles

2) 죽음과 파괴적 요소들 beaten flat, last scene, curtain about to drop, black cut, drop-scenes drop (주로 II)
put to the sword, went to crack, No stands, stood but a day (III)

3) 悅樂의 요소들 gay, gaiety, delight, heaven, melodies, sweetens, glittering eyes, longevity, long-legged bird, accomplished fingers

c. tragic gaiety (ancient, glittering) eyes (a)mid many wrinkles

이상과 같은 표현의 반복, 대치, 생략, 지시, 연접, 표현의 변양작용 등, 소위 유표적 구문marked structures에서는 지시적 의미가 아닌 내포적 의미 또는 대체적 의미가 중요하며, 이들 모든 결속구조cohesion가 시인의 의도를 실현시키기 위한 지침指針으로 작용한다.

2.6 결속성coherence

*Lapis Lazuli*는 각 연간의 관련성이 비교적 적은 다섯 연이 어울려서 하나의 시적 통합체를 이룬다. 따라서 독자는 자율적으로 의미의 일관성을 스스로 기해야 하는데, 가령 다음과 같은 네 유형의 결속체를 가려볼 수도 있고 이를 바탕으로 또한 네 유형 모두가 다같이 교향하는 통합적 의미의 발산 즉 새로운 또 하나의 시적 현실을 구축할 수도 있다.

a.

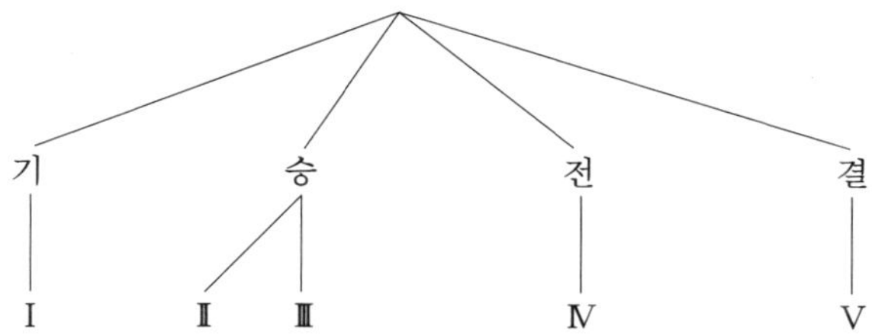
기
승
전
결
Ⅰ
Ⅱ
Ⅲ
Ⅳ
Ⅴ

b.

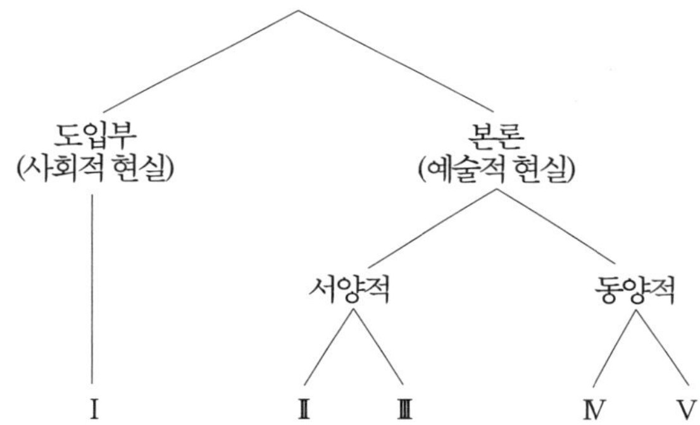
도입부
(사회적 현실)
본론
(예술적 현실)
서양적
동양적
Ⅰ
Ⅱ
Ⅲ
Ⅳ
Ⅴ

c.

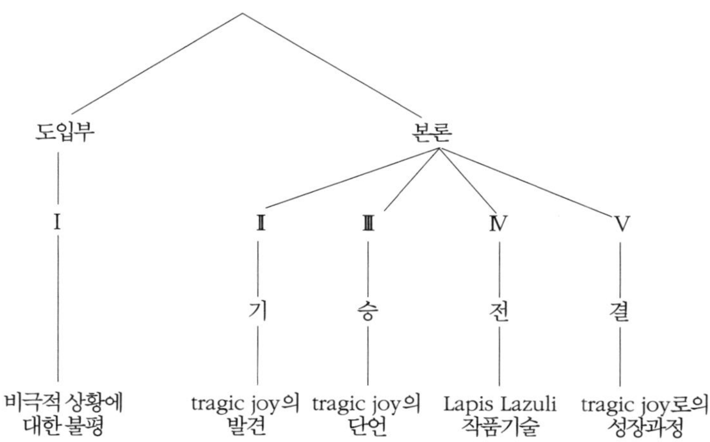
도입부
본론
Ⅰ
Ⅱ
Ⅲ
Ⅳ
Ⅴ
기
승
전
결
비극적 상황에 대한 불평
tragic joy의 발견
tragic joy의 단언
Lapis Lazuli 작품기술
tragic joy로의 성장과정

d.

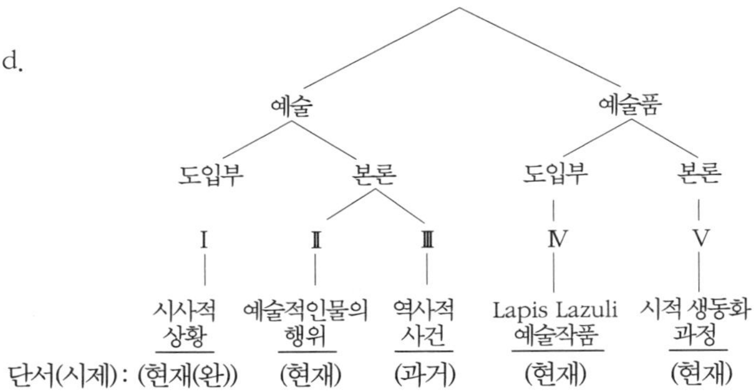

시는 교차되는 여러 시각을 통해 텍스트성의 부피를 더할 수 있다. *Lapis Lazuli*는 동양과 서양, 예술과 비예술, 현실과 상상이라는 대립항을 통해 일관성 있게 다양한 시각을 안으로 대비시킨다. 이 시에서 대립상을 크게 보이는 국면은 비극에 접하는 동서양적 태도의 대비로도 볼 수 있다. 서양은 동적인 무대예술을 배경으로, 그리고 동양은 단단한 돌로 만들어진 조각의 세계를 배경으로 그 정적 분위기를 표출해 보이면서 비극의 극복과 환희의 재발견을 언어로 표출한다. 제Ⅱ연과 Ⅳ, Ⅴ연을 통해 그 대비상을 추려 보면 다음과 같다.

Ⅱ	Ⅳ · Ⅴ
a. 서양	동양
b. 무대 위	자연 속(작품에 새겨진)
c. 갈등과 절망의 상징인 Shakespeare 인물들	평온과 무애無碍지경의 현자賢者들 수도승과 제자
d. 독락獨樂의 장	3인 공동의 화락和樂의 장
e. 막이 내리는 종말	학의 비상
f. 요절의 주인공들	장수하는 노인
g. 분노하며 장황히 지껄이는 인간	슬픈 멜로디만 있는 무언의 장

h. 섬광처럼 떠오르는 인식과　　　유유히 밝아오는 희열의 눈빛
영웅적 외침

3. 기표記標의 의미 창조 기능

시는 외계에 대한 지시기능을 위주로 하는 기호의 집합이 아니라 심상心象으로 이루어지는 텍스트로서 이들 심상은 동시에 여러 의미를 떠올리게 하는데, 각 어휘 사이의 관계가 그들 기표 자체들의 지시관계 만큼의 세계를 구축한다. 마치 우주 공간에 떠 있는 지구가 태양계 속을 회전케 하는 어떤 동력에 의해 자전하고 있듯이 이미지들은, 선택의 축과 결합의 축에서(Jakobson 1960), 외계에 대한 지시기능이 결한 언어에 담겨 상징적 긴장성을 띠고 떠 있다고 말할 수 있다. 이때 날말의 지시기능은 무無로 돌아갈 만큼 희석되는데, 즉 각 어휘의 표상기능이 없어지고 선택과 결합의 관계속에서 즉 기표 자체들이 새로운 기의를 '창조' 하기에 이른다.

예시 19행에서 지시적 의미는 없어지고 마치 사고思考의 고동만이 들리는 듯 하다. 아니면 섬광과 같은 번득임 속에서 사상, 이미지, 기억, 상념들이 아무 지시기능 없이 불연속으로 일어나는 경험을 갖게 한다:

	Bláck	óut;	Héaven	blázing	into	the	héad:
음절수	1	1	2	2	2	1	1
등가적 요소	[blǽk	áut	hɛ́vn̩	bléiziŋ	intə	ðə	hɛ́d]

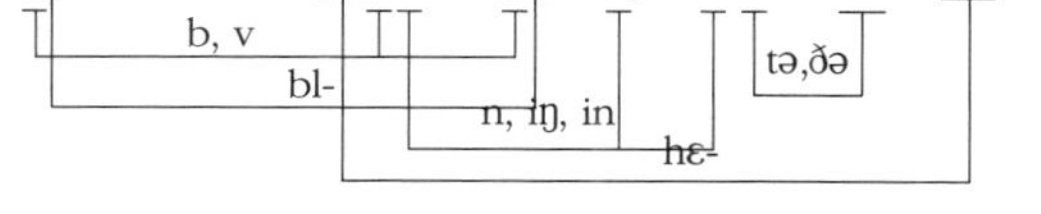

위 시행은 갑자기 얻어진 어떤 정신적 깨우침, 혹은 절망 속에서 부르짖는 영웅적 외침, 또는 영웅적으로 재발견한, 비극을 넘어서 얻어진 열락悅樂의 경지 등을, 등가성이 강력히 작용한, 그러나 매우 비정상적 통사형태에 담아서 화제와 시인이 각성한 바 어떤 에너지 사이에 긴밀한 연관이 이루어졌음을 표상화 하고 있다.

위 시행은 속도, 급전, 비약 등을 경험케 해주며 구체적 문맥의 제시없이 느닷없이 터져나오는 일종의 외침이다. 이는 예시 19형과 관련하여 아래 그림에서 보는 바와 같이 기의記意signified 계열에서 유도된 의미관계와 기표記標signifiers 계열에서 유도된 의미관계 속에서 기표記標 자체가 지시기능 아닌 새로운 의미의 창조기능을 발휘하는 순간으로서, 이때 우리는 시간 속에 존재하는 새로운 의미의 패러다임을 경험할 수 있게 된다. 즉, 기의가 들여오는 윗편 의미 국면들이 있고, 기표가 그 발음/철자들을 바탕으로 해서 불러들이는 저변의 형태적 유사어휘들이 상호작용하게 된다:

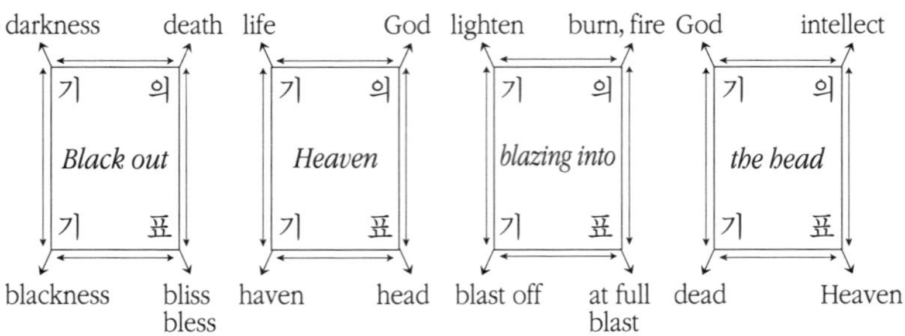

(cf. Garelli 1981: 461)

Paul Ricoeur의 다음 구절도 바로 이러한 경험을 말하고 있을 것이다:

…emergence of a new semantic congruence or pertinence from the ruins of the literal sense chattered by semantic incompatibility or absurdity. (1979: 151)

위와 같은 의미의 새로운 통합작용은 시간적 차원에서 과격한 변성현상으로 나타난다(Wheelwright 1982: 170). 이러한 변성의 양태metamorphonic mode는 시적 상상의 특성으로서 하나의 시와 그 시텍스트가 제시하고 환기하려는 실재세계 또는 mental model의 연대성을 인정한다면(cf. Johnson-Laird 1981) 어느 한 질적 상태에서 다른 한 질적 상태로의 지속적 변환을 뜻하는 변성작용이야말로 시의 존재론적 특성이 아닐 수 없다.

문학 텍스트에서 중요한 것은 기의와 기표간의 자의적, 기정적 관계가 아니라 어떤 기표들의 연속 속에서 어떤 의미가 새로이 자아내지는가, 즉 그 의미의 창조적 국면이며, 의미체계에서는 풀려난, 그러나 텍스트에서 구체적으로 제시되는 변성적 의미, 즉 텍스트적 의미, 텍스트 모델(cf. Brown & Yule 1983: 182)이 문제된다.

그러므로 시적 언어사용에서 언어는 투명하고 중립적 매체가 결코 아니라 기표 자체가 기의를 창조하고 결정하는 기능을 갖게 되니, 기표는 곧 개념의 전달 뿐 아니라, 연상, 공감각, 감정을 포함한 기능적, 복합적 상념인 또다른 기의를 불러 일으키는 기능을 갖는다. 바로 이러한 기표의 창조적 기능때문에 시는 일반언어로서 전달될 수 없는, 아직 표현된 바 없는 실재세계에 대한 유일한 전달 수단이 되고 더욱 언어의 창조적 기능을 담당하게 된다.

바로 이러한 창조성에서 시의 제시적presentational 또는 표상적 representational 성격이 드러나는데, 시는 허구적 실재를 언어로 꾸며낼 뿐 아니라 그 허구성에서 시가 대하게 되는 세계의 변성적 성격도 아울러 간접적으로 모사하기 때문이다(Wheelwright 1982: 171).

한편 기표들의 이러한 의미창조 기능과 관련해 Jakobson(1960)이 제시한 언어의 시적 기능에 관한 이론은 재검토되어야 할 것이다.

원래 Jakobson은 시에서 최대로 발휘되는 언어의 시적 기능은 등가적等價的 요소들의 반복적 연쇄로 실현된다고 언명했다. 그러나 그가 언어의 시적 기능이 〈등가의 원리를 선택의 축에서 결합의 축으로 투사한다〉고 말한 것은 텍스트 생산에 치우친 단정이라고 말할 수 있다. 텍스트의 수용과정을 살펴보면 위 언명은 그 반대방향에서 보완되어야 하니, 생산과 수용의 양면적 투사원리가 필요하다. 즉 Posner가 지적한대로(1982: 176) 언어의 시적 기능은 다음 그림에서와 같이 생산과정에서 a) 등가의 원리를 선택의 축에서 결합의 축으로 투사할 뿐 아니라 수용과정에서는 b) 인접의 원리를 결합의 축에서 선택의 축으로 투사하는 순환적 기능을 일컫는 것이다:

a. 생산 과정:

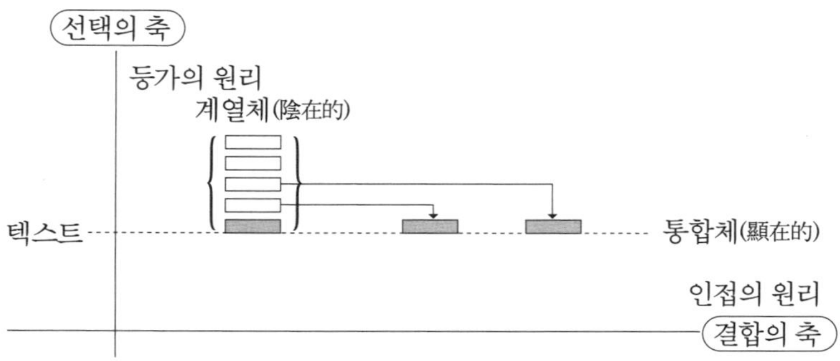

b. 수용 과정:

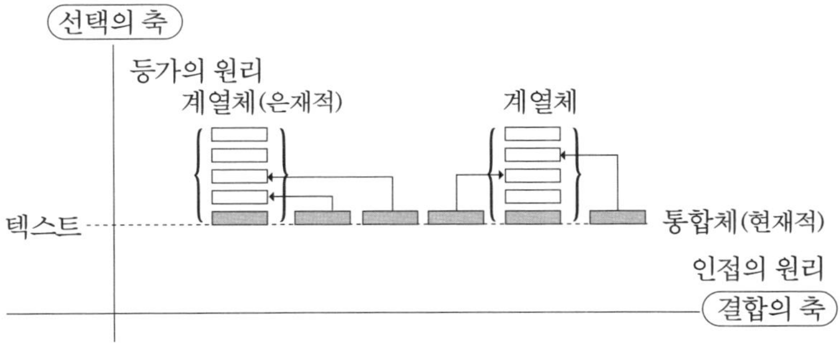

즉, 텍스트 생산과정에서 시적 기능은 텍스트 표면에 드러나지 않는 선택조직(축)의 은재적 성원을 이루는 등가적 요소들을 선택하여 결합조직(축)에 현재적으로 배열하는 기능을 뜻하나, 텍스트 수용과정에서 실제 시적 기능은 인접조직에 나타나는 (이질적) 요소들 가운데에 숨겨진 등가성, 동질성이 모색되어야 한다는 것이다.

4. 맺는 말

시적 텍스트에서 정밀분석의 대상이 되지 않는 것은 아무것도 없다. 가장 독창적인 표현이란 다름 아닌 여러 구조의 교차와 교향에서 생성되며 여러 구조가 동시에 상호 관여함으로써 열리는 각양각색의 텍스트적 의미의 명암들이 독자의 지식 · 신념 · 기대 체계와 어울려 시적 실재를 구축한다.

그러므로 시 텍스트의 기술은 우선 제1의적 체계로의 환원이 필수적이며, 각 체계의 관찰이 있은 다음에 통합적 이해가 가능하기 때문이다. Johnson-Laird의 mental model 구축이론(1981)은 이를 크게 뒷받침하고 있으며, 일반 언어 사용에 있어서도 우리는 여러 mental model의 수정단계를 거쳐 이해에 달하고 있는 것이 사실이다(cf. Brown & Yule 1983: 253).

시적 언어사용 문제는 언어의 본질에 대한 탐색이다. 시가 인류문화사에서 산문보다 훨씬 앞서 존재해 왔고, 통화수단으로서 언어를 양식화하는 가장 명료하고 직접적인 방편이었음을 상기할 때, 시적 언어사용의 과학적 접근이야말로 언어연구의 중심과제임을 재확인한다.

〈예시〉

LAPIS LAZULI

(For Harry Clifton)

W. B. Yeats

I. 1. I have heard that hysterical women say
2. They are sick of the palette and fiddle-bow,
3. of poets that are always gay,
4. For everybody knows or else should know
5. That if nothing drastic is done
6. Aeroplane and Zepplin will come out,
7. Pitch like King Billy bomb-balls in
8. Until the town lie beaten flat.

II. 9. All perform their tragic play,
10. There struts Hamlet, there is Lear,
11. That' s Ophelia, that Cordelia;
12. Yet they, should the last scene be there,
13. The great stage curtain about to drop,
14. It worthy their prominent part in the play,

15. Do not break up their lines to weep.
16. They know that Hamlet and Lear are gay;
17. Gaiety transfiguring all that dread.
18. All men have aimed at, found and lost;
19. Black out; Heaven blazing into the head'
20. Tragedy wrought to its uttermost.
21. Though Hamlet rambles and Lear rages,
22. And all the drop-scenes drop at once
23. Upon a hundred thousand stages,
24. It cannot grow by an inch or an ounce.

Ⅲ. 25. On their own feet they came, or on shipboard,
26. Camel-back, horse-back, ass-back, mule-back,
27. Old civilisations put to the sword.
28. Then they and their wisdom went to rack;
29. No handiwork of Callimachus,
30. Who Handled marble as if it were bronze,
31. Made draperies that seemed to rise
32. When sea-wind swept the corner, stands;
33. His long lamp-chimney shaped like the stem
34. Of a slender plam, stood but a day;
35. All things fall and are built again,
36. And those that build them again are gay.

Ⅳ. 37. Two Chinamen, behind them a third,
38. Are carved in lapis lazuli,
39. Over them flies a long-legged bird,
40. A symbol of longevity;

The third, doubtless a serving-man,
Carries a musical instrument.

V. Every discoloration of the stone,
Every accidental crack or dent,
Seems a water-course or an avalanche,
Or lofty slope where it still snows
Though doubtless plum or cherry-branch
Sweetens the little half-way house
Those Chinamen climb towards, and I
Delight to imagine them seated there;
There, on the mountain and the sky,
On all the tragic scene they stare.
One asks for mournful melodies;
Accomplished fingers begin to play.
Their eyes mid many wrinkles, their eyes,
Their ancient, glittering eyes, are gay.

8 텍스트 언어학과 현대문학 : 문학적 커뮤니케이션의 대체성 원리를 중심으로*

1. 들어가기

문학 텍스트를 언어학의 테두리 안에서 탐색하는 일은 별로 낯설지 않게 되었다. 그것은 언어학이 그 동안 인지심리학, 사회학, 철학 그리고 인공지능 등과 같은 인접 학문과의 연계 속에서 텍스트와 담화의 과학을 성숙시켜 왔기 때문이며, 또한 20세기 후반은 인문과학의 지적 관심이 모든 지적 현상에 대한 담화 · 언어학적 탐색으로 집중되는 시대적 요청이 있어 왔기 때문이다.

텍스트 언어학이란 텍스트의 과학으로서, 종래의 문장을 중심으로 하는 언어체계 규명만이 아니라 문장 단위를 넘어서, 말하는 사람의 의도를 실현시키기 위한 담론 또는 텍스트라는 다이나믹한 사상事象event의 언어학이며, 사회, 심리, 인지적 요인들이 개입되고, 더 나아가 인공지능에서 다루는 지식 패턴의 활용이 논의되는 광범한 장이다.

텍스트 언어학은 고전적 '수사학'에서 비롯하여 '텍스트 문법' 단계를 거쳐 텍스트성textuality 및 텍스트 산출과 수용을 다루는 '텍스트 언어학'으로 발전했고 결국은 언어와 관련된 이성적 행위의 모든 측면을 종합해 다루고자 하는 '텍스트성性 언어학'을 지향하고 있다.

이는 종래 일반 언어학 이론들을 기능적으로 수용하되 그 상위에서 의사소통을 목적으로 하는 한 인간 행위로서의 담화 행위의 특질과 성격을 기술 · 규명하고자 하며, 통화 목적이 있는 어떤 한 발상에서 비롯해, 우리 경험에 비축되어 있는 배경지식을 활용하는 추론적 의미 작용을 포함한 정보 처리 절차를 거쳐, 언어의 소리 · 문자층위, 그리고 어휘 · 통사층에서 발화에 이르기까지를 모두 그 인지적 효과와 기능면에서 다루고자 한다.

텍스트 언어학은 궁극적으로 '텍스트' 여부를 판정하는 '텍스트성'의 기준들을 규명하고자 하는데, 이들은 곧 결속구조, 결속성, 의도성, 용인성, 상황성, 정보성, 그리고 상호텍스트성이다.

본 고의 목적은 문학 텍스트에 대한 텍스트 자체의 내적 접근이나 사회 이념적 접근보다는 문학적 커뮤니케이션과 관련된 인지 작용과 그 효과라는 관점에서 텍스트 언어학의 이론적 틀을 중심으로 문학 텍스트를 다룰 수 있는 기능성을 모색하는 데 있다.

2. 현대문학의 텍스트 언어학적 고찰

2.1 현대문학 텍스트의 특성

현대의 중요한 지적 관심사는 뿔뿔이 흩어진 인간사의 지적 단편들을 어떻게 하나의 총체로 상호 관련시키는가 하는 문제다. 각 부분들을 감싸 안고 그 전체의 의미를 결정하는 총체성의 상실이 현대의 위기이며 또한 현대 담론의 특징이기도 하다. 『현대 담론의 잠세潛勢』라는 저서에서 핀레이(Finlay 1990)는 현대 담론의 특징으로 다음 세 가지를 들고 있다 : 종래의 습관적 사고 패턴의 교란habit disturbance, 모든 제약에서 풀려난 무한히 자유로운 상호개입 작용, 그리고 모든 의미, 진리, 실재성의 상대성, 맥락 의존성, 불확정성 등이다. 즉 이 모든 특징들은 전체성의 결여를 의미하며, 이러한 현대에서 진리를 추구하는 과정은 오로지 언어적, 특히 텍스트와 담화론적 규명을 통해서만 가능하다고 지적한다. 그것은 현대에서 지식이란 특정 언어 사용자들의 언어 행위 또는 특수 분야에서 각기 행해지는 언어 놀이language game라고 보며, 지식과 진리에 대해서 분야마다 각기 다른 조리條理 공간을 마련하여 다른 방식으로 접근하고 있기 때문이다. 즉 현대의 핵심적 위기는 다양하고 복합적인 수많은 삶의 단편들이 각기 독립적으로 무엇을 추구하고 있을 뿐 그 총체적 의의가 상실돼 있다는 뜻이다.

현대에서 이러한 담론의 중요성은 사물이나 사상事象에 대한 새로운 의미 부여가 담론을 통해서만 가능하다는 데에 있다. 파카는 그의 『담론의 역동성』(Parker 1992: 70)에서 담론 이외의 진정한 탐색은 있을 수 없으며, 따라서 담화 분석만이 우리가 가지는 진리의 유일한 탐색 방법이되, 그러한 담론의 비평적 관점의 근거는 오로지 자체의 표현 방식에 대한 메타 언어적 성찰reflexivity일 뿐이다라는 결론에 이른다. 이 세상 모든 대상을 광범한 추론의 대상으로 보고자 하는 시각이다.

이러한 관련성 부재의 흩어진 현상 속에서 작가는 모든 것을 감싸 안을 수 있는 총체성을 발견하기 위해, 또는 완성된 인간과 인간 조건을 재발견하기 위해 새로운 해결책, 새로운 상관 관계, 새로운 상념들의 성좌星座, 새로운 변항, 새로운 원형들을 창조해야 한다. 우리를 얽매어

온 기존의 모든 불가피한 상호개입이나 연결망에서 벗어나 유토피아를 꿈꿀 수 있게 하는 것이 곧 문학이다. 사람이란 언제나 새로운 의미를 추구하는 존재이며 텍스트는 그러한 의미를 추출할 수 있는 장이 되고, 우리는 그러한 노력으로 얻어진 결과를 즐기는 존재이다.

문학은 하나의 무한히 열려 있는 영속적 의미 작용이며, **문학성**은 따라서 텍스트 자체의 속성이기보다는 텍스트 사용자의 성향과 그들의 끊임없는 정신 작업에 달려 있다고 하겠다. 텍스트 언어학자 보그란데(Beaugrande 1988: 3)에 의하면 텍스트는 우리의 내면 세계와 외계를 중재하는 기능을 가지며 세상에서 우리가 얻을 수 있는 바와 우리가 세상에게 줄 수 있는 바를 관련 지어 주는 계기라고 갈파한다. 텍스트를 사용해서 상호교류할 수 있다는 사실은 우리 각자들이 서로 타협할 수 있는 여러 세계가 있다는 것을 증명하고 그러한 의미에서 텍스트 과학은 상호텍스트성(본문 4.6)의 개념이나 의도성, 용인성(본문 4.3) 등을 자연스럽게 도입할 수 있었다.

언어는 우리의 실제 경험을 논의하고 체계화하고, 실제 경험하지 못한 것을 조정 가능케 한다. 여기서 텍스트의 **대체성 원리**와 조건들이 가능해지며 텍스트를 통해 새로운 비교와 새로운 문제 제기, 그리고 그 해결책의 새로운 타협을 모색케 한다. 더욱 담화는 심각한 의미에서 인간 정신의 반영이며, 정신이 우리의 성찰 대상이라면 담화 역시 성찰의 대상일 수밖에 없다. 담화에 대한 가장 폭넓은, 정식으로 인가된 성찰의 장이야말로 곧 문학이며 또한 문학 비평이라는 점에 우리는 주목하게 된다. 텍스트는 따라서 다양하고 사적私的인 '의미 행사'의 장을 원리적으로 열어 주며, 가장 복잡하고 정밀한 텍스트성의 교직交織이 가능한 것이 곧 **문학 텍스트 유형**인 것이다.

현대문학 담론에서는 그러므로 새로운 의미의 가능성, 새로운 유추

관계, 새로운 은유 관계를 추구하기 위해 합리성을 넘어선, 아니 합리성을 초월한 가설 설정abduction의 문제가 중요해졌다. 챨스 퍼스 Charles Peirce의 화용론의 진수를 이루는 이 개념은 새로운 아이디어의 도입을 가능케 하는 유일한 논리 작용이며, 습관적 합리성이나 낡은 논리의 마당에서 벗어나는 길인데, 종래의 귀납induction에서 가설 설정 abduction으로 옮겨 감은 곧 사실의 존재를 기존의 관찰과는 상이한 측면에서 파악하고, 직접 관찰되지 않은 바를 논리에 관여시키는 방법이다. 이는 새로운 이로理路의 가능성에 대한 모색이며, 미래 예측 또는 잠재적 가능성의 암시에 이르는 길이라 하겠다(Finlay 1990: 154 참조). 이로써 소위 지식의 지시적 담론referential discourse에 대한 대안이 가능해진다.

이 모든 언어적 대체성과 가능성, 잠재성은 의사소통의 유토피아적 개념과 통한다. 모든 현실적 집착에서 벗어나 삶의 새로운 가능성을 가늠할 수 있는 신화나 유토피아는 다름 아닌 완벽한 의사소통에서 찾아지고 그러한 완벽한 의사소통의 존재론적 자리는 핀레이가 지적했듯이 새로운 담론, 즉 문학 텍스트가 안고 있는 대체적 가능성과 잠재성에 있는 것이다(Finlay 1990: 138).

2.2. 문학 텍스트의 대체성 원리와 시적 효과

문학 텍스트는 그러므로 텍스트 언어학적으로 **대체성 원리**principle of alternativity에 입각한 텍스트 행위다. 독자들은 작품을 통해서 또 다른 하나의 대체적 세계를 구상하든지 통찰하고자 한다. 즉 텍스트에 재현된 세계 표상은 사회적으로 이미 구축된 현실세계 모델의 〈대안〉을 의미하거나 표상한다(Beaugrande 1983: 83). **현실세계**는 객관적으로 주어진 것으로서가 아니라, 사회적 인지작용, 상호작용, 절충작용으로부터 전개된 것으로 파악하며, 텍스트가 표상하는 **대체적 세계**alternative world란 현실세계나 마찬가지로 일련의 대상과 사상event의 구성체이되, 구체적 현실의 기록물에서 비롯해 허황한 공상물 세계에 이르기까지 하나의 지속대 가운데 그 어느 한 중간 자리에 속한다고 볼 수 있다. 작품 텍스트가 도출하는 그러한 세계는 정보성 차원에서 현실과 흥미롭게 관련되어 있고(놀라움이나 참신성을 자아냄으로써) 또한 우리가 당면하고 있는 현실세계를 새로운 관점에서 조명할 수 있게 한다.

문학 텍스트 세계는 이처럼 흔히 생각되는 바처럼 전적인 픽션fiction만도 아니요, 언어 형식의 일탈로만 설명될 수도 없으며, 더욱 내용의 문제만도 아니다. 이 사회에서 현실적으로 수용된 바 세계란 실은 여러 잠재적 관련 국면이나 가능한 관점들이 누락됐거나 선택되지 않았거나 거부된 결과이며, 이와같이 현실세계에서 도외시된, 그리고 텍스트에 미처 실현되지 않은 그러한 여타 국면들을 제시하고 전개시키는 하나의 제도적 장치가 곧 문학적 행위인 것이다.

문학은 그리하여 인간의 고정적, 습관적 지각知覺을 심미적으로 갱신해 주고 대체적 세계를 제시함으로써 독자들이 현실에서 풀려나, 스스로 해방될 수 있게 하는 일종의 수단이며, 작품을 읽음으로써 삶의 익숙함과 편견과 예측된 바에서 자유로워질 수 있게 한다. 즉, 세계지식에 대한 인지적 스키마 갱신Schema refreshing이 일어나고(Cook 1994: 191) 문학담론 특유의 결속성과 감흥을 가져온다.

이러한 대체성 원리가 작품 텍스트 자체에 확장 적용되는 것이 곧 시詩다. 이는 우리의 언어 감각을 자극하고 현실과 담화 · 텍스트에 대한 재 타협이나 조정을 거쳐 시적 표현으로 하여금 다양한 심의深意를 누릴 수 있게 한다. 즉 시적 표현에 영원성을 부여한다. 이는 텍스트의 결속 구조cohesion(연속체로서의 형식적 연관 관계)라는 〈관계의 원리〉에다 대체성 원리를 확장 적용해서 문학적 대체세계와 텍스트상의 시형식적 대체성이 이중적으로 병행 · 재구성되어 내용과 형식의 일치를 성립시킨다(Beaugrande 1983: 92). 시적 표현의 일탈 현상은 바로 이러한 시의 증후이지 그 전제 조건이 아님은 분명하며, 일탈 현상을 보이는 표현이 있으면, 이는 곧 대체성 원리를 적용해야 한다는 신호로서, 통상적이며 자동적인 텍스트 처리를 방해하는 기능을 갖는다.

시적 커뮤니케이션의 심미적 효과는 표현들의 이러한 복합적 다기능성에서 온다. 이들 여러 기능들이 하나의 통합된 작업체를 이룸으로써 시적 효과가 성취되는데, 문학 텍스트라는 하나의 사상event은 그 어떠한 텍스트적 요소라도 대체적 사용의 설명이 가능하도록 고안된 통합체라고 하겠다. 일반 텍스트의 정보처리 과정은 불확정성과 정보성의 정도에 따라 인지적 제약이 다양하게 부과되고 이에 따라서 언어 행위의 패턴이 결정되는데, 시적 통화에서는 이에 더하여 필연적으로 첨가, 확대, 심화, 수정, 대비, 등가, 부정 등 기능의 다중화라는 인지 작용이 개입되며(Beaugrande 1983: 92), 이로써 새로운 의의sense의 여러 형상들configurations이 태어나는 것이다.

대체성은 그러므로 텍스트 세계와 현실 세계 사이에 있는 여러 다양한 정도의 불일치에서 전개되는 문학텍스트의 구성적 원리constitutive principle이며 이를 의도적으로 의식하는 데서 문학성이 찾아진다. 그리하여 문학 텍스트는 재독再讀할 때마다 그 시적 효과가 증대되는 특징을 갖는데, 일반적인 기대나 예측성에 의존했던 첫 번째 읽기와는 달리 다시 읽을 때마다 새롭게 텍스트 세계가 재구성되고 그 역동성을 심미적으로 체험케 해 준다. 이러한 인지 작용의 역동성은 언제나 정보의 불안정한 흐름을 창출하고 거듭 그 안정성을 회복하는 과정을 재연한다. 이러한 의미에서 문학 텍스트는 하나의 행위이며 이벤트이다. 텍스트를 통해 우리는 새로운 감지, 새로운 인지 작업을 거듭할 수 있으며 그럼으로써 새로운 질서의 가능성을 모색할 수 있는 것이다.

독자의 주의를 집중시키는 텍스트 요소들은 누구에게나 동일하며 곧 대체성의 발견 요인이 되겠으나 그들의 처리 결과는 동일하지 않을 수 있다. 크리스와 카플란(Kris & Kaplan 1965)에 의하면 처리 결과, 즉 해석은 독자마다 다르게 투사되며(projective) 이들은 서로 배타적일 수도 있고(disjunctive) 부가적일 수도 있으며(additive), 그러나 이 모든 처리 결과는 다 쓸모 있게 상호 접합해서(conjuctive) 하나의 탄력성 있는 통합적(integrative) 패턴을 구축 가능케 한다고 말한다. 텍스트가 하나의 체계로서 이와 같은 역동적 문학 커뮤니케이션을 이루는 근거는 여러 상반된 원리들의 공존에서 온다. 즉 정보처리상의 안정성과 불안정성, 관례성과 혁신성, 그리고 확정성과 재고찰이 교차되는 텍스트 이벤트적 성격에서 온다고 하겠다.

문학 텍스트이기 이전에 하나의 일반 텍스트란 본래 어떠한 통화체이며, 우리의 경험 지식과는 어떤 관련성을 갖는가 살펴보자.

3. 텍스트와 배경지식

텍스트는 각 표현들이 이루는 언어적 구성체라기보다는 통화자가 주체적으로 활용하는 인지적 구성체다. 텍스트는 언제나 추론을 통해서만 이해의 지속성을 유지할 수 있고 정보의 흐름이 안정성을 회복한다. 즉, 텍스트는 그 자체만으로는 하나의 미완성체이며 수용자의 머리에 비축된 경험내용 및 배경지식과의 상호관련성 속에서만 처리되고 이해된다.

3.1. 텍스트와 문장

'텍스트'의 성격은 이를 이루는 '문장'과의 대비 속에서 가장 쉽게 포착된다. 추상적으로 대비되는 그들의 대표적 국면은 다음과 같다.

텍스트	문 장
1. 구체적인 실현 체계인 글이나 말	앞으로 실현 또는 동원될 잠재 체계
2. 문법성은 기준치일 뿐 필수요건이 아니고 용인성acceptability이 더 중요함	순수한 문법성에 의존하며 용인성은 논외의 문제임
3. 발화 상황에서 적합한 형식과 내용을 갖추어야 함	상황에 무관하며 따라서 화용과 무관한 이론적 단위
4. 하나의 의도와 목표를 지닌 언어행위	행위가 아닌 추상적 단위
5. 지식, 감정, 사회적 상태의 변화를 도모하는 과정적 요인	정靜적 공시성共時性을 지니는 언어체계적 요소
6. 전제前提가 되는 것은 공적, 개인적 경험 안에 있는 여타 텍스트들	텍스트가 아닌 여타 문장들을 전제로 함
7. 문법지식과 경험지식에 다 의존함	문법지식에만 의존
8. 학제적 종합적 성격	순수한 언어 체계에 국한
9. 구체적인 텍스트 유형을 띠고 이에 상응하는 기능을 실현함	텍스트 유형과 무관하며 화행과 문장 유형이 있음

다시 말해 문장은 문법적 개념으로서, 동적 언어행위가 아닌 정적 언어체계를 이루는 추상적 이론의 단위이며, 장차 담화에 동원되어야 할 가능 체계에 속할 뿐, 구체적 상황에서 화자가 목적과 의도를 가지고 수행하는 의사소통 행위로서의 언어는 아니다. 그러므로 하나의 문장은 모든 인간사적 요소인 구체적 시간, 장소, 동기를 이루는 상황성이 배

제되고, 화 · 청자의 구별마저 없는 중립적, 비자연적 언어 단위이다.

이에 비하여 텍스트는 구체적으로 발화된 자연언어로서의 의사소통 매재媒材이며 문법성보다는 적합성, 용인성 등이 더 문제된다. 담화 · 텍스트란 발화시의 상황과 맥락에 알맞은 언어 행위로서, 텍스트로 인해 발화의 상황과 상태가 바뀌거나 다른 단계와 장으로 옮겨 가는 역동성이 있다. 본질적으로 이는 하나의 행위이되 신비스러울 만큼 수많은 가닥으로 엮어진 대상objects과 사상events의 복잡한 연결망으로 하나의 구성체를 이루니, 어느 한 국면의 규명만으로 텍스트의 역동성을 파악하기는 불충분하다.

그러므로 담화 · 텍스트란 이 세상의 단순한 반영이나 표상만은 아니며, 개인의 사적 상념을 전달하는 매개체vehicle만도 아닌 삶의 여러 상황과 국면의 조정 · 관리 수단이라는 점을 새로이 인식하게 된다. 담화 · 텍스트를 통해서 우리의 실제 경험을 이야기하고 조직화할 뿐 아니라 우리가 아직은 직접 경험한 바 없는 삶의 여러 국면의 언어적 조정 · 관리도 가능해진다. 대안적 상황도 이를 통해 구성할 수 있으며 다양한 문제와 그 해결을 위한 타협이나 재평가 등이 텍스트 행위를 통해 가능해진다(Beaugrande 1988: 3, Foucault 1972: 49, Shotter 1995: 96), 다시 말해서 담화 · 텍스트는 이미 존재하는 것에 관한 것이라기보다 새로운 인간형태를 가능케 하는 시도와 연계되어 있다. 이와 더불어 언어의 창조적 사용이 삶의 새로운 형태를 낳게 할 수 있다는 생각에 미치게 된다. 우리는 이와 관련된 문학 텍스트의 대체성 원리를 이미 논의한 바 있으며 이를 가능케 하는, 즉 언어의 탄력성과 창조성을 낳게 하는 언어와 배경 지식의 상호작용을 논해야 할 차례다.

3.2. 텍스트의 언어와 배경지식prior knowledge의 상호작용

텍스트 어사語辭들의 개념 및 개념관계들은 활동 기억장치active storage라고 불리우는 우리의 정신 작업공간 안에서 어사들에 의해 활성화된다. 여기에 활용되는 우리의 배경지식은 전국적global 인지패턴의 모습을 띠고 맥락에서 적절히 동원되는데, 즉 발화체(말 · 글) 자체는 다만 하나의 자극이나 단서가 되어 필요한 인지패턴들을 당면 과제에 따라 동원, 통합, 수용하면서 주제나 텍스트 세계의 구성을 성립시킨다. 더욱 우리 지식의 어떤 항목이 활성화되면 기억장치 안에서 그 항목과 밀접히 연결돼 있는 다른 항목들도 활성화되는데(확대 활성화spreading activation), 이들은 모두 **전국적 인지패턴**들global patterns의 여러 유형들로서 동일한 기본 지식을 서로 다른 관점에서 공유할 수 있는 속성을 지닌다.

인공지능 분야에서 밝히는 위와 같은 인간의 지식 모델은 우리의 기억 속에서 이루어지는 지식의 저장과 탐색에 경제성을 기해 주고, 그들 상호 간의 타협관계를 바탕으로 다음과 같은 우리 **배경지식의 전형적 인지패턴**들을 가려 준다:

프레임frame	:어떤 중심 개념에 관한 상식적 지식의 기술記述
스키마schema	:프레임에 포함되는 어떤 항목들이 전형적으로 어떤 순서로 실행되거나 언급되는가, 즉 시간적 인접성과 인과관계로 맺어진 사상과 상태의 배열 순서
플랜plan	:의도된 목표를 단계적으로 시행하는 사상事象과 상태
스크립트script	:참여자들의 역할과 기대에 따라 그들의 행위를 명시하기 위해 빈번히 호출되는 전형적 플랜(사전에 전형화된 절차가 있음)

(Beaugrande & Dressler 1995: 138)

하나의 주제는 어떻게 전개되는가(프레임), 일련의 사상들은 어떻게 진행될 것인가(스키마), 텍스트 사용자와 텍스트 세계에 등장하는 인물들은 어떻게 목표를 추구하는가(플랜), 적절한 시기에 참여자가 특정(언술) 텍스트를 제시할 수 있는 상황은 어떻게 설정될 것인가(스크립트). 우리 지식의 이러한 전국적 인지패턴을 사용하면 국지적 패턴을 사용할 때 있을 복잡성을 격감시킬 수 있으며, 특정 시점에서 훨씬 더 많은 정보를 활동 기억장치에 보유할 수 있게 된다(보그란데 · 드레슬러 1995: 139). 이들은 동일한 기본 지식을 서로 다른 관점에서 공유할 수 있다는 점에서 유용하며, 가령 '집-프레임'과 '집짓기 플랜'은 동일 지식의 상이한 관점을 다룰 수 있는 기제로 작용한다.

텍스트의 생산과 이해는 우리 지식의 이러한 전형적 인지패턴의 사용을 바탕으로 이루어진다. 즉 텍스트 사용자의 배경지식은 어사와 인지패턴의 일치화pattern matching를 통해서 텍스트 세계 구축에 참여한다. 이는 곧 추론의 메카니즘이며 이미 습득된 배경지식들은 어떤 경우에서나 그 이상의 지식을 덧붙이기 위한 교량으로서 끊임없이 동원된다.

텍스트 이해과정에는 이미 우리 기억에 저장된 일반 배경지식과 텍스트가 제시하는 지식 간의 상호작용이 여러 체계적 경향을 띠고 나타날 수 있다. 보그란데 · 드레슬러(Beaugrande & Dressler 1995: 309~312)가 지적하는 제경향은 1) 텍스트 제공 지식이 저장된 지식 패턴과 일치하면 가장 우선적으로 이해되거나 상기recall되며 2) 배경지식인 프레임, 스키마, 플랜, 스크립트와 같은 전국적 인지패턴의 어떤 주요 항목과 일치될 수 있을 때 우선적으로 처리(이해)된다. 3) 텍스트 제공 지식은 배경지식 패턴과 일치하기 위해 처리 중 변경 가능하며 4) 텍스트 제공 지식의 특유한 요소라 해도 배경 지식과 연관성이 긴밀한 경우에는 서로 혼합되어 구별이 불가능해진다. 5) 텍스트 제공 지식은 이에 대응되는 세상사 지식이 우발적이거나 가변적 현상을 가리키는 것이라면 소멸되고 복원 불가능해진다. 6) 확대 활성화나 추론을 통해 부가 · 수정 · 변경된 내용은 텍스트 제공 지식과 구별이 불가능하다.

위와 같은 경향은 배경지식의 다이나믹한 영향이 작용하는 인간의 의사소통 행위의 단면을 여실히 보여주며, 문학 커뮤니케이션의 구성적 대체성 원리라는 상위上位 처리 스키마 개념을 낳게 한다. 텍스트성은 이러한 요인들의 교직交織으로 이루어지며, 다음은 그들이 어떻게 해서 문학 텍스트성을 이루어 내는가를 살피고자 한자.

4. 텍스트성性과 문학 텍스트

보그란데 · 드레슬러(Beaugrande & Dressler 1981, 1995)가 제시하는 인지적 구성체로서의 텍스트, 즉 사고의 언어(표현의 언어만이 아닌)로서 지니는 텍스트를 이루는 제요인/기준들은 다음과 같다: 표층의 순차적 연결성을 이루는 결속구조cohesion, 심리적 요인으로서의 화자가 지향하는 의도성intention, 청자 측의 텍스트 수용 태도인 용인성acceptability, 사회적 요인으로서의 상황성situationality, 정보의 예측성에 관여하는 정보성informativity, 그리고 총체적으로 모든 텍스트에 전제되는 상호 텍스트성intertextuality, 그리고 이 모든 기준의 주도적 요인으로서 텍스트 내용의 개념적 연결성을 기하는 결속성coherence이다.

대체성 원리를 기반으로 하여 문학 텍스트 세계 모델을 구축함에 있어 위 텍스트성 기준들은 더욱 역동적으로 교향交響하여 작품의 통합성과 문학성을 기하게 되는데, 실은 이들이 텍스트 자체만의 자질이기보다는 이를 처리하는 수용자의 성향에서 찾아진다. 즉 통화자의 배경지식의 어떤 인지패턴들이 활용되는가, 이들이 어떤 연결관계들을 자아내는가에 달려 있다.

4.1 결속구조와 도상성

결속구조cohesion는 발화체의 연속 기능을 실현하는 표층적 요인으로서, 통사 구조를 언어 사용의 측면에서 포착하되, 여타 기준들과 상호작용하는 인지적 측면이 강조된다. 결속 구조에는 1) 구, 절, 문장 각 내부의 문법적 의존 관계와 2) 이들 언어 단위 밖에서 그리고 이들 사이에서 긴 폭의 텍스트 표층에 걸쳐, 텍스트 세계를 이루는 사상事象과 상황의 내적 상호관계를 명시하는 두 가지 유형이 있다. 이미 사용된 구조나 패턴을 재활용하고 수정 · 생략 · 압축할 수 있음을 보여 주는 후자의 결속구조 관계는 정보처리상 안정성과 경제성, 효율성을 높이는 데 기여하는 수법이며, 문법성의 경우와 달리 필수적인 것은 아니다.

회기법, 부분 회기법, 병행구문parallelism, 환언paraphrases(내용 반복)과 대용형의 사용 등이 후자에 속하며 기타 생략법, 접속법, 시제, 상, 억양 등의 뒷받침 역시 텍스트 세계를 구성하는 사상events과 상황 간의 연속 관계를 나타내는 결속구조다. 이는 프리도(Prideaux 1991)가 말하는 텍스트적 수사 원리textual rhetoric라는 보편적 인지적 원리에 해당하는데, 즉, 정보의 인지적 처리와 관련된 여러 제약에서 적절히 유도된 화용적 원리들(사회적 원리가 아닌)로서 1) 구체적인 시간상의 처리 가능성, 2) 형식과 내용의 투명성, 3) 신속하게 용이한 처리가 가능한가의 경제성, 그리고 4) 미적 가치를 표출하는 관점에서 담화의 결속구조와 문장의 통사구조가 인지적으로 작용하는 원리들이다.

이와 같이 표층의 효과적 연결성을 기하기 위한 명시적 표지들인 결속구조 장치는 하나의 지침일 뿐이며, 무엇을 제시하고 지적하기 위한 텍스트의 구조적 특징text topography을 보여 주는 어떤 인지적 조정을 위한 표지기능을 가졌을 뿐이다(Frawley 1987: 133). 그것은 텍스트 자체가 이미 현실을 표상하는 하나의 기호적 체계이기 때문이다.

결속구조는 또한 언어의 도상성iconic use과도 관련이 깊다. 매체가 메시지가 될 수 있는 전달 방법 자체가 주제일 수 있기 때문이다(Cureton 1981: 183). 어떤 가치 또는 가치의 어떤 국면은 어떤 방식으로든 언어 형식에 담겨질 수 있고 형식을 통해서만 우리는 무엇을 기대하게 된다. 이런 면에서 내용을 능가할 수 있는 형식은 하나의 문체적 요소trope일 뿐만이 아니라 바로 문체 자체이며(Tannen 1995: 483), 가장 성공적인 작품에서는 내용보다 형식이 더 큰 기능을 가질 수 있다. '아름다운 표상' 이야말로 형식을 통한 표상이요, 시적, 구성적 표상의 성격을 강조하게 되는 것은 바로 그러한 연유에서다.

따라서 우리는 형식에서 결여된 바를 그 형식을 통해 짜내야 한다는 역설을 대하게 되며, 형식에서 짜낸 바가 곧 그 형식으로 하여금 의미를 갖게 한 바로 그것임을 깨달을 수 있다. 심미적 커뮤니케이션은 바로 이러한 형식의 중요성에 의존하게 되며 시학은 형식으로서의 언어적 방법에 의한 전체의 표상 방안 바로 그것이 될 것이다.

이러한 의미에서 언어형식의 **전경화**前景化 또는 **부각작용**foregrounding은 텍스트의 선형구조에서 관찰되는 일련의 주의집중 기법을 말한다. 전경화는 주로 결속구조와 그 밀도density를 운위하되, 결속구조에서도 특히 밴 피어는 일탈deviation과 병행구문parallelism을 주목하고 있다(van Peer 1986: 20). 표층적 부각 현상은 음성, 어휘, 통사, 의미의 모든 층위에서 찾아지며, 주의 집중을 받은 텍스트 자질이 실제로 부각되는 것은 반드시 전체 의미 세계와 상관성을 지닐 때만 가능하다. 이때 얻어지는 효과는 우선 오래 기억되고, 낯설음, 비자동성, 전체 해석 등에 기여하는 바, 의외성과 기이성 등을 보이는 현저성prominence, 그리고 이들이 설명과 논의의 대상이 될 수 있는 가능성 등에서 찾아진다.

신경림(1993)의 시 '목계장터'에서 보이는 **병행구문**은 통사 조직이 시적 운韻 자체를 형성하며 시 전체를 담아 내고 있다. 이것은 우리가 T.S. 엘리엇의 'Ash Wednesday'에서 현저하게 볼 수 있는 구문적 운syntax as rhyme과도 닮아 있어, 총 16행 가운데 '…은 (날더러) … 되라 하고/하네'로 결속된 구문은 모두 10행이다. 어휘적 결속구조lexical cohesion로서 반복되는 것에는 '하늘, 땅, 산, 강'의 자연상과 그들이 권하는 바 '나'의 변신의 표상인 '구름, 바람, 들꽃, 잔돌', 그리고 '천치, 방물장수, 떠돌이'의 환언paraphrase 등이 있다.

목계장터

하늘은 *날더러* 구름이 *되라 하고*
땅은 *날더러* 바람이 *되라 하네*
청룡 흑룡 흩어진 비 개인 나루
잡초나 일깨우는 잔 바람이 *되라네*
뱃길이라 서울 사흘 목계나루에
아흐레 나흘 찾아 박가분 파는
가을볕도 서러운 방물장수 *되라네*
산은 *날더러* 들꽃이 *되라 하고*
강은 *날더러* 잔돌이 *되라 하네*
산서리 맵차거든 풀 속에 얼굴 묻고
물여울 모질거든 바위 뒤에 붙으*라네*
민물새우 끓어 넘는 토방 툇마루
석삼 년에 한 이레쯤 천치로 변해
짐부리고 앉아 쉬는 떠돌이가 *되라네*
하늘은 *날더러* 바람이 *되라 하고*
산은 *날더러* 잔돌이 *되라 하네*

4.2. 의미의 결속성과 맥락 함축

4.2.1. 결속성

결속구조cohesion가 텍스트 표층의 순차적 연결성을 다루는 기준이라면 결속성coherence은 텍스트 사용자의 마음 속에서 타협적으로 전개되는 의미와 의의sense의 개념적 연결성을 가리킨다. 국부적, 또는 전국적인 결속성이 어울려 주제 실현을 이루게 되는데, 이 때 의미와 의의sense는 폭넓은 과제들 속에서 지식을 활용하는 절차라는 관점에서 다루어지며, 의의의 연속성, 활성화, 의의 간의 연결 관계의 강도, 관련 의의의 상속, 확대 활성화 등이 결속성을 가져오는 기제들이다. 한 표현의 가능요인(잠재적 의미)을 가리키는 의미와 달리, 여기서 의의라 함은 하나의 텍스트에서 표현들에 의해서 실현적으로 전달되는 지식을 말한다(Beaugrande & Dressler 1995: 128). 또한 보통 "의미가 없다"거나 "무의미한" 텍스트라면 활성화된 지식 간에 아무 연속성이 발견되지 않는 경우를 말한다.

텍스트의 결속성은 여러 지식 개념들과 그들 관계들이 발화체를 이룰 수 있을 정도로 서로 적합하게, 일관성 있게 관여할 수 있다는 뜻이며(129), 이러한 결속성의 발견은 특히 문학 텍스트의 경우 새로운 자아 발견을 통한 미적 경험을 맛보이게 한다(Lakoff & Johnson 1980: 235). 결속성의 발견이 이루는 텍스트 세계란 언제나 우리가 경험하는 현실 세계와 일치할 수도 있고 그렇지 않을 수도 있다. 이는 추론을 통해서 표층 표현들이 끌어들이는 의의 이상이 포함되는 인지 세계로서 우리의 인지 과정에서 기대나 경험을 바탕으로 동원되는 전국적 인지패턴(본문 3.2 참조)들의 관여가 있기 때문이다.

표현의 개념적 의의들은 어떻게 지정되고, 그 의의들은 텍스트 세계라는 하나의 인지적 구성체로 어떻게 조합해 들어가는가. 한 표현의 의의나 개념은 현재 처리되고 있는 패턴 안에서 인지적 요소들을 유발하고 활성화하는, 일정 순서로 배열된 일련의 가설들이라고 볼 수 있다(Beaugrande & Dressler 1995: 133). 정신적 작업 공간인 활동 기억 장치active storage 안에서 각 표현에 의해 활성화된 것들이다. 이 공간 속에서 전국적 인지패턴들의 모습을 띤 지식들이 적절히 대응하고 세분화되어 출력(쓰기) 또는 입력(읽기)된다. 이 지식 패턴들은 당면한 처리 과제의 요구에 따라, 즉 주제 방향에 따라 적절히 선택되어 하나의 텍스트 세계를 구축해 나간다.

우리 지식의 어떤 항목이 활성화되면 기억 안에서 그 항목과 밀접히 연결된 다른 항목들도 따라서 활성화된다. 이러한 확대 활성화 작용spreading activation은 텍스트 세계의 풍부한 세부 항목 사이를 중개할 수 있고 따라서 텍스트 이해 과정에서 여러 가설을 창출하고 여러 심상의 전개를 가능케 한다(135).

이와 같이 인간의 인지 속에 내재하는 추론 능력과 경험 내용은 텍스트 사용에서 큰 역할을 한다. 텍스트를 활용한다는 것은 결코 비체계적이지 않은 어떤 조건하에서, 제시된 텍스트 자료와 참여자들의 성향과 배경지식 사이에 꾸준한 상호작용과 타협이 이루어진다는 뜻이다(137). 확실히 전통적 논리학이 설명할 수 없었던 가설 설정abduction 등 복잡한 추론 과정에 의해서 지식과 의미는 맥락에 지극히 민감하게, 즉 사람들의 사전 지식, 성향, 표층 문체, 사용자의 기대 내용 등의 변수에 민감히 대응하면서 개념의 지속성을 꾀하게 된다.

개념들이 의의의 연속성을 구축하는 우선적 단계는 주의 집중 방향, 즉 제어 중심control center 개념을 발견하는 일이다. 이는 액세스 및 정보 처리가 요령 있게 수행될 수 있는 제1차 개념들, 즉 대상물, 상황, 사상(event), 행위 개념들이 그 후보가 된다. 이들 1차 개념들을 연결해 주는 제2차 개념에는 격 문법 개념들과 유사한 상태, 동작주, 피동 객체, 관계, 속성, 장소, 시간, 운동, 수단 등의 개념들이 있고, 지식의 분류와 구성을 이루는 형태, 부분, 실질, 포함 관계, 원인, 실행 가능화, 이유, 목적 개념들, 정신 작용과 관련된 지각, 인지, 감정, 의욕, 인식, 의사 소통, 소유 개념들, 의의 체계에 내재하는 법, 의미상, 가치, 등가성, 대립, 공지시성, 회기작용廻起作用이라는 개념들이 있다. 이 모든 개념들은 하나의 텍스트 세계를 구축하는 '망표기network'를 생성시키며, 이때 주제를 나타내는 연결 관계의 밀도 등을 관찰할 수 있다.

여러 다양한 층위와 종류의 개념들의 지속적 타협과 발전 과정을 의미하는 결속성은 따라서 텍스트 자체보다는 이를 산출하고 수용하는 마음의 자질에 있다. 각 담화 영역discourse domain 특유한 어휘 지식과 문법 처리 단서들의 도움을 받아 인지적으로 구축되는데, 국부적 단계와 전국적 단계인 두 단계에서 전개된다.

문학 커뮤니케이션에서 결속성은 우리가 언어 예술을 통해서 새로운 삶의 통일성, 새로운 자아 발견을 경험할 때 가능하다. 가령 은유작용은 어떤 한 경험을 다른 경험을 통해서 이해하는 것이며, 상위에서 새로이 구조화 된 스키마를 부여함으로써 새로운 삶의 통일성, 결속성을 창출한다. 그래서 새로운 은유는 역시 새로운 의의의 결속성과 일관성의 성립을 뜻하며, 이는 또한 새로운 현실 경험의 새로운 구조화를 경험케 한다(Lakoff & Johnson 1980: 235 참조). 쿡(Cook 1994: 191)은 담화 행위에 개재하는 스키마와 그 새로운 구조화를 다음 그림과 같이 가려내고 있는데, 이는 물론 문학 커뮤니케이션의 스키마 갱신의 성격도 아울러 보여준다.

쿡에 의하면 담화의 주요기능은 인지적 스키마 변경을 가져오는 데 있다. 특히 문학 담론에서 스키마 갱신schema refreshing은 작품 특유의 새로운 결속성을 이루게 하는 문학의 본령이다. 문학의 즐거움, 현실

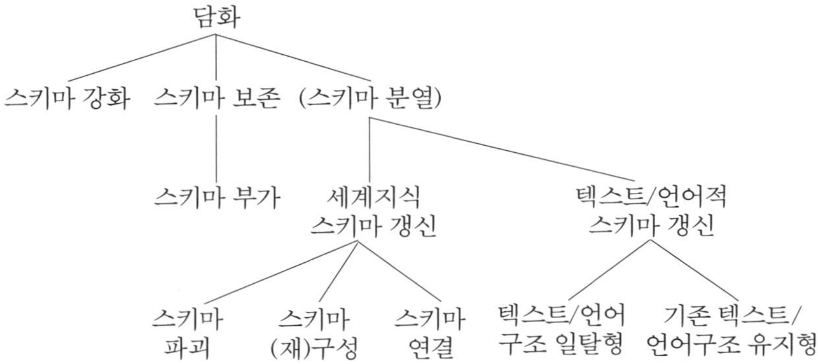

(Cook 1994: 191 참조)

도피감, 심오함, 고양된 의식 등의 감흥은 바로 이러한 스키마 갱신에서 비롯되며 문학이 사회적으로 존중되는 이유도 바로 여기에 있다.

스키마 변경의 정도나 질은 텍스트 자체보다는 독자들의 몫이다. 두 차원에서 논의될 수 있는 스키마 분열/갱신은 세계지식 스키마world schema 갱신과 텍스트 언어상의 스키마 갱신이다. 문학담론은 스키마 갱신에서 비롯해 결국엔 그 스키마 강화reinforcing를 기하는 것이며 담론의 스키마 변형기능의 극대화를 가능케 한다. 문학작품 외에도 스키마 갱신의 기능을 기도하는 담화유형에는 광고, 농담, 코미디, 낙서 등도 포함된다.

4.2.2. 맥락 함축과 해석

문학 텍스트에서 결속성은 이와 같이 중의적이며 다차원적이고, 지시성이 불명확하다. 이는 읽기 과정에 있어 1) 우선은 텍스트 자체가 제공하는 명제들을 지각해서 담화 처리한 다음 2) 독자의 배경지식에서 오는 맥락 정보 속에서 다시금 새로운 명제들이 창출되기 때문이다. 텍스트 자체가 제공하는 명시의미explicature와 독자가 제공하는 맥락 정보와의 합성은 새로운 맥락 함축의미implicature를 낳고 이들은 작품 해석에 당연히 동원되어 작품의 새로운 결속성을 탐색 · 경험케 한다. 예시 '목계 장터'의 두 시행에서 얻어지는 명시의미와 맥락 함축의미를 가려 보자.

1. 본문 명제(=명시의미) : (전제1)	하늘은 날더러 구름이 되라 하고 땅은 날더러 바람이 되라 하네
2. 맥락 정보(독자 제공) : (전제2)	구름과 자연은 무위자연의 정처없이 떠도는 거리칠 데 없는 자연물이다.
3. 맥락 함축의미 : (결론)	그러므로 우주는 날더러 이 세상 모든 인연에서 풀려나 집착을 버리고 무애無碍의 경지에 들라 한다.

슈미트(Schmit 1983: 255)가 작품의 해석 과정을 가리켜 하나의 구성적 과정이라고 일컬은 것은 바로 이러한 의미에서이다. 의미는 텍스트에 있는 것이 아니라 참여자(독자)의 능력과 의지에 입각한 하나의 구축 과정에서 참여자가 텍스트에 부여하는 것이며, 이는 또한 **문학성**이 곧 텍스트의 속성이라기보다 텍스트 처리자의 성향에 달려 있다는 것을 의미한다. 텍스트의 이해란 곧 텍스트에 대한 의미 부여이며, 해석 과정은 텍스트가 제공하는 개념 구조와 참여자의 경험 세계로 이루는 개념망, 그리고 어떤 프레임들이 상호 어떤 관련성을 지니며 활성화 되느냐를 결정해 주는 개인의 전기적傳記的, 사회적, 문화적 경험에 의존하는 하나의 의미 구축 과정이다.

맥락 함축의미야말로 새로운 의미나 명제의 탄생이며, 독자 자신이 텍스트와 컨텍스트에서 논리적 관계를 바탕으로 합성적으로 도출하는 새 정보다. 과거 문학연구 모델들은 발화의 의미내용과 그 논리적 결과,

즉 함축의미의 생성으로 가미된 의미내용을 구별하지 못했으며 바로 이 점이 문학의 합리적 연구 모델이 이루어지지 못했던 이유라 하겠다.

추론을 통한 텍스트의 수용 과정은 적어도 다음과 같은 맥락 함축의미의 생성으로 설명할 수 있을 것이다:

작자의 텍스트 제공 명제	+	독자 제공 명제 (맥락 정보)	⇒	맥락 함축의미 (합성적 신 정보)

스퍼버 · 윌슨(Sperber & Wilson 1986, 1995)은 비록 언어의 부정확성과 무한수의 맥락 정보라는 어려운 문제가 있더라도 해석에 있어 어느 정도 체계적, 원리적 해결 방법이 가능함을 그들의 **적합성 이론**으로 설파하고 있다. 즉 한 언술의 맥락 함축은 전단계 이해 행위 결과로 얻어진 새로운 컨텍스트에서 또 다시 창출되는 신정보이며, 이는 바로 작품의 해석에 기여하는데, 해석이란 이미 처리된 한 묶음의 구 정보에다 또 하나의 새로운 텍스트 언술과 그 관련 맥락 정보가 첨가됨으로써 다시금 새로운 맥락 함축을 얻어 내는 작업이다.

'목계장터'의 결속성을 살펴보면 우선 시제詩題 '목계장터'에서 나루터 프레임, 장터 프레임 그리고 '목계'라는 시인의 아호로서 떠올리는 그의 원망願望, 생의 굴곡, 마음의 풍경 등이 떠올려진다. 이 시의 주되는 **제어중심 개념**은 하늘, 땅, 산, 강을 들 수 있으며, 이들이 권고하는 바 '나'의 바람직한 모습은 무애無碍의 경지를 자유로이 떠도는 구름, 바람, 들꽃, 잔돌들처럼 저 낮은 곳에서 항심恒心을 가지고 오래 오래 견딜 수 있는 모진 생명력을 상징하는 지극히 평온한 것들이고, 이를 인간계의 직능이나 정신 세계로 다시 표출하자면 정처없이 떠도는 장사치인 빛 바랜 방물장수나 천치(진)스러운 떠돌이가 될 것이다. 시의 결구인 15, 16행에서는 하늘의 바램(구름)을 땅의 바램인 바람으로 대치하

권고의 주체와 바람직한 〈나〉의 변모 :

〈나〉의 변모 / 권고 주체	자연계	인간계	(환언)
하늘	구름(1)	방물장사(7)	바람
땅	바람(2)		
	잔바람(4)		
산	들꽃(8)	천치(13) 떠돌이(14)	잔돌
강	잔돌(9)		

고 산의 바램(들꽃)을 강의 바램인 잔돌로 환치함으로써 반복과 생략과 환언의 절묘한 일치를 자아내며 '나'와 자연의 합일을 절실한 바램으로 휩싸며 목계나루 장터의 낭만을 피워 낸다.

각 행에서 어느 정도의 불연속성, 애매성을 보이는 표현들은 그 명시의미들[1]explicatures을 쉽게 복원할 수 있다:

시행

③ 청룡(같은 청회색 구름) 흑룡(같은 먹구름)들이 말끔히 가신 비 개인 나루

④ (하찬은) 잡초나 (흔들어) 일(으켜)깨우는 잔바람이 되라네

⑤ 뱃길이라 서울({부터/에서}) 사흘(이나 걸려 온) 목계나루에

⑥ 아흐레({나/를} 묵어 가며) 나흘(째나 고객을) 찾아(다니며) 박가(가 만들어 파는 화장품)분(을) 파는

⑦ ({희미한/따가운}) 가을볕(마저)도 (나로 하여금) 서러운 (신세타령이 나오게 하는) 방물장사(가) 되라네

1 명시의미: 명시적으로 전달되는 발언의 의미나 상정 내용. 발언의 의미표상에다 맥락정보를 기초로 중의성 제거, 지시대상 부여, 의미보충이 이루어진 연후, 하나의 명제 형식이 확정되고 명제적 태도도 선택된 바로서, 명시적으로 소통되는 의미내용 (cf. Sperber · Wilson 1986, 1995)

⑧ 산(속) 서리(가) 맵(고 몹시) 차거든 풀 속에 얼굴(을) 묻고

⑪ 물(이) 여울(목에서) 모질(게 구비쳐 흐르)거든 바위 뒤에 붙(어 의지해 있)으라네.

⑫ 민물새우(찌개가) 끓어 넘는 (냄비를 놓고 둘러앉은 기와집 대청마루가 아닌 좁은) 토방 툇마루(에서)

총체적인 병행 구조인 '날더러 … 이 되라 하네'는 내 마음은 실상 지금 그렇지 않(못 하)다는 아쉬움의 토로가 여운으로 남는다.

텍스트와 독자가 합성적으로 제공할 수 있는 맥락 함축의미implicatures를 가려 보면 다음과 같다:

③~④ 나루터의 폭풍우 휘몰아치듯 심각한 사태가 가라앉은 바로 뒤에 날더러 평온한 잔바람이 되 보라 하니 어려운 또는 의외의 주문이라네.

⑤~⑦ 긴 시간이 걸려 지쳐서 찾아 든 목계나루 장터에서 또다시 서러운 신세의 빛바랜, 유행에 뒤지고 시대에 뒤진 (한 가지 물건을 전문으로 파는 이가 아닌) 방물장사가 되라네.

⑧ 야생의 소박한 그러나 생명력이 강한 들꽃의 고고한 존재 가치를 누려 보려나.

⑨ 강에서는 그 크기가 문제되지 않는, 물을 맑혀 주는 잔 돌맹이가 더욱 중요하다.

⑬~⑭ 주기적으로 3년에 한 일 주일쯤은 멍청히 쉴 수 있게 마음을 비워 보라네

그밖에 개념들의 확대 활성화spreading activation가 보이는 대목은 다음과 같다:

③ 혼란스러운 사회상이나 어떤 심각한 사건이 진정된 후

④ 인생에 있어 하찮은 자디잔 일거리나 직능을 가져 보라지만 그것 역시

매우 가치가 있을 수 있는 일이 아닌가

⑦ 가을볕이 서러운 것은 이제 곧 겨울이 가까이 오고 있음을 알리는 계절이기 때문인가 ; 엷은 햇볕이 으스스 추운, 아니면 따가운 가을볕 때문인가

스퍼버 · 윌슨의 적합성이론 『인지적 화용론』은 맥락 함축의미와 관련된 이러한 해석 과정의 이론적 기틀을 제공했다는 점에서 성공적이라 할 수 있으며, 우리는 텍스트 언어학의 결속성 문제를 다루면서 인지화용론적 적합성 이론을 도입해 해석 문제를 아울러 고찰해 보았다.

4.3. 의도성과 용인성

의도성과 용인성은 청 · 화자의 태도와 관련된 텍스트 기준이다.

4.3.1. 의도성

말이란 어떤 목표를 지닌 화자의 의도 표명이다. 의사소통에는 반드시 의도와 관련된 화자의 태도가 비쳐지게 마련이며, 이는 두 차원에서 논의될 수 있다. 우선은 모든 요건을 최소한 다 갖춘 텍스트 자체를 성립시키겠다는 의도로서, 표층 차원에서나 내용 면에서 발화의 일관성이 기해진 텍스트를 의도한다. 그러나 궁극적으로 의도성은 텍스트 전체가 화자의 목표를 달성하기 위해서 사용되는 모든 방식에서 찾아진다.

담화 행위는 당면상황과 참여자들의 지식 상태, 사회 상태, 감정 상태에 변화를 가져오는 것으로서, 참여자들의 목적을 이루기 위한 플랜plan에 대하여 담화가 도구로서 사용됨을 뜻한다. 목표를 이루기 위한 플랜 작성자의 입장에서 상황 점검이나 상황 관리를 도모해 플랜을 실행하는데, 대화의 경우 참여자 쌍방 간의 상호 협동에서 이루어진다는 뜻에서 대화의 플랜은 상호적 플랜 작성interactive planning이 된다.

본래, 말에는 청 · 화자가 기본적으로 서로 지키려는 **협동의 원리**Cooperative Principle(Grice 1975)가 작용한다:

> 협동의 원리 : 당신이 나누고 있는 대화가 지금 그 상태에서 지향한다고 인정되는 목적이나 방향의 요청에 기여하도록 만들라.
>
> (Grice 1975: 45)

필요한 만큼의 정보량만 제공한다는 **양量의 격률**, 진실한 내용만을 제공한다는 **질質의 격률**, 목적 · 주제 · 상황에 적합한 것만을 다룬다는 **관계의 격률**, 그리고 텍스트 내용을 배치하고 전달하는데 있어 의도가 명쾌히 드러나도록 애매성, 중의성을 피하고 간결하게 순서대로 표현한다는 **표현 방법의 격률** 등 4개 항목이 이 협동의 원리를 이룬다. 의도적으로 이들 중 어느 한 격률을 어긴다는 것은 곧 새로운 함축 의미를 산출하기 위한 것으로 본다.

인공지능 분야에서도 담화를 하나의 계획된 '플랜 행위'로 보고 '플랜 구조'와 '플랜 인정'의 개념들을 활용하고 있다. 더욱 집단적 사회행위로서의 공동 플랜, 즉 집단적 의도성, 지향성의 성격도 규명하려 한다. 문학에서 특히 집단적 지향성은 중요하다. 집단적 담화 행위가 비록 개인의 담화 행위의 집합이기는 하나 그 지향성은 개인 의도로 축소될 수 없으니 문학에서 원초 개념은 어디까지나 집단적 지향성에 두어져야 할 것이다.

이러한 지향성 또는 의도성은 인간의 논리적 사고의 입력소인 동시에 곧 출력소이며, 실질적 추론 행위의 방향을 조정하는 강력한 텍스트성 기준이 된다.

단편소설 "고욤나무"(정지아 1996)에서 화자가 어릴 때 다니던 '봉산약방' 아줌마를 회고하는 대목이 있다. 아래와 같은 상황 점검 또는 상황 관리(본문 4.4 참조)를 위한 비표준적 말투의 언술은 모두 약방 아줌마 자신의 의도를 성취하기 위한 플랜에서 나온 것이며, 이 단편의 1인칭 화자 역시 이러한 텍스트 재료를 통해 약제사의 도덕성이나 책임감 등의 차원에서 자신이 경영하는 약국과 대비시키고자 한다.

예 1)

		[의도/플랜]
약방 아줌마 :	워디가 워치게 아픈디?	(상황 점검)
[환자들의 끝없는 주절거림]		(약을 지어 받기 위한 환자들의 플랜)
약방 아줌마 :	i) 이거 갖다 먹어 봐.	(환자의 주절거림을 한마디로 끝내기 위한 상황 관리)
	ii) 병원에 가 봐야 쓰겠구만.	(조제를 거절하는 상황 관리)
환자 :	아이고 아줌씨. 존일로 우리 쪼까 살려주새오이.	(병원 출입을 될수록 피하기 위한 환자의 상황 점검)

한편 시 '목계장터' 의 의도성은 전통문화의 재창조 및 기층민에 다가서는 진솔한 삶과 무위자연을 지향하는 시인의 자아탐색에서 아울러 찾아진다. 물론 이 시에 깔려 있는 저항 의식은 반복되는 '날더러…… 되라 하네' 의 통사 구조와 더불어 텍스트의 모든 명제들이 이를 명시적으로 전달하고 있다. 실로 의도성 또는 지향성은 논리적 사고의 입력소인 동시에 더욱 그 출력소로서, 꾸준한 화자의 태도 표명이다.

4.3.2. 용인성

어떤 말이나 글이 외적으로는 비록 불충분한 형식을 취했거나, 내용의 명확성이 없을지라도 청 · 독자의 입장에서는 하나의 완전한 텍스트로 용인코자 하는 긍정적 마음가짐이 작용한다. 텍스트 이해에 있어 사소한 불연속성이나 장애 요소가 있어도 문제 해결 능력 또는 추론 능력을 동원해 비문법성, 생략 부분, 불합리성 등을 해결하고 정상으로 회복하려는 수용자 측의 노력이 있다. 텍스트의 생산과 수용은 하나의 개연적 조작이며 문법이란 퍼지fuzzy한 일련의 지침일 뿐, 문법성도 어디까지나 정도의 문제이니, 실제로 중요한 것은 어떤 한 문장을 성립시키게 되는 그 맥락이다. 따라서 '문법성'은 절대적인 것이 아니며 다른 요인들과의 상호작용 속에서 성립시키는 용인성의 일 부분일 뿐이다. 문장의 범위를 넘어서 구체적 상황 맥락 안에서 생산되는 텍스트에서 용인성은 더욱 그 개념이 명확해진다.

더욱 문학 담론의 복합적 구조나 다성성多聲性과 관련해서 적합한 맥락을 독자 스스로 선택하여 텍스트 세계를 구축하는 데는 용인성이 그 기반이 된다. 스퍼버 · 윌슨의 적합성 이론은 담화에서 적합성이란 이미 주어진 것이며, 청 · 독자의 몫은 무한히 열려 있는 맥락에서 가장 적합한 하나의 맥락을 선택하는 일이라고 지적한다. 가령 '목계장터 5, 6행'을 성립시키는 맥락은 독자 스스로 결정해야 한다.

용인성은 다름 아닌 텍스트 각 어사들의 맥락적 적합성의 인정이요, 어떤 담화도 이미 자체의 적합성의 준거를 지니고 있음을 당연시한다. 이는 바로 '적합성 원리the Principle of Relevance'와 일치하며 특히 시텍스트에서 가장 두드러진 문제인 내용의 불연속성에 대한 독자들의 탄력적인 수용 태도야 말로 그 대표적인 사례가 될 것이다.

4.4. 상황성 및 상황 점검과 상황 관리

상황성은 하나의 텍스트를 현재의 담화 상황 또는 복원 가능한 상황에 적절히 관련지어 주는 요인을 말한다(Beaugrande & Dressler 1995: 243). 담화자들은 텍스트를 사용해서 중간 조정(상황 점검 또는 관리)을 함으로써 담화 목적을 이루고자 하는데, 목적을 위해 대상이나 사건에 대한 단순한 기술을 할 수도 있고 또는 물음을 던지고 이에 답함으로써 상황이나 사태를 점검하는 것을 **상황 점검**situation monitoring이라 한다. 가령 정지아의 단편 "고욤나무"의 첫머리는 다음과 같은 상황 점검으로 시작된다 :

예 2) 그는 언제나처럼 서서히 밀려나는 어둠의 뒷자락을 보고 있었다. 창문 쪽의 가구들부터 지난 밤의 어둠을 털고 하나둘씩 되살아났다. 마침내 구석진 책상 위에 놓인 시든 국화꽃에도 희미한 빛이 내려앉았다.

"고욤나무" 첫머리에서

또한 김동기(1996)의 희곡 "꿈꾸는 연습"에서 여주인공이 세상을 "그 누구를 위한 것도 아닌 그저 어린아이의 종잡을 수 없는 심술 같은 것이었어요"라고 점검하고 있으며 삶이란 하나의 "꿈꾸는 연습"장이라는 결론을 내린다:

예 3) 그래요. 어쩌다 절망하지도 못하고 그렇다고 붙잡을 어떤 희망의 부스러기도 없을 때 차라리 악이라도 써야 했어요. 그러나 이젠 기다리는 것이 끝내 오지 않는다 해도 상관하지 않겠어요. 꿈으로만 살 수 없다는 것을 알지만 그렇다고 꿈이 없는 세상은 더 살 수 없으니까요. 후후후하하하. (반복한다)

"꿈꾸는 연습"에서

화자와 청자가 현재 일어나고 있는 상황에 대해서 서로 다른 개념을 지닐 때 빈번히 일어나는 것은 설명이나 기술의 상황 점검이지만, 텍스트 생산자가 자신의 목표에 부합하도록 상황을 바꾸고 조정해 나가기 위해 텍스트를 사용하는 것은 **상황 관리**situation management라 한다. 실제로는 상황 관리가 목적이면서도 단순한 점검을 가장할 수도 있다. 이는 상황을 원하는 방향으로 끌고 가기 위해 특정 플랜을 세워 이를 시도하는 것인데, 가령 희곡 "꿈꾸는 연습"에서 작자는 하나의 극적 사건과 그 진전을 통해 독자로 하여금 인생이야말로 하나의 꿈꾸는 연습장이라는 실감을 갖도록 텍스트를 통해 유도해 간다. 즉 치밀한 플랜으로 산출된 이 희곡은 등장 인물, 특정한 때, 그리고 무대 상황을 설정하고 여기에서 벌어지는 극적 사건과 일련의 대화(상황 점검)를 통하여 독자로 하여금 마침내 인간의 삶이란 무채색 풍경에서 벌리는 꿈꾸는 연습일 뿐, "결국 제자리에 돌아오는 몫은 언제나 그 2차원 무채색 풍경일 뿐"임을 절감케 한다.

상황 관리의 예는 또한 일정한 목표를 위해 상황을 바꾸려고 삽화적 episodic 텍스트를 사용하는 데에서도 볼 수 있다. "꿈꾸는 연습"에서 '나'가 끌어들이는 공원의 떠돌이 개에 관한 에피소드는 대상으로 하여금 '나'의 제의를 받아들일 수밖에 없게 한다.(지면 관계로 예문 생략)

4.5. 정보성 및 그 격하와 격상

수용자에게 제시되는 텍스트 정보는 텍스트 성립의 한 주요 기준으로서, 매우 새롭거나 의외의 신정보일 수도 있고, 이미 알려진 구정보이거나 충분히 예측 가능한 것일 수도 있다. 정보성의 논의는 내용 면에서는 물론이려니와 언어 체계의 모든 층위에서 논의될 수 있으니, 어떤 표현이 음운 · 통사 · 어휘층에서 수용자에게 얼마만한 주의 집중 대상이 되는가에 따라 정보성에 대한 부차적 요인이 될 수 있다.

"고욤나무"에서 '아줌씨, 아줌씨'는 동리 약방에서 약을 조제해 주는 여인에 대한 통칭으로, 그 격格과 전문성의 부실함을 잘 나타내 준다. 통사 · 어휘층에서의 의외의 만남은 참신성을 더해주면서 흥미를 유발한다 : "시든 햇살을 등에 지고," "305호의 뒷모습" 등("고욤나무"에서).

발화체의 일반적 개연성probability을 놓고 높고 낮은 정도의 3단계 정보성을 가려 볼 수 있는데, **제1차 정보성**은 결속 구조나 결속성 그리고 플랜 측면에서 가장 정상적이고 예측 가능한 자료일 때를 말한다 :

> 예 4) 방에서 약국으로 연결되는 문에 서서 정면으로 보이는 것은 흰색 블라인드가 가려진 창이었다. 왼편 벽면에는 다섯 개의 칸으로 이루어진 진열대가 천장 바로 밑까지 닿아 있었고…… "고욤나무" 에서

위 묘사는 약국 안의 사물들의 위치를 나열한 자명한 내용들이며 각별한 주의 대상이 안 되는 평범한 내용과 어순과 기능을 갖는다. 이와 대비되는 다음 묘사는 주의를 요하는, 개연성이 그리 높지 않은 발화체로서 즉 **제2차 정보성**을 얻게 된다 :

> 예 5) 그는 계속해서 다리를 흔들었다. 그러나 그의 몸은 여전히 약국 유리문 안, 그 안의 약제실 창안에 갇힌 채였다. 어떤 물고기도 저 창을 뛰어넘을 수 없으리라는 것을 그는 알고 있었다. 칠흑같은 심해에 사는 물고기들은 대륙붕의 낮은 압력과 햇살을 견딜 수 없었다. 마찬가지로 연안의 물고기들이 심해로 내려가면 압력 때문에 터져 죽고 만다. 결국 물고기도 사람처럼 제가 사는 곳에서만 살 수 있는 것이다. 약국은 그의 바다였다.
>
> "고욤나무" 에서

위 글은 약국 조제실 안에서 심해의 물고기처럼 외계와의 차단 속에서 안정을 누리는 약제사를 묘사함으로써 흥미를 유발하며 우리의 상상력을 자극할 수 있는 제2차 정보성을 보인다. 약제실을 벗어나지 못하는 약제사와 심해어를 비교함으로써 이해의 지속성을 꾀하고 있다.

의사 소통에 저해를 가져올 수 있을 정도로 연결 관계가 낮은 발화체를 **제3차 정보성** 텍스트라 하는데, 이는 규정적 지식에 어긋나는 발화체로서 이러한 텍스트는 그 동기 탐색을 거쳐 2차 정보성으로 격하하여

이해의 연속성을 기해야 한다.

> 예 6) 그는 305호의 시선을 받은 고욤나무가 어느 순간 찬란하게 빛나는 것을 보았다. 305호는 오래도록 나무의자에 기대앉아 고욤나무를 보고 있었다. 그는 305호가 바다 속 깊이 내려앉아 캄캄한 어둠 속에서 헝클어진 자신의 내면을 들여다보고 있음을 느꼈다. 그는 순간 심해에 사는 물고기 치고 빛을 내지 않는 것은 없다고 생각했다. 비록 찰나일지라도 단 한 순간쯤은 모든 물고기가 지금까지의 어둠 전체를 밝히고도 남을 찬란한 빛을 발하는 것이라고. "고욤나무" 에서

305호 아파트 남자는 무심코 서 있는 고욤나무를 눈여겨 보면서 자신의 어두운 내면을 밝히고도 남을 찬란한 빛을 발견한다. 즉 어떤 깨달음에 이르는 순간의 포착이다.

3차 정보성 글의 동기를 탐색함에 있어 전향적, 후향적 격하downgrading 또는 격상upgrading이 가능하다. 다음 예 7)은 바로 위 글 예 6)의 정보성의 후향적 격하를 가능케 한다. 즉 예 6) 텍스트의 3차 정보성은 앞선 부분 예 7)로 되돌아가서 그 동기를 찾을 수 있다 :

> 예 7) 사람의 눈길을 끌기에는 이파리도 열매도 볼품이 없는 편이었다. 그러나 사람들이 쳐다보지 않아도 고욤나무는 늘 그 자리에서 잔바람을 이기며 누구보다 두툼하고 싱싱한 잎사귀를 피워 올렸다. 햇빛 때문이었을까. "고욤나무" 에서

고욤나무의 흔들리지 않는 존재에 시선을 집중시킨 305호 남자의 내면은 한순간 심해어를 닮아 빛을 발하게 됨을 화자인 약제사는 감지한다. 텍스트의 훨씬 더 앞부분 예 5)에서 약제실 속에 갇혀 사는 약제사 자신을 심해어에 비교한 대목 역시 예 6)의 정보성의 후향적 격하를 가능케 한다. 이렇듯 화자인 약제사 자신과 고욤나무, 그리고 305호 남자

역시 모두가 삶의 조건으로서, 아니 한 존재의 특권으로서 스스로 빛을 발하는 가능성을 안고 있다는 메시지를 얻게 된다.

우리의 일반적인 기대나 개연성의 근거는 우리가 경험하는 현실 세계에서 온다. 현실 세계의 보편적 경험이 기준치가 되고 이에 따라 정보성의 차원이 가려진다. 또한 언어의 구성적 측면에서는 적형성well-formedness이 기준이 되며, 인지적 측면에서는 억양, 어순에 따라 정보성이 좌우된다. 정보성을 좌우하는 또 하나의 강력한 요인은 텍스트 유형이다. 가령 시텍스트에서 소위 시적이라고 여겨지는 상투적 시어들은 오히려 예측되는 바로서 여타 텍스트 유형에서보다는 그 정보성이 떨어진다고 말할 수 있다.

코텍스트cotext(앞선 말·글) 역시 기대와 관련되어 정보성을 좌우하게 되는데, 어느 한 유형의 문체가 일관성 있게 쓰이다가 갑자기 낯선 패턴의 다른 문체가 도입됐을 경우 정보성의 격상을 의미할 수 있다. 가령 "고욤나무"에서 다음 말투는 1차에서 2차 정보성으로의 격상을 가져온다:

예 8)	손님 :	아줌씨, 아줌씨
	약방 아줌마 :	워디가 워치게 아픈디?

즉 상대를 불문하고 "찍어누르는 듯한 반 말"을 사용하는 약국 여인의 말씨야 말로 환자에 대한 그녀의 무차별하고 만용에 가까운 조제 행위와 무책임성, 양심의 부재, 정서적 불감증 등을 엿보이게 한다.

4.6. 상호텍스트성 및 텍스트 유형과 구성 스키마

4.6.1. 상호텍스트성Intertextuality

모든 텍스트는 이를 생산하고 수용하는 과정에서 텍스트 사용자가 이미 지니고 있는 사전 지식에 의존한다. 즉 참여자들은 여타 텍스트 지식에 의존해서 주어진 텍스트를 생산도 하고 수용도 할 수 있으며, 그 모든 방식을 포괄해 상호텍스트성intertextuality이라 칭한다. 이는 에피소드어語처럼 사연이 있는 어휘 한 마디와 관련된 문제일 수도 있고 텍스트 인유引諭처럼 잘 알려진 기존 텍스트 전체를 통해 당면 과제를 산출 · 처리할 수도 있다. 또한 여러 텍스트가 일정한 전형적 특성을 공동으로 지니고 있는 어느 한 텍스트 유형text type을 이루면 이들 텍스트들은 동일한 생산 · 수용 책략에 관여한다.

상호텍스트성 관계에 있는 텍스트들은 중간 조정을 거쳐서 현재 처리 중인 텍스트에 각기의 지식을 서로 주입시킬 수 있다. 더욱 현재 처리 시점과 과거 이를 수용했던 텍스트 처리 시점의 처리 행위의 간격이 크면 클수록 중간 조정의 폭도 커진다.

에피소드 어들episodic words은 현재 처리 중인 텍스트에 처리자의 배경지식에 바탕을 두는 다채로운 의미 내용을 들여올 수 있으니, "고욤나무"에서 '칸트'선생이나 "목계장터"에서의 '박가분' 등은 우리 기억 속에 들어 있는 이야기 텍스트를 현재 처리 중인 텍스트에 들여옴으로써 작품의 부피와 분위기에 기여한다. 시계와 같이 정확한 산책 시간을 지켰다는 철학자 '칸트'의 일화는 널리 알려진 바이고 "목계장터"의 '박가분朴家粉'은 박씨 가문(현재 두산그룹의 전신)에서 처음 만들어 가가호호 방물장사로 하여금 팔게 한 근대 화장품의 효시인 고형 분粉이다. 지금은 사라진 우리 전통문화의 한 면모를 텍스트 세계로 들여오는 단서가 될 수 있다. "목계(장터)" 역시 시의 제목이자 시인 신경림의 아호임을 상기할 때, 그리고 조선조 영남으로 세곡을 쌓고 나르는 가흥창可興倉 터의 건너편 나루임을 상기할 때, 시인이 그리는 고향의 여운이 남아 있는 나룻가 장터라는 시텍스트 자체의 장場으로 중요해지며, 더욱 시인 자신의 궁극적인 자아 탐색의 장임을 제목으로서 제시한 셈이다.

원리적으로는 텍스트 생산자가 기존의 어떤 텍스트라도 인유text allusion로 활용할 수 있다. 그러나 처리 노력을 줄이며, 쉽게 이해되기 위해서는 흔히 잘 알려진 텍스트가 활용된다. 한 예로써 1600년대 크리스토퍼 말로우의 정열적인 시 '목동이 그의 연인에게'는 월터 롤리경의 '목동에게 주는 님프의 화답'이라는 반박의 시를 낳았고, 이는 1912년 죤 단이 쓴 풍자시, 그리고 세실 데이 루이스가 1935년에 쓴 파괴적인 또 하나의 시를 낳게 되는데, 이들은 모두 상호텍스트성의 개념을 뒷받침하는 텍스트 인유의 예들이다(Beaugrande & Dressler 1995: 282). 우리의 고전 '춘향전'이 여러 시각에서 뿐 아니라 시대 변천에 맞추어 여러 장르에서 재구성되는 예도 바로 이러한 상호텍스성에 연유한다.

4.6.2. 텍스트 유형

일정한 전형적 특성을 공유하면서 동일한 생산·수용 책략에 관여하는, 즉 상호텍스트성 관계에 있는 텍스트 유형들은 기능적 노선에서 규정된다. 가령 기술적 텍스트descriptive text는 대상물이나 상황의 지식 공간을 풍부하게 하는데 기여하며, 속성, 상태, 사례, 특정화의 개념 관계들이 활발하다. 공통적으로 적용되는 인지패턴은 프레임frame이 우세하다. 이야기 텍스트narrative text는 행위와 사건이 각별한 순서로 배열된 텍스트로서 원인, 이유, 목적, 실행 가능화, 시간의 인접성 등의 개념 관계가 주가 되며, 지식 패턴은 스키마schema가 활발한 경향을 보인다. 쟁론 텍스트argumentative text는 어떤 신념이나 아이디어의 진위성 또는 긍정·부정적 수용이나 평가에 주로 관여하되 이유, 의미, 의욕, 가치, 대립 등의 개념 관계와, 플랜plan과 같은 지식 패턴이 활발히 사용된다(Beaugrande & Dressler 1995: 278).

텍스트 유형은 일련의 정신적 기제로서 우리의 인지작용에 깊숙이 관여하며, 일정 방향에서 작용하도록 미리 마련된, 오랫동안 축적되어 온 적응 기법이다. 이는 언제나 일관성 있게 상황 맥락을 다루도록 지침을 제공하는데, 유형이 바뀌면 적응 기법이 달라지고 이에 대한 반응도 달라져야 하며, 언어외적 현실 상황도 달리 다룰 수 있어야 한다. 장르를 통해 우리는 예정된 반응을 보임으로써 처리 노력을 줄일 수 있고, 쑤르(Tsur 1992: 10)가 지적하듯이 한 텍스트에 대한 우리의 적응 방식이 적절한지 여부에 대해서도 텍스트 유형의 개념을 가지고 어느 정도의 확신을 가질 수 있을 것이다.

4.6.3. 문학 텍스트와 구성 스키마

문학 텍스트는 이상의 여러 텍스트 유형들이 혼합된 특수 장르로서 제2장에서 논의된 바와 같이 현실세계와는 일정한 원리를 바탕으로 대체성 관계에 있는 텍스트 세계를 가지며, 상위上位에서 작용하는 구성 스키마constitutive schema와 여타 스키마의 통어를 받는다. 보그란데에 의하면(Beaugrande 1987: 56) 문학은 1) 상위의 구성 스키마가 하위 스키마의 선택과 활성화 및 그 구성을 좌우하는 하나의 의사소통 이벤트이며, 2) 이러한 상위 구성 스키마는 인간의 의사소통에서 핵심 기능을 갖는 정보처리 스키마로서, 문학에서의 가장 강력한 상위 스키마는 대체성 원리the principle of alternativity라고 말한다. 즉 독자는 텍스트를 통해, 이미 수용된 현실이 아닌 또 하나의 대체 세계를 자유로이 또는 기꺼이 연상하고 구축한다. 더욱 시텍스트는 텍스트 언어 자체의 타협성, 대체성을 받아들여야 하는 문학 텍스트의 하위 장르로서, 면밀한 표층 텍스트의 언어적 구성을 통하여 대체성 원리를 바탕으로 독자에게 심미적 경험을 가능케 한다.

문학적 글쓰기는 시공을 초월해서 매개 조정될 수 있는 상당한 자율성을 지니며, 미리 커뮤니케이션이 숙고된 텍스트로서 대체성 원리를 기반으로 텍스트성이 증폭되는 것 외에도, 그 기능에 새로운 차원을 도입해 의미의 객관화를 기할 수 있고, 더욱 우리의 이성과 논리의 증폭마저 가능케 한다(van Peer 1991: 130 참조). 이 때 그 형식은 각별히 부각되고 전경화foregrounding된 것으로서 한 사회를 묶어 주는 새로운 결속력과 성찰의 조직을 낳게 하고, 심미적 즐거움을 체험케 하는 문학성의 준거를 마련한다.

5. 맺는 말

문학 매재媒材로서의 언어 연구에 필요한 것은 텍스트 이론과 추론 이론의 종합이다. 지금 언어의 연구는 통화의 연구로, 텍스트 자체만의 연구에서 텍스트와 컨텍스트의 상관성의 연구로, 그리고 좁은 의미의 언어 능력이 아닌 인간의 총체적 능력을 의미하는 텍스트 사용 능력을 규명하는 학제적 방향으로 옮겨가고 있다. 그리하여 원초적, 사회적, 공적 경험이 어떻게 개인적이고 사적인 기술description 속에 융합되는가, 그리고 시대 정신과 더불어 갱신되는 심미적 기준은 어떻게 적용될 것인가를 밝혀야 한다.

문학 텍스트의 가장 포괄적인 정의는 우리가 현실 세계라고 수용하는 바에 대하여 대체성 관계에 놓여 있는 세계를 제시하는 텍스트라고 말할 수 있다. 대체적 세계 모델은, 일반적으로 수용된 바 현실이 제외시킨, 제한시킨, 아니면 부정해 버린 삶의 어떤 국면이나 가능성, 잠재성을 언어 매재를 통해 제시하고 규명할 수 있는 특성을 지닌다. 그것은 문학이 심미적으로 우리의 지각을 갱신하고 그 새로이 지각된 경험을 통해 고정관념, 편견, 예측에서 우리를 해방시킬 수 있는 담론이기 때문이다. 문학은 사물에 대한 새로운 지각을 강요하고 참신한 욕구와 목표를 위해 우리의 의식 공간을 확충시킨다. 여기서 '상업주의 문학'이 다른 점은 오히려 고정관념이나 기대를 충족시키려 하고 이에 친숙해 있는 미적 욕구를 만족시킬 뿐이며, 익숙한 노선에서 감흥을 재확인하든가 오직 예측된 바 물음들을 제기하고 해답을 줄 뿐이라는 점이다.

경험의 인지적 혁신을 꾀하는 문학적 통화에서는 어떤 사실이나 사상의 진위 문제가 아니라 작품에 대한 무한히 많은 의미를 개진할 수 있게 하는 다양한 해석의 가능성이 있는지 여부가 문제된다(Beaugrande 1988: 365). 일련의 다양한 해석을 허용함으로써 하나의 정립된 의미에 이들을 통합케 하며 텍스트 언어학에서 주장하는 대체성 원리를 바탕으로 실제의 현실과는 다른 차원의 사물과 사상event의 구성을 가진 또 다른 세계를 예측하고 구상하기 위해 텍스트를 사용한다.

구체적 기록물documentary에서 비롯해 가공의 공상물fiction에 이르는 하나의 지속대 어느 한 중간에 자리하는 문학 텍스트는 일상의 현실세계와 어떤 면으로든 관련성이 열려 있고 이를 새로운 관점에서 조명하는 기능을 갖는다. 우리가 일상으로 수용하는 현실세계란 실은 어떤 잠재적 국면이나 관점이 도외시되고 거부된 바로서, 그 제외되고 거부된 또 다른 세계가 우리에게 제시되고 전개될 수 있는 제도가 바로 문학 형식이다. 그러므로 문학은, 특히 시텍스트는 우수하면 할수록 하나의 결정적 해석을 방해하고, 자연스러운 한 가지 이해를 성공적으로 지연시킴으로써 더 높은 차원의 새로운 방향 전환으로 새로운 일치성(내용과 표현의 패턴 일치화)을 성취할 수 있게 한다. 즉 상위의 구성 스키마 작용으로 대체적 세계 모델을 실현케 한다.

이는 마치 새로운 지도地圖를 기존 문화 속에 투사하는 노력에 비길 수 있다. 독자 스스로 새로운 지도에서 새로운 길을 찾아내게 하기 위한 인지적 도구가 곧 문학 텍스트다. 이러한 노력은 독자로 하여금 달리는 표현될 수 없는, 그리고 그대로 지나쳐 버릴 수도 있는 삶의 국면에 대한 새로운 정신적 지도 읽기를 감행케 한다. 이는 독자 측의 적극적 노력 없이는 불가능한 일이며, 그러나 단연코 하나의 길잡이가 될 수 있는 자질을 문학 텍스트는 지닌다.

인지적 화용론에 속하는 '적합성 이론relevance theory'에서는 시적 표상이란 하나의 복잡한 상념으로서, 동시에 액세스 가능한 폭 넓은 일련의 약한 맥락 함축들로 이루어진다고 해명한다. 시적 표상 과정은 여러 차원의 맥락 탐색을 통해서 전형적인 일상의 상정들을 초월하거나 피하며, (대체성 원리와 통하는) 거의 익숙지 않은 새로운 상정에 이르는 탐색 과정이며, 바로 이것이 심미적 경험의 핵심을 이룬다. 스퍼버 · 윌슨에 의하면 시적 효과란 한 언술이 폭넓은 약성 함축들weak implicatures을 통해서 적합성을 기할 수 있을 때 얻어지는 효과라고 정의한다(Sperber & Wilson 1995: 310 참조). 화자가 명백히 의도하는 강성 함축strong implicatures과는 달리 독자는 스스로의 경험을 바탕으로 여러 맥락을 상정해서 화자가 의도하지 못했을 여러 함축 내용을 떠올릴 수도 있는데, 이것이 바로 약성 함축이다. 적합성 원리the principle of relevance와 일치하는 방향에서, 즉 최소의 노력과 최대의 효과라는 인지적 경제 원리를 바탕으로 맥락은 서서히 적합한 일정 방향에서 찾아지며 선택되고 확정된다. 이는 물론 작품 전체를 통합적으로 탐색하는 가운데 기해진다

가령 '목계장터'의 한 시행을 바탕으로 우리 경험과 배경지식에서 도출되는 강성 함축과 약성 함축들을가려 보자.

⑫ "민물새우 끓어 넘는 토방 툇마루"

강성 함축:

1) 대청마루와는 달리 툇마루는 옹색한 자리다.

2) 그러나 오히려 다정하기 짝이 없는 자리이며, 그곳에서 비싸지 않은 민물새우찌개 냄새가 구수하게 난다.
3) 툇마루는 우리 모두가 즐겨 앉았던 전통 가옥의 열려 있는 자리다.

그러나 여러 맥락을 떠올려 다음과 같은 독자 스스로가 만드는 약성 함축을 생각해 볼 수 있다.

약성 함축:
4) 툇마루는 자연계와 인간계를 접속시키는 연결 공간이다.
5) 이는 좁은 공간을 심리적으로 넓게 지각케 하는 집안 공간이다.
6) 즉 자연을 수렴할 수 있는 공간이다.
7) 툇마루의 색깔은 웬지 회색의 으스럼이요 으스럼 정서를 자아낸다.
ㄱ) 그 으스럼 속에서 근심, 걱정, 한恨 따위 정념을 투영 · 승화시키는 공간이 툇마루다.
ㄴ) 고로 요사이 가정생활에서 말다툼이 손찌검으로 잘못 발전하는 것은 아마도 승화 공간인 툇마루가 없기 때문이다.
8) 툇마루는 한 마을에서 이웃간에 정을 다지는 인간적 연결 공간이다.
ㄱ) 지금 우리가 이웃과 친할 수 없는 것은 툇마루 같은 연결 공간이 없기 때문이다. 등등.

(이규태 코너: '툇마루' 조선일보 1996. 2. 9. 참조)

적합성 이론의 약성 함축의 기능과 보그란데가 주장하는 대체성 원리 및 상위구성 스키마의 개념은 같은 맥락에서 이해될 수 있으며 쑤르(Tsur 1992: 5, 12)가 지적하는 '인지 작용의 조직적 반란으로서'의 시적 표현도 같은 시각에서 볼 수 있을 것이다. 시적 방법이란 쑤르에 의하면 비자동적(의식적)으로 새롭게 의식을 떠올리는 방법으로서, 일반 인지 과정에 주어지는 하나의 조직적 반란 행위다. 생각이 아직 재코드화

recodify, 즉 이해되지 않은 불완전한 의식의 지연 상태에서 흔히 간과하기 쉬운 하위 차원의 신체적, 생리적, 심리적 관점이 새로이 의식된다. 즉, 재코드화의 방해나 실패 자체가 하나의 독특한 의식작용을 가져온다. 하위 체계에서의 이러한 좌절은 체계 자체의 붕괴보다는 각 요소들에 대한 참신한 지각을 촉구해서 새로운 심미적 효과를 위해 그들을 재편성하게 된다는 것이다.

문학은 그러므로 인지적 시학에 있어 정상적인 인지 과정의 수정이나 이에 대한 조직적 반란이며, 시적 효과의 핵심은 인지 과정에 대한 방해와 지연, 그리고 이러한 결과를 심미적 목적에 동원케 하는 일이다. 다시 말해 기존의 정상적인 것과는 상이한 원리로 재조직화해서(대체성 원리) 대체적 세계 모델을 만드는 일이다. 이러한 상위에서의 구성적 심리적 처리 기제가 보그란데가 칭하는 구성 스키마이며 이는 심리적 통찰을 촉구하는 하나의 도전이며, 문학으로 하여금 문화적 보편소 cultural universals가 되게 하는 강력한 기제다.

인간이 창조해 내는 문학 작품의 연구는 그 작품을 창조하고 사용하는 인간적 과정에 대한 연구로 통합되어야 한다. 이는 인간의 인지 작용이라는 시각에서 경험의 혁신, 의식의 해방, 참신한 욕구, 새로운 목표 등 우리의 의식 공간을 확충해 나가는 데로 이어져야 할 것이다.

제4장

담화화용론의 제국면

9 담화연구의 텍스트성 이론과 적합성 이론*

김태옥 · 이현호

1. 담화와 언어적 통화

사람들은 담화discourse를 사용하여 언어적 통화를 수행한다. 여기서 담화는 통화자의 의도에 관한 증거의 역할을 담당한다. 담화에 의해서 인간의 언어적 통화 과정은 촉발되는데, 화자는 자신의 의도가 음성적, 통사적 형태로 표상되어 있는 언어적 단서lingustics clues, 즉 담화를 생산하고, 청자는 그 단서를 정보 처리함으로써 화자의 의도를 복원해낸다. 그러나 인간의 언어에는 완벽한 측면이 없다. 이 특질은 물론 불완전한 인간의 본성 자체를 반영하는 것이기도 하다. 그렇다면 한 가지 의문이 떠오른다. 즉, 인간은 완벽하지 못한 언어 단서를 사용해서 어떻게 언어적 통화에 성공하는가? 가령 다음과 같이 가정해 보자. 당신은 지금 도서관 책상에 앉아서 화용론 책을 읽고 있다. 도서관 바닥을 청소하고 있는 사람이 당신 쪽으로 오면서, "선생님, 발이요."라고 발화했다 하자. 당신은 이 상황에서 어떻게 반응하겠는가? 아마도 당신은 두 발을 들어올려서, 그 사람이 당신 발 밑의 바닥 부분을 닦고 지나가도록 할 것이다. 그러나 청소원은 당신에게, "선생님, 발 밑을 닦아야 하니까 발 좀 들어올려 주세요."라고 발화하지 않았다.

불완전한 언어 단서로부터 청자가 자신의 상황에 적합한 바 화자의 의도를 복원할 수 있는 것은, 사람들에게는 즉각적인 추론 과정을 통하여 발화의 함축의미를 복원할 수 있는 능력이 있기 때문이다. 다시 말해서 인간은 현재 처리하고 있는 언어 단서에, 자신이 이미 저장해 지니고 있는 일반 세상사 지식, 맥락 정보, 언어적 지식 등을 보충한다는 것이다.[1] 따라서 인간이 불완전한 언어 자극을 사용해서 어떻게 의사소통에 성공하는가를 알아내려면, 다양한 상정내용들을 형성하고 또 이들을 의사소통에 활용 가능하게 만드는 인간의 추론 능력 및 그 절차들을 규명해야 한다.

언어학을 포함한 인지과학의 여러 분야에서 아직까지 인간이 실제로 의사소통에서 사용하는 인지적 과정의 본질을 철저하게 규명하지는 못했지만, 지금까지 다양한 화용론 이론들이 제안되었고 또 이들이 모두 추론 과정이나 함축의미의 중요성을 간과하지 않는다. 본고에서는 담

---

1 보그란데 · 드레슬러Beaugrande & Dressler(1981: 93-94)는, "인간은 전통적 논리학이 설명할 수 없는 복잡한 추론 과정을 수행할 능력이 있음이 확실하다. 가령 결론으로의 비약, 주관적 유추의 추구가 가능하며, 심지어 아무런 지식없이도 추론할 수 있는 능력 등이 있다. [...] 여기서 중요한 기준은 이런 절차가 논리적으로 부실하다는 것이 아니고, 오히려 일상적 사례에서 충분히 잘 작용하고 있다는 사실이다."라고 논의한다. 그러나 스퍼버 · 윌슨Sperber & Wilson(1986: 70)이 주장하는 바와 같이, "일상적 발화의 이해 과정에서 이 절차들이 충분히 잘 작동하고 있다는 사실이 과연 이들이 무엇인가를 밝혀내는 일로부터 우리를 해방시켜 주지 않는다. 어느 쪽인가 하면, 그들을 기술할 수 있는 기존의 틀이 없다는 점이 우리로 하여금 더욱 그들 성격에 관심을 갖게 만들 것이다".

화를 통한 인간 의사소통에 있어서 핵심적인 기능을 담당하는 인지적 기제, 즉 함축의미, 맥락, 추론 등을 포괄하는 두 이론적 모델, 즉 보그란데 · 드레슬러Beaugrande & Dressler(1981)의 텍스트성 이론 및 스퍼버 · 윌슨Sperber & Wilson(1986, 1993)의 적합성 이론을 개관하고 이들 이론에 의한 담화 자료의 연구를 예시하고자 한다.

2. 텍스트성 이론과 담화 연구

텍스트성 이론textuality theory은 종래에 텍스트 언어학을 구성했던 여러 이론의 틀 중에서 특히 보그란데Beaugrande(1980) 및 보그란데 · 드레슬러Beaugrande & Dressler(1981)에 의해서 발전된 내용을 중심으로 한다. 텍스트성에는 여러 유형이 있고 이들 각각은 모두 인간의 담화를 사용한 통화 행위를 기술, 설명하는 데 동원된다. 따라서 텍스트성 이론을 잘 이해하면 사람들이 평소에 주고 받는 일상적 대화를 포함해서 모든 장르의 언어적 통화 행위를 분석하고 그 통화 과정 전반에 깔린 인간적 본성을 일부라도 이해하게 되리라 믿는다.

2.1 텍스트의 개념

텍스트라는 용어가 언어학자들에게 주목받기 시작한 것은 그리 오래 전의 일이 아니다. 더구나 텍스트의 본질을 반영하는 특성이라는 뜻으로 우리가 사용하는 '**텍스트성**textuality' 이라는 용어 및 그 개념은 담화 이론에 도입되고 연구된 기간이 30년을 크게 넘지 못한다. 코세류Coseriu와 같은 학자가 1950년대 중반에 텍스트성을 진지하게 연구해야 한다는 생각을 피력한 바 있지만, 그 당시에 구조주의의 흐름 속에서 언어를 연구하던 대다수의 학자들은 텍스트라는 연구 대상에 별로 주목하지 않았다.

1960년대에 들어서자 텍스트의 개념에 대한 논의가 조금 구체화되었다. 가령 예름슬레우Hjelmslev(1961)는 직접 텍스트의 개념을 규정하지는 않았지만, 자신의 연구에 '처리 과정process' 과 '체계system' 라는 개념을 설정해놓고, 이들 중에서 처리 과정을 텍스트로, 체계를 언어로 간주할 수 있다는 논의를 전개한 바 있다. 또한 해리스Harris(1964)는 '텍스트' 와 '담화' 라는 두 용어를 구별하지 않고[2]같은 개념으로 사용하였다.[3] 핼러데이Halliday(1973)도 기본적으로 해리스와 비슷한 생각을 갖고 있다. 그의 논의에 따르면

> 문장이 통사적 단위syntactic unit인 데 반해 텍스트는 조작 절차적 단위operational unit다. 문체 연구에 적합한 단위는 어떤 극도로 긴 문장이 아니라 텍스트이다. 텍스트는 기능-의미론적 개념으로서, 길이로 정의될 수 있는 것이 아니다. 그러므로 텍스트적 기능이란 문장들 간의 관계를 확립하는 데 있지 않다. 이는 문장들의 내적 구성과 그 의미 뿐만 아니라 그들이 통화하는 전언 및 전언과 맥락 간의 관계로부터 나오는 것이다(Halliday 1973: 107).

---

2 본고에서는 텍스트와 담화라는 용어를 심각하게 구별하려고 애쓰지 않고자 한다. 그것은 물론 담화 연구자들의 노력이 지금까지 부족했던 점도 있겠으나 아직 이들 두 개념이 대부분의 학자들에 의해서 수용될 정도로 일관성 있는 개념 구별이 되어 있지 않기 때문이다. 이들 중 어느 쪽이 더 포괄적인 개념인가, 또는 각 개념에 관여하는 인지적, 추론적 과정은 어떤 차이가 있는가 등의 문제가 현재 논의 과정에 있다. 자세하지는 않지만 '텍스트' 와 '담화' 의 정의에 관한 논의로는 비타콜로나 Vitacolonna(1988) 참조.

3 그는 언어가 맥락으로부터 고립된 낱말이나 문장으로서가 아니라, 표층적으로나 기저의 의미로 연결된 담화를 통해서 실현된다고 주장한다. 그의 논의를 빌자면, '연속적인 문장들 간에도 관계가 있는데, 이들 관계는 문장 구조에는 나타나지 않고, 다만 연속되는 문장들에 걸쳐 있는 등가성 부류들의 실현 패턴을 통해 파악할 수 있다(Harris 1964: 383).' 고 한다.

이 정도의 논의만 살펴보더라도 텍스트가 문장과 비교할 때 그 길이, 즉 분량의 많고 적음으로 차별화될 수 없다는 점은 분명해진다. 그렇다면 텍스트를 진정으로 문장과 구별짓는 요인은 무엇인가? 헤거Heger(1979), 비러Wirrer(1979), 보그란데Beaugrande(1979) 같은 학자들은 바로 이러한 의문에 나름대로 답하고 있다. 이들은 '문장'의 개념과 관련지어 '텍스트'의 개념을 설명하고자 하는데, 가령 보그란데는 문장을 문법이나 통사론의 체계 안에서 정의할 수 있듯이, 텍스트를 복합적 체계나 그 체계들 간의 상관 관계 속에서 정의할 수 있을 것이라고 한다. 그가 주장하는 바와 같이 만일 문장이 단일 체계적인 특성을 지니고 텍스트가 복합 체계적인 특성을 지녔다면, '일련의 언어 요소로 구성되는 한 발화가 텍스트로 간주될 수 있는 경우는 (i) 그 발화의 체계 내적 구조와 언어 체계의 상관 관계 절차들이 일치되고, (ii) 그 발화의 형성 과정이, 발견 가능한 동기와 일치될 때로 국한된다(1979: 469)'.

이상의 논의에서 알 수 있듯이, 만일 텍스트가 문장과 그 분량을 기준으로 비교될 성질이 아니라면 우리는 텍스트가 지니는 의미가, 그 텍스트를 구성하는 요소(가령 문장들)의 의미를 합한 것과 같다고 봐서는 안 될 것이다. 이러한 관점에서 우멘Oomen(1979)은, 우리가 텍스트를 해석할 때는 그 텍스트의 전반적인 기능을 모두 감안하여 해석해야 한다고 주장한다. 이는 그 자신이 지적하듯이 '텍스트를 그 부분들의 합 이상이라고 정의하는 것은 텍스트에 어떤 총체적인 특성이 있음을 뜻하는 것이다(1979: 274).' 그는 더 나아가서 텍스트에 다음과 같은 변별적 자질들이 들어있음을 지적한다.

① 텍스트는 의사소통의 과정이지만, 문장은 문법의 단위다.
② 텍스트는 동적dynamic 과정인 데 반해, 문장은 정적static 단위이다.

③ 텍스트는 총체적인 특성을 지니는 반면에, 문장은 분해 절차를 통해 분석될 수 있다.

지금까지 인용된 학자들의 생각은 현대 담화 이론에서 논의하는 텍스트의 개념을 상당 부분 반영하는 내용들이다. 그러나 과거에 텍스트를 연구한 학자들 중에는 텍스트를 다만 지극히 긴 문장 연쇄로만 간주하려는 사람들도 있었다. 그들은 텍스트를 그 자체로서 고유의 연구 대상으로 삼을 수 있음을 인식하기는 했지만, 볼머Ballmer(1975)와 파이크Pike(1965)는 텍스트를 문장보다 상위의 구조적 단위로 구분했고, 이젠버그Isenberg(1971)와 분더리히Wunderlich(1974)는 텍스트를 문장 연쇄 또는 문장들의 짝으로 간주했다. 그 당시 여러 언어학자들이[4] 텍스트를 다만 문장보다 큰 단위로 정의하고자 한 것은, 눈으로 관찰할 수 있는 대상에만 주목하려는 기본 정신[5]과 구조주의의 영향을 받은 결과라고 생각된다. 따라서 이들은 텍스트를 연구함에 있어서, 그 구조적 유형을 발견하고 그 유형들을 분류하는 방향으로 나아갔다. 물론 경우에 따라서 텍스트의 연쇄형이나 그 텍스트가 생산된 상황 조건을 포함시키기도 했지만, 일반적으로 텍스트의 구조는 이미 주어지고 현시된 것이라고 생각했다. 그러나 이런 생각은 텍스트가 담화 참여자들의 인지적 조작 절차에 의해 생산, 수용된다는 현대 담화 이론의 견해와 정면으로 대치되는 것이다.

텍스트성 이론을 연구하는 몇몇 학자들[6]이 소위 '텍스트 문법text grammar'[7]이라는 명칭을 제안하고 그 문법 규칙을 찾아내고자 시도했

4 예를 들어 Pike 1967, Koch 1971, Heger 1976 참조.
5 가령 경험주의에 입각한 연구 철학이 여기에 해당될 것 같다.
6 이들은 Rieser, Hartmann, Petöfi, van Dijk, Ihwe, Koeck 등이다.
7 '텍스트 문법' 이라는 명칭은 현대 인지과학적인 관점으로는 부적합하다. 왜냐하면

었다. 그러나 그 결과, 문장 문법과 텍스트 문법 간에는 예상보다 훨씬 더 본질적인 차이가 있음이 드러났다. 문장 문법의 수 많은 규칙이 텍스트를 구성하는 각 문장에 각기 적용되는 것은 사실이지만, 그 텍스트가 총체적으로 '문법적' 이라든가 또는 '적격한' 것이라고 판정할 규준을 발견하지 못한 것이다. 즉, 왜 이 텍스트에는 이런 문장들이 이런 어순과 구조로 나타난 반면에, 이 자리에 왜 다른 어순이나 구조는 나타나지 않으며 어울리지도 않는가 하는 의문에 대한 해답을 찾지 못한 것이다. 따라서 텍스트와 비텍스트를 구별하는 기준은 전혀 발견되지 않았으며, 결국 문장 문법의 규칙은 텍스트 생산과 수용에 작용하는 과정들을 결코 기술, 설명하지 못한다는 점이 규명된 것이다.

텍스트가 문장과 다르고 텍스트성 이론이 문장 문법과 엄연한 차이를 보인다면, 과연 텍스트에 대하여 형식을 갖춘 정의를 내릴 수 있을 것인가? 다시 말해서 텍스트가 만족해야 하는 일련의 추상적이고도 형식적인 조건들이 발견될 수 있는가 하는 점이다. 이에 대해서 몇몇 학자들은 각기 다양한 언어적 자질을 제안하기도 한다. 예를 들어 하벡Harweg(1968)은 특정 연쇄형 안에서 서로 대치될 수 있는 표현형들 간의 관계를 제안했고, 반 다익van Dijk(1971)은 논리-의미론적 심층 구조를 제안하기도 했다. 그런가 하면 슈미트Schmidt(1973)와 비이놀트Wienold(1969)는, 텍스트란 그 전반적인 맥락 및 의사소통 과정에 참여하는 사람들에 의해 형성되고 결정되는 것인 만큼, 텍스트에 대해서 순수하게 언어학적, 논리적 관점에서 정의를 내릴 수는 없다고 주장한다. 더욱이 보그란데Beaugrande(1985: 47)가 지적하는 바와 같이, '텍스트를 정의하

'텍스트' 는 추상적, 고정적인 것이 아니라 담화 참여자에 의해 활성화되고 실현된 인지적 과정의 산물인 데 반해, '문법' 은 추상적이며 잠재적이고 고정적인 것이기 때문이다. 따라서 근래에 들어서는 '텍스트 문법text grammar' 대신에 '텍스트성 언어학' 또는 '텍스트성 이론' 이라는 명칭을 사용한다.

는 데 맥락이 필수적인 요소라면, 맥락은 문장을 정의하는 데에도 필수적인 것으로 간주되어야 한다. 작은 단위의 구성 원리는 큰 단위의 구성 원리를 따라야 하기 때문이다'.

페퇴피Petöfi와 반 다익van Dijk은 텍스트 문법을 제안한 학자들이기는 하지만, 텍스트 이론에 변형 문법과 같은 문장 문법 이론을 적용하는 것은 큰 문제라고 주장한다. 과거에 텍스트가 처음으로 연구 대상으로 간주되었을 때 몇몇 학자들[8]은 문장 문법의 규칙을 손질하면 그것을 텍스트 연구에도 적용시킬 수 있으리라고 생각했지만, 페퇴피와 반 다익은 텍스트의 특성에 관해서 근본적으로 다른 아이디어를 갖고 있었음이 분명하다. 가령 페퇴피는[9] 텍스트가 지니는 다양한 측면들을 형식논리학에서 사용하는 일련의 표상 수법에 대응시키고자 했는데, 그 이론이 전개되어감에 따라 당연히 구성 부문의 수와 복잡성도 꾸준히 증가하였다.[10] 즉, 독립적으로 고정되어 있는 인공물로서의 텍스트 자료에 관여하는 언어적 요소들보다는, 텍스트 생산자 및 수용자들의 인지공간 속에 존재하는 지식과 관련있는 요소들을 점점 더 많이 통합하는 방향으로 나아간 것이다. 원래는 텍스트에 주어진 언어적 자료 이외에 다른 어휘를 거의 포함하지 않는다고 상정되던 어휘목록에, 세상사 전반의 구성에 관한 텍스트 사용자들의 백과사전적 지식이 점점 더 많이 포함되게 되었다. 왜냐하면 발화된 텍스트와 그 텍스트를 사용하는 사람들의 마음 속에 들어있는 지식 사이의 상호 작용을 고려하지 않고 그 텍스트의 의미를 찾아낼 수는 없기 때문이다.

---

8 가령 Heidolph 1966, Isenberg 1968, 1971, van Dijk, Ihwe, Petöfi & Rieser 1972 등이다.

9 페퇴피는 1971년에 발표한 『텍스트구조/세계구조의 이론』에서, 아주 포괄적이고도 상세한 텍스트 이론을 전개함으로써 텍스트성 이론의 발전에 기여한 바 큰 것으로 평가된다.

10 그 이론은 페퇴피Petöfi(1980)에 의해서 더욱 발전되었다.

결국 텍스트를 의사소통 상황에서 특정 통화 의도와 목적을 달성하기 위해서 사용되는 자연 언어 발화체라고 정의해야 한다는 점에 의견이 모아지고 있다. 왜냐하면 텍스트는 하나의 사상event이며 동적인 상황에서 수행되는 인간적 행위의 결과이기 때문이다. 언어적 사상事象은 반드시 인간 행위 및 인지의 일반 조건들을 반영하게 마련이다. 언어학의 모든 영역은 인간의 행위, 인지 및 의사소통에 관한 일반 이론들의 명세표나 마찬가지다. 따라서 인지과학의 관점으로는, 통사론은 선형 처리 과정의 한 특수 사례이고, 의미론은 개념적 처리 과정의 한 특수 사례이며, 현대적 의미의 화용론은 목표 기획goal planning 과정의 한 특수 사례인 셈이다. 보그란데Beaugrande(1985: 49)가 지적하는 바와 같이, '실제 의사소통에서 한 발화는 그것이 언어학자가 만든 도식의 어느 부분에 속하는가에 따라 분류되는 것이 아니라, 담화 참여자들의 정보 처리 과정에서 그것이 담당하는 기능에 따라 분류되는 것이다'.

보그란데 · 드레슬러Beaugrande and Dressler(1981)는 텍스트성을 판정하는 일곱 가지 기준[11]을 제시하고, 텍스트는 이 일곱 가지의 텍스트성 기준을 모두 만족하는 통화성 발화체communicative occurrence라고 정의한다. 이들의 주장을 따르자면, '그 기준들 중 어느 것 하나라도 만족되지 않으면 그 텍스트는 통화성이 결여된 것이다. 따라서 비통화성 텍스트는 비텍스트로 취급된다(1981: 3)'. 본고에서는 담화 또는 텍스트 연구에 관해서 보그란데 · 드레슬러가 제안한 바로 이들 텍스트성 기준을 따르고자 한다. 지금까지 인용한 여러 학자들의 견해에 공통으로 들어 있는 내용이 대부분 보그란데 · 드레슬러가 제안한 텍스트성 기준에 반영되어 있기 때문이다.

---

11 2.2 참조.

2.2 텍스트성의 기준

텍스트성이란 무엇인가? 다시 말해서 한 언어 구성체를 텍스트로 판정하게 되는 준거는 무엇인가? 보그란데 · 드레슬러Beaugrande & Dressler(1981)에 의하면 언어 발화체는 텍스트성의 일곱 가지의 기준을 모두 충족시킬 때 비로소 텍스트로 인정받는다고 한다. 그들이 제안한 텍스트성의 기준은 결속구조cohesion, 결속성coherence, 의도성intentionality, 용인성acceptability, 정보성informativity, 상황성situationality, 상호텍스트성intertextuality이다.[12] 이들이 공통적으로 지니고 있는 자질은 바로 통화성communicativeness이다. 따라서 만일 이들 중 어느 하나라도 만족되지 않으면 그 발화체는 비통화이며 비텍스트로 취급되는 것이다.

2.2.1 결속구조와 결속성

우리가 발화체의 표층 언어 자료를 중심으로 텍스트를 다룰 때 결속구조cohesion와 결속성coherence은 가장 주요한 텍스트성의 기준들이다. 초기 텍스트 언어학에서는 이들 두 개념이 뚜렷이 구별되지 않았지만, 현대 텍스트성 이론에서는 표층 언어 자료의 문법적 적형성well-

---

12 이 기준들은 텍스트를 이루는 **구성적 원리**constitutive principles들이다. 즉, 이 일곱 가지 기준에 의해서 텍스트가 형성된다는 것이다. 구성적 원리에 의해서 생산, 수용되는 텍스트는 인간 상호작용, 즉 의사소통 상황에서 **제어적 원리**regulative principles의 통제를 받는데, 제어적 원리로는 유효성effectiveness, 효율성efficiency, 적절성appropriateness이 있다. 보그란데 · 드레슬러Beaugrande & Dressler(1981)의 초기 아이디어는, 텍스트성의 일곱 가지 기준, 즉 구성적 원리가 하드웨어로서 텍스트를 이루고, 제어적 원리는 이 텍스트를 살아 숨쉬게 하는 소프트웨어의 역할을 한다는 것이었다. 그러나 텍스트성 이론이 발전하면서 일곱 가지 텍스트성 기준 중에서 결속성(coherence)이 가장 중요한 기준으로 부각되었고, 오늘날에는 결속성을 구성적 원리뿐만 아니라 제어적 원리의 일부로 간주하는 견해도 있다. 따라서 구성적 원리와 제어적 원리의 구분은 아직 명쾌한 것이라고 할 수 없으며, 여러 텍스트성 연구자들이 이 점에 관해서 계속 논의하고 있다는 점을 밝혀둔다.

formedness을 결속구조로 간주하고, 적형성을 지닌 그 표층 언어 자료를 생산하는 데 동원된 인지적 장치들의 유기적 관계를 결속성으로 간주한다.

2.2.1.1 결속구조의 개념

현대 텍스트성 이론에서 문법적, 통사론적 특질을 지닌 것으로 간주하고 있는 결속구조는, 초기 텍스트 언어학에서는 텍스트의 의미론적 특질로 간주되었다. 가령 핼러데이 · 하산Halliday & Hasan(1976)은, 결속구조란 한 텍스트 안에 존재하는 의미들의 관계를 가리킨다고 주장했다. 그러나 실제로 그렇다면 결속구조cohesion가 결속성coherence과 전혀 구별되지 않는 것이며, 따라서 두 용어가 따로 존재할 이유도 없는 것이다. 이들은 텍스트 안의 어떤 요소를 해석하는 과정이 그 텍스트 안의 여타 요소를 해석하는 과정에 의존할 때 결속구조가 발생한다고 상정했지만, 그것은 바로 텍스트의 결속성 관계를 말하는 것이다. 한편 핼러데이 · 하산은, 결속구조는 언어 체계의 일부로서, 언어의 연쇄적 구성을 통해 표현된다고 주장한다. 이 주장은 결속구조에 대한 현대 텍스트성 이론의 견해와 유사하다. 그러나 보그란데 · 드레슬러를 비롯해서 대부분의 텍스트성 연구자들은 결속구조를 다른 방식으로 정의하고 있다. 그들은 텍스트 표층 구성 요소들 간의 문법적 의존 관계로서 결속구조를 정의한다. 결국 결속구조는 의사소통상 하나의 통사론적 특질일 뿐, 의미론적 특질은 아닌 것이다. 다음 예를 살펴보자.

(1) 당신은 무슨, 구체적으로 어떤 일을 할 수 있습니까?

이 발화는 그 결속구조의 측면에서 약간의 문제가 있다고 할 수 있다. 왜냐하면 문법적 의존관계를 따르자면, '무슨'이라는 어사 다음에는 명사가 후속되어야 하기 때문이다. 위의 예에서는 명사 대신에 부사어가 나타났으므로 이는 문법에 의해서 예측될 수 있는 표층 구조는 아닌 것이다. 그러나 결속성의 측면에서 보면 이 예는 별 문제가 없다. 발화 전체가 하나의 의미를 연결하여 생산했기 때문이다. 발화가 안정성stability을 유지하는 것은 그 발화가 전달하는 의의sense의 연속성이 달성되기 때문이다. 결속구조의 측면에서 발화를 논의할 때 연속성continuity이 달성된다는 것은 그 발화를 구성하는 각 낱말이나 구의 표층 관계가 문법에 맞는다는 것을 뜻한다. 발화표층에 구성 패턴을 부여하는 것은 통사론이다. 우리가 현대 텍스트성 이론에서 '결속구조'라는 용어를 사용할 때는, 통화 행위에서의 이 통사론적 기능에 초점을 맞춘 것이다.

텍스트성 이론의 틀에서 결속구조의 개념은 통사구조의 개념보다 본질적으로 더 포괄적이다. 그 이유는 두 가지인데, 첫째, 결속구조란 통사 구조나 문법 구조를 실제 통화상에서 사용할 수 있는 발화체로 만드는 처리 조작 과정을 거친 결과로 나온 것이며, 둘째, 결속구조는 통사 구조나 문법이 통화 과정에서 여타의 텍스트성의 요인들과의 관계에서 갖는 상호 작용을 포함하기 때문이다.

결속구조와 결속성은 서로 구별되는 개념들이지만, 이들은 중요한 공통점을 갖고 있다. 즉, 이들이 모두 해석 과정에서 텍스트를 결속시키는 기능을 한다는 점이다. 그러나 결속구조는 이 기능을 텍스트 표층적 층위에서, 결속성은 텍스트 세계[13]의 층위에서 담당한다.

2.2.1.2 결속구조적 장치

결속구조적 장치cohesive device는 표층 텍스트에 나타나는 발화체들이 구조적으로 연속성을 갖는 데 기여하는 모든 문법적, 통화적 도구 및

13 텍스트 세계란 담화 참여자들의 인지 공간을 뜻한다.

패턴을 말한다. 이들 중에는 회기recurrence, 대용형pro-forms, 생략ellipsis, 상aspect, 접속 표현junctive expressions, 기능적 문장 투시법functional sentence perspective, 억양intonation 등이 있는데,[14] 본고에서는 이들 중 일부만을 개관하려고 한다. 다음 예를 살펴보자.

(2) a. 우리는 온통 적으로 둘러싸였다. 동쪽에도 적이요, 서쪽에도 적이었다.
b. 당신이 그 사람을 잘 모르듯이, 저도 그 사람을 잘 모릅니다.
c. 그 나라는 아직도 후진국이다. 대부분의 산업을 1차 산업에 의존하고 있는 나라로서 매우 경쟁력이 약한 나라다.

이 예에서 (2a)는 **회기**(또는 회기법)의 사례다. 이것은 한 텍스트에서 이미 사용된 언어 요소를 그 텍스트의 다른 부분에 다시 사용하는 것이다. 특히 회기법은 대화상에서 발화를 계획하는 시간이 충분하지 않고 재언급이 필요할 때 많이 사용된다. 한번 사용했던 표현이나 개념, 또는 낱말을 다시 사용하면 그 텍스트의 결속성을 달성하는 데 보탬이 되기는 하지만, 회기법이 지나치게 많이 사용되면 그 텍스트의 정보성을 저하시킬 우려도 있다.[15] 또한 회기의 한 하위 부류로서, 한번 사용했던 내용을 품사만 바꾸어 표층 텍스트에 다시 사용하는 **부분 회기**partial recurrence가 있다. 이 방식을 사용하면, 이미 수용자의 인지 환경에 활성화된 개념이 다른 상황에서 다른 표현으로 재활용될 수 있는 것이다.[16]

---

14 자세한 논의로는 보그란데 · 드레슬러Beaugrande & Dressler(1981)의 제 4장 참조.

15 게다가 신정보가 제시되는 경우가 상대적으로 드물게 되고, 앞서 처리했던 발화체가 또 제시됨으로써 흥미 또한 없어질 것이다.

16 이같은 부분적 회기의 연구를 통해서 드레슬러Dressler(1979)는, 한 표현의 존재나 지시대상이 또 다른 표현으로서 진기한 것, 또는 전적으로 새로운 것으로 만들어진다는 점을 지적한다.

회기법은 정보성을 감소시키는 단점이 있으므로, 같은 형식에 좀 다른 의미 내용을 담는다든가, 같은 의미 내용을 다른 형식에 실어 반복 표현하는 결속구조적 장치가 사용되는 경우가 있다. 위의 예에서 (2b)는 '그 사람을 잘 모른다' 는 표현이 반복 사용되고 그 앞의 주어 자리에서로 다른 표현이 나타났다. 이는 **병행구문**parallelism의 사례인데, 병행구문은 이와 같이 동일한 표층 표현 구조에 다른 의미 내용을 채워서 발화하는 것이다. 그런가 하면 (2c)는 **환언**paraphrase의 사례라고 할 수 있다. 환언은 표층 표현을 바꿈으로써 같은 의미 내용을 회기시키는 것이다.[17] 이 예에서는 '후진국' 이 '대부분의 산업을 1차 산업에 의존하고 있는 나라로서 매우 경쟁력이 약한 나라' 로 환언되어 있다.

회기, 병행구문, 환언은 텍스트의 의미 내용과 그 내용을 전달하는 표층 구조 사이의 관계를 효과적으로 나타내기 위해서 사용되는데, 그 강조되는 관계는 바로 등가성equivalence 관계인 경우가 많다. 따라서 이 장치들은 무엇보다도 의미 내용의 안정성과 정확성이 실제적인 측면에서 대단히 중요한 결과를 가져오는 경우에 사용된다. 보그란데 · 드레슬러가 지적하는 것처럼, '잠정적인 수용자 집단이 세부적인 점에 이의를 제기할 가능성이 있는 경우에 텍스트 생산자는 언제나 텍스트를 충분히 명확하게 만들려고 애쓸 것이라는 점은 놀라운 일이 아니다(1981: 59)'.

위에서 논의한 결속구조적 장치들이 텍스트의 명확성을 달성하기 위한 것이라면, 명확성은 어느 정도 감소하더라도 독자나 청자의 인지 과정을 활성화시키기 위해서 발화의 표층 구조를 간결하게 만드는 수법

17 보그란데 · 드레슬러는 환언의 문제가, 많은 논란이 있는 동의성synonymy 문제로 흡수된다고 논의한다. 그들은, '자연 언어에서 그 잠재적 의미와 완전히 동일한 표현은 얼마 되지 않는 것 같다. 대개의 경우, 발화의 맥락이 실현적 의미를 충분히 결정함으로 해서, 동의성의 실현을 보는 것 같다(1981: 58)' 고 언급한다.

이 사용되는 경우가 있다. 다음 예를 살펴보자.

(3) a. 기차에서 멋진 신사가 내렸다. 그는 주위를 한번 돌아보고는 그를 향해 다가오는 한 어린 아이에게 손을 내밀었다.
b. 이곳이 어딘지 도무지 알 수 없었다. 한참을 헤맨 후에야 나는 이곳이 바로 내 동생이 사는 동네라는 것을 깨달았다.

이들 예에서는 **대용형**pro-form이 사용되었음을 알 수 있다. 대용형은 그 자체로서 특정한 의미 내용이 없는 경제적이고 짧은 낱말로서, 명확한 표현들, 즉 명사나 부사의 자리에 대신 들어가서 그 표현들의 의미 내용을 활성화시키는 역할을 담당한다. 이들 대용형을 사용함으로써 화자는 명확한 내용을 전부 언급하지 않고서도 그 내용을 청자의 인지적 맥락 안에 활성화된 상태로 유지시킬 수 있다. 본고에서는 대용형 가운데 가장 흔히 쓰이는 대명사의 예만 살펴보고자 하는데, 대명사는 자신과 **공지시**coreference 관계에 있는 명사나 명사구를 대신해서 의미를 활성화시키는 기능을 발휘한다. 위의 (3a)에서는 공지시성을 갖는 표현, 즉 '신사'가 발화에 나타난 다음에 대용형인 '그'가 나타났는데, 이는 **전조응**前照應anaphora의 사례라 할 수 있다. 전조응은 공지시의 방향성 측면에서 가장 일반적이다. 왜냐하면 청자가 대용형을 처리할 때 이미 그 대용형의 의미 내용이 앞선 발화에 명백하게 규정되기 때문이다.[18] 전조응과 반대 방향, 즉 공지시성 표현보다 대용형을 먼저 사용한 예가 바로 (3b)이다. 이 예에서는 대용형인 '이곳'이 공지시성 표현인

---

18 그러나 대용형이 이미 길게 계속된 텍스트 다음에 나오면 전조응의 처리도 어려워질 수가 있다. 대용형이 나타났을 때 원래의 표현은 이미 활동 기억 장치로부터 제거되었을 수도 있으며, 다른 요소가 대용형의 원래 표현인 것처럼 잘못 회수될 수도 있기 때문이다.

'내 동생이 사는 동네' 보다 먼저 발화에 나타나 있는데, 이것이 바로 **후조응**cataphora의 사례다. 청자가 후조응을 처리할 때에는, 대용형을 처리하기 위해서 필요한 의미 내용이 주어질 때까지 청자의 인지적 맥락 속에 잠정적으로 하나의 공백[19]이 만들어진다. 화자가 후조응을 사용한다는 것은 곧 문제-해결을 요하는 지식을 청자에게 먼저 제시[20]한다는 것을 뜻하는데, 사실 그 문제를 해결하기 쉽지 않은 경우가 많기 때문에, 대용형과 공지시성 표현 간의 거리가 단일 문장의 경계 내에 있을 때 가장 효과적인 기능이 발휘된다. 결국 후조응은 표층 텍스트상에 일시적인 문제를 일으켜서, 독자들로 하여금 그 텍스트에 몰입하도록 만든다.[21]

텍스트의 간결성과 효율성을 높이는데 공헌하는 또 다른 결속구조적 장치로서 **생략**ellipsis이 있다. 그러나 과연 무엇을 기준으로 잡고 무엇과 비교해서 생략이라고 단정지을 수 있는가 하는 점은 논의의 여지가 있다. 실제로 많은 문장들이 생략적이라는 인상을 주고 있다. 그러나 현대 텍스트성 이론에서 따르고 있는 절차적 접근방식procedural approach의 관점에서 생략이라고 인정되는 경우는, 다만 텍스트 처리 과정에서 표층 텍스트의 불연속성이 (통각적으로) 인식될 경우에 한해서다. 또한 생략 작용에서도 간결성과 명료성 간의 상호타협trade-off이 성립된다. 생략이라는 장치를 전혀 사용하지 않고 텍스트를 생산하는 것은 시간

---

19 인지심리학적으로 말하자면 아마도 인간의 기억 저장소 내부의 자리 하나를 뜻할 것이다.

20 텍스트적 통화에서는 문제-해결을 요하는 지식을 선호하는 것이 널리 적용되는 텍스트 생산의 원리다. 왜냐하면 그것은 사람들이 무엇을 흥미있다고 생각하며, 무엇에 관하여 의사소통할 가치가 있다고 생각하는지 결정해주기 때문이다.

21 이외에도 **외조응**exophora적 장치가 존재하는데, 여기서는 언급하지 않고자 한다. 외조응에 관해서는 보그란데 · 드레슬러Beaugrande & Dressler(1981)의 제 8장 6-8항 참조.

과 노력을 낭비하는 일이다. 이와는 반대로, 생략을 너무 많이 사용하면, 집중적인 검색 및 문제-해결을 요함으로써 시간과 노력 면에서 절약한 바를 상쇄시켜 버린다.

시제와 **상**은 사상들events의 상대적 시간 경계, 단일/지속성, 선후관계 등을 표시하는 결속구조적 장치들이다. **접속 표현들**[22]은 부가적 관계, 택일적 관계, 대립 관계, 그리고 인과 관계, 시간, 법 등을 통한 종속관계를 명시한다. **기능적 문장 투시법**은 지식이나 정보상 우선도가 절과 문장상의 어순 관계에 있다는 것이며, **억양**은 청취 가능한 음조tone와 조성調聲key의 특징적인 억양 곡선을 텍스트에 부과하여, 사용자의 기대, 태도, 의도, 그리고 반응에 대한 주요 단서를 제공한다.

본 항에서의 논의는 주로 회기와 대용형을 중심으로 진행되었다. 물론 생략, 시제, 상, 기능적 문장 투시법, 억양 등도 중요한 결속구조적 장치들이지만, 모든 텍스트의 생산과 수용에 이들이 일반적인 장치로 사용되는 것 같지는 않다. 그러나 우리가 반드시 인식해야 할 점은, 지금까지 논의된 이들 결속구조적 장치가 언제나 인간의 정보 처리 과정이 반영하는 인지적 특성 및 책략과 맞물려 있다는 점이다.

2.2.1.3 결속성의 개념

결속성coherence은 텍스트성을 판정하는 일곱 가지 기준들 중에서 가장 중요한 것이다. 한 텍스트가 의미있는 것이 되려면 그 텍스트의 발화체들에 의해 활성화되는 지식들 간에 의의의 연속성continuity of senses이 존재해야 한다. 텍스트 수용자가 그러한 연속성을 발견할 수 없는 경우[23]에는 그 텍스트는 무의미한 텍스트가 되는 것이다. 텍스트

22 접속 표현에 관해서는 보그란데 · 드레슬러Beaugrande and Dressler(1981)의 제4장에 자세한 논의가 있다.

23 이는 다시 말해서 텍스트에 표현된 개념과 그들 관계의 구성 방식, 그리고 수용자

성 이론에서 발전시킨 결속성 개념은 바로 이러한 의의의 연속성을 바탕으로 한다. 다음 예를 살펴보자.

(4) [a] 지금은 사정이 달라졌지만, 답사를 홀로 다닐 때 나는 기차보다 고속버스를 좋아했다. [b] 편하기로 따진다면 기차가 월등 낫지만, 우선 시간 맞추는 구속이 번거롭고 값도 비싸며 무엇보다도 주위가 산만해서 싫다. [c] 모처럼 갖는 나만의 시간을 즐기는 데는 고속버스가 훨씬 좋다. [d] 기차를 탔다가 만약 앞이나 뒷자리에 수다스런 여자 둘이 앉거나 유별나게 옴지락거리고 칭얼대는 어린이가 곁에 있는 날에는 망해도 보통 망하는 것이 아니다.

(유홍준, 『나의 문화유산답사기』, 131쪽)

이것은 결속성을 갖춘 텍스트의 예로 간주될 수 있다. 이 텍스트를 구성하는 발화체인 (4a)로부터 (4d)에 이르기까지 일관된 의의가 안정된 연속성을 보이고 있기 때문이다. 텍스트 수용자는 위의 예에서 생산자가 '답사를 할 때는 기차보다 고속버스를 타고 간다.' 는 명제를 수용자에게 전달할 의도를 갖고 그 명제를 주제로 삼아 발화체를 생산하고 있음을 알 수 있다. 그러나 다음 예에서는,

(5) [a] 벌써 밤이 깊었다. [b] 밤을 좋아하는 민호는 이날 오후에도 어김없이 시골 동네 어귀에 나와 있었다. [c] 동네 공터에 큰 여객기가 착륙하고 있었다. [d] 그 여객기에 장착된 첨단 장비는 모두 국산품이다. [e] 이제는 우리나라의 기술도 선진국 수준인 모양이다. [f] 기술을 가장 잘 가르치는 곳은 직업훈련소다. [g] 거기서 많은 젊은이들이 오늘도 땀을 흘리고 있다.

하나의 일관된 주제를 찾을 수 없다. 다시 말해서 (5a)부터 (5f)에 이르기까지 의의의 연속성이 발견되지 않으므로, 이 발화체를 살펴보면

의 배경 지식 사이에 심각한 불일치가 일어난다는 것을 뜻한다.

(5a)와 (5b), (5b)와 (5c), (5c)와 (5d), (5d)와 (5e), (5e)와 (5f), (5f)와 (5g) 사이에서는 의의가 연속되어 있음을 알 수 있지만, 주제에 있어서는 일관성을 찾기가 매우 힘들다.

(5)는 결속성이 갖추어지지 않은 발화체인 것이다. 결속성이 충족되지 않으므로 (5)는 완전한 텍스트라고 간주할 수 없다.

해리스Harris의 담화 분석과 그레이마Greimas의 구조 의미론에 영향 받은 소위 텍스트 문법에서는, 결속성을 텍스트의 언어 자료의 특질로서 규정했다. 즉, 같은 의미소가 반복되어 나타나거나 텍스트 명제들의 의미가 연결되면 그 텍스트는 결속성을 갖추었다고 본 것이다. 이런 생각은 결속성을 선형적, 수평적인 텍스트 층위에 있는 명제들의 연결성으로 정의한 것이다. 이와는 대조적으로 반 다익은 계층적, 수직적 개념인 거시 구조macro-structure를 도입하여, 텍스트의 각 명제들이 서로 특정한 관련성을 가질 뿐 아니라 하나의 의미적 거시 명제semantic macro-proposition로 통합됨으로써 그 담화의 주제 또는 화제에 부합되어야만 그 텍스트가 결속성을 갖춘 것으로 생각했다. 그 이후 통화적, 행위 지향적 텍스트 모델이 발전하면서 결속성은 텍스트가 갖는 통화 기능의 관점에서 규정되기도 하였다.

1980년대를 전후하여 텍스트성 이론이 여타 관련 학문들, 특히 인지심리학 및 인공지능과 본격적으로 상호 협력하는 가운데 결속성의 개념도 다분히 인지과학의 시각을 포함하게 되었다. 그러한 입장은 보그란데 · 드레슬러가 내린 정의에 잘 나타난다.

> 결속성은 텍스트 세계의 구성 성분들, 즉 표층 텍스트의 기저에 깔려 있는 각 개념과 그들 개념관계가 서로 수용되고 적합해지는 방식에 관여한다(1981: 4).

이것은 현대 텍스트성 이론의 절차적 접근방식을 종래의 결속성 개념에 접목시킨 대목이라 할 수 있다. 다시 말해서 결속성은 담화의 언어적 (특히 의미적) 특질이라기보다는, 그 담화를 해석하는 청자의 정보 처리 절차의 과정과 그 결과라고 규정하는 것이다. 물론 언어적 자료가 없으면 담화의 결속성 자체를 논의할 수 없으므로 결속성 개념에서 언어적 특질을 전혀 배제할 수는 없지만, 그보다 결속성 개념을 정의하는데 결정적인 초점은 담화 해석 과정에 두어야 한다는 견해다.

이러한 입장에 대부분의 현대 텍스트성 연구자들은 일반적으로 동의하는 것 같다. 그 중에서도 휘베거Viehweger(1989), 꽁뜨Conte(1989), 하벡Harweg(1989) 등은 결속성 개념을 담화 해석 과정 자체 및 그 결과라고 규정하기 위해 노력한다. 특히 휘베거는 담화의 생산과 해석 과정이 발화의 언어 표현과 통화 맥락 자질 사이의 관계에 대한 통화자가 갖는 지식들에 의해 제어된다는 점을 기본적으로 상정하면서, (i) 언어적 지식, (ii) 백과사전적 지식, (iii) 언표내적 지식, (iv) 스키마적 지식, (v) 대화 원리의 지식이 상호 작용하는 결과로 결속성이 충족된다고 한다.[25] 따라서 그의 생각은 인간의 다양한 지식이 동시에 상호 작용하여, 주어진 담화 자료를 정보 처리하는 과정 자체를 결속성의 개념으로 잡고 있는 것이다.

이에 대해서 하벡은 기본적으로 결속성에 대한 절차적 개념을 받아들이면서도 여전히 결속성 개념에 담화의 언어적 자질이 중요한 몫을 차지한다고 주장한다. 다시 말하면 절차적 접근방식은 받아들여지면서도, 결속성 개념 규정의 결정적 요인을 담화의 언어적 자료에 두어야 할 것인지, 아니면 언어 자료는 하나의 자극 단서로 보고 그 자료를 정보 처리하는 과정을 규명함으로써 결속성 개념을 정의해야 할 것인지는

25 각 지식유형과 결속성 관계에 관한 논의로는 휘베거Viehweger(1989: 263-272) 참조.

아직 텍스트성 연구자들 간에 완전한 의견 일치를 보지 못하고 있는 셈인 것이다. 그런가 하면 휘베거는 담화 해석의 측면에서 결속성을 논의하면서, 결속성이 위에서 인용한 여러 유형의 지식들이 상호작용한 담화 해석 절차의 결과일 뿐만 아니라, 청자에 의한 기대치인 동시에 가정/추정 내용이라고 한다. 즉, 청자는 화자의 발화가 기본적으로 결속성을 지게 할 의도로써 생산되었다는 점을 해석 과정에서 이미 당연한 것으로 받아들이고, 화자는 기본적으로 뭔가 의미있고 적합한 발화를 생산함으로써 협동적 의사소통 행위를 달성한다는 것이다.[26]

꽁뜨는 휘베거가 규정한 담화 해석의 결과로서의 결속성과 통화상 기대치나 가정 내용으로서의 결속성을, 청자가 결속성을 찾는 동기 또는 이유의 관점에서 관찰한다. 꽁뜨의 견해를 따르면 결속성은 구성적 원리constitutive principle라기보다는 제어적 원리regulative principle라는 것이다. 이는 곧 결속성이 통화를 구성 또는 규정하는 것이 아니라 제어control하는 기능을 갖는다는 입장이다. 바로 이런 견해가 결속성을 텍스트의 특질이 아닌 처리 절차 자체 및 그 결과의 산물로 인식하려는 입장이라고 할 수 있다.[27]

이제까지 살펴본 바에 의하면, 텍스트성 이론에서 가장 중요한 결속성 개념이 완전히 정립되지는 않은 것 같다. 절차적 접근방식이 텍스트

---

26 이것은 그라이스가 오래 전에 제창했던 협동의 원리Cooperative Principle를 결속성 개념의 규정을 위해 되풀이한 것에 지나지 않다고 말할 수도 있으나, 이는 인간의 통화를 제어하는 중요한 원리이며 본고에서 논의할 적합성 이론을 화용론에서 발전시키도록 하는 근거를 제공하는 것이기도 하다.

27 그렇다면 꽁뜨의 논의에는 우리가 채택한 보그란데 · 드레슬러Beaugrande & Dressler(1981)의 견해와 차이를 보이는 것이 있다. 보그란데와 드레슬러는 결속성과 여타 여섯 가지 기준, 즉 결속구조, 의도성, 용인성, 상황성, 정보성, 상호텍스트성을 포함하는 텍스트성을 규정하고 이들이 모두 구성적 원리의 기능을 갖는다고 주장했다. 그러나 꽁뜨의 주장처럼 결속성이 제어적 원리라면 이는 결속성이 여타의 기준들로부터 구분되어 취급되어야 할 이유가 된다고 간주할 수 있는 것이다.

성 이론에 자리를 굳힌 이래로 여러 텍스트성 연구자들의 논의를 통해서, 결속성을 정의하려면 반드시 담화 해석 절차에 의존해야 한다는 데 의견 일치를 본 것은 한 단계의 진전이라고 여겨지지만, 결속성이 적절하게 정의되고 또 하나의 통화 원리로서 이론화될 수 있기까지는 많은 학자들의 연구와 논의가 선행되어야 할 것이다.

2.2.2 의도성과 용인성

결속구조와 결속성은 텍스트 발화체의 언어 자료 및 그 자료를 처리하기 위해 동원되는 인지 과정을 가리키는 텍스트 중심 개념들text-centered notions이다. 이에 반해 의도성과 용인성은 텍스트의 생산자와 수용자 모두가 수행하는 통화 행위 전반에 관여하는 사용자 중심 개념user-centered notions이다.

2.2.2.1 의도성과 용인성의 개념

의도성intentionality은 텍스트 생산자의 태도를 반영하는데, 가령 지식 분배, 제보, 목적 달성 등 텍스트 생산자의 의도를 달성하기 위한 도구로써 일련의 발화체가 결속구조와 결속성을 갖춘 텍스트를 구성하는 방식에 관여한다. 용인성acceptability은 텍스트 수용자의 태도를 반영하는데, 일련의 발화체가 수용자에게 유용하고 적합하면서 동시에 결속구조와 결속성을 갖춘 텍스트를 구성하는 방식에 관여한다.

일반적인 관점에서 의도성과 용인성은 텍스트 사용자가 의사소통을 목적으로 텍스트를 사용하는 모든 방식을 포괄한다. 예를 들어, 심리학자들은 청자의 의식을 주도하려는 텍스트 생산자의 의도를 강조한다. 그라이스Grice와 같은 철학자들은, 텍스트를 사용해서 '뭔가를 의미하려는' 텍스트 생산자는, '청자가 자신의 의도를 깨달음으로써 그에게 어떤 효과가 생겨나도록 할 수 있는 발화를 의도한다.' 고 논의한다

(1971: 58). 또한 셍크와 애벌슨Schank and Abelson 같은 인공지능 학자들은, '실제로 현시된 발화체보다는 그 의도 속에 오히려 미묘하게 존재하는 함축의미들을 더 잘 분석하기 위해서' 사람들의 플랜plan과 목표에 관심을 두고 있다(1977: 129). 써얼Searle과 같은 화행론자들은 화행speech acts, 즉 텍스트의 발화가 의도적으로 혹은 관습적으로 수행하는 행위의 개념을 발전시켰다. 써얼은 화행을 발화 행위utterance acts, 명제 행위propositional acts, 언표내적 행위illocutionary acts, 언향적 행위perlocutionary acts 등 네 유형으로 구분하였다.[28]

그라이스는 의사소통에 대해서 이들 이론보다 일반성이 높은 접근방식을 제안한다. 그는 사람들이 의사소통할 때 하나의 행위 원리를 따른다고 주장하고, 이를 협동의 원리Cooperative Principle라고 부른다.

> **협동의 원리**: 당신이 나누고 있는 대화가 지금 이루어지고 있는 그 상태에서 지향한다고 인정되는 목적이나 방향의 요청에 맞도록 기여하게 만들라.

이 협동의 원리는 텍스트의 의도성과 용인성 측면에서 대단히 중요한 의미를 지닌다. 즉, 인간이 담화 또는 텍스트를 사용하여 통화할 때 그 통화 행위는 바로 협동의 원리라는 인지적 기제의 지배를 받는다는 것이다. 다음 예를 살펴보자.

(6) a. 민호: 저, 실례합니다.
  b. 도서관 직원: 잠깐만이요. (잠시 후) 네, 어떻게 오셨습니까?
  c. 민호: 담화 이론에 관한 책을 찾으러 왔는데요.
  d. 도서관 직원: 저쪽 도서 분류번호 400번대로 가서 찾아보세요.

---

28 그러나 화행론이 의사소통 연구에 공헌한 것은 사실이지만 화행론 이론의 틀 자체에 본질적인 문제점이 있다는 점은 잘 알려진 사실이다.

이런 대화는 도서관에서 흔히 교환되는 것이다. 민호가 말을 붙이기 전에 다른 일을 하고 있던 도서관 직원은 (6b)를 발화함으로써 자신이 담화상에서 협동의 원리를 따른다는 점을 무의식중에 나타낸 것이다. 왜냐하면 민호가 (6a)를 발화함으로써 개시된 담화 상황의 목적 또는 방향에 자신도 관심을 갖고 기여한다는 점을 표현하기 위해서 '잠깐만이요.' 라는 말을 했기 때문이다.[29] 계속된 대화에서 민호는 도서관 직원의 발화 (6b)의 후반부에 표현된 '어떻게 오셨습니까?'에 대해서 (6c)로써 협동했고, 또 다시 이에 대해서 도서관 직원은 (6d)로 협동한 것으로 간주할 수 있다.

협동의 원리와 함께 그라이스가 제창한 대화의 격률conversational maxims[30]도 인간 의사소통을 제어하는 지침의 역할을 한다. 대화의 격률은 수량quantity, 질quality, 관계relation, 방법manner의 네 범주에 걸쳐 제안되는데, 이들 격률이 아직 현대 담화 이론에서 그 위치를 완전히 인정받은 것은 아니며, 여러 화용론자들에 의해서 여전히 논의의 대상이 되고 있다. 본고에서는 이들 중에서 수량의 격률과 관계의 격률만을 골라서 예를 들어보고자 한다. 먼저 수량의 격률에 관한 예로서 다음 대화를 살펴보자.

(7) a. 민호: 씻어야 할 접시가 몇개나 남았니?
 b. 영희: 열개 정도야.
 c. 영희: 열개가 남았는데, 난 지금 무척 피곤해.

---

29 만일 (6a)에 대해서 아무런 반응이 없었다면 도서관 직원에게는 민호와의 담화를 수용하기를 거부하는 특정 의도가 있었을 것이다.

30 이 격률들은 너무나 잘 알려져 있고 또한 대부분의 화용론 교재에 수록되어 있으므로, 굳이 여기서 상세히 열거해 다룰 필요는 없다고 본다.

민호의 물음 (7a)에 대한 응답으로서 영희가 발화한 (7b)는 수량의 여러 격률을 모두 충족하는 대답이라고 할 수 있다. 이와는 대조적으로 (7c)의 경우에 영희는 민호가 요구한 정도 이상의 제보성을 지닌 발화를 전달하고 있다.[31] 이는 분명히 수량의 격률을 위배한 결과인데, 이러한 경우에 영희는 수량의 격률을 고의적으로 위배함으로써 모종의 함축의미[32]를 민호에게 전달하고자 의도했을 가능성이 대단히 높다.

이번에는 관계의 격률에 관하여 생각해보자. 관계의 격률에서 사용하는 '적합성' 의 개념은 물론 스퍼버 · 윌슨Sperber & Wilson(1986, 1995)의 적합성 개념과는 차이가 있다. 그라이스 이론에서 '적합하다' 는 것은 (i) 발화체에 표현된 지식들이 현재의 담화 주제와 관련이 있는가, 또는 (ii) 그 지식들이 현재의 담화 목적을 달성하는 데 유용한가 하는 문제와 관련있다. 다음 예를 살펴보자.

(8) a. 민호: 지난 여름에 일본에 갔었는데, 그곳은 너무 덥고 습기가 많더라.
b. 영희: 그래?
c. 민호: 아마 에어콘이 없다면 살기 어려울거야.
d. 영희: 난 지금 기차 시간을 알아봐야 돼.

이 담화에서 민호는 '일본은 무덥다.' 는 주제로 발화를 생산하고 있다. 이에 대해서 영희는 관계의 격률에 별로 맞지 않는 응답을 민호에게 보내고 있는데, 특히 (8d)는 전혀 적합성이 없다.[33] 다시 말해서 현재의 담화 주제에 맞지 않으며, 민호가 달성하려는 목적에 부합되지 않는다.[34]

31 남은 접시의 숫자 뿐만 아니라, '영희는 말하고 있는 시점에서 무척 피곤하다.' 는 내용의 명제까지도 함께 표현했기 때문이다.

32 잘 알려진 바와 같이, 대화의 격률을 고의로 위배하면 함축의미가 생긴다.

33 (8b)의 경우는 수동적이나마 민호의 발화에 호응하는 느낌을 준다.

34 그러나 영희 자신의 담화 목적에는 부합되는 것일 수 있다.

따라서 (8d)는 관계의 격률을 위배하는 발화로 간주된다.

텍스트 생산자는 자신이 의도하는 미래의 상태가 달성되기 어려울 것 같은 경우에는 인지적인 관점에서 하나의 문제problem에 봉착한 것이 된다. 이때 그는 플랜 작성planning을 함으로써 자신의 현재 상태를, 변화하는 외부의 상황 속에서 목표를 달성하는 데 적합하도록 수정해 나간다. 이때 작성되는 플랜의 목표는 문제를 해결할 수 있는, 다시 말하면 플랜 작성자의 입장에서 바람직한 목표 상태goal state이어야 한다. 사람들에게는 텍스트 생산자로서 플랜 작성을 할 수 있는 책략, 그리고 텍스트 수용자로서 생산자의 플랜을 복원해낼 수 있는 책략이 있다. 이는 텍스트 생산 과정에 개재하는 의도성과도 연관이 있을 수 있는데, 담화 참여자의 인지적 상황 및 사상event의 상태를 수정하려는 의도로 수행되는 텍스트적 통화 행위는 텍스트 생산자가 그 상황을 어떤 목표로 방향 전환하려 할 때마다 플랜 지향적인 성격을 띠기 때문이다.[35]

2.2.3 상황성

인간의 의사소통 과정에 중요한 요소 가운데 하나는 상황 맥락이다. 사람들이 주고 받는 정보, 또는 상대방의 인지 환경을 수정하고자 하는 의도 등을 옳게 파악하려면 반드시 그 담화 상황의 주변 조건을 계산에 넣어야 한다. 텍스트성 이론에서도 물론 이 맥락 요소를 대단히 중요한 것으로 간주한다. 그러나 여타 담화 이론에서 맥락을 취급하는 방식과는 달리 텍스트성 이론에서는, 담화 참여자가 자신의 주변 상황을 수동적으로 관찰할 뿐 아니라 능동적으로 만들어나갈 수도 있다는 점을 보여준다. 이 점을 텍스트성 이론에서는 **상황성**situationality이라는 개념으

35 텍스트성 이론에서는 이러한 행위를 상황관리situation management라는 용어로 나타내기도 한다. 또한, 나타난 증거를 기술하거나 이야기함으로써 어떤 한 상황에 단순히 반응만 보이는 것은 상황점검situation monitoring이라고 불리운다.

로 설명하는데, 이 상황성은 텍스트성을 판정하는 한 기준이면서 여타 기준들과 상호작용한다.

상황성의 측면에서 담화 참여자들이 수행하는 상황 처리 과정은 두 가지 유형인데, 그것은 상황점검situation monitoring과 상황관리situation management다. 상황점검이란 텍스트 사용자가 특별한 인지적 과정을 동원하여 자신의 상황을 수정하지 않고 있는 그대로 현재의 상황을 기술하는 것이다. 이에 반해서 상황관리는 자신의 의도와 목적에 맞도록 적절한 인지적 조정 과정을 동원시킴으로써 당면 상황을 바꾸어나가는 것이다.

2.2.3.1 상황성의 개념

상황성situationality은 한 텍스트를 현재의 담화 상황 또는 복원 가능한 상황에 적절하게 관련지어주는 요인들의 일반적인 특성이라고 정의된다. 텍스트를 상황성의 측면에서 분석할 때 중요한 것은, 담화 참여자들은 그들이 현재 처해 있는 상황 모델에 자신들이 이미 지니고 있는 지식, 신념, 목적 등을 주입시키는 **중간조정**mediation 과정을 수행한다는 점이다. 다시 말해서, 진행 중인 통화 상황에서 얻을 수 있는 모든 상황 증거들이, 현실 세계에 관한 텍스트 사용자들의 사전 지식 및 기대 내용과 함께 그 상황 모델 속으로 공급된다는 것이다.[36]

담화 참여자들은 인지적으로 **상황점검**situation monitoring과 **상황관리** situation managment 과정을 수행한다. 텍스트 생산자가 상황을 단지 점검한다는 것은, 텍스트를 생산함으로써 굳이 자신의 상황을 수정, 관리할 필요가 없다는 뜻이기도 한다. 특별한 인지적 중간조정 과정을 동원하지 않고 단순히 현재 상황을 기술하기만 해도 원래 자신이 기대, 예

---

36 따라서 중간조정 과정은 일종의 추론inference 과정이라고 할 수 있다.

측, 의도했던 상황을 유지할 수 있기 때문이다. 한편 생산자가 일정한 텍스트를 생산함으로써 상황을 관리한다는 것은, 단순한 점검만으로는 자신의 의도를 관철시킬 수 없고 궁극적인 목표를 달성할 수 없다는 점을 반증하는 것이기도 하다. 따라서 생산자는 특별한 인지적 중간조정 과정을 동원하여 현재 자신이 처한 상황을 수정, 관리하게 되고 그 도구로서 텍스트를 발화하게 되는 것이다. 그러나 실제 담화 상황에서 상황 점검과 상황관리를 구분하기는 아주 애매한데, 이는 각 담화 참가자의 관점에 따라 다를 수 있다.[37] 일반적으로 말해서 상황점검은 자신의 상황이 기대에 어긋났을 때 텍스트 생산자가 주로 그 불일치나 불연속성을 해소하려 하거나 최소한 자신의 기대를 재확인하려 할 때 수행된다. 이에 반해서 상황관리를 수행하는 텍스트 사용자는 주어진 상황을 통어하려는 상위 목표를 지닌다.

2.2.3.2 상황점검

가장 일반적인 상황점검은 대상이나 사건을 단순히 기술하는 것이다. 이러한 행위에 의해서 텍스트 생산자는 수용자에게 자신의 상황을 제보할 수 있고, 그로 인해서 상위 목적을 달성하고자 한다. 다음 문학 작품의 한 예를 살펴보자.

(9) 어머니: 네가 결혼한 지 닷새만에 새색시를 내버려둔 채 진나라에 가서 벼슬길에 오른 지 어언간 10년이 넘었다. 집에 돌아오기가 왜 이다지도 늦었느냐?

아들: 죄송합니다, 어머니. 그동안 고생이 얼마나 많으셨습니까?

어머니: 네 처가 누에를 쳐서 비단을 짜 가지고 돈을 많이 벌어들이는

37 실제로 사람들에게는, 자신들의 상황관리를 상황점검인 것처럼 위장함으로써, 모든 일이 자연스러운 과정을 따라 진행하고 있다는 인상을 주고자 하는 성향이 있다.

덕택에, 나는 고생을 모르고 편하게 살아왔다. 우리집 며느리같이 효성이 지극한 여자는 하늘 아래 둘도 없을 게다.

아들: 그 사람은 어디 가고 집에 없습니까?

어머니: 뽕을 따러 갔으니까, 곧 돌아올 게다. 일구 월심으로 너를 기다리고 있었으니, 오늘은 얼마나 기뻐하겠느냐?

(정비석,『소설 손자병법』제 1권, 165쪽)

위의 대화에서 '어머니' 는 현재 자신이 처한 상황을 점검하고 있다. 그 내용을 살펴보면, '아들이 결혼한 지 닷새만에 새색시를 내버려둔 채 진나라에 가서 벼슬길에 오른 지 어언간 10년이 넘었다.' , '며느리가 누에를 쳐서 비단을 짜 가지고 돈을 많이 벌어들이는 덕택에, 나는 고생을 모르고 편하게 살아왔다.' , '며느리는 뽕을 따러 갔으니까, 곧 돌아올 것이다.' , '며느리는 일구 월심으로 아들을 기다리고 있었다.' 는 것이다. 이러한 상황점검을 통해서 어머니는 아들에게 그 동안 자신이 어떻게 지내왔으며, 며느리가 얼마나 훌륭히 자신을 보필해왔는가를 전달하면서 동시에 아들에 대한 원망도 간접적으로 표현할 수 있다.

상황점검은 심리학에서 다루는 일반 문제 해결 과정과 비슷하다. 텍스트 생산자는 주변 상황으로부터 예상하지 못했던 사물이나 사상 event을 발견하고 그것을 화제로 삼는다. 이 경우에 우리는 보통 두 가지 결과를 상정할 수 있다. 첫째는 발견된 그 문제를 점검된 그대로 남겨두는 경우이며, 둘째는 특정한 관리 절차를 찾음으로써 그 문제가 전혀 예상을 뒤엎는 것이 아닌 것처럼 보이게 하는 경우다. 이들 중 두번째 경우만이 점검된 문제를 실제 해결한 경우라고 할 수 있다. 그러나 텍스트 생산자는 자신의 판단을 재확인하고 수용자가 비슷한 확인을 하기를 기대하기 위해서는 그 예기치 않은 사상을 단지 언급만 하면 된다. 수용자가 예상했던 내용이 실제 상황에 직면해서 무너지는 바로 그 순간에 생산자의 상황점검은 그 타당성을 인정받는 것이다. 따라서 상황점검은 생산자와 수용자가 현재 일어나고 있는 상황에 대해서 상이한 개념을 지닐 때 빈번히 수행된다. 다음 예시를 살펴보자.

(10) 영화가 시작하기 전에 우리는
일제히 일어나 애국가를 경청한다
삼천리 화려강산의
을숙도에서 일정한 군을 이루며
갈대 숲을 이륙하는 흰 새떼들이
자기들끼리 끼룩거리면서
자기들끼리 낄낄대면서
일렬 이렬 삼렬 횡대로 자기들의 세상을
이 세상에서 떼어 메고
이 세상 밖 어디론가 날아간다
우리도 우리들끼리
낄낄대면서
깔쭉대면서
우리의 대열을 이루며
한 세상 떼어메고
이 세상 밖 어디론가 날아갔으면
하는데 대한 사람 대한으로
길이 보전하세로
각각 자기 자리에 앉는다
주저앉는다

(황지우, 『새들도 세상을 뜨는구나』 전문)

여기서 텍스트 생산자, 즉 시인은 상황점검의 전형적인 사례를 보여준다. 먼저 생산자는 영화관의 화면을 보면서 흰 새떼가 자기들만의 세상을 떼어메고 이 세상 밖으로 날아가는 상황을 점검한다. 이것은 단순한 상황의 기술이므로 생산자나 수용자에게 특별히 기대 밖의 일이 될 수 없다. 그러나 '우리도 우리들끼리 … 우리의 대열을 이루며 한 세상 떼어메고 이 세상 밖 어디론가 날아갔으면' 의 발화체를 수용하면, 앞서 생산자가 제시한 점검 내용이 단순한 언급 이상의 의도를 깔고 있음을 알 수 있게 된다.

일종의 소원 또는 기원의 형식으로 제시된 이 후반부의 상황점검은 수용자로 하여금, 사람들은 새들처럼 자기들 세상을 메고 이 세상 밖으로 자유롭게 날아갈 수 없다는 점을 확인하게 만든다. 게다가 생산자가 끝으로 '각각 자기 자리에 앉는다, 주저앉는다' 와 같은 마지막 상황점검 내용을 표현함으로써 수용자에게는 일종의 새로운 통찰력마저 생성되는 효과를 낳을 가능성이 생기게 된다.

결국 텍스트 생산자의 상황점검 내용이 텍스트 (10)을 통하여 수용자에게 제시되고, 수용자가 이를 처리하는 과정에서 생산자와 유사한 내용의 상황점검을 수행하고, 생산자가 지닌 것과 유사한 통찰력을 갖게 되었음을 뜻한다. 결국 (10)이 창출하는 효과란, 영화를 보기에 앞서서 단순히 자리에서 일어나 애국가를 듣는 짧은 시간동안 여타 관람객들과는 달리 텍스트 생산자, 즉 시인은 나름대로의 통찰력으로써 각별한 상황점검을 수행하였고, 그 내용을 여타 텍스트 사용자들에게 시 텍스트 (10)으로 제시한 데서 비롯되는 것이다. 텍스트 수용자들은 (10)을 처리한 결과로 시인의 것과 유사한 상황점검, 즉 새들의 자유로운 비상 행위에 대조되는 바 현실 세계에 대한 인간의 구속적 상황을 점검 및 인식하게 되는 것이다.

2.2.3.3 상황관리

텍스트 생산자가 자신의 목표에 부합되도록 상황을 조정해 나가기 위해 텍스트를 사용하는 것을 상황관리라고 한다. 상황점검과 상황관리의 경계가 불분명한 것은 사실이지만, 상황관리의 경우에는 상황점검에 포함되지 않는 뚜렷한 상위 목표가 존재한다. 다음 예를 살펴보자.

(11) [a] 주막을 나서서 세거리 한중간으로 나서는데 멀리 떡전을 벌여놓고 앉은 여자와 아이들이 보였다. 그때 얼핏 좌판 앞에 쭈그리고 앉은 여편네 하나가 시선에 들어왔다. 등을 이쪽으로 돌리고 앉은 품이 매월임에 틀림없었다. [b] 봉삼은 가슴이 철렁 내려앉았다. 잠시 못박힌 듯 갈피를 못잡고 섰다가 지체없이 발길을 돌려 다시 주막으로 기어들었다. [c] 언뜻 지피는 대로 매월이가 예까지 돌아온 것은 선돌의 야료가 먹혀든 게 분명하였다. 그러나 봉삼이가 최가를 찾아 떠났다는 것을 매월이도 짐작하기 어렵잖을 테면 중화 먹은 일이 있는 이 주막으로 와서 봉삼의 종적을 물어봄직하지 않은가. [d] 하직했던 봉삼이가 다시 봉당으로 올라서자 주모가 화들짝 놀라 마주 일어섰다. 주파의 훈수를 빌어야겠는데 얼른 방도가 서질 않았다. 매월이가 떡전에서 요기를 마치고 일어 서기 전에 닦달을 해두어야 했다. [e] 봉삼이 짐짓 낭패한 얼굴로 주파를 보고 말했다.

봉삼: 주파의 짐작이 틀렸소.
주파: 틀리다니요?
봉삼: 그 위인이 안동 쪽으로 간 게 아니란 말이오.
주파: 아니라니?
봉삼: 마침 병문에 나섰다가 소금장사하는 고향 연배들을 만났소.
주파: 그래서요?
봉삼: 우리가 본래 상주로 가게 돼 있던 행중이기도 하였지만 소금장수들은 전부터 최가와도 면분이 있던 터수라 상주 저잣바닥에서 우연히 만나 박주 일배로 회포까지 풀었다는구료. 그럴법한 일

이오. 장달음을 놓으면서 내가 뒤쫓을까 안동 쪽으로 간다고 헛소문을 놓은 게요.

주파: 정녕 그럴 사람이 아닌데 ...... 고맙수. 내 알아들으라고 다시 찾아와 주셨으니, 내 댁네 마음씨만 믿어요.

봉삼: 그 사람 욕이나 마슈. 나도 나선 김에 바삐 길 줄여 상주에 닿아야겠소.

(김주영, 『객주』 제 1권, 190~191쪽)

위의 텍스트에서 '봉삼' 은 '주파' 에게 자신이 안동으로 가는 것이 아니라 상주로 가는 것이라고 거짓말을 하면서 주파가 이 말을 믿도록 '소금 장사하는 고향 연배들을 만났' 다는 거짓 정보까지 제공한다. 그러나 봉삼은 단지 상황을 점검하는 듯 행동하고 있다. 다시 말해서, 소금 장사하는 고향 친구들을 만나서 얘기를 들어보니 쇠가가 지금 상주에 있더라는 것이다. 게다가 쇠가가 도망치면서 봉삼이가 뒤쫓을까봐 자신이 안동으로 간다고 헛소문을 퍼뜨린 것이라는 상황점검을 덧붙이고 있다. 이러한 점검 내용을 통해서 실제로 봉삼이가 의도한 목표는 무엇인가. 그것은 곧 주파가 매월에게 '봉삼이는 상주로 간다더라.' 는 거짓 정보를 제공하게 함으로써 봉삼이 자신은 매월이를 따돌릴 수 있다는 것이다. 결국 (11)에서 나타난 봉삼의 텍스트적 행위는 상황점검을 가장한 상황관리의 사례라고 할 수 있다. 만일 (11e)의 대화를 봉삼이가 주파와 교환하지 않았더라면, 매월이가 봉삼이의 행로를 주파에게 물었을 경우 주파는 봉삼이가 안동 쪽으로 갔다고 옳게 알려주었을 것이고, 그렇게 되면 봉삼은 매월이를 따돌리지 못했을 것이다. 그러나 봉삼이는 이 플랜을 진행시키는 과정에서 자신의 숨은 의도를 주파에게 드러내고 싶지 않았던 것이다. 따라서 봉삼이는 자신이 단지 상황점검만을 수행하고 있는 척하면서 사실은 상황관리를 위한 플랜을 추진했던 것이다. 그 결과 봉삼이는 '매월이 따돌리기' 라는 문제를 성공적으로 해결한 셈이 된다.

2.2.4 정보성

사람들이 담화(또는 텍스트)를 사용하여 통화할 때 그 텍스트 발화체는 정보의 덩어리라고 할 수 있다. 다만 그 정보들이 새로운 것이냐, 또는 예측 가능한 것이냐 하는 것이 문제가 된다. 그러나 모든 텍스트에는 최소한 약간의 새로운 정보라도 들어 있게 마련이다. 만일 그렇지 않다면 굳이 텍스트를 생산할 까닭이 없을 것이기 때문이다.[38] 주어진 텍스트에 새로운 정보가 들어있거나 수용자가 예측하지 못한 정보가 들어있을 때 그 텍스트에는 일정한 정보성informativity이 있다고 하자. 여타 텍스트성의 기준들과 마찬가지로 정보성 역시 하나의 지속대 위에서 정도의 문제로 논의될 수 있는 개념이다. 텍스트성 이론에서는 정보성을 세 단계로 구분하고 그 각각의 특성을 제안한다.

2.2.4.1 정보성의 개념

정보성은 생산자가 제시한 발화체가 수용자에 의해서 예측된 것인가 그렇지 않은가, 신정보인가 구정보인가, 또는 확실한 정보인가 아닌가의 정도에 관여하는 요인이다. 이 개념은 주로 텍스트의 내용에 적용된다. 왜냐하면 텍스트성을 판정하는 데 지배적인 역할을 하는 것은 의미와 내용의 연결성, 즉 결속성이기 때문이다. 이에 비하면 음운이나 통사 구조와 같은 언어 체계들은 부차적이거나 보조적이며, 수용자가 주의[39]를 집중시키는 대상으로 고려되는 경우가 상대적으로 적다. 따라서

38 이미 알려진 정보를 생산자가 수용자에게 상기시키거나 아니면 (가령 시적 효과와 같은) 색다른 인지적 효과를 달성하기 위한 목적을 지니는 경우를 제외하고.

39 여기서 '주의' 는 여타의 과제에도 동시에 잠재적으로 작용할 수 있는 인지적 능력을 제한하는 수단이라고 정의될 수 있다.

개념들과 개념관계의 결속성에 주의를 집중시키면, 다른 체계들은 각별한 방법을 사용하지 않는 한 도외시될 수 있다.

한 내용을 전달하기 위해서 사용할 수 있는 표층 표현이 여럿 있을 때 그 표현들은 그 내용에 대한 선택항들options 또는 대체형들alternatives이다. 이들 중 한 선택항이 생산자에 의해 실제로 선택되어 텍스트상에 표현되는 가능성이 여타의 선택항들보다 높으면 우리는 그 선택항의 개연성probability이 높다고 한다. 보그란데 · 드레슬러는 선택항들의 정보성 단계를 논의하면서, 샤논 · 위버Shannon & Weaver(1949)[40]가 제안한 통계적 개연성statistical probability의 개념을 반박하고 있다. 통개적 개연성의 개념은, 어떤 대체형이 나타날 수 있을까를 결정하는 가장 정확한 방법으로서, 그 언어에서 사용 가능한 모든 연쇄형을 살펴보고, 가령 A 다음에 B가 나타난다는 식으로, 한 쌍의 요소가 발생하는 모든 경우를 다 헤아려 나가는 것이다. 그러나 이러한 통계적 개연성의 개념이 자연 언어를 사용한 의사소통에 적용될 수 없다는 데에는 이견이 없을 것 같다. 한국어나 영어와 같은 개별 언어에 나타나는 모든 연쇄형을 다 세는 것이 가능한 일인가? 그것이 불가능한 점은 제외하더라도, 대부분의 언어적 요소들은 인접하는 요소와는 다른 요인들 때문에 발생하는 경우가 많다. 언어적 요소들은 문법적 의존관계가 인접하지 않은 표현에까지 미치게 되는 경우가 있으며, 더욱이 맥락에 의존하여 발화되는 경우가 많다는 점때문에 통계적 개연성 개념은 인간의 자연 언어적 통화에 적용될 수 없다.[41] 이러한 결점을 통계적 개연성의 개념이

---

40 이들은 소위 정보 이론information theory의 옹호자들이다.

41 물론 현실적 텍스트 이론들과 모델에서 개연성의 개념을 완전히 배제하자는 뜻은 아니다. 텍스트성 이론에서는, '기대expectations', '가설hypotheses', '기준치defaults', '선호성preferences', '예측predictions'과 같은 개연성 개념들은 표층 텍스트 자료들을 제어하는 중요한 인지적 요인들이다.

안고 있으므로, 보그란데 · 드레슬러는 이를 맥락적 개연성contextual probability의 개념으로 대치하자고 제안한다. 맥락적 개연성의 개념에 있어서 주요한 내용은, 한 선택항이 특정 환경에 나타나는 빈도가 아니라, 주어진 맥락 하에서 현재 처리중인 특정 환경에 나타날 가능성이 높은 부류와 낮은 부류는 어떤 것인가 하는 점이다. 왜냐하면 통계적 빈도로 볼 때에는 드물게 나타나는 표층표현이나 개념이라 하더라도, 적절한 조건이 주어지면 나타날 개연성이 매우 높아질 경우를 충분히 상정할 수 있기 때문이다.

보그란데 · 드레슬러가 발전시킨 텍스트성 이론에서는, 각 언어계층에 나타나는 각 표현이 선택, 실현될 가능성에 대하여 정확한 수치가 주어질 수 있다거나 주어져야 한다고 단정짓지 않는다. 그보다는, 일반적인 개연성의 범위, 즉 한 표현이 선택되어 사용될 가능성이 하나의 근사치로서 그 높고 낮음의 정도를 측정받는 편이 더 타당하다고 여긴다. 텍스트성 이론에서는 이러한 개연성의 일반적인 범위를 정보성의 단계로 상정하고, 의사소통상 정보성의 세 단계three orders of informativity를 설정한다.

2.2.4.2 제 1차 정보성과 정보성의 격상

개연성의 정도가 높은, 다시 말해서 통각적으로 선택될 가능성이 매우 높은 대체형들 중에서 실제로 선택된 한 선택항은 제 1차 정보성first-order informativity을 전달한다. 그러한 선택항은 그 결속구조, 결속성, 플랜 측면에서 충분히 예측 가능하고, 흔히 그 상황이 명백하며, 전달하는 정보 자체가 자명한trivial 것일 가능성이 높다.

인지적인 관점에서 말하자면 제 1차 정보성 발화체는 기준치default와 선호성preference을 특징으로 지닌다. 기준치란 그것과 특별히 반대되는 단서가 없는 한 언제나 적용된다고 상정되는 인지적 조작이나 선택 과정을 뜻한다. 또한 선호성은 그것과 경합하는 여타의 선택항들보다 보통 우선적으로 선택되는 인지적 조작 과정이나 선택 과정을 뜻한다. 이 절차들은 수용자의 처리 노력을 최소화하기 때문에, 그들의 주의를 여타 더 높은 차원의 발화에 집중시키게 된다.

제 1차 정보성 발화의 극단적인 예는 교통 표지판에서 제시되는 텍스트인데, 이들은 표지 자체가 상당한 거리에서도 알아볼 수 있을만큼 독특한 모양과 색깔을 갖고 있다. 교통 표지판의 텍스트가 예측 가능성을 최대로 반영한 이유는, 당면한 교통 상황에 충분히 대처할 수 있도록 운전자의 주의를 빼앗지 않으려는 동기가 있기 때문이다. 자명한 특질을 갖는 1차 정보성 발화체들은 그들이 제시되는 체계나 배경에 매우 잘 통합되어 있기 때문에 담화 참여자들로부터 거의 주목받지 못한다. 그러나 이들보다 더 높은 차원의 정보성이 달성되건 안되건 간에 1차 정보성 발화는 모든 종류의 텍스트에 나타난다. 더욱이, 어떤 발화체라도 일단 선택되어 텍스트에 제시된 이상, 그것은 아무 것도 발화되지 않은 상태와는 엄연히 다른 것이다.

텍스트 생산자가 단지 제 1차 정보성 발화체로만 구성된 텍스트를 제시하면 수용자는 그 텍스트의 처리를 거부할 수도 있다. 다음과 같은 예에서,

(12) a. 영희: 세상은 언제나 넓은 시각으로 봐야 돼.
b. 민호: 뻔한 말을 뭐하러 하지?
c. 영희: 항상 멀리 바라볼 줄도 알아야 하고.
d. 민호: 그런 말은 누구나 할 수 있어.

민호는 영희의 발화 (12a)와 (12c)의 수용을 거부하고 있다. 영희가 민호에게 한 말은 모두 상식적으로 우리가 들어온 교훈적 원론에 속하기 때문이다. 따라서 이 경우에 제 1차 정보성 발화만으로 전달된 영희의 발화는 흥미롭지 않을 뿐만 아니라 용인성의 측면에서도 문제를 안고 있는 것이다.

비록 제 1차 정보성 발화라 하더라도 수용자에 의해서 기꺼이 처리되는 경우가 있다. 주어진 텍스트의 발화체가 겉보기에는 제 1차 정보성을 지니고 있다 하더라도 상황 맥락적 요인에 의해서 수용자가 추가적 정보 처리 절차를 동원하여 그 발화체를 처리하고자 하는 경우가 있는데, 이때 수용자는 그 발화체의 정보성을 1차로부터 2차로 격상upgrading시킴으로써 스스로 그 발화체를 의미있는 것으로 만들어나간다. 다음 텍스트를 살펴보자.

(13) a. 영희: 담화 분석 숙제를 늦게 제출했는데도 일일이 읽어보고 고쳐주셨어.
b. 민호: 역시 교수님은 교수님이시구나.

이 예에서 민호의 발화 (13b)는 너무나 자명한 내용을 표현하고 있다. 그러나 이 경우에는, (13b)가 비록 제 1차 정보성 발화이면서도 앞서 언급한 교통 표지판 텍스트와는 다른 통화 기능을 수행하고 있음을 알 수 있다. '교수님은 교수님이다.' 와 같은 정보는 수용자, 즉 영희로 하여금 추가적 정보 처리 과정을 거치게 만든다. 그 결과로 영희의 인지 환경 속에 다음과 같은 추가 정보가 생겨날 가능성이 매우 높다는 점을 쉽게 알 수 있다.

(14) 담화 분석 담당 교수는 평소에 민호가 생각해온 바와 같이 학생들을 열심히 가르치는 자상한 교수님이다.

바로 이러한 추가적 정보는 영희가 민호의 발화 (13b)의 정보성을 격상시킨 결과로 얻어진 것이다.[42] 우리는 이러한 논의를 통해서, 텍스트 수용자는 필요하다면 제 1차 정보성 발화를 격상시키기도 하며, 비록 제 1차 정보성 발화라 하더라도 텍스트 사용자들 간에 의도된 인지적 효과를 달성하는 데 반드시 필요하기 때문에 사용된다는 점을 이해할 수 있다. 물론 통화의 효과가 더욱 큰 것은 제 2차, 3차 정보성 발화체이지만, (13)에서 살펴본 것처럼 제 1차 정보성 발화체도 텍스트적 통화를 통하여 정보성이 격상되면 2, 3차 정보성의 역할을 해낸다.

2.2.4.3 기준 단계로서의 제 2차 정보성

앞서 언급한 바와 같이 제 1차 정보성 발화체의 특징은 기준치와 선호성이다. 이들 기준치나 선호성이 무효화되면, 다시 말해서 주어진 발화체의 개연성이 별로 높지 않을 때 우리는 그 발화가 제 2차 정보성을 지닌다고 간주한다. 제 2차 정보성 발화체는 텍스트적 통화에서 가장 바람직한 정보성 단계이다. 다음 예를 살펴보자.

(15) 詩의 言語는 언어의 조직에 있어서 보통의 언어와는 대체로 구별된다고 할 수 있다. 詩가 보통의 언어에서처럼 말의 뜻이나 논리에 주로 의존하는 경우에도 보통의 언어에서보다는 비약적이거나 날카로운 것이 상례이다. 게다가 詩에 있어서는 말의 리듬과 이미지와 語調가 보통의 언어에

42 그렇다면 왜 (12)에서는 (13)과 같은 추가적 정보 처리 절차가 수행되지 않는 것일까? 어떤 기준에 의해서 (13b)는 격상되고 (12a, c)는 격상되지 않는가? 이 의문에 대한 대답은 적합성 이론이 제공한다. 적합성 원리에 의해서 텍스트 수용자는 주어진 발화체를 글자 그대로 수용하기도 하고 해석적으로 수용하기도 하는 것이다.

서보다도 중요한 구실을 한다. 이와 같이 시는 언어의 몇 가지 요소에 특히 의존하고, 그리고 그것들의 유기적인 관련에 의존하는 점에 있어서 보통의 언어보다 고도로 조직된 언어이다. (김종길, 『김종길 시론집』, 16쪽)

이 텍스트에서는 자명한 정보를 찾아보기 어렵다. 다시 말해서 제 1차 정보성 발화는 거의 또는 완전히 배제된 텍스트인데, 그렇다고 해서 텍스트 수용자의 기대와 예측을 완전히 뒤엎을만한 새로운 정보연쇄도 눈에 띄지 않는다. 따라서 우리는 텍스트 (15)를 제 2차 정보성 발화체로 간주할 수 있다.

가령 한 텍스트가 순전히 1차 정보성 발화체만으로 구성되었다고 가정해보자. 물론 이러한 텍스트는 구성하기도 어렵지만, 동시에 대단히 홍미없는 것이 되고 말 것이다. 또한 어떤 텍스트에 3차 정보성 발화체만이 들어 있다고 가정해보자. 그런 텍스트는 홍미를 유발하거나 효과를 많이 얻을 수 있을지는 몰라도, 처리 노력이 엄청나게 들고 난해하기 때문에 자칫 수용자로부터 처리 자체를 거절당할 가능성이 있다. 따라서 2차 정보성이라는 중간 단계를 유지하기 위해서 1차 정보성 발화체들이 격상될 수도 있고, 3차 정보성 발화체들이 격하되기도 하는 것이다.

2.2.4.4 제 3차 정보성과 정보성의 격하

텍스트 생산 과정에서 선택, 실현되는 선택항들은, 정도의 차이는 있더라도 어느 정도의 개연성을 지닌 여러 대체형들의 집합체로부터 선택되는 것인 반면에, 어떤 선택항들은 그러한 집합체 밖에서 선택된 것으로 보이는 경우가 있다. 이러한 선택항들은 제 3차 정보성을 지닌 것으로 간주된다.[43] 제 3차 정보성 발화체는 그 출현 빈도가 상대적으로

---

43 다시 말해서, 텍스트의 각 발화체들이 선택항들의 퍼지 집합fuzzy set으로부터 선택된다고 보았을 때, 3차 정보성 발화체는 상정 가능한 선택항들의 집합 밖에서 선

낮으므로 주의를 집중하고 많은 처리 수단을 동원해야 하지만, 그 대신 흥미를 더 유발한다. 이들은 통상 의의의 불연속성[44] 및 불일치성[45]을 그 특징으로 한다. 이들 발화체가 의미하는 바가 무엇이고, 생산자는 이들을 왜 선택했으며, 어떻게 그 연속성을 다시 복원할 수 있는가를 알아내기 위해서, 텍스트 수용자는 문제-해결의 한 방법인 동기 탐색 과정을 수행해야 한다. 그 탐색이 성공적일 경우에 수용자는, 문제가 되는 그 3차 정보성 발화체가 사실은 상정 가능한 선택항들의 집합체 내에 있었고, 다만 어떤 중간조정 과정을 통해서 그 연속성을 복원할 수 있었다는 점을 깨닫게 된다. 이는 곧 동기 탐색을 통해서 3차 정보성 발화체를 2차 정보성 발화체로 격하downgrading시킨 것이 된다. 다음 예를 살펴보자.

(16) 사람들 사이에 섬이 있다
그 섬에 가고 싶다

(정현종, 『섬』 전문)

이 텍스트에는 단지 두 가지 정보만이 제시되어 있는데, 그 중 '사람들 사이에 섬이 있다.'는 정보는 텍스트 수용자의 기대를 뒤엎는 것으로서 명백한 제 3차 정보성 발화체다. 왜냐하면 원래 섬이란 바다나 호수 안에 있는 것이지, 사람들 사이에 존재하는 대상이 아니기 때문이다. 이러한 제 3차 정보성 발화체를 제시받은 수용자는 이 발화체의 정보성 단계를 격하시키는 작업에 착수하게 된다.[46]

택된 것으로 본다는 것이다.

44 이는 표층 텍스트의 언어 구성체에서 어떤 언어 자료가 빠져 있어서 그 의의가 연결되지 않는 것을 뜻한다.

45 이는 텍스트에 제시된 개념 및 구조적 패턴들이 수용자의 기억 속에 저장되어 있는 지식의 패턴과 합치하지 않는 것을 의미한다.

'사람들 사이에 섬이 있다.'는 발화체의 3차 정보성을 2차 단계로 격하시키기 위해서 텍스트 수용자는, 자신의 기억 저장소로부터 섬에 관한 백과사전적 항목들을 회수하고 그것들 중에서 텍스트 (16)을 해석하는 데 타당한 맥락을 구성한다. 가령 텍스트 수용자가 섬에 관한 항목들 중에서 '독립적이다', '신비스럽다', '호젓하다', '속세와 분리되어 있다' 등을 회수한다고 가정해보자. 만일 한 수용자가 이와 같은 내용의 정보 항목들을 회수하여 (16)을 처리하는 맥락을 구성한다면 그 수용자는 텍스트 생산자가 (16)에서 '그 섬에 가고 싶다.'고 발화한 맥락을 거의 공유할 수 있고, 나아가서는 수용자 자신도 생산자의 그런 심정에 공감하게 되리라 생각된다.

이러한 처리 과정은 곧 정보성 격하 과정을 뜻한다. 수용자는 (16)의 발화체에 결속성이 삭감[47]되어 있기 때문에 자동적인 텍스트 처리 과정에 장애를 받는다. 다시 말하면 이는 곧 문제 상태에 봉착했음을 뜻하는 것이다. 그 문제 상태는 (16)의 첫 문장이 전달하는 정보, 즉 제 3차 정보성 발화체에 의해서 발생한 것이므로, 수용자는 자신의 기억 저장소로부터 섬에 관한 정보들을 회수하고 그 정보 항목들 중에서 현재의 문제 상태를 해결할 수 있는 항목들을 다시 활성화시켜, 3차 정보성에서 2차 정보성 발화체로 격하시키는 것이다. 이와 같은 절차들을 거쳐서 (16)의 정보성을 격하시킨 결과 수용자는 가령 생산자가, '사람들이 모여 사는 이 속세 안에도 사람들의 세상과 구별되는 세상이 있다. 그 세상은 속세와는 전혀 다른 세상이고, 호젓하며, 신비스럽다. 나도 그

---

46 다시 말해서 '사람들 사이에 섬이 있다.'는 명제가 무슨 뜻인지 이해하기 위한 노력을 말한다.

47 '섬'이 '사람들 사이에' 있다고 발화했으니, 그 발화체의 결속성은 완전히 충족된 것이 아니다. 따라서 (16)의 첫 문장에서는 결속성이 의도적으로 삭감되어 있다고 할 수 있다.

세상으로 가서 그곳에서 살고 싶다.' 는 뜻으로 텍스트 (16)을 발화한 것으로 간주할 수도 있다. 수용자가 이러한 함축을 도출해낼 수 있는 것은 역시 정보성 격하 과정의 결과인 것이다.

앞선 논의에서도 알 수 있듯이 정보성이라는 것은 텍스트의 발화체가 지닌 고유의 특성이 아니라, 담화 참여자들이 인지적으로 조정하고 선택하는 것이다. 비록 통화에 바람직한 기준 단계가 제 2차 정보성이라고 논의되었으나 그것은 일반적인 견해일 뿐, 텍스트에 의한 통화에서 반드시 제 2차 정보성이 기준이 되어야 하는 것은 아니다. 주어진 담화 상황 및 담화 참여자 각각의 의도에 따라 정보성의 단계는 그때 그때 선택되어 표층 텍스트에 표현된다. 또한 상대방의 발화를 수용할 때 그 발화의 정보성 단계를 격상하거나 격하시키는 인지적 작업도 전적으로 그 담화 맥락과 참여자의 의도에 따라 달라진다는 점을 알아야 한다.

2.2.5 상호텍스트성과 텍스트의 유형

상호텍스트성intertextuality은 텍스트를 생산하고 수용함에 있어서 텍스트 사용자들이 이전에 이미 수용했던 여타의 텍스트 지식에 의존하는 모든 방식을 포괄하는 개념이다. 이들 지식은 중간조정 과정을 통해서 현재 처리하는 텍스트에 주입될 수 있는데, 물론 현재의 텍스트를 처리하는 시점과 이전에 수용했던 관련 텍스트들을 처리한 시점 간의 시간과 처리 행위의 간격이 크면 클수록 중간조정 과정도 커질 것이다.

광범위한 중간조정 과정이 적용된 결과로서 **텍스트 유형**들이 나타나게 되는데, 이는 어떤 유사한 목적을 위해 일정한 특성을 지니는 텍스트의 부류들을 뜻한다.

2.2.5.1 텍스트의 유형

텍스트의 유형은 담화 행위의 유형 및 그 상황의 유형과 밀접한 상관

관계를 갖고 있을 것이다. 어떤 한 담화 유형이 그 배경과의 사이에 적절성을 지니고 있다고 판정되지 않는 한, 담화 참여자들은 텍스트성의 규준을 어느 정도까지 유지해야 하는지를 결정할 수 없을 것이다. 가령 결속구조와 결속성에 대한 요구가 대화에서는 덜 엄격한 반면에 과학 텍스트에서는 면밀히 유지되어야 한다.[48] 더욱 시 텍스트에서는 결속구조가 수사학적 원리에 따라 재구성될 수 있다. 만일 이렇게 다양한 구성들이 사회 · 문화적으로 부적절한 배경에서 제시된다면 통화는 장애를 받거나 손상을 입을 것이다.

전통적으로 확립된 텍스트 유형들은 인간 상호작용에 대한 텍스트의 공헌도에 따라 규정될 수 있다. 비록 생각할 수 있는 모든 예에 대해 엄밀한 범주화를 기할 수는 없지만 최소한 얼마간의 기능적 특성을 논의할 수 있다. **기술**descriptive **텍스트**는 상호작용상 그 제어 중심이 사물이거나 상황인 지식 공간을 풍부하게 하는 데 사용된다. 이러한 유형의 텍스트에서는 속성, 상태, 사례, 특정화를 위한 개념관계가 빈번히 발생한다. 따라서 표층 텍스트에는 이에 상응하는 수식어들이 밀도있게 반영되어야 한다. 이와는 대조적으로 **이야기**narrative **텍스트**는 인간의 가장 기본적 표출양식으로서, 인간이 처하게 되는 주관적 현실, 경험, 믿음, 감정 등을 어떤 특별한 연쇄순서로 그 행위와 사상events을 배열하는 데 사용된다. 원인, 이유, 목적, 실행가능화, 시간적 인접성을 위한 개념관계도 빈번히 발생할 것이다.[49] 이에 대응해서 표층 텍스트에는 밀도있는 종속 관계가 반영될 것이다. **쟁론**爭論argumentative **텍스트**는 어떤 신념이나 아이디어를 참이거나 거짓, 또는 긍정적이거나 부정적인 것으로 수용, 평가하는 것을 추진하는데 사용된다. 이유, 의미, 의

---

48 Huddleston 1971 참조.

49 Labov & Waletzky 1967, Beaugrande & Colby 1979, Stein & Elenn 1979 참조.

욕, 가치, 대립과 같은 개념 관계들이 빈번히 나타날 것이다. 표층 텍스트에서는 생산자의 강조와 역설을 위해서, 가령 회기, 병행구문, 환언과 같은 결속구조적 장치가 종종 사용된다.

위에서 제안한 내용들은 사실상 텍스트 유형의 전형적인 특성과 용법에 관한 일반적인 사항일 뿐이다. 왜냐하면 많은 텍스트의 경우에 기술, 이야기, 쟁론 기능이 혼합되어 있음을 쉽게 알 수 있기 때문이다. 다시 말해서 한 텍스트를 어떤 유형으로 분류하는 것은 그 텍스트가 통화상에서 갖는 기능에 의존하는 것이지, 단순히 표층 형식에 따르는 것이 아니다.

보그란데 · 드레슬러는 텍스트 유형의 하나인 **문학 텍스트**를 구별하기 위해서 좀 다른 규준을 적용시킨다. 그들은, 문학 텍스트는 소위 현실 세계라고 받아들여진 것에 대하여 일정한 원리를 바탕으로 대체성 alternativity[50] 관계에 놓여 있는 세계를 갖는 텍스트로 간주한다. 이 대체성 관계의 관점에서 보면, 현실 세계는 객관적으로 구성된 것이 아니라, 사회적 인지, 상호작용, 절충작용으로부터 전개되어 나오는 것으로서 파악할 수 있게 된다. 문학 텍스트 세계에는 종종 현실 세계와 일치하지 않는 점이 존재하기 때문에, 사회적으로 수용된 현실 세계 모델 안에서의 괴리를 수용자가 날카롭게 인식하도록 만드는 경우가 많다. 심지어 사실주의, 자연주의, 그리고 다큐멘타리 예술과 같이 텍스트 세계와 현실 세계가 일치되도록 노력을 기울이는 문학 사조의 경우에도 각별한 통찰력을 이끌어내려는 이 의도가 그 텍스트 생산의 동기를 이룬다. 이러한 의도가 사실을 있는 그대로 알리려는 의도보다 지배적일 때에만 그 텍스트는 문학적인 것으로 간주된다.

문학 텍스트의 한 하위 부류인 **시 텍스트**poetic text는 텍스트의 대체성

50 다음 항에서 자세히 논의될 것이다.

이 한층 더 확장 적용되는 유형인데, 이 경우에는 플랜plan과 의미 내용을 표층 텍스트에 배치하는 생산자의 책략이 각별해진다. 시 텍스트의 결속구조는 부분적으로 여타 텍스트 유형들의 결속구조와 대립하기도 하고, 부분적으로는 시 텍스트 유형의 관습을 따르기도 한다. 기대의 흐름이 충족되기도 하고 좌절하기도 하는 현상은 표층 텍스트의 면밀한 구성에 의해서 이루어진다. 그러므로 언어의 시적 기능은 상호작용적이고 절충적인 표현을 구성할 수 있는 통찰력을 이끌어내게 한다. 여타 문학 텍스트들이 시 형식을 취하지 않더라도 현실 세계에 관한 담화의 상호작용적이고 절충적인 본질을 강조하기 위해서 시적 기능을 활용한다는 것은 놀라운 일이 아니다.

우리가 중요하게 생각해야 할 것은, 텍스트에 의한 지식 전달이나 텍스트에 관한 어떤 실험적, 경험적 연구에서도 상호텍스트성은 결코 등한시해서는 안될 요인이라는 점이다. 통화는 모든 종류의 조건 하에서 헤아릴 수 없이 많은 목적을 수행하지만, 놀랄만큼 경제적인 수단을 지니며, 또한 놀랄만큼 혼란이나 오해를 거의 일으키지 않는다. 언어 요소들의 기능을 모든 인식 가능한 맥락 속에서 규정하려 해도 안되지만, 모든 맥락이 각기 너무나 독특해서 체계적인 규칙성은 전혀 추출할 수 없다는 결론을 내려서도 안된다. 텍스트 과학의 중심 과제는 오히려 관습적인 기능들이 실제 사용에서 재확인되거나 적합하게 맞추어질 수 있는 그 규칙성을 발견하는 일이다. 텍스트성의 전체적 개념은 전반적인 통화 행위에 절차적인 제어 역할을 수행하는 상호텍스트성의 영향을 탐구함으로써 더욱 밝혀질 것이다.

이제까지 텍스트들을 대충 유형화해 봤지만, 그래도 결코 명쾌한 분류는 못된다. 텍스트의 부류와 그 특성들이 여전히 애매하다. 다양한 기능들이 각기 지니는 우세성의 정도에 따라 상당히 복잡미묘할 수가 있다. 심지어 어떤 한 텍스트는 특별한 제시방법을 통해서 다른 유형으로 전환될 수도 있다. 예를 들어 문학적 배경으로 출판된, 비 시적 텍스트 중에서 시를 '찾아내는' 것이 유행이었는데[51], 텍스트 수용자들이 보인 처리과정상의 반응은 원래 배경에서 보였던 것과는 상당히 차이가 났을 것이다. 다른 많은 문제들처럼 텍스트 유형의 문제는 관습적인 언어학적 방법의 범위를 넘어서며, 인간 상호작용에서 텍스트를 사용하는 보다 광범위한 조건들과 병합된다. 하나의 '텍스트 유형'은 텍스트 발화체를 생산, 예측, 처리하는 일련의 발견 방법이다. 따라서 텍스트 유형은 효율성, 유효성, 그리고 적절성을 결정하는 두드러진 작용을 한다. 그러나 유형이라는 개념은, '텍스트'라는 개념과 같이 이에 속하는 것과 속하지 않는 것 사이에 절대적인 경계선을 긋지 못한다. 통화의 조건은 너무 다양하기 때문에 그렇게 엄격한 범주 구분을 허용하지 않는다.

2.2.5.2 문학 텍스트와 대체성 관계

보그란데Beaugrande(1987: 58)는 문학을, '일정한 구성적 처리 과정의 스키마들에 의해서 지배되는 통화 영역'이라고 정의하고, 대체성을 '그 중 가장 강한 상위 스키마high-level schema'라고 규정한다. 특히 시적 통화상 **대체성 원리**the alternative principle는 담화에 사용되는 언어를 절충하는 수준까지 확장된다. 텍스트가 반드시 허구적이거나 보통 사용되는 언어로부터 일탈되어야 하는 것은 아니지만 시 텍스트를 처리하기 위해서 수용자는 텍스트상의 언어 자체가 어떻게 구성되어 있으며, 그 구성의 각별한 동기가 무엇인가를 알아야 하는 것이다. 대체성 표현은 자동적인 텍스트 처리 과정에 장애 요인이 된다. 보그란데에 의하면, 대체성이란 여타 스키마들의 선택과 적용을 우선 제어함으로써

51 가령 Porter 1972와 Beaugrande 1987 참조.

그 영역을 규정하는 구성적 스키마로서, 대체성을 수용하는 과정에서 수용자의 자동적 처리 과정과 주의를 집중시킨 처리 과정 간의 통상적인 경계가 무너진다고 지적한다.

대체성이 하나의 구성적 스키마라는 보그란데의 논의를 받아들인다면, 현실 세계에 관한 스키마와 구별되는 문학적 스키마를 따로 설정할 필요가 없게 된다. 스키마가 본래 채워지지 않은 변항들의 구성체라는 점을 상기한다면 보그란데가 주장하는 바 최상위의 구성적 스키마, 즉 대체성 원리는 그 변항들 중 어떤 것들이 결속되고 또한 어떤 정보 원천들이 사용될 것인가를 결정짓는 인지적 절차들의 집합체라고 할 수 있다. 대체성 관계는 텍스트 수용자가 이들 변항과 자기 자신의 사전 지식들 간의 절충 가능성 및 그 범위를 인식할 때 달성된다. 다큐멘타리 텍스트의 경우에는 현실 세계로부터 많은 것을 빌어 오지만, 공상문학 텍스트의 경우에는 어떤 고립적인 요점들만을 선택해서 이들을 아주 드문 방식으로 구성한다. 이 점에 관해서 보그란데Beaugrande(1987: 77)는 다음과 같이 논의한다.

> 죤 스타인벡의 *The Red Pony*를 읽는 독자들은 농장의 동물들에 관해서 자신이 참이라고 수용하고 있는 지식을 그대로 적용시킬 수 있다. 그러나 화이트의 *Charlotte's Web*의 경우에는, 농장 자체는 여전히 인간에 의해 통상적인 방식으로 운영되고 있다 하더라도, 우리는 농장의 동물들이 말을 할 수 있다는 개념을 수용해야 한다. 죠지 오웰의 *Animal Farm*에서는 동물들이 말을 할 뿐만 아니라 인간 없이 농장을 맡아 운영하기도 한다. 더욱이 루이스 캐롤의 *Alice in Wonderland*와 같이 환상적인 성향이 강한 문학 텍스트에서는 '그리폰Gryphon' 처럼, 실제 동물들의 각 신체 부위로 조합된, 말도 하고 자족하는 동물도 창조해낸다. 우리는 이러한 진행 과정의 각 단계에서, 동물에 관한 현실 세계의 스키마들을 꾸준히 분해하면서 여타

스키마들, 가령 인간의 언어와 행위에 관한 스키마들로부터 많은 것들을 투입해야 하는 것이다. 그러나 이런 작업은 언제나 하나의 지속대 안에서 정도의 문제를 유지하면서 수행되는 것이지, 현실 세계에 관한 우리의 스키마들과 전혀 무관한 영역으로 갑자기 넘어가는 것은 아니다.

지금까지의 논의를 바탕으로 다음 텍스트를 살펴 보자.

(17) 돌이 허리 굽혀 눈을 헤치고
돌을 물었다
물린 돌이
환히 웃는다
주저없이 바람이 멎고
가득찬 달이 뜨고 있다

잊혀진 별들까지 모두 모여
끝없이 끝없이 빛나는 하늘
이제 사랑은 아무 것도 아니기.

(황동규, 『사랑의 뿌리 4』 전문)

여기서 텍스트 생산자는 인간의 행위들을 자연물인 '돌' 에 투사함으로써 수용자에게 하나의 대체적 세계를 제시하고 있다. '허리를 굽히고' , '물고' , '환히 웃는' 행위는 돌이 아닌 인간 행위의 특성을 기술한 것이기 때문이다. 생산자는 이러한 인간 행위를 텍스트의 요점으로 선택한 다음, 그 행위의 동작주로서 인간 대신에 돌을 대치시킴으로써 하나의 대체적 세계 모델을 제안하고 있는 셈이다. 더욱이 '주저없이' 와 '모두 모여' 는 인간 동작주의 특정 의도를 전달하는 정보들이다. 이 경우에도 역시 동작주는 사람이 아닌 '바람' 과 '별' 이다. 따라서 생산자는 텍스트 (17)을 통해 하나의 대체적 세계를 구축하고는, 자신이 상정한 그 특정 세계에 관한 동기 및 통찰력을 수용자가 공유하도록 만든다.

한 세계에서 가장 차갑고 무딘 구성 요소로 간주되는 돌이 허리를 굽혀 이웃에 있는 돌을 물었다는 것은, 그 세계의 모든 구성 요소들이 사랑하는 방식을 터득했고 또한 서로 간에 사랑을 실현했다는 의미로 해석될 수 있는 것이다. 따라서 그 세계에서 사랑이란 이제는 특별한 의미나 희소 가치를 지니지 않는, 다시 말해서 아무 것도 아닌 것이 되고 말았다. 텍스트 (17)의 수용자는 텍스트 자료를 수용하면서 돌을 포함한 자연의 모든 구성 요소들의 대체적 세계와 자신의 현실 세계 간의 절충 및 중간조정 과정을 거침으로써 자신의 인지 환경 속에 생산자가 상정하고 제시하는 바 하나의 대체적 세계를 스스로 구축하게 될 것이다.

2.2.5.3 텍스트 인유와 상호텍스트성

텍스트성 이론에서 다루는 상호텍스트성의 또 하나의 연구 과제는 텍스트 인유引喩text allusion의 문제인데, 이는 사람들이 잘 알려진 텍스트를 사용하거나 언급하는 방식에 관여한다. 원리적으로는 텍스트 생산자가 기존의 이용 가능한 어떤 텍스트라도 사용할 수 있지만, 잘 알려진 텍스트라는 것은 실제적으로 수용자 측에서 수용하기가 더욱 용이하다는 점에서 더 알맞은 것이다. 보그란데 · 드레슬러는 다음과 같은 텍스트들을 텍스트 인유의 예로 들고 있다.

(18) 나와 함께 살고 내 연인이 되주오.
그러면 우리는 모든 즐거움을 누리리니,
골짜기나, 숲이나, 언덕과 벌판,
산림이나 가파른 산에서 오는 것 말이오.
(말로우, 『정열적인 목동이 그의 연인에게』 부분)

(19) 나와 함께 살고 내 연인이 되주오.
그러면 우리는 그 모든 즐거움을 누리리니,
평화와 윤택, 침상과 식사,
우연히 얻은 일거리가 제공하는 것.

나는 부두에서 먹을 것을 팔고,
당신은 여름 드레스에 관해서 읽게 되지요.
저녁에는 냄새 고약한 운하 곁에서
우리는 마드리갈을 듣기를 희망하리다.
(루이스, 『냄새 고약한 운하 곁에서 우연히 얻은 일거리』 부분)

텍스트 (18)은 말로우Christopher Marlowe가 1600년에 쓴 것이다. 이 텍스트가 전달하고자 하는 내용은 쉽게 알 수 있다. 한 청년이 처녀에게 사랑을 구하는 심정으로 생산한 텍스트라는 점은 텍스트 자료에서 명시적으로 드러난다. 텍스트 (18)이 발표된 후 300여년이 지난 1935년에 루이스Cecil Day Lewis는 미숙련 노동자를 화자로 삼아서 냉소적인 어투로 말로우의 시를 다시 썼는데 그것이 바로 텍스트 (19)다. 텍스트 (19)는 그 표층 형식과 많은 표현들을 (18)과 공유하고 있다. 후속 텍스트를 이해하려면 분명히 원래 텍스트에 대한 상세한 지식과 후속 텍스트를 이끌어낸 여러 규칙에 대한 상세한 지식을 가져야 한다. 그러나 루이스의 텍스트에서 처음 두 줄이 말로우의 텍스트를 그대로 인용한 것이 아니었다면 원전, 즉 (18)에의 의존은 그리 결정적인 것이라고 할 수는 없다.

텍스트 (19)의 효과는 어디서 도출되는가? 그것은 (19)가 말로우의 텍스트 (18)의 저변에 깔린 원리와 관습에 어긋난다는 바로 그 점에서 도출된다. 즉, 말로우의 원래 텍스트는 목동의 생활이 즐거움으로 넘치고, 자연은 화려한 장식품의 제공자 역할을 한다는 관점을 가졌었다. 그러나 (18)에서는 그렇게 풍부하게 약속받았던 여름 의상을 텍스트 (19)의 여인은 '읽어 볼' 수만 있게 되고, 현대의 '운하'에서 '마드리갈'을 들으려던 희망은 전혀 근거없는 것이 되고 말았다. 보그란데 · 드레슬러Beaugrande and Dressler(1981: 188)는 (19)의 효과에 관해서 다음과 같이 논의한다.

> 루이스의 시는 대단히 파괴적이다. 왜냐하면 그것은 말로우 시의 문학적 지위가 기반으로 삼고 있는 대체성 관계 전체를 공격하기 때문이다. 이런 경우에 문학 또는 시 텍스트의 대체성은 그 텍스트 유형이 이전에 지녔던 관습을 어김으로써 그 효과를 더할 수 있다. 우리가 주목할 것은 방금 인용한 (19)에서는, 과거의 전통의 문학적, 시적 대체성을 지니는 관례적 구성 방식보다, 1935년의 현실 세계, 즉 경제 공황이라는 문제가 더 내세워져 있다는 점이다.

이제까지 논의한 바와 같이, 이전에 생산되었거나 잘 알려진 텍스트가 지닌 대체성 원리나 관습, 규약 등을 다른 관점에서 파악한 생산자들이 발표한 후속 텍스트는 원래 텍스트와의 상관 관계, 즉 상호텍스트성이라는 측면에서 명백히 효과를 달성한다. 위에서 논의한 말로우와 루이스의 텍스트에서 특히 루이스의 텍스트가 지니는 시적 효과는 말로우의 원래 텍스트를 참조하지 않고는 거의 불가능한 것이다.

상호텍스트성이라는 것은 인간의 모든 담화 행위에 실제로 관여하는 것이며, 우리가 생산하고 수용하는 텍스트 발화체에서 상호텍스트적인 성격을 완전히 배제할 수 있는 내용은 극히 드물 것이다. 따라서 인간적 통화 행위로서 텍스트를 이해하고 연구하는 데 있어서 상호텍스트성은 대단히 중요한 요소이며, 텍스트와 비 텍스트를 구분하는 텍스트성의 기준 중에서도 핵심적인 위치를 점한다고 할 수 있다.

우리는 지금까지 텍스트성을 판정하는 여러 기준, 그리고 이들 기준의 관점에서 실제 텍스트를 분석해 보았다. 텍스트성 이론이 여타 인지과학 분야, 특히 인지심리학과 인공지능에 의존하는 부분이 있기 때문에, 텍스트성 이론을 잘 이해하려면 이들 인접 분야의 기본 개념과 원리에 대한 이해가 필요한 것이 사실이다. 또한 실제 텍스트를 많이 분석함으로써 본고에서 소개되고 논의된 텍스트성의 기준들에 관한 이해가 더욱 깊어질 것이다.

이제까지 살펴본 많은 내용에 있어서 좀 더 심층적인 원리적 설명이 부족했던 것이 사실이다. 가령 어떤 경우에는 텍스트 수용자가 주어진 발화체를 제 3차 정보성 발화체로 인식하고, 또 어떤 경우에는 제 1차 정보성 발화체로 수용하는가. 생산자는 어떤 경우에 회기적 장치를 사용하고, 또 어떤 경우에 결속성을 의도적으로 삭감시키는가. 본고에서는 이와 같은 많은 텍스트적 행위가 존재한다는 것을 단지 기술했을 뿐 그 이유나 원리는 설명하지 않았다. 물론 그런 이유나 원리는 현대 담화 이론이 해결해야 할 과제이긴 하지만, 그렇다고 해서 전혀 설명을 못하는 것은 아니다. 그 해답의 일부를 다음 항에서 다루고자 한다. 다음 항에서는 현대 담화 이론 중에서 특히 스퍼버·윌슨Sperber & Wilson (1986, 1995)이 제창한 적합성 이론을 소개하고 그 원리적 기제를 함께 살펴보고자 한다.

3. 적합성 이론과 담화 연구

적합성 이론을 이해하려면 먼저 적합성 이론의 기본 가정을 알아야 한다. 전통적 담화 이론에서는 인간의 언어적 통화가 기호화 과정 coding에 의해 수행된다고 주장해왔으나, 현대 담화 이론에서는 인간의 의사소통에 즉발적 추론 과정이 상당히 개재되어 있다고 믿는다. 즉, 인간의 언어적 통화의 특질을 옳게 이해하려면 기호 모델보다는 추론 모델에 더 많은 주의를 기울여야 한다는 것이다. 적합성 이론은 과거의 기호론semiology 및 의사소통에 관한 기호 모델code model의 한계에서 출발하는 이론이다. 스퍼버 · 윌슨Sperber & Wilson(1986, 1995) 및 이들을 따르는 학자들의 견해는, 종래의 기호 모델과 함께 추론 모델 inference model을 고려해야만 인간의 통화 과정을 적절히 설명할 수 있다는 것이다.[52]

3.1 적합성 이론의 기초 개념

3.1.1 인지 환경과 상호 현시성

사람은 모두 자기 자신의 주변 환경으로부터 정보를 얻어내고는 가장 경제적인 방법으로 그 정보에 관한 최선의 심적 표상체mental representation를 만드는 일에 종사한다. 그러나 우리들의 물리적 환경과 인지적 능력이 각자 다르기 때문에, 우리가 똑같은 세계 표상체 representation of the world를 지닐 수는 없다. 우리는 서로 다른 문체style로 발화하며, 명칭은 같더라도 내용이 서로 다른 개념들을 사용하고, 같은 인지적 작업을 하더라도 서로 다른 추론 과정을 동원하기도 한다. 따라서 우리가 때로 좁은 범위의 동일한 물리적 환경을 공유하더라도, 각자의 인지 환경cognitive environment—각 개인에게 현시적인 일련의

52 기호 모델의 한계에 관해서는 스퍼버 · 윌슨Sperber & Wilson(1986, 1995) 제 1장 참조.

사실들—은 여전히 서로 다르다. '현시적manifest' 이라는 것은, 어떤 대상, 사상, 사고내용 등이 추론 또는 지각 가능한 상태를 말한다. 다시 말해서

> 어떤 한 사실을 한 개인이 주어진 시점에서 심적으로 표상할 수 있고 또 그 표상을 참 또는 개연적 참이라고 수용할 수 있을 때에만 비로소 그 사실은 그 시점에서 그 개인에게 현시적이다. (Sperber & Wilson 1986: 39)

이러한 현시성의 개념에 내포되어 있는 특성 중에서 우리는 두 가지 내용을 반드시 알아야 한다. 그 첫째는 사실facts 뿐만 아니라 상정내용assumptions도 현시적일 수 있다는 것이고[53], 둘째는 현시성의 경우에 정도의 문제가 고려되어야 한다는 것이다.[54]

스퍼버 · 윌슨Sperber and Wilson(1986: 41)은 '공유된 인지 환경들 중 그것을 공유하는 사람들이 현시적으로 누구인가 드러난 것' 을 상호 인지 환경mutual cognitive environment이라고 부르고, 상호 인지 환경 속에

---

53 소위 '사실' 이란 그 진리치가 참이라고 판명된 것이다. 이에 반해서 상정내용은 단순히 머리에 떠오르는 생각까지도 포함하는 개념이므로 참인지 거짓인지 판명되지 않은 것일 수 있다. 따라서 상정내용도 현시적일 수 있다는 것은, 진리치가 참이라고 판명되지 않은 명제도 '현시성' 을 띨 수 있다는 뜻이 된다. 이는 심리학적으로 아주 적절한 범위 내에서 포괄적인 개념이라고 할 수 있고, 적합성 이론의 강점 중의 하나는 바로 이 현시성, 더 나아가서는 '상호 현시성' 개념에 힘입은 바가 매우 크다는 점이다.

54 한 개인에게 있어서 현시성의 정도가 더 높은 것은 어떤 상정내용들인가? 그 개인에게 현시적이면서 동시에 여타 상정내용들보다 다루어질 가능성이 더 많은 상정내용의 현시성이 더 높을 것이다. 이는 그 개인의 물리적 환경과 인지 능력 및 성향의 함수 관계로 정해진다. 인간의 인지는 가장 적합성이 뛰어난 현상에 주의를 집중하도록 구성되어 있다. 가령 당신 집의 현관 초인종이 울렸을 때, 당신에게 가장 적합성이 큰 상정내용은 지금 문간에 누가 왔다는 것이지, 문간에 와 있는 사람이 초인종을 누를 수 있는 손가락이 있다거나, 초인종이 여전히 잘 작동된다는 등의 상정내용이 아닌 것이다.

서 현시적인 모든 상정내용들을 상호 현시적mutually manifest이라고 한다. 이제 우리는 상호 현시성mutual manifestness 개념을 상호적 상정내용mutual assumption 개념과 비교함으로써 적합성 이론에서 발전시킨 바 상호 현시성 개념이 어떤 심리적 타당성을 지니는가를 살펴보아야 한다. 민호와 영희가 같은 인지 환경을 공유하고 있으며, 그 인지 환경에서는 아래의 (20)과 (21)이 현시적이라고 가정해 보자.

(20) 민호와 영희는 같은 인지 환경을 공유한다.
(21) 노래 소리가 들린다.

이 환경에서는 다음 (22)-(24)의 상정내용[55]이 생겨날 수 있고 이와 같은 식으로 계속 단계가 진행될 수 있다.

(22) 민호와 영희는 노래 소리가 들린다고 상정한다.
(23) 민호와 영희가 노래 소리가 들린다고 상정한다고 민호와 메리는 상정한다.
(24) 민호와 영희가 노래 소리가 들린다고 상정한다고 민호와 메리가 상정한다고 민호와 영희는 상정한다.

생겨나는 상정내용이 복잡해질수록 그것이 실제로 민호와 영희에 의해서 상정될 가능성은 적어지게 마련이다. 게다가 n+1번째 상정내용이 참이 되려면 n번째 상정내용이 실제로 상정되어야 한다. 그러나 그가 상정한다는 것을 그녀가 상정한다고 민호가 상정하는 것 등등을 영희가 상정하지 않는 시점이 실제로는 아주 빨리 존재한다. 이 시점을 넘어

---

55 이들은 모두 상호적 상정내용의 예들이다.

서면 그 연쇄 속에 있는 모든 상정내용들은 거짓이 되고 상정내용들의 상호성mutuality은 달성되지 않는다.

이번에는 상호 현시성의 측면에서 생각해보자. 위의 (20)과 (21)로부터 아래에 열거한 (25)-(27)[56]이 생겨날 수 있고, 이와 같은 방식으로 계속 단계를 밟아 상정해 나갈 수 있는데, 이들은 모두 현시적인 것들이다.

(25) 노래 소리가 들린다는 것이 민호와 영희에게 현시적이다.

(26) 노래 소리가 들린다는 것이 민호와 영희에게 현시적이라는 점이 민호와 영희에게 현시적이다.

(27) 노래 소리가 들린다는 것이 민호와 영희에게 현시적이라는 점이 민호와 영희에게 현시적이라는 것이 민호와 영희에게 또한 현시적이다.

물론 이 경우에도 상정내용의 단계가 올라갈수록 그것들이 실제로 상정될 가능성이 적어지는 것은 사실이다. 그러나 이 경우에는 n+1번째 상정내용이 참이 되기 위해서 반드시 n번째 상정내용이 먼저 생겨야 하는 것은 아니다. 결국 이들 상정내용이 참이 아니고 거짓이라고 명백하게 판정할 경계선이 없다. 물론 단계가 올라갈수록 이 상정내용들이 지니는 현시성의 정도는 점차 줄어들겠지만 이들은 여전히 '현시적'인 것으로 남아있게 된다. 따라서 상호 현시성 개념은 상호 상정내용 또는 상호 공유 지식mutual knowledge 개념들보다 약한 개념이면서도 아주 적절한 정도로 약한 것이다.[57] 다시 말하면 상호 현시성 개념은 심리학적인 타당성에 입각해서 인간 의사소통을 설명할 수 있을 정도로만 강

56 이들은 모두 상호 현시적 상정내용mutually manifest assumptions의 예들이다.

57 이 말은 (22)-(24)에서 예시된 상호 상정내용의 개념이 받을 수밖에 없는 심리학적 반박을 상호 현시성 개념은 받지 않는다는 뜻이다.

한 개념인 것이다.

이상의 논의에서 알 수 있듯이 상호 현시성의 개념은 필요 이상으로 강한 것이 아니다. 이는 종래의 기호 모델 또는 상호 공유지식mutual knowledge의 개념으로부터 야기되는 문제점을 극복할 수 있는 계기를 마련한다. 일반적으로 말해서 우리는 인지 환경을 다른 사람들과 현시적인 개념에서 공유하기 때문에, 그들에게 현시적인 내용에 대해서 직접적인 증거를 갖는다. 다시 말해서, 어떤 사람이 그 자신이 상정하는 바를 나에게 말하면 나는 때로 그 사람이 갖고 있는 상정내용에 대한 직접적인 증거를 갖게 되는 것이다. 그 사람과 공유하는 인지환경이 나와 상호적인 것일 때 그 사람과 나는 두 사람 모두에게 상호 현시적인 상정 내용에 대한 직접적인 증거를 갖는 것이다. 그러나 이 증거는 절대로 확정적인 것이 아니다.

3.1.2 맥락의 선택과 확장

담화를 해석하는 적합한 맥락은 해당 발화 상황에 미리 고정되어 있거나 유일하게 주어지는 것이 아니다. 담화 참여자들은 상대방의 발화를 해석하는 맥락을 스스로 선택하는데, 이러한 내용은 현대 담화 연구에 있어서 우리가 반드시 알고 있어야 할 핵심 내용이다. 발화 해석 또는 이해 과정은 이제까지 일부 화용론자들이 주장해온 것과 반대 방향으로 진행된다고 상정할 수 있다. 적합성 이론의 관점으로 말하자면, 맥락이 먼저 주어지거나 결정된 후에 발화의 적합성이 계산[58]되는 것이 아니라, 청자는 자신이 처리하는 상정내용이 적합성을 갖춘 것이기를 희망하며 그 희망을 정당화시킬 수 있는, 즉 발화의 적합성을 극대화시

58 다시 말해서, 미리 고정되어 있는 맥락의 틀 속에 해당 발화를 넣고 그 속에서 발화를 해석하여 그 발화가 과연 해당 맥락에 적합한 것인지 아닌지를 판단하는 경우이다. 그러나 이것은 심리적으로 전혀 타당하지 않은 견해다.

킬 수 있는 맥락을 선택하고자 한다는 것이다. 결국 담화 해석 과정에서, 이미 주어진 것은 맥락이 아니라 적합성이며, 맥락은 일종의 변항으로 다루어져야 한다는 상정이 가능해진다. 변항으로서의 맥락은 청자가 적합성을 탐색하는 과정에서 선택, 결정된다고 보아야 한다.

신정보를 맥락화contextualization시키는 핵심 단계는 기억 속에서 적절히 선택된 일련의 배경 지식과 그 신정보를 결합하는 일이다. 장기 기억장치, 단기 기억장치, 또는 지각장치로부터 다양한 지식들이 맥락의 내용으로 선택될 수 있다. 가령 장기 기억장치 안에 들어 있는 백과사전적 지식은 전국적 인지 패턴, 즉 스키마, 프레임, 시나리오, 프로토타입prototype 등으로 구성되어 있다고 상정된다. 이들은 일정한 크기를 지닌 정보 집단으로서, 스스로 더 큰 정보 집단으로 결합될 수도 있고, 그 속에 작은 정보 집단들을 포함할 수도 있다.

지금 이 글을 읽으면서 우리가 신정보를 처리한다고 가정해보자. 우리는 방금 윗 문단에서 읽고 마음 속에서 처리한 내용의 일부를 아직 마음 속에 지니고 있다. 왜냐하면 사람들에게는 단기 기억장치(또는 단기 기억장치와 같은 기능을 하는 장치)가 있어서, 그 속에 기록된 내용은 간단히 지워지지 않기 때문이다.[59] 사람들은 앞서 수용한 발화를 해석한 결과로 얻은 지식(또는 정보)을 자신의 기억 속에 지니고 있다. 또한 그 속에는 그보다 더 앞서 수용한 발화를 해석해서 얻은 지식도 들어 있다.[60] 그 기억 속에 남겨진 상정내용들, 즉 앞선 발화의 해석 내용은 다음 발화가 처리될 직접적인 맥락을 구성한다. 그렇다면 이 직접적인 맥락이란, 담화 참여자들에게 고정적으로 주어지는 것인가? 그렇지 않다.

---

59 최소한 그 사람이 깨어 있는 한.

60 앞선 발화 및 그보다 앞선 발화를 해석한 내용은 결국 백과사전적 기억 속으로 복제되어 들어간다.

이와 같이 직접적으로 주어진 맥락은 다만 발화를 해석하는 첫 단계의 맥락일 뿐이고, 이 첫 단계의 맥락은 담화 해석 과정이 진행됨에 따라 확장된다는 점이 중요하다.[61]

맥락을 확장시키는 첫번째 방법은 선행 대화에서 나타난 발화의 해석 내용을 맥락에 부가시키는 것이다. 아래에 제시된 민호와 영희의 대화 내용을 살펴보자.

(28) a. 민호: 뭘 하고 있어?
b. 영희: 나 지금 영작문 숙제가 너무 많아. 그런데 참, 면허 시험은 어떻게 되었니?
c. 민호: 코스는 통과했는데, 주행에서 그만 떨어졌어.
d. 영희: 그래? 그거 안됐구나. 나도 내일이 주행 시험인데, 너무 바빠서 전혀 연습을 못 했어.
e. 민호: 그럼 내가 그것을 해줄께.

여기서 민호의 발화인 (28e)의 '그것'이 구체적으로 무엇을 뜻하는지 이해하려면 영희에게는 (28b)가 제공하는 정보가 필요하다. 심리학적으로 말하자면, 발화 (28b)를 처리한 결과로 얻어진 해석 내용은 영희가 (28e)를 처리하는 시점에서는 이미 영희의 일반 단기 기억장치 속으로 들어가 있었을 것이다. 이 해석 내용은 영희가 (28e)를 해석하는 시점에서 영희의 연역장치 기억 속으로 다시 들어와 (28e)를 처리하기 위해 직접적인 맥락을 확장시킨다고 상정된다.[62]

---

61 맥락의 확장은 물론 담화 참여자가 적합성을 탐색하는 과정의 산물이다.

62 연역장치를 포함한 인지 구조 전반에 관한 논의를 여기서 철저히 전개할 수 없다. 다만 본 항에서 부분적으로 언급되고 있는 장기 기억장치, 단기 기억장치, 연역장치의 기억공간 등의 개념은 인지심리학적으로 중요한 의미를 지니는 것들이다. 따라서 적합성 이론을 깊이 이해하고자 한다면 스퍼버 · 윌슨Sperber & Wilson(1986, 1995)의 제 2장과 3장의 정독이 필요할 것이다.

맥락을 확장시키는 두번째 방법은, 맥락 또는 처리중인 상정내용 안에 이미 들어 있는 개념들의 백과사전적 항목을 맥락에 부가시키는 것이다. 여기서 한 가지 주의해야 할 점은, 백과사전적 지식을 동원하여 맥락을 확장시키는 일이 모든 담화 행위의 경우에 다 자동적으로 적용되는 것이 아니라는 점이다. 우리는 맥락을 결정하는 일을 하나의 선택의 문제 및 해석 과정 자체의 일부라고 간주하며, 맥락은 담화 참여자들이 해당 발화의 적합성을 탐색하는 과정에서 필요하다고 인정할 때에만 확장된다고 상정한다.

맥락을 확장하는 세번째 방법은, 직접적인 주변 환경에서 담화 참여자가 관찰할 수 있는 상황적, 물리적 정보를 맥락에 부가시키는 것이다. 사람들은 심지어 추상적 처리 과정을 수행할 때에도 항상 물리적 환경을 점검한다. 이렇게 점검된 정보는 특정 단기 지각 기억장치 속에 잠시동안 보관되고, 그 일부가 일반 단기 지각 기억장치 및 연역 장치의 기억 공간으로 들어갈 것이라고 상정된다. 가령 민호가 옆에 놓여 있는 컴퓨터의 자판기를 손으로 가볍게 두드리면서 영희에게 다음과 같이 발화했다고 가정해보자.

(29) 네가 제일 싫어하는 작업을 내가 해줄께.

(29)를 해석하기 위해 영희에게는 약간의 물리적 환경 정보가 필요하며, 또한 (29)를 해석하는 맥락에 그 정보를 부가시킬 필요가 있다. 다시 말해서 영희는 민호가 가볍게 두드린 물체를 기술한 내용을 자신의 인지적 맥락에 부가시켜야 하는 것이다.

일반적인 추론 과정, 특히 발화 이해 과정을 위한 맥락의 선택과 확장은, (i) 연역 장치의 기억 내용, (ii) 일반 목적 단기 기억장치의 기억 내용, (iii) 인지적 백과사전의 기억 내용, 그리고 (iv) 물리적 환경에서 즉각 취할 수 있는 정보에 의해서 결정된다. 이들 요인은 고정된 단일 맥락만을 결정하는 것이 아니라, 선택 가능한 맥락들의 범위를 결정한다. 그렇다면 이 범위 안에서 어떤 특정한 하나의 맥락을 선택하게 하는 요인은 무엇인가? 현대 담화 이론의 관점으로는, 특정한 한 맥락의 선택은 담화 참여자의 적합성 탐색 과정에 의해 결정된다는 것이다.

이제까지 우리는 적합성 이론에서 논의된 맥락의 개념을 살펴 보았다. 맥락은 주어지는 것이 아니라 청자에 의해 선택되는 것이며, 담화 참여자들은 자동적으로 맥락 확장 과정을 활성화시킨다는 점을 논의했다. 특정 맥락이 선택되고 확장되면 어떤 일이 일어나는가? 담화 참여자들은 왜 맥락을 선택하고 확장시키는가? 이들 의문에 대한 대답은 다음과 같다: 맥락의 선택과 확장은 담화 처리에 필수적인 선결 조건이며, 담화 참여자들은 그와 같이 선택되고 확장된 맥락 속에서 담화가 제공하는 정보를 처리함으로써 긍정적인 맥락적 인지효과를 얻는다는 것이다.

3.1.3 긍정적인 맥락적 인지효과

맥락적 인지효과contextual cognitive effects는 맥락화, 즉 신정보와 구정보 간의 상호작용에 의해 발생한다. 어떤 상정내용이 한 맥락을 수정하거나 개선하면 그 상정내용은 그 맥락에서 얼마간의 긍정적 효과를 낸다고 할 수 있다. 그러나 맥락이 수정된다고 해서 무조건 맥락 효과가 일어나는 것은 아니다. 한 맥락 안에 이미 들어있는 정보[63]와 똑같은 정보가 그 맥락에 부가되었다고 가정해 보자. 새로 부가된 그 정보[64]가 맥락을 개선할 것인가? 이번에는 구정보들과 전혀 연관되지 않는 신정

63 구정보old information
64 신정보new information

보가 맥락에 부가된 경우를 가정해 보자. 이 경우에 구정보와 신정보 간에 상호작용 과정이 활성화될 것인가? 그렇지 않다. 구정보를 복제한 신정보, 또는 구정보와 관련없는 신정보의 부가는 맥락 효과를 거의 또는 전혀 내지 못한다.[65]

스퍼버 · 윌슨은 긍정적인 맥락적 인지효과를 세 가지로 구분한다. 첫 번째 유형은 맥락 함축contextual implication이다. 맥락 함축이란 일종의 합성 함축synthetic implication이다. 맥락 C에서 명제 형식 P의 맥락 함축은 C 또는 P만에 의해서 함축되는 명제가 아니라, C와 P의 교집합에 의해 함축되는 명제들이다. 이때 C에 들어 있는 구정보나 신념들은 합성 함축의 전제premise로서 사용된다. 맥락적 인지효과의 두번째 유형은 맥락 안에서의 구정보 또는 신념의 강화strengthening다. 즉, 신정보가 구정보를 입증하는 증거evidence를 제공하면 맥락 속에 존재하던 그 구정보나 신념의 강도strength가 올라가는 것을 뜻한다. 이와 대조적으로, 신정보가 구정보나 신념에 대립되는 증거를 제공할 때 그 결과로 그 구정보가 맥락으로부터 기각abandonment되게 되는데,[66] 이는 긍정적인 맥락적 인지효과의 세번째 유형이다.[67] 맥락적 인지효과는 적합성을 사정하는 데 중요한 요인이다. 주어진 자극stimulus이나 현상phenomenon은 최소한의 노력으로 최대의 맥락적 인지효과를 낼 때 적합성을 지닌 것으로 간주되기 때문이다.

---

65 현재 담화 분야에서는 신정보와 구정보의 층위 사이에 액세스 가능 정보accessible information를 상정하고 이를 논의하는 과정에 있다. 본고에서는 액세스 가능 정보를 심각하게 고려하지는 않고자 한다.

66 물론 신정보가 구정보에 대립되는 증거를 제공한다고 해서 구정보가 반드시 기각되는 것은 아닐 것이다. 신정보와 구정보 중 어느 쪽이 기각될 것이냐 하는 것은 적합성 원리에 따른다는 것이 스퍼버 · 윌슨의 생각이다.

67 맥락적 인지효과 및 비예증적 추론에 있어서 연역 과정의 역할에 관해서는 스퍼버 · 윌슨Sperber and Wilson(1986, 1995)의 제 2장 7항 참조.

3.2 적합성의 개념 및 적합성 원리

하트만Hartmann, 페퇴피Petöfi, 반 다익van Dijk과 같은 담화 연구자들은 담화 또는 텍스트 문법, 즉 발화를 생산하고 수용하는 일련의 문법적 규칙들이 존재한다고 상정했다. 그러나 이 견해는 담화에 관하여 그라이스Grice가 옹호하는 견해와 상충된다. 잘 알려진 바와 같이 그라이스의 기본 가정은, 통화상에서 화자는 인지적인 일반 원리, 즉 협동의 원리 및 대화의 격률을 충족시키고자 하며, 또한 청자는 이들 원리를 마음속에 지닌 채 화자의 발화를 해석한다는 것이다.

그라이스의 이러한 견해가 함축하는 내용 중에서 가장 중요한 것은, 정보를 처리할 때 사람들은 최소의 노력으로 자신들의 전반적인 세계 표상체를 최대한 개선하고자 한다는 것이다. 다시 말해서 인간은 통화상에서 노력과 효과의 균형을 맞추고자 한다는 점이다. 인간의 정보 처리 과정은 얼마간의 정신적 노력을 들여서 얼마간의 인지효과를 달성하는 작업이다. 얼마간의 효과란, 한 개인이 겪는 신념의 변화, 즉 새로운 신념의 부가, 잘못된 기존 신념의 삭제, 또는 단순히 기존의 신념에 대한 자신감의 정도의 변화를 통해서 달성된다. 이것은 인지심리학적인 시각에서 보면 매우 상식적인 내용이 아닐 수 없다. 인간 의사소통 행위에 관해서 그라이스가 발전시킨 견해와 이 상식적으로 타당한 심리학적 견해를 잘 결합시켜 현대 담화 연구에 하나의 전기를 마련한 학자들이 바로 스퍼버 · 윌슨Sperber & Wilson(1986, 1995)이다. 이들은 특히 그라이스가 주창한 대화의 격률 가운데서 관계의 격률, 즉 '적합성을 따라라Be relevant.' 는 내용을 발전시켜, 이 개념을 인간의 정보 처리 노력과 그로 인해 얻어지는 긍정적인 맥락적 인지효과의 관점에서 다음과 같이 규정한다.

적합성(상대적 개념)

a. 여타의 조건이 같을 때, 주어진 정보 단편의 처리를 통해 달성된 인지효과가 클수록, 그 정보를 처리한 개인에게 그 정보의 적합성은 크다.

b. 여타의 조건이 같을 때, 주어진 정보 단편의 처리에 들인 노력이 클수록, 그 정보를 처리한 개인에게 그 정보의 적합성은 적다.

여기서 우리는 적합성이 발화가 아닌 명제proposition의 특질이라는 점을 인식해야 한다. 다시 말해서, 발화가 전달하는 명제는 의도적으로 통화되었건 아니건 간에 적합할 수 있다는 것이다. 예를 들어 내가 방금 적합성이라는 낱말의 철자를 잘못 썼다는 사실을 발견했거나, 혹은 내가 그 철자를 잘못 썼다는 얘기를 들었거나 그것은 문제가 되지 않는 것이다. 어느 경우라 하더라도 그 정보, 즉 명제적 정보는 나에게 적합성을 띠는 것이다. 물론 그렇다고 해서 발화의 적합성을 상정할 수 없는 것은 아니지만, 그것은 파생적인 개념일 뿐이다. 왜냐하면 한 발화는 그것이 하나의 명제로서 적합한 정보를 전달하는 경우에만 적합성을 띠는 것이기 때문이다.

적합성은 처리 노력과 맥락적 인지효과의 양쪽을 모두 포함하는 개념이다. 효과의 측면에서, 화자는 일련의 상정내용 {I}[68]를 의사소통하고자 한다. 그렇다면 청자의 관심은, 화자가 사용할 수 있었던 정보 중에서 {I}가 적합성이 가장 높은 것이어야 한다는 점에 있다. 그러나 화자와 청자의 관심사가 일치할 필요는 없다. 화자에게는 적합성이 좀 떨어지는 정보를 의사소통하고자 할 이유가 있을 수도 있으므로, 가장 적합성이 높은 정보를 자신만 간직하고자 할 수도 있다. 그러나 청자의 주의를 끌어야 할 필요가 있다는 점을 고려해보면, 화자는 {I}가, 청자가

68 대문자 I는 'intention'의 머리 글자이다.

처리할만한 가치가 있는 자극[69]을 생산할 만큼의 충분한 적합성을 지니는 정보라는 점을 의사소통하지 않을 수 없는 것이다.

노력의 측면에서, 화자는 자신의 제보적 의도를 상호 현시할 수 있는 일련의 서로 다른 자극들 중에서 하나를 선택해야 한다. 이 경우에 청자의 관심은 화자가 그 자극들 중 가장 적합성이 높은 자극, 즉 청자의 최소의 노력만을 요구하는 자극을 선택해야겠다는 점에 있다. 여기서는 화자와 청자의 관심이 일치한다. 화자의 관심은 자신의 의도가 이해되는 데 있으므로, 청자가 가능한 한 자신의 의도를 쉽게 이해하도록 만든다. 자신이 고의적이고 불필요하게 모호한 자극을 받고 있다고 믿는다면 청자는 진짜 의사소통이 이루어지고 있지 않다고 의심하게 되고, 결국 그 자극 처리에 요구되는 처리 비용을 소비하기를 거부할 것이다.

의사소통의 과정에서 이 모든 것들은 '상호 현시적' 이다. 화자가 자신의 의도를 충족시킬 수 있는 자극들 중 가장 적합성이 높은 것을 선택했다는 점을 청자에게 현시하고자 한다는 점이 상호 현시적인 것이다. 결국 이미 존재한다고 추정되는 적합성의 층위는 화자와 청자 양쪽 모두의 관심을 고려해서 결정되는 것인데, 적합성 이론에서는 이를 최적의 적합성optimal relevance이라고 부른다. 통화상에서는 최적의 적합성이 존재한다는 추정presumption of optimal relevance 자체가 담화 참여자 서로에게 전달된다고 상정되는데, 최적의 적합성이 존재한다는 추정은 다음과 같이 규정된다.

최적 적합성의 존재 추정

a. 화자가 청자에게 현시적으로 드러내고자 하는 일련의 상정내용 {I}는 그 직시적直示的ostensive 자극을 청자가 처리할만한 가치가 있을 만

69 {I}를 추론해낼 수 있는 자극stimulus 또는 발언을 뜻한다.

큼 충분한 적합성을 지닌다.

b. 그 직시적 자극은 화자가 {I}를 통화하기 위해 사용할 수 있는 자극들 중에서 가장 큰 적합성을 지닌 것이다.

통화상에서 최적 적합성의 존재 추정presumption of optimal relevance 자체가 담화 참여자 서로에게 전달된다는 것은 무엇을 뜻하는가? 이는 스퍼버 · 윌슨이 지적한 바 적합성 이론의 가장 핵심적인 내용 중 하나이기도 하다. 쉽게 말해서 상대방의 발화를 수용하는 청자는 화자가 아무 뜻도 없이 발화하지는 않았으리라는 점을 자동적으로 상정한다는 것이다.[70] 게다가 일반적인 경우에 화자는 일부러 말을 어렵게 함으로써 청자를 혼란에 빠뜨리고자 하지 않으리라는 점 또한 상정한다는 것이다. 이러한 상정을 바탕으로 담화 참여자들은 발화를 생산하고 해석하기 때문에, 화자가 일단 청자에게 어떤 발화를 생산한다는 행위 그 자체에는 청자가 그 발화를 수용하고 해석할만한 가치가 있다는 무언의 보증까지도 포함되어 있다는 뜻이 된다.

청자가 발화를 해석하는 과정에서 맥락 정보를 액세스하고 맥락 함축을 도출하려면 정보 처리 비용이 들게 마련이다. 이때 범위가 작고 액세스하기가 쉬운 맥락으로부터 맥락 함축을 도출할 때 드는 비용은, 범위가 크고 액세스하기가 어려운 맥락으로부터 맥락 함축을 도출하는 데 드는 비용보다 적다. 화자가 생산한 발화의 적합성을 탐색하는 청자는 최소의 비용으로 최대의 맥락 효과를 낼 수 있는 맥락 안에서 모든 신정보들을 처리하게 되어 있다. 이는 청자가 최소의 처리 노력만을 들여서 타당한 정도의 맥락 효과를 얻도록 화자가 의도했다는 상정 하에 청자

70 만일 화자에게 정신적 결함이 있는 경우라면 청자에게 헛소리를 할 가능성이 있지만, 적합성 이론에서는 통화상 이성적인rational 담화 참여자들의 경우를 전제로 논의를 전개하고 있다.

가 발화를 해석할 자격을 부여받는다는 것을 뜻한다. 스퍼버 · 윌슨은 이러한 상정을 하나의 인지적 원리로 설정하고, 인간 의사소통 행위를 지배하는 이 원리를 적합성 원리the principle of relevance라고 부른다.

> **적합성 원리**
> 모든 직시적 통화 행위는 그 자체의 최적 적합성의 존재 추정을 의사소통한다. (또는, 모든 추론적 통화행위는 최적의 적합성을 보증한다.)

이 원리를 그라이스의 격률과 비교해 보면 너무 단순화되어 있다는 인상을 지울 수 없다. 그러나 원리가 간단하다고 해서 그 원리의 기능을 축소시켜 생각해서는 안된다. 적합성 원리가 의미하는 것은 인간의 발화가 담화 참여자에게 최적의 적합성을 보증한다는 내용이지만, 실제로 모든 발화가 무조건 아무에게나 최적의 적합성을 보증한다고 생각하면 곤란하다. 화자는 청자에게 자신의 그릇된 신념으로부터 어떤 발화를 생산할 수가 있고, 또 그 청자는 화자의 그 발화가 그릇된 것이라는 점을 이미 알고 있을 수도 있다. 그런가 하면 청자의 주의를 어떤 다른 방향으로 이끌기 위해서 엉뚱하게 들리는 발화를 생산할 수도 있는 것이다. 이런 경우에는 적합성을 보증하는 해석을 기할 수가 없다. 따라서 적합성 원리를 실제로 담화 해석에 적용, 분석함에 있어서 스퍼버 · 윌슨은 적합성 원리와의 일치성consistency with the principle of relevance을 논의의 중요한 도구로 채택한다. 이들은 한 발화가 해석상에서 적합성 원리와 일치한다는 것이 무엇인가를 다음과 같이 설명한다.

> [한 발화의] 해석 내용은 그것이 청자에게 최적의 적합성을 지닐 것으로, 즉 가능한 한 경제적인 방법으로 타당한 정도의 맥락적 인지효과를 달성할 것으로 이성적 화자가 기대했을 때에만 **적합성 원리**와 일치한다.

그렇다면 이제는 한 발화에게 가능한 여러 해석 내용들 중에서 적합성 원리의 뒷받침을 받는 것은 어떤 것인가를 생각해보기로 하자. 적합성 원리는 일반적으로 한 발화에 대해서 하나의 해석 내용을 선택하도록 만든다. 우리는 지금부터 적합성 원리가 그 선택을 보장하는 바 해석 내용은 청자에 의해서 첫번째로 검증되고 적합성 원리와 일치한다고 판명된 해석 내용이라는 점을 논의하고자 한다.

사람들은 발화의 언어 구조만으로는 결코 그 발화를 해석해낼 수 없다. 다양한 담화 이론들이 이러한 언어적인 불확정성을 맥락에 의해 극복하기 위해서 복잡한 일련의 규칙, 격률, 또는 규약들을 발전시켰지만, 적합성 이론을 채택하면 우리는 언어 구조와 배경 지식이 상호작용하여 발화를 결정적으로 이해하는 방식을 설명할 수 있다. 한 발화가 이해되려면 그 발화가 청자에게 적합한[71] 것으로 인식되도록 화자가 의도했다는 사실과 일치하는 유일한 해석 내용이 있어야 하는데, 이러한 경우에 그 발화의 해석 내용은 적합성 원리와 일치한다. 화자는 자신이 전달하고자 의도하는 그 해석 내용이 적합성 원리와 확실히 일치되도록 해야 하며, 그렇지 못할 경우 자신의 발화가 청자에 의해서 온전히 이해되지 못할 위험을 감수해야 한다. 마찬가지로 청자 역시 적합성 원리와 일치하는 해석 내용을 찾게 되는데, 그렇지 못하면 화자의 발화를 잘못 이해하거나 전혀 이해하지 못할 위험을 감수해야 한다. 다음 대화를 살펴보자.

(30) a. 영희: 그래서는 안돼.
b. 민호: 안된다고?

여기서 (30a)는 완전한 논리 형태logical form[72]를 갖추고 있지 않다.

---

71 효과 면에서는 타당한 정도의 적합성이 있고, 노력 면에서는 최대의 적합성이 있음을 뜻한다.

72 스퍼버 · 윌슨Sperber & Wilson(1986: 72)에 의하면, '개념 표상은 심적 상태이면서

그 이유는 (30a)를 완전한 명제 형식propositional form으로 발전시킬 방식이 많이 존재하기 때문이다. 그러나 이 방식들, 즉 그 많은 해석 내용들이 모두 민호에게 똑같은 정도로 액세스 가능한 것은 아니다. 다음 상황을 가정해 보자. 영희는 민호와 단 둘이 레스토랑에 앉아 있다. 민호가 담배에 불을 붙이려 한다. 영희는 '금연' 표지판을 올려다보고는 일상적 어조로 '그래서는 안돼.' 라고 발화했다. 현시적으로 민호에게 떠오르는 첫번째 해석 내용은, 그 레스토랑에서는 민호가 담배를 피워서는 안된다고 영희가 말한다는 것이 되어야 한다.

이 해석 내용이 타당한 정도의 맥락적 인지효과를 달성하리라는 점은 쉽게 알 수 있다. 가령 이 해석 내용은, 영희를 즐겁게 하려면 민호가 어떻게 해야하는지를 시사할 수도 있다. 여타의 발화들이 바로 이러한 긍정적 인지효과를 보다 경제적으로 달성할 수 없는 한, 이 해석 내용은 효과의 측면에서 만족스러운 것이며, 따라서 적합성 원리와 일치한다.

적합성 원리와 일치하는 하나의 해석 내용을 찾아낸 민호는 (30a)를 더 이상 처리할 필요가 없다. 왜냐하면 실제로 적합성 원리와 일치하는 해석 내용이 더 이상 없기 때문이다. 효과 면에서 타당한 해석 내용은 많을지 모르지만, 노력 면에서 만족스러운 것은 오직 하나다. 적합성 원리와 일치하는 하나의 해석 내용이 이미 발견된 이 상황에서 영희가 사실은, 가령 민호가 생선을 먹어서는 안된다는, 액세스 가능성이 더 낮고 전혀 다른 해석 내용을 의도했었다고 가정해 보자. 그런 경우에

또한 두뇌 상태다. 심적 상태로서의 개념 표상은 기쁘다거나 슬픈 것 같은 비논리적 특질을 지닐 수 있으며, 두뇌 상태로서의 개념 표상은 어떤 일정 기간 동안 일정 시점에 어느 한 두뇌에 들어 있는 비논리적 특질을 가질 수 있다. 이 모든 비논리적 특질들을 빼 버리고 개념 표상에 남아있는 논리적 특질들을 그 개념 표상의 논리형태logical form라고 부르자. 어떤 개념 표상이 논리적 처리과정에 포함되고 다른 개념 표상들과 모순 또는 함축과 같은 관계를 가질 수 있는 것은 그 논리형태 덕분'이라고 한다.

(30a)는 적합성 원리와 일치할 수 없는 것이다.

이성적인 화자라면 자신이 거부할 근거가 없으면서도 실제로는 의도하지 않은 해석 내용에 청자가 시간과 노력을 낭비하도록 하지 않는다. 그럴 때에는, 자신의 발화를 수정함으로써 화자는, 그 의도되지 않은 해석 내용을 완전히 제거하거나, 자신이 의도한 해석 내용을 보다 액세스 가능하게 만들게 마련인 것이다. 따라서 적합성 원리와 일치하는 것으로 최초로 발견되고 검토되는 해석 내용이야말로 적합성 원리와 일치하는 유일한 해석 내용이며, 바로 이 해석 내용을 청자는 선택하게 되는 것이다.

3.3 명제적 태도와 표상 방식

인간의 발화와 사고내용들은 모두 표상체representation들이다. 표상체들이 표상하는 것은 대부분 일의 상태state of affairs이지만, 그들은 또한 화자의 사고내용도 표상한다. 적합성 이론에서는 일반적으로 일의 상태를 표상하는 유형을 기술적인descriptive 표상, 그리고 화자의 사고내용을 표상하는 유형을 해석적인interpretive 표상으로 분류한다. 기술적인 표상 방식은 담화 이론에서 잘 알려져 왔지만, 해석적 표상 방식은 심각하게 논의되지 않았다. 발화가 인간 사고의 명제적 내용과 엄격한 동일성을 지닌다는 생각은 있어 왔지만, 하나의 사고내용이 다른 사고내용을 표상하는 데 사용될 수 있다는 생각은 별로 논의된 바 없었다. 적합성 이론이 현대 담화 이론에 공헌한 내용 중 하나는, 한 발화가 명제적 내용이 유사한 다른 발화를 표상하는 데 사용될 수 있다는 점을 지적한 것이다. 아래 대화에서,

(31) a. 영희: 그래서는 안돼.
b. 민호: 안된다고?

영희가 말하고자 한 것은 여러 가지의 명제일 수가 있다. 즉, '민호는 레스토랑에서 담배를 피워서는 안된다.' '민호는 식사 중에 담배를 피워서는 안된다.' '민호는 영희 앞에서는 담배를 피워서는 안된다.' 이런 명제들일 가능성이 있다. 그러나 이들은 단지 참 또는 거짓이라고 판정될 추상적인 명제들일 수만은 없다. 이들은 담화 참여자들의 마음속에서, 가령 신념, 희망, 거부, 수용, 확신 등의 다양한 명제적 태도propositional attitude의 대상들로 다루어져야 하는 것들이다. 같은 문장이라 하더라도 그것이 표현하는 명제에 대해서 서로 다른 태도를 전달하는 서로 다른 경우에 사용될 수 있는 것이다.

적절한 환경에서 한 대상은 그와 유사한 다른 대상을 표상하는 데 사용될 수 있다. 의사소통에도 이러한 종류의 표상 방식이 사용될 수 있는데, 여기에는 두 가지 목적이 있다. 즉, 청자에게 원래의 표상체의 특질을 제보하기 위해서, 그리고 원래 표상체에 대한 화자의 태도를 표현하기 위해서다. 발화는 다양한 유사성resemblance 관계에 놓일 수 있다. 스퍼버 · 윌슨Sperber and Wilson(1986: 136)이 열거하듯이 의성어는 소리의 유사성에, 말소리 흉내는 음성적, 음운론적 형태의 유사성에, 직접 인용과 풍자는 통사적, 어휘적 유사성에, 번역은 논리 형태의 유사성에, 그리고 환언과 요약은 명제 형식의 유사성에 기초한다. 다음 대화를 살펴 보자.

(32) a. 아들: 엄마, 내가 한약 먹기 싫어하는 거 아시잖아요.
b. 엄마: (우는 듯한 어조로 과장해서) 엄마, 내가 한약 먹기 싫어하는 거 아시잖아요.

여기서 비록 (32a)와 (32b)가 표층 언어적으로는 동일하더라도, 이들의 표상 방식은 완전히 다르다. 즉, 아들의 발화인 (32a)가 기술적으로 사용된 데 반해, 엄마의 발화인 (32b)는 일의 상태의 기술이 아니라 유사한 다른 발화, 즉 (32a) 자체를 표상하기 위해 사용된 것이다. 대화상에서 엄마는 아들의 발화에 대한 자신의 반응을 표현하기 위해 아들의 어조를 그대로 본뜬 것인데, 이는 곧 (32b)를 통해서 (32a)에 대한 엄마의 명제적 태도가 표현되었음을 뜻한다. 스퍼버 · 윌슨Sperber & Wilson (1986: 228-229)에 의하면, 지금까지 우리가 논의한 두 가지의 표상 방식은 다음과 같이 규명될 수 있다.

> 한 표상체는 어떤 일의 상태가 참이라는 명제 형식을 통해서 그 일의 상태를 표상할 수 있다. 이 경우의 표상방식을 우리는 기술이라 부르고, 그 표상체가 기술적으로 사용되었다고 한다. 또한 표상체는 가령 어떤 생각, 즉 하나의 명제 형식을 지니는 다른 표상체를 표상할 수 있는데, 이는 두 명제 형식간의 유사성을 근거로 한다. 이 경우 첫번째 표상체를 두번째 것에 대한 해석이라 하고, 그 표상체가 해석적으로 사용되었다고 한다.

적합성 이론에서 규명하는 바 한 발화의 명제 형식과 그 발화가 표상하는 사고내용 간의 관계는, 명제 형식들 간의 동일성identity이라기보다는 유사성resemblance이라고 상정된다. 적합성 이론에서는 축어성literalness 또는 명제 형식들 간의 동일성은 규준적인 사례가 아니라 제한적인 사례로 간주된다.[73] 다음은 스퍼버 · 윌슨이 제안한 바 명제와

---

73 이는 화용론 이론의 관점에서 중요한 의의를 지닌다. 과거에는 인간 언어의 기술적 표상 방식이 기준적 용법이었고, 해석적 표상 방식은, 가령 비유법 또는 수사적 표현으로서, 일탈의 사례로 간주되었다. 그러나 적합성 이론을 바탕으로 하는 화용론에서는 해석적 표상 방식을 기준적인 용법으로 간주하고, 오히려 발화의 명제 형식과 그 발화의 사고내용이 일치하는 경우를 제한적인 사례로 본다. 실제로 인간의 발화는 그 명제 형식과 사고내용이 완전히 일치하지 않는 사례보다 완전히 일치하는 사례가 더 적다.

사고내용 간의 관계를 도표로 나타낸 것이다.

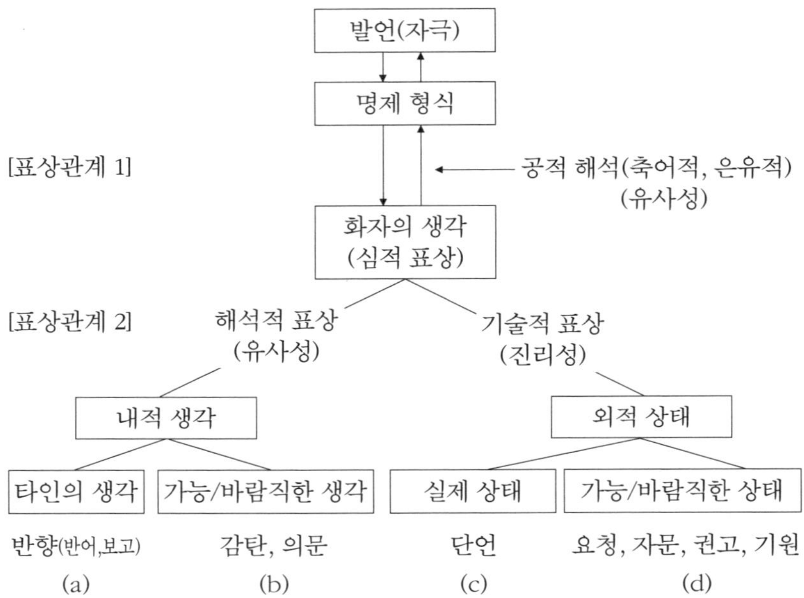

그림 1. 명제적 태도와 표상 방식
(cf. Sperber & Wilson/김 · 이 (역) 1993: 361)

우리가 실제로 발화를 해석할 때는 위에 제시된 경로들 중 하나의 과정을 거치게 된다. 그림 1에는 다양한 경로가 있지만 여기서는 두 경로만 예를 들어 생각해보고자 한다. 가령 여러분이 다음 (33)을 들었다고 가정해보자. 당신은 (33)의 명제 형식을 밝히고는 그것을 (34)로 통합할 것이다.

(33) 입장권이 매진입니다.
(34) 화자는 입장권이 매진이라고 말했다.

발화 (33)은 가령 소극장의 매표원이 방금 한 말을 전달/보고하는 발화라고 생각할 수도 있다. 그런 경우에 이 발화는 그림 1의 경로 (a)를 선택한 결과가 된다. 즉, (34)는 여러분에게 아래의 (35)에 관한 증거를 제공할 수도 있으며, 당신이 (33)의 화자와 소극장 매표원을 믿는다면 (36)과 (37)에 관한 증거를 제공할 수도 있는 것이다.

(35) 화자는 소극장 매표원이 입장권이 매진이라고 말했다는 점을 믿는다.
(36) 소극장 매표원은 입장권이 매진이라고 말했다.
(37) 입장권이 매진이다.

한편 (33)은 여러분에게 (38)에 관한 증거를 제공할 수도 있으며, 여러분이 화자를 충분히 믿는다면 (39)에 관한 증거를 제공할 수도 있다.

(38) 화자는 입장권이 매진이라는 점을 참이라고 믿는다.
(39) 입장권이 사실 매진이다.

발화 (33)이 이런 방식으로 적합성을 달성할 의도로 발화된 것이라면 (33)은 물론 단언문assertion이며, 보통 단언문들은 그림 1의 경로 (c)를 선택한 결과라고 할 수 있다.[74]

발화를 기술적으로 사용한다는 것은, 화자가 의도하는 바 그 발화가 참이 되게 하는 어떤 일의 상태를 묘사하는 것을 뜻한다. 이때 청자는 그 발화를 축어적으로literally 해석해야만 화자의 의도를 제대로 찾아낼 수 있다. 이와 대조적으로 해석적 사용은 발화의 명제 형식과 화자가 전달하고자 의도하는 명제 형식이 분석 함축analytic implications과 맥락

74 나머지 경로에 관한 자세한 논의로는 스퍼버 · 윌슨Sperber & Wilson(1986, 1995)의 제 4장 참조.

함축contextual implications을 공유함으로써 유사성resemblance을 지닐 경우를 말하는데,[75] 이 경우에는 청자가 해당 발화에 대해서 비교적 덜 축어적인 해석을 가해야만 화자의 의도를 제대로 복원하게 된다. 그렇다면 청자는 화자의 발화를 해석함에 있어서, 주어진 발화가 기술적으로 사용된 것인지, 아니면 해석적으로 사용된 것인지를 판단하고 그에 따라 발화를 해석해야 되는데, 이때 청자가 축어적인 해석을 할 것인가, 아니면 비교적 덜 축어적인 해석을 가할 것인가는 바로 적합성 원리에 의해 결정된다.

다음과 같은 맥락을 가정해 보자. 민호는 컴퓨터 프로그래밍에 남다른 재능이 있다. 이같은 사실을 아는 S 컴퓨터 회사의 영업부장이 민호에게 다음과 같은 제안을 했다. 즉, S 회사에서 급히 개발해야 할 사무관리 프로그램이 있는데, 이번에 한해서 민호가 그 프로그램을 아주 적은 경비만 받고 만들어주면 앞으로 계속 프로그램 개발하는 일을 민호에게 맡기겠다는 것이다. 민호는 이 제안을 승낙하기 전에 그 영업부장과 잘 아는 사이인 영희를 만나서 다음과 같은 대화를 교환했다.

(40) a. 민호: 그 영업부장이 나중에 약속을 지킬까?
　　b. 영희: 그 사람 신사이면서 기계야.

여기서 영희의 발화 (40b)는 다음 (41)의 명제 형식을 지니지만, 현재의 맥락에서 (42)를 전달하기 위해 기술적인 표상 방식으로 사용되었다고 간주하는 것은 곤란하다.

---

75 분석 함축과 맥락 함축에 관한 자세한 논의로는 윌슨 · 스퍼버Wilson & Sperber(1988: 137-138) 참조.

(41) S 회사의 영업부장은 신사이면서 기계다.

(42) 영희는 S 회사의 영업부장은 신사이면서 기계라고 믿는다.

왜냐하면 발화의 기술적 용법은 진리성을 바탕으로 하는 개념이므로, (40b)가 (42)를 전달한다는 것은 S 회사의 영업부장이 성실하고 예절바른 로보트라는 말밖에 되지 않기 때문이다. 그렇다면 (40b)는 영희가 기술적이 아닌 해석적인[76] 방식으로 사용한 발화라고 간주해야 한다. 즉 영희는, 그 영업부장이 어떤 유형의 사람인가를 일정한 기준과 생활에 대한 가치관 등에 비추어 민호에게 전달하고자 한 것이다. 따라서 민호는 '신사이면서 기계' 라는 내용에 대한 자신의 백과사전적 지식을 바탕으로, 현재의 담화 상황에서 (40b)가 자신에게 미치는 일련의 맥락적 인지효과들을 계산함으로써 (40b)에 대해서 비교적 덜 축어적인 해석을 가하게 된다. 그 효과들 가운데에는 영업부장이 신뢰할만한 사람인 동시에 매사에 틀림없고 정확한 일처리를 하는 성격이라는 맥락 함축이 포함되어 있음이 틀림없다. 따라서 민호는 (40b)를 다음의 (43)과 같이 해석적으로 표상하게 된다.

(43) 영희는 S 회사의 영업부장이 자신의 언행을 정확히 책임질 줄 아는 틀림없는 사람이라고 믿으며, 민호는 그 사람이 나중에 민호에게 프로그램 개발하는 일을 계속 맡길 것을 믿고 그의 제안을 수락해도 좋다고 생각한다.

이 맥락 함축은 민호에게 대단히 액세스 가능한 것이며, 영희는 현재의 담화 상황에서 이 점을 쉽게 예견할 수 있다. 그런 상황에서 영희가 발화한 (40b)를 만일 기술적인 방식으로 표상한다면 청자인 민호는

76 구체적으로 말하면 은유적으로.

(40b)를 (42)로 해석해야 되고, 그 결과 (40a)의 질문으로 자신이 원래 의도하고 기대했던 대답을 통해 달성하고자 했던 맥락 효과를 얻지 못한 채 처리 노력만 부당하게 들인 결과가 된다. 따라서 (42)는 적합성 원리와 일치하지 않으며, (40b)에 대해서 (43)과 같은 덜 축어적인 해석만이 적합성 원리와 일치한다는 설명을 할 수 있다.

민호의 물음인 (40a)에 대한 대답으로 (40b)가 적합성 원리와 일치하는 것인가를 고려해보자. 민호의 질문에 대답한 것이면서 그 대답에 대한 증거를 제공했으므로 (40b)는 긍정적인 맥락적 인지효과의 측면에서 타당하다. 또한 영희가 의도한 효과를 보다 경제적으로 달성할 수 있는 다른 발화가 없으므로[77](40b)는 처리 노력 측면에서도 만족스럽다. 따라서 (40b)는 (40a)에 대한 대답으로서 적합성 원리와 일치하고, (43)은 (40b)의 해석으로서 적합성 원리와 일치함과 동시에 적합성 원리와 일치하는 유일한 해석이라는 점이 설명된다.

지금까지 담화상에서 표상되는 명제적 태도 및 두 가지 표상 방식을 소개하고 실제 담화의 예를 통하여 이들 현상을 적합성 이론이 어떻게 설명할 수 있는지 살펴보았다. 앞에서도 언급했지만 발화가 표현하는 명제 형식과 그 발화에 의해서 실제로 전달되는 화자의 사고내용 사이에는 반드시 간격이 있으므로, 이들 간의 관계는 우선적으로 동일성이 아닌 유사성을 기준으로 하는 일차적 공적 해석 관계로 규명되어야 한다. 즉, 사람들이 생산하고 사용하는 발화는 우선적으로 기술적 방식이 아닌 해석적 방식을 기준으로 접근되어야 한다. 과거의 담화 이론이 상정했던 것과는 반대 방향으로, 즉, 발화의 명제 형식과 사고 내용 간에

---

77 그 제안을 수락하라는 뜻으로는, 단순히 '응.', '그래.', '그래도 돼.' 와 같은 더 경제적인 대답을 생각할 수 있지만 이들은 모두 (40b)가 민호의 인지 환경에 달성하는 정도의 맥락 효과를 결코 달성하지 못한다.

동일성이 발견되는 경우는 유사성의 정도가 극도로 높은 예외적 사례로, 발화의 생산, 사용 방식이 완전히 기술적, 축어적인 경우는 발화의 생산, 사용의 해석적 방식이 지니는 비축어성의 정도가 극도로 낮아진 제한적 사례로 간주해야 할 것이다.

끝으로 다음 항에서는 담화를 추론적으로 연결하는 표현이 지니는 특질을 적합성 이론의 관점으로 살펴보고자 한다.

3.4 담화의 추론적 연결표현과 적합성 이론

적합성 이론은 인간의 담화 행위를 연구하는 데 지금까지도 많은 공헌을 해왔지만 앞으로도 그 적용 범위가 계속 넓어질 것이다. 현재 많은 담화 연구자들이[78] 적합성 이론을 실제 담화 분석에 적용하고 있는데 그 중 대표적인 예가 블레익모어Blakemore(1987)라고 할 수 있다. 그녀는 적합성 원리를 최초로 담화 연결 표현discourse connectives의 의미 분석에 도입했다. 그녀의 논의를 따르면 영어의 'so' 나 'but' 과 같은 추론적 연결 표현들의 의미는, 그 연결 표현을 포함하는 발화의 명제 내용에 그 연결 표현이 의미적으로 기여한다는 관점에서가 아니라, 그 발화의 명제 내용이 거치는 추론적 연산, 즉 적합성에 대한 언어적 제약 수단linguistic constraints on relevance이라는 관점에서 분석되어야 한다는 것이다. 그녀는 일련의 논문Blakemore(1987, 1988a, 1988b)을 통해서 이러한 논의를 발전시켜나가고 있는데, 여기서는 영어의 'so' 에 관한 분석만을 소개하고자 한다.

영어의 'therefore' 와 'so' 는 담화를 추론적(또는 논리적, 연역적)으로 연결한다는 공통점이 있으며, 이는 다음 예문에서 간단히 확인된다.

---

78 가령 Wilson, Sperber, Blakemore, Kempson, Carston, Jucker 등이다.

(44) a. Peter is a movie star. *Therefore* he is rich.

b. Peter is a movie star. *So* he is rich.

(45) Every movie star is rich.

화자는 (44a)와 (44b)에서 담화 연결 표현인 'therefore'와 'so'를 사용함으로써, 피터가 영화배우라는 명제 및 배경 지식인 (45)의 명제 내용을 전제로, 피터가 부자라는 결론을 추론적으로 (또는 논리적, 연역적으로) 이끌어낸다. 그러나 블레익모어에 의하면 이들 두 담화 연결 표현의 기능이 언제나 같은 것은 아니다. 다음 예를 살펴 보면,

(46) a. There's $5 in my wallet. *So* I didn't spend all the money then.

b. There's $5 in my wallet. *Therefore* I didn't spend all the money then.

(Blakemore 1988: 188)

우리는 여기서 'therefore'와는 달리 'so'는 언제나 논리적인 정당화의 증거와 함께 사용되지 않는다는 점을 알 수 있다. 다시 말하자면, (46b)와는 달리 (46a)의 경우, 'so'가 이끄는 '나는 그때 돈을 다 쓰지 않았다.'는 명제의 적합성은 이 명제가 앞에 나온 '내 지갑에 5달러가 있다.'는 명제의 맥락 함축이라는 사실에 있다는 점을 나타내기 위해 'so'를 사용할 수 있다는 것이다.

블레익모어는 이들 두 담화 연결 표현의 용법에 있어서 이보다 더 뚜렷한 차이를 드러내는 예를 들고 있다. 가령 영희가 포장된 물품 상자를 잔뜩 안고 집에 들어설 때 민호가 (47)과 같이 말할 수는 있지만 (48)은 용인하기 어렵다고 한다.

(47) *So*, you' ve spent all your money.

(48) *Therefore*, you' ve spent all your money.

이 예에서는 담화 연결 표현이 전달하는 명제에 선행해서 발화된 명제가 아예 없다. 만일 앞에 나온 명제에 대한 논리적 추론의 결과를 나타내기 위해서만 'so' 를 사용한다면, (47)의 경우를 설명할 길이 없다. 이 부분을 블레익모어는 다음과 같이 논의하고 있다.

> 분명히 [(47)에서] 'so' 는 자신이 이끄는 명제가 방금 앞에서 발화된 내용에 의해 정당화됨을 나타내기 위해 사용된 것이 아니다. 어느 누구도 아무 말도 하지 않았기 때문이다. 일반적으로 말해서 한 명제가 증거를 제공하려면 그 명제는 반드시 사실성을 보증하면서 나타나야 하는데, 사실성을 보증할 수 있는 명제는 실제로 표현된 명제 뿐이다. [(47)의] 화자가 뭔가를 입증하려고 한 것이 아니라면 그는 [왜 'so' 를 사용하여] 자신의 발화를 통해서 표현된 명제가 하나의 논리적 귀결임을 나타내려고 한 것일까? (Blakemore 1988a: 189)

결국 이 'so' 의 의미는 연역적, 논리적 추론 과정이나 명제 내용에의 기여도와 같은 관점에서만 분석될 수는 없고, 어떤 다른 시각에서 설명의 방법을 모색해야 하는데, 이는 다음과 같이 인지적 정보 처리 과정, 즉 적합성 원리로 설명된다:

화자가 어떤 맥락 함축 Q를 도출할 수 있는 정보 P를 지니고 있고, 청자도 그 P를 지니고 있어서 여타의 맥락 전제들과 함께 처리하면 Q를 도출할 수 있다고 생각할 근거가 있다고 가정해보자. 이런 상황에서 만일 P의 맥락 함축으로서 자신이 Q를 발화한다는 것을 청자가 인식해주기를 바랄 때, 화자는 이미 청자에게 액세스 가능성이 대단히 높다고 생각할 근거가 있는 P를 직접 발화할 필요는 없다. 따라서 위에 언급한 상황에서 민호는 충분히 (47)과 같이 발화할 수 있는 것이다. 그러나 여기서 문제는, 그 상황에서 청자에게 액세스 가능성이 높은 정보 P가 하나뿐이 아니라는 점이다. 가령 영희가 물품 상자를 잔뜩 안고 들어오는 것 이외에도, 오랜 시간을 걸어다니느라 피곤해서 다리를 절며 들어온다든가, 안고 나갔던 강아지를 걸려서 데리고 들어온다든가, 또는 민호가 담배를 피워 물고 있다는 등 여타의 많은 명제가 이 상황에서 액세스 가능한 것일 수가 있다. 그러나 그 중에서 영희는 자신이 물품 상자를 잔뜩 안고 들어온다는 명제에 대한 맥락 함축으로 (47)을 해석하는데, 이는 'so'의 용법과 함께 적합성 이론으로 설명된다.

민호가 발화를 'so'로 시작한 것은, 이미 (46a)에서 논의한 바와 같이, 'so'가 이끄는 명제가 이미 청자에게 있어서 액세스 가능한 명제에 대한 맥락 함축이라는 점을 나타낸다. 그런데 (47)이 표현하는 명제는 원리적으로는 영희가 다리를 절며 들어온다든가, 강아지를 걸려 들어온다든가, 민호가 담배를 피우고 있다는 명제 등으로부터 도출될 수도 있다. 그러나 (47)을 이런 명제들과 관련지어 정보 처리하는 것은, (47)을 영희가 물품 상자를 잔뜩 안고 들어온다는 명제와 관련시켜 정보 처리하는 것보다 들이는 노력이 더 크다. 적합성 원리의 지배를 받는 화자는 발화를 생산할 때 청자가 가장 적은 정보 처리 노력으로 긍정적인 맥락적 인지효과를 얻도록 의도하고 청자는 발화를 해석할 때 이 점을 당연한 것으로 상정하게 되어 있다. 따라서 영희는 자신이 물품 상자를 잔뜩 안고 들어온다는 바로 그 명제의 맥락 함축으로서 민호가 (47)을 발화한 것이라고 결론지을 수 있고, 그 시각에서, 그리고 주어진 상황 속에서는 오직 그 시각에서만 (47)을 해석하게 되는 것이다.

본 항에서는 적합성 이론에 의하여 실제 담화를 분석하고, 적합성 이론이 담화 해석 과정에 개재되어 있는 인지적 기제에 관하여 설명력을 지닌다는 점을 살펴보았다. 여기서는 담화 연결 표현의 일부만을 예로 들었지만, 앞으로 계속되는 연구에서 적합성 이론의 적용 범위는 계속 확장되리라 생각한다. 실제로 본 항에서 예로 든 'so' 의 용법은 종래의 여타 담화 이론으로는 설명하기 매우 어려운 것이었다. 이와 같이 적합성 이론이라는 현미경을 통해서 우리는 담화 현상 및 행위에 관하여 새로운 사실을 많이 찾아낼 것을 믿어 의심치 않는다.[79]

4. 맺는 말

여타의 인지과학 분야와 마찬가지로 담화 이론 또한 인접 학문 분야의 발전과 보조를 맞추어나가고 있다. 적합성 이론은 다분히 인지심리학에 바탕을 두고 있는 만큼, 이 분야의 장점과 약점을 함께 나누어 갖고 있다. 앞에서 자세히 언급하지는 않았지만, 청자의 연역장치가 작동되어 발화를 해석할 때 그 기억 공간 속에 나타나는 상정 스키마의 변항들을 채우는 기제는 무엇이며 그 변항들의 빈 자리는 얼마나 정확하게 채워지는가. 또한 지금까지 액세스 가능성이라는 용어를 자주 사용했는데, 그 가능성의 정도는 어떻게 서열화시킬 수 있을 것인가. 이와 같은 문제들은 현재 인지심리학에서 해결되지 않은 탓에 적합성 이론에서도 해결되어야 할 과제로 남아있는 부분들이다.[80]

79 아울러 우리말의 담화 연결 표현들, 가령 '그러니까', '그런데', '그래서' 등도 적합성 이론이 발전함에 따라 새로운 인지적 시각으로 설명될 가능성이 매우 높다.

80 그 외에도 적합성 이론에 사회학적 관점을 보완해 넣으면 더욱 설명력 있는 이론으로 발전할 가능성 또한 있다. 예를 들어 고틀리Goatly(1994)는 'register' 의 개념을 적합성 이론에 적용하면서, 'field', 'tenor', 'mode' 등을 담화 분석의 도구로 채택함으로써, 적합성 사정에 있어서 스퍼버 · 윌슨Sperber & Wilson(1986)이 본질적으로 지녔던 논의의 모호함을 많이 극복할 수 있음을 보였다. 자세한 논의는 고틀리Goatly(1994) 참조.

비록 이러한 약점이 아직 남아 있지만, 우리는 적합성 이론이 궁극적으로는 인간 의사소통을 설명하는 최선의 모델이 될 것이라고 굳게 믿는다. 그라이스가 대단히 설득력있는 원리를 주창했지만, 적합성 이론은 그보다 더 정교하고 동시에 더욱 단순하면서 상식적이다. 우리는 인간의 통화 행위를 지배하는 원리가 결코 복잡하리라 생각하지 않는다. 오히려 보다 단순하고 매우 상식적인 어떤 원리가 인간의 정신 세계를 지배하리라 상정한다. 이는 물론 다분히 직관적인 사변이지만, 적합성 이론은 이 직관적 상정과도 통하는 바 있다. 현재 적합성 이론이 지니는 약점은 앞으로 많은 언어학자들에 의해 점차 개선되리라 믿는다. 과거의 담화 이론의 안경을 쓰고는 볼 수 없었던 많은 언어 현상들이 적합성 이론에 의해 걸러지면서 하나씩 그 모습을 드러내고 있다. 계속되는 연구와 논의를 기대해본다.

10 담화의 생산과 그 실현 절차*
—인지적 접근

1. 들어가기

자연언어에 대하여 기능적 관점을 표방하는 언어학자들에게 절실한 문제는 언어의 형식 · 의미 · 사용의 3국면이 자연언어의 본질을 상호 규명할 수 있는 통합적 모델을 구축하는 일이다. 이러한 모델은 우선 1) 어떤 유형의 언어에도 적용 가능한 **유형론적 타당성**을 갖추어야 하며, 2) 통화 목표를 달성할 수 있되 사용자가 쓰는 표현 방식에 모순되지 않는 **심리적 실재성**을 지녀야 하며, 더욱 3) 언어자료는 종래 언어학에서 요구하는 것보다 훨씬 더 명시적이며 상세한 개념이 정립된 **전산학적 가능성** 또는 실행성을 갖추어야 한다.

인지적 담화연구는 담화의 구조 뿐 아니라 담화 · 텍스트의 수용과 생산의 두 방위에서 청 · 화자가 사용하는 인지적 절차를 규명하고 그들이 구축하는 인지적 표상과, 배경지식 구조들의 활용과 추론, 그리고 무엇보다도 텍스트와 의미모델 사이의 기능적 사상mapping을 이룩하는 데 관심이 있다. 담화적 절차는 바로 이 사상절차의 질質로 평가될 수 있기 때문이다.

그 동안 언어학은 형식문법이건 기능문법이건 극히 제한된 자료에 의거해서 단기적 성공을 기하는데 많은 노력을 기울여 왔다. 이제 언어행위에 대하여 장기적이며 실용적, 실질적 연구 결과를 기하기 위해서 훨씬 더 원리적이며, 언어학적, 전산언어학적 동기가 명확히 부여된 통합적 또는 혼성적hybrid 해결안이 강구되고 있으며, 문장을 넘어선 담화의 생산 또는 생성generarion과 관련된 논의가 본격적으로 이루어지고 있다.

1970년대 이래 인공지능 연구를 기반으로 시작해서 1980년대의 MUMBLE(McDonald 1981), Penman/Nigel(Mann 외 1983), 텍스트 언어학(de Beaugrande 1980, 1997) 등이 있어 왔으며 과거 십여 년간 자연언어 생성Natural Language Generation에 대한 관심이 증대되고 또한 그 결과도 꾸준히 더 해왔다. 그러나 아직은 여러 관련 문제의 성격에 대한 합의가 부족한 가운데 이론적 미숙성을 벗어나지 못했을 뿐 아니라, 단원성單元性modularity을 기반으로 한 종래의 문장언어학적 모델에서 출발할 수밖에 없었던 한계성을 불가피하게 지닌다.

본 고의 목적은 자연언어 생산의 측면에서 입력자료의 성격과 변이, 생산절차 및 각 언어학적 층위와의 상호작용 등을 논하고, 텍스트 구조 전개와 관련해서 수사구조이론Rhetorical Structure Theory을 논하고자 한다. 궁극적인 목적은 인공지능이나 전산언어학적 연구 결과를 언어학적으로 조명하여 담화연구나 담화분석의 새로운 역동적 방향을 모색하는 데 있다.

본 고는 다분히 인공지능이론 또는 전산언어학적 배경과 용어에 의존하는 성격이 짙으나, 될 수 있는 한 공학적 측면을 배제하고 용어에 있어서도 자연언어생성이 아닌 자연언어생산을 사용함으로써 전산언어학적 연산법을 논외로 했으나, 궁극적으로는 담화의 생성을 염두에 둔 생산국면의 관찰과 그 언어학적 조명이다.

2. 절차적 접근과 담화 생산

언어가 여러 선택항의 집합인 일반적 잠재체계virtual system라면 담화는 하나의 구체적 실현/예시 체계이다. 여러 차원의 다양한 선택항의 저장체계(기억)에서 통화 목표와 동기에 따라 선택된 각 요소가 특정 구성으로 통화에 사용되는 텍스트는 복잡한 여러 실현 절차를 밟아 생성된다.

일반적으로 텍스트의 구조와 내용을 다스리는 원리로 결속구조(표층의 구조적 결속관계), 결속성(개념적 결속관계), 의도성(화자의 목표), 수용성(청자의 목표와 태도), 정보성(청자의 배경지식과 새 정보 관계), 상황성(담화맥락), 상호텍스트성(여타 텍스트와의 관련성)(Beaugrande & Dressler 1981, 1995 참조), 관례성(conventionality 텍스트의 관례적 구조)이 있고, 언어외적 방편으로 그림, 손놀림, 지시행위 등 텍스트와 여타 매체와의 혼용(Cawsey 1992)이 있으며 이들은 효과적인 담화 생산에 기여하는 주요원리와 방편으로 작용한다.

텍스트 실현 절차는 언어라는 잠재체계에 직접 적용되는 것이 아니라 발화 중에 각 단일계층 안에서, 그리고 그들 계층 사이에서 다양한 상호작용을 통해 언어사용 중 선택되고 확정된다. 즉 자연언어의 생산절차란 한 주어진 상황에서 어떤 통화 목표를 달성하기 위해 의도적으로 텍스트를 구축하는 과정이며, 요컨대 이는 여러 가능성 중에서의 (우선)선택과정이라는 점과 목적지향적 과정임이 부각되며, 문법성의 문제는 다만 그 기준치default에 불과하다.

텍스트 생산 모델에는 언어계층간 또는 그 표상들 간에 사상절차mapping라는 상호작용이 개재한다. 이는 서로 다른 유형의 요소, 구조, 관계들이 상관관계를 맺는 조작이며, 계층간 또는 표상간의 비대칭성asymmetry을 연관시키는 절차다. 일반적 표준적 조작과정 및 우선되는 절차들이 있고, 특정 세부가 수정 · 보완적 조작들로 적절히 채워지는 부가절차[1]가 있다. 부가절차는 패턴 일치화 기제pattern matching에 의해서 호출되며 이는 처리중인 자료와 기억에 저장된 자료들 사이에 합당한 일치점을 탐지하는 기제를 말한다.

Beaugrande(1980)와 Beaugrande-Dressler(1981, 1995)는 텍스트 생산 절차로서 동시에 상호 적용되되, 처리과정에서 그 지배성이 신속히 이동하는 두드러진 몇 개의 단계를 다음과 같이 순차적으로 가려낸 바 있다.

텍스트 생산 절차 단계:

1) 플랜작성: (전체적인 부목표) 발화의 목적과 텍스트 유형을 정하고 상황평가와 판단, 사용가능한 자료resources 가려내기
2) 아이디어 형성화: 하나의 플랜구조를 제어 중심개념들control centers에 사상mapping하는 일
3) 아이디어 전개: 이미 얻어진 아이디어의 확장, 특정화, 세분화와

---

1 부가 절차procedural attachment: 필요에 따라 표준 조작과정들을 더욱 세밀히 규정하거나 수정하는 일로서 패턴일치화, 플랜부가, 스키마 적용, Grice의 격률 적용 등은 그 예가 될 것이다.

상호연결을 기하는 일. 마음 속에 체계화된 내용의 형상들configurations을 탐색

4) 통사 분석: 문법적 의존 관계 부여

5) 선형화線型化: 문법적 의존관계를 표층 텍스트에서 선형으로 배열

한편 Dale(1993)은 담화 목적 실현을 위해 1) 목적 규명 단계, 2) 목적달성을 위한 플랜 작성 단계, 그리고 3) 플랜을 텍스트로 실현하는 단계 등 3단계로 크게 나누면서, 일련의 선택행위 유형을 다음과 같이 열거하고 있다:

담화목적 실현을 위한 선택 행위:

1) 텍스트 내용 선택(화제, 목적)

2) 생략될 정보 선택

3) 결속성을 기한 내용 구성

4) 격식화 정도degree of formality 선택

5) 문장유형 선택(단순문, 복합문 등)

6) 구문선택(능동, 피동 등)

7) 담화 엔티티entities의 기술 방식 선택(명사구, 대명사 등 여타 지시표현)

8) 어휘 선택

담화 생산과 수용 양 국면에서 일단 청·화자간에 동일한 사전lexicon과 문법이 사용된다고 생각해보자. 그러나 담화생산에서는 목적과 의도가 미리 주어진 가운데 이들을 어느 차원에서 어떻게 특기할 것인지가 그 작업내용이 되지만, 담화수용은 이미 주어진 텍스트에 대하여 모든 화법을 통해서 의도와 목적을 알아내고 무엇보다도 애매성을 제거

하는 일이 주요 작업내용이다. 따라서 담화생산에서의 각별한 문제로 Dale이 제기하는 바는 다음과 같다.

담화생산상의 제 문제:

1) 간결성을 유지하고 잉여성을 피하기 위해서 〈말해질 것〉과 〈말해지지 않을 것〉, 그리고 〈생략될 바〉를 결정하기
2) 텍스트 구조 플랜: 기본 주제에 첨가될 자료선택과 구조적 효과를 기하고, 자료순서, 텍스트 흐름을 원활히 가다듬기
3) 일단 작성된 상세한 플랜을 텍스트로 실현하기: 문장경계와 접속관계, 조응anaphoric 관계, 어휘 선택, 특수한 수사 효과를 거두기 위한 유표적marked 구문 선택 등이다.

생산모델에서 변수로 작용하는 요소로는 다양한 생산 과정 및 풍부한 지적, 언어적 자원들이 있고, 이러한 생산자원들이 이루는 계층의 수와, 그들의 계층적 자리매김, 그리고 생산과정의 단계가 순차적이냐 삽입적이냐interleaving[2]하는 문제가 있다.

생산 모델의 하위 체계 및 그 절차로 우리가 가려볼 수 있는 것은 1) 문법, 2) 사전, 3) 지식 베이스, 4) 수사적 자원(수사 스키마, 수사구조, 초점 등), 5) 어휘 · 문법의 길잡이인 의미론, 6) 사용자 모델(사용자의 영역별 목적, 소속집단 등), 7) 전체적 담화생산과정 구성의 인식, 8) 문제 해결, 단계적 계획, 전국적, 국지적 삽입 관계, 9) 언어 사용역register의 문제 등이 있다(Dale 1993 참조).

1970년대 이래 담화 생산 모델에 기여한 바 언어이론들과 기제는 다양하며, Matthiessen과 Bateman(1991: 47)은 이를 도표로 간략히 제시

2 Interleaving: 전산학적 용어로 기억장치를 복수 개의 여러부분으로 나누고, 동작 주기를 조금씩 늦추어 등가적으로 고속화 하기.

한 바 있고 약간의 수정을 이에 시도하면 〈그림 2.1〉과 같다. 이는 문법, 담화, 의미 분야에서 생산과 관련된 바 언어이론들을 가려본 것으로, Bresnan, Kaplan의 LFG(Lexical Function Theory)와 Thompson, Mann, Matthiessen의 RST(Rhetorical Structure Theory)는 각기 언어학과 텍스트 생성모델에 공히 뿌리를 같이하고 적용되는 이론이나, 기능적 통합문법과 수사 스키마 선택이론, 담화구조 이론, 의미망 이론들은 전

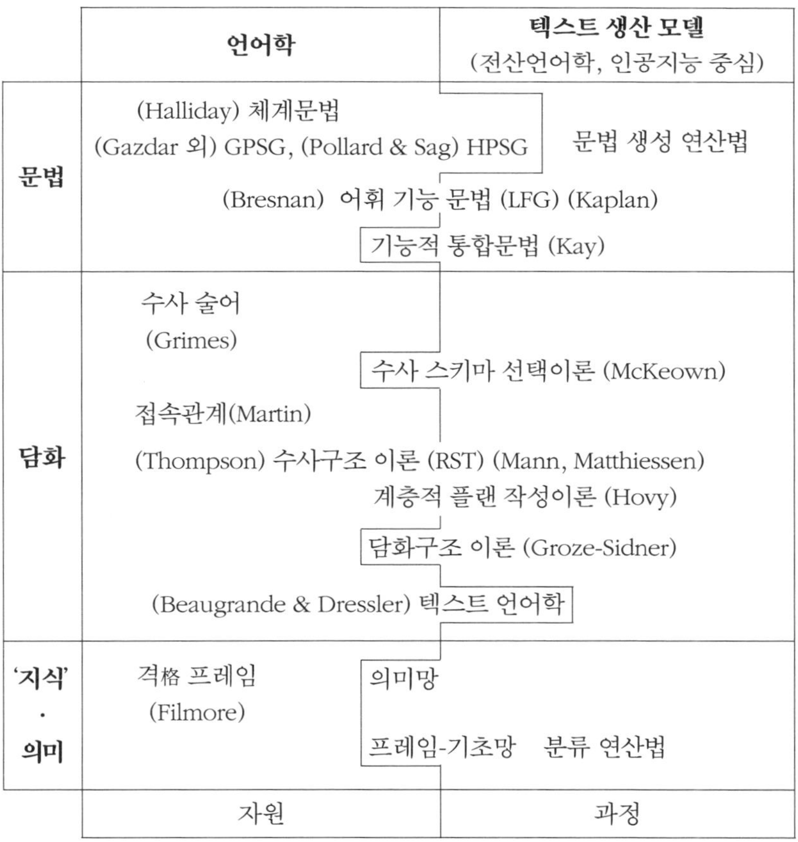

그림 2.1 언어학과 텍스트 생산 모형들의 관계

(Matthiessen & Bateman 1991: 47 참조)

산언어학적 체계로 시작되었다. 그러나 이제는 점차로 이들 뿌리의 확연한 구별이 별 의미가 없어져 가고 있음을 알 수 있다. 더욱 기능 이론의 연구 결과를 언어학적으로 재해석하는 일이 중요하며, 지식 표상의 문제 등도 언어학적 해명을 기함으로써 언어이론의 역동적 확충을 기해야 할 것이다.

3. 담화생산 환경: 배경지식 베이스와 담화 모델

담화생산에 동원되는 환경적 요인은 크게 3가지가 있다: 지식 베이스, 청 · 화자 상호행위 모델, 그리고 담화 모델인데, 이들은 〈그림 3.1〉에서와 같이 체계문법의 언어기능(Halliday 1985)인 관념형성 기능, 대인관계 기능, 텍스트적 기능의 배경이 된다.

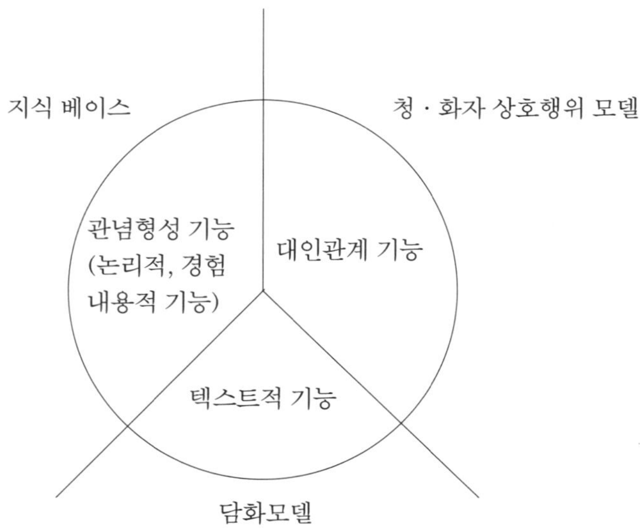

그림 3.1 언어기능과 담화생산 환경
(Matthiessen 1987: 259, Matthiessen & Bateman 1991: 201 참조)

3.1 지식 베이스(관념형성 베이스)

담화생산환경을 이루는 첫번째 요인인 지식베이스는 언어 사용자의 경험내용을 이루는 각종 지식을 말하며 에피소드, 절차와 조작, 사상事象, 행위, 관계, 상황, 사물, 질, 양에 관한 지식 등이 들어 있다.

담화생산연구에서 보다 중요한 것은 텍스트 플랜 작성에 앞서 선언적 지식[3]의 복잡도 파악이다(윤완철 1992: 51). 사용자 지식이 중요한 분석대상이라는 인식이 매우 타당한 것은 텍스트 플랜 작성이 지식구조의 복잡도, 복합도에 따라 기능과 과정의 길이가 달라지기 때문에, 사용자 배경지식 베이스를 전폭적으로 반영 못하는 생산 모델은 그만큼 취약성을 지니며, 이는 현재 인공지능에서 노정되고 있는 현실적 문제들이다.

이 세상 모든 현상의 복합성, 복잡성, 의미유형, 언어기능 그리고 관련문법구조는 〈그림 3.2〉와 같은 긴밀한 상관성을 지니며 우리 언어행위에 관여한다.

인간의 지식 베이스를 이루는 관념형성구조는 언어의 논리적 기능과 경험적 기능을 포괄한다. 논리적 기능은 초복합적 현상의 순차적 연결구성을 이루며, 경험내용적 기능은 과정, 참여체, 그리고 상황 등 독특한 부분들의 형상적configurational 구성을 이룬다.

모든 경험의 형상과 과정들은 대개 이미 사용자들이 갖추고 있는 기대구조, 즉 프레임, 스크립트 또는 스키마 등 전국적 인지패턴global patterns으로 저장되고 작용한다. 그러나 모든 지식의 유형을 다 인지패턴으로만 표상화하는데는 무리가 있다. 정태적 경험내용이 아닌 논리적 순차성이나 여타 청 · 화자 상호행위를 다루는 대인관계 베이스 및

---

3 선언적 지식declarative knowledge: 의사소통에는 선언적宣言的 지식과 절차적 지식이 필요하며, 선언적 지식이란 현실세계에서의 사상事象과 상황의 구성에 대한 사실이나 신념의 진술을 뜻한다.

<table>
<tr><th>현상</th><th>복합성</th><th>의미유형</th><th>문법적 실현</th><th>언어기능</th></tr>
<tr><td>인과관계,
시간 · 공간의
상호 의존적
현상의
연속관계 등</td><td>초복합 현상:
복합 현상의
복합 현상
(순차적 현상)</td><td>확장성
투사성</td><td>절 복합체</td><td>논리적 기능</td></tr>
<tr><td>참여체, 과정,
상황의 복합
구조</td><td>형상적configurational
구조를 지닌
복합 현상
(거시적 현상)</td><td>질료적, 심적,
언어적 ,
관계적
투사적(개념,
사실, 말)
비투사적(행위)</td><td>절</td><td rowspan="4">경험 내용적
기능</td></tr>
<tr><td rowspan="3">기본 요소적
elemental
현상</td><td rowspan="3">단순 현상</td><td>참여체 :
사물(의식체,
비의식체)
질</td><td>명사구/절</td></tr>
<tr><td>과정</td><td>동사구/절</td></tr>
<tr><td>정황
circumstances</td><td>전치사구
부사구/절</td></tr>
</table>

그림 3.2 지식 베이스(관념형성 베이스)

(Matthiessen 1987: 260-261 참조)

텍스트 베이스의 지식을 다루는 데는 확대활성화[4]와 같은 부가절차 지식이 필요할 것이다.

특히 전국적 인지패턴 적용이 부적절한 지식 유형은 대개 다음과 같을 것이다:

논리적 지식 : 여러 형상들의 연결과 집합

4 확대 활성화spreading activation: 우리지식의 어떤 항목이 활성화되면 기억장치 내에서 그 항목과 밀접히 연결되어 있는 다른 항목들도 활성화된다. 이는 명시적으로 활성화된 개념이나 관계들과 텍스트 세계가 갖는 풍부한 세부 항목 사이를 중개하는 정신작용이다.

대인관계적 지식 : 서법(가능성, 개연성, 허용성), 인지적 평가(신념, 의심), 정의적情意的 평가, 어조(부정, 유보, 단언)

텍스트적 지식 : 참여체의 확인 가능성(한정성), 주제성, 뉴스성

. . . .

그러나 전국적 인지패턴에 의한 인지도형 이론frame theory은 우리의 인지적 표상을 기술하는 형식으로 활용되는 바, 궁극적으로 의미표상을 규명하고 제의하기 위한 일반이론 틀로서, 말하자면 하나의 방법론적 담화분석체계discourse analysis system이다.

Frederiksen(1986: 235)은 다음과 같은 프레임 유형들을 가려내고 이들의 다중적 활용 및 상호작용을 통해서 프레임이 갖는 정태적 한계성을 극복할 수 있다고 보았다.

프레임 유형 :

이야기형 : 한정적 사상의 시간 공간 구조 표상

절차형 : 절차 구조 표상

상태기술형 : 여러 세계 상태 표상(속성구조, 종별, 장소구조, 수 구조, 유사관계, 부분구조, 분류법)

과정기술형 : 인과관계, 조건적 구성체계를 포함한 과정기술을 표상

문제형 : 문제점의 구조와 그 해결 방안 표상

대화형 : 관련 교대행위turn taking로 이루어진 사회적 상호행위와 대화행위 표상

또한 그는 담화의 다층적인 인지구조 실현절차를 다음과 같이 표상하고 있다:

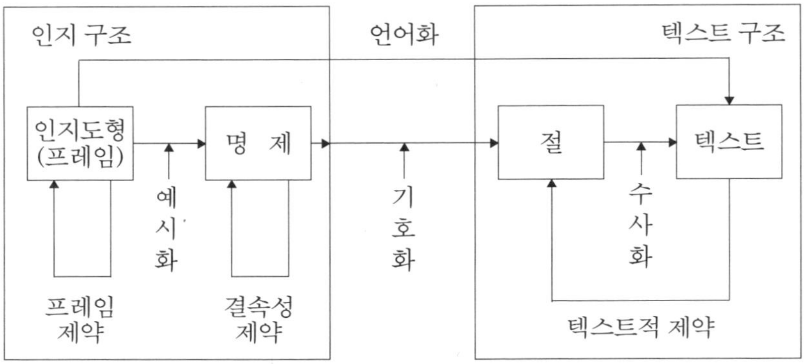

그림 3.3 담화의 다층적 인지구조와 실현절차(Frederikson 1986: 232 참조)

더욱 Frederiksen에 의하면 화자와 수용자의 지식 베이스는 담화처리과정에서 다음과 같은 상호관련성을 보인다:

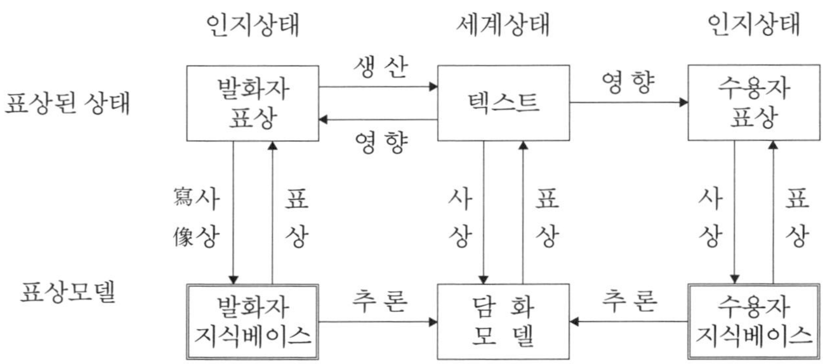

그림 3.4 담화처리와 인지적 표상모델(Frederiksen 1986: 237 참조)

3.2 담화모델

담화생산환경의 두번째 요인은 담화모델이다. 이는 텍스트 속에 실린 세계를 말하며 그 세계모델의 관점은 항상 역동적으로 변화하고 있다. 담화가 진행되면서, 즉 텍스트와 그 맥락이 계속 새롭게 태어나면서 새 정보는 낡은 정보로, 평언rheme은 주제theme로, 인식/확인되지 않은 것은 인식/확인된 것identifiable으로 변질된다. 따라서 이는 정태적이 아니라 매우 역동적이며, 지속적으로 새로운 텍스트 세계를 엮어나간다. 텍스트 속의 실재물entities들은 단지 어떤 부류로서가 아니라 지시 대상들의 구체적 예시로 경험된다.

이와같이 담화모델의 역동성을 가져오는 요인들은 1) 주제화thematization, 2) 정보성information, 그리고 3) 한정성definiteness에 있다. 또한 이 역동성은 수사구조이론rhetorical structure theory으로 설명될 수 있는 담화 자체의 구성플랜에서도 온다. 즉, 담화모델의 역동성과 관련된 문법적 자원은 주제theme 선택과, 수사적 관계를 결정하는 접속관계, 그리고 텍스트 구조 전반과 문단상에서 보이는 한정성 체계다.

주제화와 국지적 맥락

표준적으로 주제는 흔히 문법적 주어를 이루나, 시간, 장소, 원인이 주제화될 때는 그렇지 않다. 주제선택은 국지적 맥락local context을 결정하고, 주제는 한 절clause의 시발점이자 언술의 장setting이고, 앞으로의 방침이나 향방orientation을 결정한다. 주제는 텍스트 경간徑間span의 전개 방안을 선택하게 되니, 시간적 공간적 목록, 일반에서 특수로, 대상에서 속성으로, 대상 전반에서 그 한 부분으로, 그리고 비교/대조의 전개 방법들이 주제선택으로 결정된다.

새로운 전언message마다 맥락의 변화를 가져오는 담화모델 속에서 새로이 맥락을 찾아야 하며, 맥락의 어느 국면이 담화의 전개 방법과 관련되어 주제화되는지 담화모델에서 확인해야 한다.

수사적 관계와 접속관계

한 절clause의 국지적 맥락은 주제가 결정하며, 이는 곧 경험적, 대인

관계적 또는 텍스트적 맥락들인데, 이들 가운데 텍스트적 맥락은 앞선 텍스트의 수사적 관계 속에서 그 접속관계가 특징지어진다. 이는 Mann and Thompson(1987)이 개진한 수사구조이론Rhetorical Structure Theory이 그 명시적 또는 묵시적 접속관계를 가려줄 수 있을 것이다.

담화생산 모델이 접속적 자원과 관련해서 갖추어야 할 기제는 1) 전체적으로 다양한 접속관계를 다스릴 수 있고(첨가관계, 이접관계, 시·공간적 관계, 인과관계뿐 아니라 강화된 첨가관계 등을 다룰 수 있고[5], 이때 담화모델은 언제나 하나의 맥락을 떠나 새로운 맥락에서 작업하다가 다시금 원 맥락으로 돌아올 수 있어야 한다), 2) 텍스트의 대내외적 사상事象들의 연결구성과 일치하는 구체적 접속관계를 책임져야 하고, 3) 한 쌍의 메시지의 접속관계뿐 아니라, 일군의 메시지의 접속관계도 관장할 수 있어야 한다(본 논문의 4장 RST 참조).

명사구(지시표현)의 인식/확인 가능성과 한정성definiteness

주제성은 담화환경 속에서 참여체와 상황의 자리매김을 해 주고, 정보성은 정보차원의 자리매김을 해주나, 한정성은 각 지시대상의 확인/인식 가능성을 결정한다. 경험 내용적 시각에서 각 대상들은 일반부류로서 하위 범주화되고 기술적descriptive 속성을 가질 수 있으나, 텍스트적 차원에서 이들은 그 부류의 구체적인 예시체instantiation로서 지시대상을 텍스트 밖에 지니는 그 어떤 것들이다. 그러므로 한정성은 한 부류가 어떻게 하나의 지시대상 또는 일련의 지시대상으로 예시화例示化되는가를 지적하는 문법자원이며, 그 예시화의 확인/인식 가능성 여부가 문제된다.

---

5 기타 접속관계: 강화된 첨가(*더욱이*), 퇴산退散적 관계(*어쨌든*), 복귀/요약 관계(*되돌아가면, 다시 말해서*), 검증 관계(*실제로, 사실은*), 전환 관계(*부수적으로, 첨언하면, 그런데*), 해석 관계(*말하자면, 내 뜻은*) 등.

한정성의 체계 :

- 한정성
  - 한정적
    - 지시: '이, 그, 저'
    - 소유: '내, 당신의, 그의'
  - 비한정적
    - 전체: '모든, 각'
    - 부분: '어떤, 하나의'

주제화나 마찬가지로 한정성도 맥락의 역동적 모델에 의존하며, 특히 수용자 모델에서 주어진 대상이 확인가능한가 여부가 가려져야 한다. 수용자 모델에서 확인가능한 대상은 여러 유형의 조응phoricity을 통해서 식별되는데, 텍스트에 일단 도입된 지시대상은 전조응前照應과 후조응後照應의 방법으로 텍스트 안에서 확인가능하나 그밖의 지시대상은 맥락 속에서 다음과 같은 여러 방법으로 확인가능하다:

1) 텍스트 안에 언급된 것과의 관계 속에서 자체 언급없이도(전체-부분관계 등을 통해) 확인하는 내조응endophoric 지시
2) 발화장면/맥락의 일부로서 외조응exophoric 지시
3) 보편적으로 공유되는 문화적 지식의 일부로서 공유성 조응homophoric 지시

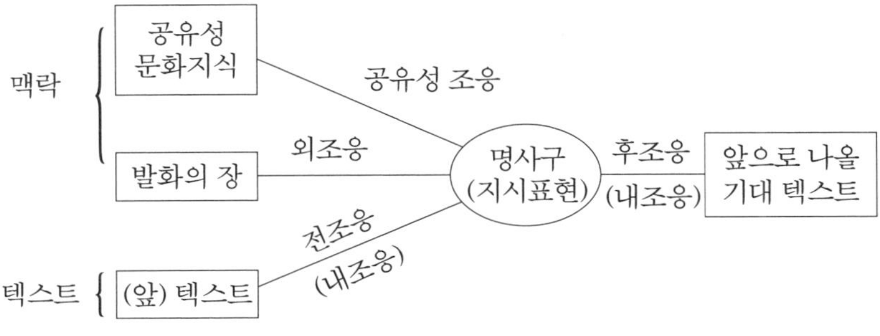

그림 3.3 조응의 유형과 지시대상 인식의 장
(Matthiessen 1987: 274 참조)

텍스트 생산 체계에서 지시대상 확인의 문제, 즉 한정성의 문제는 지시표현들과 관련하여 매우 중요하다. 지시표현들은 담화분절discourse segment과의 관련 속에서, 그리고 문단의 첫머리냐 아니냐에 따라서도 좌우된다. 더욱이 한정성은 역동적인 수용자 모델과 절대적으로 긴밀한 연관성을 지닌다.

4. 텍스트 구성 플랜과 수사구조이론(RST)

내용의 일관성과 결속성이 있는 텍스트 생산을 위해 우리는 다음 세 가지 물음을 던질 수 있다. 1) 무엇을 말할 것인가, 2) 어떻게 말할 것인가, 3) 왜 말해야 하는가. 첫 번째 물음은 곧 텍스트 플랜부strategic component에 해당하며 두 번째 물음은 텍스트 실현부tactic component에 해당된다.

텍스트 플랜부는 내용의 선택과 텍스트 구성 플랜으로 나누어 생각할 수 있고, 텍스트 구성 플랜은 수사구조이론이 각 인접관계들을 플랜으로 조작화 해서 계층적으로 확대하는 체계를 마련해 줄 수 있다.

텍스트 구성에서 가장 핵심적 개념은 의미의 결속성coherence이며 이를 뒷받침하는 3개 구조는 1) 장르가 결정하는 전체구조holistic structure 2) 결속성, 인접성을 위한 관계구조relational structure, 그리고 3) 통사구조다. 관계구조는 장르에서 오는 전체구조 및 통사구조와 강력히 상호작용한다. 텍스트의 관계구조 이론으로서 가장 중요한 수사구조이론(Mann & Thompson 1987, Mann, Matthiessen & Thompson 1992)은 텍스트를 이루는 각 부분(절, 텍스트 경간 text span)의 종합적 자리매김을 해줌으로써 텍스트의 계층적 확대플랜 체계로 관계들을 조작화할 수 있다.

4.1 수사구조이론의 기본 개념

수사구조이론Rhetorical Structure Theory은 텍스트 결속성에 대한 종합적 접근방식으로서, 텍스트를 이루는 각 부분 사이의 기능적 관계를 통해 텍스트 구조의 성격을 규명할 수 있는 기술적 이론descriptive theory이기도 하며, 또한 궁극적으로는 담화 생산체계에 활용되어야 할 하나의 종합적 구성이론constructive theory으로 발전시키기 위한 것이다. 모든 텍스트의 인접 부분(절, 텍스트 경간徑間text span) 사이의 암묵적 관계명제relational proposition 또는 플랜을 규명해 주며, 인접하는 두 텍스트 경간 자신들이 또 다른 관계/플랜으로 다른 텍스트 경간과 접속체를 이루는 면밀한 top-down식 텍스트 기획 절차다.

RST는 다음과 같은 물음에 대한 답을 줄 수 있다: 1) 텍스트 구성에서 식별가능한 부분들이란 무엇인가, 2) 이들 부분들은 어떤 관계로 배열될 수 있는가, 3) 하나의 전체 텍스트를 이루기 위해 부분들은 어떻게 상호 연결될 수 있는가.

RST는 일련의 수사적 스키마다로 구성되고 각 스키마는 더욱 작은 텍스트구조 단위 스키마다로 분해 가능하다. 각 스키마는 곧 관계/플랜을 의미하며 입력된 한 단위와 다른 단위와의 관계를 특정화해서 연결함을 뜻한다:

RST 스키마다

텍스트 경간

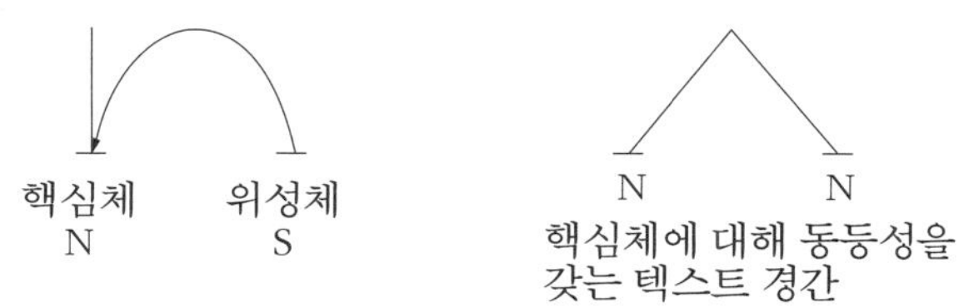

RST 스키마다는 핵심체Nucleus와 이를 돕는 기능을 지닌 위성체 Satelite로 이루어지든가 두 개의 핵심체 NN이 이어질 수도 있다. 이들 사이에는 일정한 관계(또는 관계명제)가 명시적으로 또는 암묵적으로 작용한다. 텍스트 경간text span은 기능적 통합성을 가지고 하나의 단위로 실현될 수 있는 텍스트 자료의 구성성분을 말하며, 스스로 또 하나의 스키마로서 분해될 수 있다.

이러한 수사적 관계/플랜은 1) 사용(제약)조건과 2) 목표하는 효과라는 두 관점에서 그 성격이 규명된다. 가령 〈동기화〉라는 수사적 관계명제의 제약조건은 핵심체 N에서 제시되는 요구의 수용여부에만 적용된다. 한편 그 효과는 청자에게 주는 효과로서 청자의 긍정적 수용태도의 증대를 말하며 문법이나 어휘의 문제라기보다 청자의 심적 상태와 관련된 것이다.

가장 흔히 활용되는 관계(명제)로는 다음과 같이 20여가지 있으며, 그 밖에 앞으로 더욱 규명되어야 할 관계명제들이 있을 것이다(Mann & Thompson 1986, 1988; Mann, Matthiessen & Thompson 1992, Dale 1993).

수사적 관계/플랜 (정의)

1) 주제 내용을 위한 관계/플랜(효과의 자리: N+S)

상황 (S가 N의 해석의 바탕이 되는 상황 인식)
명세화 (S가 추가 정보 제공)
해결책 (S가 제시하는 문제에 대해 N은 해결 방안 제공)
조건, 아니면
수단 (S의 상황은 N상황을 가능케 함)

원인군 (원인, 결과, 목적):

의지적 원인/결과

비의지적 원인/결과

목적 (S를 실현하기 위해 N의 행위가 시작됨)

재언급/요약

해석/평가

2) 관계 제시적 관계/플랜 (효과의 자리: N)

배경 (청자 능력 증가)

동기화 (N에 제시된 행위 실행, 의욕 증대)

가능화 (능력 증대)

증거 (신념 증대)

정당화 (수용가능성 증대)

반증 (N에 제시된 상황에 대한 긍정적 고려 증대)

양보 (N에 제시된 상황에 대한 긍정적 고려 증대)

3) 다핵적 관계/플랜 (S가 없음)

순차 (N들이 제시하는 상황에 순차적 관계가 있음)

대조 (비교되는 두 N의 차이 인식)

연결

RST 스키마다의 제 유형 :

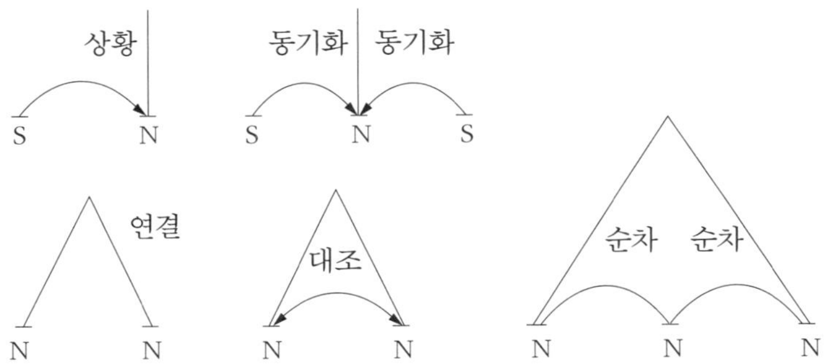

4.2 김구의 〈*내가 원하는 우리나라*〉의 수사구조와 관계/플랜

텍스트 : 〈*내가 원하는 우리나라*〉

① 나는 우리나라가 세계에서 가장 아름다운 나라가 되기를 원한다.

② 가장 부강한 나라가 되기를 원하는 것은 아니다.

③ 우리의 부력富力은 우리의 생활을 풍족히 할 만하고,

④ 우리의 강력强力은 남의 침략을 막을 만하면 족하다.

⑤ 오직 한없이 가지고 싶은 것은 높은 문화의 힘이다.

⑥ 문화의 힘은 우리 자신을 행복하게 하고 나아가서 남에게 행복을 주겠기 때문이다.

⑦ 지금 인류에게 부족한 것은 무력도 아니오, 경제력도 아니다.

⑧ 인류가 현재에 불행한 근본 이유는 인의仁義가 부족하고 자비가 부족하고 사랑이 부족하기 때문이다.

⑨ 이 정신을 배양하는 것은 오직 문화뿐이다.

⑩ 나는 우리나라가 이러한 높고 새로운 문화의 근원이 되고 목표가 되고 모범이 되기를 원한다.

⑪ 그래서 진정한 세계의 평화가 우리나라에서 우리나라로 말미암아 세계에 실현되기를 원한다.

⑫ 홍익인간弘益人間이라는 우리 국조 단군의 이상이 바로 이것이라고 믿는다.

(김구 1947: 나의 소원 15-16)

수사구조 그림 4.1을 살펴보면 텍스트 경간text span(1-11)은 마지막 절 12에 대한 해석이며, 대내적으로 텍스트 경간 (5-9)와 (10-11)은 경간 (1-4)에 대하여 각기 동기화와 명세화 관계/플랜이다.

스키마다는 〈N+S〉 또는 〈S+N〉 어느 순서로도 결합 가능하며, 순환적으로 반복해 사용할 수 있으니, 한 텍스트 경간은 그림 4.1에서 볼 수 있듯이 또 하나의 〈N, S〉로 분해될 수 있다. 최상위에서 하나의 스키마

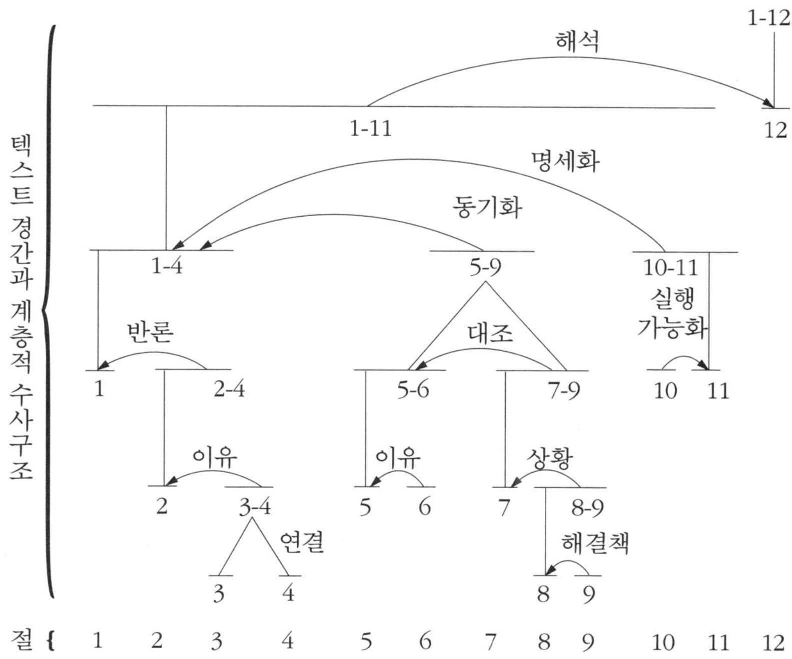

그림 4.1 〈*내가 원하는 우리나라*〉의 수사구조

가 전체 텍스트를 기술/플랜하는 것으로 작용하며 〈N(12)+S(1-11)〉, 각 스키마는 자체의 경간에서 또 하나의 하위 스키마 〈N, S〉로 구현/플랜되는 바, 텍스트는 전형적으로 기능적 구성을 지니는 하나의 계층구조다. 한 쌍의 비대칭적 부분으로 이루어지는 스키마는 핵심체(N) 없이 위성체(S)만으로는 성립불가non-sequitor하다. 즉, 화자의 목적에서 본질적인 부분을 이루는 핵심체 N을 제거하면 결속성이 없어지는 비텍스트가 되는 반면, 모든 위성체 S를 제거해 나가면 자연히 텍스트의 한 요약이 이루어진다.

4.3 RST의 전망

RST가 텍스트 생산모델에 적용되기 위해서 필요한 자질은 생성성generativity, 기능성(효과적 목표달성을 위한 정보성의 보유), 모든 길이의 텍스트에 적용 가능한 텍스트 길이 무관성, 그리고 형식화와 프로그래밍에 합당한 정도의 적확성的確性definiteness등이다(Dale 1993). 지금까지 꾸준히 개진되어 온 관계명제이론(Mann & Thompson 1986)과 각 스키마의 관계정의 등은 위 생산모델의 요구조건을 어느 정도 만족시킬 수 있으며, 텍스트 구성플랜에 따라 주어진 자료를 필요한 만큼 활성화해서 작은 단위로 분해할 수 있는 스키마의 생성성을 가지고 다양한 길이와 성격의 텍스트 및 텍스트 구조를 생산해 나갈 수 있을 것이다. 가령 Hovy(1991: 86)는 증식점growth point이라는 개념을 써서 관계/플랜 유형에 따라 부가되는 자료를 처리하고자 하는데, 가령 〈문제〉와 〈해결책〉의 관계에서 문제성에 대한 배경, 해결방안의 또 다른 결과의 설명 등, 증식되는 관계/플랜을 RST에 도입하고 있다.

RST는 특히 텍스트 요소들의 정보상태에 민감한 모델이다. 이는 텍스트를 구성하는 각 관계/플랜을 특정화할 뿐 아니라 텍스트의 구획과 그 맥락의 구획에도 관여하며, 더욱 텍스트 요소들의 정보성 변화의 구성을 뒷받침한다. 구 정보에 해당하는 각 주제theme 선택은 텍스트의 전개를 가져오는 수사구조라는 관점에서 이루어지기 때문이다(Matthiessen & Bateman 1991: 226 참조).

그러나 RST가 제기하는 문제점도 다양하다. 담화영역discourse domain에 따라 달라지는 의미문제가 있고, 화자의 의도기능과 수사적 기능이 반드시 일치한다고만 볼 수 있겠는가? RST 스키마다의 수는 과연 얼마나 늘릴 수 있는가? '합성적' 관계 명제가 가능한가, 수사구조가 과연 텍스트의 결속성을 완전 보장하는가, 그리고 이들의 최소단위는 과연 어느 차원이어야 하는가(단순절? 복합절?) 등의 여러 문제와, 분석자들 사이에 분석에 대한 합의가 이루어지지 않을 경우 등이 여러모로 지적되고 있다(Dale 1993 참조).

5. 텍스트의 실현 절차

5.1 텍스트 실현의 두 단계

담화 · 텍스트는 계획된 하나의 행위다. 무엇을 말할 것인가와 어떻게 말할 것인가의 두 측면이 동전의 양면처럼 관련되어 있다. 이 두 측면을 구별해서 학자들은 개념화와 그 언어적 실현화(Levelt 1989: 105), 텍스트 플랜작성과 텍스트 실현화(Paris 1988: 58), 또는 전략부strategic component와 표현부tactic component(McKeown 1985; Dale 1993) 등의 표현으로 불렀으며, 이들의 역할분담은 대개 다음과 같이 가려 볼 수 있을 것이다:

텍스트 플랜부	텍스트 실현부
전언message 형성	문장 형성
의미적, 텍스트적 용어로 표현: { 언술의 목적 전달될 기본명제 자료 자료의 각 요소들의 상대적 중요성	구체적 언어층에서 문법적 개념에 의한 실현태 결정: { 어휘, 통사구조, 억양, 강세 선택

이들 두 국면의 상호작용은 하나의 언술이 생성될 때까지 순환적으로 지속된다고 보아야 할 것이며, 자연언어 생산의 전체 구성 속에서 이들은 다음과 같은 구조를 갖는다:

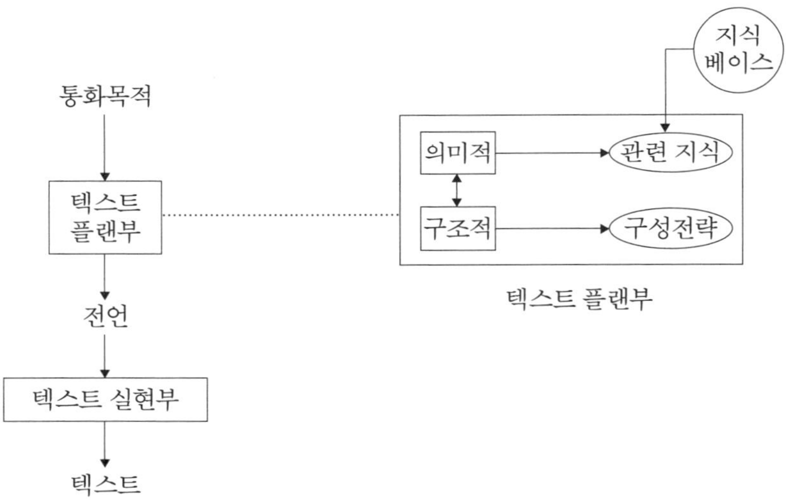

그림 5.1 전체적 담화 생산구조

(McKeown 1985: 12; Dale 1993: Topic 3-35 참조)

5.2 인지 스키마와 수사술부

제3장에서 논의한 바 인지도형frame은 우리 기억 속에서의 정보 저장 방식에 관한 것이었다. McKeown(1985: 19)은 우리가 기억에 정보를 저

스키마 유형	플랜	관련 수사술부
속성 스키마 attributive schema	어떤 개념이나 대상의 특정 국면을 설명	속성 {부연 : 제약} 특정예시* {표상} {의문 ; 문제 ; 해답} {비교 ; 대조 ; 반대} 부연/설명/추론/대조
인식 스키마 identification schema	각 엔티티나 사상을 정의, 식별, 확인	인식화(부류와 속성/기능) {유추/성분/속성/재명명/부연}* 특정예시/증거+ {부연/유추/속성} {특정예시/증거}
성분成分 스키마 constituency schema	어떤 엔티티나 사상을 하위 성분 또는 하위 유형으로 기술	성분 인과*/속성*/ {세밀-인식/세밀-속성 {특정예시/증거} {비교/유추}}+ {부연/설명/속성/유추}
비교와 대조 스키마 comparison & contrast schema	어떤 것을 다른 것과 비교해서 기술	문제제기positing/속성(−A) {속성(A)/특정예시/증거(A)/ 부연(A)/추론(A)/설명(A)}+ {비교(A/−A)/설명(A/−A)/ 일반화(A/−A)/추론(A/−A)}+

{ }: 수의적, /: 선택적, +: 1~n번 출현 가능, *: 0~n번 출현 가능, A, −A: 대조되는 두 개념

표 1. Mckeown의 인지 스키마 유형과 관련 수사술부

(Mckeown 1985: 20~31 참조)

장하되 그 저장 방식과 기술 방식은 서로 다른 관점을 가질 수 있다는 가설을 세우고, RST 스키마와는 다른,[6] 담화구조 생산을 위한 기술적

6 RST 스키마와 McKeown모델(1985)의 스키마:
RST 스키마는 텍스트 경간 사이의 관련명제들을 밝히는 구조로, 핵심체와 위성체 사이의 관련명제의 이름을 특정화하는 수사구조 이론의 구성단위. 이들이 모여 일관성, 결속성있는 전체 텍스트의 계층구조를 이룬다. 한편 McKeown의 생성 모델에서 스키마는 텍스트 목적과 전략에 따라 선택되는 인지패턴으로, 스키마에 따라 이를 채우는 수사술부의 종류와 결합이 달라지고, 그 의미내용은 데이터 베이스 영역에서 이들이 가지는 값에 따른다.

descriptive 인지 스키마를 가려내고 있다. 즉, 통화 목적을 위해 활용할 수 있는 자료에 대하여 사람들은 흔히 동일한 일정 유형관념, 즉 인지 스키마를 지니며, 텍스트를 형성시키는 방식에 대해서도 그러한 사전 개념이 서 있게 마련이다. 따라서 무슨 말이 다음에 이어질지 텍스트 전개과정에서 길잡이가 되는 인지적 패턴이 있다고 보고 이들을 인지 스키마라 칭했다.

하나의 스키마는 몇 개의 수사술부가 다양하게 결합해서 이루어진다. 각 언술은 담화 속에서 각기 하나의 수사술부Rhetorical Predicate를 이루는데, 수사술부란 화자가 정보를 기술하는 방법을 말하며, 여러 유형의 진술행위의 성격을 규명하고, 명제간의 구조적 관계도 나타낸다. 이들 수사술부들이 다양하게 결합해서 하나의 스키마라는 담화형성 패턴을 구성한다고 볼 수 있으며, McKeown은 이들을 4가지 유형으로 제시하고 있다. 그 유형과 그들이 기하고자 하는 플랜과 이때 관여하는 수사술부들을 가려보면 앞의 표 1.과 같다.

텍스트의 특정 목적에 따라 변화하는 플랜이나 전략, 그리고 이때 활용되는 스키마는 대체로 다음과 같다:

텍스트의 목적	전략/플랜	스키마 유형
정의 내리기	인식(同認化) 성분기술	인식 스키마 성분 스키마
비교	비교 · 대조적 기술	비교 · 대조 스키마
정보의 기술	속성/성분 기술	속성 스키마, 성분 스키마

이때 스키마 선택과 채우기는 Mckeown에 의하면 다음과 같은 절차로 이루어진다:

1) 스키마의 선택: 문제 내용에 따라 우선 관련지식 풀pool을 선택하

고 그 지식 풀에서 하나의 스키마를 선택한다.

2) 스키마 채우기: 스키마를 이루는 여러 수사술부들이 각기 데이터베이스에서 어떤 의미 영역을 갖는가에 따라 적절하게 스키마가 채워진다. 명제란 하나의 수사술부가 예시화된 것이며, 명제의 술어논항들predicate arguments은 관련 지식 베이스의 값으로 채워진다.

3) 스키마 선택의 여지가 있을 때: 최선의 후보명제를 택하는데 주의집중 대상이 활용된다. 방금 새로이 도입된 사항에 초점을 두든지, 동일한 현 초점을 유지하든지, 아니면 앞선 초점으로 되돌아갈 수 있다. 선택된 당면/현 초점은 텍스트 실현부tactic component로 보내져 텍스트 실현과정에 사용된다.

4) 스키마 선택의 여지가 있을 때, 정보량이 더 큰 스키마부터 우선 선택된다: 가령 성분 스키마와 인식 스키마가 있을 때 더욱 큰 정보량을 다루는 인식 스키마부터 채워나간다(1985: 42~47).

스키마 선택과 활용을 통한 구체적 텍스트 생산의 세부절차는 McKeown(1985: 86)의 모형을 보완한 Dale(1993)의 절차를 따르면 다음과 같다:

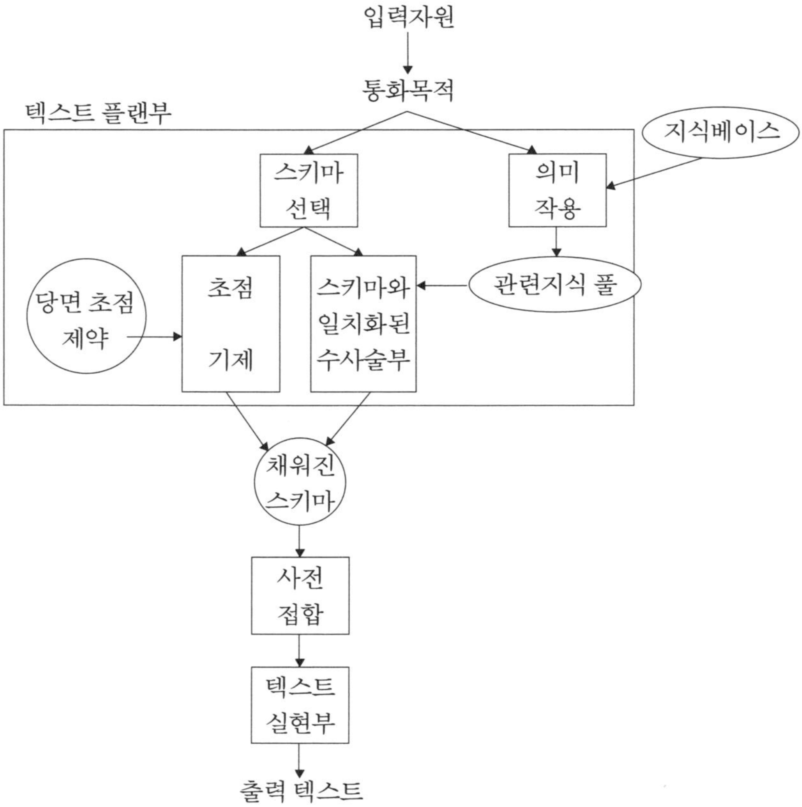

그림 5.2 담화 실현 절차(Dale 1993: Topic 3~37 참조)

5.3 초점과 텍스트 생산

담화에서 가장 보편적이며 자연적인 현상은 의식적, 무의식적인 초점 모으기 또는 주의 집중대상 선정이다. 담화이해에서 이는 처리 노력을 줄이는 기능을 하며 한정적 조응관계 해석에 도움을 주나, 담화생산과 관련해서는 담화가 이어지는 가운데 다음에는 무엇을 말할 것인가를 결정하는 데 큰 요인이 된다. 후속되는 언술은 초점과 관련해서 대체로 다음 두 가지 요인으로 결정되며 이들은 텍스트의 각 문장들이 하나의 전체를 이루는데 기여한다(본 논문 5.4. 4) 참조):

당면(현) 초점[7] : 두 문장/절 사이에서 주의 집중 대상의 변화 여부 문제; 어순과 해석에 영향

전국적 초점 : 전체 담화를 통해서 화자의 주의 집중이 후속 언술에 주는 의미적 효과문제

초점 유지 여부와 관련하여 다음 4가지 선택의 여지가 있다:

1) 현 초점 유지: 계속 같은 것에 관해 이야기 하기
2) 방금 도입된 것에 대한 이야기로 바꾸기: 현 초점이 앞선 잠정 초점의 일원이 된다.
3) 앞선 화제로 돌아가기: 현 초점이 초점스택에서 떠나 버린다.
4) 현 초점과 암묵적으로 관련된 내용 선택: 이에는 일반 세계지식이 관여된다.

초점은 특히 담화 생산에서 다음에 어떤 말이 이어질 것인가에 대한 제약을 주는데, 담화 전체의 전국적 초점global focus은 이야기될 수 있는 하위 집합을 결정함으로서 전체 지식베이스를 제약하고, 당면/현 초

---

7 초점과 관련된 각 용어는 대략 다음과 같은 의미로 사용된다(Grosz & Sidner 1985 참조):

당면 초점immediate focus/ 현 초점current focus: 각 문장, 절 속에서 현재 대상이 되고 있는 초점.

잠정 초점potential focus: 초점 변화를 받을 후보 요소들.

초점 스택focus stack: 초점 변화가 있을 때마다 갱신되는 바 초점공간의 집합(과거의 술부 초점).

초점 공간focus space: 초점을 받는 지식 베이스의 하위 집합; 한 담화분절discourse segment이 한 초점공간을 이루며, 이는 해당 담화분절의 목적과 현저성을 띤salient 실재물들의 속성, 대상, 관계들을 포함.

열린 초점 공간open focus space: 현 초점을 받고 있는 내용.

점immediate or current focus은 각 언술에서 그 하위 집합을 더욱 제약한다. 또한 각 명제들은 초점을 받은 논항들을 통해서 담화 전체의 연결성을 유지한다.

5.4 Dale의 텍스트 생산 모델(1992, 1993)

한편 최근의 자연언어 생성체계로서 Robert Dale이 제시한 Epicure는 지시표현 생산과 연결성 담화에서 복잡한 엔티티(개체뿐 아니라, 복수명사, 질량명사 등)를 선택하는 행위플랜을 특정화하는 모델이며, 특히 요리법 텍스트 생성에 관한 것이다.

Dale의 텍스트 생산모델인 그림 5.3에는 4개의 처리 모듈과 6개의 지식자원이 설정되어 있다:

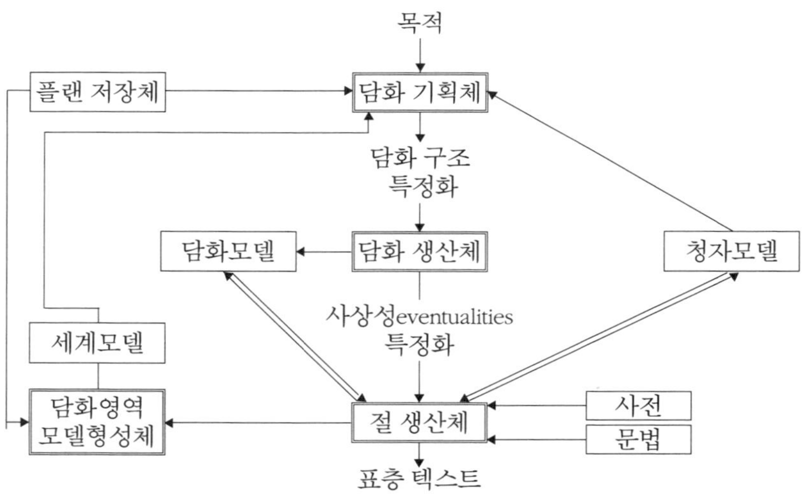

그림 5.3 Dale의 텍스트 생산 구조: 지식자원과 처리모듈 (Dale 1992: 70)

지식자원(단선 네모꼴)		처리모듈(복선 네모꼴)
1) 플랜 저장체	5) 사전	1) 담화 기획체
2) 세계모델	6) 문법	2) 담화 생산체
3) 청자모델		3) 절 생산체
4) 담화모델		4) 담화영역모델 형성체

지식자원knowledge sources:

담화생산과 이해에서 동일하게 사용되는 자원인 **사전**과 **문법**을 제외하면, Dale은 다음 4가지 담화생산 지식자원을 설정하고 있다(1992: 91):

1) 플랜 저장체plan library

목적달성을 위한 다양한 형식의 행위들을 비축. 행위는 예비조건과 결과라는 관점에서 정의되고 그 종류는 원초행위primitive action와 거시조작자macro-operator로 구별된다. 거시조작자는 그 하위에 원초행위를 포함하며 모든 행위는 다시금 여러 하위행위로 분해 가능하다.

2) 세계모델

한 영역 안의 모든 엔티티entities들을 기술하는 지식-기반 대상들의 집합. 어떤 한 체계가 작동하는 영역은 언제나 특정상태에 놓여 있고, 각 엔티티의 현재 상태는 그 모든 속성을 표상해 주는 지식-기반 대상물들로 모델화되어 있다. 세계모델이 여러 명제들의 집합이 되는 것은 명제들이 한 영역 속에서 대상들의 특질을 기술한 것이기 때문이다. 담화플랜에 대한 기술(언술)이 진행되면서 세계모델 속의 엔티티들은 그 속성들이 변화하거나 아니면 새로운 엔티티가 출현 가능하다.

3) 청자모델

청자가 참truth이라고 믿는 명제들의 집합. 엄격히 말해서 담화모델은 청자모델의 일부라고 말할 수 있다. 청자모델이 지니는 다양한 정보는 한 영역 속에서 그가 각 행위를 어떻게 실행할 것인가에 대한 정보를 포함하며, 처리모듈의 하나인 담화기획체는 청자모델을 통해서 i) 플랜의 세부기술정도를 결정하고, ii) 텍스트 밖에서 상호인지되고 있는 지식을 한정적 지시표현으로 지시하거나, 추론을 통해 대상을 확인할 수 있는 상위어superordinate words를 사용하게 된다.

4) 담화모델

담화에서 얻어진 모든 정보의 저장장치. 처리모듈의 하나인 절 생산체는 이를 사용해서 담화영역 속의 각 엔티티들을 어떻게 지시할 것인지 결정한다. 담화모델은 초점 공간들이(주 7 참조) 계층구조를 이룬 것이며, 담화에 명시적으로 도입된 엔티티들의 정보차원information status을 모델화한 소위 〈텍스트상 호출된 엔티티들〉textually evoked entities이다(Prince 1981). 한 엔티티의 현저성salience은 언어적 실현의 큰 요인이 되며, 대명사 사용 여부와 한정적 지시표현 사용 여부를 결정한다. 담화모델은 흔히 담화에 언급된 바 모든 엔티티들의 일람표이기도 하며, 그 필수요건이나 구조로서 Dale은 국부 초점부cache memory와 전국적 초점부를 제시하고 있다(1992: 92):

국부 초점부local focus; cache memory	전국적 초점부global focus(Grosz 1977)
통사적 기억	의미적 기억
표층 조응관계	심층 조응관계(Hankamer & Sag 1976)
구조와 기능: i) 현행 작업공간(현재 절과 유관한 의미 통사구조) ii) 복원가능한 앞절의 의미 구조 iii) 현 중심부(주의집중대상) 위 3요소가 어휘 · 통사 · 의미 각 층위의 표면구조를 생산	i) 초점스택focus stack: 열려있는 담화분절discouse segment마다 하나의 초점공간이 있고 몇 개의 초점공간이 모여 하나의 초점 스택을 구성; 앞선 담화의(어휘, 통사를 제외한) 의미내용만을 기록해서 장거리 대명사화 등을 가능케 한다. ii) 폐쇄 초점 공간 목록: 초점 스택을 떠난 초점 공간들

처리모듈Processing Modules

1) 담화 기획체Discourse Planner

가장 높은 차원에서 〈말할 내용〉을 결정하는 체계로서, 이를 어느 한 특정 행위나 유형으로 기술하는 결정을 내린다. 지식자원인 플랜 저장체와 청자 모델에 저장된 정보를 사용해서 플랜의 계층적 분화를 따라 담화의 구조가 나무꼴로 특정화된다(RST 구조 등). 또한 텍스트에 원활성을 주기 위해 생략, 접속사, 담화표지discourse markers 등을 사용하며 담화 차원의 능률을 도모한다.

2) 담화 생산체Discourse Generator

원활성이 기해진 담화 자료가 담화 생산체로 보내지면 폭-우선 탐색[8] breadth-first search을 따라 담화 구조를 두루 돌아보며 다음 두 가지 소임을 다한다 :

i) 담화모델 구축

특정 담화구조에 맞는 초점 공간의 계층 구조 만들기

ii) 특정화된 담화구조 절점들nodes을 이루는 사상성eventualities의 명세를 절 생산체로 보내 실현한다. 사상성이란 대상물들과 그들이 참여하는 상태와 사상事象events의 모임을 칭하는데, 대상물은 언제나 그림 5.4에서와 같이 어느 한 상태나 과정이나 사상이라고 불리는 것들과의 관계 속에서 담화에 참여한다:

---

8 폭-우선 탐색breadth-first search: 문제해결에 있어 심도-우선 탐색, 수단-목적 탐색과 더불어 3가지 탐색유형을 이루는 폭-우선 탐색은 우선 다음 부 목표까지만 시야를 두고 이에 도달하는 여러 경로들을 비교 고려한다. 가장 좋은 경로로 전진을 시도하고 그것이 성공하면 궁극적으로 주 목표가 달성될 때까지 같은 절차를 반복한다.

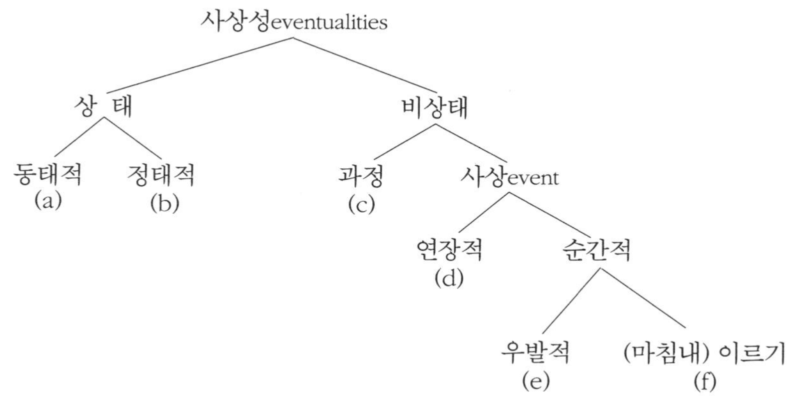

그림 5.4 사상성事象性 분류표

(Carlson 1981, Bach 1986, Dale 1992 참조)

예: a) 앉다, 서다 b) 소유하자, 사랑하다, 닮다
c) 걷다, 좇다 d) ~을 짓다(구축), ~로 가다
e) 알아차리다, 인식하다 f) 죽다, ~에 이르다 등.

3) 절 생산체Clause Generator

출력되는 각 문장의 의미내용 결정과 어순, 문법, 형태 선택을 위한 추가정보 조달을 한다. 사상성이 특정화되어 절 생산과정으로 들어가는데, 여기서 담화 생산체가 마련한 바 특정 사상성으로 두 차원의 중간 구조가 이루어진다:

i) 복원 가능한 의미 구조

ii) i)에서 도출한 추상적 통사구조

위 두 중간 구조들과 문법 · 사전의 언어학적 지식이 통합적으로 표층 텍스트를 생산한다. 절 생산에 개재하는 표상체들은 다음과 같이 비대칭성 층들을 이루며 사상 절차mapping를 거쳐 표층 텍스트를 생산한다:

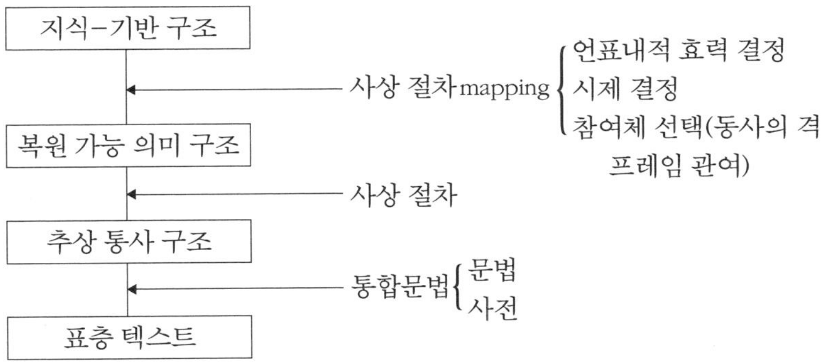

그림 5.5 절 생산의 제 표상층(Dale 92: 102 참조)

그러나 추상 통사구조와 표층 텍스트를 잇는 각종 통합 문법들(체계문법, 기능통합문법, GPSG, HPSG 등)은 담화생산에 필요한 다양한 종류의 정보(초점의 기술이나 수사 효과 등)를 명세화 내지 형식화하는 데 어려움을 보이고 있다.

4) 담화영역 모델형성체Domain Modeler

특정 사상events의 기술을 위한 의미내용을 결정하기 전에 절 생산체는 사상성eventualities의 내역을 담화영역 모델형성체로 보낸다. 영역모델형성체는 지식자원의 하나인 플랜 저장체로부터 그 특정 사상성에 상응하는 조작정의operation definition를 회수하고 그 조작 결과에 관한 정보는 세계모델 갱신에 적절히 사용되며, 더욱 적절한 지시표현 선택에도 활용된다.

이상 텍스트의 실현 절차를 McKeown과 Dale의 자연 언어 생성 모델을 통해서 검토해 보았고 아울러 인지적 담화분석에서 부각되어야 할 요소와 층위에 대한 시사를 얻을 수 있었다.

6. 맺는 말

본 고의 목적은 담화생산의 측면에서 우리가 활용하는 지식자원과 구체적인 언어적, 인지적 기제들을 규명해서 언어학이 앞으로 더욱 갖추어야 할 이론적 구성이나 성격과 풀어야할 문제점들을 점검하는 데 있다. 인공지능 이론의 언어생성 연산법을 제외한 틀 안에서 언어 절차 모델, 배경지식 구조와 역동적 담화 모델의 제 현상, 텍스트 구성 설계와 수사구조이론RST, 그리고 텍스트 플랜의 구체적 실현절차 등을 살펴보았다. 그러나 기타 심리적 문제인 증식적 언어생성 절차incremental processing[9]나 사용자 중심 모델[10] 형성의 문제, 다중적 화법(손짓이나 기타 언어외적 입력 방법이 동시에 생산에 참여하는) 등이 본 논의에서는 제외되었다. 또한 상황과 맥락에 구조적 분류를 부과해서 텍스트 구성과 문법에 큰 영향을 주는 언어 사용역register 문제 역시 논외였다. 상이한 사용역은 상이한 텍스트 생산 플랜을 지향함으로 언어생산에서 중요한 기능적 변수로 작용하는 것이 사실이다.

담화생산은 하나의 지극히 복잡한 절차요 과정이다. 입력되는 정보자료가 얼마나 풍부한가에 따라 (즉, 작업기억과 배경지식이 어느 정도 활성화되느냐에 따라) 각기 다른 생산과정을 밟고 다른 표층 텍스트를 낳는다. 또한 실제 표현은 입력되는 자료에서 선택적으로 사상mapping한

9 증식적 언어생성 절차incremental processing: De Smedt & Kempen(1987) 참조. 사람들은 구문이나 의미내용을 결정하기 앞서 이미 말을 시작해 버린다. 즉, 자연언어 생산에서 개념화와 언어 형성이 동시에 평행적으로 진행되는 것으로 보는 생성 모델로, 언어 형성은 통사구조와 평행적으로 진행된다는 가설에 바탕을 둠.

10 사용자 중심 모델: 사용자(성인과 미성년, 전문가와 비전문가 등으로 구별되는)의 지식 영역이 정보의 종류의 세밀화 정도에 영향을 주는 언어 생산 모델.

결과이니, 명시적으로 말해진 바는 주어진 정보의 일부이며 따라서 청·화자의 추론능력이 다양하게 동원되어야 비로소 의사가 소통된다.

더욱 텍스트 생산의 목표는 여러 차원에 걸쳐져 있다. 가령 원래 목적에 충실하되, 자연스러운 표현을 기하고자 하는 부차적 목표가 갈등을 빚을 수도 있다. 즉, 자연스러운 표현을 위한 노력이 원래 목표를 성취하려는 능력에 영향을 줄 수 있다. 이와 같이 입력되는 바 정보가 복잡해지면 질수록 각 처리모듈간의 상호작용은 막대해지며, 그렇다면 과연 모듈의 경계선을 유지해야 할 필요가 있을 것인가도 문제가 될 것이다.

그 동안 여러 유형의 기능언어학이 언어이론과 그 기술description의 영역을 넓히고 세련시키는 데 기여한 바 크다. 그러나 담화생산 모델의 측면에서 밝혀지는 바, 절실히 요구되는, 앞으로 더욱 활성화되어야 할 담화 연구분야, 그리고 언어학의 본령으로서 언어의 형식/의미/사용이 통합적으로 고려되는 바 언어이론 및 생산이론을 구축하기 위해서는 다음과 같은 부면의 세련과 강화가 기해져야 할 것이다(Matthiessen & Bateman 91: 50 참조).

1) 사회언어학적 동기가 더욱 부여된 맥락이론: 가령 통화자의 사회적 관계가 고려된 어사 선택도 다루어질 수 있는 것이라야 함.
2) 언어사용역 이론Register Theory의 도입: 특정 사용역 안에서 또는 그들 사이에서 특정 유형의 텍스트를 생산하는 특정 작업에 관심을 두어야 함.
3) 의사소통과 관련해서 의미를 다룰 수 있는 기능적 의미론: 가령 Sperber와 Wilson의 적합성 이론Relevance Theory 등의 강화
4) 의미문체semantic style 문제: 문화마다 각종 하위 문화가 있고, 이들은 각기 다양한 의미체로 상호작용하니, 담화생산체계에서 그 범위를 조정, 통어하는 일이 절실하다.

5) 문법적 은유와 환유 문제: 문법자원을 활용하는 문법적 은유(명사화 등)나 인접성을 활용하는 환유는 활발히 새로운 의미를 자아내는 자원이다.
6) 언어의 지시기능, 관념형성 기능 뿐 아니라 여타 기능의 활성화와 관련된 생산 모델의 추구(가령 언어의 시적 기능 등이 지배적인 담화생산 모델).

하나의 실현된 담화는 역동적으로 열린 체계이다. 이는 잠재 체계인 언어가 담화생산 절차를 통해서 구현된 (예시화된) 실현 체계로서, 복잡한 차원의 맥락과의 다양한 소통과 호흡 속에서 언제나 새롭게 태어나고 변화하고 변질된다. 더욱 대화성 텍스트라면 그 실현 체계는 지속적으로 청 · 화자간의 타협을 통해서 이루어지게 되며, 제법 길이가 있는 텍스트라면 그 변화 과정이나 텍스트의 역사가 텍스트 자체에 묻어나고 기록 · 제시되는 특성을 보인다.

인지적 담화분석은 위와 같은 성격의 역동적 담화의 표상과 처리에 관한 인지적 이론들을 탐색하는 방법론으로서, 담화분석절차는 그 모든 텍스트 요소간의 관계를 특정화해서 표상할 수 있고, 텍스트의 의미 구조를 이루는 모든 기능과 함수관계들을 명시적으로 규명하는 것이라야 한다. 그것은 담화분석체계discourse analysis system라 할 수 있는 여러 표상절차들을 통해서 가능하며, 그러한 체계는 앞으로 더욱 학제적, 다학문적 검토와 규명과 개선이 필수적임을 재확인한다.

11 담화 화용론과 법최면*

1. 들어가기

최면은 두 사람 사이의 각별한 설득의 커뮤니케이션으로서, 그 핵심 수단은 언어다. 담화화용론은, 문법적 단위가 아닌 의사소통 단위로서의 담화/텍스트가 맥락 상황 속에서 참여자의 목적을 위해 어떻게 사용되며, 그 형식과 기능 관계가 어떻게 변전하고 의미가 제시/도출 되는가를 연구하는 〈언어 사용〉에 대한 학제적 학문으로서 법최면 담화연구의 기본틀이 될것이다.

법최면 담화는 최면담화와 수사담화의 복합성을 특질로 가지며, 다음 세가지 측면에서 담화 화용론적 접근이 시도될 수 있을 것이다:

1) 최면은 대상에게 태도 변화, 지각과 인식의 변화 등을 다양한 기법으로 유도하는 하나의 의사소통 쟝르communicative genre로서 요청

request 화행을 위주로 하되, 때로 그 간접 화행과 단언assertion 화행을 포함한다.

2) 일단 최면이 성공하면 최면수사로 들어가는데, 그 주된 형식은 법정담화courtroom discourse의 특수형태가 될 것이다.

3) 수사질문에 대한 응답으로서의 진술형식은 단답이나 이야기 담화 유형narrative discourse type이 될 것이며, 그 수용과 해석 문제가 법최면의 성공 여부를 가늠할 것이다.

제 2장에서는 담화화용론의 범위와 기능을 소개하고, 3장에서 언어적 커뮤니케이션의 두 모델과 최면 커뮤니케이션의 성격을 가려본 다음 4장에서 담화의 몇가지 기능과 관련해서 최면담화의 언어적 패턴들을 살펴보려한다. 그리고 5장은 담화의 수용문제를 다루면서 이에 개재하는 추론, 명시의미, 함축 의미 등 담화의 의미 도출 문제를 살펴 보고자 한다.

2. 담화화용론과 그 주제들

2.1 담화

담화는 커뮤니케이션의 단위로서, 언어적 실현 이전의 잠재체계virtual system의 문법단위인 문장의 집합이 아닌. 언어사용에서 실현된 체계actual system로서의 말이나 글을 말한다. 담화는 맥락 상황 속에서 살아 숨 쉬는 생명적 메카니즘이며, 우리의 지식, 감정, 사회적 상태의 변화를 도모하는 행위이자 이벤트이다. 하나의 의도와 목표를 지니는 통화행위로서의 담화는 우리의 문법지식과 경험지식에 다 의존하며, 언어뿐 아니라 사회와 인지적 측면을 통합적으로 지닌다

2.2 담화화용론Discourse Pragmatics과 제 주제 분야

담화차원의 커뮤니케이션을 다루는 담화화용론이란 새로운 학제적 연구분야로서, 종래의 협의 언어학이나 일반 화용론, 기호학 등 관련분야와의 연계성을 요약해 다음과 같이 정리해볼 수 있을 것이다:

	담화 화용론	(일반)화용론	(협의)언어학	기호학
언어적 (verbal) 통화	+	+	+	+ / -
담화 층	+	+ / -	-	+ / -

즉, 담화화용론은 의사소통 행위로서의 담화의 다양한 형식과 기능을 밝히고, 이들의 관계를 탐색하고 체계적으로 기술, 설명 하고자 한다. 협의의 언어학과 달리 여러 학문 분야와 연계되어 있을 뿐 아니라 그림 1.과 같이 그들 모두의 공통 분모를 이루며, 그 연구의 기본 주제들의 연관관계는 그림 2.와 같이 다양하고 다채롭다.

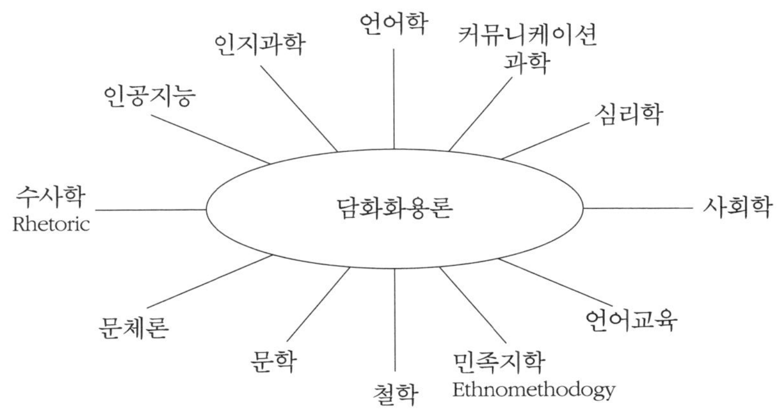

그림 1. 담화화용론과 인접 학문

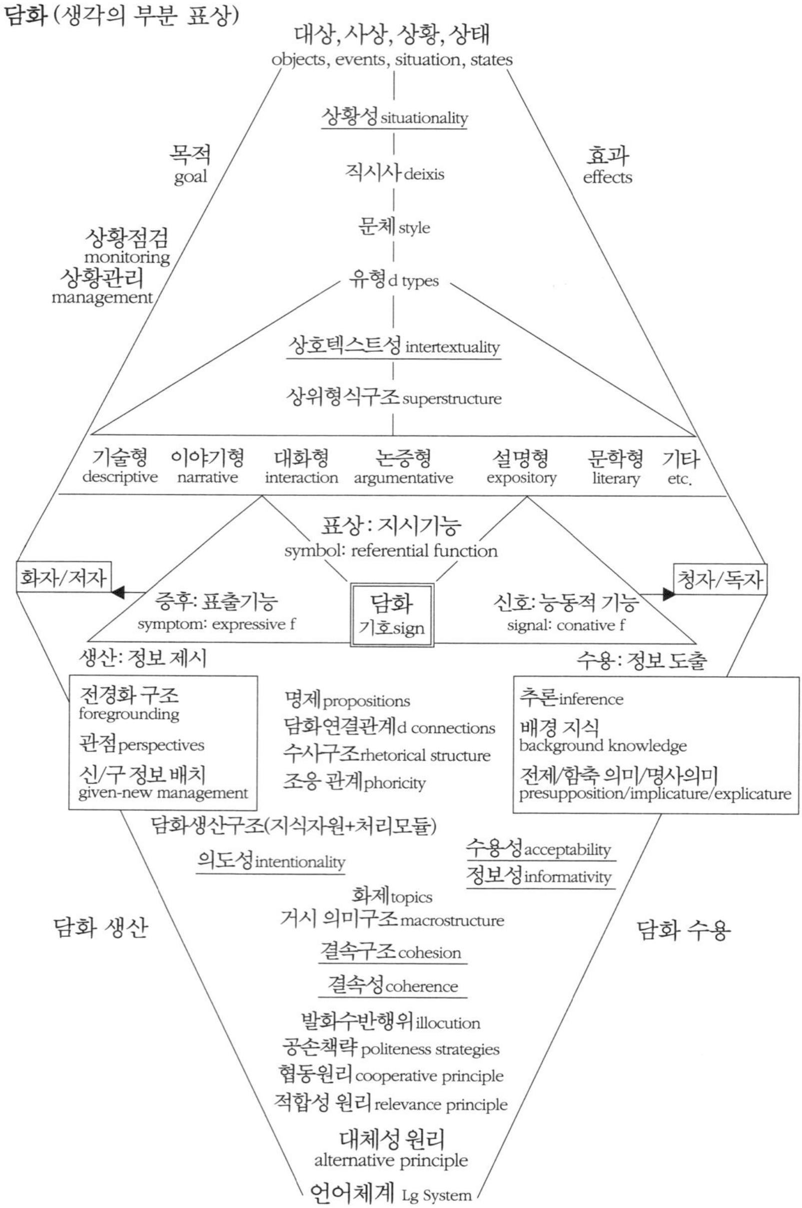

그림 2. 담화연구 주제들과 그들의 연결관계 (cf. 그림 8, P.28)

다양한 인접 학문분야들과의 연계 속에서 담화연구의 주제들은 각분야의 빠른 학문적 발전과 발맞추어 그 상호 관련성이 더해가고 있다. 그림 2.는 Renkema(1993:197)가 제시한 담화연구 기본개념들의 연결구도를 훨씬 넘어선, 더욱 확충된 것이라 하겠다.

〈최면은 인지과학이다〉라는 선언이 가능하다면, 최면 절차에서 설득의 핵심 경로가 언어라는 점을 인식할 때, 법최면 수사의 질적 향상을 위에 담화화용론적 접근이 반드시 필요하다는 인식을 더하게 될 것이다.

3. 언어적 커뮤니케이션Verbal Communication의 두 모델과 법최면 커뮤니케이션

3.1 언어적 커뮤니케이션: 기호 모델과 직시-추론적 모델

커뮤니케이션에서 상호보완적이며 필요불가결한 두 모델은 기호모델과 직시-추론적 모델이다. 언어기호 모델code model은 1940년대의 초기 모델로서, 발화는 다만 자동적인 기호화encoding와 기호해득decoding 과정을 의미하며, 맥락, 참여자 등 여타 의사소통 이벤트의 다양한 요인들이 도외시된 불충분한 커뮤니케이션 모델이다.

이를 보완할 수 있는 직시-추론적 모델ostensive-inferential model은 Sperber & Wilson(1986/95)의 최근 모델로서, 화자 측의 의도가 직접 현시顯示 되는 발언utterance을 하나의 직시적 자극ostensive stimulus으로 보고 청자는 이를 바탕으로 화자의 의도를 추론을 통해 파악해 낸다고 본다.

인간의 의사소통에서는 다음 그림 3.과 그림 4.가 제시하는 바와 같이 위 두 모델이 다 관여하며, 언어는 다만 하나의 '입력체계' 일 뿐이고, 발화의 명시적, 함축적 의미와 여타의 의미 기미들은 '중앙 사고과정' 에서 도출된다.

입력 체계와 중앙사고 과정:

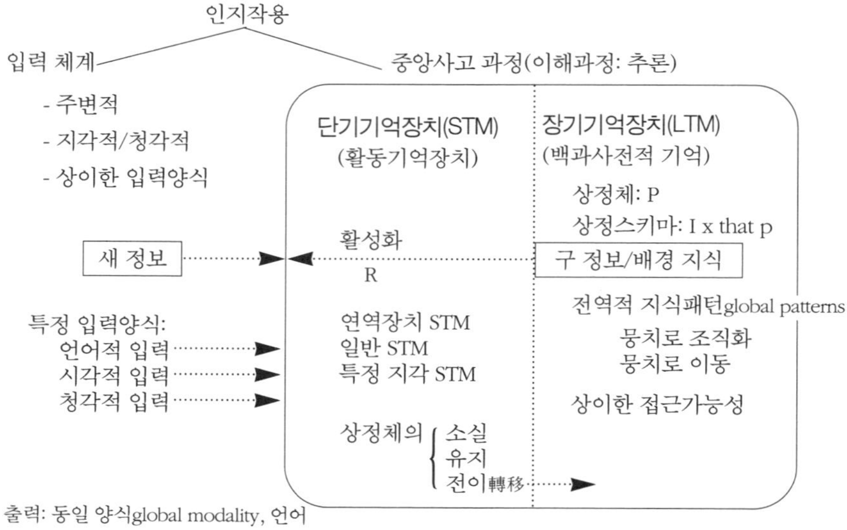

그림 3. 언어적 커뮤니케이션의 인지작용: 입력체계와 중앙 사고과정

(cf. 그림 3, p.442) ※ STM: Short Term Memory
LTM: Long Term Memory
R: Relevance

우리의 커뮤니케이션 과정은 그림 3.에서 보는 바와 같이 입력체계와 중앙사고과정 사이에서 벌어지는 하나의 인지작용이다. 입력체계는 발언뿐만 아니라, 주위의 여타 시각적, 청각적 입력이 동시에 주어질 수 있다. 이들은 커뮤니케이션의 핵심 부분이 아닌 주변적 기능을 지닐뿐이며, 통화의 핵심부분인 이해작용은 중앙사고과정에서 다양한 추론을 거쳐 이루어진다. 즉, 새 정보를 지니는 화자의 발언이 청자의 배경지식(기억 속의 구 정보들)을 적절히(R) 자극 · 활성화 · 회수해서, 우선은 단기기억장치STM 안에서 추론이 이루어지고 여기서 새로 도출된 상정체assumptions들이 이미 청자 기억안에 들어있으면 폐기 · 소실되고, 그렇지 않으면 단기기억에 당분간 머물거나 장기기억LTM으로 전이, 저장된다.

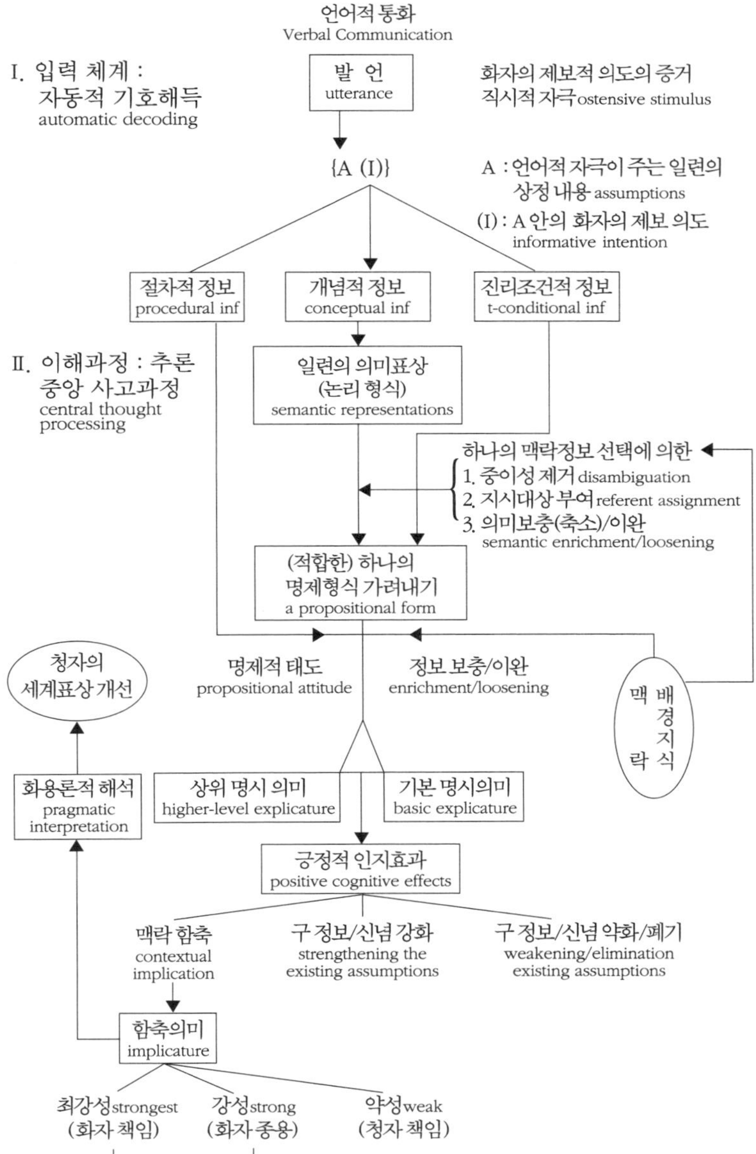

그림 4. 언어적 커뮤니케이션의 제국면과 그들의 상호관계

그림 4.는 인지화용론자들인 Sperber와 Wilson의 적합성 이론(1986, 1995)에서 제시되는 언어적 커뮤니케이션의 제 국면과 그들의 상호 개입관계들을 상세히 도식화한 것이다. 그 주요 국면들에 대한 이론적 배경을 간단히 설명하면 아래와 같다.

발언: 인간에게 주어지는 광범위한 자극 가운데 하나로, 직시성 ostensiveness이라는 각별한 특질을 지닌다. 이는 처리노력과 그 효과 면에서 화자가 주는 최적의 자극이 되며, 일련의 상정내용assumptions {A}을 생성시키고, 그 안에는 화자가 의도하는 바 일련의 상정내용(의미표상) intentions {I}이 들어있다.

의미표상: 하나의 발언은 맥락의 수효 만큼이나 여러 의미표상들을 지닌다. 의미표상은 각기 상정내용 스키마assumption schema일 뿐, 불완전한 논리형태들이다. 즉, 아직 지시대상이 확정되지 않았고 여타 미확정적 성분들을 허용하며, 의식표면에도 떠오르지 않은, 무의식적, 자동적 언어기호 해득의 결과일 뿐, 전체적 이해과정에서 보면 그 입력체계에 불과하다.

명제형식: 발언이 생성시킨 일련의 의미표상에서 가장 적절한 하나의 명제형식이 가려지는데, 이는 곧 인지적 기능인 〈적합성원리relevance principle〉와 일치하는 상정내용이 자동적으로 선택되는 것으로, 몇가지 청자의 작업을 통해서 하나의 명제형식이 이루어진다: 즉, 맥락정보를 활용해서 1. 중의성/애매성이 제거되고, 2. 지시대상들이 부여되고, 3. 기대에 따른 의미보충이 이루어져 소위 진위眞僞를 논할 수 있는 의미론적으로 완벽한 하나의 명제형식을 이룬다. 이를 토대로 맥락 속에서

여러 새로운 정보가 추론을 통해 도출될 수 있다.

맥락: 각종 새로운 정보의 적합성(R)을 평가하는 데 필요한 일련의 구 정보old information 또는 구 상정내용들을 말한다. 이는 장/단기 기억, 백과사전적 배경지식, 신념, 각종 지각작용에서 오는 정보들로 이루어지며, 중요한 것은 맥락이 이미 주어진 것이 아니라 담화 이해과정 전반에 걸쳐 탐색, 또는 선택되는 것이며, 청자는 맥락선택의 기준으로서 〈적합성 원리〉에 의존한다. **맥락선택**은 그 자체가 해석과정의 일부라 하겠다.

적합성: 인간의 정보처리에는 심적 노력과 인지적 효과라는 두 측면이 있다: 심적 노력은 주의집중, 기억, 추론 등을 말하며, 인지적 효과는 새정보를 접하게 됨에 따라 1) 새로운 정보/신념을 얻든가, 2) 종전의 신념을 버리고 이를 수정하든가, 아니면 3) 종전 신념의 확신도가 강화되든가 하는 세가지 긍정적 인지효과positive cognitive effects를 말한다. 인지효과가 클수록 그 정보는 적합성이 있고, 정보처리에 드는 노력이 크면 클수록 적합성이 감소된다. 우리는 언제나 최소의 노력을 들여서 최대의 인지적 효과를 거두고자 하며, 따라서 적합성은 직시-추론적 의사소통에서는 하나의 전제로 주어지는 사실이며, 모든 자극(발언)은 대상의 주의를 끌기에 충분한 자체의 적합성을 당연히 지닌다고 본다.

적합성 원리: Sperber & Wilson(1986/95)의 Relevance Theory에 의하면 이는 인간의 의사소통 행위에 예외없이 적용되는 지극히 일반적 원리로서, 언제나 어떠한 발언도 자동적으로 그 자체의 최적의 적합성optimal relevance을 지닌다. 화자가 의도하는 바 해석은 유일하며, 이는

바로 적합성 원리와 일치해서 청자의 최소노력으로 얻어지는 바로 그 해석이 될 것이다.

명제적 태도: 한 명제를 위해서 두가지 표상방식/태도가 가능한 것이 인간의 의사소통 행위이다. 즉, 해석적 표상과 기술적 표상이다. 발언과 그 안에 담긴 생각은 동일하지 않을 수 있으니, 발언과 사고라는 두 차원의 표상은 동일성이 아닌 유사성을 기반으로한 관계로서, 인간에겐 축어적 발언이나 해석 뿐 아니라 반어적, 은유적, 반향적 여러 발언 형태가 가능하다. 이로서 인간 발언은 불확정성을 지니게 되며, 명제형식과 명제적 태도에 있어 미확정적인 면을 불가피하게 지닌다. 모든 발언은 일차적으로 유사성을 기반으로 한 해석적 표상interpretive representation을 가지며, 이차적 차원에서 둘로 갈리어 1) 다시 유사성을 기반으로 내적 생각의 해석적 표상을 이루거나 2) 동일성을 기반으로 외적 상태의 기술적 표상descriptive representation을 이룰 수 있다. 가령 다음 동일 명제에 대한 두가지 상이한 명제적 태도를 가질 수 있다:

명제: [너는 정말 훌륭하다]

명제적 태도 1) 발언의 해석적 표상: *너 참 잘났어!*
(타인의 생각을 유사성을 기반으로 냉소적으로 해석한 표상)

2) 발언의 기술적 표상: *너는 정말 훌륭해.*
(외적 상태를 동일성을 기반으로 있는 그대로 기술한 화자 생각)

명시의미와 함축의미 : 명시의미는 하나의 명제형식이 완결된 후, 명제적 태도까지 선택된 바로서, 가령 다음과 같은 대화에서 도출되는 명

시의미explicature와 함축의미implicature의 차이를 가려볼 수 있다:

대화: 문) 철수의 차가 그렌져든가?　답) 그는 비싼 차는 몰지 않습니다.

답)의 **명시의미**: [철수는 그렌져 같은 비싼 차는 몰지 않는다]

함축의미: 아래 1), 2), 3)과 같이 여러 함축 전제들이 상정되고, 각기 다른 함축 결론들이 도출될 수 있다.)

1) 함축 전제: [그렌져는 비싼 차다]
   함축 결론: [고로 철수는 그렌져를 몰지 않을 것이다]
   (화자 책임의 **최강성 함축 의미**)

2) 함축 전제: [콩코드도 비싼 차다]
   함축 결론: [고로 철수는 콩코드도 몰지 않을 것이다]
   (화자가 유도할 수 있는 **강성 함축 의미**)

3) 함축 전제: [비싼 차는 과시욕이 있는 사람이 몬다; 철수는 과시욕이 없다]
   함축 결론: [고로 철수는 그렌져나 콩코드는 몰지 않는다]
   (청자 책임의 **약성 함축 의미**)

함축의미는 맥락정보를 전제로 해서 직관적으로, 무의식적, 순간적, 자연발생적 추론을 통해 얻어지는 의미이다. 특히 법최면 수사과정에서 필요한 것은 명시의미와 함축의미의 엄격한 식별이며, 함축의미 중에서도 청자에게 전적인 책임이 있는 약성 함축의미weak implicature에 바탕을 둔 진술인 경우 그 근거를 정확히 가려내는 일이 될 것이다.

3.2 화행 Speech Act

최면담화는 대상에게 태도 변화 및 지각과 인식의 변화 등을 유도하는 의사소통 장르로서 요청request 화행을 위주로 한다. 종래 화용론의 근간을 이루는 화행론Speech Act Theory은 영국의 일반 언어 철학자 J.L. Austin(1962)에서 비롯 되었는데, 그는 한 발화가 동시에 수행하는 세 갈래의 화행, 즉 발화 행위, 발화수반 행위, 그리고 발화효과 행위를 가려냈다.

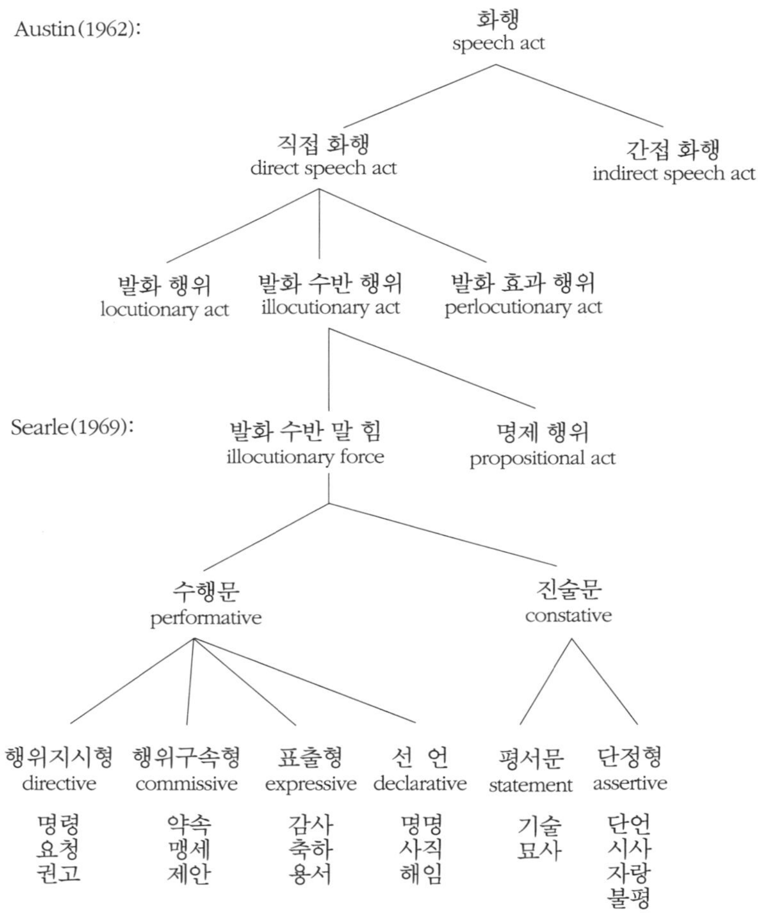

그림 5. Austin(1962)과 Searle(1969)에 의한 화행 및 문장 유형들

J.R. Searle(1969)은 이를 수정 보완해서 일반 의미론으로 확대 했으나, 여전히 맥락과 청자의 기능을 도외시 한 점에서 이론적으로 적지않은 문제점을 안고 있다. 여기서는 앞 그림 5.로 간략히 요약해서 화행의 여러 형태에 대한 설명을 대신하려 한다.

법최면담화는 최면담화와 수사담화의 복합성을 아울러 띠게 되며, 주로 요청화행을 사용하되 간접화행, 단언화행 등을 폭넓게 활용하는 특징을 갖는다.

3.3 최면 커뮤니케이션과 FTA

최면은 각별한 커뮤니케이션 유형으로서 대상의 눈을 감게하고 언어(핵심경로)나 비 언어적(부차적 경로) 방법으로 대상의 마음을 이완 시켜가며, 개성화 과정을 유도한다고 한다. 우선 최면 유도를 위한 발화는 주로 "*...라고 생각하세요/ 느끼세요/ 상상하세요*" 등의 직접적 요청 발화가 대부분이며(류 1999 참조) 이따금 간접 요청화행으로 의문문 형식을 사용한다. 다음으로 빈번한 화행은 단언assertion으로, 대상에게 최면 유도자의 지시에 대한 확신을 주기위한 것이리라.

최면 대상자가 최면 과정에서 보이는 발화효과 행위perlocutionary act는 요청 받은 대로 편안히 "생각하고 느끼고 상상" 하는 인지행위로서, 자신의 기억 속으로 잠입해서 잊고 있던 의식세계를 환기하거나 새로히 구축한다.

특히 최면담화에서 중요한 것은 담화원리의 하나인 공손원리 politeness principle일 것이다. 성공적인 의사소통을 위해서 우리는 대상에 대한 체면 손상 행위face threatening act(FTA)를 최소화 해야 하는데, 특히 최면과정에 있어 FTA의 최소화를 기하는 것이 중요하다. 다음은 FTA 최소화를 위한 체면 유지법의 다섯 단계를 요약한 것이다:

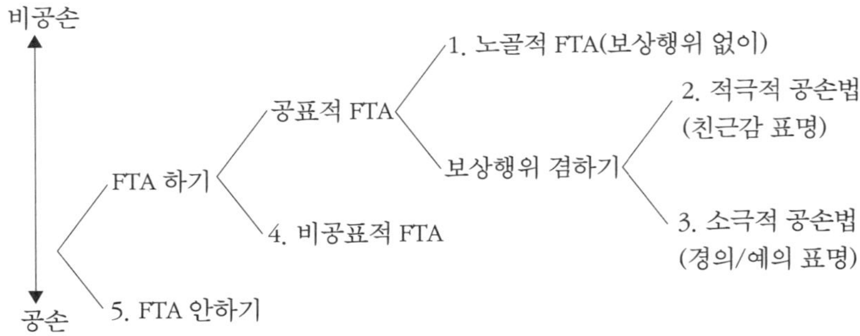

그림 6. FTA의 5 단계 (Renkema 1993:15 참조)

최면 담화에서는 특히 될수록 위 그림 6.에 표시된 수치가 높은 언어 형식을 취해서 대상의 체면을 유지해 주며 가능한한 편안히 최면 상태에 들도록 하는 것이 중요하다. 위 다섯 단계의 예를 각각 들어보면 다음과 같다.

상황 1

1. 만원 만 꿔 줘!
2. 이 친구야, 만원 만 꿔 주게나.
3. 죄송하지만 만원 만 꿔 주실 수 있겠습니까?
4. 현금이 떨어졌어요. 바빠서 은행엘 들리지 못 했거든요.
5. (부탁 안하기)

상황 2

1. 눈 감아!
2. 눈 좀 감아 보지.
3. 선생님, 눈 좀 감아 보시겠어요?
4. 자, 몸과 마음을 편안히 가지시죠.
5. (말 없음)

4. 담화의 기능 및 유형과 최면 담화

4.1 언어의 기능과 담화유형

언어의 기능에는 K. Bühler(1934)가 제시한 담화의 세가지 기호성 — 표상, 증후, 신호 — 을 바탕으로(그림 2. 참조) R. Jakobson(1960)이 가려낸 6 가지 기능들이 있다. 각 기능과 관련된 6가지 의사소통 요소 및 이들 중 어느 한 기능을 지배적으로 갖는 관련 담화유형들을 아래와 같이 정리해 볼 수 있다. 그러나 모든 통화 행위에서 실은 이들 6 기능들이 모두 동원 되는 것이며, 다만 어떤 한 기능이 좀 더 지배적으로 나타날 수 있을 뿐이다. 그 지배적 기능에 따라 우리는 담화의 유형을 구별해서 이를 생산/수용하게 된다.

Bühler의 기호성	Jakobson의 언어기능	의사소통 요소	각 지배적 기능에 의한 담화 유형
표상symbol	지시기능referential function	맥락 상황context	기술적 담화
증후symptom	감정표시 기능emotive f	발신자addresser	이야기 담화
신호signal	설득/능동적 기능conative f	수신자addresee	논증적 담화
	친교적 기능phatic f	접촉contact	수인사修人事
	시적 기능poetic f	전언message	문학/광고 담화
	메다언어적 기능meta-lgtc f	언어체계code	교육 담화

담화유형은 담화 목적에 따라 〈미리 패턴화 된〉 의사소통 요소들과 그들을 구현하는 다양한 가능성의 복합적 구성이며, 잠재체계인 언어와 실현체계인 담화 사이에서 작용하는 일종의 중간 제어/조정 체계이다. 가장 대표적 담화유형은 이야기 형, 기술 형, 논증 형이다(그림 2. 참조).

기술 형descriptive type의 제어중심 개념control center은 대상물과 상황이며, 관련 지식공간을 풍부히 하는데 사용된다. 그 지배적 개념관계 conceptual relations들은 속성, 상태, 사례, 특정화 등이고, 표층 텍스트는 이에 상응하는 많은 수식어를 보이며, 빈번히 동원되는 인지적 지식 패턴global patterns은 프레임Frame이다. 이는 어떤 중심 개념에 관한 상식적 기술이며 가장 기본적 인지 패턴이다 .

이야기 형narrative type의 제어중심 개념은 행위와 이벤트이며, 개념 관계로는 원인, 이유, 목적, 실현 가능화, 시간의 인접성 등이다. 자주 사용되는 인지적 지식 패턴은 스키마schema로서, 이는 frame에 포함되는 어떤 항목들이 전형적으로 어떤 순서로 실행되거나 언급되는가, 즉, 시간적 인접성과 인과관계로 맺어진 이벤트와 상태의 배열 순서가 전형화된 인지패턴이다.

논증 형argumentative type의 제어중심 개념은 신념 또는 아이디어이며, 그 긍정적/부정적 수용과 평가및 설득을 위해 이 담화유형이 사용된다. 개념관계로는 이유, 의미, 의욕, 가치, 대립이 빈번히 나타나며, 표층 텍스트는 강조와 역설을 위해 회기법recurrence, 병행구문 parallelism, 환언paraphrase과 같은 텍스트의 결속구조적 장치가 활용된다. 인지적 패턴으로는 수용자에게 신념을 갖도록 유도하는 플랜plan이 주로 사용되며, 이는 의도된 목표를 단계적으로 시행하는 이벤트와 상태를 말하는 인지패턴이다.

이상과 같은 언어 · 담화의 기능 및 대표적 기본유형과 관련하여 법최면 담화는 어떤 특질들을 지니게 된 것일까?

4.2. 법최면 담화의 특질

4.2.1 법최면 담화유형의 복합성

우리 사회의 모든 제도나 기관들은 각기 그 목적과 기능에 따른 전용/전문 지식을 전수하고 사용한다. 가령 법적 기관은 범죄의 수사와 퇴치 등 그 기관/제도 특유의 다양한 절차와 조직을 지니고, 이에 상응하는 언어형식을 오렌 세월동안 축적하며 반복적으로 사용하게 된다. 이러한 절차나 행위로부터 기관/제도 별 담화유형이 탄생된다:

각 기관/제도의 특정 기능 → 특유한 절차/조직 → 특정 언어형식 → 제도/기관별 담화유형 생성

법최면 담화도 이와 같은 경로를 통하여 형성된 것이며, 특히 이 유형은 다음과 같은 세 갈래의 유형들이 복합적으로 사용되면서 하나의 기관/제도적 담화institutional discourse를 이루게 된 것이다:

1) 최면 유도를 위한 평화롭고 공손한, 요청화행 위주의 절차적 텍스트(단언, 간접 요청 행위를 포함)가 지배적인 일종의 *논증적 담화유형*이되, 그 요청내용은 때로 *기술적 텍스트*를 활용하는 일종의 이미지 환기다.
2) 최면수사 질문과 대답 위주의 상호행위적 *대화형 담화*
3) 수사 질문에 대한 응답진술로서의 보고담화나 *이야기형 담화*

4.2.2 최면담화의 문체적 특징: 회기법Recurrence

문체 역시 담화유형과 마찬가지로 잠재적 언어체계와 실현적 담화체계 사이에서 중간 제어기능을 발휘한다. 최면담화는 대상의 긴장을 완화시키고 편안한 마음 상태를 유도하기위해, 그리고 담화의 맥락을 최면중 새로운 차원에서 확대해야함으로 최면 유도자는 각별한 문체적 방법을 시도 할 수 있다.

문체란 간단히 말해서 동일한 명제내용을 다양한 형식을 빌어 표현하는 선택의 문제로서, 1) 언어의 형식적 변이 문제, 2) 다양한 어사선택의 문제, 그리고 3) 표준적 기대치를 일탈해서 참신성을 기하는 문제 등 세 관점에서 논의될 수 있을 것이다.

문체의 선택은 청자의 인지능력과 배경지식, 그가 들일 수 있는 노력, 그리고 맥락자원 등에 대한 전반적인 화자의 생각이 이를 좌우한다.

즉, 청자 수준에 맞는 어휘와 통사형식을 사용할 뿐 아니라 같은 목적을 위해서도 상황에 따라 선택항이 크게 달라짐을 의미한다. 가령 다음 명제내용에 대하여 우리는 여러 문체적 변이가 가능한 요청화행을 생각해 볼 수 있다:

명제내용: [문을 닫는다]
회 행: 요청
문체적 변이: ㄱ. 문을 닫아 주세요
ㄴ. 문 좀 닫지 못할까!
ㄷ. 문 열려있다!
ㄹ. 저 것 좀 닫아!
ㅁ. 외풍이 아주 세다.
ㅂ. 온 세상을 다 덥힐 작정인가? 등

더구나 어떤 특정 효과를 거두기 위해서는 상대의 일반적 기대에 어긋나는 언어형식을 취하여 표현의 낯서름, 놀라움, 참신성을 기할 수 있다. 가령 회기법, 은유법, 반어법, 전경화foregrounding 등 다양한 수사학적 기법이 있으며, 최면과 관련해서 가장 많이 사용되는 기법은 회기법이라 하겠다.

회기법에는 완전반복/부분반복, 환언paraphrasing 등이 있다. 반복기법은 이미 사용된 요소와 패턴을 다시 사용하고, 명시의미explicature를 보완해 명확성을 기할 수 있는 한편, 강렬한 느낌을 불러 일으키는 효과를 낼 수 있다. 반복기법은 또한 화자의 억눌린 치열한 감정을 풀어주는 기능도 있는데, 언어의 장벽(한계)을 반복해 두드림으로써 갇혔던 감정을 분출케 하는 효력이 있기 때문이다.

최면 유도자에게 있어 반복기법은 한편 중의성/애매성을 제거하고 텍스트의 결속성을 강화하고 안정성을 유지해서, 대상에게 각별한 이미지나 현실을 불러 이르키는 효과를 위한 것이기도 하다. 이는 언어의 도상성iconicity에서 오는 효과로서, 가령 영국시인 A. Tennyson의 다음 시에서 'break'의 반복은 파도의 움직임을 생생히 머리에 그려준다:

Break, break, break
On thy cold grey stones, O, sea!

(Break, Break, Break)

또한 미국 시인 R. Frost의 다음 시행의 완전반복은 밤 설경雪景 속에서 시인이 썰매를 타고 여행하는 정연하고도 지속적인 움직임을 떠올릴 수 있게 한다:

And miles to go before I sleep,
And miles to go before I sleep.

(Stopping by Woods on a Snowy Evening)

이러한 반복은 함축의미의 시적 효과를 가져오는 것으로, 특히 약성함축의미weak implicature가 작용해서 우리의 태도, 느낌, 마음 상태의 표현과 관련된 비 명제성 효과를 내고, 자유로운 연상작용을 이르키게 해서 맥락 확대를 가져오는 효과를 아울러 지닌다. 가령 다음

1) 내 어린 시절은 *가버렸어*
2) 내 어린 시절은 *가버렸어, 가버렸어.*

2)에서 '가버렸어'의 반복은 청자 스스로, 그 주마등 같은 기억들에 대한 회상에 젖게 할 수 있다. 즉, 우리 머리 속에 약하게 현시되어 있던

매우 많은 상정내용들의 현시성이 증가하고 이들이 상호 작용해서 더욱 새로운 상정내용들을 낳고 자유로운 연상작용을 가능케 한다.

환언은 회기법의 일종으로 특히 수사질문搜査質問에서 빈번히 사용되는데, 다소간의 의미 차이가 있으나 동일성 표현으로 받아드려질 수 있는 여러가지 말로 다음과 같이 바꾸어 말하기다:

예. ㄱ. *요청/ 제언/ 제의* ㄴ. *외설적/ 상스러운/ 음란한/고상하지 않은*

특히 법율담화legal discourse에서는 환언들 간의 미묘한 차이를 모두 명확히 다루고자 하며, 필요하다면, 반복적이고 때로 현학적 표현도 선호한다. 이와 같이 반복 회기하는 표현들은 비록 그 정보성은 떨어지지만, 의미 내용의 안정성과 정확성이 실제적 측면에서 대단히 중요한 수사 담화에서 환언은 각별한 중요성을 지닌다.

5. 담화의 이해

증인이나 피해자의 진술을 수용하고 판단함에 있어 수사관은 어떤 정보를 도출해서 적합성을 기해 이를 이해하고 또 수용할 수 있는가? 인간의 의사소통에서 전달되는 내용들은 다음 그림 7.에서 보는 바와 같이 매우 다채롭다.

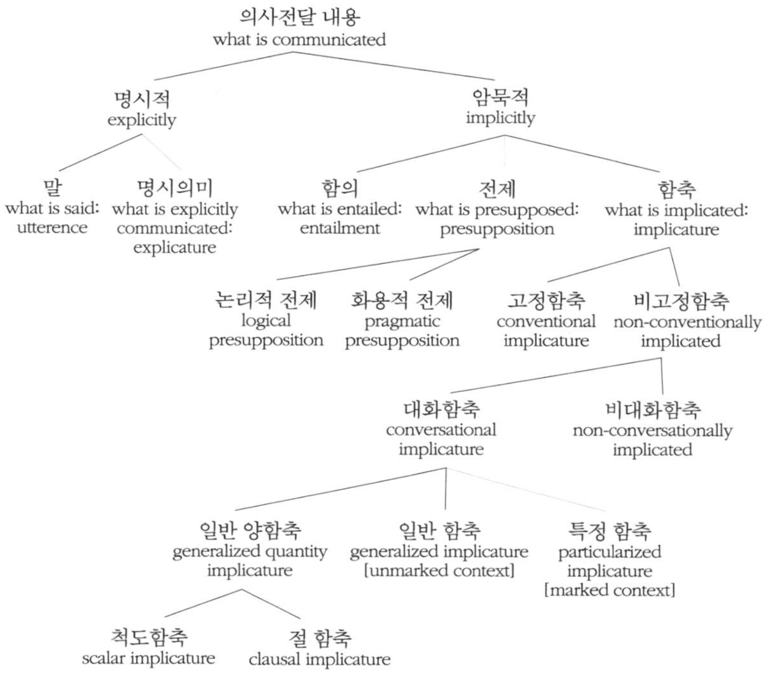

그림 7. 인간의 의사전달 내용: 말, 명시의미, 함의, 전제, 함축

그림 7.의 주요항목 별 예문들을 들어보자:

말utterance: John didn' t get enough credits and can' t continue ⟹

명시의미明示意味explicature: 위 발언의

기본 명시의미basic explicature:

[John didn' t pass enough University course credits to qualify for admission to second year study and as a result he cannot continue with the University]

상위 명시의미higher-level explicature: [I think/believe(etc.) that]

함의entailment: He left Seoul //- [He left some place; He did something]
Carl is a better linguist than Peter. //- [Carl is better than somebody]

전제presupposition:

논리적 전제logical presupposition: I regret that he left Seoul 〉〉 [He left Seoul]

화용적 전제 pragmatic presupposition:

Will you close the door? 〉〉 [The door is open now]

Carl is better linguist than Peter. 〉〉 [Peter is a linguist]

함축implicature:

고정함축conventional implicature: He is an Englishman. Therefore, he is brave +〉 [All Englismen are brave]

대화함축conversational implicature:

일반 척도 함축generalized scalar implicature: *Some* of the members left early for Pusan. +〉
[*not all* of the members…]

일반 절 함축clausal implicature: I *believe* John left Seoul. +〉
[It is *possible* that John in fact didn' t leave Seoul]

일반 함축(무표적) generalized implicature(unmarked context):
My wife is either in kitchen or in the bathroom. +〉
[I don' t know where she is]

특정 (대화) 함축particularized (conversational) implicature (in marked context):

함축전제implicated premise (abduction): Handwriting and grammatical competence doesn' t mean much about

John' s smartness. +〉

함축결론 implicated conclusion (deduction):

[Therefore, he may not be very smart]

최강성 함축 the strongest implicature:

[I know he is not very smart]

강성 함축 strong implicature: [He may not be very smart]

약성 함축 weak implicature: [Maybe, John' s IQ is very low; Maybe, John is a grinder, etc. etc.]

※부호설명: =〉 명시의미, //- 함의, 〉〉 전제, +〉 함축

발화의 이해는 이와같이 화자 개인이 의도하는 바 명시의미 뿐 아니라 발언의 전제, 함의, 그리고 암묵적 고정함축, 대화함축들을 주어진 상황에서 가장 적절히 회수하는데 있다. 위와 같은 다양한 메카니즘을 자원으로 해서 우리는 의사소통을 비교적 자유자재로 하는듯한 느낌을 가질 수 있으나 실은 엄격한 의미에서 전달되는 내용은 불확정적이다. 그것은 사람마다 배경지식이 다르고, 추론을 할 때에도 동일한 연역규칙을 사용하지 않을 수 있기 때문이다. 국지적, 전역적 차원에서 적합성을 기해 관련 맥락을 선택해서 적절하게 발언을 처리/이해해야 비로소 말하는 사람의 의도를 정확히 파악하고 의사소통에 성공할 수 있는 것이다. 여기서는 간단한 언급으로 만족할 수 밖에 없는 인지화용론적 이론인 〈적합성 원리〉가 커다란 설명력을 갖는 것은 바로 이때문일 것이다.

6. 결론

담화 화용론의 범위는 넓고 다양하다. 법최면 수사과정에 개재하는

담화화용론적 — 유형론적, 인지론적, 화행론적, 의미론적, 언어시학적 — 국면들을 인지화용론의 〈적합성 이론〉의 큰 틀 안에서 살펴보았다. 앞으로 법최면 담화 및 여러 제도적 담화의 특질들을 심도있게 규명하고 그 실질적이며 사회적 중요성을 논의하고 제시하기위해서는 이러한 노선에서 매우 활발한 연구가 있어야 할 것이다.

법최면 수사의 절차와 틀이 관련학회(대한 법최면 수사학회)의 문제제기로 위의 관점에서 논의 되기 시작하는 것은 담화화용론을 위해서도 매우 의미있는 동기부여와 작업이 될 것이다.

12 텍스트/담화유형 및 담화영역: 언어와 담화체계 사이의 중간 제어체계*

김태옥 · 왕성순

1. 들어가기

우리가 의사소통 하는 과정에는 말의 일정 패턴이 있어 이를 흔히 장르, 담화유형, 텍스트유형, 혹은 텍스트 장르, 의사소통 장르 등 여러 이름으로 부르고 있다. 이들은 우리의 사회적 현실을 구축하는 가장 핵심적 의사소통 기제로서, 여러 통화 요인들을 조직, 구성하고 그들을 다양하게 구현하는, 미리 마련된 말의 패턴을 가리킨다. 우리가 어떤 언어자료를 다루든지, 언어 '체계'상의 문장이 아닌 소위 맥락 속의 텍스트/담화층과 관련되는 통화 차원에서는, 언제나 이 유형과 장르의 시선을 가지고, 또는 이를 전제로 해서 관찰/수용하게 되고, 이러한 중간적 체계를 바탕으로 해서 자료의 질서를 잡고, 의미를 통합하고, 텍스트 각 부분들을 결부시키는 한편, 서로 상이한 텍스트 부류들을 식별하게 되며, 유사 텍스트들에 대해서는 소위 상호텍스트성intertextuality이라는 무한히 열려있는 개념을 도입하게 된다.

그러나 지금까지 우리가 언어를 실제 연구 자료로 다룰 때는 이 상위의 추상적 조정기능을 가진 중간체계에 민감하지 못해 왔으며, 더욱, 이들의 기능, 종류, 특수성 등을 규명하는 데 일관성이 없어 왔고, 이론적으로 잘 정립하지 못한 채 이들의 명확한 규명을 미루어 왔다. 그 주된 원인은 이 분야가 언어적 자질보다는, 사회 구조나 관습이 역사-문화적으로 반복되는 가운데 오랜 세월동안 축적되어 온 복잡한 패턴을 다루고자 하기 때문이다.

각 언어 공동체들이 일정한 전형적 특성을 공유하면서 텍스트 생산과 수용에 관여하는 바가 곧 **중간 조정/제어체계다**[1]. 중간 조정 체계의 일원인 담화/텍스트유형은 일련의 정신적 기제 유형으로서, 우리의 인지작용에 깊숙이 관여하며, 일정 방향에서 작용하도록 미리 마련된 패턴, 즉 하나의 적응 행위 공간an adaptive action space이라 하겠다. 이는 상황 맥락을 인지적으로 일관성 있게 다루도록 지침을 제공하는 기제로서, 유형이 바뀌면 적응 기법이 인지적으로 달라지고, 따라서 수용자의 반응도 달라지게 되며, 언어 외적인 현실 상황도 장르에 따라 달리 다루게 된다. 담화/텍스트유형에 따라 수용자는 예정된 반응을 보임으로써 처리노력을 줄일 수 있고, 또한 특정 텍스트에 대한 우리의 인지적 적응 방법이 적절한지 여부에 대해서도 어느 정도의 확신을 가질 수 있게 한다.

Beaugrande(1997)가 표방하는 바, 언어, 사회, 인지적 3국면이 통합되는 **통 학문적 담화/텍스트 모델**a transdisciplinary model of text and discourse[2] 속에서, 유형/장르는 언어체계와 그 실현 체계인 담화를 이어

---

1 **중간 조정/제어체계**: 담화영역, 담화/텍스트유형 및 좀 더 하위체계인 문체, 수사법, 언어사용역register 등도 이에 포함된다.

주는 하나의 중간 제어체계이다. 담화/텍스트유형 이외에도 소위 문체style, 전문용어terminology, 언어사용역register, 장르, 코드, 수사기법rhetorical schemes 등이 모두 이 중간 제어체계intermediary control system에 속한다(Beaugrande 97: 294).

본 고의 목적은 Beaugrande(1997)의 이론적 틀 안에서, 텍스트유형text types과 담화유형discourse types, 그리고 담화영역discourse domains이라는 중간 제어체계들을 살펴보고, 구체적 언어 현상들이 이들을 어떻게 뒷받침하고 있는지를 체계-기능적 언어/문법 모델과 연결해 살펴보고자 한다.

2. 언어 사용과 제약 현상

언어의 사용은 여러 제약과 제어현상이 이루는 일종의 파노라마다. 하나의 적절한 발화가 이루어지려면 담화, 문법, 운율체계의 언어적 차원은 물론, 인지적, 사회적 차원에서 실로 무수한 제약과 제어가 개입된다.

2.1 담화적 제약과 제어

담화는 한 언어체계의 사용 공간이다. 즉, 언어는 잠재적 체계로서 여러 가능한 선택항들의 연결망이고, 담화는 실시간 속에서의 그 실현체계로서, Beaugrande에 의하면 여러 개의 처리 영역(processing domains: 목표설정, 화제화, 개념 정교화, 어휘화, 문법화, 소리/문자 배정)에 걸쳐 동시

2 **통학문적 모델a transdisiplinary model**: 이 용어는 진화생물학자 Edward Wilson이 그의 *Consilience: The Unity of Knowledge*(1988)에서 사용한 *consilience*(통섭統攝)의 개념과 맥을 같이 한다고 볼 수 있을 것이다.

에 다중 처리되도록 적절히 활성화된 선택항들의 연결망이다. 구체적인 텍스트 실현 과정에서 아래와 같은 각종 제약을 받게 되는 이들 선택항들은 구체적 실현 단계에 가까워질수록 선택의 폭이 점차 좁아지는 제약상을 보인다. 이에 개입되는 4단계 제약상은 다음과 같은 차례로 선택항의 수를 줄여간다:

1) (언어사용 이전의) 언어 체계 (음윤, 어휘, 문법) 자체를 이루는 가설적 가능 선택항들로 이루어진 단계
2) 선택된 담화영역, 담화/텍스트유형, 또는 문체의 제약을 받는 선택항들로 이루어진 단계
3) 담화 진행상에서 맥락과 상황의 제약을 받는 선택항들로 이루어진 단계
4) 실제로 텍스트를 생산하고 수용할 때 참여자가 고려하게 되는 선택항들로 이루어진 단계

(Beaugrande 1997: 295)

1)은 그동안 주류 언어학의 주 관심사가 되어온 바이며, 2)와 3)은 수사학, 문체론, 문학연구에서, 그리고 4)는 담화처리 분야에서 다루기 시작했다. 2), 3), 4) 단계의 선택항들은 스스로 자체 규정을 도모 할 수 있게 활성화된 탄력적 패턴들이다. 화제와 체제 유형에 따라 그 때 그 때 새로이 만들어지고 조직화 되는 일련의 하위 접속 연결 망이 자체적으로 이루어지는 단계들이다.

이때, *담화영역, 담화/텍스트유형* 또는 *문체* 등 소위 *중간제어체계*들의 기능은 무엇인가? Beaugrande에 의하면 이들은 화제, 대상, 말하는 동기와 이유에 대한 우리의 지식 등, *우리가 알고 있는 바*와 *말하는 바*를 연결시키기 위해 조정되는 각종 제약의 배열이다(296). 잠재체계인

언어와 실현체계인 담화 사이에 자리하는 이들 중간 제어체계들은 따라서 당연히 언어적, 인지적, 사회적 성격을 아울러 지니게 된다.

이와 관련해 담화/텍스트 과학은 실제 담화와 관련된 위 4단계 제약들을, 개별적으로가 아닌 하나의 전체로 다룰 수 있어야 하고, 실제 담화에서 어떻게 선택항의 수가 줄어들어 담화 생산/수용이 이루어지는가를 다룰 수 있어야 한다. 담화는 언제나 *형식*을 *기능*과 *목적*에 맞추어 사용할 줄 알며, 그래서 방법을 목적에 맞게 사용하고, 이벤트나 현상에 대한 우리 지식의 디자인 변항들[3]design parameters을 적절히 활용해서 언제나 긍정적으로 담화를 지원할 수 있는 놀라운 인간적 능력을 구현한다고 말할 수 있다.

*담화*란 완벽한 확실성, 결정성을 추구하기보다는 어떤 의미나 의미 파악이 합리적으로 가망성이 있을 만한 차원에서 여러 제약들을 수렴하며 처리한다. 언어형식과 패턴들은 따라서 그 예상기능probable function 만이 주어질 뿐이며, 수용자는 이 세상과 사회적 지식이 주는 단서와 담화 전체와 관련된 맥락상황에서 오는 여러 지침들을 받아 적절한 의미 파악을 하게 된다. 이와 같이 담화는 각종 제약으로 점차 좁아지는 선택항의 폭을 두루 화해, 조정하는 기제로서, 적절히 활성화 내지 적응하는 선택항들의 연결망이며, 자체-조직화가 가능한 의미의 결속체다.

다시 말해서 언어와 담화라는 양면의 조직은 1) 언어체계 상의 고정적 영구제약standing constraints과 새로이 생성되는 담화 차원의 창발적 제약들emerging constraints의 접합을 가능케 하며, 2) 이에 더하여 우리가 말하고, 생각하고, 상호 대화하는 동안에 수렴해야 하는 언어, 인지, 사회적 제약들을 일제히 병행해서 탐색하고 활용할 수 있게 한다고

3 디자인 변항들: 변동성, 복잡성, 참신성, 확정성 등(Beaugrande 1997: 88).

Beaugrande는 밝힌다(11).

이러한 제약과 제어는 언어와 담화 현상에서 구체적으로 무엇을 대상으로 어떤 현상을 유발하는 것일까? 제약은 여러 선택항 중에서 적절한 것을 선택하여 새로운 맥락에 더 잘 적응하고, 점차 더욱 많은 자유를 누릴 수 있게 하기 위한 특정화 혹은 보충화를 뜻한다. 그래서 언어인 잠재체계 모델이 지정해 주는 고정적 영구제약과, 담화인 실현체계에서 현시되는manifest 창발적 제약을 받아들이고, 인지, 언어, 사회적 조치를 위한 여타 제약의 수렴이 기해진 틀을 자체적으로 구축한다.

근원적 차원에서 우리의 생명체계는 다양한 제약의 집합이라 하겠다. 그러한 제약체계는 곧 우리 생명체계의 구성 및 구조의 디자인을 이루며, 생명이 다 할 때까지 지속적으로 체계성의 증폭을 기하게 되는데, 제약이 풍부하고 다채로울수록 생명적 기능이 증폭된다는 것이다(100).

물질계를 이루는 모든 사물의 구조와 구성은 두 하위 층의 변증법적 상호작용으로 이루어지는데, 즉 *물질-에너지 베이스*와 이를 기초로 하는 *정보-자료 베이스*의 상호 작용이다(그림 1 참조). 이들은 경성, 혹은 연성적 연결상을 보이니, 제약의 양이 많을수록 연성 카플링soft coupling이 되며, 그럴수록 생명체의 체계성은 더욱 증폭된다.

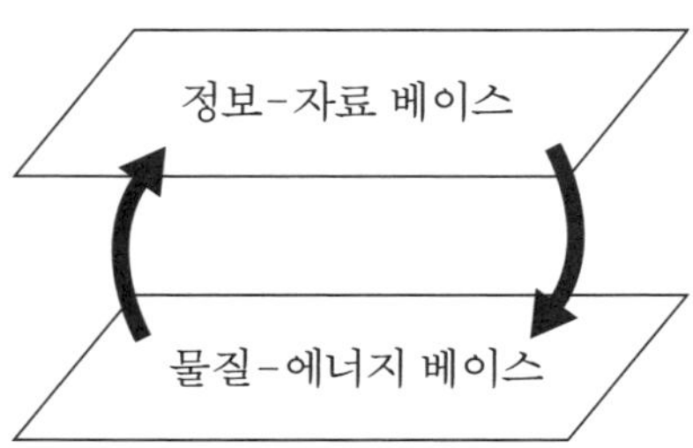

그림 1. 사물의 구조/구성원리: 변증법적으로 상호작용하는 물질에너지 하위층과 정보자료 하위층(Beaugrande 1997: 84/97)

한편 모든 생명체가 지니는 여러 제약층위와 그 중 하나인 의사소통 체계가 지니는 제약층 및 제약상은 다음과 같다(100):

표 1. 생명체계의 4 제약 층위

제약층	물질-에너지 베이스와 정보-자료 베이스의 연결관계	제약 정도
의사소통 제약층	최대 연성 카플링	가장 풍부한 제약
생물학적 제약층	더욱 연성적 카플링	더욱 풍부한 제약
화학적 제약층	연성 카플링	풍부한 제약
물리적 제약층	경성 카플링	미소한 제약

생명체계의 위 4 제약층위 가운데 인간의 의사소통 제약층은 다시금 다음과 같은 다채로운 제약상을 보인다.

표 2. 의사소통 제약층과 제약상

담화 층	담화영역discourse domain의 제약 텍스트/담화유형의 제약 텍스트적 제약
어휘-문법 층	통사적 제약 어휘적 제약 형태적 제약
음율 층	음운적 제약 음성적 제약

*의사소통 제약층*이란 곧 언어, 인지, 사회적 제약의 총체를 말하며, 우리의 언어, 세계, 사회적 지식 3자가 만나는 접합체이다. 이 층은 최소의 비용으로 다양한 맥락에 맞추어 자유로이 제약을 줄 수 있는 물질 베이스와, 정보 자료 베이스가 표 1. 에서와 같이 *최대 연성 카플링*을 이루며, 전 생명체계 제약 층위 중에서 가장 복잡한 최상층에 위치한다. 체계가 지니는 자기-조직화 능력을 통해 인간의 긍정적 진화와 발전을 도모케 하는 것이 곧 이 의사소통 제약 층이다. 우리의 모든 생명체가 누리는 자기-조직화 능력은 체계 내에서 국지적으로는 상호 협력해서 스

스로 하나의 구조를 창출할 수 있고, 전역적으로는 창발적 특질emergent property을 출현케 하는데, 이 창발적 특질은 인간의 긍정적 진화의 방향을 선택해서 긍정적인 디자인 또는 모습의 변화를 가져오며, 생존을 위한 자기 조직화를 거듭해 나가면서 체계성을 더욱 증폭시킨다고 Beaugrande는 역설한다(100).

한편 제약과 가장 밀접한 관계에 있는 *제어*control란 무엇인가? 이는 다양한 처리 과정들이 어떻게 이루어지는가의 문제로서, 일반적으로 모든 이벤트와 현상들은 여러 **디자인 변항들**design parameters, 즉 다음의 양극성을 보이는 역동적 요인들이, 변전하는 디자인 속에서 여러 제약에 걸리고 또한 이에 스스로 적응을 도모한다는 가설이다(88).

디자인 변항들 :	변동성	참신성	복합성	불확정성
	⇕	⇕	⇕	⇕
	안정성	친숙성	단순성	확정성

즉, *제어*란 체계가 각종 제약에 대해 **스스로를 특정화하고 적응하는** 행위를 의미한다. 담화처리를 제어하기 위해서는 언어체계가 특정화 해주는 고정적 영구제약과, 새로이 맥락에서 출현하는 창발적 제약들을 받아들여 인지적, 담화적, 사회적 조치를 할 수 있게 모든 제약의 수렴을 기해주는 하나의 틀이 마련되며 이것이 바로 제어이다. 이와 같이 한 생명체계의 의사소통 과정에 개입되는 제약과 제어는 실로 무수하고 다양하다. 본 고에서는 여러 담화처리 영역가운데 특히 목표 플래닝을 중심으로 그 제약과 제어현상을 살펴보기로 한다.

2.2 담화처리 영역과 목표 플래닝

Beaugrande가 표방하는 담화처리영역에는 6가지가 있고 그 가운데 가장 우선되는 것은 목표-플래닝 처리영역이다. 담화/텍스트유형과 담화영역의 결정적 요인은 바로 이 목표 플래닝에 담겨있다.

담화처리영역 Processing Domains

*Beaugrande(1997)*가 제시하는 모델에서 담화처리는 동시에 작용하는 역동적 다중 처리 체계다. 1) 목표 플래닝 2) 화제 구성 3) 개념 정교화 4) 어휘화 5) 문법화 6) 소리/문자 배열 등 6가지 처리영역들은 담화 생산과 수용에 따른 기여도에 따라 각기 정의되고, 상호 개입, 협력, 교체, 제약을 하게 되며, bottom-up/top-down 처리나, 국지적/전역적 처리를 스스로 조절 할 수 있는 역동적 면을 갖는다. 즉, 담화는 고착된 디자인을 갖는 잠재적 언어체계virtual system의 지원을 받기 보다는 텍스트 실현과정에서 현행 불완전 버전의 지원을 받는 것이니, 가령 담화 현장에서 '바꾸어 말하기' 등이 자주 일어난다. 이 불완전 버전이야말로 고정적 영구제약과 그 당장에서 일어나는 창발적 제약, 그리고 언어, 사회, 인지적 제약들을 모두 아우르는 풍부한 변전성을 지니는 말의 적응행위 공간이다.

처리영역들은 각기 하나의 체계를 이루며, 아래 그림 2.에서와 같이 1) 그 체계의 두 기본 자원인 조작작용operation과 기억 저장장치storage를 구성하고, 분배하고, 통합하며, 2) 각종 제약과 자원을 할당하는 기능을 지닌다. 그래서 각 처리영역은 일단 활성화되면 전체 제약과 자원의 조작 스케줄링scheduling 및 패키징packaging을 작동하기 시작할 수 있다.

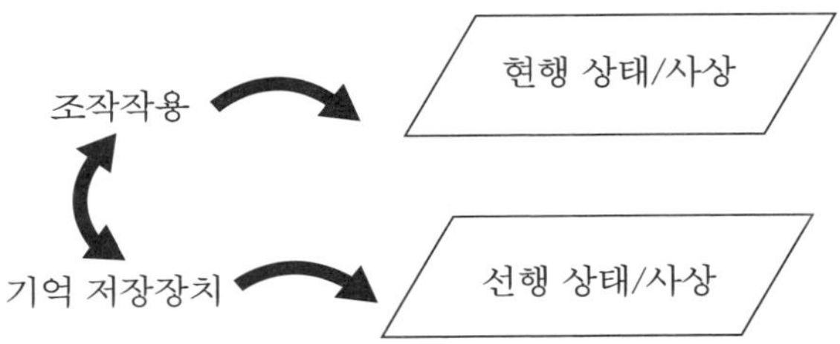

그림 2. 체계의 두 자원: 조작과 기억 저장장치
(Beaugrande 1997: 105)

그림 2. 에서와 같이, 기억 저장장치는 그 구성이 선행 상태와 선행 이벤트에서 출현해서 체계유지를 위해 지속적으로 조작기능을 지원하고, 조작은 그 구성이 현행 상태와 이벤트에서 출현해서 기억 저장장치에 접근하여 1) 다음 단계를 선택하고, 2) 그 새로운 환경에서 체계가 잘 적응하도록 돕는다. 6개의 담화처리영역 가운데 가장 심층적이며 우선되는 체계는 목표 플래닝이다.

목표 플래닝 Goal Planning

가장 심층적이며, 가장 화용적인 담화처리 영역인 목표 플래닝은 참여자의 목표 설정과 담화의 아젠다를 결정한다(161): 즉, 담화행위(말) 자체와 담화 조치(상황관리), 담화 책략, 문제해결 방법(심도-우선 탐색, 방법-목적 분석, 또는 폭-우선 탐색)등을 결정하고, 상황성과 긴밀히 연관해서 상황모델이나 시나리오에 맞는 행위를 선택케 한다. 또한 상황 점검과 관리를 함께 도모하고 어떤 지식내용을 기억에서 불러내거나 evoke, 신정보로서 새로이 전달/제시하는 일을 꾸미기도 한다. 더욱 담화 목표 플래닝은 문체, 담화/텍스트유형, 담화영역 등 중간 제어체계들과 직결 돼 있다는 것인데, 즉, 무슨 말을 어떻게 할 것이냐의 문제를 여타 처리 영역에 대하여 결정해주는 기능을 갖는다. 여기서 중간 제어체계들은 담화처리영역 상위에서 효율성, 효과성, 적절성을 기하도록 제어해주는 매우 중요한 기능을 갖는다.

3. 중간 제어체계로서의 담화영역, 담화유형과 텍스트 유형

텍스트/담화론의 본령은 의사소통 능력의 탐색이다. 다양한 이론들을 수렴해 그 합의성 도출을 추구하고자 하는 Beaugrande의 통 학문적 의사소통 모델transdisciplinary model of communication 속에서, 담화유형과 텍스트유형에 관한 논의는 우선 실시간 속에서 상호작용 하는 실현체계actual system인 담화행위의 다중적 제약 방식을 논하고, 언어라는 잠재체계virtual system와의 역동적 변증법적 관계를 규명한 다음, 이를 기초로 중간제어체계의 성격을 밝히려는 노력이다.

3.1 다중적 제약과 그들의 변증법적 상호작용

Beaugrande는 변증법적 상호관계라는 개념을 담화 모델링 양식의 기본 틀로 보고 있다. 즉, 그림 3a.에서와 같이 담화는 여타 복잡한 체계와 다름없이 여러 언어체계적 제약들을 특정화 하는 잠재적 제어virtual control와, 이들 제약들을 현시하는manifest 실현적 제어actual control의 상호작용에서 태어난다는 것이다. 그림 3b.는 다양한 언어, 인지, 사회적 제약의 변증법적 상호관계를 나타낸다.

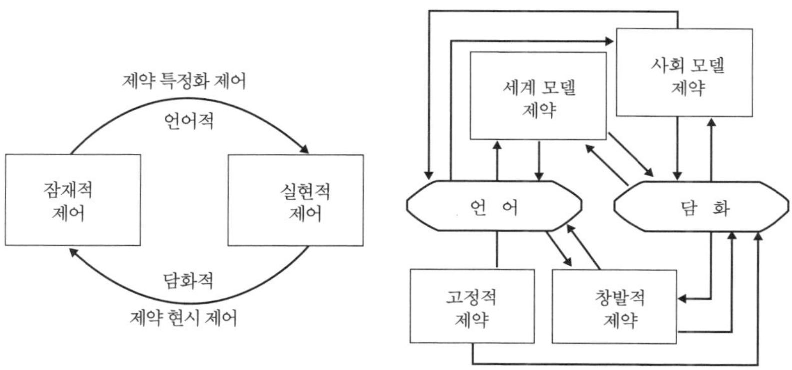

그림 3a. **그림 3b.**

언어/담화의 상호적 제약과 제어: 변증법적 상호관계

(Beaugrande 1997: 127, 128)

우리의 모든 행위나 인지는 여러 자원의 제약을 다각적으로 받는다:

자원의 제약은 대체로 10가지 요인으로(156) 좌우되고(시간성, 문제성, 흥미성, 동기성, 잡음, 긴장, 반응정보, 직접 지각 여부, 주의 집중, 운동신경의 정밀성 등) 각기 특성에 따라 *크고-작은, 높고- 낮은, 심각하고-가벼운, 촉박한-여유 있는, 주의 깊은-자동적* 등 자원의 대립적 분포 현상을 보인다. 가령 흥미성 요인은 *크고-작*은 대립 정도를 보이면서 자원의 분포를 제어한다.

*담화처리영역*이란 위 10가지 자원 제약 요인에 대한 적응력을 충분히 갖춘 하나의 체계로서, 담화 자체의 디자인 변항들(변동성-안전성, 참신성-친숙성, 복합성-단순성)을 조절 할 뿐 아니라 담화 수반 행위의 디자인 변항들도 조절하고 결정한다. 진행 중인 담화는 점진적으로 더 많은 코텍스트(cotext 언어적 맥락)가 부가되면서, 대화자의 감수성에 민감한 제어를 주고 받는다(128).

3.2 통 학문적 담화/텍스트 모델 속에서의 중간 제어체계

3.2.1 사회적 제약 안에서 언어, 인지, 의사소통의 통합적 모델을 추구하는 Beaurande(1997)의 담화/텍스트론은 인간의 생명체계와 인지체계의 변전evolution을 고려하는 역동적 모델로서, 앞장에서 논의 한 바 6개의 담화처리영역과, 다음 그림 4a.와 같은 의사소통체계의 여러 구성층간의 변증법적 상호작용이 그 핵심을 이룬다.

이 모델에는 3개의 기능적 계층이 설정되어 있고 (담화층, 어휘-문법층, 음율층), 각종 제약은 하위 층으로 내려갈수록 미소해지나sparser, 상위 담화층을 향해 올라갈수록 풍부한 제약상을 보인다. 이는 상위층에 올라갈수록 더 다양한 담화적 요소들(인지적, 사회적, 상황적 요소들)이 관여하기 때문이다. 의사소통 체계 뿐 아니라 모든 모델화 양식은 변증법적 상호작용이라는 역동적 구조-구성 양식을 지니는데, 앞서 그림 1.에서

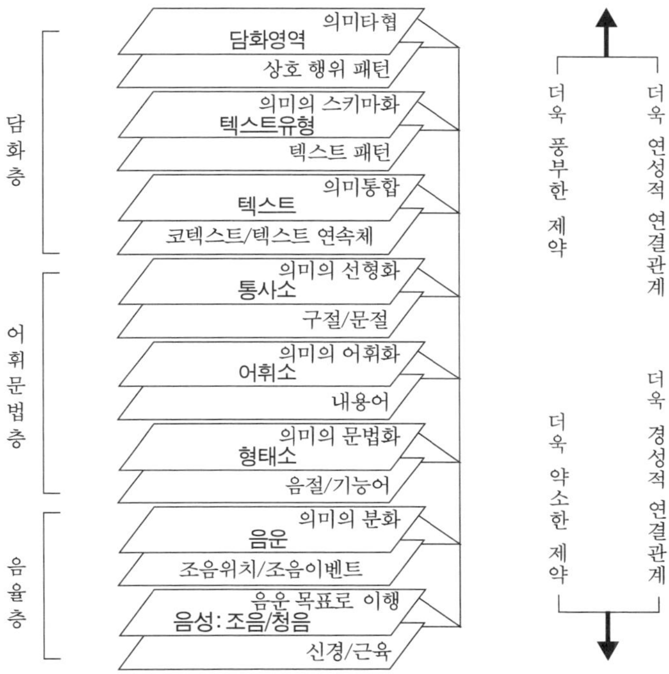

그림 4a. 의사소통 체계의 제 구성층과 그들의 변증법적 상호작용:
(Beaugrande 1997: 314)

본 바와 같이 위 의사소통 구성층 모든 차원에서 모든 엔티티의 구조는 물질-에너지 하위층(수단)과 정보-자료 하위층(목적)의 두 층으로 이루어지고, 이들은 항상 변증법적으로 상호 관련되어 생명적 메카니즘을 이룬다.

이는 사물의 기본 구성원리이자 우주 생성 원리이며, 생명체계 및 인지, 사회 속에서의 의사소통 체계에도 두루 해당된다고 하겠다. 가령 그림 4a.에서와 같이 형태소 층은 음절-기능어의 *물질-에너지 하위층*과 의미의 문법화라는 *정보-자료 하위층*의 변증법적 관계로 이루어지며,

이들 두 하위층의 연결관계는 음성-음운 층보다는 좀더 연성적이지만 어휘층보다는 경성적이다. 한편 텍스트층은 *물질-에너지 하위층*으로서 코텍스트를, 그리고 *정보-자료 하위층*으로는 의미통합을 이루는데 그 둘의 연결관계는 형태소, 어휘소, 통사소층들보다 한결 더 연성적이며 탄력적이나 한편 더 많은 제약을 받게 된다.

3.2.2 위와 같은 통 학문적 담화/텍스트 모델에서 *중간 제어체계*란 담화영역 및 담화/텍스트유형을 가리키며, 언어적 잠재체계와 담화적 실현체계 중간에서 다음 그림 5.와 같이 제어력을 발휘한다 :

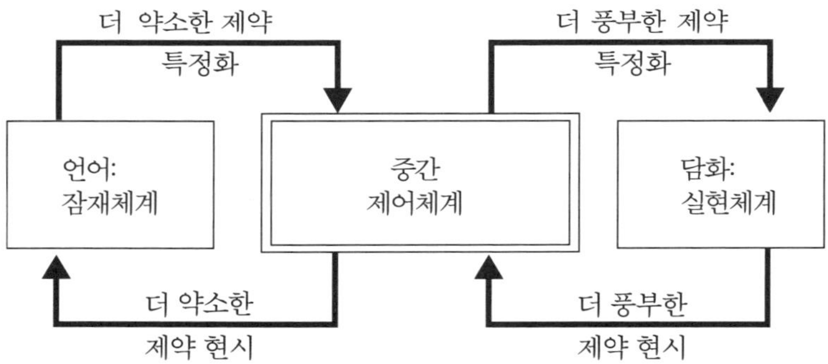

그림 5. 중간 제어체계 Intermediary Control System **및 제약현시에 의한 제어**
(Beaugrande 1997: 294)

중간제어체계는 잠재체계(언어)보다는 더 구체적으로 실현체계(담화: 텍스트)에 가까우며, 실현체계에 대하여 풍부한 제약을 특정화해준다.

담화영역및 담화/텍스트유형 이외의 중간 제어체계로는 문체, 특수담화(DSP: discourse for special purposes), 전문용어terminology, 언어 사용역register, 코드 등이 있다. 중간제어체계는 텍스트 의미에 관한 참여자 간의 수렴성, 합의성을 지원하는 주 요인이 되는데, 요컨대 이는 목표 지향적 제약들의 배열이라 말할 수 있고(296), 화제에 관한 우리의 지식, 의사소통 대상, 소통하는 이유 등을 구체적인 언어 표현과 연관시키는 기능을 하는 사회 문화적으로 오래 축적되어 온 의사소통 기제라 하겠다.

4. 텍스트유형, 담화유형 및 담화영역

여러 중간 제어체계 중에서도 특히 담화의 유형들을 살펴보자. 담화의 여러 유형을 다루는데 있어 특히 유용한 것은 **텍스트 내적** 그리고 **외적 기준**에 의한 분류다(Virtanen 1992).

1) **외적 기준** : 외적 상황과 목적에 의한 분류 ⇒ 담화영역, 장르(신문기사, 소설 등)
2) **내적 기준** : 담화 내용과 형식에 의한 분류 ⇒ 담화/텍스트유형(기술체, 이야기체, 설명체, 지시체, 절차체, 논증체 등)

텍스트 외적 기준인 특정 상황이나 목적에 따라 분류된 것은 담화영역 또는 장르라 칭하며, 내적 기준에 따라서는 담화 및 텍스트의 유형을 분류할 수 있다.

4.1 담화유형 및 텍스트유형: 내적 분류기준과 분류의 이중구조

우선 담화/텍스트유형은 텍스트 내적 기준, 즉 담화 내용과 형식에 의한 분류이며, 외적인, 상황/목적을 기준으로 하는 담화영역이나 장르보다는 좀더 추상적인 분류 차원이라 하겠다. 이 복잡한 유형 체계는 Virtanen(1992)의 제언대로 담화기능에 기초한 담화유형과 텍스트 책략에 기초한 텍스트유형이라는 이중 구조로 세분해 다루는 것이 더 설득력이 있어 보인다.

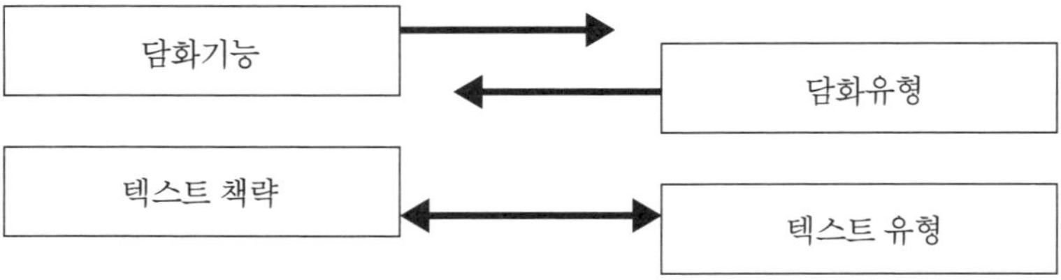

그림 6. 담화유형Discourse Types과 텍스트유형Text Types
(Virtanen 1992: 298)

편의상 담화유형을 DT로, 텍스트유형을 TT로 구별해 다룰 때, 그림 6.에 따르면 담화 기능은 DT를 결정하고, 텍스트 책략(목적에 따라 선택되는 구체적인 언어적 변항들, Virtanen 1992: 297)은 TT를 결정한다. 여기서 TT의 여러 특징들을 살펴보면 우선 1) 실현되는 구체적 텍스트에 더 가까우며, 2) 이는 TT의 실질적 차이를 가져오는 전형적 표층자질의 집합이 되겠고, 3) TT 선택과 그 전형성/원형성prototype의 정도는 텍스트 책략적 플래닝의 일부이자 또한 그 산물이며, 4) 하나의 텍스트는 특정 TT의 한 실현사례이다.

DT와 TT라는 2중 구조를 설정하는 이유는 그들이 얼마든지 불일치할 수 있기 때문인데, 이 양자의 관계는 각각의 직/간접적 사용이나 일차적/부차적 사용으로 그 불일치 현상을 논할 수 있으며, 두 차원이 일치하는 텍스트를 Virtanen(1992)은 단일유형 텍스트uni-type texts, 그리고 불일치 하는 텍스트를 복합유형 텍스트multi-type texts라 칭하고 있다:

1) 단일유형 텍스트 : DT/TT 일치 [이야기체 DT] ⇔ [이야기체 TT] (DT와 TT의 직접적/일차적 실현)
2) 복합유형 텍스트 : DT/TT 불일치 [논증체 DT] ⇔ [지시체TT + 논증체TT + 설명체 TT] (DT와 TT의 간접적/부차적 실현)

즉, DT 선택은 담화 기능과 목적에 연결되며, 텍스트 책략 선택에 앞선다. 한편 TT 선택은 하나의 DT가 복합적 텍스트로 실현되는 과정에서 DT와 동일한 TT 뿐 아니라 이질적인 TT 선택이 가능하며, 텍스트 생산 과정에서 텍스트 책략에 의해서 결정된다. 다시 말해서 하나의 DT를 위해 여러 TT가 동원 가능하다. 다음 그림 7.에서 이야기체 TT는 여러 DT에 동원 될 수 있으나, 논증체 TT는 그 사용이 제한적이어서 오직 논증체 DT 실현에만 사용된다. 한편 논증체 DT는 다양한 TT로 간접적 실현이 가능한데 비해, 이야기체 DT는 오로지 이야기체 TT만이 일차적으로 사용 가능하다.

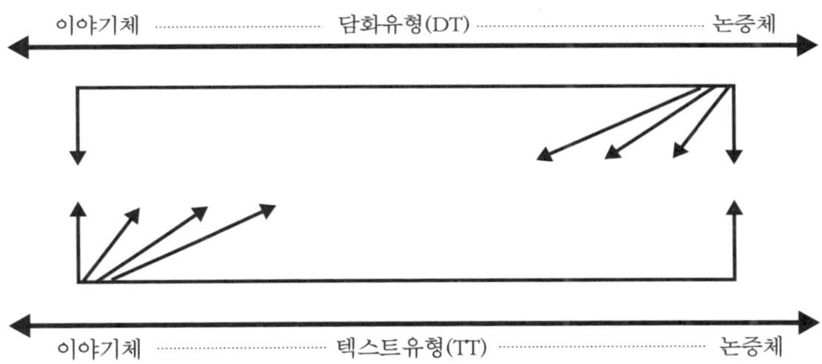

그림 7. DT와 TT의 연관 관계
(Virtanen 1992: 304)

여기서 우리는 각 유형의 원형성prototypicality을 논의할 수 있겠다. 가장 강력하고 원형적인 DT는, 아무 TT로나 실현 될 수 있는 논증체 담화다. 모든 커뮤니케이션의 기본 목적이 상대방의 설득이라는 사실을 감안 할 때 가장 강력하고 원형적인 담화유형이야말로 설득기능을 위주로 하는 논증체 DT라는 점에 쉽게 수긍이 간다. 한편 여러 DT에 동원될 수 있는 이야기 체 TT는, 가장 강한, 원형적 기본 TT라 말할 수 있다. 이에 비해 이야기체 DT는 오로지 이야기체 TT로만 실현 가능한 가장 약한 DT이며, 이야기체가 아닌 여타 TT로는 잘 실현되지 않는다:

유형 차원	최강 원형성	최약 원형성
1) DT	논증체	이야기체
2) TT	이야기체	논증체

이야기체 TT는 누구나 어려서부터 쉽게 습득 가능하고, 삶의 경험을 담아내는 매우 보편적 구성 패턴이라 할 수 있다. 그것은 이야기체가 우리 경험의 도상성iconicity을 지녔기 때문이며, 도상적 텍스트일수록 가장 기본적이며 보편적이기 때문이다. 이에 비해 논증체 TT는 독특한 논리적 구조를 가지며, 화자가 자신의 경험과 지식을 배경으로 타인의 생각을 바꾸도록 꾸미는 TT로서 그 원형성 정도는 이야기체 텍스트보다 훨씬 덜 하다고 말 할 수 있다.

이러한 논의를 종합하여, 우리는 Beaugrande가 제시한 의사소통체계(그림 4a.)를 좀 더 구체적인 차원으로 모델화 할 수 있다. 즉, 그림 4a.의 담화 층에서 텍스트유형 층 만을 가려내어 Virtanen(1992)이 제의하는 이중구조로 세분화하여 담화유형과 텍스트유형을 구별해 설정한다. 각 층위에서 변증법적으로 상호 작용하는 두 하위 층, 그리고 그 지원 분야 및 분류기준을 정리하면 다음 표 3.과 같다.

각 층위는 각기 a. 정보-자료 베이스(목적)와 b. 물질-에너지 베이스(수단)의 변증법적 상호 작용으로 하나의 역동적 커뮤니케이션 과정을 통합적으로 이루어 내는데, 그들이 지원하는 분야는 각기 다르다: DD는 상황과 참여자 역할 및 목표 플래닝을 지원하기 위해 상호 행위적 패턴을 바탕으로 의미타협이 가능하고, DT는 텍스트 전체에서 그 상위형

표 3. 담화층 중간 제어체계들

담화층	변증법적으로 상호 작용하는 a)정보-자료 베이스(목적)와 b)물질-에너지 베이스 (수단)	의사소통 지원분야	분류 기준
담화영역 (DD)	a. 의미 타협 b. 상호 행위 패턴	담론별 스크립트 처리 플래닝 조절	텍스트 외적 (상황/목적)
담화유형 (DT)	a. 의미의 취지화 (화제화) b. 상위형식구조 superstructure	담화기능 상의 화제 처리	텍스트 내적 (내용/형식)
텍스트유형 (TT)	a. 의미의 스키마화 b. 텍스트 패턴	텍스트 책략으로서의 언어적 변이 처리	
(표층) 텍스트	a. 의미통합 (결속성) b. 코텍스트 (결속구조)	텍스트성textuality의 교직交織	

식구조superstructure[4]를 바탕으로 화제처리를 위해 동원되며, TT는 텍스트 책략 차원에서 텍스트 표현의 패턴들이 의미의 스키마화를 꾀하게 된다. 그리고 표층의 텍스트 자체는 상위의 여러 중간 제어체계들의 조정을 거쳐 선택된 결속구조적 수단cohesive devices을 가지고 의미통합, 즉 결속성coherence을 기하면서 마침내 다채로운 텍스트성(결속구조, 결속성, 의도성, 수용성, 상황성, 정보성, 텍스트 상호성 등)의 교직texture을 이룬다.

그림 4a.에 새로이 담화유형층DT을 보충하면 다음과 같은 의사소통체계의 새로운 제 구성층(그림 4b.)을 성립시킨다. 다시 말해서 Beaurande가 설정한 그림 4b. 모델이 그림 4a. 모델과 다른 점은 4a.에서의 TT가 4b.에서 DT와 TT로 세분화된 점이다.

4 **상위형식 구조**: 텍스트 내용인 거시적 의미구조 marcostructure를 담아내기 위한 형식구조로서, 예를 들면 '뉴스기사'의 상위형식 구조는 관습적으로 headline, lead, flat text로 구성된다(Van Dijk 1978).

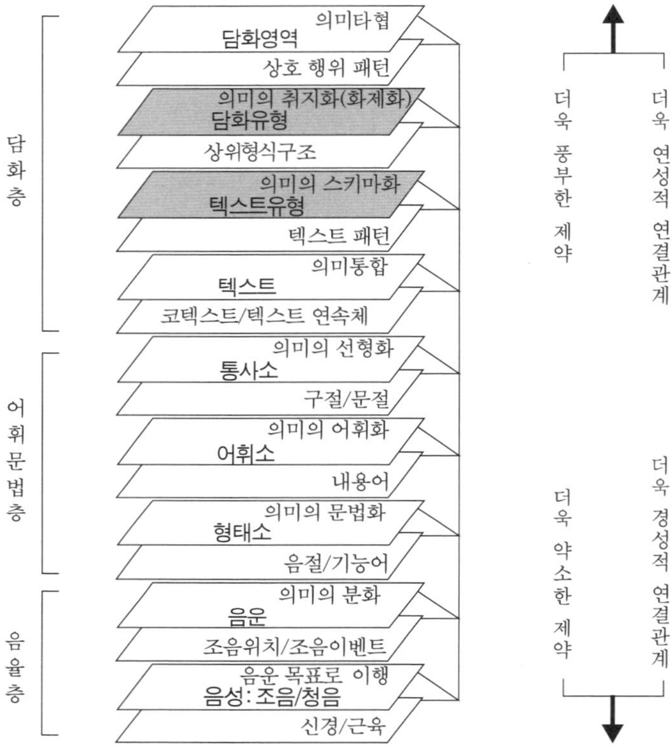

그림 4b. 의사소통 체계의 제 구성층
(담화층의 수정모델)

4.2 담화영역과 기능상

또 하나의 중간 제어체계를 이루는 담화영역(DD)은 의사소통의 제약체계에서 최상위에 속하며, 거시적 담론 뿐 아니라, 일기예보, 인쇄광고, 게시문과 같은 일상적이며 참여자의 역할과 목표가 철저히 스크립트화 된 담화 부류들을 아우르는 기능을 갖는다. 지금까지의 언어이론에서는 거의 도외시되어 온 DD는 이미 다룬 바 있는 DT와 TT에서 제기되는 여러 개념들과, 언어, 인지, 사회적 스키마를 이루는 여러 기능상들functional aspects, 그 중에서도 핵심적인 관점상perspective 등 을 중심으로 논의 될 수 있다.

4.2.1 담화영역Discourse Domain

텍스트 외적 기준을 근거로 해서 DT/TT와 구별되는 DD는 speech genre(Bahktin 1986), communicative genre(Gunthner & Knoblauch 1955), 또는 text genre(*Handbook of Pragmatics* 1995, 기타)라고 불리우는 범주들을 좀더 포괄적으로 수렴하며, 텍스트 부분이 아닌 전체를 구별 해 다룬다. 이들은 비교적 통일된 관점에서 안정적으로 상호작용할 수 있고, 한 문화권 속에서 상이한 목적을 달성하기 위해 사용되는 텍스트 부류들을 말한다(Eggins & Martin 1997: 235).

Beaugrande(1997)의 의사소통 모델에서 이는 담화층 최상위의 중간 제어체계로서, (표 3.)에서와 같이 그 구성양식은 물질-에너지 층인 참여자들의 상호행위 패턴과 정보-데이터 층인 의미타협의 변증법적 상호 작용으로 유지된다. 즉, 상호행위 패턴을 바탕으로 의미타협이 이루어지는 차원이다(그 대표적 예로 '대화'). 담화영역은 가장 풍부한 제약상을 보이면서 물질-에너지 베이스인 상호행위 패턴과 정보-데이터 베이스인 의미타협의 가장 연성적 카플링을 통해 참여자들의 역할을 지정하는 스크립트script 처리와 그들의 목표 플래닝을 지원한다.

우리의 의사소통 체계(그림 4b.)는 최하위 음성층의 최 경성 카플링을 포함하는 음율층과 어휘-문법층, 담화층의 3개 기능층에 걸쳐 점차 연성 카플링을 지향하며 탄력적으로 언어, 세계, 사회적 제약의 3중적 접합을 이루는 역동적인 다중적 처리과정이다. 어휘 층 이하의 약소한 제약상들sparser data도 실은 상위 층들이 지니는 풍부한 제약의 탄력적 조정을 통해서 TT/DT, 그리고 DD에 연관된다.

흔히 TT/DT나 DD와 관련해서 의례히 이론적 미숙을 탓하게 되는 큰 이유는, 지금까지의 언어이론들이 주로 제약이 약소하고sparser data 구조층간의 연결관계가 경성적인 층에 대한 이론과 설명이었을 뿐, 담화 영역 DD과 같은 중간 제어체계의 풍부한 제약상과 탄력적 연결관계를 적절히 다룰 수 없었기 때문이다. 그러나 이론의 미숙을 탓하기 보다는 지금까지의 언어이론들이 어디까지나 담화의 실천-이전적pre-practical 차원에 머믈러 왔기 때문이라고(315) 하는 것이 더 정확한 지적이 될 것이다.

DD는 상황과 목적이라는 텍스트 외적 기준에 의한 분류로서 가령 *정치사 DD, 환경 보호주의 DD, 경제학 DD* 등, 보통 우리말에서 소위 담론이라고 불리우는 차원의 디스코스를 뜻하는 경우가 있는 한편, 철저하게 스크립트화 된 고정적 체제와 과정processes 및 상aspects을 갖는 영역들을 말할 때도 있다. 한 DD의 지배적 제어중심부control center가 어떤 개념이며, 지배적 중심 처리과정process[4]이 무엇이며, 언어, 세계, 인지적 제 제약들의 접합이 가능한 기능적 상들aspects은 어떤 것이 해당되며, 이들이 일상적인 이벤트나 현상이냐, 혹은 특수한 성격의 것이냐에 따른 유/무표성markedness 등을 가지고 DD의 특성을 다룰 수 있다.

4.2.2 담화의 기능상Functional Aspects과 관점

기능상이란 처리과정에서 무엇이 일어나는가가 아니라 어떻게, 언제, 얼마나 자주, 얼마동안 일어나는가 등에 대한 관심과 관점이다. 절, 절-복합체, 담화 조치moves, 담화 에피소드 등 모든 적용범위rank를 아우르는 전체과정에 해당되는 것으로서, 체계적으로 문법화 되고 여러 정도의 차이를 두고 나타나는데, Beaugrande는 상aspects을 아래와 같

4 여기서 **처리과정processes**이란 텍스트 생산/수용에 있어 모든 연결관계의 기본 구성체로서 이벤트가 어떻게 일어나며, 누가 행위를 하는가에 관한 인지/사회적 지식과 밀접히 관련된 〈처리과정 스키마〉라 하겠다.

이 8가지 범주로 상세히 나누고 있다(1997: 198) :

기능상: 극성polarity, 시제tense, 타동성transitivity,
발화 위상status, 신념beliefs, 태도attitudes,
탄도성trajectory, 관점perspectives

여기서 우리의 관심은 특히 관점상(또는 시점상)이다. 즉, 이야기, 기술, 설명, 지시, 논증 등의 5 가지 관점을 볼 수 있으며, 이는 DD로부터 DT와 TT를 구체화시키는 틀이 마련되는 계기라는 점에서 중요하다. 관점은 담화 전역의 동기와 접근방법에 관심을 갖는 하나의 상으로서 암묵적일 수도 있으나 흔히 관련 동사들을 통해 쉽게 명시된다:

관점상Aspect of Perspectives

1. 이야기 관점: 어떤 이벤트 과정이 일어났는가; 그 이벤트가 시간, 원인, 상황을 통해 어떻게 관련되었는가를 말한다.
2. 기술적 관점: 대상들이나 엔티티entities가 어떤 것이며, 그들의 특성을 표현/비교함으로써 어떻게 구성되는가를 말해준다.
3. 설명적 관점: 엔티티들이 왜 그러한 성격을 보이는지 말해준다.
4. 지시指示적 관점: 대상이 어떻게 한 과정을 스스로 시작하고 제어해야 하는지를 말해준다.
5. 논증적 관점: 대상이 어떤 한 신념, 태도, 행위를 택하도록 설득하고, 그 이유를 대고 또한 가치를 부여하는 관점

관점상이 그 동안 문법에서 등한시되어 온 이유는, 관점이란 일관성 있게 명시적으로 문법화 될 수 없는 것이기 때문이며, 절이나 문장 차원보다는 흔히 담화 차원에서 기해지기 때문이다. 관점상은 결국 구체적인 TT와 직결되지만, 하나의 TT가 하나의 관점만 가지는 경우는 극히

드물다. 4장에서 본바와 같이 하나의 DT가 하나의 TT로만 성립되는 경우가 드문 것과 같이, 하나의 TT도 여러 관점들이 혼합해서 성립된다고 말하는 것이 적절하며, 또한 전형적이거나 지배적 상이 어떤 한 TT나 한 동사에 국한된다고 보기보다는, 처리과정과 처리과정-스키마에 기능적으로 적용된다고 보는 편이 더 적절하다.

4.2.3 담화영역의 하위 유형들

거시적 담론의 여러 분야 외에도 일반 *대화영역*은 특히 특정 목적에 따르는 하위 부류가 많으며, 그 분석 연구가 매우 중요하다. 대화의 하위유형으로 *취직 면담, 식당 대화, 의류상 대화, 전화 대화* 등 다양하다(321). 특정 대화 연구가 중요한 이유는 참여자가 사용하는 담화 책략과 실천, 그리고 그들이 가져오는 사회적 결과가 특정 대화마다 다 다르고 그 시사하는 바가 또한 크게 다르기 때문이다. 대화DD의 상세한 분석이 대단히 중요한 것은 그것이 언어현상에 대해 매우 중요한 경험론적 통찰을 가능케 할 수 있기 때문이다. 즉, 간단하고 짧은 대화에서도 다기능적 이벤트가 일어나고 있으며, 사람들은 고차원의 효율성과 면밀한 언어적 방법으로 이를 수행하며 성공리에 목적을 달성하고 있다는 것을 알 수 있다.

어떤 DD는 매우 철저하게 스크립트화 된 참여자의 역할을 요하기도 한다. 그래서 부적절한 담화에 대한 용인도가 매우 낮다. 가령 *법정 의사진행*에서 피고인은 사건의 내용과 관계없이 그 역할이 엄격히 스크립트화 되어 있다. 또한 담화의 목표가 확연한 사회성을 가지는 *계시문*은 간결성, 명확성이 생명이고 불특정 다수인을 대상으로 계시되는 특성이 있다. 형식과 화제와 상황과 전달 매체가 고정 되어 있고 가장 정보성이 낮은 *일기예보*, 고객의 간접 목표 성취를 위주로 해서 직접 목표 성취의 수단으로 삼아 상품광고를 하는 *인쇄 광고*, 그리고 직접적 목표와 체제, 화제, 전달 매체가 고정적 제약을 받으며, 짧은 구절이나 약자 및 사용자에게 친숙한 일반적 언어자질을 활용하는 *분류 광고*등의 담화영역들이 있다. 최근 많이 사용되는 전화 *자동 응답* 역시 고정적 스크립트에 따라 고정적인 요청과 약속의 상aspect을 요하며, 매우 낮은 정보성을 갖는 특정 상황에 맞는 DD의 한 예라 하겠다.

5. 중간 제어체계와 텍스트 책략

이 장에서는 TT에 따라 표층적 언어수단이 어떻게 다르게 사용되는가에 대한 과거의 연구방법 및 연구사례를 알아보며 4장에서 언급된 담화영역 및 담화/텍스트유형의 층위를 최근 연구노선에서 예문에 적용해보자 .

과거의 텍스트유형 연구에서는 담화 및 텍스트의 두 차원의 유형을 선명하게 구분 하지 않고 텍스트의 기능과 텍스트에 사용된 언어적 수단이라는 기준에 따라 두 방향으로 유형을 분리하였다. 그러나 이러한 접근 방식은 혼선을 초래하여 실현된 많은 텍스트들의 정확한 담화적 특징들을 밝혀내지 못해왔다. 즉 4장에 언급되었듯이 특정한 목적을 지닌 한 담화유형에 사용되는 단일형 텍스트도 있지만 복합형 텍스트가 더 많으므로 언어수단의 특징을 알아보기 위해서는 단일 텍스트 단위에서의 연구가 필요하다. 따라서 텍스트유형과 담화유형의 구분 하에 단일 텍스트유형에서 언어수단의 특징을 알아봄으로써 혼선을 피할 수 있겠다. Pilegaard & Frandsen(1996)은 *텍스트유형의 유형*이라는 차원에서의 연구가 필요하다고 언급하고 있는데 이것은 본고에서 언급하고 있는 DT와 TT 두 층위와 상통한다. Biber(1988)와 강범모(1998)에서는 통계에 근거한 언어적 특성에 따라 각기 영어와 한국어 텍스트유형을 구분하고 있으며 DT와 TT의 층위 구분을 하고 있지는 않으나 장르라는 개념을 사용하여 한 장르에 다른 텍스트유형들이 사용될 수 있음을 보여주고 있다.

5.1 표층적 텍스트유형TT 분류

여러 학자들이 상이한 TT 분류를 제시해왔으나 Beaugrande & Dressler(1981)는 텍스트의 유형을 기능적인 관점에서 세가지로 구별하고 각 유형에 쓰인 지배적인 언어수단을 대체로 표 5.와 같이 집약하고 있는데 이것은 단일유형 텍스트 표층의 언어적 특성을 분류한 것이다.

표 5. 기능적 텍스트유형 분류

텍스트유형	제어 중심부 (1차 개념)	개념관계 (2차 개념)	표층언어	인지패턴
기술체	사물, 상황	속성, 상태, 명시화	풍부한 수식어	Frame
이야기체	행위,이벤트	원인, 이유, 목적, 가능화, 시간의근접성	풍부한 종속구문 과거시제, 시간, 장소 표현	Schema
논증체	신념,생각	이유, 중대성, 의지, 가치, 이견(반대 대립)	반복, 평행구문, 환언	Plan (신념 유도)

한편 Werlich(1982)는 텍스트의 지배적인 문맥 초점을 기본으로 다섯가지 유형을 구분했는데, 이는 수용자의 주의를 끄는 의사소통 문맥이나 상황적 요소 및 환경을 의미하며, *서술, 이야기, 설명, 논쟁, 지시체* 등을 가려냈다. Longacre(1983)는 독백 담화내에 *설화적, 절차적, 행위적, 설명적* 유형의 네가지를 구분하는데, 이들은 일정한 갯수의 표층구조 유형으로 구체화되는 것들이라 할 수 있다. 또한 Biber(1989)는 텍스트에서 서로 빈번히 나타나며 공통적으로 내재하는 의사소통 기능을

통계적 분석 하에 여덟 가지 유형을 제시하고 있으며 이는 *친근한 인간 상호간의 작용, 정보적 상호 작용, 과학적 설명, 학문적인 설명, 상상적 이야기, 일반적 이야기, 장소-한정적인 보도, 참여적인 설득* 등이다. Adam(1992)은 텍스트 표층구조 또는 텍스트 연결체의 세세한 부분들을 기초로 하여 *서술적, 설화적, 논의적, 설명적, 대화적* 텍스트유형으로 분류한다.

이와 같이, 여러 학자들이 제안한 유형의 수는 각기 차이를 보이는데 이것은 유형을 다룸에 있어 의사소통체계의 구성층, 특히 담화층의 제 구별을 도외시했고 또한 단일형과 복합형 텍스트의 구분도 체계적으로 고려하지 않았기 때문이다. 이에 Beaugrande(1997)는 인지 사회적인 상황적 맥락을 결부시켜서 심층적으로 텍스트의 언어적 특성들을 분석할 수 있도록 시도하고 있다. 다음 항에서 이를 살펴보자.

5.2 텍스트 책략: 체계기능적 문법모델을 중심으로

Beaugrande(1997)에서는 언어, 인지, 사회적 요소를 모두 포괄하여 텍스트 처리를 설명할 수 있는 *어휘문법*lexicogrammar을 제시하고 있으며, 이는 Halliday(1985)의 체계기능적 문법모델에 수정을 가한 것으로서, 텍스트에 나타나는 사상事象event이나 상태 등을 각기 하나의 *처리과정*으로 보고 하나의 절에 나타난 핵심동사의 의미를 중심으로 그 과정들을 분류하고 있다.

예를 들면, 내부적으로 일어나는 사상(*e.g. having an idea*)은 내심성을 지니며 이 내심성 동사에는 지각적(*e.g. see, hear*)인 것과 인지적(*e.g. know, believe*)인 것 등의 원형적 동사들이 속해있다. 외부적으로 일어나는 사상(*e.g. break a vase*)은 외심성을 지니며 처분적(*dispositive: e.g. give*), 생산적인(*e.g. create*) 동사 등이 있다. 그 처리과정이 어떻게 일어나는 지를 보여주는 상aspect의 종류도 분류하고 있는데, 예를 들면 양극성에는 부정/긍정이 있으며 시제는 과거, 현재, 미래, 선행先行, 연속, 진행 등으로 나눈다. 이러한 과정과 상은 분석의 적용범위*rank*를 절을 기본으로 하여 확장/축소될 수 있는데 이들을 요약하면 다음 표 6.과 같다.

표 6. (언어)처리과정 유형, 상相의 종류 및 적용범위
(cf. Beaugrande 1997: 196, 198)

처리과정 유형Process types	상Aspect	적용범위Rank
(a) 내심성: 지각, 인지, 지향 (b) 외심성: 처분, 생산,시행,전개 (c) 표상성: 존재, 상황, 동일성, 속성, 평가, 소유 (d) 표출성: 감정, 기호	(a) 양극성 (b) 시제 (c) 타동성 (d) 위상 (e) 신념 (f) 태도 (g) 탄도성 (h) 관점	Discourse episode Discourse move Clause complex Clause core Phrase Clause adjuncts

이 모델은 특정 텍스트유형에 어떠한 처리과정과 상이 지배적으로 사용되는가를 분석하고 DD가 지니는 상황적 특성이 어떻게 언어사용을 제약하는지를 설명할 수 있게 한다. 특히 상은 한 관점과 맥락 안에서 담화 전체의 처리과정을 조절하며, 상 범주의 하나인 관점 역시 담화 전체의 동기 및 접근방식과 관련된다. 그래서 관점은 문장 단위에서 파악하기 어려우며, 그 처리과정은 TT(이야기체, 기술체, 설명체, 지시체, 논증체) 차원에서 각기 다르게 나타나는 특성이 있다.

한 정치사政治史 텍스트 예문을 들어보자.

(1) In June 1906 the peasants of Dinshaway clashed with British soldiers who were hunting pigeons, and a soldier who went for help died of exhaustion. The British wanted to set an example and convened a special tribunal. They hanged four peasants, flogged four, and

imprisoned twelve. Egyptian nationalism took on a more strident tone.

4장에서 언급된 바 중간 제어체계의 층위를 이 예문에 적용하면 텍스트(1)은 정치사적 DD에 속하는 이야기체 DT이며 동시에 이야기체 TT이다.

처리과정 : 외심성 처분 : clashed, hunting, hanged, flogged, imprisoned
시행 : *went for help*
전개 : *died, exhaustion, took on a more strident tone*
내심성 지향 : *wanted, nationalism*
표출성 기호 : set an example, convened
표상성 상황(시공간적) : *In June* 1906, *Dinshaway, Egyptian*
참여자 : *peasants, British soldiers, pigeons, soldier, the British, Tribunal*

상 : 양극성 : 긍정/서술문
시제 : 과거
탄도성 : 임시성Tentative : *hunting, went for*
빈번성Frequentive과 강의성Intensive : *hanged, flogged, imprisoned*
관점 : 이야기체

정치사라는 DD를 고려할 때 정치가 지니는 힘power이라는 요소 때문에 텍스트 처리과정에는 처분dispositive과 시행동사가enactive 주로 나타난다. 즉 *hang, imprison, flog* 등의 동사는 힘을 가진 국가the British가 행할 수 있는 행위이며, clash와 hunt 등도 힘의 대결로 인해 발생되는 행위이다. 역사적인 배경을 나타내기 위하여 상황 표현도 많이 사용된다. 또한 이 힘을 중심으로 사람들 간에 상하관계가 있게 되고 그들이 참여자로서 제어중심부control center가 되며 그들의 의사 전달 방법은 기호성 동사(*set an example, convene*)로 나타나는데, 실제로 그들(*the British*)이 말한 내용보다는 그 말의 내용을 기호화 한 것이다.

상을 분석해보면 과거 시제로 긍정/서술문의 형태가 쓰였으며, 이야기 체로서 무표적이다. 또한, 처리과정의 내적인 양상은 임시성(*hunting, went for*), 빈번성 및 강의성(*hanged, flogged, imprisoned*)으로 특징지을 수 있다. 따라서 이야기체는 과거시제, 긍정, 서술 등이 선호되는 것을 알 수 있으며 정치사라는 DD의 영향으로 임시성, 빈번성, 강의성이 지배적이라고 하겠다. 더욱 상의 분석은 다른 TT간의 차이점을 알게 하는데, 그 예로, 기술체나 설명체 텍스트에서는 위에 분석된 정치사 담화의 이야기체와는 달리, 긍정/서술이 무표적으로 나타나되 중립성medial, 지속성durative 또는 빈번성frequentive의 상이 지배적이다 (cf. Beaugrande 1997: 205).

위의 분석에서, 정치사라는 DD가 이야기체 DT에 주는 제약 및 이야기체 TT가 언어사용에 주는 제약들을 고려하여 텍스트에 사용된 언어적 특성을 살펴볼 수 있었다. 여기서 주목할 것은, 이 분석 모델이 기본적으로 지향하는 것은 어디까지나 DT와 TT들간의 선명한 구별을 위한 형태적인 특징의 기술이 아니라, 역동적이고 변증법적인 언어 현상을 다루되 언어수단(물질-에너지의 material base)이 목적(자료-정보적 data field)을 위해 어떻게 쓰여지는가를 우선적으로 설명하려는 점이다.

5.3 언어사용역Register과 텍스트 책략

본 항에서는 어휘문법을 통한 접근방식과는 달리 맥락과 언어사용의 관계를 중간제어체계의 하나인 언어사용역register 분석을 통해서 규명해 보고자 한다. Beaugrande(1997)는 맥락과 언어수단의 관계에 대한 보다 총체적인 이론 정립을 강조하는 데 반해 언어사용역 분석자들은 그동안 실제의 개별 텍스트들을 분석하는데 중점을 두어 왔다.

언어사용역이란 언어의 잠재적인 의미를 한정시키는 맥락 종류의 집합을 의미하며, Firth(1957)의 제한적 언어restricted language와 맥을 같이 하는 개념으로서, 그의 제자인 Halliday(1978, 1985)를 중심으로 하여 다양한 연구가 진행되어 왔다(Lemke 1985, Martin 1992, Matthiessen 1993). 맥락의 종류는 학자에 따라 조금씩 다르지만 일반적으로 Halliday (1985)의 모델을 따라 담화주제field, 참여자tenor, 표현양식mode 등으로 나뉘며 이들 맥락 변수와 연결되는 언어기능은 각기 관념적ideational, 대인적interpersonal, 표현적/텍스트적textual인 것으로 정의되고 있다. 이를 정리하면 그림 8.과 같다.

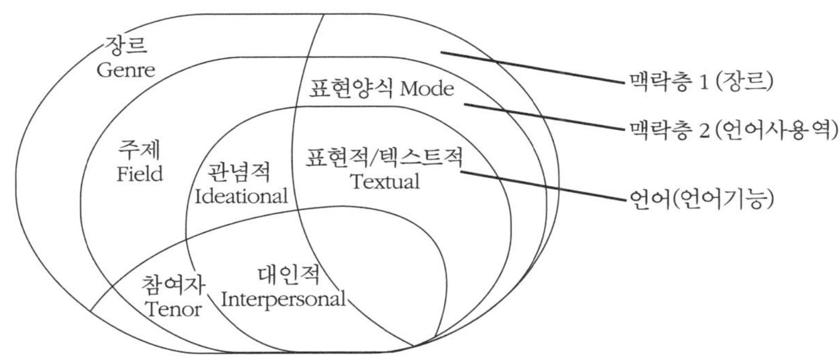

그림 8. 장르, 언어사용역 및 언어기능의 상관성
(cf. Eggins and Martin 1997: 243)

언어사용역 분석에서는 언어현상들grammar and discourse patterns을 상세히 기술하고, 맥락을 근거로 언어수단의 특성/차이 및 맥락변수가 어떻게 결합하여 텍스트에 나타나는가를 설명한다. 이에는 편의상 단일 유형을 분석하는 경우와 상이한 유형들을 비교 분석하는 경우가 있다. 이 접근방식은 언어와 맥락의 두 층위를 구별하기 보다는 언어기능과 사용역의 두 관점을 아울러 다루고 있다. 본고에서 언급하는 DD는 장르와 담화주제field를 아우르며 맥락변수register의 하나로 본다. 아래에서는 4장에서 논의한 DD, DT, TT의 정의에 따라 예문의 유형을 분류하고 그들의 텍스트 책략을 살펴본다.

5.3.1 단일 담화유형에서의 Register와 텍스트 책략 분석

(a) 역사(주제) DD에서의 추상화와 문법적 은유grammatical metaphors

Eggins et al(1993)에서는 역사 교과서에 나타난 언어적 특징을 분석하고 있는데 이는 역사 DD에서의 이야기체 DT/TT이다. 이 텍스트의 언어적 책략은 과거의 이야기들을 역사적 사건으로 변환시키는 일종의 추상화라고 할 수 있으며 이러한 추상화 과정을 통해 사람들의 실제 행위와 그 서술간에 거리가 최대화될 수 있다. 언어의 추상화 예로써, (2)에서와 같은 개인의 집단화/총칭화와 동사의 명사화가 있다.

(2) a. *Michaelangelo* was another outstanding man of the Renaisance: *sculptor*, *painter*, *architect* and *poet*. He was one of the last great Renaissance *artists*.(Michaelangelo → artist, 집단화/총칭화)

b. People began to *trade more*. *The growth of trade* took place mainly in this period.(people → ϕ; trade → the growth of trade, 동사의 명사화)

이러한 추상화는 담화 참여자와 주제 사이에 있게 되는 시공적 거리에 기인한다. 즉, 과거에 일어난 일들이어서 독자와의 공유지식이 부족하며, 말이 아닌 글로 표현해야 하는 역사적 담화 특유의 상황에서 오는 거리감을 표상한다.

이러한 추상화과정을 위한 한 언어적 수단을 **문법적 은유**(Halliday

1994)라고 하며, 가령 동사의 명사화를 통해 행위자가 생략되고, 이때 행위는 하나의 과정이 아닌 사물로 바뀌어 사물, 즉, 명사가 누릴 수 있는 폭넓은 문법적 자원을 활용할 수 있게 된다. (2b)에서 *the growth of trade*는 명사화되기 전 동사 의미에 새로이 행위자actor의 의미가 추가된다.

명사화된 문법적 은유는 (3)에서와 같은 다양한 기능들을 갖는다. 명사화된 표현들은 이태리 체로 표시된다.

(3) 역사 DD에서의 문법적 은유의 제 기능

a. 행위의 명사화: People learned by rediscovering the culture of the past.⇒

The new *learning* was a *rediscovery* of the culture of the past.

b. 행위에 존재부여: There was a *turning away* from medieval interests.

c. 사물에 행위부여: *Fundamental changes* marking the beginning of the modern world took place.

d. 일련의 사건들을 특정시기로 고정화: *In* 1469, the term Middle Ages was invented. *By* 1450, the *Middle* Ages were searching their end.

e. 행위 절차를 명사화해서 행위자 또는 행위 대상자로 사용: What *new contributions* did add to the growth of mankind?(행위자)

The Spread of freedom amongst the lower classes was helped because……(행위 대상)

이와 같이 담화주제*field*와 참여자*tenor*라는 맥락변수의 영향으로 역사담화에 쓰인 언어적 책략으로서의 문법적 은유, 특히 명사화는 다양한 기능으로 사용되고 있음을 볼 수 있었다.

(b) 과학(주제) DD 및 논증체 DT 텍스트에서의 평가동사

Hunston(1993)은 과학 논문에 쓰이는 평가동사evaluative verb의 분석

을 통해 담화주제field와 언어수단의 관계를 규명하고 있다. 아래 (4)에서 분석된 텍스트는 과학 DD로 논증체 DT에 속하며 논증체와 설명체 등의 복합TT라고 하겠다.

Hunston에 의하면, 과학텍스트의 특징으로서 1) 평가동사들이 함축적으로 쓰이는데 2) 독자에 의해 텍스트 내용의 가치, 신빙성, 내용들 간의 관련성이 지속적으로 평가되며 3) 이는 한 사회집단의 가치구조(i.e., ideology of science)에 따른 평가에 기인한다는 것이다. 즉 예문 (4)에서와 같이 평가동사의 종류에 따라서 부정 또는 긍정적인 평가의 정도가 달라진다. 학술논문의 내용이 일관되게 명시적이라는 과거의 연구와는 달리, Hunston(1993)은 과학을 연구하는 한 사회집단의 가치체계에 따라 (4)에서와 같이 특수한 함축의미를 자아내는 점을 강조하고 있다.

(4) 평가동사와 함축의미 (과학주제 DD, 논증체 DT)

a. Connell and Slatyer (1977) ***shows*** that facilitation is most common in harsh environments. ⇨ Certain

b. Connell and Slatyer (1977) ***suggests*** facilitation ***should*** be most common in harsh environments. ⇨ Possible

c. Connell and Slatyer (1977) ***claims*** that facilitation is most common in harsh environments. ⇨ Unlikely

(Hunston 1993: 64-5)

5.3.2 DD 및 DT/TT 별 텍스트 책략 분석

상이한 유형간의 비교, 즉 장르별 은유사용의 차이에 관한 Goatley의 연구(1993, 1995)에서는 학술논문, 광고, 뉴스기사, 시 등의 다양한 유형을 비교하고 있다. 중간 제어체계에 따른 은유사용의 차이를 분석해보면 예를 들어 (5)와 (6)은 각각 경제와 문화라는 주제의 DD를 이루며 뉴스기사와 학술논문이라는 DT의 차이를 알 수 있다. 또한 예문 (5)에서와 같이, 뉴스기사에는 과장성 은유나 상투적 은유가 주로 쓰이고 (6)의 학술논문에서는 설명성 직유 및 은유가 사용되는데, 이것으로 TT의 차이를 가려볼 수 있다.

(5) 경제 DD

뉴스기사 DT (과장성, 상투성 은유 사용)

a. 이날 증시에서는 주식매매차익 과세론 등 *악재가 쏟아졌다.*

b. 경기은행 퇴출 관련 로비의혹 사건의 *불똥은 어디로 튈까?*

c. He moved to a private bar upstairs and troubles *erupted.*

d. a *key detail*, an *umbrella group* 등

(6) 문화 DD

학술논문 DT (설명성 직유/은유 사용)

a. 이는 문화적 특수성을 지켜야 하는 중대한 *과제를 안고 있다.*

b. I see the world as *a living organism* of which we are a part ; not the owner nor the tenant, not even a passenger on that obsolete *metaphor* '*spaceship earth*'.

(5a)와 (5b)에서는 *악재가 쏟아졌다*와 *불똥은 어디로 튈까*가 각기 과장성과 상투성을 지니며, 학술논문 (6a)의 *과제를 안고 있다*는 설명적 은유라 하겠다. (6b)에서는 *as a living organism*에서 *as*의 사용으로 설명성 직유가 되며, 은유표현인 *spaceship earth*에 대해서는 *metaphor*라는 직접적 표현이 사용되었다.

이외에도 한 DT 내에서 두 개의 다른 기능/목적을 갖는, 따라서 언어 책략이 다르게 나타나는 두 하위 광고담화를 비교 해볼 수 있다 (Beaugrande 1997). 예문 (7a.)와 같은 인쇄광고는 독자측 추론에 바탕

을 둔 설득을 목적으로 하며, (7b.)와 같은 분류광고에서는 일련의 생략 표현을 통해, 독자가 자신이 필요한 정보만을 취하게 한다.

(7) 광고 DT

a. 인쇄광고Printed advertisement : 추론을 통한 설득

i) 논술고사에 대비하기 위해 이문열의 '삼국지'를 13번이나 읽었어요.

ii) a) Accidents don't just happen. They are caused by people.

b) Sometimes saying you're sorry isn't enough.

b. 분류광고Classified ad : 생략적 텍스트

i) 시골집 20평 산밑에 마을접 서울에서 70분 2천2백 0441-853-9760

ii) Audi 100CD 2.21 auto, big boot, the fashionable safe reliable car, immaculate, like new, champagne fsh, sunroof, ...most reluctant sale, bargain $4,850. 081-904-4050

(7a i)에서는 다음 (7a i')와 같은 **추론**을 통해 독자로 하여금 광고된 물건을 구입하도록 설득하고 있다.

(7) a i') 삼국지는 논술고사에 중요하다.
삼국지를 읽어야 논술고사에 대비할 수 있다.
따라서 삼국지를 사야 한다.

(7b i)는 극도의 생략 표현이지만 독자에게 필요한 정보는 충분히 전달할 수 있다. 광고 매체나 지면상의 제약이 언어사용에 큰 제약을 주고 있음을 볼 수 있으며, (7b ii)의 영어 예문도 같은 경우가 되겠다.

5장에서 우리는 DD 및 DT/TT에 따라 특징적인 언어 책략적 현상을 맥락과 관련지어 설명하는 Beaugrande(1997)의 어휘 문법적 접근방식

과, Halliday(1994) 및 Martin(1992)에서 비롯되는 언어사용역 분석의 두 분야를 살펴보았다. 전자는 전반적인 이론정립을 강조하는 반면에 후자는 실제 텍스트의 개별적 분석 연구에 초점을 두고 있지만 언어를 제반 상황적 맥락 속에서 설명하고자하는 노력이라는 점에서 공통성을 찾아볼 수 있으며 가장 바람직한 접근은 이론과 경험적 연구간에 균형을 이룬 것 이어야 한다는 것이다.

6. 결어

담화영역과 담화/텍스트유형(DD와 DT/TT)은 각별한 선택의 규칙이나 자질묶음들을 규정하기 보다는 언어체계와 그 실현체계(담화) 사이에서 여러 제약들을 특정화 내지 현시화하는 중간 제어체계로서, 이들 제약들의 변증법적 상호작용으로 지탱되는 하나의 통화전달적 체계다. DD, DT 및 TT **연구의 중요성**은 텍스트상의 의미타협 및 여러 텍스트간의 언어 책략적 변이 현상을 기술 할 수 있을뿐 아니라, 더욱 넓은 관점에서 우리의 광범위한 논변적 사회 구성 안에서 각종 텍스트 부류들이 어떻게 효과적으로 우리의 다양한 목적과 관심사를 위해 기여할 수 있는가를 제시하고 설명해 줄 수 있다는 데 있다.

현대 언어학의 특성은 여러 차원의 언어적 제약을 탐색하는 데에 있다. 일찌기 우리는 언어란 *완벽한 일련의 고정적 영구적 제약의 묶음*이라고 봐왔다. 그러나 위에서 보아온 담화론의 테두리 안에서 이는 체계의 고정/영구적 제약과 맥락에 따라 수시로 특정화/현시화 되는 여러 창발적 제약들 간, 그리고 언어, 인지, 사회적 제약 사이에서 변전하는 하나의 역동적 다중 처리 체계다. 담화 현상의 기술과 설명의 초점은 따라서 전체적 제약 체계 속에서 의사소통의 목표를 달성하기 위해 담화 책략 상 어떤 기능적 선택과 패턴들이 이루어지는가를 살피는 데 있다.

DD 및 DT/TT는 어떤 것들이 있느냐 또는 몇 가지가 있느냐 하는 발견적 프로젝트를 가지고 이론적, 통계학적 분류를 탐색하는 노력에 더하여, 오히려 그 보다 앞서 우리가 주력해야 할 것은, 이들 중간 제어체계들이 의사소통 상 어떻게 기능하는가, 어떻게 더욱 바람직한 수준에서 기능 할 수 있는가, 그래서 그 결과의 영향을 직접 받는 담화 참여자 당사자들이 그 사회적 결과를 어떻게 자신들을 위해 효과적으로 다룰 수 있는가를 밝혀 줄 수 있는, 말하자면 *생태학적 모델*을 개발 할 수 있어야 한다는 것이 Beaugrande의 주장이다. 즉, 과학적 타당성에 대하여 그 인지/사회학적 맥락이라는 관점에서 모든 노력이 다시금 새롭게 기울어져야 한다는것이다.

그것은 중간 제어체계로서의 DD와 DT/TT에 대한 지식이 하나의 사회문화적 공동체 내에서 사회적 행위를 성공적으로 수행하고, 그 사회에 적극 참여할 수 있기 위한 하나의 전제조건이기 때문이다. 담화영역과 담화/텍스트유형은 그 자체가 한 특정사회의 구조와 현실을 구축하는 동시에, 그 사회 구조적 세력을 강화해가는 수단으로서 이중적 기능을 갖는 매우 역동적 체계 현상이다. 이는 한 문화권 속에서 다양한 상황성을 가늠하는 지표가 되며, 또한 형식과 내용을 동시에 수렴하는 기제로서, 한 공동체적 소유물인 동시에 그 사회의 표준적 인식이자 이데올로기이고, 더욱 그 사회의 존재론적 표출이기도 하다.

13 우리에게 텍스트란 무엇인가: 인지화용론적 접근*

1. 서언

텍스트란 결코 의사전달의 도구만은 아니다. 텍스트 구사능력을 통해 인간의 마음은 하나의 사회 · 언어적 과정, 다시 말해서 "사회 · 텍스트적 과정"(Frawley 1987: 141)을 밟음으로서 상징적 사고나 자기 성찰적 사고 등 고급한 사고행위를 할 수 있다. 언어와 텍스트는 정신/마음이라고 불리우는 하나의 인지언어적 체계를 구성하는데 있어 데이터를 제공하고, 그 데이터에 궤적을 부여하며, 언어와 인지의 교직交織으로 메타인지[1]라는 고급한 지식 형태를 유도해 낸다.

---

1 **메타인지**meta-cognition란 지식의 최고 형태로서 언어의 내면화에 기인하는 인지작용이다. 이는 일반 인지과정과 달리 개인에 따라 다를 수 있고, 상호텍스트성에 의존하는, 기본적으로 사회적 인지과정이라 하겠다. 우리의 선택적 정보처리, 문제성의 식별과 해결, 문제상황의 파악 등은 모두 메타인지적 작용으로 가능하며, Thomas

인간의 능력은 풍부하고 복잡한 세계 속에서 다양한 지식 소스들을 동시에 활용해, 무한히 많은 작업을 쉽게 수행하는 데 있다. 언어적, 텍스트적 능력 또한 그 한 예가 될 것이다. 인지화용론은 이러한 언어 사용의 모든 조건 및 제약의 변이 속에서, 말과 말의 양식, 그리고 텍스트에서 벌어지는 다양한 명시적, 암묵적 의미작용을 살피고, 커뮤니케이션과 인지를 아울러 설명할 수 있는 분야다. 즉, 다양한 사회적 제약 안에서 언어, 인지, 의사소통이 어떻게 연계되어 우리의 다양한 목표를 달성할 수 있는가를 연구하는 분야라 하겠다.

텍스트적 의사소통은 어떻게 이루어지는가, 텍스트성性과 인간의 지적 성장은 서로 어떤 관계에 있으며, 두 가지로 대별되는 텍스트/담화의 표출양식과, 텍스트의 지식 창출기능, 그리고 문학 텍스트의 대체성 원리 등을 논함으로써 텍스트가 과연 우리에게 어떤 기능과 의미를 가지는가를 인지화용론적 틀 안에서 살피고자 한다.

2. 텍스트적 의사소통

a. 텍스트란 과연 무엇인가?

우리에게 텍스트는 언어적 커뮤니케이션의 단위로서(그림 1. 참조) 한 맥락 상황 속에서 살아 숨쉬며, 우리의 의도를 전달하고 목표를 이루게 하는 언어-사회-인지적 기제다. 이는 우리의 지식, 감정, 사회적 상태에 어떤 변화와 개선改善을 도모할 수 있는 행위이자 이벤트이며, 우리의 문법지식과 경험지식 두 가지에 다 의존하여 언어, 사회, 인지가 통합적으로 관여하는 언어사용의 한 실현 체계다. 텍스트를 통해서 우리

Kuhn의 '파라다임'도 각 분야에서의 메다인지적 구성체로 볼 수 있다(cf Frawley 1987: 142).

지식의 대상이 생산되고, 그 가치가 부여되며, 더욱 화청자인 주체들간의 공동체적 의미가 주는 상호적 주관성intersubjectivity, 그리고 타자의 의식 속에 생긴 대상에 대한 다각적 경험의 수렴에서 오는 상호적 객관성interobjectivity이 성립되는(Beaugrande 1997: 109) 하나의 다채롭고 독특한 적응행위공간이다. 즉, 텍스트란 한 문화권의 한 주어진 맥락 안에서 화청자들이 사물의 의미를 전개하고 타협하고 다룰 수 있는 적응가능한 활동의 장場이다.

b. 텍스트적 의사소통

아래 그림 1.에서와 같이 언어적/텍스트적 커뮤니케이션에는 기호적 커뮤니케이션과 추론적 커뮤니케이션의 두 모델이 개입된다. 자체만으로는 미완성체인 텍스트는 기호해득에서 가장 명시적인 의미만이 부분적으로 파악될 뿐, 이에 추론을 통해서 텍스트 상의 애매성이 제거되고(disambiguation), 대용어들의 지시대상이 부여되며reference assignment, 갖가지 이완성 표현들loose talks이 필요로 하는 의미 보충/이완작용semantic enrichment/loosening이 이루어져 비로소 기본적 명제형식과 명시의미explicatures가 들어날 수 있다. 이에 더 하여 한 맥락 속에서 발휘되는 맥락함축들은implicatures 텍스트에서 화청자가 공동으로 참여하는 암묵적 의미구성 현상을 여실히 보여준다(그림 6. 참조). 화자의 말 자체는 어디까지나 〈생각의 이완성 해석interpretive representation〉[2]에 불

2 생각의 **해석적 표상**: 인지화용론적 적합성 이론에서 설정하는 언어사용의 표상에는 해석적 표상과 기술적 표상이 있다. 유사성을 바탕으로 하는 내적 생각의 표상은 해석적 표상이라 하며, 진리성을 바탕으로 하는 외적 상태의 표상은 기술적 표상descriptive representation이라 한다. 해석적 표상에는 두 차원이 있으며 1) 기본적으로 화자의 생각과 언어표현 사이의 관계, 그리고 2) 화자의 생각과 타인의 생각이나, 가능한 또한 바람직한 생각 사이의 유사성을 바탕으로 하는 제 2의 표상관계다(Sperber & Wilson 1986/1995: 224, 김, 이 역 1994: 360).

과하며 청자는 자신의 장기기억(백과 사전적 지식)에서 적절한 정보를 불러내어 이를 추론하고 이해해야 한다.

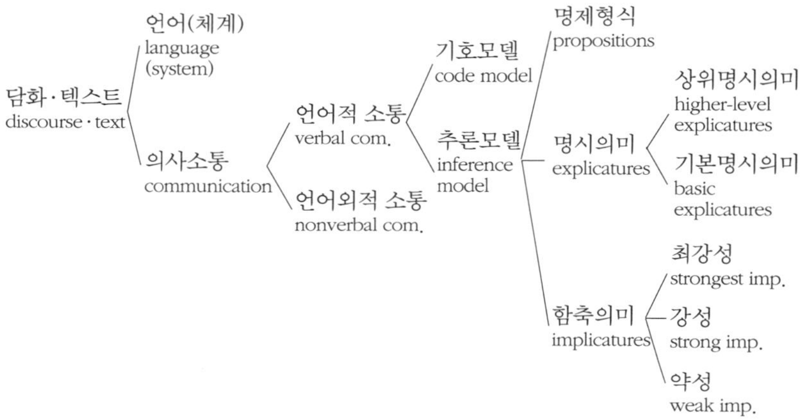

그림 1. 언어와 의사소통

또한 담화/텍스트는 실시간 속에서 다양한 선형원리linear principles[3]가 작용하는 복잡 체계다. 그림 2. 에서와 같이 화자의 풍부하고 다채로운 내적 코드이자 data field인 생각들이 외적 코드인 텍스트에 담겨지려면 기호화 과정에서 많은 생략과 축약을 거쳐 순차적 표현으로 이루어진 하나의 텍스트가 구축된다. 순차적 표현이란 곧 선형화를 의미하며, Beaugrande(1997)는 텍스트에 개재하는 7가지 선형원리를 제시하고 있다. 이렇게 해서 실현된 텍스트는 청독자가 이를 다시 증폭해서 풍부한 화자의 생각인 data field를 복원해야 한다. 이는 곧 우리의 이해과정이 기호해득 및 추론을 겸한 텍스트 처리과정임을 말해준다:

3 **선형원리**: Beaugrande에 의하면 텍스트 상 그 내용과 표현들이 순차적으로 이어지는 여러 접점에서 다음과 같은 7가지 선형원리들이 작용할 수 있다: 속도, 돌아보기, 미리 보기, 융합, 나열, 핵심-부가core-adjunct, 부하loading 원리 등(1997: 152).

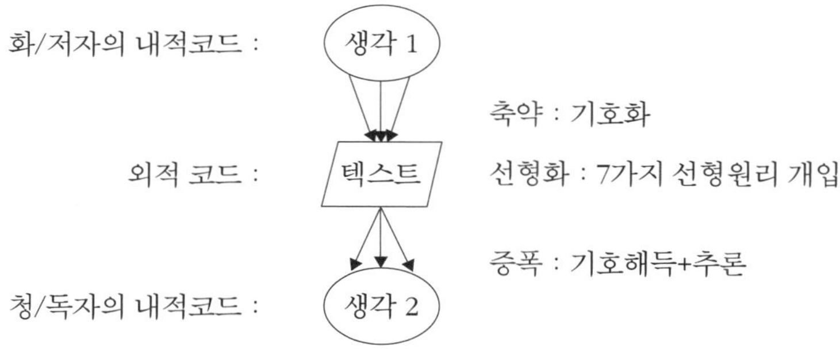

그림 2. 텍스트

따라서 텍스트적 의사소통에 있어서 화청자 양측의 일치된 표상구축(이해)은 불가능하며 의사소통은 어디까지나 근사치에 머물 수밖에 없다(생각1≡생각2). 그것은 추론의 바탕인 화청자의 경험과 배경지식이 서로 다르고 추론 방식에도 차이가 있으며, 더욱 통화 목표도 각자 다르기 때문이다.

하나의 '텍스트'는 그러므로 커뮤니케이션 상 하나의 입력체 또는 직시적 자극/증거일 뿐이다(그림 3. 참조). 시각, 청각, 촉각 등 여타 지각적 입력체계와 더불어 신정보로서 청자에게 입력되는 '텍스트'는 화자의 의도가 직시적直示的으로 파악될 수 있는 단서나 자극, 그 증거an ostensive cue/stimulus/evidence에 불과하다. 따라서 텍스트의 처리/이해는 입력체인 텍스트 자체가 아닌 심층적 **중앙사고과정**central thought processes에서 이루어진다. 중앙사고과정에는 단기기억(활동기억장치)과 장기기억(백과 사전적 기억)이 있으며, 입력된 신정보는 우리의 장기기억에서 관련된 구정보를 불러내어 단기기억 또는 활동기억장치active storage에서 추론작용을 통해 우리의 생각을 수정·보완한다. 즉, 새로운 상정체들assumptions을 산출하거나, 아니면, 기존의 상정체를 제거하거나 강화 또는 약화시키며, 유지해야 할 상정체는 장기기억으로 전이轉移하기도 한다.

이 모든 인지작용들은 통화자에게 긍정적 인지효과positive cognitive effects를 줌으로써 의사소통에서 얻게 되는 소득, 즉, 우리의 세계표상이 개선되는 계기를 마련한다(Sperber & Wilson 1986/95: 117).

여기서 모든 상정체들assumptions은 뭉치로 구조화되고 뭉치로 이동하며 개별적으로 작용하지 않는다. 이들은 **프레임**, **스크립트**, **스키마**, **플랜**, **시나리오**와 같은 상식적, 전형적인 인지/지식 패턴global patterns으로 뭉쳐서 움직이며 소위 문화적 모델들cultural models을 이룬다. 그렇게 함으로써 우리 머리 속에서 지식의 저장과 탐색에 경제성을 기해주고, 그들 상호 간의 타협을 통해 텍스트 생산과 이해를 도모한다. 더욱 상정체들은 활용빈도에 따라 각기 상이한 접근 가능성accessibility을 보인다. 즉 이들은 각기 다른 인지도를 갖는다.

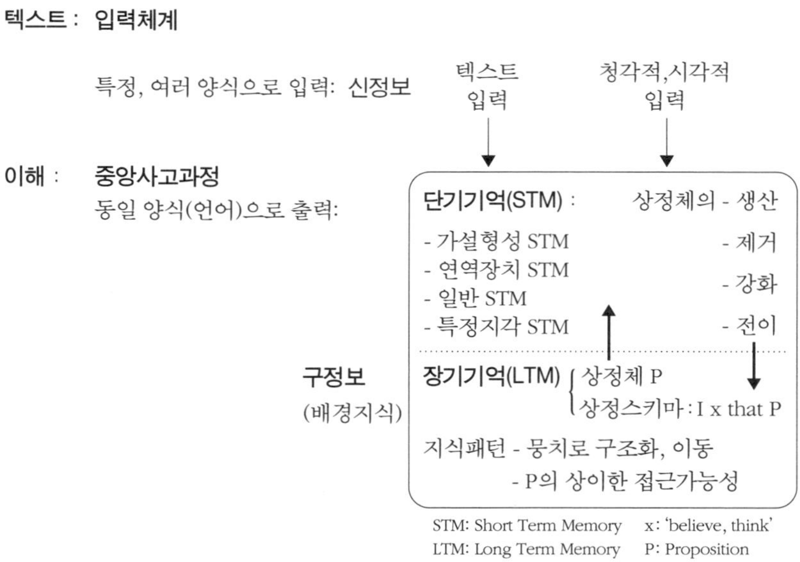

그림 3. 언어적 의사소통: 텍스트의 입력과 중앙사고과정

(cf. 그림 3, p.380)

3. 텍스트성textuality과 인간의 지적 성장

하나의 텍스트를 **텍스트답게 하는 텍스트성**에는 과연 어떤 기준과 원리가 개재하는가? 그리고 이러한 텍스트성의 교직交織을 바탕으로 하는 우리의 텍스트 구사능력은 어떻게 발전되어 왔으며 인간의 지적 성장과 어떤 관련성이 있는가?

a. 텍스트성의 제 원리들과 텍스트적 능력

Beaugrande & Dressler(1981)와 Beaugrande(1997)의 텍스트 언어학에서는 텍스트성을 정의하는 **구성적 원리**로서 7가지 기준이 있고, 그밖에 3가지 **제어원리**가 작용해서 하나의 텍스트를 성립시킨다. 즉, 텍스트 형식의 연결성을 위한 **결속구조**cohesion, 텍스트 세계의 의미적 통합성을 위한 **결속성**coherence, 청화자의 의도/계획과 이를 위해 조정되는 화청자의 태도인 **의도성**intentionality, 컨텍스트와 해당 장면에 대한 텍스트의 적절성을 말해주고 이를 청자가 하나의 텍스트다운 텍스트로 수용하고자 하는 **용인성**acceptability, 통화 요인으로서 신/구 정보 배치와 기대 및 처리심도를 가늠하는 **정보성**informativity, 언술 행위에 의한 관리management와 점검monitoring의 대상이 되는 **상황성**situationality, 그리고 기존의 여타 텍스트와의 연관 속에서 의미적 제약과 탄력성을 누리는 **상호텍스트성**intertextuality이 텍스트의 구성원리들이다.

3가지 제어원리로는 강한 인상으로 목표달성을 기하기 위한 **유효성**effectiveness, 최소노력으로 최대 효과를 기하는 **효율성**efficiency, 그리고 텍스트의 장場과 텍스트성의 기준들이 유지되는 방식의 부합을 말하는 **적절성**relevance이 있다. 위 세 가지 제어원리는 인지적 화용론에서 직시-추론적 커뮤니케이션ostensive-inferential communication의 핵심원리로 다루어지는 **적합성원리**the principles of relevance에 모두 수렴될 수 있겠다.

이러한 텍스트성 기준들의 교향을 바탕으로 하는 우리의 텍스트적 능력이란 무엇이며 이는 어떻게 발전 되어왔고 앞으로 어떻게 발전 돼 나갈 것인가? 텍스트적 능력은 우리의 지적 성숙과 더불어 발휘되어 왔다(표 1. 참조). 개인의 성장단계나 인류 전체의 성장단계를 살펴보면 소박한 구어 단계에서 비롯해 텍스트 구사 단계가 다음으로 이어졌으며, 개인적으로는 10세 전후해서 텍스트적 능력이 생기기 시작하고, 그 이전 단계는 단순한 생각의 표출이나 텍스트성의 기준이 충족되지 못한 언술이었을 것이다.

이에 관한 Frawley(1987)의 생각을 요약하면 표 1.과 같다. 인류사적으로도 우리가 과거지사를 회수하고 기록할 수 있는 역사가 생긴 것은 텍스트를 통해서 가능해졌으며, 텍스트를 통해서 인지적 책략을 동원해 효과적으로 자신의 의도를 전달할 수 있게 되었다. 텍스트를 통해 지식을 축적, 확장하고 정보를 비축했을 뿐 아니라, 상품(책)으로서의 텍스트 가치를 부여할 수도 있게 되었다. 텍스트를 다룰 수 있게 되면서 비로소 기표signifier만이 아닌 기의signified에 초점을 맞추어 추론을 통한 해석으로서의 의미가 생겨났고, 지금 우리가 소중히 여기는 경서經書나, 교의敎義 등이 생겨날 수 있었으며, 귀납과 연역법을 동원한 분석적, 과학적 사고뿐 아니라, 가설, 사실반대, 가정 등 새로운 연결관계가 우리 사고영역으로 들어올 수 있게 되었다.

결국 텍스트는 단순한 의사소통의 도구가 아니라 우리 정신 구축에서 중재자, 조정자 역할을 한다. 우리로 하여금 어떤 문제를 가려내어 그 해결을 도모케 하고 더욱 그 해결의 정당성을 기해준다. 텍스트 능력은 개인적, 인지적 능력의 산물이며, 개인과 인류의 성장, 역사성, 해석, 추론, 그리고 상징적 사고, 활발한 자기성찰이나 메타 인지적 정신행위를

표 1. 역사적, 개인적 지적 성장패턴: 텍스트성의 발전단계와 그 특성들

비 텍스트성 단계 (구어성 orality) →	텍스트성 단계 (읽기·쓰기 능력 literacy) →	상호텍스트성 단계 (고도의 literacy)
1) 도상적 표상	**지표적 표상**	**상징적 표상**
2) 항상성homostasis -폐쇄성, 안정성, 정보/지식의 비 축적성	**성장성**growth -지식/정보의 축적, 증대 -텍스트의 상품화	**의미의 복수화/다각화** -다중성, 반 축적성 -주석으로서의 지식
3) 설說 이전predoxa -무 교조 -명제의 등위접속 -가설형성abduction -[가설, 반사실성, 동시성, 종결성 연결관계가 없음]	**설**doxa -교조적 -명제의 종속접속 -귀납/연역/분석적 사고 -가설, 반 사실성, 동시성, 종결성 연결 관계가 있음	**역설**paradoxa -의견의 파편화 -개작re-doing 위주 -행위논리만 있을 뿐 -자기검토로서의 지식 -내용보다 문체 우선적
4) 문화적 통일성	**문화적 지연현상**	**문화적 소외 현상** -문화적 집중/소외현상 (아노미)
5) 무 시간성 -과거 회수 불가	**시간성/역사성** -과거 회수/기록(역사 출현)	**메타 역사성** -재구성, 역사화(역사적 글)
6) 진리의 파악 prehended truth -실제세계에서 진리 확인	**포괄적 이해** comprehended truth -텍스트/독자로써 확인	**인용, 각주**citationality -진리의 언어화, 각주화
7) 필사자scripter -도상적 표상	**저자**authorial -의도성 -지식 '증폭'	**저자 기능**authoritative -저자는 없이 저자기능만 남고 용인성 문제가 남음
8) 비 기호성 -기호성 도외시 -기호에 초점 안 두기	**기의記意 중심** -기의에 초점 -해석으로서의 의미	**기표記標 치중** -기표에 초점 -의미는 곧 행위 -지속적 의미구축

(Frawley 1987 제2장 참조)

가능케 해주고 있다. 요컨대 우리의 변화무쌍한 생각의 가닥이 잡히는 것은 텍스트적 제 작용을 통해 가능하다고 말할 수 있겠다.

b. 텍스트성에서 상호텍스트성으로

우리 마음이나 정신이 과연 무엇인가를 고찰하려면 곧 텍스트란 무엇이며 언어란 무엇인가에 대한 해답 없이는 불가능하다. 우리의 마음은 상호텍스트성에 힘입어 더욱 사회-텍스트적 과정을 밟게 되었고, 여기서 텍스트의 기능은 우리의 인지적 정신체계 구성을 위해 데이터를 제공할 뿐 아니라 그 데이터의 궤적과 자리를 마련해주는 구실을 하게 된다. 고급한 사고일수록 언어 없이는 불가능한 것이며, 상징적 사고, 자기 성찰적 사고, 메타 인지적 사고 등은 언어, 인지, 사회적 요인들의 종합적 수렴과 교직交織에서 비롯된다.

어떻게 텍스트는 우리의 메타인지적 정신작용을 유도하고 촉진하는 장이 되는가? Frawley(1987)에 의하면, **메타인지**란 언어의 내면화로 유도된 고도의 사고, 인지에 대한 또 하나의 인지 행위를 말한다. 메타인지 없이는 어떤 정보의 선택적 처리나, 어떤 정보를 기억에 비축할 것인가의 결정이나, 문제해결에 이르는 방법 등이 불가능하다. 텍스트를 통해 비로서 인간에게 광범한 추론의 장이 가능해졌으며, 다양한 텍스트적 변형과 결합에 힘입어 텍스트의 추론 공간과 그 언어구조적 요인들의 협동으로 무한히 열린 결과를 출력할 수도 있게 되었다. 결국 상호텍스트성이 빚어내는 무한대의 연결망이 가능해졌으며, 따라서 우리 정신의 무한한 발전가능성을 기할 수 있게 된다. 우리가 구사할 수 있게 된 무한정의 상호텍스트성이 시사하는 바는 곧 우리 정신 자체의 무변 방대함일 것이다.

Karl Bühler(1934/1990)가 제시하는 언어의 Organon모델에는 언어

의 3기능, 즉 symbol로서 대상세계를 규제하고, signal로서 타자를 규제하며(또는 타자에 의한 규제), symptom으로서 스스로를 규제하는 기능들이 있다. 텍스트는 그 symptom으로서 바로 강력한 자아 규제적 기능을 발휘할 수 있으며, 우리정신의 최고 지식형태인 메타인지적 기제로서 작용한다는 점이 특히 중요하다. 텍스트에는 우리자신과 우리자신의 정신을 스스로 규제하는 언어적 중재/조정 기능이 갖추어져 있다. 개인의 정신 구축은 추론공간을 통해서 이루어지며, 추론공간이란 그림 3.에서 단기기억(STM), 즉 활동기억 장치active storage를 말하는데, 이는 정신의 한 형태이자 그 발전공간이다. 즉, 인간은 텍스트들을 생산하고, 그러므로써 청화자의 두 텍스트 세계의 동질화를 추구하며, 여타 텍스트들과의 연결 속에서, 즉 상호텍스트성을 통해서 지속적으로 정신 구축을 기하고 논의공간discursive space을 확충해 나갈 수 있다. 결국 개인의 정신은 사회-텍스트적 환경 속에서 텍스트의 자아규제기능에 의하여 점차 확충 돼가는 것이라고 말할 수 있겠다.

상호텍스트성에 바탕을 둔 이러한 우리 정신이론의 기본원리를 Frawley는 다음과 같이 명쾌하게 제시하고 있다:

> *Indivisuals construct mind in a discursive space through the varieties of order available to them from the texts which, consisting wholly of language, regulate their own and other's thought (1987: 150).*

4. 텍스트/담화의 두 표출 양식: 설화적 양식과 비설화적 양식

우리의 정신 구축의 장이며 의사전달의 도구인 텍스트와 담화는 어떤 양식으로 제시되며 또한 인식되는가? Georgakopoulou & Goutsos

(1997)가 우선 구별하는 것은 설화적(통합적) 양식과 비설화적(계열적) 양식이다. 우리가 하나의 인간존재가 되는 것은 각기 자신들의 이야기를 통해서 스스로를 발견하고 자신이 지니는 이야기를 회상하고 고찰할 수 있다는 데서 비롯된다. 즉, 설화체narratives적 표출방식은 인간이 처하게 되는 주관적 현실, 경험, 믿음, 의심, 감정 등, 인간적이며 개인적인 국면들을 통합적으로 인식하고 알아 가는 하나의 방법이며 우리의 가장 기본적 표출양식이다. 그 밖의 모든 비설화적non-narratives 유형들은 설화적 양식에 속하지 않는 유형들을 총괄해 말하는데, 이는 자연의 객관적 현실이나 진리, 관찰, 분석, 증거, 합리성 등을 알아 가는 방법으로서, 소위 과학이라는 이름 아래 기술되는 여러 여타 유형들, 즉, 설명체expository, 절차체procedural, 논증체argumentative, 기술체descriptive 텍스트 등을 총괄하는 계열적(선택적) 양식이다.

a. 설화체 양식(통합적 표출양식)

말은 우리의 지식, 경험, 인지의 모델형성 체계modeling systems다. 특히 개인의 세계관을 담을 수 있는 강력한 양식이 곧 설화체이며, 이는 하나의 표출형식일 뿐 아니라 경험의 구성양식이기도 하다. 즉, 텍스트/담화에서 뿐 아니라 인간의 지식과 상호행위의 구성양식에서도 핵심적 역할을 하는 것이 본 양식이다. 설화체는 세계에 대한 견해, 지식에 대한 주장을 표출하는 경우에도 쓰이며, 설명체를 대신해서 우리의 지식을 기호화할 수 있는 인간의 가장 기본적 표출양식이고 방도이기도 하다.

과거에 일어났듯이 앞으로 일어날 것으로 상상이 되는 사상事象events과 관련이 있는 설화체에서는 이들이 일정한 시간 안에서 재구축 및 재구성되며, 사건 진행상의 행위와 상태로 구분되고, 더욱 그 사건의 균형을 깨트리는 과정이 드러난다. 이 균형의 깨어짐을 보완하고자 또 다른 일들이 순차적으로 벌어지고 이들은 목표와 플랜에 따른 인간 행위로서 표출된다. 각별한 시점視點 또는 관점에서 사상들events의 순차적 발생을 언급하되, 이들에 대한 화자의 태도, 느낌, 감정도 아울러 표출될 수 있다. 의미와 구조를 줌으로써 이들을 여과하며 그 모습을 부여하는 설화체 양식은 화청자 간에 공유하는 바를 부각시킴으로써 정서적 일체감을 유도한다.

설화체 양식은 단순한 과거지사의 표상이 아니라 각별한 관점에서 이를 재구성하고 재구축하는 것을 의미한다. 삶의 여러 단계에서 같은 과거지사가 전혀 새로운 방법과 목적으로 당면 사정에 맞추어 재구성 되나올 수 있게 한다. 이와 같이 우리의 기억은 머리에 비축된 지식과 자료를 선택해서 우리의 의도와 목표에 따라, 있는 자료들을 유의미한 패턴으로 텍스트를 조직화하는 강력한 능력을 지닌다. 설화체는 폭넓게 보고문, 포괄적 기술記述, 미래 이야기, 플롯 요약 등을 두루 포함하며 현대에 와서 더욱 중요한 장르로 떠오르고 있다. 그 한 예로서 과학이야기의 설화체적 해설이나, 자전적 이야기와 과학지식이 합류한 예 등을 우리는 최근에 빈번히 접할 수 있다.[4]

b. 비설화체 양식(계열적 표출양식)

종래 담화연구는 설화체에 주력해왔고 기타 계열적(선택적) 양식에 속하는 장르들은 각기 독립적으로 연구돼 왔기 때문에 비설화체로서의 전체적 특성은 잘 가려지지 못해왔다. 비설화체는 특정한 지식을 성찰하고, 구축하고, 그 논의에 참여하기 위한 언어사용 문제로서, 어떤 주

---

4 그 대표적인 예로서 Murray Gell-Mann의 *The Quark and the Jaguar: Adventures in the Simple and the Complex* (London: Little Brown, 1994)를 들 수 있다.

제에 관한 우리들의 믿음, 견해, 태도, 기술, 쟁론 등을 다루고자 할 때 쓰이며, 그 초점은 개인적 경험보다는 일반 진리나 평가에 두어지고, 인간적 행위나 그 동작주 보다는 사상events의 상태, 과정, 견해, 믿음, 또는 여러 종류의 정보 논의에 두어진다.

비설화적 텍스트 양식을 사용할 때 우리는 무엇보다도 문제성, 상황, 상태, 행위, 과정에 관한 평가와 그 수용 가능한 입장을 언어로 표현하고 흔히 서론, 본론, 결론 등의 형식을 따르게 된다. 설화체가 '무엇이 일어났는가'에 대한 해명이라면 비설화제는 '왜 그러했는가, 그러해야 했는가'에 대한 해명이다. 이는 시간적 차원을 지니지 않는 주제를 중심으로 논의되며, 따라서 그 순서도 시간적 순차성 보다는 논리성이나 구조성에 의해서 좌우되는 논증, 설명, 기술, 절차적 담화/텍스트들이다.

Georgakopoulou & Goutsos가 합리적으로 대별하고 있는 텍스트/담화의 두 표출양식은 표 2.에서와 같이 원형적 기능에서 근본적 차이를 보인다(1997 : 52).

표 2. 설화체와 비설화체 양식의 비교

	설화체	비설화체
제시순서	시간적 순차성	복합적, 다중적(논리성과 시간성 등에서)
특정성	과거에 일어난 특정 사상/사건	일반적 진리성, 전칭성
표준성	평형의 깨어짐과 그 재정립	표준치에 대한 논의
지시성	재 구축된 사상/사건	검증될 수 있는 사상/사건
관점	사적, 개인적	비 개인적, 비 특정적
맥락	타협의 대상	맥락의 불변성

설화체가 화자와 청자간에 하나의 공동체 인식을 갖게 하고, 참여자간의 친근성을 조장하고 유대의식을 강화하는데 비해, 비설화체는 정

보의 전달과 대상을 설득하고, 증거하고, 거부하는 기능을 지닌다.

그러나 위 두 표출양식은 문화권에 따라 그 채택 가능성이 다르며, 전략적으로 이야기 구조와 정보전달의 방도가 달라질 수도 있다. 따라서 이 두 양식은 인간의 복잡한 상호교류 행위를 이루는 하나의 지속대 위에서 비교되는 두 점으로 보는 것이 타당할 것이다.

5. 텍스트/담화의 지식전달 기능과 지식변형(창출) 기능

텍스트가 지니는 지식전달기능 외에 또 하나 간과할 수 없는 중요한 기능은 지식변형과 창출의 기능이다. 텍스트란 단순히 우리의 지식을 담아내는 그릇이 아니라 강력하고 활발한 지식창출의 장이 될 수 있다. 즉 텍스트는 우리가 '알고있는 바'와 '알고싶은 바'를 발견하는 장으로서, 단순한 지식을 말하고 전달하는 초보적 텍스트 기능은 어린이나 비전문가의 경우이고, 풍부한 경험과 전문지식이 있는 사람에게 텍스트는 지식변형과 창출의 기능을 아울러 지닌다. Beaugrande의 말대로 "텍스트란 새로운 지식을 생산하고 그들의 새로운 연결가능성을 모색하기 위해 짜만드는 하나의 직물과 같은 것이다"(1997: 428).

우리가 다루는 지식은 어떤 고착된 사실들의 래퍼토리가 아닌 풍부한 행위양식들이다. 즉, 지식은 우리가 아는 바를 서로 연관시키고 변화시키는 행위로서 그 자체가 언제나 변화, 개선될 수 있는 잠정적 성격을 갖는 역동적, 상호적 개념이며, 그래서 우리가 이미 알고있는 지식이나 사실들은 다만 더 깊은 차원의 어떤 원리들의 실현사례로서 다루어져야 하며, 이러한 현상을 체계적으로 다루기 위해 동원되는 것이 바로 텍스트인 것이다.

다시 말해서, 우리의 지식과 (텍스트적) 의사소통은 따로 독립된 것이 아니라 상호 보완적이며, 그래서 어떤 완성된 아이디어나 해답 없이도 텍스트/담화적 소통에 참여할 명분이 우리에게 주어져있는 것이다. 이러한 논의는 Bereiter & Scardamalia(1987)가 제시하는 텍스트 실현의 두 모델 즉, 지식전달(말하기) 모델과 지식변형(창출) 모델이 잘 설명해 줄 수 있다.

a. 지식전달(말하기) 모델Knowledge-telling Model: 기본 모델

Renkema(1993: 171)에 소개된 Bereiter & Scardamala(1987)의 소위 지식전달(말하기) 모델은 미경험자 또는 아이들이 사용하는 텍스트작성의 기본모델로서, 지식변형(창출) 모델과 달리, 내용문제영역과 수사문제영역이 따로 없다. 즉, 텍스트 작성플랜이나 수정과정이 별로 없고, 이 두 학자들의 실험결과에 따르면 새로운 정보가 대부분 화제와 이전 텍스트에서 나온 것이며, 작문을 하기 전의 메모요지와 실현된 텍스트가 거의 동일하다. 즉, 수사적 문제가 별로 개입되지 않고, 아는 그대로, 별 수정없이 직접 말하거나 쓰는 경우라 하겠다.

b. 지식변형(창출) 모델Knowledge-transforming Model

한편 지식변형(창출) 모델은 노련한 전문가나 경험자의 모델로서, 그림 4.에서와 같이 내용문제와 수사문제라는 두 영역이 따로 주어져 있고, 그 안에 위 지식전달 기본모델(a.)을 문제해결 과정 속에 포함시키고 있다. 그렇다면 소위 〈새로운 아이디어〉는 어디에서 오는가? 위 두 학자의 실험결과 그 60%가 내용문제 영역과 수사문제 영역의 활발한 상호작용에서 도출된 것이라고 한다. 내용과 표현의 패턴 일치화pattern-matching를 기하는 노력이 각별하고, 텍스트 플랜 요지와 실현된 텍스트가 따라서 동일하지 않으며, 수사적 문제들이 매우 신중히 다루

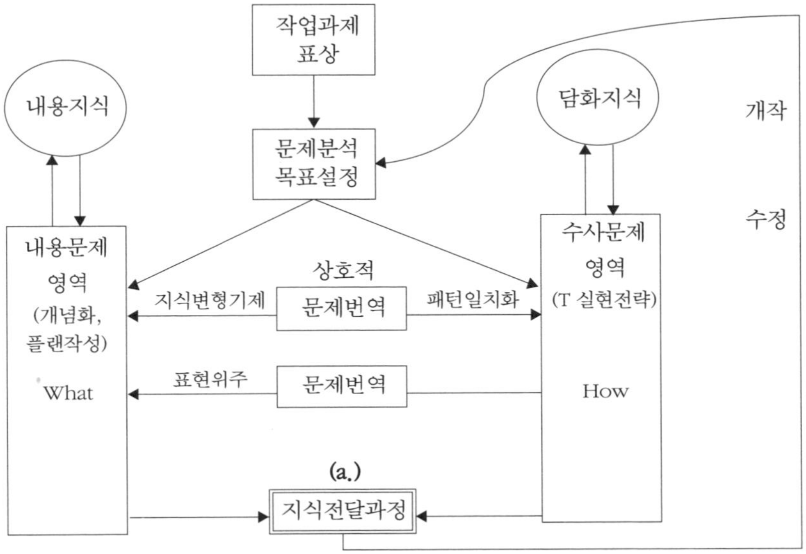

그림 4. 텍스트 실현의 지식변형(창출)모델(b.) (Renkema 1993: 172 참조)

어졌음을 보이고 있다. 즉, 어떻게 효과적으로 상대에게 이해시킬 것인가, 어떤 표현이 더 설득력이 있는가의 문제가 다루어졌으며, 복잡한 과정을 통해 창의성이 계속 텍스트 실현과정에서 발휘되고, 어떤 통찰력을 새로이 얻거나 자신들의 의견을 공들여 바꾸어 가는 과정이 활발히 개입되고 있다.

결론적으로 하나의 텍스트는 초기의 전달내용이 여러 수사적 정신작용을 거쳐 수정 보완되어 완결(실현)된 것이다.

6. 문학 텍스트와 대체성 원리

가장 복잡한 고도의 성찰적 사고와 다양한 표출양식을 우리에게 종용하는 것은 문학적 텍스트다. 문학 텍스트는 무엇보다도 **대체성 원리**the principle of alternativity에 입각한 텍스트 행위로서, 독자들은 이를 통해서 또 다른 하나의 **대체적 세계**를 구상하든지 통찰코자 한다(Beaugrande & Dressler 1981, Beaugrande 1988 참조). 즉, 문학 텍스트에 재현된 세계 표상은 사회적으로 이미 구축되고 습관적으로 받아드려지는 **현실세계에 대한 대안**을 의미하거나 표상한다. 우리의 현실세계에서 도외시되거나 기존의 텍스트들에 미쳐 실현되지 않았던 각별한 여타 국면들을 제시하고 전개시키는 하나의 제도적 장치가 곧 문학적 텍스트 행위다(김 1996: 111, Beaugrande 1997: 493 참조).

a. **대체성 원리**The Principle of Alternativity

대체성 원리(PA, 그림 5.)는 문학 텍스트가 독자에게 불러일으키는 문학적 텍스트 세계textual world 및 실재實在세계와 우리가 실제로 접하는 현실세계 사이에 있는 여러 다양한 정도의 불일치에서 전개되는 문학적 구성원리constitutive principles, 즉, 문학을 정의해주는 원리이며, 이를 의도적으로 의식하는데서 문학이론의 대상으로서의 문학성文學性이 찾아진다. 우리가 실제 처해있는 현실세계는 궁극적 실재實在세계와는 거리가 있는 것이다. 여기서 현실세계는 말하자면 우리의 인지작용, 절충작용, 상호작용의 결과로서, 잠재적 관련 국면이나 가능한 여타 관점들이 누락되었거나 선택되지 않았거나 거부된 결과라고 볼 수 있다.

대체적 문학 텍스트세계($TW_{1,2,3\cdots}$)는 현실세계처럼 일련의 대상, 사상events, 상황, 행위의 구성체이되, 구체적 현실의 기록을 위시해서 공상/상상물에 이르기까지 하나의 넓고 긴 지속대를 이루는 다양한 텍스트 세계다. 이들은 **정보성의 여러 차원**orders of informativity[5]에서 현실과 홍

---

5 정보성의 3차원(단계) 수용자에게 제시되는 정보는 다음 3단계로 가려 볼 수 있

미롭게 관련되어 있고, 우리가 당면한 현실세계를 새로운 관점에서 조명해 주며, 인간의 고정관념이나 습관적 지각행위를 심미적으로 탐색/수정/갱신해줄 뿐 아니라 다채로운 대체적 세계를 제시함으로서 독자가 현실에서 풀려나 스스로 해방될 수 있게 하는 일종의 텍스트적 수단이다. 즉, 문학 텍스트를 읽음으로서 삶의 익숙함과 편견과 예측된 바에서 자유로워질 수 있게 된다. 이상적으로 이들은 실재세계實在世界의 제 국면을 담거나 반영하고 있는 것이며 그림 5. 에서와 같이 한 개인이 재독再讀할 때마다 문학텍스트 세계는 달라질 수도 있고 또한 독자마다 다를 수 있는 특징을 보인다.

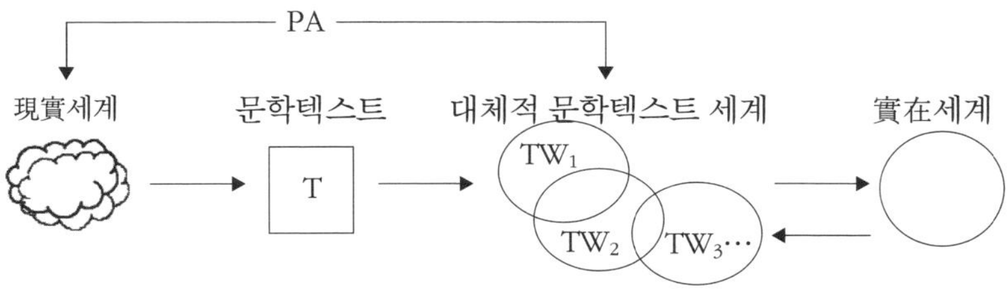

그림 5. 대체성 원리 The Principle of Alternativity (PA)

사람은 언제나 새로운 의미를 추구하고 있으며, 문학 텍스트는 그러한 새로운 의미들을 추출할 수 있는 장이다. 문학 텍스트를 통해 새로운 비교와 새로운 문제제기, 그리고 그 해결책의 새로운 타협을 모색할 수 있으며, 다양하고 지극히 사적인 의미행사의 장을 원리적으로 열어주는 추론 공간이자 가장 복잡하고 정밀한 텍스트성의 교직을 가능케 하는 인간 특유의 적응행위공간이라 하겠다. 이러한 원리는 인지화용

다 : a) 1차 정보성 : 수용자가 이미 다 알고 있는 구 정보. b) 2차 정보성: 구 정보와 새 정보가 함께 제시되어 가장 효과적인 소통이 가능한 차원. c) 3차 정보성: 매우 새롭거나 의외의 정보로서 소통이 어려운 차원. 우리는 1차 정보성의 격상upgrading과 3차 정보성의 격하downgrading를 통해 2차 정보성 단계에서 이해의 연속성을 기하게 된다(Beaugrande & Dressler 1981, 김, 이 역 2002: 213 참조).

론에서 제시하는 가설형성abduction, 연역법, 함축의미, 특히 약성 함축 의미들과 이들을 성립시키는 청독자 측의 다양하고 적합한 **맥락 선택**[6]으로 설명될 수 있을 것이다.

b. 적합성 이론Relevance Theory과 약성 함축의미

문학 텍스트에서 벌어지는 창조적 의미의 전개는 우리의 상상력에 기인하며, 그것은 인지화용론적으로 곧 약성 함축의미들을 자아내는 인지과정에서 비롯된다. Sperber와 Wilson을 중심으로 하는 인지화용론자들이 적합성 이론의 틀 안에서 주장하는 바 인간의 의사소통은 대체로 다음과 같은 것이다: 즉, 각별한 맥락 안에서 특정한 화자는 특정한 명시의미explicatures와 특정한 함축의미들implicatures[7]을 소통코자 하며, 청독자는 텍스트에 직시적直示的으로 표출된 자극ostensive stimulus이나 지침에 주의를 기울여 언어의 부정확성에서 오는 여러 해석들 가운데 부적절한 가능성과 맥락들을 모두 제거해서 의도된 내용을 복원할 수 있다고 주장한다.

---

6 **맥락 선택**: 맥락이란 일련의 구정보들(장기기억, 백과사전적 지식, 신념, 각종 지각 작용에서 얻어진 정보들)로서 이미 주어진 것이라기보다는 이해과정 전반에 걸쳐 최적의 적합성을 기한다는 관점에서 탐색 또는 선택되는 것이다. 하나의 각별한 맥락을 청자가 선택한다는 것 자체가 해석과정의 일부를 의미하며, 성공적 의사소통은 화자가 유도하는 맥락을 청자가 선택했을 때 비로소 이루어진다.

7 **명시의미explicature와 함축의미implicature**: 다음 대화에서 추출되는 명시의미와 함축의미를 각각 알아 보자.

문 : *How is Jane feeling after her first year at the university?*

답 : *She didn't get enough units and can't continue.*

명시의미 : Jane didn't pass enough university course units to gualify for admission to second year study and as a result Jane cannot continue with the university.

함축의미 : Jane is not feeling at all happy about this.

즉, 명시의미는 표현에 대해서 중의성 제거, 지시대상 부여, 의미 보충 등이 일어난 명시적 의미이며, 함축의미와 명백한 대조를 이룬다.

인간의 의사소통에서 명시적으로, 그리고 암묵적으로 전달되는 다채로운 의미 내역들을 간략히 정리하면 대체로 다음과 같다.

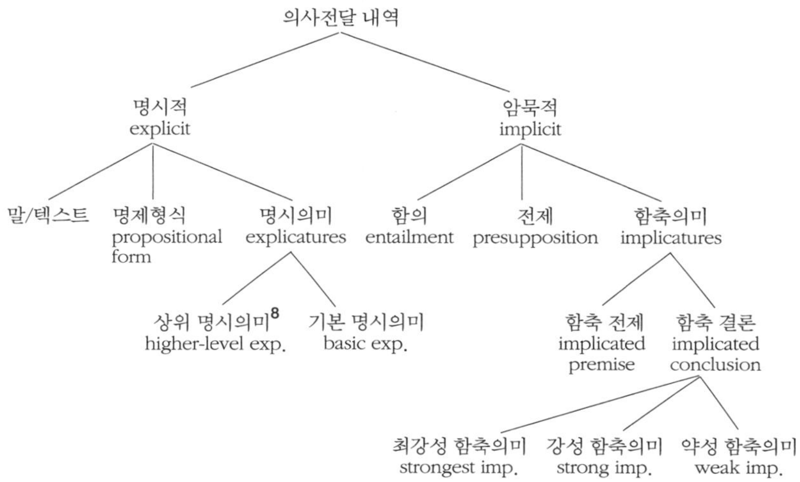

그림 6. 인간의 의사소통 전달 내역

명시의미나 함축의미에는 강도의 차이가 있고, 특히 최강성 및 강성 함축의미는 어디까지나 화자가 의도하며 책임을 지는 함축의미다. 그러나 **약성 함축의미**weak implicature는 화자의 보장이나 후원 없이 청독자 스스로가 전제와 결론을 이끌어 내는 비 확정적 함축의미로서, 독자로 하여금 텍스트세계를 떠나 상상의 세계로 들게 한다. 약성 함축의미의 공간을 통해 언술의 적합성을 새로이 구축하는 특수 효과를 거두게 되는데, 말하자면 청·독자는 맥락을 자유로이 확대해서 자유연상을 누릴 수 있다. 이때 연상들과 텍스트가 합성적으로 이루어 낸 새로운 정보들, 즉, 약성 함축의미들은 화·청자 공동의 지식이기보다는 공동

8 **상위 명시의미**: [나는 …… 라고 x 한다(I x that ……)] 여기서 x는 '생각한다', '믿는다'. 모든 언술 상위에 심층적으로 작용하는 1인칭 명시의미.

의 인상을 자아낸다고 하겠다.

창조적 은유일수록 약성 함축의미에 힘입어 다양한 맥락에서 참신한 해득이 가능하다. 문학은 텍스트 자체에 주어진 문맥이나 개념을 넘어서서 광범한 지식공간을 거쳐 스스로 새로운 해석 영역으로 들어갈 뿐 아니라 지속적으로 약성 함축의미를 자아내는 창조적 인지작용이기 때문이다.

한 짧은 예시를 들어 텍스트에서 벌어지는 명시의미, 함축의미들의 다양한 의미기미들을 살펴보자. 가령 이정록의 시 〈줄탁〉(이정록 2001: 67)에서는 텍스트 자체를 명제형식들propositions로 다루어도 무방할 수 있겠으며, 기타 명시의미, 최강성 함축의미, 강성 함축의미, 그리고 약성 함축의미 등을 각각 표 3.에서와 같이 가려볼 수 있을 것이다.

〈예시〉

줄탁

이정록

어미의 부리가
닿는 곳마다
별이 뜬다.
한번에 깨지는
알 껍질이 있겠는가.
밤하늘엔
나를 깨려는 어미의
빗나간 부리질이 있다.
반짝, 먼나라 별빛이
젖은 내눈을 친다.

표 3. 예시 〈줄탁〉의 명시의미와 함축의미 (이정록 작)

시행	텍스트/명제형식	명시의미	함축의미		
			최강성	강성	약성
1	**어미의 부리가**	어미 닭	어머니/스승의 사랑/가르침	초자연/절대자의 사랑/꾸짖음	성모마리아의 자애 등
2	**닿는 곳마다**	여러 곳/때			언제 어디서나 (시간/공간)
3	**별이 뜬다.**	틈새 빛/껍질의 파상	깨우침, 신호	초탈의식/희망	아픔/환희/신비감/은총 등
4	**한번에 깨지는**		계속적 시도 필요	쉽지 않다. 안/박에서의 지속적 노력	내 노력이 부족하다/내 탓이다 등
5	**알 껍질이 있겠는가.**	없다(수사 의문문)			
6	**밤하늘엔**	어둠과 고요함	나의 無明/무지	절망 속	무언의/무상의/절대자 측의 노력 등
7	**나를 깨려는 어미의**	실패한 부리질	실패한 사랑/가르침	내게 주어진 시련/고난/아픔	내가 제대로 수용하지 못한 가르침/사랑 등
8	**빗나간 부리질이 있다.**				
9	**반짝, 먼 나라의 별빛이**		진리의 빛	깨우침	피안에서 오는 초월적 빛 등
10	**젖은 내 눈을 친다.**	알에서 곧 나와 물기 어린 눈 (탄생)	통한의 눈물 짓는 나 (감동, 감사, 기쁨)	감사의 눈물, 갈원하는 눈물 (큰 깨우침)	무아의/완전히 굴한 등 (절대자와의 마주침)

문학 텍스트는 이와 같이 일반 텍스트보다 *처리 노력*이 더 하고, 따라서 새로운 *처리 효과*도 가져온다. 독자 스스로 맥락을 선택해서 각 함

축의미 층에서 일관된 의미의 결속성coherence을 구축하고, 다중적 읽기와 해석의 가능성을 각자 모색하고 즐길 수 있어야 한다. 이는 종래 문학연구자들의 입장에서처럼 텍스트 자체가 주는 것이 아니라 본질적으로 독자의 능동적 사고행위에서 찾아진다. 다시 말해서, 이는 텍스트의 속성이 아니라 텍스트를 통해 청독자 개인이 거두는 인지효과로서 메타인지 작용의 결과다. 이때 텍스트의 언어는 다만 우리의 생각을 해석적으로 **표상**[9]하고 지극히 유연하게 인간의 의도를 직시적直示的으로 담아내는 하나의 자극이요 지침일 뿐이다.

모든 고급한 문학작품들은 무한성/영원성을 누린다. 새로운 세대가 거기서 새로운 뜻을 발견하며, 언제나 새로운 무엇을 보태고, 그들이 달리 해석해야 할 무엇을 거기에서 찾게 마련이다. 그것은 한 개인이나 한 세대가 텍스트를 대할 때마다 새로운 맥락 함축의미들을 얻어낼 수 있고, 긍정적인 인지효과를 거둠으로서 그들의 의식과 세계관을 다시금 새로이 넓혀가고 수정하고 개선해 가기 때문이다. 약성 함축의미들이 가져오는 긍정적 인지적 효과는 곧 시적 효과로 이어지며, 문학적 감동을 불러와 우리에게 정서적 일치나 정신적 인접성을 맛보게 하는 기제가 된다.

7. 결어

시학의 관심은 텍스트에 대한 탐색에 있고 텍스트세계의 내용과 이벤트들이 구축되어 가는 그 과정에 있다. 텍스트의 의미가 무엇이냐가 아

9 **해석적 표상**: 생각과 표현의 관계가 진리성보다는 충실성, 동일성보다는 유사성을 기반으로 하는 표상관계. 이에 반해 생각과 표현이 비교적 동일성과 진리성을 기반으로 한 표상관계를 지닐 때 이를 **기술적 표상**이라 한다(김 · 이 1994: 360 참조).

니라 어떤 형성조건과 과정을 거쳐서 어떻게 다채로운 의미들을 구축해 가며, 그래서 어떤 *텍스트 세계*와 *시적 현실*을 성립시킴으로써 어떤 긍정적 인지효과와 시적 효과를 거두느냐에 있다. 이는 인지화용론적 추론모델을 통해서 가능할 것이며, Pilkington(2000: 18)의 지적처럼 그것은 언어적 구성과 그 효과 사이의 간격이 화용론적, 심리언어학적 이론의 도움 없이는 채워질 수 없기 때문이다.

텍스트의 기능은 곧 마음이라는 인지언어학적 체계 구성에 데이터를 제공하고 그 데이터에 궤적을 부여한다. 우리에게 텍스트란 다름 아닌 우리 〈마음의 시학〉을 탐색하는 풍요로운 장場이 될 것이다.

제5장

번역논문

言語學과 詩學

14 言語學과 詩學*
—Linguistis and Poetics

Roman Jakobson
(1896.10~1982.7)

학술회의學術會議와 정치회의政治會議는 다행히도 공통점이 전혀 없다. 정치적인 회합의 성공은 참가자의 대다수 혹은 전원의 전반적인 의견이 일치하느냐 안 하느냐에 달려 있다. 이와는 달리 학문적인 토의에는 거부권이나 투표권의 행사가 있을 수 없고 의견의 불일치가 일치보다 일반적으로 더 생산적인 것이 된다. 의견의 불일치는 오히려 논의되는 연구 분야의 내부 모순이나 긴장을 나타내며 새로운 탐구를 촉구한다. 학문적인 회합과 유사한 것은 정치적 회의가 아니라 차라리 남극 탐험 활동이다. 여러 학문에 종사하는 각국의 전문가들이 마치 미지未知의 영역에 대한 지도를 작성하듯이 탐험자에게 가장 큰 장애물, 정복하기 힘든 산정山頂, 또는 절벽의 위치를 알아내려고 한다. 바로 이러한 새 지도地圖의 제작이야말로 본회의의 골자가 되어 왔고 그런 점에서 성공적이었다고 생각된다. 우리는 어떤 문제가 가장 절박하고 이론異論

이 분분한가를 알게 되지 않았는가? 또한 분야별로 상이한 전문용어를 사용하는 학자간의 오해를 막기 위해서 어떻게 신호체계를 바꾸어야 하는지, 즉 어떤 용어는 상세한 풀이가 필요하고 어떤 용어는 포기해야 하는지를 알게 되지 않았는가? 본 회의 참석자 전원은 아니라도 대부분에게 있어 3일 전보다는 지금 훨씬 이런 문제들의 윤곽이 확실해졌으리라고 나는 믿는다.

언어학과 관련된 학문으로서 시학詩學에 대한 요약을 해 달라는 청을 나는 받았다. 시학의 제일의적第一義的 문제는 〈언어적 메시지를 예술작품화하는 제요소는 과연 무엇인가〉라는 물음이다. 시학의 주요과제는 언어예술을 기타 예술 및 기타 언어행위와 구별짓는 그 〈종차種差〉를 가리는 것임으로 시학은 문학연구의 주요한 자리를 차지할 만하다.

회화繪畵 분석이 회화의 구조를 다루듯 시학도 언어의 구조 문제를 다룬다. 언어학이 언어구조 일반에 관한 학문임으로 시학은 언어학의 한 필수 불가결의 분야로 간주될 수 있다.

위와 같은 주장에 대한 반론들은 면밀히 검토되어야 한다. 시학이 연구대상으로 하는 여러 기법技法들이 반드시 언어예술言語藝術에만 국한되는 것이 아님은 자명하다. 「폭풍의 언덕*Wuthering Height*」을 영화화한다든지 중세中世의 전설을 푸레스코화畵나 세밀화細密畵로, 「목신牧神의 오후*L'apres-midi d'un faune*」를 음악시音樂詩나 발레나 회화 작품 등으로 전환할 수 있는 가능성을 지적할 수 있다. 「일리아드Iliad」나 「오디세이Odyssey」를 만화화한다는 생각은 엉뚱하게 여겨지겠지만, 말의 형상은 없어져도 어떤 줄거리의 구조적 특징은 남을 것이다. 블레이크*Blake*가 그린 「신곡*Divina Commedia*」의 삽화가 적절할 것인가 아닌가의 문제는 이질적 예술이 서로 비교될 수 있다는 증거가 될 것이다. 바로크와 기타 역사적인 어떤 양식*style*의 문제도 단 한 가지의 예술

분야에만 국한시킬 수 없다. 〈초현실주의자들의 은유〉를 다룰 때는 막스 에른스트*Max Ernst*의 그림이나 루이스 부뉴엘*Luis Buñuel* 감독의 영화 「안다루시아의 개*The Andalusian Dog*」나 「황금시대*The Golden Age*」에 대한 언급을 안 할 수 없을 것이다. 요컨대 시적 자질의 대부분은 언어과학에 속할 뿐 아니라 기호記號에 관한 이론 전반, 즉 일반기호학*general semiotics*에도 속한다. 그러나 이와 같은 진술은 언어예술뿐 아니라 모든 언어활동에 다 적용되는 바, 언어라는 것은 기호체계들, 아니 모든 여타 기호체계들(범기호체계)과 여러 가지 특질을 공유하기 때문이다.

제2의 반론도 역시 문학에만 특수한 것은 아니다. 즉 말과 외계外界와의 관계라는 문제는 언어예술뿐만 아니라 사실상 모든 유형의 화법話法과 관련이 있다. 언어학은 담론談論과 〈담론(논의)의 영역/세계*universe of discourse*〉 사이의 관계가 제기하는 모든 가능한 문제들을 탐색하는 학문일 것이다. 그 영역/세계의 어느 부분이 어느 담론에 의해 언어화되는가, 어떻게 언어화되는가 등의 문제다. 그런데 진리치眞理値는—논리학자들의 용어를 빌면—〈언어외적 실재*extralinguistic entities*〉인 만큼 시학의 영역이나 일반언어학의 영역을 분명히 벗어난 문제라고 하겠다.

시학은 언어학과 달리 그 관심사가 가치평가에 있다는 말을 이따금들 한다. 이 두 분야를 이렇게 분리하는 것은 시詩의 구조와 기타의 언어구조의 대비에 관하여 일반적으로 유포돼 있는 그릇된 해석 때문일 것이다. 언어구조는 그 〈우연적〉이며 비의도적 성격에 의해 시적 언어의 〈비우연적〉이며 의도적인 성격에 대립된다는 것이다. 사실에 있어 모든 언어행위는 목표 지향적이지만 그 목표가 각기 다르며, 사용하는 수단과 목표한 바 효과의 일치 문제는 언어전달*verbal communication*의 다양한 제분야를 다루는 학자들의 더욱 큰 관심을 차지한다. 언어현상들의 공간적 · 시간적 전파의 문제와 문학모델들literary models의 공간적 · 시간적 전파문제 사이에는 비평가들이 생각하는 이상의 밀접한 상응관계가 있다. 무시되었거나 망각되어 온 시인들의 부활과 같은, 비연속적인 전파—예를 들어 제랄드 맨리 홉킨즈*Gerald Manley Hopkins*(1899년 몰歿)의 사후死後 발견과 이에 잇따른 시성화詩聖化라든가, 초현실주의자들 사이에서 뒤늦게 누리게 된 로트레아몽*Lautréamont*(1870년 몰歿)의 명성, 혹은 지금까지 무시되어 온 사이프리안 노르비드*Cyprian Norwid*(1883년 몰歿)가 폴란드 현대시에 끼친 두드러진 영향—등의 현상은 일반언어의 역사에서도 그 유사점을 발견할 수 있는데, 때로 오랫동안 잊혀져 있던 낡은 모형을 재활용코자 하는 경향이 있는 것이다. 19세기 초에 체코의 문장이 16세기 유형을 따르는 경향을 보인 것도 그런 경우다.

유감스럽게도 〈문학연구*Literary Studies*〉라는 용어와 〈비평*criticism*〉이라는 용어를 혼동하기 때문에 문학연구가들은 문학 작품의 내재적 가치의 기술 대신에 주관적이며 지나치게 비판적인 판정을 하기 일쑤다. 문학을 연구하는 학자에게 〈문예비평가〉라는 명칭을 적용하는 것은 언어학자에게 〈문법(또는 어휘) 평론가〉라는 명칭을 적용하는 것과 마찬가지로 잘못된 일이다. 통사론이나 형태론의 연구를 규범문법으로 대신할 수 없는 것과 마찬가지로 창조적 문학에 대한 평론가 자신의 취향이나 의견을 표명하는 하나의 선언이 언어예술의 객관적이며 과학적인 분석의 대용으로 행세할 수는 없다. 그러나 이 말을 〈방임*laissez faire*〉이라는 정관주의자靜觀主義者*the quietist*의 원리로 잘못 받아들이지 않기를 바란다. 어떤 언어문화라도 반드시 기도적企圖的 · 계획적 · 규범적 노력이 개재하는 법이다. 그런데 순수언어학과 응용언어학, 음성학과 정음학*orthoepy* 사이에는 분명한 구별을 지으면서 왜 문학연구와 평론 사이에는 명확한 구분을 짓지 않는 것일까?

시학을 중심으로 하는 문학연구는 언어학과 마찬가지로 이군二群의 문제로 이루어진다. 즉 공시태共時態와 통시태通時態다. 공시적 기술은 어느 한 시기의 문학창작뿐 아니라 해당 시기에 활발했던, 아니면 부활된 바 있는 문학전통의 국면도 대상으로 한다. 예를 들면 현대영시 분야에서는 한편으로 셰익스피어와 다른 한편으로 단*Donne*, 마벨*Marvel*, 키이츠*Keats*, 에밀리 디킨즈*Emily Dickins*가 활발하게 거론되고 있다. 그런가 하면 제임스 톰슨*James Thomson*이나 롱펠로우*Longfellow*와 같은 시인의 작품은 지금으로서는 살아 남을 만한 예술적 가치에 속하지 못한다. 한 새로운 경향을 따라 고전작품을 선택해서 그 새로운 해석을 시도하는 것이야말로 공시적 문학연구의 근본 과제라 하겠다. 공시언어학이나 마찬가지로 공시시학共時詩學도 정태적 연구靜態的 硏究/靜力學와 혼동되어서는 안 된다. 어떤 시대에서도 좀더 보수적인 형식과 더 혁신적인 형식을 구별하고 있다. 어떤 시대라도 그 시간적 역학力學 속에서 경험되는 것인 한편, 시학 및 언어학의 역사적 연구는 다 같이 그 변화만 아니라 계속적 · 지속적 · 정태적 요인들까지도 대상으로 한다. 역사적 시학이건 언어사言語史이건 그것이 진정한 의미에서 포괄적인 것이 되려면 일련의 단계적인 공시적 기술 위에 구축된 하나의 상부구조가 되어야 한다.

언어학의 영역이 부당하게 제한을 받는 경우가 아니라면 시학을 언어학에서 분리하자는 주장을 정당한 것으로 볼 수 없다. 그 예를 들자면 일부 언어학자들이 분석 가능한 최고 구조물을 문장으로 본다든가, 언어학의 범위를 오로지 문법이나 아니면 의미를 배제한 외적 형태의 문제, 또는 자유변이自由變異를 전혀 고려하지 않는 단순한 외연적外延的

지시*denotation* 수단의 나열로만 국한하는 경우이다. 보글린*Voegelin*은 구조언어학이 직면하고 있는 극히 중요하고도 상호 관련성이 깊은 두 가지 문제를 명확히 지적한 바 있다.[ㄱ] 즉, 〈언어는 하나의 단일체單一體〉라는 가설의 수정과 〈동일 언어 내부에 존재하는 여러 다른 구조의 상호의존성〉 문제이다. 물론 어떤 언어공동체나 어떤 화자에겐 언어는 하나의 통일체로 존재한다. 그러나 바로 이 총괄적 기호체계가 서로 연관된 여러 하위 기호체계들이 이루는 하나의 체계를 표상하는 것이며, 각 언어는 몇 개의 동시발생적(共起性) 패턴들을 허용하되 이들은 각기 상이한 기능을 가지는 것을 그 특성으로 한다.

사피어*Sapir*가 〈언어에 있어 최우위로 군림하는 것은 관념화觀念化 기능이다〉[1]라고 말한 것에 대체로 우리 의견을 같이 해야 함은 분명하지만 그렇다고 이 최우위가 〈부차적副次的 요인들〉을 무시해도 된다는 것은 아니다. 발언의 감정표시적emotive 요인들은 조오스Joos가 믿는 바처럼 〈유한개有限個의 절대범주〉로서 기술될 수는 없으나 그는 〈현실세계의 비언어적 요인들〉로 이들을 분류한다. 그러므로 〈이들은 애매하고 변화무쌍하고 유동적인 현상이며 이러한 현상들은 우리들의 과학에서 허용될 수 없다〉고 결론을 내린다.[2] 조오스는 참으로 감소법減少法 실험의 명수이며 감정표시적 요인들을 〈언어과학으로부터 추방〉시키자는 그의 강경한 주장은 하나의 급진적 감소법減少法 실험, 즉 오류를 위한 감소법*reductio ad absurdum*[ㄴ]이라고나 하겠다.

언어는 그 모든 다양한 기능에 관해서 연구되어야 한다. 또한 시적기

ㄱ C.F. Voegelin, Casual and Noncasual Utterances within Unified Structure. *Style in Language*, pp. 57~68. 이하 한글 각주는 역자의 것임.

1 E. Sapir, *Language*, pp.57~68.

2 M. Joos, Description of language design, *Journal of the Acoustical Society of America*, 22(1950), pp. 701~8.

능을 논하기 앞서, 이 기능이 기타 제기능 사이에서 차지하는 자리를 규명해야 한다. 언어의 제기능에 대한 윤곽을 얻으려면 모든 발언사상發言事象, 모든 언어전달행위를 이루는 구성요소들을 개관하지 않을 수 없다. 발언자*addresser*는 수신자*addressee*에게 전언傳言*message*을 보낸다. 하나의 메시지가 발동하려면 그 언급되는 바 관련상황*context*이 필요하다(이는 "지시대상*referent*"이라는 좀 애매한 용어로 불리우기도 한다). 이것은 수신자가 포착할 수 있는 것이라야 하고 언어라는 형식을 취하든지 아니면 언어화할 수 있는 것이라야 한다. 다음에 필요한 신호체계*code*는 완전하게, 아니면 적어도 부분적으로나마 발신자와 수신자(다른 말로 표현하면 기호화자記號化者와 그 해득자解得者)에게 공통된 것이라야 한다. 끝으로 필요한 것은 발수신자發受信者 간의 물리적 회로 및 심리적 연결이 되는 접촉*contact*으로서 양자가 의사전달을 개시하여 이를 지속할 수 있게 하는 요소다. 언어전달에 불가결한 이 모든 요인들을 도식화하면 다음과 같다:

관련상황
context

전언
message

발신자 .... 수신자
Addresser *Addressee*

접촉
contact

신호체계
code

이상의 6요인이 각기 상이한 언어기능을 성립시킨다. 이와 같이 언어의 서로 다른 기본적 6개 국면을 구별하지만 그 중에서 단 한 가지의 기

ㄴ reductio ad absurdum은 〈귀류법歸謬法〉을 뜻하나 여기서는 〈감소법減少法 reduction〉을 비꼬아 말하고 있다.

능만 가지고 성립될 수 있는 언어 메시지란 있을 수 없다. 발언의 다양성은 이들 몇몇 기능 중의 어느 하나만이 독점적으로 기능을 발휘하는 데서 생기는 것이 아니라 이들이 서로 다른 위계적位階的 순위를 이루는 데 연유한다. 메시지의 언어구조는 무엇보다도 지배적인 언어기능이 무엇이냐에 따라 달라진다. 그러나 context로의 동향動向*Einstellung*, 즉 관련상황에 대한 지향이야말로 — 요컨대 소위 **지시적***referential*, "외연적外延的*denotative*", "인지적*cognitive*" 기능이라고 불리우는 — 대부분 메시지들의 주요 업무이고 그러한 메시지에 부수적으로 참여하는 다른 기능들도 치밀한 언어학자라면 관찰의 대상으로 삼지 않을 수 없을 것이다.

소위 **감정표시적**感情表示的*emotive* 또는 "표현적表現的*expressive*" 기능은 발신자를 초점으로 해서 이야기 내용에 대한 화자의 태도를 직접적으로 표현하려는 목적을 갖는다. 이는 진眞이건 위僞이건 관계 없이 어떤 감정의 인상을 자아내려 한다. 그러므로 마아티*Marty*가 제창한[3] "감정표시적*emotive*"이라는 용어는 "감정적*emotional*"이란 용어보다 바람직한 것이라 하겠다. 언어의 순수한 감정표시층感情表示層은 감탄사로 나타낸다. 이들이 지시적 언어의 표현 수단과 다른 점은 그 특이한 음성 형태(특이한 음성배합을 이루며 감탄사 이외에서는 별로 들을 수 없는 소리들)와 이들의 통사적 기능이다(감탄사는 문장을 이루는 구성요소라기보다 문장 자체에 해당된다고 하겠다).

"*쯧! 쯧!* 맥긴티가 말했다." 코난 도일*Conan Doyle*이 묘사한 한 인물이 발한 말 전체는 겨우 이 두 마디의 혀차는 소리뿐이다. 감정표시기능은 감탄사에서 여실히 드러나며, 우리의 모든 발화에서는 그 음성·

---

3 A. Marty, *Untersuchungen zur Grundlegung der allgemeinen Grammatik und Sprachphilosophie*, Vol.1 (Halle, 1908).

문법 · 어휘층 전체에서 어느 정도 색채를 띠기 마련이다. 언어가 전달하는 것의 정보적 측면을 분석하자면 정보라는 개념을 언어의 인지적 측면에만 국한시킬 수 없다. 분노, 혹은 냉소적 태도를 나타내는 데 있어 사람은 언어의 어떤 표현자질들을 써서 직시적直示的 정보情報를 전달한다. 그런데 이 언어행위는 분명히(채트만*Chatman*의 대담한 직유直喩에도 불구하고)[ㄷ] "그레잎 프루트를 먹는" 따위의 비 언어기호적 영양섭취 행위와 동일시될 수 없다. [big](크다)와 그 모음母音을 느려서 강조한 [bi:g](크으다)의 차이는 관습적 기호체계에 속하는 언어자질로서 마치 체코어의 [vi](당신)와 [vi:](알다) 두 낱말의 장단모음長短母音의 차이와 같긴 하지만 후자인 [vi]와 [vi:]의 경우는 정보의 차이가 (의미의 차이를 가져오는) 음소적 차이이며, 전자의 경우는 감정표시적 차이일 뿐이다. 우리의 관심이 불변체不變體인 음소에 있는 한은 영어의 /i/와 /i:/는 한 음소의 변이형에 불과하나, 만일 우리가 감정표시적 단위에 관심이 있다면 불변소不變素와 변이소變異素의 관계는 전복된다. 즉, 장단의 요소가 불변체不變體가 되고 그것이 변이 가능한 음소에 의해 실현된 것이 된다. 감정표시적 차이는 비언어적 자질로서 "메시지 자체가 아니라 메시지 전달 문제에 속한다"는 사폴타*Saporta*의 억측[ㄹ]은 메시지가 가지는 정보 수용력을 자의로 감소시키는 것이라 하겠다.

스타니슬라브스키*Stanislavskii*의 모스크바 극단劇團의 한 퇴역 배우가 내게 말한 바에 의하면 시청試聽 심사를 받을 때 그는 'Segodnja večerom'(오늘 저녁)이라는 말을 가지고 표현의 뉘앙스를 달리하여 40가지 다른 메시지를 만들라는 그 유명한 연출가의 요청을 받았다는 것이다. 그는 우선 40가지 다른 감정 상황을 열거하고 각 상황에 따라 발

ㄷ S. Chatman, Comparing Metrical Styles, *Style in Language*, pp.149~72.

ㄹ Sol Saporta, The Application of Linguistics to the Study of Poetic Language, *Style in Language*, pp. 82~93.

음을 달리했는데, 듣는 사람은 오직 이 두 마디 발음의 변화만 가지고 각 상황을 알아내야 한다는 것이다.(록펠러 재단財團의 지원으로) 현대표준노어의 기술 및 분석을 위한 우리의 연구 작업이 진행되고 있었는데 이를 위해 그 배우는 스타니슬라브스키의 시청 테스트를 다시 한번 반복하도록 요청받았다. 그는 위의 생략문구로 발음될 수 있는 약 50가지 상황을 적어 놓고 이에 상응하는 50가지 메시지를 녹음했다. 이들 메시지는 모스크바 출신의 청자들에 의해서 상황에 따라 정확하게 세밀한 해석을 받았다. 이런 모든 감정표시를 위한 단서들은 쉽게 언어학적 분석의 대상이 될 수 있다는 것을 여기서 나는 부언하고 싶다.

수신자를 지향하는 **능동적 기능***conative function*은 그 가장 순수한 문법적 표현이 호격呼格과 명령법에서 가능한데, 이들은 통사적으로, 형태적으로, 때로는 음운적으로도 기타 명사적 · 동사적 범주와 다른 꼴을 보인다. 명령문이 평서문平敍文과 기본적으로 다른 점은 후자가 진위眞僞를 결정할 수 있는 데 반해 전자는 그럴 수 없다는 데 있다. 오닐*O'Neill*의 연극 「샘*The Fountain*」에서 나노*Nano*가(격렬한 명령의 어조로) "마셔라!" 할 때 이러한 명령을 놓고 진이냐 위냐 하고 따질 성질은 못 된다. 그러나 "마셨다", "마시겠다" 또는 "마실 것이다" 등의 발언 다음에는 진위를 물을 수 있을 것이다.

전통적인 언어 모형, 특히 뷜러*Bühler*가 밝힌 모형은[4] 다음 세 가지 기능에 국한되어 있다. 감정표시적 · 능동적 · 지시적指示的 기능과 그 (삼각형) 모형의 삼정점三頂點인 일인칭 발신자, 이인칭 수신자 그리고 삼인칭인 말하자면 언급되는 인물이나 사물이다. 이러한 삼조三組의 모형을 가지고 여타 보조적 기능들을 쉽게 추론할 수 있다. 마술적 · 주문

---

4 K. Bühler, Die Axiomatik, der Sprachwissenschaft, *Kant-Studien 38* (Berlin, 1933), pp.19~90.

적呪文的 기능은 주로 능동적 메시지의 수신자 자리에 무생물 "3인칭"이 들어간 경우다. "(눈)다래끼여 낳거라 투, 투, 투, 투"(리투아니안*Lithuanian* 주문),[5] "물이여, 강의 여왕이시여, 새벽이여, 푸른바다 너머로, 바다 밑으로 슬픔을 쫓아 내라. 바다 밑에서 떠오르지 못하는 잿빛 돌멩이처럼 다시는 슬픔이 떠올라와 신神의 종의 경쾌한 마음에 짐이 되지 못하게, 슬픔을 없애고 멀리 잠겨 버려라"(북러시아 주문呪文).[6] "태양이여 기베온*Gibeon* 위에 머물러 서라. 그리고 달이여, 아야론*Ai-a-lon* 골짜기에 머물러 서라. 그러자 원수들에게 복수하기를 마칠 때까지 태양은 거기 머물러 섰으며 달도 머물렀도다……"(요호수아기*Josh*. 10: 12~). 우리는 언어전달의 구성요소로 이 밖에 세 가지를 더 찾을 수 있으며 이에 대응하는 세 가지 기능들도 아울러 관찰할 수 있는 것이다.

메시지 중에는 우선 의사전달을 성립시키고 이를 연장하거나 중단시키며, 회로回路가 제대로 기능을 발휘하는지("여보세요. 들립니까?") 확인하고, 상대방의 주의를 끌기 위한 또는 그의 주의가 지속됨을 확인하기("듣고 계세요?" 또는 셰익스피어류流의 "귀를 빌리시오!"—그리고 전화 통화시 한 끝머리에 "네, 네!" 하는 따위)를 위한 것들이 있다. 접촉*contact*을 지향하는 바, 말리놉스키*Malinowski*의 용어로 **친교적기능**親交的 機能 *phatic function*[7]이라 하는 것은 의례화儀禮化되어 버린 수인사修人事를 수다하게 주고받는다든가 그저 이야기를 길게 끌고 가기 위해서만 주고받는 대화 등에 나타난다. 도로시 파카*Dorothy Parker*는 다음과 같은 적절한 예를 제시했다: "자!" 하고 젊은이는 말했다. "그래요!" 그녀는

---

5 V.T. Mansikka, Litausche Zauberspruche, Folkore Fellows Communication 87 (1929), p.69.

6 P.N. Rybnikov, Pesni, Vol. 3 (Moskow, 1910), pp. 217 f.

7 B. Malinowski, The problem of meaning in primitive language, in *C.K. Ogden* and I.A. Richards, *The Meaning of Meaning* (New York, London 9th edition 1953), pp. 296~336.

말했다. "자, 여기 왔소." 그가 말했다. "여기 왔어요. 그렇죠?" 그녀가 말했다. "왔다고 해야겠지. 야! 드디어 여기까지 왔구려." 그가 말했다. "그래요!" 그녀가 말했다. "그래! 그렇지." 그가 말했다. 의사전달행위를 개시하고 이를 지속하려는 노력은 사람의 말을 흉내내는 새들에게서 그 전형적인 예를 찾아볼 수 있다. 이들이 인간과 나눌 수 있는 것은 오직 언어의 친교기능뿐이다. 더욱 이 기능은 어린이가 맨처음 습득하는 언어기능인데 그들은 정보를 가지고 의사전달 행위를 할 수 있기 전에도 의사소통을 꾀하는 경향이 있다.

근대논리학에서는 언어를 두 계층으로 구별한다. 대상에 관해서 언급하는 "대상언어*object language*"와 언어 자체에 대해서 언급하는 "메타언어*metalanguage*"의 두 가지다. 그러나 메타언어는 논리학자나 언어학자만이 꼭 필요로 하는 과학적 도구가 아니라 우리 일상언어로서도 중요한 기능을 갖는다. 몰리에르*Moliere*가 묘사한 줄뎅*Jourdain*이 자기도 모르게 산문체를 사용했던 것과 같이 우리도 메타언어적 말의 운용을 무의식적으로 구사하며 실상은 메타언어를 사용하고 있는 것이다. 발신자와/나 수신자가 상대방과 일치하는 신호체계를 사용하고 있는지를 확인해야 할 필요가 있을 때 발언의 초점은 신호체계*code* 자체에 두어진다. 즉 **메타언어적 기능***metalingual function*(말하자면 註解的 機能)을 발휘한다. 수신자가 "잘 모르겠습니다. 무슨 말씀인가요?" 하거나 셰익스피어 식으로 "무슨 말씀을 하십니까? What is' t thou say' st?" 하는 따위의 물음이다. 발신자는 그러한 되물음을 예상하고 "아시겠습니까?"라고 묻는다. 다음과 같은 괘씸한 대화를 상상해 보라. "그 2학년생*sophomore*이 뜯겼대pl*ucked.*" "아니 plucked라니?" "plucked란 flunked(낙제하다)란 뜻이지." "flunked란 무슨 소리야?", "to be flunked란 시험에 실패한다는 뜻이지." "그럼 sophomore란 무슨 말인가?" 하며 학생들 용어를 잘 모르는 질문자는 끈질지게 묻는다. "Sophomore란 대학 2학년생을 말해." 이상과 같은 등식형等式型 문장들은 모두가 영어 어휘코드에 관한 정보를 전달할 뿐이고 그 기능은 오로지 메타인어적일 뿐이다. 어느 언어 습득과정이나, 특히 어린이가 모국어를 습득하는 과정은 이러한 메타언어 구사력을 널리 활용하는 것이라 하겠고 실어증失語症은 메타언어 구사력의 상실로 규정되는 수가 많다.

이제 언어전달에 포함되는 6요인 중 메시지 자체만 제외하고 모두 거론되었다. 메시지 그 자체에 대한 지향*Einstellung*, 즉, 메시지 자체에 초점을 맞추는 것은 언어의 **시적 기능***poetic function*을 위해서이다. 이 기능은 언어의 일반문제와 무관하게 연구되어서는 성과를 거두기 힘들고, 더욱 언어의 면밀한 분석을 위해서는 이 시적 기능에 대한 충분한 고찰을 필요로 한다. 언어의 시적 기능의 영역을 시에만 국한하려는 노력은 지나친 단순화로 오도되기 쉽다. 시적 기능은 언어예술의 유일한 기능이 아닌 그 지배적, 결정적 기능일 뿐인 반면 모든 여타 언어활동에서는 부차적, 부수적 성분으로 활용된다. 이 기능은 기호의 명료성을 증진함으로써 기호와 대상간의 근본적인 양분관계를 심화시킨다. 그러므로 언어학은 시적 기능을 다룰 때 시의 영역에만 국한할 수 없는 것이다.

"어째서 늘 조안과 마저리*Joan and Margery*라고 하십니까? 마저리와 조안*Margeryand Joan*이라 안 하시고? 조안을 그 쌍둥이 언니보다 더 좋아하시나요?" "천만에 그저 그렇게 발음하는 것이 더 자연스러워서요" 하는 경우가 있다. 나란히 두 개의 이름이 이어지는 경우 신분의 서열 관계가 개입되지 않는 한, 이유는 댈 수 없으나 짧은 이름을 먼저 발음하는 것이 메시지로서 질서있는 표현이라고 느껴진다.

한 여성이 언제나 "끔찍한 해리*the horrible Harry*"에 대한 이야기를 했었다. "왜 horrible이란 말을 쓰는가?" "그가 미워서요." "그렇다면 dreadful, frightful, disgusting 등 여러 가지가 있는데?" "글쎄요, horrible이 더 그에게 맞아요." 그 여성이 자각하지는 못했지만 유음법類音法*paronomasia*이라는 시적 기법에 집착해 있었던 것이 분명하다.

정치적인 구호 "I like Ike/ay layk ayk/ (나는 아이크를 좋아한다)"는 간결한 구조를 가졌으니 단음절 낱말 셋으로 되어 있고 그들이 각기 가지는 3개 이중모음 /ay/들은 자음 하나씩 /…l…k…k/이 그 뒤를 균형 있게 따르고 있다. 그런데 그 3단어들의 구성은 각기 다르니 첫째 단어에는 자음이 없고 둘째 단어는 이중모음 좌우로 자음이 있는가 하면 셋째 단어에는 말음末音이 자음이다. 하임즈*Hymes*도 이와 같이 지배적으로 나타나는 음절핵음音節核音 /ay/를 키이츠의 몇몇 소네트에서 발견했다.[ㅁ] "I like Ike"라는 3음절 문구가 갖는 두 개의 콜라*cola*[ㅂ]는 서로 압운押韻을 이루며 운韻을 밟은 두 단어 중 둘째 단어는 첫단어 안에 완전히 내포되어(반향압운*echo rhyme*)/layk/—/ayk/, 대상을 전적으로 감싸는 듯한 느낌의 유음법적 이미지를 이룬다. 다음 두 개의 운율단위 *cola*는 두운頭韻을 밟으며, 문구 첫 단어는 셋째 단어에 포함되어 있다: /ay/—/ayk/. 이는 역시 사랑의 객체에 의해서 감싸인 사랑의 주체主體에 대한 유음법적 영상이라 하겠다. 이러한 선거 구호는 그 말이 가지는 부차적 기능, 즉 시적기능 때문에 더욱 강한 인상과 효과를 기하게 되는 것이다.

앞서 말했듯이 언어의 시적 기능에 관한 연구는 시詩의 한계를 넘어

ㅁ Dell Hymes, Phonological Aspects of Style: Some English Sonnets, *Style in Language*, pp. 109~31.

ㅂ Cola: colon의 복수로서 詩行에서 운율상 한 단위를 이루는 부분.

서야 하는 한편, 시의 언어학적 검토도 시적 기능에만 국한시킬 수 없다. 시의 다양한 장르가 각기 가지는 특질들은, 가장 지배적인 시적 기능과 아울러 기타 여러 언어기능들이 제가끔 상이한 위계位階로 참여하고 있음을 뜻한다. 서사시는 삼인칭을 중심으로 해서 언어의 지시기능을 크게 활용하며 서정시는 능동적 기능이 작용하되 일인칭이 이인칭에 대해 종속적이냐, 아니냐에 따라 애원조哀願調가 되든지 권고조勸告調가 된다.

언어전달에 개재하는 6개 기본 언어 기능에 대하여 어느 정도의 간략한 기술이 끝났으므로 6개 기본요인들의 도식을 6개 기본 언어기능의 도식으로 보완하면 다음과 같다.

지시기능
감정표시기능 ………………… 시적 기능 ………………… 능동적 기능
친교적 기능
메타언어적 기능

시적 기능에 대한 실제 경험적인 언어학적 기준은 무엇일까? 특히 한 편의 시 작품에 내재하는 필수불가경한 자질은 무엇일까? 이에 대한 답을 위해서 우리는 언어행위에 개재하는 두 가지 기본적 배열양식, 즉 선택*selection*과 결합*combination*을 상기해야 한다. "어린이*child*"가 화제인 경우 화자는 어린이*child*, 아이*kid*, 애숭이*youngster*, 꼬마*tot* 등 어지간히 비슷한 낱말들이나 어느 한 관점에서 일치를 보이는 현존하는 명사들 중에서 하나를 선택할 수 있고, 다음은 이 화제에 대한 언급을 하기 위해서 자다*sleeps*, 졸다*dozes*, 꾸벅꾸벅하다*nods*, 낮잠자다*naps* 등 의미상의 동족동사同族動詞 가운데 한 낱말을 선택한다. 이때 선택의 기준은 등가성 · 유사성 · 상이성相異性 · 동의성同義性과 반의성反義性이

며, 결합 즉 배열을 구성하는 기준이 되는 것은 인접성이다. 시적 기능은 등가의 원리를 선택의 축軸에서 결합結合의 축으로 투영한다. 이때, 등가성은 선택의 구성 수단에서 배열의 구성 수단으로 승격된다. 시에서 한 음절은 같은 배열 가운데의 여타 음절과도 등가가 된다. 하나의 어강세語强勢와 다른 어강세가 등가로 되며 하나의 무강세無强勢도 다른 무강세와 등가가 된다. 모든 장음長音은 장음끼리, 단음短音은 단음끼리 서로 등가를 이루며 어경계語境界는 그들끼리, 그리고 어경계의 부재不在는 또한 그 부재끼리 등가이다. 통사적 휴지는 통사적 휴지와 등가를 이루며 그 휴지의 부재 역시 그들끼리 등가를 이룬다. 음절은 운율의 단위로 전환하고 모라*mora*ㅅ와 강세도 그러하다.

그러나 동의적同義的 표현이 등식문等式文으로 결합됐을 때 A=A(가령 "Mare is the female of the horse(Mare는 암말이다)".)라는 메타언어도 등가적 단위를 배열에 활용한다고 하는 것에는 반론이 있을 수 있다. 시와 메타언어는 정반대의 입장을 취하는 것으로, 메타언어에서는 등식문을 만들기 위해 배열이 활용되나 시는 배열을 만들기 위해 등식문을 사용한다.

시에 있어서, 또 어느 정도 시적 기능이 잠재적으로 발현된 것에 있어서, 어경계로 잘린 배열들은, 시간적 등량等量으로 감지되든지 아니면 점층적으로 감지되든지 하나의 동일단위로 측정할 수 있게 된다. "조안과 마저리*Joan and Margery*"는 음절량의 점층성漸層性*syllable gradation*이라는 시적 원리를 보여주는데 바로 이 원리가 셀비아민족 서사시의 운율에서는 강제적 규칙의 자리에까지 오르게 되었다.[8] "Innocent

---

ㅅ mora: 韻律(拍子) 單位.

8 cf. T. Maretic, "Metrika narodnih nasih pjesama", Rad Yugoslavenske Akademije 168, 170 (Zagreb, 1907).

bystander (관계 없는 사람)"라는 표현은 두 낱말이 같은 강약약격만 안 가졌었다면 하나의 상투적인 문귀가 되기 어려웠을 것이다. 또한 동일한 어두자음과 동일한 어말미 모음을 갖는 세 개의 2음절동사의 균정均整이 "veni, vidi, vici(왔노라, 보았노라, 이겼노라)"라고 한 시저*Caesar*의 간결한 승리의 메시지에 정채精彩를 더했던 것이다.

배열의 운율성은 시적 기능을 제외하고는 별로 활용되지 않는 언어수단이다. 시에 있어서만 등가적 단위의 규칙적인 반복을 통해 발언의 흐름을 시간적으로 경험할 수 있는데, 이는 다른 기호체계를 예로 들자면 음악의 박자拍子의 경우와 같다. 시적 언어라는 학문의 위대한 탐구자였던 제랄드 맨리 홉킨드*Gerald Manley Hopkins*는 운문韻文을 정의해서 "동일한 음형音形이 전적으로 또는 부분적으로 반복되는 발언"이라고 했다.[9] 이어서 홉킨즈가 제기하는 "그러나 모든 운문이 시가 될 수 있는가?"라는 물음은 시적 기능을 시의 영역에만 자의적으로 국한시키지 않는다면 확실한 해답을 얻을 수 있을 것이다. 홉킨즈가 인용한 바 암기용 문구(예를 들어 "Thirty days hath September. 9월은 30일"), 최근 볼 수 있는 운韻을 밟은 광고문, 로츠Lotz가 언급한 바[o] 운문형식을 취한 중세 법조문中世 法條文들, 그리고 끝으로 인도 전통에서 진정한 시(*Kāvya*)와는 엄격히 구별되는 운문형식의 산스크리트어 과학논문들—이들은 모두 율격을 가진 텍스트들로서 시적 기능에 대하여 시에서와 같은 압도적·결정적 역할을 부과함이 없이 이를 활용하고 있다. 이렇듯 운문은 실제로 시의 범위를 넘어서지만 동시에 이는 시적 기능을 늘 함의한다. 명백한 사실은 운문을 만들 줄 모르는 문화는 없으나 운문의 "응용"이 없는 문화양식은 얼마든지 있다. 그리고 순수운문純粹韻文과 응용운문

---

9 G.M. Hopkins, *The Journals and Papers*, H. House, ed. (London, 1959).

o J. Lotz, Metric Typology, *Style in Language*, pp. 135~48.

應用韻文을 겸비한 문화에 있어서도 응용운문은 부차적이요 어김없이 파생적 현상으로 나타난다. 시적 기법이 이질적인 목적에 이용될 때에도 이 기법의 제일의적第一義的 특질은 감출 수 없는 것으로, 마치 감정표시적感情表示的 언어의 제요소들이 시에서 활용되었을 때 여전히 그 감성적 색채를 지니는 것과 같다. 「하이아와사*Hiawatha*」(Longfellow 작)가 장황한 작품이라고 해서 어떤 의사방해연설자議事妨害演說者가 이를 낭송한다 해도, 그 텍스트의 제일의적 목적은 여전히 시적 자질에 있음에는 변함이 없다. 운문으로 된 음악적 혹은 회화적 상업광고물이 존재하지만 그렇다고 시와 음악과 예술의 연구에서 운문과 음악과 회화형식의 문제들을 분리해 생각할 수 없다는 것은 자명한 일이다.

요약해 말하자면 운문분석韻文分析은 전적으로 시학의 지배권 안에 들어 있으며 시학은 시적기능을 여타 언어기능들과의 관련하에 다루는 언어학의 일분야라고 정의할 수 있다. 광의의 시학은 시적 기능을 다룸에 있어 그 기능이 여타 언어기능들의 상위上位를 차지하는 시뿐만 아니라 시 이외의 경우, 즉 다른 기능이 시적 기능의 상위上位를 차지하는 경우까지도 다룬다.

홉킨즈가 운문의 구성원리로 본 바 있는 "음채音彩*figure of sound*"의 회기回起도 더욱 상세히 규정지을 수 있다. 이러한 음채는 항시 음소배열을 이루는 각 부분들이 비교적 높거나 낮은 현저도顯著度*prominence*를 가짐으로써 생기는 최소한 하나(또는 여럿)의 이항대비二項對比 현상을 활용한다.

하나의 음절 안에서 음절의 정점을 이루는 현저도가 높은 음절핵음音節核音과 현저도가 덜하고 주변적인 음절부음音節副音이 서로 대립을 보인다. 어느 음절이나 다 음절주음音節主音이 되는 음소를 가지며 연속되는 두 음절주음 사이의 간격은 어떤 언어에 있어서는 항시, 그리고 다른 언어에 있어서는 압도적으로 주변적 음절부음音節副音들로 메꾸어진다. 소위 말하는 음절작시법音節作詩法에 있어서는 율격적 경계가 있는(시간 계열의) 연쇄에서 음절핵음의 수가 일정한 데 반하여, 율격적 연쇄에서 두 음절핵음 사이에 오는 비음절주음 음소(혹은 음소들)의 수는, 음절주음 사이에 비음절주음의 출현을 필수로 하는 언어에서만, 그리고 더욱 모음접속을 금지하는 운문체계에서만 항시 같다. 동일한 음절형식을 따르는 경향이 나타난 또 하나의 예는 셀비안*Serbian* 서사시가敍事詩歌에서 볼 수 있듯이 시행의 말미에 폐쇄음절閉鎖音節들을 피하는 경우다. 이탈리아어 음절운문은 자음으로 단절되지 않은 모음의 연속을 단일한 음절로 취급하는 경향을 보인다.[10]

어떤 작시법에 있어서는 음절만이 운문 운율의 유일한 불변단위不變單位이며 문법적 경계만이 운율배열韻律配列 사이를 나눌 수 있는 불변의 경계선이 된다. 한편 다른 작시법에서는 그 대신 한 음절이 현저도의 크고 작은 것으로 이분화되든지 또는 어경계 및 통사적 휴지, 이 두 층의 문법적 경계가 율격기능상 구별된다.

억양과 휴지의 결합만을 기초로 삼는 소위 자유시*vers libre* 종류를 제외하고는 어떤 율격*meter*도 적어도 부분적으로는 음절을 운율의 단위로 사용한다. 이렇듯 순수한 강세에 의한 운문(홉킨스가 사용한 용어로는 *sprung rhythm*)에서는 약박弱拍(홉킨즈는 'slack'라 부름)의 음절수는 변화할 수 있어도 강박强拍*ictus*은 언제나 한 음절만을 갖는다.

강세운문强勢韻文은 어떤 형식이든 현저성의 높고 낮은 대조가 늘 강세음절强勢音節과 무강세음절無强勢音節의 대립으로 이루어진다. 대부분의 강세형식은 주로 어강세의 유무의 대립을 활용하나 어떤 종류의

10 Cf. A. Levi, Della versificazione italiana, *Archivum Romanicum* 14. (1930), pp.449~526, sec. VIII-IX.

강세운문에 있어서는 통사적 구강세句强勢를 활용한다. 윔새트*Wimsatt*와 비어즐리*Beardsley*는 "주요어의 주요강세"[ㅈ]라 칭했고, 이들은 이러한 통사적 주강세主强勢가 결여된 음절과 그 현저성에서 대조를 이룬다.

음량 중심의 ("시간소식時間素式*chronemic*") 운문*the quantitative verse*에서는 장음절長音節과 단음절短音節의 대립이 높고 낮은 현저도의 차이를 이룬다. 이러한 대조는 장단長短의 음소적 대립을 갖는 음절 핵음에 의해서 이루어진다. 그러나 고대 희랍어나 아랍어의 율격에서는 "위치상*by position*" 길이와 "자연적인*by nature*" 길이를 동일시하는데, 하나의 자음과 하나의 모라*mora* 모음으로 이루어진 최소음절은 좀 더 단순하고 덜 두드러진 음절로서, 더욱 복잡하고 더욱 현저한 음절, 즉 초과적 요소(둘째 모라 모음이나 음절말 자음)를 가진 음절과 대립된다.

이와 같은 강세운문이나 시간소적時間素的 운문 외에 어의語意를 구별하기 위해서 음절 억양을 활용하는 언어의 "성조식聲調式*tonemic*" 시작법의 존재 여부 문제가 남아 있다.[11] 중국의 고전 한시 율격 전통에서는[12] 억양을 갖는 음절(즉 중국어의 tŝ, '굴절성조屈折聲調*deflected tones*')이 억양을 갖지 않는 음절("평조*level tones*")과 대립을 보이나 분명히 여기에는 시간소적時間素的 원리가 개재함을 폴리바노프*Polivanov*가 착안했고[13] 왕력王力[14]이 이에 날카로운 해석을 내린 바와 같다. 한시의 율격

ㅈ W.K. Wimsatt Jr. and M.C. Beardsley, The Concept of Meter : an Exercise in Absteractio, *Publications of the Modern Language Association of America* (1950), 74. pp.585~98 ; Style in *Language, pp.* 191~6 (a summary).

11 R. Jakobson, Ocseskom stixe preimucsestvenno v sopostavlenii s russkin (=Sborniki po teorii poeticeskogo jazyka, 5) (Berlin and Moscow, 1923).

12 J.L. Bishop, Prosodic elements in T' ang Poetry, *Indiana University Conference on Oriental-Western Literary Relations* (Chapel Hill, 1955).

13 E.D. Polivanov, "O metriceskom xaraktere kitajskogo stixoslozenija", Doklady-Rossijskoj Akademii Nouk, serija V (1924), pp.156~58.

14 Wang Li, Han-yu shin-lu-hsueh (=Versification in Chinese)(Shanghai, 1958).

전통에서는 평조平調 대 곡조曲調, 즉 음절의 장성조정점長聲調頂點과 단성조정점短聲調頂點의 대립을 이루어 바로 이 장단성의 대립을 기초로 운문이 이루어진다.

조셉 그린버그는 또 한 가지의 성조식聲調式 작시법, 즉 음의 고저자질高低資質을 기본으로 하는 에픽*Efik*어의 수수께끼 운문에 나의 주의를 끈 바 있다. 시몬스*Simmons*가 제시한 예[15]에서는 물음과 답이, 고성조음절주음高聲調音節主音과 저성조음절주음低聲調音節主音의 분포가 같은 한 쌍의 팔음절八音節을 이루고 있다. 더욱 그 반행 hemistich은 각각 사음절四音節 중의 마지막 삼음절三音節이 다음과 같은 동일한 성조형聲調型을 보인다. 저고고저低高高低/고고고저高高高低//저고고저低高高低/고고고저高高高低//. 중국식 작시법이 음량운문의 특수 변이형變異型처럼 생각되는 반면에 에픽 수수께끼 운문은 성조가 가지는(강도 또는 고도) 두 종류의 현저도*prominence*의 대립에 의해서 일반적인 강세식 운문과 연관된다. 이와같이 작시법의 율격체계는 다만 음절정점과 음절사면音節斜面의 대립(음절식 운문), 정점들의 상대적인 높이의 대립(강세식 운문), 그리고 음절정점 또는 음절전체의 상대적인 길이의 대립(음량식 운문) 등에 의존할 수 있다.

우리는 종종 문학교과서에서 음절성을 음절수만 기계적으로 세는 것으로 보고, 이를 강세식 운문의 활기찬 맥동과 불합리하게 대립시키는 것을 대하게 된다. 그러나 엄밀한 의미에서 음절적이며 또한 동시에 강세적인 작시법의 이원적인 율격을 검토해 보면 두 개의 동질적인, 산山과 곡谷을 이루는 파상波狀의 연속을 볼 수 있다. 이들 두 가지 파상곡선波狀曲線 중에서 음절곡선音節曲線은 핵음소核音素를 정상에 가지고 흔히 저부底部에 그 주변음소周邊音素들을 갖는다. 음절 곡선에 부가되

15 D.C. Simmons, Specimens of Efik Folkore, *Folk-Lore 66*(1950, pp.417~24).

는 강세곡선에서는 원칙적으로 정점과 저부底部 강세음절과 무강세음절이 각각 교체된다.

지금까지 장황히 논해온 영시의 율격과 비교하기 위해서 노어법露語法에 있어서의 이와 유사한 이원적 운문형식에 여러분의 주의를 환기코저 한다. 이런 형식에 대해서는 지난 50년간 면밀한 연구가 있어 왔다.[16] 이들 운문 구조는 쇄상확률鎖狀確率*enchained probablities*이라는 말로써 완전히 기술되고 설명될 수 있다. 노어에서는 어떤 율격에서나 행이 바뀔 때마다 어경계가 있어야 하는 것이 불변의 법칙인데, 노어의 음절적 강세형 고전운문(노어 명칭은 "음절 억양적" 운문)에서는 다음과 같은 불변항不變項을 찾아볼 수 있다. 1) 최초의 강박强拍에서 최후의 강박까지의 한 행이 가지는 음절수는 일정하며, 2) 최종 강박에는 항상 어강세가 오고, 3) 한 낱말 안의 강박을 무강세음절이 차지할 때, 그 낱말의 강세음절은 강박의 자리에 올 수 없다(즉 어강세가 약박과 일치할 수 있는 것은 단음절어의 강세인 경우에 한에서다).

이러한 특징들은 일정한 율격으로 구성되는 어떤 시행에 대해서도 강제성을 가지나 이와 더불어, 항상은 아니지만 극히 출현의 확률이 큰 여타 자질들이 또한 존재한다. 어김없이 일어나는 신호("확률 1") 이외에, 일어날 수 있는 가능성의 신호("확률 1 이하")가 율격의 개념에 들어온다. 체리*Cherry*의 인간 커뮤니케이션에 관한 묘사를 빌어 말하자면[17] 시의 독자들은 율격구성요소律格構成要素들의 "빈도수頻度數를 지적할 수는 없으나" 그들이 운문의 형태를 파악하고 있는 한, 구성요소 상호간의 "순위"는 무의식적으로 포착한다고 말할 수 있겠다.

노어의 이원적 율격에서는 최종 강박으로부터 역산해서 기수번奇數

16 특히 K. Taranovski, Ruski dvodelni ritmovi (Belgrade, 1965) 참조.
17 C. Cherry, *On Human Communication* (New York, 1957).

番에 해당하는 모든 음절—간단히 말해서 모든 강박— 들은 극히 드물게 강세가 있는 단음절어 경우를 제외하고는 보통 무강세 음절이 이를 차지한다. 또한 최종 강박으로부터 역산해서 우수번偶數番에 해당하는 모든 음절은 어강세가 있는 것을 상당히 바람직하게 여기는 경향을 보이나 그들이 일어날 수 있는 가능성은 한 행 속에 연속적으로 들어 있는 모든 강박에 공평한 분포를 보이지는 않는다. 주어진 강박에 있어 어강세의 상대적 빈도가 높으면 높을수록 그 직전의 강박은 항상 강세가 있기 때문에 끝에서 두 번째 강박은 어강세를 받을 비율이 가장 낮으며 또 하나 앞의 강박은 수치는 더욱 높아지나 최종 강박이 보이는 최대치에는 달하지 못한다. 시행 앞쪽으로 하나 더 가서 일어나는 강박은 강세의 수치가 더욱 감소되지만 끝에서 두 번째 강박이 가지는 최소치에는 달하지 못한다는 식으로 진행된다. 이와 같이 하나의 시행 속에서 일어나는 강박들에 대한 강세의 분포, 즉 강한 강박과 약한 강박으로 분화되는 현상은 역행파상곡선*regressive undulatory curve*을 자아내고 이것이 강박과 약박의 교체로 이루어진 파형 위에 부가된다. 덧붙여 말하지만 강한 강박과 구강세句强勢 사이의 한계를 연구한다면 퍽 흥미있는 것이 될 것이다.

노어의 이원적 율격은 세 파상곡선波狀曲線의 성층적成層的 배열을 보인다. 즉 (I) 음절핵음音節核音과 부음副音의 교체, (II) 음절핵음音節核音이 서로 교체하는 강박强拍과 약박弱拍으로 분화되는 것과 (III) 강한 강박과 약한 강박의 교체다. 예를 들면 19세기 및 20세기의 남성운男

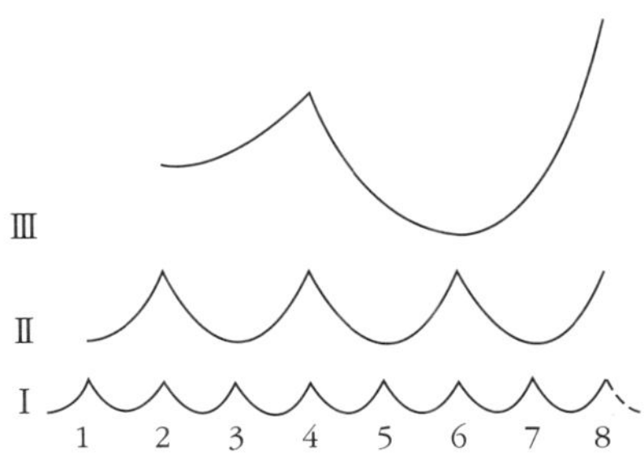

제1도

性韻의 약강弱强 사보격四步格은 제1도와 같이 표시될 수 있고 이에 대응되는 영시형식英詩形式에도 비슷한 삼항형三項型이 나타난다.

"Laugh with an extinguishable laughter"라는 셸리Shelly의 약강시격弱强詩格의 한 행에서는 다섯 개의 강박 가운데 세 개가 강세를 갖지 못한다. 파스테르나크*Pasternak*가 최근 쓴 약강弱强 사보격四步格인 「대지大地*Zemlja*」에서 다음 사행시四行詩는 16개 강박强拍 중 7개가 무강세無强勢다.

I úlica za panibráta
S okónnicej podslepovátoj,
I béloj noči I zakátu
Ne razm I nút'sja u rekí.

압도적으로 다수의 강박이 어강세와 일치하기 때문에 노시露詩를 듣는 사람이나 읽는 사람은 약강격弱强格*iambic* 시행의 모든 우수偶數번에 해당하는 음절에서 어강세를 맞을 가능성이 높음을 예상하나 파스테르나크의 사행시에서는 첫머리부터 제1, 2행에서 다 같이, 제 4음절 및 1시각詩脚 더 가서 제6음절에서 기대의 좌절*frustrated expectancy*를 맛보게 된다. 그러한 "좌절"의 도수는 강한 강박에 강세가 오지 않을 때 높아지며 특히 두 개의 강박이 연속해서 무강세음절을 가져올 때 더욱 두드러진다. 두 개의 서로 인접해 있는 강박이 무강세인 경우가 별로 있을 수 없고 더욱 반행半行*hemistich* 전체가 그런 경우는 가장 놀라운 일인데 같은 파스테르나크 시의 뒷 시행에서 그 예를 볼 수 있다 :

"Ctoby za gorodskjóu grán'ju [stəbyzəgərackóju grán'ju]". 기대라는 것은 하나의 시 안에서, 그리고 더욱 일반적으로는 현재의 운율전통 전반에서, 어떤 하나의 강박이 어떤 대우를 받고 있느냐에 달려 있다. 그러나 끝에서 두 번째 강박은 강세보다는 무강세 편이 더욱 많다. 위의 예시에서도 41행 중 17행만이 제6음절에 어강세를 받고 있다. 그러나 이런 경우에도 우수번째의 강세음절과 기수번째의 무강세음절이 교체하는 타성惰性이 생기고 그것이 약강사보격弱强四步格의 제6음절에도 어느 정도의 강세에 대한 기대를 갖게 한다.

"선善없이 악惡이 있을 수 없는 것과 같이"[18] 기대 밖의 것도 기대에서 생기고 서로 상대가 없이는 생각될 수 없는 것이며 그러한 기대 밖의 것에 대한 인간의 만족감을 운율적으로 정확히 평가한 사람이 바로 기대 좌절defeated anticipation의 시인이며 이론가인 에드가 알란 포우 *Edgar Alan Poe*라는 사실은 지극히 당연한 것이다. 여기에 우리는 로버트 프로스트 *Robert Frost*의 「시가 이루는 문채文彩*The Figure A Poem Makes*」라는 시에서 말하는 바 "문채는 사랑의 무늬와 같다"[19]는 공식을 쉽게 적용할 수 있다.

다음절어多音節語에서 강박이 약박이 되는 소위 어강세전환語强勢轉換("전도시각轉倒詩脚*reversed feet*")은 노어운문露語韻文의 표준형에서는 볼 수 없으나 영시에서는 율격적 휴지와/나 통사적 휴지 뒤에서 흔히 잘 일어난다. 그 뚜렷한 예는 밀튼*Milton*의 "영원한 진노震怒와 영원한 절망*Infinite wrath and infinite despair*"에서 동일한 형용사가 음율상의 변이를 보이는 데 있다. "*Nearer, My God, to Thee, nearer to Thee.* 좀더 가까이, 주여, 당신께, 좀더 당신께 가까이"라는 시행에서는 동일한 낱말의 강세음절이 처음은 시행의 첫머리에서 다음은 구의 첫머리에서 두 번이나 강박의 위치에 온다. 예스펠슨*Jespersen*[20]이 논한 바 있고, 또

---

18 E.A. Poe. Marginalia, *The works*, Vol. 3 (New York, 1867).

19 R. Frost, *Collected Poems* (New York, 1939).

20 O. Jesperson, Cause psychologique de quelques phenomenes de metrique germaniqye, *Psychologie du langage* (Paris, 1933).

한 여러 언어에 통용되는 이러한 허용은 하나의 약박과 그 직전에 있는 강박간의 관계가 각별한 중요성을 갖는다는 사실로써 완전한 설명이 가능하다. 이와 같이 휴지가 개입됨으로써 강박이 직전에 선행하는 것을 방해하게 되면 강박은 일종의 애매음절曖昧音節*syllaba anceps*로 변한다.

운문의 강제적 자질을 이루는 이러한 기저基底 규칙 외에도 그 수의적隨意的 특질을 다스리는 규칙 또한 율격에 관여한다. 하박downbeats 위치에 오는 무강세나 상박upbeats 위치에 오는 강세와 같은 현상을 일탈逸脫로 간주하는 경향이 있으나 여기서 기억해야 할 것은 이들이 허용된 변동이요 법칙의 한도 내에서의 벗어남이라는 사실이다. 영국 의 회식으로 말하자면 이는 율격이라는 국왕에 반대하는 야당이라는 것이다. 율격법칙을 실제로 범하는 경우를 언급하자면, 이러한 위법에 대한 논의는 러시아의 가장 뛰어난 형식론자인 오십 브리크*Osip Brik*를 상기하게 된다. 그의 지론은 정치적 음모자가 무력봉기에서 실패했을 때만 그 음모에 대해 재판을 받고 처형을 당하는 것이지, 만일 성공할 경우는 스스로 판사가 되고 형집행자가 된다는 것이다. 율격법에 대한 위반이 뿌리를 내리면 그 위반 자체가 율격법칙이 되는 것이다.

율격*meter*—또는 더욱 명확한 용어로 운문구도韻文構圖*verse design*는 하나의 추상적·이론적인 도식이라기보다, 시행 한줄한줄—아니면, 논리학적 용어로, 하나하나의 운문구현韻文具現*verse instances*의 구조를 이루고 있다. 구도*design*와 구현*instance*은 상관적 개념이다. 운문구도는 운문구현의 불변적 자질을 결정하고 변이의 한계를 설정한다. 서사시를 암송하는 셀비아의 한 농부는 수천행, 때로는 수만행을 암기하고, 읊고 또한 상당한 정도로 즉흥시를 엮을 수 있는데, 그 율격은 그의 심중에 살아 있는 것이다. 그 규칙을 추출할 능력은 없지만 조금이라도 그 규칙이 범해지면 그는 이를 알아차리고 거부한다. 셀비아 서사시는 어느 시행이나 정확히 10음절로 되어 있고 반드시 통사적 휴지가 이에 따른다. 더욱이 제5음절 직전에는 어경계가 필수적이며 제4음절 및 제10음절 직전에는 어경계가 와서는 안 된다. 더욱 이 운문은 음량 및 강세상 중요한 특징을 지닌다.[21]

이러한 셀비아 서사시의 휴지법休止法은 비교운율학比較韻律學이 제시하는 많은 유사한 예와 더불어 시적 운율의 휴지와 통사적 휴지를 동일시하는 오류에 대하여 설득력 있게 경고한다. 위의 필수적인 어경계를 통사적 휴지와 관련시켜서는 안 되며 귀로 지각될 수 있다고도 생각해서는 안 된다. 레코드에 녹음된 셀비아 서사시를 분석해 보면, 운율상의 휴지는 청취할 수 있는 어떤 필수적인 단서는 없으나 의미의 변화 없이 어순만을 대수롭지 않게 바꿈으로써 제5음절 앞의 어경계를 없애 버리려는 기도는 곧 음송자吟誦者의 비난을 받는다는 사실이 드러난다. 제4음절과 제5음절이 두 개의 상이한 어단위에 속한다는 문법적 사실은 운율상의 휴지를 인정하는 데 충분한 근거가 된다. 이와 같이 운문 구도는 단순한 음형音形의 문제를 훨씬 초월하는 더욱 광범위한 언어현상이며 또한 음성적인 처리만으로 독립될 수 없는 현상이다.

채트맨 *Chatman*[ㅊ]은 비록 "율격은 언어외적 체계로서 존재한다" 고 진술하고 있으나 나는 이를 "언어현상" 이라고 말하겠다. 율격은 시간적 배열을 다루는 타예술 분야에도 등장한다. 가령 통사법과 같이 언어의 영역을 넘어서는 언어학적 문제도 있고, 서로 상이한 기호체계에 공

---

21 cf. R. Jakobson, Studies in comparative Slavic metrics, *Oxford Slavonic Papers 3.* (1952), pp.21~66 : R. Jakobson, Ueber den Versbau der Serbokroatischen Volksepen, *Archives neerlandaises de phonetique experimentale 7~9* (1933), pp.44~53.

ㅊ Chatman 前註 ㄷ).

통된 언어학적 문제들도 많이 있다. 가령 교통 신호의 문법이라는 것도 논할 수 있으니 신호 코드가 있어, 황색등은 적색등과 관련해서는 자유 통행이 곧 막힌다는 것을 경고하며 적색등과 관련시키면 막힘이 곧 해제됨을 알린다. 이와 같은 황색신호는 동사의 완료상完了相과 상당한 유사성을 보인다. 그러나 시의 율격은 본질적으로 언어적인 특질을 많이 가지고 있기 때문에 순수 언어학적 견지에서 기술하는 것이 가장 적절하다고 하겠다.

운문구도韻文構圖의 어떠한 언어적 특질도 소홀히 해서는 안 된다는 것을 나는 부언하는 바이다. 따라서 예를 들면 영시 율격에서 억양이 가지는 구성요소로서의 가치를 무시한다는 것은 불행한 오류를 범하는 것이 된다. 휘트맨*Whitman*과 같은 영어 자유시의 거장이 사용한 율격에서 억양이 가지는 본질적 기능은 말할 것도 없고 의식적으로 구 걸치기 *enjambments*를 회피하는 「머리단의 강탈*The Rape of the Lock*」과 같은 시에서는 "음의 하향조下向調*cadence*"든 "음의 비하향조非下向調*anticadence*"[22]든 휴지억양休止抑揚("말미연접末尾連接*juncture*")이 율격상 가지는 중요성을 무시할 수 없다. 그러나 구 걸치기가 아무리 크게 누적된다 하더라도 그들의 지엽적인, 상황 변이적 입장을 숨길 수 없으며 이들은 항상 통사상의 휴지와 휴지억양이 운율한계와 정상적인 일치를 이루는 것을 두드러지게 나타낸다. 음송자吟誦者가 어떤 낭독법을 사용하든지 시에 있어 억양의 제약은 언제나 타당하다. 한 수의 시, 한 사람의 시인, 하나의 시파詩派가 고유하게 지니는 억양형抑揚型에 관한 문제는 러시아 형식론자들이[23] 제기한 논의 중에서 가장 뚜렷한 논제들이다.

---

22 J. Begrich, Zur hebräischen Metrik, *Theolgische Rundschar: neue Folge* 4. 67-89 (1932)

23 B. Ejxenbaum, *Melodika stixa* (Leningard. 1922): V. Zirmunskij, *Voprosy teorii literatury* (Leningard. 1928).

운문구도는 운문구현 안에서 구체화된다. 흔히는 이들이 구현의 자유변이를 "리듬"이라는 좀 애매한 명칭으로 부른다. 어떤 한 시 안에서의 몇몇 운문구현의 변이라는 것은 가변적인 음송구현吟誦具現*delivery instances*과는 엄격히 구별해야 한다. 시행을 실제 음송되는 그대로 기술하려는 노력은 시의 공시적 · 통시적 분석을 위해서 별로 도움이 되지 않으며 이는 현재와 과거를 통한 시의 음송 연구에나 도움이 될 것이다. 그러나 사실은 간단 명료해서 "하나의 시에도 여러 가지 음송법이 있고 이들은 서로 여러 면에서 상이하다. 한 번 음송한다는 것은 하나의 사상event일 뿐이다. 시 그 자체는, 만일 시가 존재하는 것이라면, 일종의 영속적인 대상이어야 한다."[ㅋ] 윔새트와 비어즐리의 이러한 슬기로운 진술은 실로 현대운율학의 본령에 속하는 문제다.

셰익스피어의 운문에서는 "absurd"라는 낱말의 제이 강세음절이 보통 하박downbeat에 떨어지나 단 한 번만은 「햄릿」 제3막에서 상박upbeat에 떨어진다. "No, let the candied tongue lick absurd pomp." 음송하는 사람은 이 시행의 "absurd"의 제1음절에 어두강세語頭强勢를 주어 율독律讀할 수도 있고 표준적인 강세규칙을 따라 어말강세語末强勢를 지킬 수도 있다. 또한 "Nó lèt thè cândiĕd tóngue lîck ăbsùrd pómp"라 해서 이 형용사의 어강세를, 뒤따르는 주요어의 강한 통사적 강세에 종속시킬 수도 있다. 이것은 힐*Hill*의 제안[24]이며 홉킨즈가 영시에서 약강강약격*antispasts*—예를 들어 "regrét néver"[25]—을 인정하는 것과 같은 생각이다. 끝으로 강조의 수식법이 가능한데 이는 양음절을 포함하는 "동요 악센트법*fluctuating accentuation*(*schwebende*

ㅋ Wimsatt and Beardsley 前註 ㅈ).

24 A.A. Hill, *Review in Language 29* (1953), pp.549~61.

25 G.M. Hopkins, 前註 10).

Betonung)" 이나 혹은 [àbsúrd] 경우처럼 제1음절의 감탄의 강화로 이루어진다. 그러나 음송자가 어떤 해결법을 택하든지, 앞에 휴지가 오지 않고 어강세가 하박에서 상박으로 전환하는 것은 여전히 충격적이며 기대좌절의 순간도 여전히 살아있다. 음송자가 악센트를 어디에 두든지 영어의 "absurd"의 제2음절의 어강세와 제1음절에 주어진 하박과의 불일치는 운문구현을 이루는 구성소적 자질로서 계속 기능을 발휘할 것이다. 강박부와 보통 어강세 사이에 개재하는 긴장은 여러 다른 배우들과 읽는 이들의 상이한 실연實演과는 무관하게 그 시행에 내재하는 것이다. 제랄드 맨리 홉킨즈가 자기 시집의 서문에서 말하고 있듯이 "두 가지 율동이 어떤 의미로 동시에 진행되고 있다."[26] 이러한 대위법적對位法的 흐름에 대한 그의 기술은 다음과 같이 재해석될 수 있다. 단어배열單語配列 위에 등가의 원리를 부가하면, 다시 말해서 일반적인 발언형태 위에 율격형식을 올려 놓으면 그 언어와 운문에 익숙해 있는 사람이면 누구나 이중적, 양의적兩義的 형태를 경험할 것이다. 두 가지 형태의 유사성 및 상이성, 그리고 기대의 실현과 좌절이 어울려 이러한 경험을 자아낸다.

어느 하나의 운문구현이 어떻게 하나의 음송구현으로 수행되는가 하는 문제는 음송자의 음송구도*delivery design*에 달려 있다고 하겠으니, 어디까지나 율독법에 충실할 수도 있고 산문식 운율법에 가까워질 수도 있고 또는 자유로이 이 두 극 사이를 왕래할 수도 있다. 운문구도와 운문구현(그리고 음송구도과 음송구현)의 기본적 구별을 무시해서, 또는 음송구현과 음송구도로 각각 잘못 동일시함으로써 간략한 양분법을 적용하여 두 종류의 대위 관계를 한 종류의 대위 관계로 잘못 줄이지 않도

26 G.M. Hopkins, *Poems*. W.H. Gardner, ed. New York and London, third edtion, 1948.

록 주의해야 한다.

> "But tell me, child, your choice ; what shall I buy
> you?" — "Father, what you buy me I like best."

홉킨즈의 「관대한 마음*The Handsome Heart*」이란 시의 이 두 행은 하나의 구, 하나의 문장, 하나의 발화의 마지막 단음절 직전음에 운문경계를 두는 막중한 구 걸치기enjambment 현상을 갖는다. 이 오보격시행의 음송은 "buy"와 "you" 사이에 휴지를 두고 대명사 뒤의 휴지를 억제함으로써 엄격히 율격을 지킬 수도 있다. 또는 반대로 "buy you" 두 낱말을 분리하지 말고 이 의문문 끝에 명확한 휴지억양을 줌으로써 산문지향적 방법을 쓸 수도 있다. 그러나 이 두 음송방법은 어느 것도 율격적 구분과 통사적 구분의 의도적인 불일치를 감출 수는 없다. 시의 운문형태와 그 다양한 음송은 전혀 서로 독립적인 것이다. 그렇다고 지페르스*Sievers*[27]가 제기한 바 저자취독자著者趣讀者*Autorenleser*와 자기취독자自己趣讀者*Selbstleser*의 흥미있는 문제를 무시하려는 생각은 없다.

운문이란 제일의적으로 회기적인 "소리의 문채"라는 것은 확실하다. 제일의적으로는 그러하나 전적으로 그렇다는 것은 아니다. 시각 · 두운 · 각운 등 시의 전통적 기법을 오로지 음성면에만 국한시키려 한다면 이는 경험적 합리성을 결하는 탁상공론에 불과하다. 등가의 원리를 배열에 투영한다는 것은 좀더 깊고 넓은 의미에서이다. "소리와 뜻 사이에서 주저하는 것"이 시라고 보는 발레리*Valéry*의 견해[28]는 음성적 고립주의의 어떤 편견보다도 훨씬 더 현실적이며 과학적이다.

압운은 정의상 동일한 음소 또는 음소군의 규칙적 회기에 근거를 두

---

27 E. Sievers, *Ziele und Wege Schallanalyse* (Heidelberg, 1924).
28 cf. P. Valéry, *The Art of Poetry*, Bollingen series 45 (New York, 1958).

고 있으나, 압운을 단지 음의 관점에서만 다룬다는 것은 온존치 않으며, 과도한 단순화가 될 것이다. 압운은 필연적으로 서로 압운관계를 갖는 단위들(홉킨즈의 용어로는 "rhyme-fellows 압운성원") 사이의 의미 상관관계에 관여하지 않을 수 없다. 압운을 음미할 때 이것이 유사한 파생접사派生接辭와/나 굴절접사屈折接辭끼리의 유어미법類語尾法(*congratulations-decorations*)인지 아닌지, 또는 압운을 밟는 낱말들이 동일한 문법범주에 속해 있는가 아닌가의 문제에 당면하게 된다. 이와 같이, 예를 들어 홉킨즈의 사중운四重韻은 "kind"와 "mind"의 두 명사가 압운을 밟고 이들은 각기 형용사 "blind"와 동사 "find"와도 대조를 이룬다. dove-love, light-bright, place-space, name-fame에서와 같이 압운을 밟는 어휘 상호간에 의미상의 근접성, 일종의 직유 관계가 존재하는가? 압운의 성어끼리는 동일한 통사적 기능을 수행하는가? 형태상의 품사와 그 통사상 적용의 차이점을 압운에서 지적해 낼 수도 있다. 예를 들어 포우*Poe*의 시행 "While I nodded, nearly *napping*, suddenly there came a *tapping*, As of someone gently *rapping*"에서 세 개의 압운어가 형태적으로 같으며 통사적으로는 모두 상이하다. 동음이의적인 운은 완전히 또는 부분적으로 금지되는 것인가, 묵인되는 것인가 또는 선호되는 것인가? son-sun, I-eye, eve-eave와 같은 완전 동음이의어나 December-ember, infinite-night, swarm-warm, smiles-miles와 같은 반향압운反響押韻이 그것이다. 또한 하나의 어휘와 어군이 압운을 밟는 복합운複合韻(홉킨즈의 "enjoyment - toy meant"나 "began some - ransom"처럼)은 어떨까?

어떤 시인이나 시파詩派는 문법적 압운을 지향하는 수도 있고 반대하는 수도 있다. 압운은 반드시 문법적이거나 아니면 반문법적이어야 하며, 음과 문법구조의 관계를 무시한 무문법적 압운은 다른 무문법주의

agrammatism나 마찬가지로 언어병리학言語病理學에 속한다. 만약 한 시인이 문법적 압운을 피하려 한다면 홉킨즈 말대로 그에게 있어 "마음에 와 닿는 압운의 아름다움은 음의 유사성이나 동일성, 그리고 의미의 비유사성이나 상위성, 이 두 가지 요소에 있다."[29] 여러 가지 압운기법에서 음과 의미의 상관 관계가 어떠하든 이 두 영역은 필연적으로 관련되어 있다. 압운의 의미성에 관한 윔새트의 계몽적인 고찰과[30] 슬라브*Slavic* 압운 형태에 관해 빈틈없는 현대적 연구가 있은 후부터 시학도는 압운이 그저 막연한 의미를 갖는다는 주장을 할 수 없게 됐다.

압운은 시에서 더욱 일반적이며 근본적이라고 말할 수 있는 문제, 즉 병행구문*parallelism*의 특수하고도 응축된 예에 불과하다. 이에 관해서도 역시 홉킨즈는 학생 시절 논문에서(1865) 시의 구조에 대한 비범한 통찰력을 보이고 있다:

> 시의 작위적 부분—아마 모든 작위적인 것이라고 하는 것이 옳을 것이다—은 모두 병행성 원리에 귀착된다. 시의 구조는 히브리어 시의 기술적인 소위 대구법이나 교회음악의 응답송으로부터 시작해서 희랍어, 이탈리아어, 영어 운문들이 지니는 복잡성에 이르기까지 모두 연속적인 병행성 구조라고 할 수 있다. 그러나 병행성에는 대립관계가 명확히 드러나는 경우와 점진적이거나 반음계적chromatic 경우의 두 종류가 필연적으로 존재한다. 전자의 경우, 즉 명시적 병행성은 운문구조와 관련이 있으니, 일정한 음절의 연속이 회기하는 율격에서, 그리고 두운, 모운, 각운에서 관련이 있다. 이러한 회기의 힘은 낱말이나 생각 속에 이에 호응하는 회기성 또는 병행성을 자아내는 것이며 대체로 말해서, 예외없는 결과라기보다 일반적인 경향으로 말해서, 정교한 병행성이든, 강의적 병행성이든, 구조상의 병행성이 두드러지면 질수록 말이나 의미상의 병행성도 현저해진다…… 사물의 유

29 G.J. Hopkins, 前註 10).
30 W.K. Wimsatt, Jr., *The Verbal Icon* (Lexington, 1954).

사성에서 효과를 찾는 은유 · 직유 · 우화 등, 그리고 비유사성에서 찾는 대조법 · 대비법등이 현저한 또는 당돌한 종류의 병행법에 속한다.[31]

요컨대 소리의 등가성이 구성원리로서 배열에 투영되면 불가피하게 의미의 등가성을 갖게 되며, 그러한 배열의 구성요소는 어느 것이나 어떤 언어 계층에서도 홉킨즈가 간결히 규정한 바 "유사성을 위한 비교"와 "비유사성을 위한 비교"의 두 가지 상관적 경험 중 어느 하나를 촉진시킨다.

민간전승民間傳承은 가장 명확하고 전형적인 시형식을 제시하며(시비억 *Sebeok*이 체레미스*Chermis*족의 사례를 풀어 밝힌 바와 같이)[ㅌ] 특히 상세한 구조 음미에 적합하다. 계속되는 시행을 연결하는데 문법적 병행법을 사용하는 구두전승口頭傳承 — 예를 들면 피노 우구릭어*Finno-Ugric*의 운문형식[32]과 러시아 민간전승시의 대부분은 음성 · 형태 · 통사 · 어휘 모든 층위에서 효과적인 분석이 가능하다. 어떤 요소들이 등가로 여겨지는가, 어떤 계층의 유사성이 어떻게 해서 다른 계층에서의 현저한 상이성에 의해 완화되는가를 알게 된다. 이러한 형식들은, "율격과 의미와의 과정은 본질적인 시의 기본활동으로서 시의 모든 중요한 특징들이 모두 이에 관여한다"[33]라는 랜섬*Ransom*의 현명한 제언에 대하여 확증을 준다. 이들과 같이 뚜렷한 전통적 구조는 율격과 의미의 상호 작용을 다루는 문법과 아울러 은유의 배열을 다루는 문법을 쓸 수 있다는 가능성에 대한 윔새트의 의심을 덜어 줄 수 있을 것이다. 병행성이 시적 규준으로 승격하자마자 율격과 의

31 G.M. Hopkins, 前註 10).

ㅌ T.A. Sebeok, Decoding a Text : Levels and Aspects in a Cheremis Sonnet, *Style in Language*, pp.221~35. 참조.

32 R. Austerlitz, Ob-Ugric metrics. *Foklore Fellows Communcations*, *174* (1958); W. Steinintz, Der Parallelismus in der finnisch-karelischen Volksdichtun. *Folklore Fellows Communications*, *115* (1934) 참조.

33 J.C. Ransom, *The New Criticism* (Norfolk, Conn., 1941)

미의 상호작용, 그리고 수사구*trope*의 배열은 "시의 자유롭고 개별적이며 예기를 불허하는 부분"에서 벗어난다.

러시아의 혼례가婚禮歌 중에서 신랑의 등장을 노래하는 전형적인 몇 줄의 시를 번역해 보자:

A brave fellow was going to porch.
Vasilij was walking to the manor.
용감한 젊은이가 현관으로 가고 있었다.
와시리는 저택으로 걸어가고 있었다.

위는 직역이다. 그러나 동사는 두 노어절에서 다 문장 끝에 온다(Dobroj mólodec k séničkam *privoráčival*, // Vasílij k téremu *prixážival*). 이 시행들은 통사적으로나 형태적으로 완전한 대응 관계를 보인다. 술어 동사는 둘 다 같은 접두사와 같은 접미사를 가지며, 어간모음교체語幹母音交替도 같다. 상 · 시제 · 수 · 성에 있어 동일하며 더욱, 동의어적이다. 보통명사와 고유명사인 두 주어는 다같이 한 인물을 가리키며 동격어군을 이룬다. 두 개의 장소를 말하는 수식어도 동일한 전치사구 구문으로 표현됐고 전자는 후자에 대해 제유*synecdoche* 관계를 이룬다.

이들 시행은 문법적으로(통사, 형태적으로) 유사한 구조를 가진 또 하나의 시행이 선행되는 수가 있다: "Not a bright falcon was flying beyond hills 빛나는 매 한 마리도 언덕을 넘어 나르고 있지 않았다." 또는 "Not a fierce horse was coming at gallop to the court 거센 말 한 마리도 앞뜰에 빠른 속도로 뛰어들지 않았다." "빛나는 매"라든지, "거센 말"과 같은 변이는 "용감한 젊은이"와 은유 관계를 가진다. 이는 전통적인 슬라브어의 부정적 병행성, 즉 현실적 상황을 위해서 은유적 상황을 부정하는 것이다. 그러나 부정사 ne가 빠질 수도 있다: "Jasjón sokol zá gory zaljótyval" (A bright falcon was flying beyond the hills 빛나는 매 한 마리가 언덕 넘어 나르고 있었다.) 또는 "Retiv kon' kó dvoru priskákival" (A fierce horse was coming at a gallop to the court 거센 말 한 마리가 빠른 속도로 앞뜰에 뛰어들고 있었다)의 예와 같다. 두 예 중 첫 번 것은 은유 관계가 유지되었으니, 언덕 넘어 날라온 빛나는 매 한 마리와 같이 현관에 용감한 젊은이가 나타났다. 그러나 두 번째 경우는 의미의 연관성이 모호하다. 등장하고 있는 신랑과 뛰어드는 말의 비교는 암시가 되나, 실제로는 앞뜰에서 말이 멈추어 선다는 것은 곧 주인공이 집에 접근한다는 기대를 가져 온다. 기수와 약혼녀의 저택을 도입하기 전에 이 노래는 말과 앞뜰이라는 인접적인 환유적換喩的 이미지를 불러일으킨다. 즉 소유주 대신 소유물을, 옥내 대신 옥외를 환기한다. 말을 말탄 이로 대치시키지 않은 채로, 신랑의 출현은 연속되는 두 순간으로 나뉠 수 있다. "용감한 젊은이가 앞뜰에 빠른 속도로 뛰어 들었다."//"와시리는 현관으로 걸어 가고 있었다." 한 줄 앞에서 "용감한 젊은이"와 율격적으로 통사적으로 동일한 자리에 온 "거센 말"은 젊은이의 유사물이며 곧 젊은이를 상징하는 그의 소유물—정확히 말해서 기수 전체를 상징하는 부분*pars pro toto*이다. 이와 같이 말의 이미지는 환유*metonymy*와 제유*synecdoche*의 경계선상에 있다. "거센 말"이 가지는 이러한 암시적 함의에서 일종의 은유적 제유가 나온다. 러시아 혼례가나 기타 여러 종류의 사랑의 노래에서 남성적 "retiv kon거센 말"은 잠재적, 아니 오히려 명백한, 남근男根의 상징을 이룬다.

1880년에 이미 슬라브 시학의 탁월한 연구가인 포테브냐*Potebnja*는 민족시에 있어 "하나의 상징은 주위 환경의 부속물로 전환하여 물체화 *ovescestvlen* 되는 것 같다"고 지적했다. "여전히 하나의 심볼이긴 하나

행위와 관련지워져 있다. 따라서 직유直喩는 시간적 배열이라는 형태로 제시된다."[34] 포테브냐가 제시한 슬라브 민족시의 예를 보면 한 소녀가 버드나무 밑을 지나갈 때 그 버드나무 또한 소녀의 이미지를 나타내고, 나무와 소녀는 버드나무라는 하나의 언어상verbal simulacrum에 공존해 있다. 이와 똑같이 사랑의 노래에서 한 필의 말은, 비단 젊은이가 소녀에게 자기 준마에게 먹이를 줘 달라는 경우만 아니라, 안장이 얹혀지거나 마구간에 넣어지거나 나무에 매이는 경우조차도 다같이 남성성을 상징한다.

시에 있어서는 음운적 배열뿐 아니라 의미단위의 배열도 똑같이 등가성을 형성한다. 유사성이 인접성에 중첩될 때 시에는 철두철미한 시의 상징적 · 복합적 · 다의적 본질이 부여되는데, 이는 괴테의 "무상無常한 모든 것은 비유에 불과하다*Alles Vergängliche ist nur ein Gleichnis*" 에 완벽하게 암시되어 있다. 좀더 전문적으로 말하자면 모든 배열물은 직유다. 유사성이 인접성에 중첩된 시에 있어서 모든 환유는 약간의 은유성을 띠고 모든 은유는 약간의 환유적인 색채를 갖는다.

중의성은 메시지 자체에 초점을 맞추는 모든 것에 내재하는 배제 불가능한 자질이며, 요컨대 시의 필연적 부수자질附隨資質이다. 엠프슨*Empson*의 말을 여기서 반복한다면 "중의성의 모의謀議는 시의 근본에 속한다."[35] 메시지 자체뿐 아니라 발신자나 수신자도 모호해지며 작가와 독자 외에 서정시抒情詩의 주인공인 〈나〉 또는 가공적架空的인 이야기 화자話者인 〈나〉 그리고 극적 독백 · 탄원, 서간書簡에서의 가상적 청자聽者인 〈너〉, 〈그대〉가 있다. 예를 들면 「씨름하는 야곱*Westling*

---

34 A. Potebnja. *Ob jasnenija malorusskix i srodnyx narodnyx pesen*. (Warsaw. 1-1883, 2-1887).

35 W. Empson, *Seven Types of Ambiguity* (New York, 3rd edition, 1955).

Jocob」이란 시는 시제詩題의 주인공이 구세주를 향해 하는 말이지만 동시에 시인 찰스 웨슬리*Charles Wesley*가 독자에게 주는 주관적 메시지이기도 하다. 실제적으로 모든 시적 메시지는 의사적擬似的 인용화법引用話法으로서 〈발언 가운데의 발언〉이 언어학자에게 제기하는 모든 특수하고 복잡한 문제들을 수반한다.

시적 기능이 지시적 기능보다 우위를 차지한다 해도 지시성指示性을 소실하는 것이 아니라 다만 이를 모호하게 할 뿐이다. 이중적 의미의 메시지는 분할된 발신자, 분할된 수신자, 그리고 더욱 분할된 지시 관계에서 대응을 찾을 수 있으니 여러 민족들의 동화 머리말에 충분히 나타난 바와 같으며 예를 들어 마여르카섬의 야담가들이 흔히 쓰는 도입부와 같다: "그렇기도 했고 그렇지도 않았다 Aixo era y no era."[36] 등가의 원리를 배열에 적용해서 생기는 반복성은 시적 메시지의 구성소적 배열 뿐 아니라 메시지 전체의 회기回起를 가능케 한다. 직각적, 아니면 지연된 이러한 회기의 가능성, 즉 시적 메시지와 그 구성성분들의 구상화, 한 메시지가 영속적인 것으로 전환하는 것, 이 모든 것이야말로 시의 본질적이며 실효를 거둘 수 있는 특질들이라 하겠다.

유사성이 인접성에 중첩된 배열에서 서로 근접해 있는 두 개의 유사한 음소배열은 유음법적類音法的*paronomastic* 기능을 발휘하기 쉽다. 음성적으로 유사한 낱말들은 의미적으로도 서로에게 이끌리게 마련이다. 포우의 시 「까마귀*Raven*」의 끝 연의 첫줄이 반복적 두운을 널리 활용하고 있다는 것은 발레리[37]가 지적한 대로지만, 이 시행 및 시연 전체의 "압도적인 효과"는 그 시적 어원(기원)*poetic etymology*이 갖는 힘에 주로 힘입고 있다.

---

36 W. Giese, Sind Märchen Lugen?, *Cahiers S. Puscariu*, 1(1952), pp.137 ff.
37 P. Valéry, 前註 28).

And the Raven, never flitting, still is sitting, *still* is sitting
On the pallid bust of Pallas just above my chamber door;
And his eyes have all the seeming of a demon' s that is dreaming,
And the lamp-light o'er him streaming throws his shadow on the floor;
And my soul from out that shadow that lies floating on the floor
Shall be lifted — nevermore.[ㅍ]

까마귀의 횃대가 된 "the pallid bust of Pallas 팔라스의 창백한 흉상"은 "낭낭한*sonorous*" 유음법 /pǽləd/—/pǽləs/을 통해서 하나의 유기적 통일체로 융합해 간다(이는 셸리Shelley가 고안한 시행인 "Sculptured on alabaster obelisk 대리석 오베리스크에 조각된"에서의 /sk·lp/—/l·b·st/b·l·sk/와 같다.) 대면하는 이 두 낱말은 같은 흉상에 이미 쓰인 또 하나의 형용사placid/plǽsid/에서 융합되어 일종의 시적 합성어*portmanteau*를 이루고, 앉은 자와 앉은 자리와의 유대 역시 "*b*ird or *b*east upon the…*b*ust"와 같은 유음법으로 묶여 있다. 까마귀는 "is sitting//On the pallid bust of Pallas just above my chamber door, 앉아 있다//내 방문 위 창백한 팔라스의 흉상 위에", 그리고 횃대 위에 앉아 "take thy form from off my door 그대의 모습을 내 문에서 없애 버려라"는 사랑하는 남자의 명령에도 불구하고 /bʌ́st/로 융합되는 /jʌ́st əbʌ́v/라는 두 단어에 의해 그 자리에 못박혀 버린다.

불길한 객이 한없이 머물고 있음을 솜씨있는 유음법의 연쇄로 표현했고 그 일부는 또 역으로도 표현되는데, 이것은 예측적, 역행적 수법의

ㅍ 그리고 까마귀는 날지 않고 조용히 앉았네, 여전히 앉아 있네.
내 방문 위 팔라스 신神의 창백한 흉상 위에 앉아 있네
그의 눈망울은 마신魔神의 꿈꾸는 그것과 꼭 닮았고,
그의 머리 위서 비추는 불빛이 그 그림자를 마루 위에 던지네;
이제 내 영혼은 마루 위에 떠도는 검은 그림자를 벗어날 길 없네 — 결코 없네.

신중한 실험자이며 "뒤로부터 역으로 쓰기"의 대가인 에드가 아란 포우와 같은 시인이 쓸 만한 수법이다. 이 마지막 연의 첫줄에서 구슬픈 반복어 "never"에 인접해 있는 "raven"은 다시 한번 "never"란 말의 내포된 반영상反映象으로서 나타난다: /n·v·r/—/r·v·n/. 영원히 지속되는 절망의 두 상징, 먼저 최종연의 첫머리인 "The Raven, never flitting 날라다니지 않는 까마귀" 그리고 최후의 두 줄 "Shadow that lies floating on the floor마루에 떠도는 그림자"와 "Shall be lifted nevermore 다시는 건질 수 없으리"를 뚜렷한 유음법이 연결하고 있다: /nέvər flítíŋ/.../flótíŋ/.../flɔ́r/.../líftəd nέvər/. 발레리를 감격시킨 두운법은 /stí.../—/sít.../—/stí.../—/sít.../과 같은 유음법의 연쇄를 구축한 데 있다. 이들 음군의 불변성은 그들 순서의 변이로 일층 강조된다. 검은새의 "fiery eyes 번쩍이는 눈동자"와 "his shadow on the floor 마루 위에 그림자"를 던지고 있는 불빛—이 명암법의 선명한 효과는 그림 전체의 어두운 분위기를 더하기 위해 자아내진 것이며 이는 다시 한번 /ɔ́lðə símIŋ/.../dímənz/.../Izdrímiŋ/—/ɔrIm strímIŋ/과 같은 유음법의 "강렬한 효과"와 결부되어 있다. "That shadow that lies/láyz/와 까마귀의 'eyes' /áyz/는 상당히 엉뚱한 위치에서 반향압운反響押韻의 짝을 이룬다.

시에 있어 음의 현저한 유사성은 모두 의미의 유사성과/이나 상이성과의 관련하에 평가된다. 그러나 포우프*Pope*가 "음은 느낌의 반향反響으로 들려야 한다the sound must seem an Echo of the sense"고 쓰는 시인에게 주는 두운법 교훈은 널리 적용될 수 있는 말이다. 지시적 언어에서는 기표記標signans와 기의記意signatum의 연결이 기호적 인접성隣接性에 압도적으로 의존하며 이는 때로 "언어기호의 자의성arbitrariness of verbal sign"이라는 혼동되기 쉬운 표지가 붙는다. 소리—의미의 연결의 적정성은 유사성을 인접성에 중첩시켰을 때 필연적으로 오는 단순한 부수적 결과다. 음성상징音聲象徵은 다양한 지각양식知覺樣式 특히 시각체험視覺體驗과 청각체험聽覺體驗의 현상적 결합에 기반을 둔 부정할 수 없는 객관적 관련성이다. 이 분야의 연구 결과가 때로 모호하고 이론異論이 많은 것은 주로 심리학적이고/혹은 언어학적 조사 연구 방법이 불충분한 정도였기 때문이다. 특히 언어학적 관점에서는 말소리의 음운적 측면에 대한 관심이 결여되었거나, 음소의 최종 구성성분 대신 복합적 단위를 사용함으로써 불가피해진 무익한 작업 때문에 전체가 잘못 이끌어진 때도 있다. 그러나 예를 들어 저음조성低音調性 대 고음조성高音調性과 같은 음운대립을 실험할 때 /i/와 /u/ 어느 것이 더 어두운 음이냐고 물으면 피실험자들 가운데는 혹 이런 질문이 무의미하다고 할 사람이 있겠지만 그러나 아무도 /i/가 더 어두운 음이라고는 말하지 않을 것이다.

시만이 음성상징音聲象徵을 감지할 수 있는 분야는 아니다. 음과 의미의 내적연결이 잠재적인 것에서 분명한 것으로 변화하고, 가장 명료하고 강렬한 것으로써 스스로를 발현시키는 영역이 바로 시라는 것은 하임즈Hymes의 고무적인 논문에 지적된 바와 같다. 어느 시행이나 연, 시의 음성조직(결) 안에서 어느 특정한 부류의 음운이 평균 이상으로 누적된다든지, 혹은 대립하는 두 부류의 음운들이 한 대비적 집합을 이루면, 이는 포우의 사실적 표현을 빌어 "의미의 저류底流"와 같은 기능을 발휘한다. 양극을 이루는 두 낱말의 음운 관계는 의미적 대립과 일치할 수 있으니 노어의 낮/d, en,/과 밤/noč/에서 주간을 표현하는 것은 고음조高音調 모음과 예성자음銳聲子音을 가지며 야간의 표현은 이에 대응하는 저음조低音調 모음을 갖는다. 두 번째 낱말이 가지는 저음조성低音調性 음운 환경과는 대조적으로 첫 낱말이 고음조성高音調性과 예성적銳聲的 음소에 둘러싸여 이룬 강화된 대비로 인해 소리는 의미의 완전한 반향이 된다. 그러나 불어의 낮 *jour*과 밤 *nuit*은 저음조성低音調性 모음母音과 고음조성高音調性 모음의 분포가 역전해 있고 말라르메 Mallarmé는 「디바가시옹*Divagations*」에서 자기의 모국어가 낮에는 어두운 반향을, 그리고 밤에는 밝은 반향을 주는 속임수의 억지를 썼다고 비난하고 있다.[38] 월프*Whorf*는 "어느 낱말이 그 의미에 대해 청각적 유사성을 지닐 때 우리는 이를 알아 채릴 수 있다…… 그러나, 그 반대 경우에는 아무도 이를 모른다"라고 말하고 있다. 그러나 시어에서 그리고 특히 프랑스시에서는 말라르메가 지적한 바 소리와 의미의 충돌이 있을 때 그러한 불일치에 대해 음운적 변화를 추구해서 nuit를 저음조성低音調性의 음소로 그리고 jour를 고음조성高音調性의 음소로 둘러 싸, 모음 자질의 "역*converse*" 분포를 지워 버리든지, 아니면 의미전환법에 호소해서 저음조低音調 대 고음조高音調라는 음운적 대립이 갖는 다른 공감각적 관련물을 이용해, 낮과 밤이라는 명암의 이미지를 예를 들어 무더운 낮과 청량한 밤의 대비로 바꾼다. 그것은 "인간이 밝음·날카로움·견고함·높음·가벼움·빠름·고성조高聲調·좁음 등등의 체험을 하나의 긴 계열로 연관시키고, 또한 그 반대로 어둠·온화함·유순함·부드러움·둔함·낮음·육중함·더딤·저성조低聲調·넓음 등등을 다른 하나의 긴 계열로 연관시키는"[39] 까닭이다.

반복의 중요성이 시에서 아무리 효과적이라 해도 시의 음성적인 결 *texture*은 그 수적 고찰에만 한정할 수 없으며, 또한 한 음소가 주요 단어의 적절한 위치에서 대비되는 배경을 가지고 단 한번만 나타나도 이

38 S. Mallarmé, *Divagations* (Paris, 1899).

39 B.L. Whorf, *Language, Thought and Reality*, J.B. Caroll (ed. New York, 1956), pp. 276 f.

는 매우 뚜렷한 의의를 지닐 수 있다. 화가들이 늘 말하는 것처럼 "한 킬로의 녹색 물감이라 해서 반 킬로의 녹색 물감보다 더 녹색일 순 없는 것이다."

시의 음성적 조직(결)을 분석할 때는 그 언어의 음운구조와 그리고, 전반적 기호체계 외에, 해당 작시법 전통에서 보이는 음성적인 변별의 위계도 반드시 고려해야 한다. 그래서 슬라브민족들이 구두전승口頭傳承과 어느 시기의 문자전승에서 보인 근사압운近似押韻은 그 압운의 성원으로 상이한 자음을 받아들이고 있으나(예: 체코어의 boty, boky, stopy, kosy, sochy) 니취 Nitsch가 지적하듯이[40] 유성자음과 무성자음의 대응은 불허하며, 그래서 위에 인용된 체코 낱말들은 body, doby, kozy, rohy 등과 압운을 밟을 수 없다. 피마-파파고*Pima-Papago*나 테페카노 *Tepecano* 등의 아메리칸 인디안족의 노래에서는 허조그*Herzog*의 관찰에 의하면 (부분적으로만 간행되었지만)[41] 유성파열음 대 무성파열음, 이두음 대 비음의 음운적 대립은 자유변이로 대치되나 순음, 치음, 경구개음과 연구개음의 변별성은 엄격히 유지된다. 이와같이 이들 언어의 시작법에서 자음은 유성/무성과 비음/구음의 4개의 변별적 자질에서 두 개를 상실하고 저음조성/고음조성과 집약성/확산성의 두 가지 대립을 유지한다. 음운 및 문법 레벨에서 다같이 적절한 범주의 선택과 그 계층적 성층화는 시학의 제일의적인 중요 요인이다.

고대 인도 및 중세 라틴어 문학이론은 언어예술의 양극을 명확히 구별했다. 산스크리트어로는 판자라*Pañcali*풍과 비다루바*Vaidarbhi*풍으로, 라틴어로는 이에 상응하는 난삽장식難澁裝飾*ornatus difficilis*과 평

---

40 K. Nitsh, Z historii polskich rymow, *Whbor pism polonistycznych 1* (Worklaw, 1954), pp.33~77.

41 G. Herzog, Some linguistic aspects of American Indian poetry, *Word 2* (1946), p.82.

이장식平易裝飾*ornatus facilis*으로[42] 구별하는데, 후자의 문체의 경우가 확실히 그 언어학적 분석이 어려운 이유는 그러한 문학형식은 언어적 수단에 겉치레가 없고 거의 투명한 옷 같은 언어이기 때문이다. 그러나 찰즈 샌더스 퍼어스*Charles Sanders Peirce*의 말과 같이 우리도 "겉옷은 완전히 벗겨지지 않는 것이다. 다만 더욱 투명한 것으로 교환될 따름이다"[43]라고 말할 수밖에 없다. 홉킨즈는 "연속적 병행구문"에서처럼 병행성이 명백히 드러나지도 않고 엄격히 규칙적이지도 않은, 또한 두드러진 소리의 문채도 없는 산문적 언어예술을 "무운문 구문*verseless composition*"이라 불렀고 이런 글들은, 모든 중간적 언어단계 분야가 그렇듯이 시학에 있어 더욱 복잡한 문제들을 제기한다. 이 경우에 중간적 단계란 엄밀한 의미의 시어와 엄밀한 의미의 지시성 언어referential language 사이를 두고 말한다. 그러나 동화의 구조에 관한 프로프*Propp*의 선구적인 연구논문[44]은 전통적인 이야기 줄거리를 분류하고 그들을 구성하고 선택하는 난해한 법칙을 추적하는 데만도 통사적 접근법이 얼마나 일관성있게 큰 도움을 줄 수 있는가를 우리에게 보여준다. 레비 슈트로스*Levi-Strauss*의 최근 연구[45]는 이와 같은 구성에 관한 문제에 대해서 더욱 심도있는그러나 본질적으로 유사한 연구 방법을 제시한다.

환유換喩의 구조에 대해서 은유의 분야만큼 연구가 잘 되어 있지 않

42 L. Arbusow, *Colores Rhetorici* (Gottingen, 1948) 참조.
43 C. S. Peirce, *Collected Papers*, Vol. 1 (Cambridge, Mass., 1931), p.171.
44 V. Propp, *Morphology of the Folktale* (Bloomington, 1958).
45 C. Levi-Strauss, Analyse morphologique des contes resses, *International Journal of Slavic Linguistics and Poetics 3* (1960); C. Levi-Strauss, La Geste d' Asdival, Ecole pratique des Hautes Etudes (Paris, 1958); C. Levi-Strauss, The structural study of myth, in T.A. Sebeok (ed.), *Myth: a Symposium*, pp.50~66 (Philadelphia, 1955).

은 것은 단순한 우연만은 아니다. 나의 낡은 학설을 되풀이해도 좋다면, 시적 비유*trope* 연구는 종래에는 주로 은유 방향에서만 있었고 환유*metonymy*의 원리와 밀접히 관련이 있는 소위 사실문학寫實文學에서는 아직도 그 해석을 거부하고 있다. 그러나 시학에서 낭만시의 은유적 문체를 분석할 때 사용하는 언어학적 분석법은 사실적 산문의 환유적 구성에 대해서도 똑같이 완벽히 적용될 수 있는 것이다.[46] 교과서들은 심상*imagery*이 없는 시의 존재를 믿고 있으나 실제로는 어휘적인 비유가 거의 없을 경우에도 화려한 문법적인 비유구와 문채가 이를 보완하고 있다. 언어의 형태적, 통사적 구조 안에 숨겨져 있는 시적 자원, 즉 문법의 시와 그 문학적 소산인 시의 문법에 관해서는 별로 비평가에게 알려진 바가 없고 언어학자의 관심 밖인 경우가 많았으나 실은 창작가들이 이를 늘 능란하게 구사해 왔던 것이다.

안토니가 시저의 장례 연설 벽두에서 보이는 극적 박력의 핵심은 셰익스피어가 문법적 범주와 구문을 잘 활용함으로써 이룬 것이라 하겠다. 안토니는 시저의 암살 이유에 관한 브루터스의 주장의 언사를 단순한 언어의 허구로 바꿔 버림으로써 이를 풍자한다. "as he was ambitious, I slew him 그가 야망에 차 있기 때문에 나는 그를 죽였다"라는 브루터스의 시저에 대한 고발은 연속적으로 변형된다. 우선 안토니는 이 말을 단순한 인용문으로 받아 말의 책임을 상대방이 지도록 한다. 즉 "The noble Brutus//has told us...... 고결한 브루터스가//우리에게 말하기를……" 이 말이 반복되면서 브루터스에 대한 언급은 반의를 나타내는 "but"에 의해서 안토니 자신의 주장에 반대되는 것이 돼 버리고, 양보를 나타내는 "yet"에 의해서 더욱 격하되어 버린다. 주장

46 R. Jakobson, The metaphoric and metonymic poles, in *Fundamentals of Language*, pp.76~82. Gravenhage, 1956.

을 세운 사람의 고결함에 대한 언급은, 먼저 사용한 이유를 가리키는 "for" 대신에 단순한 계사繫辭인 "and"가 반복 사용되고 더욱 악의를 가지고 서법 부사 "sure"를 삽입함으로써 결국은 의문을 일으키게 하니, 그의 주장을 정당화시킬 수 있는 것이 되지 못한다.

The noble Brutus
Hath told you Caesar was ambitious;
For Brutus is an honourable man,
But Brutus says he was ambitious,
And Brutus is an honourable man.
Yet Brutus says he was ambitious,
And Brutus is an honourable man.
Yet Brutus says he was ambitious,
And, sure, he is an honourable man.[ㅎ]

다음에 이어서 나오는 "I speak…… Brutus spoke…… I am to speak 내가 말하노니…… 브루터스가 말했으니…… 내가 말하기 위해서"와 같은 중첩법重疊法*polyptoton*은 반복된 바 주장을 사실의 보고가 아닌 단순한 간접화법으로 제시한다. 양상논리학樣相論理學은 이러한 효과를 가리켜 제시된 논의를 입증불가능의 신념 표명 문장으로 만드

ㅎ 고결한 브루터스는
여러분께 시저는 야심을 가졌었다 하오.
그것은 브루터스가 공명정대한 분이기 때문이요.
그러나 브루터스는 그가 야심을 품었었다는 거요.
그런데 브루터스는 공명정대한 분이오.
허나 브루터스는 그가 야심을 품었었다는 거요.
그리고 브루터스는 공명정대한 분이오.
허나 브루터스는 그가 야심을 품었었다 하오.
그런데 물론, 그는 공명정대한 분이오.

는 간접적 문맥에 있다고 할 것이다.

I speak not to disprove what Brutus spoke,
But here I am to speak what I do know.ㅏ

안토니의 냉소가 가장 효과있게 나타나는 방법은 브루터스가 사용한 추상어를 사격斜格*modus obliquus*에서 직립격*modus rectus*으로 바꿈으로써 구상화된 속성형용사가 언어상 허구에 불과하다는 것을 폭로하는 데 있다. 브루터스의 "he was ambitious 그는 야심에 차 있었다"라는 말에 대한 답으로 안토니는 우선 이 형용사를 동작주動作主에서 행동으로 전환시키고 "Did this in Caesar seem ambitious? 시저의 이와 같은 태도가 야심적으로 보였겠습니까," 다음은 "ambition" 이라는 추상명사를 들어 "Ambition should be made of sterner stuff. 야심은 보다 더 냉혹한 마음에서 생겨 나는 것입니다"라는 구체적인 수동태 구문의 주어로 바꾸어 넣고 더욱이 이 말을 "was this ambition? 이와 같은 태도가 야심적으로 보였겠습니까?"라는 의문문의 술어명사로 만든다. — 브루터스의 "hear me for my cause 나의 사유를 들어 주시오"라는 호소에는 같은 명사가 직립격으로 답해지며, "What cause withholds you? 어떤 사유가 그대들을 주저케 합니까?"라는 능동태 의문문의 실체화된 주어가 된다. 브루터스가 "Awake your senses, that you may the better judge. 더욱 정당한 판단을 내릴 수 있도록 그대들의 이성을 각성시키시요"라고 외치니 한편 안토니의 말에서는 "judge" 에서 파생된 추상명사가 동작주가 되어 돈호법頓呼法의 대상이 된다: "O

ㅏ 브루터스가 말한 바를 부인하기 위해서 말하는 것이 아니오.
다만 나는 내가 아는 바를 여기 말하려는 것이오.

judgement, thou art fled to brutish beasts…… 분별이여 그대는 야수에게로 도망가 버렸나." 덧붙여 말하자면 Brutus－brutish의 잔혹한 유음법을 갖는 이 돈호법은 시저가 죽어가며 부르짖은 "Et tu, Brute! 브루터스 너도!"라는 말을 상기시킨다. 여러 속성과 여러 동작이 직립격으로 표시되는 한편, 이들의 주체는 사격斜格("withholds you 그대를 막는", "to brutish beasts 잔인한 야수", "back to me 나에게 다시 도라올"), 아니면 부정적 동작의 주체로 나타난다("men have lost 사람들은 상실했다", "I must pause 나는 말을 멈춰야 한다").

> You all did love him once, not without cause;
> What cause withholds you then to mourn for him?
> O judgement, thou art fled to brutish beasts,
> And men have lost their reason!ᅣ

안토니의 연설 도입부 끝 두 시행은 이러한 문법적 환유換喩가 두드러진 독립성을 보여 준다. "I mourn for so-and-so 나는 ~를 애도한다"와 같은 상투적 언사와 "so-and-so is in the coffin and my heart is with him ~는 관 속에 있으며 내 마음은 그와 같이 있노라", 또는 "goes out to him 그에게로 간다"와 같은 수사적이나 여전히 상투적인 언사는 안토니의 연설에서 대담하게 구현된 하나의 환유로 바뀐다. 이렇게 해서 이 비유는 시적 실재를 이루는 한 요소가 되는 것이다:

> My heart is in the coffin there with Caesar,

ᅣ 여러분은 한때 다 시저를 사랑하였소. 물론 그럴 이유가 있었지요.
그런데 지금은 무슨 이유로 시저를 애도하기를 주저하는 거요?
아, 이제 분별 그대는 금수한테로 도망가 버리고
인간은 이성을 잃어 버렸단 말인가!

And I must pause till it come back to me.[ㅓ]

시에 있어서는 한 명칭이 가지는 내적 형식, 즉 그 구성성분의 의미부담이 그 무게를 회복한다. 예를 들면 "cocktails 칵테일"은 망각되었던 깃털과의 친족 관계를 회복할 것이다. 맥 해몬드*Mac Hammond*의 시(「맨하탄의 한 고풍 바에서At an Old Fashion Bar in Manhattan」)에서 "The ghost of a Bronx pink lady//With orange blossoms afloat in her hair"라는 시행은 칵테일의 색깔을 선명하게 해 주며, "O, Bloody Mary,//The cocktails have crowed not the cocks!"에서는 어원적 은유가 구현된다. 월러스 스티븐스*Wallace Stevens*의 「뉴 해이븐의 평범한 하루 저녁An Ordinary Evening in New Haven」이란 시는 뉴 해이븐이라는 도시 이름인 주요어의 생기를 회복시키는데, 우선 "heaven천국"을 신중히 암시함으로써, 그리고 홉킨스의 "Heaven—Haven 하늘—안식처"에 유사한 직접적인 말 재롱을 통해서다.

The dry eucalyptus *seeks god in the rainy cloud*.
Professor Eucalyptus of New Haven *seeks him in New Haven*…
The instinct *for heaven* had its counterpart:
The instinct fot earth, *for New Haven*, for his room…[ㅕ]

도시 고유명사의 형용사인 "New"는 다음과 같은 일련의 반의어들을

ㅓ 내 마음은 시저와 더불어 저 관 속에 가 있소,
내게 다시 돌아올 때까지 기다려 주시오.

ㅕ 마른 유칼립터스는 비구름에서 신을 찾는다.
뉴 해이븐의 유칼립터스교수도 뉴 해이븐에서 그 분을 찾는다.
하늘로 향하는 마음은 그 한짝을 갖었었으니,
이는 대지로, 뉴 해이븐으로, 자기 방으로 향하는 마음이다.

통해 그 원래 의미가 드러난다:

> The oldest-newest day is the newest alone.
> The oldest-newest night does not creak by…[ㅗ]

1919년 모스크바 언어학회에서 장식 형용어구*epitheta ornantia*를 어떻게 정의하고 그 한계를 정할 것인가의 논의가 벌어졌을 때, 시인 마야코프스키*Majakovskij*는 다음과 같이 말함으로써 우리를 비판했다. 즉 그에게 있어서는 형용사가 시 안에 있는 이상 그 안에 있다는 이유만으로 시적 형용어가 되며, "Great Bear 대웅좌大態座"의 "great"나 "Bol' shaja Presnja"나 "Malaja Presnja" 등의 모스크바 거리들의 이름에 나오는 "bol' shaja 커다란"이나 "malaja 작은"까지도 그러하다. 다시 말하면 시적 자질이란 일반 화법에다 수사적 장식이 보충된 것이 아니라 화법과 그 모든 구성성분의 전적인 재평가인 것이다.

어느 선교사가 아프리카의 신도들이 벌거벗은 채 돌아 다니는 것을 비난한 적이 있다. "그럼 당신은 어쩐 일이요?" 하며 그들은 선교사의 얼굴을 가리켰다. "당신도 벌거벗은 데가 있지 않소", "그렇지만 이건 내 얼굴이요" 하니 원주민들은 "그렇다면 우리들에겐 몸 전체가 얼굴이라오"하고 반박했다는 것이다. 마찬가지로 시에서 모든 언어적 요소는 시적 화법이라는 문채文彩로 전환된다.

언어학이 언어예술의 모든 영역, 모든 범위를 그 연구의 대상으로 삼을 수 있는 권리와 의무를 갖는다는 것을 주장하려는 나의 논지는 1953년, 이 인디아나 대학에서 열린 학회에서 행한 나의 보고강연의 취지와

ㅗ 가장 오래된 새 날만이 새로운 것.
가장 오래된 새 밤은 유순히 지나간다……

동일한 결론을 내릴 수 있을 것이다: "Linguista sum: linguistics nihil a me alienum puto 나는 언어학자니라: 언어에 관한 것은 어느 것도 내게 무관한 것이 없느니라."[47] 시인 렌섬 Ransom의 "시는 언어의 일종이다"[48]라는 말이 옳다면(실제로 옳다) 모든 언어 종류가 다 연구분야가 될 수 있는 언어학자는 시를 자신의 연구대상으로 포함시킬 수 있고, 아니 반드시 포함시켜야 한다. 이번 학회는 언어학자와 문학사가가 다같이 시의 구조 문제를 회피하던 시기는 이제 완전히 과거에 속한다는 것을 명백히 보여 주었다. 참으로 홀렌더*Hollander*가 말한 바와 같이 "문학연구를 포괄적인 언어연구에서 분리시키려 할 아무 이유가 없을 것 같다." 언어학이 시학을 포옹할 능력에 대해서 아직도 의심을 갖는 비평가가 있다면, 그것은 일부 편협한 언어학자가 시에 대해 무능력한 것을 언어학 자체의 부적성으로 오인한 때문이라고 나 개인은 믿는다. 그러나 여기 있는 우리 모두는 언어의 시적 기능에 귀먹어 있는 언어학자나, 언어학적 문제에 대해서 무관심하며 언어학적 방법에 익숙지 않은 문학연구가들이 다같이 엄청난 시대착오를 범하고 있다는 것을 확실히 깨달아야 할 것이다.

---

47 Levi-Strauss, R. Jakobson, C.F. Voegelin, and T.A. Sebeok, *Results of the Conference of Anthropologists and Linguists* (Baltimore, 1953).

48 J.C. Ransom, *The World's Body* (New York, 1938).

부 록

참고문헌

〈외국 · 영문문헌〉

Adam, Jean-Michel. 1992. *Les Textes: Types et Prototype*. Nathan.

_____. 1984. *Yeats and the Masks of Syntax*. New York: Columbia Univ. Press.

Aldrich, Virgil. 1958. Pictorial Meaning, Picture Thinking, and Wittgenstein's Theory of Aspects. *Mind* LXVII: 70-79.

Anderson, R.C., J. W. Pichert, E. T.Goetz, D.L. Schalert, K.V. Stevens and S.R. Trollip, 1976. Instantiation of General Terms. *Journal of Verbal Learning and Verbal Behavior* 15: 667-79.

Anshen, R. N, ed. 1957. *Language. An Inquiry into its Meaning and Function*. New York: Kennikat Press.

Arnold, H. and V. Sinemus, eds. 1974. *Grundzuge der Literatur-und Sprachwissenschaft II: Sprachwissenschaft*. Munchen: dtv.

Auden, W. H. 1957. Squares and Oblongs. In *Anshen*.

Austin, J.L. 1962. *How to Do Things with Words*. Cambridge, *Mass*: Harvard Univ. Press.

Bach, E. 1986. The Algebra of Events, *Linguistics and Philosophy*. 9.5-16.

Bakhtin, Mikhail M. 1976/1986. The problem of speech genre. In Caryl Emerson & Michael Holquist (eds.), *Speech Genres and Other Essays*. Austin: Univ of Texas Press, 60-102.

Bakhtin, M. & P.N. Medvedev. 1985. *The Formal Method in Literary Scholarship: A Critical Introduction to Sociological Poetics,* trans. A.J. Wehrle, Cambridge: Harvard UP.

Baird, Alexandar. 1971. The Study and teaching of Literature. *English Language Teaching* XXVI No. 1, Oct. '71, pp. 281-286.

Ballmer, T.T. 1981. Words, Sentences, Texts and All That. *Text* 2, 163-89.

Barnsford, J.D., & N.S. McCarrell. 1975. A Sketch of a Cognitive Approach to Comprehension: Some Thoughts about Understanding What It Means to Comprehend." In W.B. Welmar and D.S. Palermo, eds. *Cognition and the Symbolic Processes*. Hillsdale, N.J.: Erlbaum.

Beaugrande, R. de 1997. *New Foundations for a Science of Text and Discourse: Cognition, Communication and Freedom of Access to Knowledge & Society*. New Jersey: Ablex.

_______________. 1993a. Register in Discourse Studies: a Concept in Search of a Theory. In *Ghadessay*. 7-25.

_______________. 1993b. *Text Production: toward a Science of Composition*. Norwood, NJ: Ablex.

_______________. 1988. Critical Discourse: *A Survey of Literary Theorists*. New Jersey: Ablex.

_______________. 1987. Schemas for Literary Communication. In L. Halász (ed.), *Literary Discourse*. Berlin: Walter de Gruyter.

_______________. 1985. Text Linguistics in Discourse Studies. In T. van Dijk(ed.), *Handbook of Discourse Analysis* 1. London: Academic Press.

_______________. 1983. Surprised by Syncretism, *Poetics* 12, pp. 83-137.

_______________. 1980. *Text, Discourse and Process*. New Jersey: Ablex Pub. Corp.

_______________. 1979. Text and Sentence in Discourse Planning. In J. Petöfi (ed.), *Text vs. Sentence: Basic Questions of Text Linguistics*. Hamburg: Buske.

_______________. 1979. Toward a General Theory of Creativity. *Poetics*. 8, 269-306.

Beaugrande, R. A, de Shunnag and M. H. Heliel, eds. 1994. *Language,*

Discourse and Translation in the West and Middle East. Amsterdam: John Benjamins.

Beaugrande R.A. de & Dressler, W. 1981. *An Introduction to Text Linguistics*. London: Longman.

Beaugrande, R. de and Colby, B. 1979. Narrative Models of Action and Interaction. *Cognitive Science* 3, 46-66.

Benveniste, E. 1981. Semiology of Language. *Semiotica*(Special Supplement), 5-23.

Bereiter, C., & M. Scardamalia. 1987. *The Psychology of Written Composition*, New Jersey: Erlbaum.

Berry, Francis. 1958. *Poets' Grammar*. London: Routledge and Kegan Paul.

Biber, Douglas. 1989. A typology of English texts. *Linguistics* 27/1, 2-43.

Bickerton, Derek. 1969. Prolegomena to a Linguistic Theory of Metaphor. *Foundation of Language*. Vol 5. No. 1.34-52.

Birch, D. and M. O' Toole, eds. 1988. *Functions of Style*. London: Pinter.

Black, M. 1962. *Models and Metaphors*. New York: Cornell Univ. Press.

Blakemore, D. 1988a. 'So' as a Constraint on Relevance. In Kempson, R. (ed.), *Mental Representation*. Cambridge: CUP.

____________. 1988b. The Organization of Discourse. In Newmeyer, F. (ed.), *Linguistics: The Cambridge Survey,* v. 4.

____________. 1987. *Semantic Constraints on Relevance*. Oxford: Blackwell.

Block, Bernard. 1953. Linguistic Structure and Linguistic Analysis. In *Report on the Fourth Annual Round Table Meeting on Linguistics and Language Teaching*. ed. by Archibald A. Hill. Washington, D. C.

Bloomfield, M.W. 1967. The Syncategorematic in Poetry: From Semantics to Syntactics, *To Honor Roman Jakobson* 1. The Hague: Mouton.

Bresnan, J. and R. Kaplan. 1982. Lexical-Fuctional Grammar: Formal system for grammatical representation. In Bresnan, *The Mental Representation of Grammatical Relations*. Cambridge: MIT Press. 173-281.

Brown, G. & Yule, G. 1983. *Discourse Analysis*. London: Cambridge Univ. Press.

Bühler, K. 1934. Sprachtheorie. *Die Darstellungsfunktion der Sprebe*. Jena: Fisher. Tr. by D. F. Goodwin, 1990. *Theory of Language: The Representational Function of Language*. Amsterdam: John Benjamins.

Carlson, L. 1983. *Dialogue Games: An Approach to Discourse Analysis*.

Boston: D. Reidel Pub. Co.

________. 1981. Aspect and quantification. In Tedeschi and Zaenen, *Syntax and Semantics* Vol. 14. *Tense and Aspect*. New York: Academic Press.

Carr, Elizabeth. 1972. *Da Kine Talk : From Pidgin to Standard English in Hawaii*. Hawaii: The University of Hawaii Press .

Cassirer, Ernest. 1957-61. *The Philosophy of Symbolic Form II: Mythical Thought*. Trans. by R. Manheim. New Haven: Yale Univ. Press.

Cawsey, A. 1992. *Explanation and Interaction: The Computer Generation of Explanatory Dialogues*. Cambridge: MIT Press.

Chafe, W. 1979. The Flow of Thought and the Flow of Language. In *Givón(eds)*. 159-182.

________. 1970. *Meaning and the Structure of Language*. Chicago: University of Chicago Press.

Chatman, Seymour, ed. 1971. *Literary Style: A Symposium*. London: Oxford Univ. Press.

Chatman, S. and S. Levin, ed. 1967. *Essays on the Language of Literature*. Boston: Houghton Mifflin.

Chomsky, Noam. 1986. *Knowledge of Language: Its Nature, Origin, and Use*. New York: Praeger.

____________. 1981. On the Representation for Form & Function, *The Linguistic Review* I-1 3-40.

____________. 1975. *Reflections on Language*. New York: Pantheon.

____________. 1966. *Cartesian Linguistics*. NewYork: Harper & Row.

____________. 1965. *Aspects of the Theory of Syntax*. Cambridge, Massachusetts: The M.I.T. Press.

Cole, P. & J. Morgan, eds. 1975. *Syntax and Semantics III: Speech Acts*. New York: Academic Press.

Conte, M. 1989. Coherence in Interpretation. In Heydrich, W., F. Neubauer, J. Petöfi and E. Sozer, eds. *Connexity and Coherence*. Berlin: Walter de Gruyter.

Cook, G. 1994. Discourse and Literature: *The Interplay of Form and Mind*. Oxford: Oxford University Press.

Coward, R. and J. Ellis. 1977. *Language and Materialism*. London: Routlede & Kegan Paul.

Croce, Benedetto. 1938. Aesthetics. *Philosophy of Art and Aesthetics from Plato to Wittgenstein*. ed. by Frank Tillman and Steve M. Cahn. New York: Harper and Row.

Culler, Jonathan. 1975. *Structuralist Poetics*. New York: Cornell Univ. Press.

______________. 1971. Review on Michael Riffaterre, *Essais de Stylistique structurale*. Translated with an introduction by Daniel Delas. Paris: Flammarion, 1971. *Journal of Linguistics*. 177-183.

Cureton, R. D. 1981. Iconic Use of Syntax. *Language and Style*. 14-3, 183-215.

Dale, R. 1993. *Natural Language Generation*. LSA Summer Lingustic Institute Lecture Notes.

_______. 1992. *Generating Referring Expressions: Constructing Descriptions in a Domain of Objects and Processes*. Cambridge: MIT Press.

Daneš, F., eds. 1974. *Papers on Functional Sentence Perpective*. Prague: Academia.

Davie, D. 1984. Syntax as Rhyme-T.S. Eliot. In N. Page, eds. *The Language of Literature*. London: Macmillan Press.

Degand, Liesbeth, Yve Bestgen, Wilbert Spooren, & Lee van Waes (eds.). 2001. *Multidisciplianry Approaches to Discourse*. Munster: Stichting Neerlandistiek VU Amsterdam & Nodus Publikationen.

De Menasce, Jean P. 1957. A Philosophy of Translation. in Anshen.

De Smedt, K. 1991. Revisions During Generation Using Non-Destructive Unification. In *Proceedings of the Third European Workshop in Natural Language Generation*, 63-70.

De Smedt, K. and G. Kempen. 1987. Incremental Sentence Production, Self-Correction and Coordination. In *Kempen* (1987), 365-76.

Dil, Answar S., ed. 1972. *The Ecology of Language: Essays by Einar Haugen*. California: Stanford University Press.

Dillon, G.L. 1978. *Language Processing and the Reading of Literature*. Bloomington: Indiana Univ. Press.

Dozier, Edward P. 1964. Two Examples of Linguistic Acculturation. In *Hymes*. pp. 509-520.

Dressler, W., eds. 1978. *Current Trends in Textlinguistics*. Berlin: Walter de Gruyter.

Dubsky, Josef. 1972. The Prague Conception of Functional Style. *The Prague School of Linguistics and Language Teaching*. ed. by V. Fried. Oxford: Oxford Univ. Press. 1972, pp. 112-127.

During, S. 1992. Foucault and Literature: *Toward a Genealogy of Writing*. London: Routledge.

Edie, J.M. 1976. *Speaking and Meaning: The Phenomenology of Language*. Bloomington: Indiana Univ. Press.

Eggins, Suzanne. & James R. Martin. 1997. Genres and registers of discourse, In Teun, van Dijk (ed.), *Discourse as Structure and Process,* 230-255. Sage Publisher.

Eggins, Suzanne, Peter Wignell, & James R. Martin. 1993. The discourse of history: distancing the recoverable past. In *Ghadessy* ed. 75-109. London and New York: Pinter.

Eikmeyer, H. 1983. Procedural Analysis of Discouse. *Text* 3-1: 11-37.

Eliot, T. S. 1961. *On Poetry and Poets*. New York: The Noondy Press.

Ellis, J.M. 1970. Linguistics, Literature, and the Concept of Style, *Word* 27. 1.

Enkivist, N. E. 1973. *Linguistic Stylistics*. The Hague: Mouton and Co.

Enkvist, N.E., Spencer, J. & Gregory, M.J. 1964. *Linguistics and Style*. Oxford: Oxford University Press.

Filmore. C.J. 1985. Linguistics as a Tool for Discourse Analysis, in van Dijk ed. *Handbook of Discourse Analysis* Vol. 1. New York: Academic Press.

__________. 1968. The case for case. In Bach and Harms(eds.), *Universals in Linguistic Theory*. New York: Holt, Rinehart and Wilson.

Finlay, M. 1990. *The Potentials of Modern Discourse: Musil, Peirce and Perturbation*. Bloomington: Indiana University Press.

Firth, John R. 1957. *Papers in Linguistics* 1934-1951. London: Oxford.

Fokkema, D.W. and E. Kunne-Ibsch. 1977. *Theories of Literature in the Twentieth Century*. London: C. Hurst & Co.

Foucault, M. 1972. *The Archaeology of Knowledge*. London: Tavistock.

Frawley, W. 1987. *Text and Epistemology*. New Jersey: Ablex.

Frederiksen, C. H. 1986. Cognitive Models and Discourse Analysis. In Cooper and Greenbaum, *Studying Writing*. London: Sage Pub. Co.

________________. 1977. Semantic Precessing Units in Understanding Text, In *Freedle* (eds.). 57-88.

Freedle, R.O. 1977(eds.). *Discourse Production and Comprehension.* Norwood: Ablex Pub. Co.

Freeman, Donald C. 1970. Linguistic Approaches to Literature. In *Linguistics and Literary Style*, ed. by Donald Freeman. Holt, Rinehard & Winston, Inc. 3-7.

Friedrick, P. 1979. *Language, Context and Imagination.* California: Standford Univ. Press.

Garelli, J. 1981. Temporality, Imagery, and Unity. *New Literary History XII.* 3. 433-473.

Georgakopoulow, A. & Goutsos, D. 1997. *Discourse Analysis, An Introduction.* London: Edinburgh Univ. Press.

Gernsbacher, M. A. and T. Givon, eds. 1995. *Coherence in Spontaneous Text.* Amsterdam: John Benjamins.

Ghadessy, Mohsen, ed. 1993. *Register Analysis: Theory and Practice.* London: Pinter Publishers.

Givón, T. 1995. Coherence in Text vs. Coherence in Mind. In *M. A. Gernsbacher and T. Givon.* eds. 59-116.

________, eds. 1979. *Syntax and Semantics XII. Discourse and Syntax.* New York: Academic Press.

Goatley, Andrew. 1995. Register and the Redemption of Relevance Theory: The Case of Metaphor. *Pragmatics* 4, 139-182.

________________. 1993. Species of metaphor in written and spoken varieties. In *Ghadessy*, ed. 110-148.

Gray, B. 1977. The *Gramatical Foundations of Rhetoric.* The Hague: Mouton.

Grice, H. P. 1975. Logic and Conversation. In *P. Cole and J. Morgan.* eds. *Syntax and Semantics* 3: *Pragmatics.* New York: Academic Press, 111-127.

__________. 1971. Meaning. In *Steinberg & Jakobovits*, eds. 53-59.

Grimes, J. E. 1981. Three Current Topics in Discourse. 『언어』. 6-1. 47-54.

__________. 1975. *The Thread of Discourse.* Hague: Mouton.

Grinder, J.T. & S.H. Elgin. 1973. *Guide to Transformational Grammar.* N.Y.: Holt Rineheart & Winston.

Groeben, N. 1980. Empirical Methods for the Study and Interpretation of Literature. *Discourse Processes* 3: 345-67.

Grosz, B. G. 1977. The Representation and Use of Focus in a System for

Understanding Dialogue. In *Proceedings of the 5th International Joint Conference in AI.* Cambridge: MIT Press, 67-71.

Grosz, B. G. and C. L. Sidner. 1985. The Structures of Discourse Structure. *CSLI Report*, 85-39. Also in Polaniyi. *Formal Models of Discourse Structure.* 1989. LSA Summer Linguistic Institute.

Gunthner, Susanne & Hubert Knoblauch. 1995. Culturally patterned speaking practices: the analysis of communicative genres. *Pragmatics,* 5/1. 1-32.

Hajicova, E. 1991. Topic-Focus Articulation and Coreference in Models of Discourse Production. *Journal of Pragmatics.* 16. 157-66.

Halliday, M. A. K.(ed.). 1985/1994. *An Introduction to Functional Grammar.* London: Edward Arnoll.

_______________, ed. 1978. *Language as Social Semiotic: The Social Interpretation of Language and Meaning.* Baltimore: University Park Press.

_______________. 1977. Text as Semantic Choics in Social Contexts. In *van Dijk & Petöfi*(eds). 176-225.

_______________. 1975. *Learning How to Mean: Explorations in the Development of Language.* New York: Elsevier.

_______________. 1973. *Explorations in the Functions of Language.* London: Arnold.

_______________. 1971. Linguistic Function and Literary Style : An Inquiry into the Language of William Golding' s The Inheritors. *Literary Style : A Symposium*, ed. by Seymour *Chatman.* Oxford: Oxford University Press. 330-368.

Halliday, M. and R. Hasan, 1976. *Cohesion in English.* London: Longman.

HanKamer, J. and I. Sag. 1976. Deep and Surface Anaphora. *Linguistic Inquiry* 7. 391-426.

Harris, Z. 1964. Discourse Analysis. In J. Fodor and J. Katz (1964). *The Structure of Language: Readings in the Philosophy of Language.* Englewood Cliffs, N.J.: Prentice-Hall.

Harweg, R. 1968. *Pronomina und Textkonstitution.* München: Fink.

Hasan, Ruqaiya. 1971. Rime and Reason in Literature. In *Chatman.*

Hawkes, Terence. 1977. *Structuralism and Semiotics.* London: Methuen.

Heger, K. 1979. Text und Textlinguistik. In J. Petöfi (ed.), *Text vs.*

Sentence: Basic Questions of Text Linguistics. Hamburg: Buske.

________. 1976. *Monem, Wort, Satz, und Text*. Tübingen: Niemeyer.

Heidolph, K. 1966. Kontextbeziehungen zwischen Sätzen in einer generativen Grammatik. *Kybernetika* 2, 274-281.

Hendricks, William O. 1969. Three Models for the Description of Poetry. *Journal of Linguistics*. Vol. 5. No. 1, 1-22.

Hervery, S. 1982. *Semiotic Perspective*. London: George Allen & Unwin.

Hester, Marcus B. 1967. *The Meaning of Poetic Metaphor*. The Hague: Mouton and Co.

Hinds, John V. 1979. Organizational Patterns in Discourse. In *Givón*(eds). 135-158.

____________. 1974. Make mine burakku, *Linguistic Studies*. 10.2. Seoul: Hankuk Univ. of Foreign Studies. pp. 92-106.

Hirsh, E.D. 1976. *The Aims of Interpretation*. Chicago: The U. of Chicago P.

Hjemslev, L. 1963. *Prolegomena to a Theory of Language*. Madison: The University of Wisconsin Press.

Hovy, E. H. 1991. Approaches to the Planning of Coherent Text. In Paris, Swartout and Mann. *Natural Language Generation in AI and Computational Linguistics*. Dordrecht: Kluwer Academic Pub. 83-102.

_________. 1990. Pragmatics and Natural Language Generation. *AI*. 43. 153-97.

_________. 1984. Poetic Metaphor and Frames of Reference. *Poetics Today*, 5-1: 5-43.

Hrushovski, B. 1982. An Understander' s Theory of Meaning in Context. *Poetics Today*, 3-4: 59-88.

Huddleston, R. 1971. *The Sentence in Written English: A Syntactic Study Based on an Analysis of Scientific Texts*. London: CUP.

Hunston, Susan. 1993. Evaluation and ideology in scientific writing. In *Ghadessy* (ed.). 57-73.

Hymes, Dell. 1975. Changing the Context. In E.L, Keenan, eds. *Formal Semantics of Natural Language*. London: Cambridge Univ. Press.

__________. 1964. *Language in Culture and Society*. N.Y.: Harper & Row.

Isenberg, Arnold. 1949. Esthetic Function of Language. *The Journal of Philosophy* XLVI. 1.

Isenberg, H. 1971. Überlegungen zur Texttheorie. In J. Ihwe(ed.), *Literatur-*

wissenschaft und Linguistik: Ergebnisse und Perspektiven I: Grundlagen und Voraussetzungen. Frankfurt am Main: Athenaum.

__________. 1968. Motivierungen zur 'Texttheorie'. *Replik* 2, 13-17.

Iser, Wolfgang. 1978. *The Act of Reading: A Theory of Aesthetic Response*. Baltimore: The John Hopkins Univ. Press.

Jacobs, R.A. and P.S. Rosenbaum. 1971. *Transformation, Style and Meaning*. Massachusetts: Xerox College Publishing.

Jakobson, Roman. 1973. Two Aspects of Language: Metaphor and Metonymy. In V. Gras. ed. *European Literary Theory and Practice*. New York: Dell Pub. Co.

______________. 1960. Concluding Statement: *Linguistics and Poetics*. In T. A. *Sebeck*, ed.(1960), 350-377.

______________. 1957. The Cardinal Dichotomy in Language. In *Anshen*.

Johnson, T.H.(ed.) 1982. *Emily Dickinson*: *The Complete Poems*. GB: Faber & Faber.

Johnson-Laird, P.N. 1981. Mental Models of Meaning. In *A.K. Joshi, B.L. Webber & I.A. Sag*(eds.). 106-126.

Joshi, A.K., B.L. Webber & I.A. Sag, eds. 1981. *Elements of Discourse Understanding*. London: Cambridge University Press.

Kay, M. 1982. Parsing in functional unification grammar. In Dowty, Karttunen and Zwicky. *Natural Language Parsing*. Cambridge: Cambridge University Press. 251-78.

Kempen, G., ed. 1987. *Natural Language Generation*: *New Results in AI, Psychology and Linguistics*. NATO ASI Series. Dordrecht: Martinus Nijhoff Publishers.

Kim, Chin-wu. 1974. The Making of the Korean Language. *Korea Journal*. 14.8(1974. 8). pp. 4-17.

Kim, Ji-young. 1998. *Centering Theory and Pronouns in Descourse*. Ph. D. Dissertation Sogang Univ. 1998.

Kim, Tae-ok. 1974. Three Approaches in Linguistic Stylistics: Riffaterre, Halliday and Stanley. 『홍복유 · 김갑순 교수 송수 기념 논총』. 서울: 이화여대.

__________. 1970. Some Linguistic Criteria for the Poetic Function of Language. 『宵泉 李軒永 先生 頌壽 紀念 論叢』. 서울: 이화여대, pp. 531-542.

___________. 1959. *A Study of W.B. Yeats: A Comparison of His Early and Later Poetry*. M. A. Thesis. Ewha Woman's University.

Kintsch, W. 1995. How Readers Construct Situation Models of Stories. In *M. A. Gernabacher and T. Givon*. eds. 139-160.

Kiparsky, Paul. 1973. The Role of Linguistics in a Theory of Poetry. *Daedalus* 102.

Koch, W. 1971. *Taxologie des Englischen*. Munich: Fink.

Kozevniková, Květa. 1972. The Language of Literature and Foreign Language Teaching, *The Prague School of Linguistics and Language Teaching*. Ed. by V. Fried. Oxford Univ. Press, pp.196-210.

Kris, E. ed. 1965. *Psychoanalytic Explanation in Art*. New York: Schocken.

Kris, E. and A. Kaplan. 1965. Aesthetic Ambiguity. In *E. Kris* ed.

Labov, W. and Waletzky, J. 1967. Narrative Analysis: Oral Versions of Personal Experience. In Helm, J. (ed.), *Essays on the Verbal and Visual Arts*. Seattle: University of Washington Press, 12-44.

Lakoff, George. 1977. Linguistic Gestalts, *CLS* 13.

Lakoff, George and Mark Johnson. 1979. Toward an Experientialist Philosophy: The Case from Literal Metaphor, *Preliminary Draft*.

Lakoff, Robin. 1972. Language in Context. *Language* 48.4. 907-927.

Langer, Susanne K. 1953. *Feeling and Form: A Theory of Art*. New York: Charles and Scribner's Sons.

Leech, Geoffrey M. 1974. *Semantics*. London: Hazell Watson and Veney.

______________. 1969. *A Linguistic Guide to English Poetry*. Hongkong: Longman Group Ltd.

Lee, Hyun-ho. 1993. *Textuality, Relevance and Poetic Effects: a Pragmentic Approach to Modern Korean Poetry*. Ph. D. Dissertation. Sogang Univ. 1993.

Lemke, Jay L. 1985. Ideology, intertextuality and the notion of register. In James D. Benson & William S. Greaves (eds.), *Systemic Perspectives on Discourse* Vol. 1: *Selected Theoretical Papers from the 9th International Systemic Workshop*, 275-294. Norwood, N.J.: Ablex.

Lentricca, F. 1968. *The Gaity of Language*. Berkeley: Univ. of California Press.

Levelt, W. J. M. 1989. *Speaking: From Intention to Articulation*. Cambridge: MIT Press.

Levin, Samuel R. 1971. The Conventions of Poetry. In *Chatman.*

____________. 1962. *Linguistic Structures in Poetry.* The Haguse: Mouton & Co.

Levy, D. 1979. Communicative Goals and Strategy. In *Givón*(eds). 183-212.

Lewis, D. 1972. General Semantics. In D. Davidson & G.H. Harman, eds. *Semantics of Natural Language.* Dordrecht: Reidel.

Lewis, Thomas E. 1979. Notes toward a Theory of the Referent. *PMLA* 94. 3.

Loewenberg, Ina. 1975. Identifying Metaphors. *Foundations of Language,* 12. 3.

Longacre, Robert, ed. 1983. *The Grammar of Discourse.* New York: Plenum Press.

Longyear, C.R. 1978. A Linguistic Model for Literary Language? *Poetics* 7, pp. 79-112.

Lotman, Y.M. 1977. Two Models of Communication. In *D.P. Lucid, eds. & Trans.*

__________. 1977. Problems in the Typology of Texts. In *Lucid.*

__________. 1976. *Analysis of Poetic Text.* In *D. Barton Johnson*(eds & trans.), Ann Arbor: Ardis.

Lucid, D.P. ed. & trans. 1977. *Soviet Semiotics.* Baltimore & London: The John Hopkins Univ. Press.

MacKenzie, I. 2002. *Pradigms of Reading: Relevance Theory and Deconstruction.* New York: Palgrave Macmillan.

Makkai, Adam. ed. 1976. *Toward a Theory of Context in Linguistics and Literature.* The Hague: Mouton.

Mann, W. C., C. M. I. M. Matthiessen and S. A. Thompson. 1992. Rhetorical Structure Theory and Text Analysis. In *Mann and Thompson* ed.(1992), 39-78.

Mann, W. C. and C. M. I. M. Matthiessen. 1983. *Nigel: A Systemic Grammar for Text Generation.* Technical Report PR-53-105. USC Information Sciences Institute. California: Marina Del Rey.

Mann, W. C. and S. A. Thompson.(eds.) 1992. *Discourse Description: Diverse Lingustic Analyses of a Fund-raising Text.* Amsterdam: John Benjamins Pub. Co.

______________________. 1988. Rhetorical Structure Theory: Toward a Funcational Theory of Text Organization. *Text.* 8. 243-81.

______________________. 1987. Rhetorical Structure Theory: Description and Construction of Text Structures, in *G. Kempen* (1987), pp. 85-95.

______________________. 1986. Relational Proposition in Discourse. *Discourse Porcesses*. 9. 57-96.

Martin, J. R. 1992. *English Text: System and Structure*. Amsterdam: John Benjamins Pub. Co.

Martinich, A.P. 1984. *Communication and Reference*, Berlin: de Gruyter.

Masson, D.I. 1967. The Thematic Analysis of Sounds in Poetry. In *Chatman & Levin*.

Mateijka, L. & I.R. Tetunik, ed. 1976. *Semiotics of Art*. Cambridge: The M.I.T. Press.

Matthiessen, C. M. I. M. 1993. Register in the round: diversity in a unified theory of register analysis. In *Ghadessy* (ed.). 221-292.

________________. 1987. Notes on the organization of the environment of text generation grammar. In *Kempen*(1987), 253-78.

Matthiessen, C. M. I. M. and J. A. Bateman. 1991. *Text Generation and Systemic-Functional Linguistics: Experiences from English and Japanese*. London: Pinter Publishers.

McDonald, D. D. 1981. MUMBLE, A Flexible System for Language Production. In *Proceedings of the 7th International Joint Conference on AI*. University of British Columbia.

McIntosh, Angus. 1966. Some Thoughts on Style. *Patterns of Language*. Ed. by M. A. K. Halliday and A. McIntosh. London: Longmans.

McKeown, K. R. 1985. *Text Generation : Using Discourse Strategies and Focus Constraints to Generate Natural Language Text*. Cambridge: Cambridge University Press.

Meutsch, D., and R. Viehoff. eds. 1988. *Comprehension of Literary Discourse: Rusults and Problems of Interdisciplinary Approaches*. Berlin: de Gruyter.

Mukarovsky, Jan. 1932. Standard Language and Poetic Language. *A Prague School Reader*. Selected and Trans. by P. L. Garvin. Washington: Georgetown Univ. Press.

Nickel, G, eds. 1978. *Pragmalinguistics*. Stuttgard: Hochschulverlag.

Ohmann, Richard. 1970. Generative Grammars and Other Concept of

Literary Style. In *Linguistics and Literary Style*. Ed. by D. C. Freeman. NewYork: Holt, Rinehard & Winston, Inc. 258-278.

Oomen, U. 1979. Text and Sentences. In J. Petöfi (ed.), *Text vs. Sentence: Basic Questions of Text Linguistics*. Hamburg: Buske.

_________. 1970. A Performance Model for Text Anaysis, *Language and Linguistics: Working Papers* 1. Georgetown Univ. School of Lang. & Ling., 90-97.

Palková, Z & Palek, B. 1978. Functional Sentence Perspective & Text Linguistics. In *Dressler, W.*(eds). 212-277.

Paris, C. L. 1988. Planning a text: can we and how should we modularize this process? In *Proceedings of the AAAI Workshop on Text Planning and Realization*, 55-62.

Parker, I. 1992. *Discourse Dynamics: Critical Analysis for Social and Individual Psychology*. London: Routledge.

Parret, H. 1980. *Contexts of Understanding. Pragmatics & Beyond* 6. Amsterdam: John Benjamins B.V.

Peer, W. van, ed. 1989. *The Taming of the Text: Exploration in Language, Literature, and Culture*. London: Routledge.

___________. 1986. *Stylistics & Psychology: Investigations of Foregrounding*. London: Croom Helm.

Petöfi, J, ed. 1988. *Text and Discourse Constitution*. Berlin: Walter de Gruyter.

_______. 1980. Einige Grundfragen der pragmatisch-semantischen Interpretation von Texten. In Ballmer, Thomas & Kindt Walter (eds.), *Zum Thema 'Sprache und Logik': Ergebnisse einer interdisziplinaren Diskussion*. Hamburg: Buske, 146-190.

_______. 1972. On the Structural Linguistic Analysis of Poetic Work of Art. In W.A. Koch, eds. *Discourse Analysis*. N.Y.: Georg Olms, Heldeshein.

Pike, K. 1965. Beyond the Sentence. *College Composition and Communication* 15, 129-135.

Pilegaard, Morten & Finn Frandsen. 1996. Text type. In Jef Verschueren, Jan-Ola Ostman. and Jan Blommaert (eds.), *Handbook of Pragmatics,* 1-13. Amsterdam & Philadelphia: John Benjamins.

Pilkington, A. 2000. *Poetic effects: a Relevance Theory Perspective*. Amsterdam: John Benjamins.

____________. 1991. *Poetic effects: a Relevance Theory Perspective*. in Roger D. Sell ed. *Literary Pragmatics*. London: Routledge, 44-61.

Plett, H.F, ed. 1991. *Interextuality*. New York: Walter de Gruyter.

Pollard, C. and I. A. Sag. 1987. *Information-based Syntax and Semantics. Vol. I. Fundamentals*. Stanford: CSLI, Stanford University.

Posner, R. 1982. *Rational Discourse and Poetic Communication*. The Hague: Mouoton.

Prideaux, G. D. 1991. Syntactic Form and Textual Rhetoric: The Cognitive Basis for Certain Pragmatic Principles. *Journal of Pragmatics*, 16, 113-129.

Prince. E. 1981. A taxonomy of given-new information. In Cole(1981), *Radical Pragmatics*. New York: Academic Press.

Renkema, J. 1993. *Discourse Studies: An Introductory Textbook*. Amsterdam: John Benjamins.

Richards, C. 1985. Inferential Pragmatics & the Literary Text. *Journal of Pragmatics* 9, pp. 261-85.

Ricoeur, P. 1979. The Metaphorical Process as Cognitive, Imagination and Feeling. In *Sack* (eds).

Rieser, Max. 1969. *Analysis of Poetic Thinking*, Tr. by H. M. Schueller. Detroit: Wayne State University Press.

Riffaterre, Michael. 1983. *Text Production*. T. Lyons, trans. N.Y.: Columbia Univ. Press.

____________. 1981. Poetic Words. *Semiotica* Special Supplement.

____________. 1978. *Semiotics of Poetry*. Bloomginton: Indiana Univ. Press.

____________. 1966. Describing Poetic Structures: Two Approches to Baudelaire' s Les Chats. *Yale French Studies* 36/37. 242.

Ruwet, Nicolas. 1970. Linguistics and Poetics. *The Language of Criticism and Sciences of Man*. Ed. by R. Macksey & E. Donato. Baltimore: John Hopkins Univ. Press.

Sack, S, eds. 1979. *On Metaphor*. Chicage: The Univ. of Chicage Press.

Sandulescu, C.G. 1978. Theory and Practice in Analysing Discourse. In *Gerhard Nickel* (eds). Pragma Lingustics, Stuttgart: Hochschul. 175-191.

Sapir, Edward. 1949. *Selected Writings on Language, Culture, and Personality* (ed. David Mandelbaum). Berkeley: Univ. of Calif. Press, 1949.

____________. 1921. *Language*, NewYork: Harcourt, Brace & World.

Saussure, F. de 1916. *Course in General Linguistics*. C. Bally & A. Sechehaye, eds, revised English ed., Collins, 1974.

Schank, R. and R. Abelson. 1977. *Scripts, Plans, Goals, and Understanding*. Hillsdale, N.J.: Erlbaum.

Schmit, S. P. 1983. Interpretation: Sacred cow or necessity? *Poetics* 12 : 239-258.

__________. 1973. *Texttheorie*. Munich: Fink.

Scholes, Robert. 1974. *Structuralism in Liteature. An Introduction*. New Haven: Yale Univ. Press.

Searle, J. R. 1969. *Speech Acts*. Cambridge: Cambridge Univ. Press

Sebeok, T. A. 1960. *Style in Language*. Cambridge: The MIT Press.

Shannon, C. and W. Weaver. 1949. *The Mathematical Theory of Communication*. Urbana: University of Illinois Press.

Shapiro, M. 1983. *The Sense of Grammar*. Bloomington: Indiana Univ. Press.

Shotter, J. 1995. Power on the Margins: a New Place for Intellectuals to be. *Argumentation* 9(1995): 95-113.

Sidner, C. L. 1983. Focusing and Discourse. *Discourse Processes* 6. 107-130.

Sperber, D. & D. Wilson. 1986. 1995. *Relevance: Communication & Cognition*. Oxford: Basil Basil Blackwell.

Sperber, D. 1996. *Explaining Culture: A Naturalistic Approach*. Oxford: Balckwell.

Stalleworthy, J, eds. 1970. *Yeats: Last Poems*. London: Macmillan.

Stanley, Julia P. 1973. A Deep Structure Solution to the Critical Problem of Form and Content. *Linguistics : An International Review* 99. 78-90.

Steinberg, D. and L. Jakobovits, eds. 1971. *Semantics: An Interdisciplinary Reader in Philosophy, Linguistics, and Psychology*. Cambridge: CUP.

Sturrock, J(eds). 1979. *Strucuralism and Since*. London: Oxford Univ. Press.

Suh, Sung Kyo. 2001. *The Rhetorical Structure of Text: Argumentative vs Non-Argumentative Texts*. Ph. D. Dissertation. Sogang Univ. 2001.

Tannen, M. 1995. Beautiful Communication: Schiller, Wittgenstein and the Rhetoric of the Aesthetic. *Argumentation*, 9: 481-488.

Thorne, J. P. 1970. Generative Grammar and Stylistic Analysis. In J. Lyons, (ed.) *New Horizons in Linguistics*, 1970, Harmandsworth : Penguin.

Tindall, W. Y. 1962. *A Reader's Guide to Dylan Thomas*. New York: The Noonday Press.

Toolan, M. ed. 1992. *Language, Text and Context: Essays in Stylistics.* London: Routledge.

Tsur, R. 1992. *Toward a Theory of Cognitive Poetics.* Amsterdam: North-Holland.

Ullmann, Stephen. 1971. Stylistics and Semantics. *Literary Style : A Symposium.* Ed. by Seymour Chatman. Oxford: Oxford University Press. 133-152.

Valéry, P. 1961. *The Art of Poetry.* Trans. by Denise Folliot. NewYork: Vintage Books.

van Dijk, Teun A, ed. 1997a. *Discourse as Structure and Process.* London: Sage Pub. Co.

______________. ed. 1997b. *Discourse as Social Interaction.* London: Sage Pub. Co.

______________. 1988. *News Analysis.* London: Lawrence Erlbaum Associates.

______________. 1978. The structures and functions of discourse. Interdisciplinary introduction into textlinguistics and discourse studies. *Puerto Rico Lectures.* 1, 6.2.

______________. ed. 1976. *Pragmatics of Language and Literaturre.* The Netherland: North-Holland Pub. Co.

______________. 1972. *Some Aspects of Text Grammar,* The Hague: Houton & Co.

______________. 1971. Taal, tekst, teken: *Bijdragen tot de literatuurtheorie.* Amsterdam: Athenaeum, Polak, and van Gennep.

van Dijk, T., J. Ihwe, J. Petöfi, & H. Rieser, 1972. *Zur Bestimmung narrativer Strukturen auf der Grundlage von Textgrammatiken.* Hamburg: Buske.

Ventola, E. 1989. Problems of modelling and applied issues within the framework of genre. *Word.* Vol. 40: 1/2.129-60.

Verschueren, J. J. Ostman, and J. Blommaert. eds. 1995. *Handbook of Pragmatics: Manual.* Amsterdam: John Benjamins.

Viehweger, D. 1989. Coherence—Interaction of Modules. In Heydrich, W., F. Neubauer, J. Petöfi and E. Sozer (eds.), *Connexity and Coherence.* Berlin: Walter de Gruyter.

Virtanen, Tuija. 1992. Issues of text typology: narrative a basic type of text? *Text* 12/2. 293-310.

Vitacolonna, L. 1988. 'Text' / 'Discourse' Definitions. In *Petöfi* (ed.), 421-439.

Wang, Sungsoon. 1997. *Text Typology and Givenness Constraint on Interpretation: A Relevance-theoretic Approach*. Ph.D. Thesis. Seoul: Sogang University.

Ward, N. 1992. Some Neglected Aspects of the Generation Task. *Computational Intelligence*. Vol. 8: 1.161-71.

Werlich, Egon. (ed.). 1979. *Typologie der Texte*. Heidelberg: Quelle & Meyer.

Wethrill, P.M. 1974. *The Literary Text: An Examination of Critical Methods*. Berkely: Univ. of Calif. Press.

Wheelwright, Philip. 1962. *Metaphor and Reality*. Bloomington: Indiana Univ. Press.

__________________. 1960. The Semantic Approach to Myth. In *Sebeok* (eds). 154-168.

Whitehall, Harold. 1959. *From Linguistics to Poetry*. New York: Columbia Univ. Press.

Wiener, P.P. and et al., eds. 1978. *Dictionary of the History of Ideas* 4. New York: Charles Scribner' s Sons.

Wienold, G. 1969. Probleme der Linguistischen Analyse des Romans. *Jahrbuch für Internationale Germanistik* 1, 108-128.

Wilson, D. and D. Sperber. 1988. Representation and Relevance. In R. Kempson (ed.), *Mental Representations*. Cambridge: CUP.

Wirrer, J. 1979. Five Questions on Text Linguistics. In J. Petöfi (ed.), *Text vs. Sentence: Basic Questions of Text Linguistics*. Hamburg: Buske.

Wunderlich, D. 1974. Textlinguistik. In *Arnold and Sinemus* (eds.), 386-397.

Yeats, W. B. 1963. *The Collected Poems of W. B. Years*. New York: Macmillan.

Zima, P.V. eds. 1981. *Semiotics and Dialectics*. Amsterdam: John Benjamins.

〈한역서〉

Beaugrande, R. de and W. Dressler. 1981. *Introduction to Text Linguistics*. London: Longman. 김태옥 · 이현호 역. 1995/2002. 『텍스트 언어학 입문』 서울: 한신문화사.

Jakobson, Roman. 1960. Linguistics and Poetics. In T.A. Sebeok Ed. *Style in Language*. New York: MIT Press. 김태옥 역(1977), 언어학과 시학. 이정민

외 공편. 『언어과학이란 무엇인가』. 서울: 문학과 지성사, 144-183.
Lakoff, G. and M. Johnson. 1980. *Metaphors We Live By*. Chicago: University of Chicago Press. 노양진 · 나익주 역. 1995. 『삶으로서의 은유』. 서울: 서광사.
Levinson, S.C. 1983. *Pragmatics*. Cambridge: Cambridge University Press. 『화용론』. 이익환/권경원 역. 1992. 서울: 한신문화사.
Lotman, Yu. M. 1978. 『문학이론과 구조주의』. 기곡효역, 동경: 경초서방.
Renkema, J. 1993. *Discourse Studies: An Introductory Textbook*. Amsterdam: John Benjamins. 『담화연구의 기초』. 이원표 역. 1997. 서울: 한국문화사.
Sperber, D. & D. Wilson 1986/1995. Relevance: *Communication & Cognition*. Oxford: Blackwell. 『인지적 화용론: 적합성 이론과 커뮤니케이션』 김태옥 · 이현호 역. 1994/2009. 서울: 한신문화사.
Wheelwright Philip. 1962. *Metaphor and Reality*. Bloomington: Indiana Univ. Press. 김태옥 역. 『隱喩와 實在』. 1982. 서울: 문학과 지성사; 2000. 서울: 한국문화사.

〈국내문헌〉

강범모, 김홍규, 허명회. 1998. 통계적 방법에 의한 한국어 텍스트 유형 및 문체 분석. 『언어학』 22호 3-57.
구　상. 1975. 『구상문학선』. 서울: 바오로출판사.
______. 1994. 『黃眞伊』. 서울: 白山출판사.
金敏洙. 1973. 『國語政策論』 서울: 高大出版部
吉本隆明. 1965. 『言語にとつて美とはなにかII』. 東京: 勁草書房.
김　구. 1947. 『백범일지』 서울: 백범 선생 기념사업협회.
김동기. 1996. 꿈꾸는 연습. 조선일보. 신춘문예당선희곡. 1996. 1. 4.
김태옥. 2000. 우리에게 텍스트란 무엇인가: 인지화용론적 접근. 『시학과 언어학』 5호. 시학과언어학회.
______. 1996. 텍스트언어학과 현대문학, 『새 국어생활』 6: 1, 108-139.
______. 1995. 담화의 생산과 그 실현절차. 장석진 편. 『현대언어학 지금 어디로』 891-924.
______. 1990. 언어이론과 文學硏究: 認知的 通話理論을 중심으로. 『영어영문학』, 36-1. 한국영어영문학회, 111-140.
______. 1986. 文學媒材로서의 언어: 文學텍스트의 기호 · 언어학적 연구. 『영어영문학』, 100호 기념호 32-4. 한국영어영문학회, 909-932.
______. 1985. 시의 형상화 과정과 Discourse Analysis. 『영어영문학』 31-4: 677-697.

______. 1980. 現代詩의 言語·記號學的 고찰. 『語學硏究』, 16-1. 서울: 서울대 어학연구소. 13-40.
______. 1979. 텍스트 문법과 텍스트적 은유이론. 『영어영문학』 70. 한국영어영문학회.
______. 1976. 詩의 언어학적 소고, 『언어』 I-1. 서울: 한국언어학회. 219-236.
김태옥, 이현호. 1995. 담화연구의 텍스트성 이론과 적합성 이론. 「담화와 인지」. Vol. 1. 담화인지언어학회.
류재형. 1999. 최면의 여러가지 유도 기법. 『제 4차 대한 법 최면 수사학회 세미나 강의록』 서울: 대한법 최면 수사학회 편. 61-67.
문덕수. 1975. 『새벽바다』. 서울: 성문각.
박두진. 1982. 『박두진 전집 2』. 서울: 범조사.
박철희. 1980. 『한국시사연구: 한국시의 구조와 배경』. 서울: 일조각.
박희관. 1998. 최면이란. 『제 3차 법최면 수사학회 세미나 강의록』 서울: 대한 법 최면 수사학회 편. 26-35.
서강대 국어국문학연구실 편. 1979. 『대학국어교정』. 서울: 형설출판사.
徐正洙. 1972. 현대국어의 대우법연구. 『語學硏究』 8.2. pp. 78-99.
서정주, 1983. 『미당 서정주 시선집』. 서울: 민음사.
신경림. 1993. 『새재』. 서울: 창작과 비평사.
윤완철. 1992. 사용자 복합도 평가의 인지공학적 방법. 『HCI 92 학술대회 발표 논문집』 서울: 한국정보과학회 HCI 연구회. 33-54.
李相億. 1972. 動詞의 特性에 대한 理解. 『語學硏究』 8.2. pp. 44-59.
이재오, 이현호. 1992. '진달래 꽃' 의 텍스트 언어학적 분석. 이현호 · 조숙환 편. 『언어와 인지』. 247-271.
이정록. 2001. 『제비꽃 여인숙』, 서울: 민음사.
이정민, 이병근, 이명현 공편. 1977. 『언어과학이란 무엇인가』. 서울: 문학과 지성사.
이현호. 1993. 『한국 현대시의 담화 · 화용론적 연구』, 서울: 한국문화사.
이현호 · 조숙환 편. 1992. 『언어와 인지』. 김태옥교수 화갑기념논총. 서울: 한국문화사.
장석진 편. 1995. 『현대언어학 지금 어디로』 서울: 한신문화사.
______. 1993. 『정보기반 한국어 문법』 서울: 언어와 정보사.
정지아. 1996. 고욤나무. 조선일보. 신춘문예당선단편. 1996. 1. 5.
한근수. 1997. 목격자 신문. 『제 2차 법 최면 수사학회 세미나 강의록』 서울: 대한 법최면 수사학회 편. 15-27.
한용운. 1926. 님의 침묵, 『한국현대시 원본전집 23』. 서울: 문학사상사.

찾아보기

〈용어〉

가설 설정abduction, 213, 226
각주citationality, 445
간접 화행, 376
감정표시적感情表示的emotive, 470, 472, 473, 474, 482
강성 함축, 55, 249, 387, 389
강세운문强勢韻文, 483, 484
개념관계conceptual relations, 389, 390
개념망conceptual network, 38, 229
개념표제, 54, 55
개방음절화, 104
객성어客成語subsidiary subject, 77, 78, 79, 80, 124
거시 구조macro-structure, 271
거시명제macroproposition, 20
거시의미구조macrostructures, 20, 28
거시적 등가성, 101
거시적 상관속相關束macrosets, 84, 85, 93, 101, 133, 172, 196
거시적 의미구조 marcostructure, 22, 417
거울 상像, 89
격률maxims, 185, 234
결속구조cohesion, 35, 176, 191, 198
결속성coherence, 35, 128, 198, 239
결합의 축axis of combination, 66, 186, 195, 201, 204
계열적 선택관계paradigmatic relations, 38, 42
계열적系列的paradigmatic 유사성, 123
계층적 통사체계, 97
「고욤나무」, 234, 239, 240, 241, 237, 238, 242
고정적 영구제약standing constraints,

403, 404, 406, 407
공명도sonortiy, 104
공손원리politeness principle, 387
공시시학共時詩學, 469
공시태共時態, 469
공유성 조응homophoric, 351
공유지식mutual knowledge, 310, 430
과정동사process verbs, 83, 135, 139
과정적 구조체structure in progress, 183
관계구조relational structure, 352
관계명제이론, 358
관계명제relational proposition, 28, 353, 354
관계의 격률, 234
관련 명제relational propositions, 46
관련명제 스키마 Shema, 47
관련상황context, 154, 184, 185, 194, 471, 472
관례성conventionality, 339
관례적 형식conventionality, 36
교량적 정보bridging assumptions, 38, 46
교직texture, 417
구 걸치기enjambments, 492, 495
구문적 운syntax as rhyme, 224
구성 스키마constitutive schema, 241, 244, 248, 249
구성적 원리constitutive principle, 215, 262, 443
구정보given information(old information), 55, 189, 314
구조적 의미체계, 99
구축의 원리constructional principles, 185
국부 초점부local focus; cache memory, 368
국지적 맥락local context, 349
귀납induction, 84, 213
귀류법歸謬法, 471
글, 99, 119, 120, 184, 217, 219, 235, 239, 240, 241, 244
긍정적 인지효과positive cognitive effects, 383
기관/제도적 담화institutional discourse, 391
기능상Functional Aspects, 418, 420, 421
기능전환법칙a rule of conversion, 79
기대구조frame assignment, 58
기대의 좌절defeated expectancy, anticipation, 133, 171, 488, 489
기략記略a transcript, 73, 152, 153
기본 명시의미basic explicature, 395
기술적 텍스트descriptive text, 243
기술적 표상descriptive representation, 323, 384, 439, 460
기술체descriptive, 448
기승전결, 82, 138, 139
기의記意, 158, 159, 167, 202, 203, 204
기준치default, 217, 241, 288, 340
기표記標, 158, 159, 167, 201, 202, 203, 204
기호구성, 143, 158
기호구조, 121, 144, 167
기호론semiology, 102, 149, 150, 306
기호발견, 143, 158
기호의 확대expansion, 112
기호의 확인 과정semiotic mode, 177
기호적 양식, 162, 163
기호체계 모델code model, 50
기호해득decoding, 140, 379
기호화자記號化者encoder, 140, 471
기호화encoding, 97, 121, 140, 157, 379
기획plan, 35, 36, 37, 41, 45

「꿈꾸는 연습」, 237, 238

나―나I-I 통화모델, 153, 154, 156
나―남I-HE 통화모델, 154
난삽장식難澁裝飾ornatus difficilis, 507
낯설음defamiliarization, 133, 135, 223
내조응endophoric 지시, 351
내포형식embedding, 83
논리 형태logical form, 321, 322, 324
논증체argumentative, 448
능동적 기능conative function, 474, 479
님의 침묵, 115, 116, 117, 131, 134, 137, 138, 139, 147

다성성多聲性, 236
다중내포문multiple embedding, 187, 195
단기기억장치(STM), 380
단언문assertion, 327, 387
단언assertion 화행, 376
단원성單元性modularity, 338
단일 담화유형, 430
단일유형 텍스트uni-type texts, 414
담화 기획체Discourse Planner, 369
담화 생산구조, 360
담화 생산체Discourse Generator, 369
담화 실현 절차, 364
담화 전략, 20
담화능력, 28
담화론과 인접분야, 23
담화모델, 348
담화문법, 183, 184
담화분석법, 181, 182
담화분석체계discourse analysis system, 347, 374
담화분절discourse segment, 352
담화생산, 341
담화생산 환경, 344
담화수용, 341
담화연구, 9
담화연구 주제들, 28, 378
담화영역 모델형성체Domain Modeler, 371
담화영역discourse domain, 20, 163, 227, 359, 399, 419
담화유형discourse types, 228, 401, 414
담화의 생산, 337
담화의 세계, 13
담화의 제구조, 22
담화처리영역 Processing Domains, 406, 407
담화화용론Discourse Pragmatics, 375, 377
담화 화용론, 20, 375
담화/통화 능력, 25
당면/현 초점immediate or current focus, 365
대등어, 66
대립항, 99, 100, 138, 200
대상언어object language, 476
대용형pro-form, 222, 265, 267
대체성, 176, 215
대체성 원리principle of alternativity, 176, 209, 212, 213, 214, 221, 244, 246, 247, 454, 455
대체적 문학 텍스트세계, 454
대체적 세계alternative world, 180, 214, 249
대체적 실재세계代替的 實在世界, 184
대치변형, 113, 114
대학국어교정, 538
대화의 격률conversational maxims, 276

도관導管은유conduit metaphor, 127
도상성iconic use, 222, 223, 416
독자적 투시성perspectival individuality, 157
돌의 노래, 103, 108, 110, 113, 114, 118
동의성synonymy, 84, 85
동일성identity, 84, 100, 104, 108, 113, 115, 163, 171, 196, 325
동일한 태도, 101
두운, 102, 107, 131, 132
등가성, 101, 102, 103, 108, 112, 130, 196, 202, 205, 227
등가의 원리, 66, 100
등等리듬적isochronic, 155
디자인 변수들design parameters, 26 403, 406

러시아 형식론자들, 492
리듬/음률, 110

말해진 바(what is said), 12
매개변수parameters, 41
매개체vehicle, 218
매체적 기능, 95, 150
맥락 선택, 383, 456
맥락 함축contextual implication, 228, 315, 319, 327, 329, 332, 333, 334
맥락상황context, 121, 163
맥락성, 38
맥락적 인지효과contextual cognitive effects, 55, 314
맥락적 함축contextual implicature, 46, 51, 225, 228, 229, 230, 232, 233, 247
맥락화contextualization, 27, 164, 311, 314
메타언어적 기능metalingual function, 476, 479
메타언어적metalinguistic, 163, 176
메타인지meta-cognition, 437, 446, 460
명시의미explicature, 52, 384, 228, 229, 231
명제 행위propositional acts, 275
명제 형식propositional form, 231, 322, 382, 458
명제적 태도propositional attitude, 231, 323, 324, 384
모델, 69, 95, 96, 99, 102, 119, 122, 126, 130, 138, 139, 142, 143, 149, 150, 153, 154, 158, 162, 175, 181, 184, 203, 213, 219, 221, 229, 230, 231, 245, 246, 249, 336, 337, 338, 350, 351, 358, 366, 373, 373, 374
모델형성 체계modeling systems, 95, 96, 99, 142, 150, 176, 448
모델화modeling, 35, 63, 95, 98, 150, 151, 162, 163, 367, 368, 410, 416
모라mora, 480, 484
모문母文matrix sentence, 174, 175
모사층mimesis, 112
모습과 바탕 figure & ground, 20
모운, 104, 112
목계장터, 224, 229, 230, 235, 236, 242, 247
목적적 기능, 95, 150
목표 기획goal planning, 261
목표 상태goal state, 278
목표 플래닝Goal Planning, 406, 407, 408, 416, 419
목표교섭goal negotiation, 39
무운문 구문verseless composition, 125, 508
문맥상황의 전이轉移, 155
문맥cotext, 70, 78, 102, 113, 118, 135, 136, 153, 163, 192, 202
문법의 시, 124, 126

문법적 은유grammatical metaphors, 430, 431
문장 종결어미, 88
문장기능, 174
문장투시법functional sentence perspective, 17
문체론Linguistic Stylistics, 68
문체언어학Stylo-linguistics, 68, 69, 80
문체적 변이, 392
문체적 요소style markers, 69
문학 커뮤니케이션, 56, 96, 97, 102, 157, 216, 221, 227
문학 커뮤니케이션 모델, 95, 96
문학 텍스트 유형, 212
문학 텍스트의 분석, 98
문학매재媒材, 162
문학성, 15, 112, 176, 212, 215, 221, 229, 245
문학언어와 텍스트, 119
문학음운론, 102, 103, 144
문학의 기능, 33
문학의 본령, 98
문학의미론, 102, 118, 144
문학적 기호, 142
문학적 배열, 104
문학적 변형규칙, 112
문학적 의미화, 123
문학적 지시물, 123
문학적 커뮤니케이션, 33, 34, 94, 140, 143, 210
문학통사론, 102, 144
문화적 요소, 19, 97, 122
물질-에너지 하위층, 411, 412
미적 향유, 56

반복의 조직, 96, 130, 134
반복작용, 84, 171, 192
반어법, 392
반영상palindromes, 135, 136
반의성antonymy, 85
반향압운反響押韻, 478, 496, 504
발언, 83, 231, 379, 380, 382, 383, 384, 397, 470, 474, 476, 481, 494, 502
발언자addresser, 471
발화 기획단위production planning unit, 182
발화 행위utterance acts, 275, 386
발화효과 행위perlocutionary act, 386, 387
배경지식prior knowledge, 120, 128, 210, 216, 219, 220, 221, 226, 228, 242, 247, 338, 339, 344, 345, 372, 380, 383, 391, 397, 441, 442
배합의 축the axis of combination, 100, 101
법율담화legal discourse, 394
법정담화courtroom discourse, 376
법최면, 375, 376, 379, 385, 387, 390, 391, 397, 398
법최면 담화, 375, 390, 391, 398
법최면 커뮤니케이션, 379
변성의 양태metamorphonic mode, 203
변성적 의미, 203
변증법적 상호관계, 409
변증법적 실재, 178
변증법적 의미과정, 177
변환 conversion 작용, 112
병행구문parallelism, 37, 101, 102, 112, 113, 114, 115, 116, 117, 125, 195, 497, 508
보충/이완작용semantic enrichment/loosening, 439
복합기호화작용plurisignation, 157
복합유형 텍스트multi-type texts, 414
부가 절차procedural attachment, 340

부각작용foregrounding, 68, 115, 186, 223
부분 회기partial recurrence, 265
부정성不定性indefiniteness, 193
분류광고Classified ad, 434
분석 함축analytic implications, 327, 328
비교운율학比較韻律學, 491
비다루바Vaidarbhi, 507
비대칭성asymmetry, 340, 370
비설화적 양식, 447
비설화적non-narratives, 448
비설화체, 449, 450
비전이성intransivity, 118, 136

사격斜格modus obliquus, 511, 512
사고의 언어, 221
사상성eventualities, 359, 366, 370, 371
사상절차mapping, 338, 340
사실문학寫實文學, 509
사전lexicon, 341
사회 · 문화체계, 121
사회-텍스트적 과정, 446
삭제 변형, 113
산문시, 123, 125, 126
삽화어들episodic words, 190
상관속들macro-sets, 93, 172, 196
상상력, 54, 55, 65, 73, 183, 185, 239, 456
상위 명시의미higher-level explicature, 395, 457
상위 스키마high-level schema, 244, 299
상위형식구조superstructure, 20, 22, 28, 416, 417
상정내용 스키마assumption schema, 382
상정내용assumptions, 254, 307, 308, 309, 310, 311, 313, 314, 317, 318, 382, 383, 394
상호 인지 환경mutual cognitive environment, 307
상호 현시성mutual manifestness, 308
상호적 객관성interobjectivity, 439
상호적 상정내용mutual assumption, 308
상호적 주관성intersubjectivity, 439
상호적 플랜 작성interactive planning, 233
상호텍스트성Intertextuality, 26, 28, 36, 190, 191, 210, 212, 241, 242, 243, 262, 273, 295, 298, 302, 304, 339, 400, 437, 443, 446, 447
상황 점검situation monitoring, 39, 233, 234, 235, 236, 237, 238
상황관리management, 20, 28, 39, 233, 234, 235, 236, 237, 238, 279, 280, 284, 286, 408
상황맥락, 13, 24
상황성, 26, 38, 191, 210, 217, 221, 236, 262, 278, 339, 408, 417, 436, 443
상aspect, 265
새들도 세상을 뜨는구나, 282
생략의 반복, 192
생략작용, 194
생략ellipsis, 82, 113, 124, 135, 155, 169, 192, 193, 194, 195, 222, 231, 236, 238, 265, 268
생명체계, 404, 405, 406, 410, 411
생태학적 모델, 436
선언적 지식declarative knowledge, 345
선택의 축axis of selection, 66, 100, 101, 186, 195, 201, 204
선택제약 조건, 128
선형성線型性, 119

선형원리linear principles, 440
선형처리linear processing, 17, 26
설득의 커뮤니케이션, 375
설명체expository, 448
설화적 양식, 447
설화체narratives, 448
설說 이전predoxa, 445
설doxa, 445
세계 표상체representation of the world, 306
세계모델, 348, 367, 371
수사 스키마 선택이론, 343
수사구조 이론Rhetorical Structure Theory, 20, 23
수사기법rhetorical schemes, 401
수사담화, 375
수사술부Rhetorical Predicate, 360, 362
수사질문, 376
수신자addressee, 140, 141, 178, 471, 474, 475, 476, 501, 502
수용성acceptanbility, relevance, 26, 28, 35, 191, 339, 417
수치羞恥, 116, 118, 131, 146
순차성, 119, 163, 345, 450
술어동사, 83, 169, 499
숲속의 호수, 70, 80, 81, 82, 85, 86, 87, 89
스케줄링scheduling, 407
스크립트script, 40, 219, 220, 345, 418, 419, 420, 423, 442
스키마 갱신Schema refreshing, 214, 227, 228
스키마 부가, 228
스키마 유형, 361, 362
스키마schema, 20, 21, 40, 219, 220, 221, 227, 228, 241, 244, 299, 300, 301, 311, 335, 342, 343, 345 353, 354, 356, 357, 358, 360, 361, 362, 363, 383, 390, 417, 418, 442
시 텍스트poetic text, 69, 70, 71, 73, 84, 99, 101, 118, 131, 142, 144, 146, 147, 151, 155, 156, 157, 159, 160, 161, 169, 175, 176, 166, 185, 187, 205, 283, 296, 297, 298, 299, 304
시각적 등가어, 86
시나리오scenario, 40
시론, 94, 98
시적 기능poetic function, 63, 66, 67, 186, 204, 205, 298, 374, 389, 477, 479, 480, 481, 482, 502, 515
시적 담화, 184, 190
시적 실재, 50, 76, 161, 183, 186, 205
시적 어원(기원)poetic etymology, 502
시적 자질poetic features, 68, 69, 75, 87, 93, 124, 133
시적 현실Poetic Reality, 92, 125, 185, 186, 198
시적 화법poetic discourse, 73, 93
시적 효과, 58, 157, 213, 215, 247, 249
시적과정poetic process, 70, 89, 90
시점視點, 112, 120, 122, 144, 220, 242
시제時制, 82, 83, 88, 89, 188, 222
시학, 69, 120, 149, 150, 178, 223, 249
시학의 관심, 120
시행, 88, 102, 106, 108, 109, 110, 111, 124, 130, 135, 136, 159, 168, 189, 190, 202, 219, 229, 231, 247, 393, 459, 483, 486, 487, 488, 489, 490, 491, 493, 494, 496, 498, 499, 502, 503, 505, 512, 513
신구정보, 55
신정보new information, 230, 238, 314
신호체계code, 86, 98, 122, 130, 141, 142, 466, 471, 476
실재세계實在世界, 63, 166, 184, 189,

203, 455
실재reality, 73, 76, 92, 167, 178, 185, 203
실현된 체계actual system, 374, 407
실현적 제어actual control, 409
실현/예시 체계, 339
심리모델a mental mode, 152, 153, 174
심리적 실재성, 337
심리적 지각단위, 140
심미적 효과, 157, 215, 249
심의significance, 112
심적 표상체mental representation, 306

압운, 104
약강격弱强格iambic, 488
약성 함축의미weak implicature, 53, 247, 248, 385
약성적 맥락, 54
약호화略號化, 157
양태부사, 170, 175
양量의 격률, 234
양(다)의성ambiguity, 97, 91
어결합 관계collocation, 171, 172
어사와 인지패턴의 일치화pattern matching, 220
어의변환법칙a rule of semantic transfer, 78
어휘변환법칙lexical rules, 77
어휘 기능 문법 (LFG), 343
어휘문법lexicogrammar, 425
어휘의 통사화, 117, 124, 132
어휘적 결속구조lexical cohesion, 171, 224
어휘적 다의성, 90
어휘적 비유, 124, 125
억양, 101, 222, 239, 269
언어 놀이language game, 211
언어 매재, 162, 178, 245
언어 사용역使用域register, 133, 342, 412, 428
언어기호 모델code model, 379
언어사용역 이론Register Theory, 373
언어시학적 개념, 183
언어예술言語藝術, 70, 117, 148, 149, 151, 158, 162, 466, 467, 468, 477, 507, 508, 514
언어외적 실재extralinguistic entities, 467
언어의 시적 기능, 63, 67, 186, 204
언어적 단서lingustics clues, 253
언어적 커뮤니케이션Verbal Communication, 379, 381
언표내적 행위illocutionary acts, 275
언표내적言表內的 힘illountionary force, 153
언향적 행위perlocutionary acts, 275
엄격성 병행구문, 116
에피소드 어들episodic words, 242
역설paradoxa, 445
역압운, 104
연결 표현discourse connectives, 331
연구적 제약standing constraints, 16
연성 카플링soft coupling, 404, 405, 419
연접작용, 195
연합 관념들associative sets, 160
예상기능probable function, 403
예술적 기호, 95
예술적 전언, 160
예시가설instantiation hypothesis, 152
「오셀로」Othello, 103
외연적外延的denotative, 469, 472
외재적 명시의미explicature, 52
외조응exophoric 지시, 351

용인성, 235
운문구도韻文構圖verse design, 490, 491, 492, 493, 494
운문구현韻文具現verse instances, 490, 493, 494
운문분석韻文分析, 482
원형성prototypicality, 414, 415, 416
위성명제Satellite, 47
위성체Satellite, 354
유사성resemblance, 325
유음법적類音法的paronomastic, 502
유음법類音法paronomasia, 478, 503, 504, 512
유표적 구문marked structures, 198, 342
유형 별 하위분야, 20
유형론적 타당성, 337
유형별 방어작용, 57
유효성effectiveness, 262
유/무표성markedness, 420
은유, 54, 76, 77
은유과정, 123
은유의 축軸, 123
은유적 방법, 123, 127
음성상징, 88, 110
음성상징音聲象徵, 505
음성적 기술, 111
음성표시phonological representation, 87
음재적 함축의미implicature, 52
음재적陰在的 체계, 34
음채音彩figure of sound, 482
응용 언어학, 25
의도성intentionality, 35, 39
의미 기미機微, 32
의미론적 양식, 162
의미문체semantic style, 373
의미밭semantic field, 122
의미생성의 장場, 151
의미세계, 122
의미의 결속성coherence, 352, 460
의미의 돌연분리sudden breaks, 92
의미의 비약semantic jumps, 92
의미의 이해과정semantic mode, 177
의미의 중첩현상, 119
의미자질 활용능력feature abstracting ability, 129
의미적 거시 명제semantic macro-proposition, 271
의미적 상관속相關束, 51
의미표상semantic representation, 128, 382
의미환경, 120
의사 전달 내용 what is communicated, 395
의사소통 장르communicative genre, 375, 386
의사소통 전달 내역, 457
의사소통 제약층, 405
의사소통 체계의 제 구성층, 411
의사압운, 104
의의의 연속성continuity of senses, 225, 226, 269
의의sence, 215, 225, 226, 227
이야기 텍스트narrative text, 242, 243
이완성 병행구조, 116
이완성 표현들loose talks, 439
이접관계, 350
이중적 상징작용, 91, 92, 93
인공두뇌학, 151
인공지능, 149, 209, 219, 234, 338, 339, 345, 372
인쇄광고Printed advertisement, 418, 433, 434
인접의 관계, 123
인접의 조직, 127, 130, 132, 136

인지 스키마, 360, 361, 362
인지 환경cognitive environment, 265, 278, 290, 302, 306, 307, 308, 310
인지과학, 254, 261, 271, 305, 335
인지도형 이론frame theory, 347
인지심리학, 209
인지적 구성단위cognitive organization unit, 182
인지적 구성체, 216, 221, 225
인지적 표상모델, 348
인지적 환경cognitive environment, 32
인지적cognitive, 472
일반 은유literal metaphor, 127
일반기호학general semiotics, 467
일탈 현상, 112, 215
일탈deviation, 186, 214, 223
입력 체계, 380

자기통화I-I, 155
자기-조직화 능력, 405
자동제어 전달체계cybernetic system, 35
자동조절 체계modular system, 151
자연언어, 95, 96, 97, 100, 112, 155, 157, 158, 160, 165, 166, 176, 177, 218, 337
자연언어 생성Natural Language Generation, 338, 366
자운, 102, 104
작품(하나의 기호), 159
잠재적 제어virtual control, 409
잠재체계virtual system, 339, 376, 402, 404, 409, 412
장기기억LTM, 380
장면성situationality, 35, 38
장식 형용어구epitheta ornantia, 514
재독再讀, 177, 215
쟁론 텍스트argumentative text, 243
저자 기능authoritative, 445
적용범위Rank, 420, 426
적응 행위 공간an adaptive action space, 400
적절성appropriateness, 262
적합성 원리와의 일치성consistency with the principle of relevance, 320
적합성 원리the Principle of Relevance, 236, 247, 316, 320, 321, 322, 323, 328, 330, 331, 333, 334, 383, 384, 397
적합성이론relevance theory, 20, 233
적합성relevance, 23, 50, 218, 236, 247, 383, 394, 397
적형성well-formedness, 241
전경화foregrounding, 56, 58, 223, 245
전국적 인지패턴들global patterns, 219, 226, 345
전국적 초점global focus, 365, 368
전달 추진력Communicative Dynamism, 190
전달하는 바(what is conveyed), 12
전도시각轉倒詩脚reversed feet, 489
전략부strategic component, 359
전문용어terminology, 401, 412
전산학적 가능성, 337
전산학적 실행성, 337
전언傳言message, 96, 471
전역적 구조global structure, 22
전이성轉移性transitivity, 136
전제前提, 120, 122, 124, 137, 157, 164, 166, 170, 176, 215, 217, 221, 229, 315
전제presupposition, 166, 396
전체구조holistic structure, 352
전형성/원형성prototype, 414
전형적 인지형태global patterns, 40

절차적 접근, 339
절차적 접근방식procedural approach, 268
절차체procedural text, 448
접속 표현junctive expressions, 265
접속관계, 342, 349, 343, 350
접촉contact, 471, 475
정관주의자靜觀主義者the quietist, 468
정보량, 100, 234
정보상태, 358
정보성의 세 단계three orders of informativity, 239, 288, 454
정보성informativity, 35, 186, 187, 189, 191, 210, 214, 215, 221, 238, 239, 241, 349
정보의 격상upgrading, 240, 455
정보의 격하downgrading, 240, 292, 455
정보-자료 하위층, 411
정음학orthoepy, 469
제시적presentational, 203
제약과 제어, 17
제어 중심control center, 226, 230
제어원리, 443
제어적 원리regulative principles, 262
제어중심 개념control center, 230, 389
제어control, 16, 138, 172, 174, 175, 178
제유적提喩的, 123
제유synecdoche, 499, 500
조성調聲key, 269
조응의 유형, 351
조응anaphoric 관계, 342
조작 절차적 단위operational unit, 256
조작작용operation, 407
종결어미, 88, 155, 171
종속적 연접작용, 195
주성어主成語principal subject, 77, 78, 79, 80, 124
주제 별 하위분야, 20
주제구조, 166, 189
주제화 된 지시대상, 194
주제화된 지시대상들thematic referents, 193
주제화thematization, 190, 193, 194, 349
주제theme, 80, 81, 87, 90, 113, 121, 177, 189, 190, 194, 219, 220, 223, 225, 226, 227, 234, 349
줄탁, 458, 459
중간 제어체계intermediary control system, 399, 401, 412
중간 조정/제어체계, 400
중간조정mediation, 279
중심개념들control centers, 340
중앙사고과정central thought processes, 380, 441
중의성, 109, 112, 113, 137, 138, 169, 170, 231, 234
중첩법重疊法polyptoton, 510
증식적 언어생성 절차incremental processing, 372
지각적 효용perceptual strategy, 140
지시내용referent, 71, 150, 153
지시대상referent, 97, 98, 121, 122, 167, 177, 193, 231, 471
지시성 언어referential language, 508
지시어의 통사화, 124, 136
지시작용, 192, 193
지시적referential, 472, 474, 504
지식 베이스(관념형성 베이스), 344, 345, 346
지식 전환/창출 기능knowledge-transforming function, 26
지식 표상, 344
지식변형(창출) 기능, 451

지식변형(창출) 모델Knowledge-transforming Model, 452
지식자원knowledge sources, 367
지식전달 기능, 451
지식전달(말하기) 모델Knowledge-telling Model, 452
지적 향유, 58
지침들clues, 39, 151, 174, 183
지표성指標性, 155
직립격modus rectus, 511, 512
직시어deixis, 39
직시적 자극ostensive stimulus, 55, 56, 379
직시적ostensive, 50
직시-추론적 모델ostensive-inferential model, 379
직시-추론적 통화ostensive-inferential communication, 50, 55, 56
직유直喩, 84, 473, 496, 501
질質의 격률, 234

참신성novelty, 75, 214, 238
창발적 제약들emerging constraints, 16, 403
창발적 특질emergent property, 406
처리 노력, 243, 244, 459
처리 영역processing domains, 401, 407
처리 효과, 459
처리과정 유형Process types, 426
처리모듈Processing Modules, 369
첨가관계, 350
첨가변형, 114
청각적 등가어, 86
청자모델, 367
체계문법, 343
체면 손상 행위face threatening act(FTA), 387

초토의 시 2, 125, 129, 144
촛점focus, 189, 190
최강성 함축, 53, 385
최대 연성 카플링, 405
최면, 375
최면담화, 375
최적의 적합성이 존재한다는 추정 presumption of optimal relevance, 318
최적의 적합성optimal relevance, 318, 383
추론 모델inference model, 306
추론적 화용론Inferential Pragmatics, 49
축어성literalness, 325
친교적기능親交的 機能phatic function, 475

코드의 변환, 101, 131, 144
코텍스트cotext, 241

텍스트, 69, 72, 73, 74, 80, 82, 84, 86, 95, 96, 97, 98, 99, 108, 109, 110, 112, 113, 116, 117, 118, 119, 120, 122, 123, 125, 126, 127, 128, 135, 136, 138, 139, 140, 141, 144, 147, 148, 149, 153, 155, 156 157, 158, 160, 161, 162, 163, 164, 165, 167, 170, 174, 175, 176, 179, 180, 181, 182, 183, 184, 185, 188, 190, 199, 201, 202, 203, 207, 209, 210, 211, 212, 213, 214, 215, 216, 217, 218, 219, 220, 221, 223, 225, 226, 227, 228, 230, 231, 233, 235, 236, 237, 238, 241, 242, 245, 246, 437, 441
텍스트 경간text span, 349, 354
텍스트 구조, 100, 131, 165, 176, 342
텍스트 문법, 210

텍스트 생산 구조, 366
텍스트 생산 모형, 343
텍스트 세계textual world, 214, 215, 220, 225, 226, 227, 236, 242, 244, 454
텍스트 실현부tactic component, 352, 360, 363
텍스트 실현의 지식변형(창출)모델, 453
텍스트 언어학, 184, 209, 210, 233, 246
텍스트 인유引喩text allusion, 242, 243, 302
텍스트 제공 지식, 220, 221
텍스트 플랜부strategic component, 352, 360
텍스트 frame, 57
텍스트문법, 183, 184
텍스트성 이론, 253, 255
텍스트성性 언어학, 210
텍스트성textuality, 20, 26, 35, 123, 185, 191, 196, 200, 210, 212, 221, 234, 245
텍스트와 문장, 217
텍스트외적 구조, 122
텍스트유형 분류, 424
텍스트유형 text types, 57, 295, 401, 414
텍스트의 구조, 99, 100
텍스트의 구조적 특징text topography, 222
텍스트의 통일성, 74, 88
텍스트적 능력, 41
텍스트적 수사 원리textual rhetoric, 222
텍스트적 의사소통, 438, 439, 441
텍스트/담화유형, 399
통 학문적 담화/텍스트 모델 a transdisciplinary model of text and discourse, 400
통계적 개연성statistical probability, 287
통사적 구절구조phrase structure, 41
통사적 다의성, 89
통사적 운, 168
통섭consilience, 401
통시태通時態, 469
통학문적 과학transdisciplinary science, 19
통학문적 모델a transdisiplinary model, 401
통합적 배열관계syntagmatic relations, 38
통합적 조직syntagmatics, 100
통합적syntagmatic 인접성, 123
퇴산退散적 관계, 350
특수담화(DSP: discourse for special purposes), 412

파생법칙a rule of morphological derivation, 79
패키징packaging, 407
패턴 일치화 기제pattern matching, 340
패턴 일치화pattern-matching, 41, 452
퍼지집합fuzzy set, 292
평가동사evaluative verb, 431
평언rheme, 349
평이장식平易裝飾ornatus facilis, 507
표상 방식, 326
표상적representational 성격, 203
표상representation, 129, 164, 167, 213, 214, 218, 223, 224, 247
표현 방법의 격률, 234
표현부tactic component, 359
표현의 적격성textual well-formedness, 82
프레임 유형, 347
프레임frame, 40, 219, 220, 229, 243

프로토타입prototype, 311
플랜 작성planning, 233, 278, 340
플랜 저장체plan library, 367
플랜plan, 40, 219, 220, 233, 234, 235, 238, 243

학鶴, 156, 166, 167, 173, 175, 179
한정성의 체계, 351
한정성definiteness, 193, 349, 350
함의성hyponymy, 84, 85
함의entailment, 396
함축의미implicature, 52, 228, 229, 230, 232, 233, 385, 396
합성 함축synthetic implication, 315
항상성homostasis, 445
해석적 표상interpretive representation, 323, 384, 439
핵심명제Nucleus, 47, 140, 354
『현대 담론의 잠세潛勢』, 211
현시성, 307
현실세계, 213, 214, 244, 246
협동의 원리Co-operative Principle, 185, 234
형상적形相的 재료, 73, 153, 158, 167
형태적 연관성morphological relationship, 84, 85
화제구조, 188
화제를 중심으로 한 개념들control centers, 38
화제명제, 174, 182, 188
화제topic, 73, 84, 169, 174, 182
화행speech acts, 164, 217, 275, 385
확대 활성화spreading activation, 219, 221, 225, 226, 232, 346
확대은유extended metaphor, 125, 129
환문법喚問法, 131
환언paraphrases, 222, 224, 394
환유의 축軸, 123
환유적 방법, 117, 123, 124
환유적 전개, 125
환유적metonymic, 123, 117, 500
환유metonymy, 500, 508
환치변형, 113, 116
활동 기억 장치active storage, 219, 226, 441
회기성廻起性 구문, 37
회기작용回起作用, 102, 103, 108, 113, 131, 135, 227, 265
효율성efficiency, 262

Ash Wednesday, 224
Break, Break, Break, 393
communicative genre, 419
LFG(Lexical Function Theory), 343
RST 스키마다, 356
RST(Rhetorical Structure Theory), 343
speech genre, 419
Stopping by Woods on a Snowy Evening, 393
text genre, 419
The Hound of Heaven, 129

〈인명〉

구상, 116, 121, 123, 125, 129, 132, 133, 144, 146, 537
김구, 356, 357, 537
김주영, 285
김태옥, 7, 124, 253, 399, 537
문덕수, 70, 80, 81, 538
박두진, 103, 105, 106, 108, 113, 114, 538
서강대 국어국문학연구실, 538
서정주, 108, 167, 179, 180, 538
신경림, 224, 242, 538

李相億, 538
이정록, 458, 459, 538
이현호, 7, 253, 534, 536, 538
한용운, 115, 116, 131, 147, 539
황동규, 301
황지우, 282

Aldrich, Virgil, 86, 519
Anderson, R.C., 152, 153, 519
Austin, J.L., 386, 519

Bakhtin, Mikhail M., 520
Ballmer, T.T., 164, 165, 258, 520
Beaugrande, R. de, 5, 7, 11, 13, 14, 15, 16, 23, 24, 25, 33, 39, 55, 176, 184, 189, 210, 211, 213, 216, 217, 218, 219, 223, 224, 234, 241, 242, 244, 253, 255, 257, 259, 260, 297, 298, 302, 336, 337, 338, 398, 399, 400, 402, 404, 402, 406, 407, 410, 414, 417, 418, 422, 423, 424, 426, 431, 432, 434, 437, 438, 441, 449, 452, 520
Benveniste, E., 164, 177, 521
Bereiter, C., & M. Scardamalia, 521
Berry, Francis, 84, 521
Biber, Douglas, 423, 424, 521
Black, M, 521
Blakemore, D., 331, 332, 333, 521
Brown, G. & Yule, G., 188, 203, 206, 521
Bühler, K., 389, 446, 474, 521

Carlson, L., 165, 521
Chafe, W., 181, 522
Chatman, Seymour,, 473, 491, 522
Chomsky, Noam., 148, 149, 152, 522
Cook, G., 214, 227, 228, 522
Coward, R. and J. Ellis., 119, 522
Croce, Benedetto., 76, 523
Cureton, R. D., 219, 523

Dale, R., 341, 342, 354, 358, 359, 358, 361, 364, 365, 366, 368, 369, 523
Daneš, F., 190, 523
Dressler, 219, 220, 221, 225, 226, 236, 243, 521

Eggins, Suzanne., 419, 431, 430, 524
Eliot, T. S., 87, 524
Emily Dickinson, 47, 48, 528
Enkivist, N. E., 68, 524

Filmore. C.J., 41, 42, 343, 524
Finlay, M., 211, 213, 524
Foucault, M., 12, 218, 524
Frawley, W., 223, 437, 438, 444, 446, 447, 524
Frederiksen, C. H., 347, 348, 524
Freedle, R.O., 524

Garelli, J., 202, 525
Georgakopoulou & Goutsos, 450, 525
Ghadessy, Mohsen, 525
Goatley, Andrew., 432, 525
Grice, H. P., 185, 234, 274, 316, 340, 525
Grimes, J. E., 343, 525
Grinder, J.T., 397, 525
Grosz, B. G., 365, 368, 525, 526

Halliday, M. A. K., 69, 120, 121, 256, 263, 343, 344, 425, 429, 430, 435, 526

Hasan, Ruqaiya, 75, 526
Hawkes, Terence, 119, 120, 123, 526
Hendricks, William O., 71, 527
Hester, Marcus B., 76, 527
Hinds, John V., 182, 527
Hirsh, E. D., 59, 527
Hovy, E. H., 343, 358, 527
Hunston, Susan., 431, 432, 527
Hymes, Dell., 163, 527

Isenberg, Arnold., 71, 258, 260, 527

Jacobs, R. A., 160, 528
Jakobson, Roman, 59, 71, 72, 95, 101, 123, 141, 153, 154, 183, 186, 201, 204, 389, 528
Johnson-Laird P.N., 152, 528

Kempen, G., 372, 528
Kiparsky, Paul, 115, 529
Kris, E. and A. Kaplan., 216, 529

Lakoff, George, 94, 127, 225, 227, 529
Lapis Lazuli, 182, 185, 187
Lee, Hyun-ho., 529
Leech, Geoffrey M., 77, 78, 114, 125, 129, 529
Levin, Samuel, 75, 529
Levy, D., 184, 530
Lewis, D., 122, 123, 128, 163, 303, 530
Loewenberg, Ina., 76, 530
Lotman, Y. M., 95, 96, 97, 100, 120, 130, 141, 142, 143, 154, 155, 156, 160, 161, 530
Makkai, A. 95
Mann, W. C., 46, 47, 530
Mark Johnson, 529
Maude Conne, 191
McIntosh, Angus., 75, 531
McKeown, K. R., 343, 359, 360, 361, 362, 363, 371, 531
Mukarovsky, Jan., 531
Parker, I., 211, 532
Parret, H., 164, 532
Peer, W. van, 223, 245, 532
Petöfi, J, ed, 156, 158, 159, 160, 258, 260, 316, 532
Pilkington, A., 461, 532
Plett, H. F, 533
Pollard, C., 343, 533
Posner, R., 186, 204, 533
Prideaux, G. D., 222, 533
Prince, E., 368, 533
Renkema, J., 27, 379, 388, 452, 453, 533
Richards, C., 52, 533
Ricoeur, P., 202, 533
Rieser, Max., 258, 260, 533
Riffaterre, Michael., 112, 166, 533
Ruwet, Nicolas., 69, 533
Sack, S, 533
Sandulescu, C. G., 184, 533
Sapir, Edward., 470, 533
Saussure, F. de, 149, 534
Schank, R., 34, 40, 275, 534
Schmit, S. P., 229, 534
Searle, J. R., 275, 386, 387, 534
Sebeok, T. A., 498, 508, 515, 534
Shakespeare W., 103, 117, 191, 200
Shannon, C. and W. Weaver., 287, 534
Sidner, C. L., 343, 365, 535
Sperber, D., 12, 49, 52, 54, 230, 231,

247, 254, 255, 277, 305, 306, 307, 316, 324, 325, 373, 379, 382, 383, 439, 442, 456, 534
Tannen, M., 223, 534
Valéry, P., 157, 495, 502, 535
van Dijk, Teun A, 22, 110, 124, 128, 258, 259, 260, 316, 417, 535
Ventola, E., 535
Viehweger, D., 272, 535
Virtanen, Tuija., 413, 414, 415, 416, 535
Vitacolonna, L., 256, 536
Wang, Sungsoon, 536
Wethrill, P. M., 536
Wheelwright, Philip, 152, 157, 203, 204, 536
Whitehall, Harold, 95, 536
Wilson, D., 12, 49, 52, 54, 55, 230, 247, 254, 255, 277, 305, 306, 307, 312, 316, 315, 324, 325, 373, 379, 382, 383, 401, 439, 442, 456, 536
Yeats, W. B., 182, 187, 191, 206, 536

〈출전〉

2장 2* 『영어영문학』 제36권 1호(1990), 한국 영어영문학회.
3장 3* 덕성여대 신문, 1967
3장 4* 『언어』(제1권 제1호), 1976, 한국언어학회
3장 5* 『언어연구』(16권 1호), 서울대 어학연구소, 1980.
3장 6* 『영어영문학』 Vol. 32 No. 4 Winter 1986(통권 100호 기념 특집호), 한국영어영문학회
3장 7* 『영어영문학』 Vol. 31 No. 4 Winter 1985, 한국영어영문학회
3장 8* 『새국어생활』 제6권 11호(1996 봄), 국립국어연구원
4장 9* 『담화와 인지』 1995. Vol. 1. 담화 · 인지 언어학회
4장 10* 장석진 편. 1995. 『현대언어학 지금 어디로』 서울: 한신문화사.
4장 11* 대한 법최면수사학회 세미나 발표(1999)
4장 12* 1999. 한국언어학회 '99 하계 언어학 학술대회 발표.
4장 13* 『시학과언어학』 제5호. 200306, 시학과 언어학회
5장 14* Roman Jakobson, Closing Statements: Linguistics and Poetics, 『언어학과 시학』, 김태옥 역. 이정민, 이병근, 이명현 편. 『언어과학이란 무엇인가』(1977), 문학과 지성사

김태옥

1932년 서울 출생
현 서강대학교 명예교수

이화여대 영문학과 학 · 석사. 영시 전공
미국 하와이대 영어교육 석사, 언어학 박사과정 수료
미국 동서문화 교류처 장학생
미국 콜롬비아 대학 언어학과 수학

서강대 영문학과 교수
미국 하와이대 동아 어문학과 전임강사
미국 하바드대 언어학과 풀브라이트 객원교수
서강대학교 로욜라 도서관장
한국 언어학회 회장

공저 「한 · 미 문화의 교류」
역서 「隱喩와 實在」
공역 「텍스트 언어학 입문」「인지적 화용론: 적합성 이론과 커뮤니케이션」